지식의 탄생

지식의 탄생

이 상 오 지음

한국문화사

| 머리말 |

이게 맞는지, 저게 맞는 것인지? 도대체 어떤 것이 확실한 것인지? 미래학자 피터 드러커는 21세기를 '지식사회'라고 규정했다. 지식이 자본이 되고 지식이 권력이 되는 세상이라는 뜻이다. 반면 미래학자 앨빈 토플러는 21세기를 '압솔리지의 시대'라고 한다. 압솔리지obsoledge, 즉 '쓰레기 지식/쓸모없는 지식의 시대'라는 말이다. 지식과 정보의 홍수 시대에 아침마다 스팸 메일이 수북이 쌓인다는 사실은 이를 입증한다. 그렇다면 도대체 이 시대에 우리는 어떤 지식을 획득해야만 지혜로운 삶을 살 수 있다는 말인가? 모든 것이 '터미놀로지terminology', 즉 '전문용어'의 문제이다. 우리는 21세기를 전문가의 시대라고 한다. 그러나 전문가가 보이지 않는다. 모두들 전문가를 자처하지만 터미놀로지를 구사하는 진짜는 거의 없다. 과학(학문)이 힘을 잃은 것이다. 특히 '교육'이 그렇다. 대한민국 사람들은 모두 교육의 전문가다. 그래서 배가 산으로 간다. 모두가 전문가라고 하지만 되는 일은 없다. 사실 '교육'이라는 전문용어, 즉 터미놀로지는 일반인이 말하는 '교육'과 전혀 무관하다. 그럼에도 불구하고 우리의 교육은 전문가의 터미놀로지와는 전혀 무관하게 이루어진다. 국가는 엄청난 세금을 쏟아붓지만, 결과는 글쎄다. 잘못된 터미놀로지로 이루어진 국민의 세금투입은 그냥 낭비다.

『지식의 탄생』을 쓰는 5년은 즐거운 시간이었다. 지식이 이렇게 탄생하고 저렇게 소멸되고 또 새로운 지식이 이런저런 이유로 대세가 되기도 하고 소리 없이 묻히기도 한다. 소위 지식의 생사 부침이 이렇게 다양하고 복잡하게 전개되는 것을 추적하는 일이 가져다준 재미는 상상 이상이었다.

글을 쓰다가 가끔씩 이런 생각이 나서 웃음이 나온 적이 있다. 그냥 오래전부터 '우리가 사용하는 지식은 과연 어디서 어떻게 나온 것일까?' '내가 한번 추적해 볼까?' 그런데 국가(한국연구재단)에서 지원해 준다고 하니 이런 경사가 또 어디 있겠나? 뽑아준 심사위원들에게 감사하다는 말을 전한다. 세상에 이런 순수한 사람들도 있다니.

대학에서 주어진 연구와 교육을 병행하면서 그래도 시간이 허락하는 한 엄청난 문헌들을 참고했지만 모두 다 끌어오지는 못했다. 좀 아쉽다. 그동안 훌륭한 책들도 만나고 한심한 글도 만나고 헤어지는 시간을 수없이 반복하면서 '성찰과 반성'의 시간을 많이 보냈다. 또한, 끊임없는 사색과 명상의 순간들이었다. 정말 재미있던 시간들이었다.

사실 이 책 『지식의 탄생』은 '(참)지식의 종말'이며 '지식인의 죽음'이다. 5년 이상 나름 공을 들였지만, 집필결과는 '암담함' 그 자체이다. 필자는 교육학자로서 더 말할 나위가 없다. 과연 우리는 다음 세대에게 어떠한 지식을 어떻게 가르쳐야 하는지? 소위 '쓰레기 지식'이 오히려 판을 치는 세상에서 어떻게 우리는 살아남을 수 있을까? 조만간 인공지능이 인간을 지배하는 세상도 온다고 하는데, 인간이 노예를 만들어 놓고 마침내 주인과 종이 바뀌는 꼴이 재현되는 셈이다. 그런데 이번에는 보다 심각하다. 물리적으로도 나약한 육체를 가진 인간과 엄청난 파워를 가진 기계의 대결이 아닌가?

결론은 둘 중 하나다. 이 세상을 평생동안 노예로 살든지, 아니면 이왕 태어났으니까 사는 동안이라도 (참)지식에 도전하는 지조 있는 삶을 살아 보든지. 우리말에 '알아야 면장을 하지'라는 말도 있고 '알아서 남 주느냐'는 말도 있다. 서양에서는 '아는 것이 힘'이라는 말도 있다. 지식이 삶을 결정한다. 불이 뜨겁다는 사실을 알아야만 손을 데지 않는다. 칼날이 무섭다는 사실을 알아야 조심한다. 삶과 지식은 하나다. 이런 상황에서 우리가 살아남기 위해서는 제대로 된 지식을 얻는 것이 필수적 조건이다. '선무당 사람 잡는다'는 말이 있다. 오늘날은 '돌팔이 의사'라는 말도 있다. 한마디로 지식은 목숨이다. 잘못된 지식으로 무장한 선무당들과 돌팔이들이 설치는 세상이다. 참지식이 죽으면서 우리의 삶도 같이 죽어가고 있다. 모두가 '터미놀로지'의 문제이다. 잘못된 터미놀로지를 가지면 돌팔이가 되고 제대로 된 터미놀로지는 명의名醫를 만든다. 명의가 사람을 살리고 돌팔이가 사람을 죽인다. 터미놀로지로서 '지혜-내-지식'이 간절히 요청된다.

독자들이여, 이제 '새로운 지식의 탄생'을 기원하자. 왜냐구요. 100세 시대에 아직도 더 살아야 하니까.『지식의 탄생』은 독자들에게 현학적 지식하나를 더 주겠다는 의도가 아니다. 지식의 탄생과 소멸의 역사 과정을 읽으면서 시행착오의 지식에 대한 많은 반성과 성찰의 시간을 가지길 바란다. '새로운 지식의 탄생', 그것은 바로 독자 여러분들의 몫이 될 수밖에 없다. 이 글을 마무리하면서 나 역시 '새로운 지식의 탄생'을 위해 또 다른 기획을 하였다. 그것 역시 국가에서 또 지원해 주겠다고 한다. 고맙다.『문화해석학』의 집필이 시작되었다.

글이 쓰이는 방식은 게슈탈트Gestalt(전체형상) 접근방식으로 이루어졌다. 좀 낯설지 모른다. 이 책 여기저기에서 중언부언重言復言이 자주 목격된다. 단순한 반복이 아니다. 또 다른 주제로 넘어가기 위한 전초기지이다. 먼저 글에 뼈와 살이 붙으면서 내용은 보다 풍부해지고 다른 주제로 연결되면서 마침내 글은 나선형螺旋形으로 확장된다. 애초에 뿌옇던 전체의 상像이 점점 더 명확하게 드러나는 것이다.

어느 날 낯선 사람이 와서 "한국문화사의 이상호라고 합니다." 하면서 명함을 내민다. "누구요?" "이상호라고 합니다." 이름이 비슷하다. "그런데요?" 나의 반응이다. "교수님께서 준비 중이신 저술원고『지식의 탄생』을 저희 출판사에서 출판하고 싶습니다." "아 그래요." 문 앞에서 나눈 짤막한 대화였다. 3차례에 걸친 교정도 그렇게 꼼꼼할 수가 없다. 강인애 편집자님과 표지 디자이너 이사랑님 그리고 이름 모를 분들에게도 고맙다는 인사를 전한다. 아울러 모든 가족에게 그저 고맙고 이제 고령의 연세에 암 투병을 시작하신 아버님께, 불초자 이 글을 바칩니다.

2016년 4월 어느 화창한 봄 날
신촌의 무악골에서
이 상 오

| 차례 |

II. 지식의 조건: 역사와 비판적 검토

III. 지식의 구조

IV. 지식과 사회시스템

V. 포스트모던과 지식

VI. 지식 탄생의 새로운 전망

프롤로그

1. 연구의 필요성과 목적

1. "아빠가 이랬다저랬다 한다." 아이의 투정이다. 이럴 경우 "이랬다"가 지식인가? "저랬다"가 지식인가? 아니면 둘 다 지식인가, 둘 다 지식이 아닌가? 일상에서 흔히 겪는 일이다. 어떤 사람은 먼저 '환경'을 보존해야 한다고 하고, 어떤 사람은 '개발'을 먼저 해야 한다고 한다. 보존이 먼저냐 개발이 먼저냐? 어떤 사람은 '경제성장'이 먼저라고 하고, 어떤 사람은 '사회복지'가 먼저라고 한다. 같은 사실을 놓고도 서로의 지식이 다르다. 때문에 충돌이 발생한다.

학생들에게 자유토론을 시켜 보면 의견들이 제각각이다. 같은 사건을 보고도 서로 보는 각도가 어쩌면 저렇게 다를까? 토론에 참가한 본인들도 신기하다고 한다. 정치권으로 가면 더욱 가관이다. 똑같은 사안이라도 여당과 야당의 주장이 다르고, 진보와 보수의 해석이 다르다. 학교에서도 마찬가지이다. 같은 일을 해도 어떤 아이에게는 엄격한 잣대가 적용되고, 어떤 아이에게는 그렇지 않다. 느낌으로 가면 더욱 심하다. 물이 반 컵(1/2) 남았다. 어떤 사람은 "물이 반이나 남았네"라고 한다. 그러나 어떤 사람은 "물이 반밖에 없네"라고 한다. 똑같은 대상을 보고도 서로 말하는 것이 다르다. 같은 온도의 물이라도 따뜻한 물을 만지던 손으로 만지면 차갑지만, 차가운 물을 만지던 손을 담그면 따뜻하다.

그렇다면 왜 이런 일이 벌어지는 것인가? 지식은 그냥 우리가 보고 느끼고 생각하는 것만으로 충분한 것이 아닌가? 아니면 아직 지식이 부족해서 그런가? 또 아니면 내가 잘못 알고 있는 것인가? 그럼 어떤 것이 정말 지식인가? 심지어 도대체 지식이 세상에 존재하기는 하는 것인가? 그렇다면 과연 정확한 지식은 무엇이라는 말인가? 혹시 아무도 진정한 지식을 모르고 있는 것은 아닐까? 우리 인간은 도대체 어디까지 알 수 있는 것인가? 어디까지 알아야만 비로소 안다고 할 수 있는 것인가? 아니면 우리가 알고 있는 것은 어디까지가 진실이고, 어디까지가 거짓인가? 우리가 안다고 하지만, 과연 우리는 무엇을 진정 알고 있다고 하는 것인가? 우리는 어떻게 (진정한) 지식epsiteme을 얻을 수 있는 것일까? 우리가 인식認識한다는 것은 과연 무엇인가? 그리고 과연 우리는 무엇을 인식할 수 있다는 것일까? 역사적으로 인식론자認識論者, epistemologist들의 고민은 이렇게 시작되었다.

　어제까지는 커피가 몸에 해롭다고 해서 단 한잔도 마시지 않았다. 오늘 신문에 보니까 커피가 혈액순환에 좋다고 하여 다시 마시기 시작했다. 무엇이 진정한 앎인가? 커피는 몸에 이로운가, 아니면 해로운가? 과학적으로 밝혀지는 지식조차도 어느 것이 맞는지 분별하기 어렵다. 어제의 지식이 오늘의 지식과 다르다. 어른들에게 공손한 아이들이 공부도 잘한다는 연구결과가 있지만, 그 반대도 있으며 그와는 무관하다는 결과도 있다. 여론 조사는 늘 달라진다. 시간에 따라서 달라지고 지역에 따라 다르게 나온다. 조사의 '조건과 상황'이 달라지기 때문이다. 더욱 심각한 것은 조사기관에 따라서 달라진다는 사실이다. 무작위표집이라고 하지만, 기관이 보유하고 있는 표집의 성향이 다를 수 있으므로 같은 조사라도 결과가 다르게 나올 수 있다. 보수성향의 표집집단을 많이 가지고 있는 집단조사와 진보 성향의 표집집단을 많이 가지고 있는 조사결과는 크게 달라진다. 완전히 공정해야 할 재판정에서도 판결이 달라진다. 같은 사건에도 판례判例가 서로 다른 것이다. 물론 판사의 성향도 이에 한몫을 한다. 유권해석有權解釋이라는 것이 있기 때문이다. 심지어 유전무죄有錢無罪, 무전유죄無錢有罪라는 말도 나온다. 오늘날 지구촌 거의 모든 나라는 법치국가이다. 삶에서 법이 만사인 셈이다. 엊그제 헌법재판소에서 간통죄가 위헌으로 판결 났다. 27년 만에 우리나라에서 간통죄가 폐지되었다는 보도이다. 법치국가에서 법이 널을 뛰고 있다. 그럼 우리는 무엇을 어떻게 해야 하는 게 맞는가? "그때그때 달라요"라는 개그 프로그램이 인기를 끈 적이 있다. 도대체 왜 이런 일이 벌어지는 것일까? 그렇다면 과연 우리는 무엇을 진정한 지식으로 믿어야 하는 것일까?

2. 인간은 '무엇을' 그리고 '어떻게' 알 수 있는 것일까? 물론 생각은 자유다. 인간은 '사회적 동물homo sociologicus, homo politicus'이다. '개인적으로 안다'는 것과 '사회적으로 안다'는 것은 다른 이야기일 것이라는 추론이다. 즉 사회적으로 지식을 공유한다는 것과 개인지식과는 서로 다를 수 있다. 나는 이렇게 알고 있지만, 다른 사람이나 사회여론이 그것이 아니라고 한다면, 커다란 혼란이 발생한다. 심지어 갈등도 따를 수 있다. 물론 나의 지식이 옳을 수도 있다. 그러나 지식을 추인하는 것은 다른 사람 내지 사회라고 한다면 이야기는 달라진다. 즉 '사회적 합의'가 없다면 어떠한 나의 지식도 의미와 가치를 얻기는 어렵다. 물론 '나는 나야'라고 버틸 수도 있고, 나중에 진실이 밝혀질 수도 있겠지만, 당장은 사회적 공감대가 없는 지식은 불안하다. 이를 우리는 '사회적 선택social selection'이라고 한다. 자연은 '자연선택natural selection' 또는 '자연도태'에서 따라 모든 것이 결정된다. 사회도 별다르지 않다. 이렇게 되면 지식의 개념은 더욱 복잡해진다. 왜냐하면, 사회적 합의나 사회적 선택을 받지 못하는 개인, 또는 이와는 무관하게 살고 싶은 개인들이 함께 살고 있기 때문이다. 도대체 왜 사회(또는 사회적 선택)가 기준이 되어야 하나? 우리가 살고 있는 사회가 그렇게 이상적理想的, ideal이란 말인가? 소위 말도 안 되는 것도 사회가 받아들이면 지식이고, 사회가 수용하지 않으면 지식이 아니란 말인가? 그렇다면 우리 개인은 아무것도 아니라는 말인가?

이러한 논리는 개인과 사회의 관계에 대한 문제로까지 비약된다. 역사적으로 오랫동안 이어져 온 실재론實在論, realism과 유명론唯名論, nominalism, 또는 名目論 간의 반립反立, antithesis이 그것이다. 과연 '사회社會, society'라는 것이 실재real 존재하는 것인가? 아니면 사회라는 실체는 존재하지 않고 오로지 명목名目 상으로만 존재하는 가정假定, hypothesis, 즉 단지 이름name일 뿐인가? 이러한 맥락에서 독일의 사회학자 베버Max Weber(1864~1920)는 사회에 대한 이론을 '사회실재론社會實在論'과 '사회명목론社會名目論'으로 정리한 바 있다. 즉 사회는 존재할 수도 있고, 없을 수도 있다. 따라서 만약 우리에게 사회(공동체)가 실재한다면, 개인적 지식은 사회적 선택으로 인하여 진정한 지식이 된다. 그러나 사회가 실재하지 않고 이름名目으로만 존재한다면, 개인적 지식은 모두 지식으로 인정된다. 즉 개인마다 지식이 서로 다르다고 해도 모두 지식으로 인정된다는 것이다. 이럴 경우는 모든 지식은 상대적相對的이다. 대표적인 사례가 바로 고대 그리스 시대의 소피스트들의 지식이다. 오늘날 다양성, 다양한 관점, 다양한 생각 등을 모두 용인하는 포스트모던post-modern의 지식 역시 이러한 조건 하에서는 별다르지 않다. 물론 현재는 그것이 지식으로 인정되지 않더라도, 앞으로 언젠가는 역사가 입증할 것이라고 자위하는 경우도 가능할 것이다.

3. 대표적인 현대존재론자인 가다머Hans-Georg Gadamer(1900~2002)는 '상황contingency, situation'이 모든 것을 결정한다고 주장했다. 여름에 해수욕장에서 비키니를 입고 있으면 전혀 문제가 안 된다. 그러나 종로 사거리에 비키니를 입고 나타나면 바로 경찰에 끌려간다. 목욕탕에서 옷을 벗으면 별일 아니지만, 시청 광장에서 옷을 벗으면 정신병자로 취급된다. 몸을 씻기 위해서 옷을 벗어야 한다는 사실은 분명 '지식'이다. 그러나 같은 지식이라도 어떤 때는 괜찮고 어떤 때에는 문제가 된다. 나체의 미녀들이 길거리를 활보한다면 풍기문란이지만, 이들이 모피毛皮반대데모 중이었다면 해석이 달라진다. 결국 '상황이 모든 것을 결정'하는 셈이다. 같은 지식이라도 A라는 상황에서는 맞고, B라는 상황에서는 틀리다. 암癌 선고를 받았지만, 같은 약을 먹고 A라는 사람은 살아나고 B라는 사람은 죽는다. 투약된 약에 작용하는 몸의 상태(저항력, 면역력, 수용력, 적응력 등)에 따라서 결과가 달라지는 것이다. 즉 서로의 상황이 다른 것이다. 여기서 몸의 상태가 바로 '상황'이다. 상황에 따라서 어떤 사람을 살아나고 어떤 사람은 죽는다. 약pharmacy은

대표적인 과학의 결과로서 분명 믿을만한 (과학적) '지식의 결과'이다. 그럼에도 불구하고 지식이냐 아니냐의 모든 결정은 '상황'에 달려 있다. 길거리에서 벌어지는 지나친 애정행각이 예전 한국에서는 풍기 문란 죄로 구속되기도 했지만, 미국에서는 물론 윤리 차원에서는 동서고금을 막론하고 논란의 여지가 있지만 별 특별한 일도 아니다. 장발 단속, 미니스커트 단속의 전례도 모두 마찬가지이다. 이번에는 시대적·지역적 상황이 지식을 결정한 셈이다. 이렇게 본다면, 결국 일상에서 발생하는 지식의 혼란성이 반드시 체계적·논리적으로 이해되는 것만은 아니라는 사실을 말해 준다.

4. 21세기 우리는 '지식(기반)사회knowledge-based society, 知識社會'에 살고 있다. "지식이 적으면 무식하다"고 손가락질받던 시절이 있었다. 소위 "가방끈이 짧다"는 속어로 표현된다. 오늘날 지식은 부富나 권력勸力과 직결될 정도로 삶에 소중한 방편이 되고 있다. 시장에서도 자본과 노동이 정보와 '지식'으로 대체되고 있다. 특히 디지털정보통신혁명은 21세기 지식사회를 급격하게 가속화시키고 있다. 물론 이러한 설명은 신자본주의를 변호하는 편중 논리일 수 있다. 아니면 "지식권력"(Michael Foucault)의 논리일 수도 있다. 지식이 권력이 되고 지식인에게 더 많은 권력이 부여된다. 그러나 사실 우리 인간의 삶에는 '여기서 의미하는 지식'보다 더 중요한 것들도 부지기수다. 이를테면, 삶의 도리道理를 위시하여, 인간생활의 오랜 전통인 양심, 예의범절, 도덕, 윤리, 규범, 배려, 경건, 협동 등이 있을 것이며, 사랑, 용기, 정情, 신뢰, 의지 등도 중요한 삶의 덕목德目, virtue들일 것이다. 그러나 따지고 보면 이러한 모든 삶의 덕목도 지식의 범주를 벗어나지 않는다. 즉 '아무 것도 모르면서' 도리와 예의범절을 지킬 수 없으며, 아무것도 모르면서 용기를 낼 수 없고 신뢰할 수도 없다. 도덕, 윤리, 규범을 지키고 싶어도 이에 대해 일말의 지식도 없다면[無知], 결국 우리는 아무것도 해낼 수가 없다. 성인군자가 되려고 해도 무엇인가를 알아야만[知] 하지 않겠는가? 알아야 면장面長도 하는 법이다. 그렇다면 우리가 살아가는 한, 매 순간이 지식이다. 결국 '지식'이란 삶에서 한순간도 유리될 수 없다.

이러한 의미에서 본다면, 인간은 예나 지금이나 '지식사회'에 살고 있는 셈이다. 이쯤 되면 지식사회에서 말하는 지식의 개념이 매우 혼란스러워진다. 우리말에 "알아서 남 주나"라는 말이 있다. 서양에는 "아는 것이 힘Knowledge is power"라는 말도 있다. 살아 있는 한, 우리는 무엇인가를 알아야 한다. 즉 알아야만 인간은 살아갈 수 있다. 불이 뜨겁다는 것을 알아야만 피할 수 있고, 문이 열린다는 사실을 알아야만 문을 열고 나갈 수 있다. 결국, 우리는 살아남기 위해서 무엇인가를 알아야 한다는 사실이다. 앎이 곧 삶이다. 그렇다면 이러한 일상지식의 논리는 '21세기 지식기반사회knowledge-based-society'에서 말하는 지식과 과연 무엇이 다른 것일까? 우리의 일상이 '아는 것[知]'으로부터 시작되는 것이라면, 이는 '지식이 부와 권력이 되는' 오늘의 지식논리와는 어떤 상관관계가 있는 것인가? 아니면 두 경우는 서로 전혀 별개의 것인가? 한마디로 일상의 지식과 소위 돈富이 되고 권력이 되는 지식은 전혀 다른 것인가? 이쯤 되면 지식의 문제는 정말 혼란스럽다.

5. 계몽주의 이후 급진전된 과학의 발달, 특히 자연과학의 발달은 지식의 비약적인 발달을 초래했다. 과학 만능의 시대에 지식 만능은 지극히 당연한 논리다. 소위 '과학적 지식scientific knowledge'의 탄생은 과학과 지식을 합일시켰다. 따라서 과학의 시대는 지식의 시대와 동일시되었다. 원칙적으로 과학적 지식은 '과학적 사실scientific fact'의 규명을 토대로 한다. 그리고 오늘날 과학적 지식은 지식의 대명사가 되어 버렸다. 왜냐하면, 지식의 '객관성', '타당성', '보편성(일반성)' 때문이다. 그렇다면 객관적이지 못하고 타당하지 못하고 일반화도 되지 않는 지식은 '지식'이 아니란 말인가? 그러한 지식은 '앎'도 아니며 '삶'과도 무관한가? 만약 '살아있는 한 우리는 알아야 한다'는 논리가 여전히 유효하다면, 앞으로는 과학자 또는 과학적 지식을 가지고 있는 사람들만이 살아남아야 한다. 정말인가? 비과학적이고 아직 입증되지 않은 지식은 지식도 아니고 이러한 지식을 가지지 못한 사람들의 삶은 삶도 아니며, 과학과 무관하게 사는 삶은 정말 삶도 아니라는 말인가?

사실 '과학적 지식'은 우리에게 많은 것(문명의 이기와 편리함)을 알게 했으며, 이로 인한 이득도 엄청나게 많이 가져다주었다. 그러나 우리의 삶이 모두 과학적인 것만은 아니다. 과학으로 설명할 수 있는 삶도 있지만, 아직 여전히 과학으로 설명하지 못하는 삶도 여전하다. 오히려 아직 과학적으로 설명하지 못하는 삶이 더 많을지도 모른다. 심지어 과학적으로 설명되지 못하는 삶 중에서 훨씬 더 훌륭한 삶이 더 많을 수도 있다. 반대로 과학적 지식의 폐해도 만만치 않다. 대표적인 것이 환경생태계파괴의 문제이다. 과학적 지식을 바탕으로 열심히 자연을 개척하고 개간했지만, 결국은 환경파괴의 위기가 찾아 왔다. 자연을 잘 관찰하면서 자연현상의 이치를 잘 분석하다가 마침내 자연현상을 잘 활용하여 수많은 문명의 이기를 만들어 내면서 기하급수적으로 우리의 삶은 윤택해졌다. 그러나 그것이 전부였다. 우리의 삶을 가능하게 해 주는 생태환경시스템eco-system이 모두 파괴되고 있는 것이다. 그렇다면 과연 과학적 지식은 우리 인간에게 항상 유효하기만 한 것인가? 진정 우리가 추구해야 하는 지식은 결국 삶의 집eco인 생태환경을 파괴하는 지식일 수밖에 없는 것인가? 그렇다면 소위 '지속 가능한 성장 sustainable development'을 위한 생태환경보호에 대한 지식은 없는 것일까? 이제 우리의 질문은, 과학의 세기, 지식의 세기에 과연 삶을 위한 진정한 지식은 무엇이란 말인가? 이렇게 본다면, 여전히 '지식'이라는 단어는 점점 더 의문 투성이가 될 뿐이다.

6. (인간의) 지식은 본질적으로 혼란성과 불확실성을 가지고 태어난다. 따라서 객관성을 담보하고 있다고 자부하는 자연과학의 세계에서조차 '확률이론probability theory'이 나온 지 오래다. 이제 오늘날의 과학은 '확실確實'이 아니라 '확률確率'로 설명될 수 있을 뿐이다. 확률이론確率理論이란 가능성확률, probability에 대해 연구하는 수학의 한 분야로서 오늘날 통계학의 토대가 되기도 한다. 즉 확률이론은 결정된 현상이 아니라 비非결정론적 현상을 수학적으로 기술함으로써 확률적 과정 및 사건을 탐구하는 것을 목적으로 한다. 이렇게 본다면, 가장 정교하고 객관적일 것이라고 여겨지는 수학에서의 지식조차도 모두 확률지식으로 판가름나고 있다.

우리 인간은 살아가기 위해 매 순간 변화하는 환경과 주변 여건을 판단하면서 결정을 내린다. 우리의 삶에서 모든 것은 '선택과 판단 그리고 결정'으로 이루어진다. 오늘날 우리는 의식적으로든 무의식적으로든 확률에 근거하여 예측·판단·결정한다. 물론 세상살이가 복잡해진 탓도 있다. 비가 내릴 확률, 로또에 맞은 확률, 부자가 될 확률, 치료될 확률, 취업될 확률 등 우리의 삶에서 확률적 사고는 일상이 되었다. 현대과학은 이미 이러한 현상을 잘 설명해 주고 있다. 특히 상대성이론, 양자역학이 복잡계複雜界, complexity system 이론 등으로 확장되면서, 확률론적 방법론의 위상은 전보다 훨씬 커졌다. 특히 통계역학의 등장으로 미시계의 물리적 현상들은 모두 확률로서만 설명될 수 있다는 사실이 (학문적·과학적으로) 입증되고 있다.[1]

그렇다면 우리는 정말 무엇을 알고 있는 것이며, 무엇을 모르고 있는 것인지? 그리고 이를 어떻게 확실히 알 수 있다는 것인가? 물론 지식(습득)의 경로는 생리학적·신경학적으로 설명될 수 있을지 모른다. 그러나 지식공유知識共有 또는 공유지식共有知識, shared knowledge의 차원으로 넘어가면 지식(습득)의 문제는 더욱더 복잡해진다.

7. 본 연구는 바로 이러한 '지식 개념에 대한 지적 대혼란'으로부터 시작한다. 지식은 과연 돈을 만들고 권력을 잡기 위해서만 필요한 것인가? 물론 신자본주의가 무르익은 오늘날 지식의 '환금성換金性'과 '권력화'는 거의 일반화되고 있다. 이로 인한 '지식의 양극화' 현상도 걷잡을 수 없이 격심해지고 있다. 심지어 지식의 양극화로 인하여 발생하게 되는 부익부빈익빈富益富貧益貧의 빈부 격차 내지 '사회적 양극화'의 문제를 감안한다면, 사회적 폐해는 갈수록 더 심각해지고 있다. 미래학자들은 앞으로 이러한 현상은 점점

---

[1] 통계역학의 기초(고전적 통계역학)는 오스트리아의 물리학자 볼츠만Ludwig Eduard Boltzmann(1844~1906)에 의해 수립되었는데, 이는 엔트로피무질서도, Entropy의 개념과 함께 설명된다. 통계역학의 방법은 대상의 자유도(혹은 변수의 개수)가 무척 커서 정확한 해를 구할 수 없을 때 유용하게 쓰인다. 통계역학의 파생 분야로는 비선형 동역학, 카오스 이론, 플라스마 물리학, 열역학, 유체역학 등을 들 수 있다.

더 심화될 것으로 예상한다. 한마디로 속수무책이다. 불과 20~30년 전에는 1%의 부자가 세계의 부 50% 이하를 가지고 있었지만, 오늘날은 1%의 부자가 소유한 재산이 세계 전체의 부 90% 이상을 차지하고 있다. 물론 지식과 부의 상관관계가 직접적인 것은 아니지만, '지식의 편중' 역시 '부의 편중' 현상에 일익을 담당한다. 왜냐하면, 이미 우리는 '지식이 부가되고 권력이 되는 지식사회'에 살고 있기 때문이다.

그럼에도 불구하고 우리의 삶에서 지식(앎)이 삶의 근본이라는 논리 역시 결코 삭제될 수 없다. 왜냐하면, 살아가는데 지식은 어쩔 수 없기 때문이다. 지식이 없다면 우리는 전혀 아무것도 할 수 없다. 지식이 돈이 되고 지식이 권력이 되는 오늘날은 더욱더 그렇다. 그러나 우리의 삶에서 요청되는 지식은 그것이 반드시 과학지식일 필요는 없다. 왜냐하면, 이미 언급한대로 과학이 우리의 삶에서 발생하는 모든 것을 해결해 주는 것은 아니기 때문이다. 아니면 과학지식으로 풀지 못하는 삶이 더 많기 때문이다. 설령 그것이 비과학적일지라도, 도덕과 윤리 그리고 양심의 범주를 벗어나지 않는 지식이라면 오히려 그것이 우리의 삶에 더 중요할 수 있다. 또한, 과학적 지식만이 양심의 지식은 아니다. 오히려 과학을 빌미로 이루어지는 지식 중에 비非양심, 비非윤리, 비非도덕성의 지식으로 결판나는 것도 다분하다. 이미 역사적으로 지식 유용성의 획을 그어준 다이너마이트 사건, 즉 다이너마이트를 발명한 노벨Alfred Bernhard Nobel(1833~1896)의 경우가 대표적이다. 식자우환識字憂患이라는 말도 있다. 많이 배워서 지식을 많이 가진 자들 소위 지식인들에 의해 부정부패가 주도되는 사회라면, 차라리 많이 알지 못하게 하는 것이 낫다. 또한, 과학 만능의 시대에 대우를 받는다고 해서 과학지식이 인간에게 전체를 포괄하는 삶의 지식은 아니다.

오늘날 우리는 '지식경영知識經營/ P. Drucker, 노나카'의 시대에 살고 있다고 한다. 이 말 속에는 경영현장에서도 지식을 잘 경영하면 성공한다는 말이 내포되어 있다. 그러나 반대로 '잘못된 지식'을 가지고 경영한다면 결과는 어떻게 될 것인가? 파국破局이다. 선무당이 사람을 잡은 셈이다. 결국, 지식경영에서도 지식의 '진실성'이 모든 것을 결정한다. 그렇다면 과연 우리의 삶에서 요구하는 '진정한 지식'은 무엇이며, 우리에게 이러한 지식을 어떻게 취득될 수 있을까?

8. 본 연구는 오늘날 전반적으로 우리의 지식 세계에 통용되고 있는 또는 지금까지 학문적으로 파악되고 발굴된 '지식 개념'에 대한 학문적·객관적 리뷰(검토)인 동시에, 지식 개념에 대한 새로운 규명과 이해를 목표한다. 구체적으로 '지식이란 무엇인가?', '지식은 어떻게 가능한가?'라는 원천적 질문으로 시작한다.

"지식이란 무엇인가? 어떤 종류가 있는가? 인공지능, 인지과학, 뇌과학의 성과를 모두 모아 보아도, 이러한 의문에 대한 최종적인 답은 아직 나오지 않았다. 지식과 그것을 둘러싼 현상의 체계적인 이론은 아직 존재하지 않는다. 따라서 '지식'이 단순한 키워드나 일시적인 유행어로 끝나는 것을 막으려면, 다양하게 존재하는 지식의 실천 양상을 분석하고 그 메커니즘을 체계적으로 이해하는 것이 필요하다."(스기야마 고조 외 19인/ 조영렬 옮김, 2005: 79)

아울러 '지식의 논리'와 '삶의 논리'와의 상관관계를 밝혀냄으로써, '우리 인간의 삶에 진실로 유용하고 의미 있는 진정한 지식은 무엇이며, 어떻게 그러한 지식(의 획득)이 가능한가?'에 대한 논리적 해명을 해 나가는 목표를 가지고 있다. 마지막으로 본 연구는 오늘날 통용되고 이해되는 '지식의 개념'에는 문제점과 한계 내지 모순이 함께하고 있다는 '대전제'를 가지고 시작한다.

첫째, 언젠가부터 우리의 지식 세계에서는 지식창출과 지식습득을 위해서 '방법론적 다수주의methodological pluralism'를 거부하고, 방법론적 단일주의methodological singularity에 깊이 의존하게 되었다. 실증주의實證主義, positivism가 대표적이다. 오늘날 우리에게 전승된 지식들은 주로 실증주의적 경험과학 및 자연과학의 지식창출방식에 거의 의존하고 있다. 그러나 방법론적 단일주의에 의해 창출되고 발굴되는 지식은 삶을 전체적으로 파악하는 데 수많은 한계와 모순을 노정시킨다. 왜냐하면, 인간의 삶은 방법적 단일성에 의해 해명되고 규명될 정도로 그렇게 단순하지 않기 때문이다. 또한, 이렇게 단일주의 방식으로 창출되고 발굴되고 획득되는 지식으로는 온전한 삶의 이해나 삶의 유용성 같은 문제 해결에 기여하기 어렵다. 심지어 이러한 지식 개념 하에서 파악되는 삶은 왜곡되기 십상이다. 따라서 방법론적 단일성에 경도 된 지식창출, 지식획득, 지식 발굴 등의 문제는 반드시 지양止揚, Aufhebung되 거나 수정되는 것이 마땅하다. 왜냐하면, 21세기는 지식사회로서 지식이 부 가 되고 권력이 되는 시대이기 때문이다. 심지어 지식기반사회에서 지식의 양극화는 빈부 격차라는 사회적 양극화의 온상이 되기도 한다. 지식의 부가 가치가 이렇게 커지는 시대에 만약 우리가 획득하는 지식이 건강하고 정당 하다면, 이는 인류발전에 큰 득得이 될 것이다. 그러나 만약 그렇지 않고 잘못된 지식이나 왜곡된 지식이 우리의 삶을 지배한다면, 인류의 삶은 바로 심각한 위기에 직면하게 될 것이다. 본 연구는 특히 후자를 심히 우려하는 차원에서 기획·실행되었다.

둘째, 본 연구는 오늘날의 지식 개념의 이해가 '존재론적 접근ontological approach'이 삭제된 채 '인식론적 접근epistemological approach'에 지나치게 경도 된 차원에서 이루어져 왔다는 전제를 가지고 있다. 물론 존재론Ontology과 인식론認識論, Epistemology은 동전의 양면이다. 즉 '존재에 대한 인식'으로 우 리는 모든 지식을 획득하기 때문이다. 다시 말해서 존재를 구성하고 있는 본질(실체)이 과연 무엇으로 되어 있는지에 대한 우리 인간의 인식이 바로 '지식'을 구성한다. 이런 차원에서 본다면 존재론은 인식론을 벗어날 수 없 다. 그럼에도 불구하고 지식의 창출, 발굴, 획득이 인식론적 차원에 지나치 게 경도傾倒되어 있다는 우려는, '존재'의 본질에 대한 접근이 '인식주체', 즉 '인식하는 나 또는 우리'에게 너무 많은 자의적 해석의 권한을 부여하고 있다는 사실이다. 이럴 경우 지식 개념에 대한 이해에서는 심각한 '오해 misunderstanding'가 발생할 수 있다. 왜냐하면, '인식주체'로서의 인간은 본래 부터 '인식론적 한계'를 가지고 태어나는 유한자有限者이기 때문이다. 따라 서 인식주체인 인간은 늘 '인식론적 오류'를 범할 수 있다. 결국, 제대로 된 인식을 위해서는 '인식론적 반성과 성찰epistmological reflection'이 요청될 수밖에 없다. 물론 이러한 오류 내지 오해는 존재 자체가 자신의 본질에 대해서 아무 말도 하지 않으며 또한 아무것도 알려주지 않기 때문일 수도 있다. 그럼에도 불구하고 우리가 존재 본질을 규명하는 데에 있어서 '인식론적 한계' 앞에서 어쩔 수 없다고 넋두리할 수는 없는 노릇이다. 따라서 인식론적 접근으로 이루어진 이러한 오해, 오류, 한계는 어떻게든지 '존재론적 접근'을 통해서만 수정 보완 교정될 필요가 있다. 특히 지식에 대한 존재론적 접근은 '지식의 체계화' 내지 '지식의 구조화'와도 밀접하게 연계되어 있기 때문이다.

> "우리 모두는 정리되지 않은 엄청난 지식을 갖고 있으며 그것을 체계적으로 정리하고 싶다는 욕구를 갖고 있다. 어느 경우에는 직장에서 얻은 지식이고, 또 어느 경우에는 개인적인 취미에서 얻은 지식이다. 자기가 흥미 있는 분야를 어떻게 표현하고, 그것을 효율적으로 이용할 수 있는 형태로 정리할까를 생각하는 것은 매우 즐거운 일이다. 이와 같이 지식의 체계화를 (지식의) 온톨로지Ontology, 存在論라고 한다."(스기야마 고조 외 19인/ 조영렬 옮김, 2005: 155)

따라서 본 연구는 지식의 탄생과정과 발전 및 성숙과정에 대한 인식론적 관점과 존재론적 관점 간의 '조화調和, harmony'를 도모하고, 더 나아가서는 '관점perspectives의 새로운 전환'을 시도하고 있다.

2. 연구의 내용과 범위

인간학anthropology의 결론에 의하면, 애초에 동물과의 경쟁에서 살아남으려는 인간의 발버둥은 급기야 문화文化, culture를 탄생시켰다. 바로 이러한 문화 창조의 과정에서 지식知識, knowledge이 함께 싹트고 있었던 것이다. 살아남기 위하여 인간은 우선 무엇인가를 알아야만[知] 했다. 산티아고 이론의 창시자이며 현대생태학자인 마투라나Humberto Maturana와 바렐라Francisco Varela 는 "산다는 것이 곧 아는 것"이라고 하면서 생명 그 자체의 과정을 '인지 과정'으로 보고 있다(Maturana and Varela, 1987: 174).

　실제로 우리 인간은 알지 못하고 단 한순간도 살아갈 수 없다. 호랑이가 날카로운 발톱을 가지고 있으며 이빨이 엄청나게 크며 송곳처럼 뾰족하다 는 사실을 모른다면[無知], 언젠가 우리는 호랑이에게 먹히고 말 것이다. 왜냐하면, 이들을 피하지 않을 것이기 때문이다. 살무사가 치명적인 독을 가지고 있다는 사실을 모르면, 우리는 아무 생각 없이 그 뱀을 밟고 지나갈 것이다. 그러나 결과는 죽음이다. 야산에 먹음직스럽게 자란 버섯에 독이 있다는 사실을 모른다면, 먹고 죽을 수밖에 없다. 중국의 경서인 손자병법에 "지피지기 백전불태知彼知己 百戰不殆"라는 말이 있다. 상대방을 알지 못하 면 백번 싸워 백번 패하고, 알고 있으면 백번 싸워도 위태롭지 않다는 뜻이 다. 지식의 유무有無가 생生과 사死를 결정짓는 것이다. 한마디로 지식은 인 간이 자신들의 본원적 생존문제를 해결하려는 수단이었다.

> "인류는 지구 상에 출현한 이래 그들 주변의 자연환경과 접하며 살아오면서 생존에 필요한 다양한 지식을 발견하고 습득해 왔다. 예를 들어, 원시인들은 사냥과 식량 생산을 위해 동물의 형태와 식물의 특성에 대해 알 필요가 있 었으며, 이 과정에서 동식물에 대한 기초적인 지식을 얻었다. 좀 더 발전된 형태로 그들은 독초와 약초에 대한 기초적인 지식을 가지게 되었고, 도예, 직조, 금속세공 등에 대한 초보적인 기술을 터득하게 되었다."(김영식·임 경순, 2002: 10)

　따라서 우리가 지식을 게을리하는 자들은 그만큼 삶의 조건에서 유리하 지 못하다. 심지어 지식이 없기 때문에 죽을 수밖에 없는 운명이 되기도 한다. 오죽 답답하면 60~70 고령의 할머니들이 검정고시에 합격했다고 신 문지상에 나오겠는가? 간판의 글씨를 읽지 못하는 사람은 하루 종일 길거리 에서 헤매야 할 것이며, 버스 정류장이 어디 있는지 알지 못하는 사람은 하루 종일 사방팔방을 뛰어다녀야 할 것이다. 아니면 비싼 요금을 물고

택시를 타야 할 것이다. 추석날 고속도로에서 '출구'라는 단어를 읽지 못하는 운전자는 고향길로 빠져나갈 수 없을 것이다. 옥상에서 내려오는 계단이 있다는 사실을 알지 못하면, 급한 김에 옥상에서 뛰어내릴 것이다. 가스가 위로 올라간다는 사실을 아는 사람만이 지하철 폭발사건에서 낮은 포복으로 살아나올 수 있을 것이다. 이렇게 볼 때, 지식추구의 능력은 인간의 '생명'과 직결된다. 결국, 우리는 삶과 앎(지식)은 동본원적同本原的이라는 사실을 알 수 있다. 즉 인간에게 아는 것이 삶이고, 삶은 앎으로서 풍부해진다. 한마디로 인간은 살아가기 위해서는 알 수밖에 없다.

제임스 버크James Burke는 자신의 저서 『우주가 바뀌던 날 그들은 무엇을 했나』(1995)라는 책에서 세상의 변화와 발전의 저변에는 '지식의 힘'이 있었으며, 지식은 인류의 삶과 가치를 이전 시대와 구분하는 분기점이 됐다고 설명한다. 한마디로 인간에게 부여된 지식추구의 본능은 계속 살아남게 한 삶의 본능이자 원동력임에 분명하다. 결국, 인간에게 지식은 생존에 있어서 없어서는 안 되는 가장 필수적 생명의 에너지이다. 인간학적 시각에서 본다면, 지식의 필연성은 인간이 결핍 존재로 태어나기 때문에 피할 수 없는 운명이기도 하다.

> "아리스토텔레스의 말처럼 '인간은 본성적으로 알기를 원한다.' 나와 너에 대해서, 자연세계와 인간의 문화에 대해서, 사물과 동물, 사건에 대해서 알기를 원하며, 이를 통해 자신의 존재를 확인하고 싶어 한다. 앎을 향한 노력은 인간이 존재하기에 가능한 것이다. 또한, 그것은 우리가 안고 있는 근본적인 한계와 모순, 죽음으로 끝날 수밖에 없는 인간 존재의 불가피한 조건에서 비롯된 것이기도 하다."(신승환, 2012: 154)

그러나 세상에는 반드시 '좋은 지식'만 있는 것이 아니고 '나쁜 지식'도 존재한다. 식자우환이라는 말도 있다. 지식을 유용함으로써 사람들에게 고통과 피해를 줄 수 있는 지식도 허다하다. 또한, 잘못된 지식도 많다. 심지어 포스트모던의 학자들은 이구동성으로 '우리의 지식이란 고정되고 절대적인 것이 아니라, 상대적이고 가변적'이라고들 주장한다. 오스트리아의 과학철학자 포퍼Karl Popper(1902~1994)의 '반증反證의 논리'에 의하면, '지식'도 반증이 될 때까지만 '지식'이다. 반증이 있으면 기존의 지식은 폐기된다.[2] 한마디로 지식은 언제든지 다른 지식에 의해 대체될 수도 있다는 것이다.[3] 왜냐하면, 지식은 '조건條件, condition의 지식'이기 때문이다. 즉 모든 지식은 동일한 조건에서만 유효하다.[4]

독일계 미국인 문화인류학자 크로버Alfred Louis Kroeber(1876~1960)는 문화와 지식이란 모두 '가치의 현실화'를 기준으로 변한다고 주장한다(Bühler, 1962: 42). 즉 가치의 현실화가 되지 못하는 지식은 그것이 설령 중요하고 진실하더라도 세상에서 사라진다는 것이다. 헝가리의 화학자이며 철학자인 폴라니Michael Polanyi(1891~1976)에 의하면, 암묵지暗黙知, tacit knowledge[5]가 곧 '실용지식'이다(Polanyi, 1958). 오늘날 우리는 지식의 생명주기가 매우

---

[2] 과학적 방법을 통하여 얻은 진리는 경험적이며 귀납적인 것으로, 여기에는 반증 가능성falsifiability이 언제나 존재한다. 즉, 과학의 발전에 따라 과학 지식은 그 의미와 내용이 변할 수 있다. 따라서 과학적 방법은 경험에 입각한 귀납적 결론을 이끌어낸다. 따라서 과학적 방법에 의한 지식은 확고부동한 것이 아니며, 언제나 반증될 가능성이 있다. 결국, 과학에서는 새롭게 얻어진 연구 결과에 따라 이전의 지식이 수정되거나 폐기될 수 있는 것이다(Christiaan Huygens(17632), ed. Keith R. Benson and trans. Robert Ellrich(1997), 163. Quotation selected by Bynum, 2005: 317). 이러한 맥락에서 아인슈타인은 "아무리 많은 실험을 하더라도 내가 옳다고 단정할 수는 없다. 단 하나의 실험으로도 내가 틀렸다는 것이 드러날 수 있기 때문이다"라고 말한 바 있다(Calaprice(ed.), 2005: 291).

[3] 포퍼에 의하면, "과학의 지위를 획득하기 위해서 언명 또는 언명의 체계는 가능한 또는 있음직한 관찰과 일치하지 않을 수 있어야만 한다"(Popper, 1969: 39; 오히어, 1995: 82 재인용) "한 이론의 과학적 자격의 기준은 그 이론의 반증 가능성, 반박 가능성, 테스트 가능성이다."(Popper, 1969: 37; 오히어, 1995: 40에서 재인용) "경험 과학의 체계는 경험에 의해 반박될 수 있어야 한다."(Popper, 1923: 15; 신중섭, 1992: 41에서 재인용.) 즉 어떤 이론은 그 이론이 거짓임을 경험적으로 입증할 수 있는 방법이 있을 경우에는 과학이론이지만, 경험적 반증이 불가능한 이론은 과학은 아니다. 즉 포퍼는 과학의 증거로서 반증의 가능성을 들고 있지만, 한편으로는 과학적 지식이라고 절대지식이 아니라는 사실을 의미하고 있는 셈이다.

[4] 자연과학에서는 이를 '조건'이라고 하겠지만, 인문정신과학에서는 '상황'이라고 해야 한다.

[5] 암묵지는 행동, 모방, 통찰, 그리고 유추 등 네 개의 심리학적 메커니즘에 의해 생성된다(이홍 외, 2005: 29).

짧은 시대에 살고 있다고 한다. 지식이 현실적 가치를 유지하는 시간이 짧아진 것이다.

주지하는 대로, 상대적 지식관은 역사적으로 고대 그리스의 소피스트 시대까지 거슬러 올라갈 수 있다. 절대적 지식관이 지배하던 시절에 프로타고라스는 '내가 만물의 척도'라는 상대성 논리를 가지고 지식의 상대성을 주장하다가 처형되었다. 아리스토텔레스와 프톨레마이오스 II세에 의해 강력하게 주창되면서 오랜 시간 동안 '진리'로 군림했던 "천동설天動說"이 코페르니쿠스와 갈릴레이에 의해 한순간에 "지동설地動說"로 바뀌었다(김영식·임경순, 2002: 76). 천지天地 우주가 바뀐 것이 아니라, 단지 지식이 바뀐 것이다. 그렇다면 지식은 절대적인가 아니면 상대적인가? 이러한 논제도 여전히 불투명하다.

심지어 사회체제와 지식탄생 간의 상관관계도 급격하게 무너지고 있다. 과거 종교의 시대에는 종교가 사회체제를 구성했으며 이로 인해 지식의 구조 역시 결정되곤 했다. 서구의 중세 1000여 년의 역사가 대표적이다. 지금도 특히 불교문화권과 이슬람 문화권을 비롯한 동서양의 적지 않은 민족과 국가들에서는 여전히 종교적 차원에서 대부분의 사회문화제도가 결정되고 있다. 이곳에서의 지식산출과 지식구조는 다분히 종교적이라고 할 수 있다. 종교적 권위가 약화되면서 사회적 세력을 지배하기 시작한 '정치적 권위'는 르네상스를 거쳐서 교황 대신 황제 중심으로 사회질서가 재편되었던 '절대국가시대'에 전성기를 누렸다. 이어서 사회질서를 재편한 세력은 경제적 권위 그 자체였다. 시장市場을 선점한 상공시민들의 발 빠른 움직임은 자유방임의 원칙까지 수용할 수밖에 없는 상황으로 전개되면서, 급기야 자본주의 경제사회가 도래했다. 이로써 경제가 시장뿐만 아니라 모든 삶을 결정했으며 사회제도 역시 경제적 권위에 의해 재편되었다. 결국, 오늘날 지식산출 및 지식유통 역시 '경제적 권위'에 종속될 수밖에 없게 되었다.

그러나 오늘날은 종교의 시대도 아니며, 정치의 시대도 아니다. 그렇다고 경제의 시대도 아니다. 즉 종교엘리트에 의해 이끌리는 시대도 아니며, 그렇다고 정치·경제 엘리트에 의해 지배되는 시대도 아니다. 물론 어제까지는 그랬다. 그러나 미래 우리의 삶을 주도하고 우리를 이끄는 세력은 다름 아 닌 테크놀로지Technology이다. 테크놀로지가 모든 것을 결정한다. 이런 맥락 에서 뉴 테크놀로지의 상징인 스티브 잡스Steve Jobs(1955~2011)의 위력도 이 해하면 된다. 과거에는 종교, 정치, 경제가 세력과 권력을 형성하여 우리의 삶과 사회제도를 지배했다면, 오늘날 우리의 모든 일상과 모든 사회제도는 테크놀로지에 의해 결정된다. 이런 의미에서 문명비평가이며 미래학자인 포스트만Neil Postman(1931~2003)은 21세기를 "테크노피아Technopia의 시대" 로 선언한다.[6] 이미 우리는 모바일 선거, 즉 모바일 이동통신의 첨단 테크놀 로지가 대통령, 국회의원, 지방자치단체장 등 정치적 세력가와 권력의 운명 을 갈라놓았던 경험을 한 바 있으며, 시장경제질서 역시 디지털정보통신혁 명의 산물인 홈쇼핑, 케이블 방송, 인터넷쇼핑, 전자상거래 등 온라인 사이 버 공간에서 재편되고 있다. 하물며 영상 매체를 통한 온라인 영상설교가 대세가 되고 있는 이 시대에 믿음 역시 테크놀로지에 전적으로 의존하는 신세가 되고 있다. 결국, 오늘날은 테크놀로지가 모든 것을 결정하고 있다. 테크놀로지가 힘이고 국가 정부인 셈이다.

> "한 사회가 경제 행위를 배분하는 방식은 구성원들의 사회적 행동에 영향을 미쳐, 마침내 새로운 사회규범을 만들어 내는 것이다. 기술의 발전은 낡은 경제 행위와 그에 따른 규범들을 근본적으로 파괴하며, 마침내 한 사회의 안정성을 침식해 들어간다. 부의 생산 양식과 소유 방식에 영향을 미치기 때문에 기술(테크놀로지) 발전의 힘은 20세기의 사회경제적 제도를 급격하 게 변화시키거나 사멸시키게 될 것이다."(이언 앵겔, 장은수 옮김, 2001: 6)

이렇게 본다면, 오늘날 지식의 세계 역시 테크놀로지의 발달이라는 범주를

---

[6] "테크노피아"란 기술이 신격화되고 모든 권위를 독점하는 문화적 현상을 말한다. 오늘날 기술이 인간의 사고와 행위 전반을 통제하고 있으며, 인간이 기술에 종속 된 상황을 일컫는다. 애초 기술은 신의 진리를 추구하는 도구였지만 이후 신과 분리된 객관적 진리로 바뀌었다가 지금은 그 자체가 신이 돼 인간을 지배하는 유일한 진리가 됐다고 설명하고 있다.(한국정보통신기술협회)

결코 벗어날 수 없다. 즉 현대인들의 삶은 너 나 할 것 없이 테크놀로지의 운명과 함께할 수밖에 없는 시대가 된 것이다. 물론 한동안 권력의 중심이 있었던 종교, 정치, 경제권에서는 테크놀로지를 장악하고자 할 것이다. 대혼란이 당분간 지속될 것이다. 그럼에도 불구하고 우리가 반드시 잊지 말아야 할 사실은, 앞으로 우리의 새로운 지식탄생은 모두 테크놀로지발달의 속도와 수준 등에 의해서 결정될 전망이다. 그러나 문제는 과연 테크놀로지의 발달이 항상 긍정적이란 말인가? 테크놀로지의 발달은 항상 선善, good인가? 테크놀로지의 발달에 의해 저질러지는 악惡, bad은 어떻게 하란 말인가? 아니면 잘못된 테크놀로지에 의존하는 지식은 우리의 삶과 무관한 지식인가? 다시 말하면, 테크놀로지의 발달에 의존되는 지식의 탄생은 과연 지식의 오랜 전통인 선에 의존된 지식이라 할 수 있을까? 물론 우리의 삶에서 '선악의 판단 준거'는 여전히 불투명하다.

결국 '지식'의 문제는 '지혜sophy'의 문제로 귀결된다. 이는 동양의 지식관과 서양의 지식관 사이에는 본질적인 차이가 있다는 생각과도 무관하지 않다. 물론 엄밀히 말해서 이러한 차이는 '지식을 추구하는 방법론'의 문제로부터 발생한다고도 할 수도 있다. 이를테면, 오늘날 지식창출은 실증주의에 편중되어 있다. '방법론적 독점monopole'의 승리라고나 할까? 그러나 역사적으로 볼 때, 지식추구의 방법은 실제로 '방법론적 다수주의methodical pluralism'로부터 비롯되었다. 특히 철학적 지식방법론은 방법론적 단일주의(특히 실증주의, 과학주의)의 강력한 위세 때문에 우리 사회에서 거의 자취를 감추고 말았다. 바로 이것이 문제의 뿌리였던 셈이다. 따라서 지식추구 및 지식창출에서 '방법론적 다수주의'가 다시금 새롭게 복권되어야 할 시점이다. 이미 위에서 언급한 대로 본 연구는 바로 이러한 사실 규명에 매우 주목하고 있는 셈이다.

오늘날 학문 세계에서 또는 지식추구 및 지식창출의 세계에서 융·복합 내지 통섭의 차원이 요청되고 있다. 본래 지식은 단일한 방법에 의해서만 탐구될 수 있는 것이 아니다. 즉 지식은 하나일지 몰라도 이를 추구하는 방법들ways, methods은 무척 다양하다. 이는 마치 산의 정상peak은 하나지만,

올라가는 길way은 다양하고 다수일 수 있는 것과 같은 이치이다. 피타고라스에 의하면, 직각삼각형의 공식, 즉 "c2(빗변의 곱) = a2(한 번의 곱) + b2(또 다른 한 변의 곱)"은 명백하다. 그러나 이를 입증해 내는 방법은 약 106가지 정도가 있다고 한다. 가장 정확한 하나의 답이 존재한다는 수학에서조차도 이렇게 답에 접근하는 (연구)방법은 다양하다.

독일의 대표적인 존재론적 철학자인 가다머의 대표작인 『진리와 방법Wahrheit und Methode』(1960)의 원제목은 『방법 없는 진리Wahrheit ohne Methode』였다. 가다머가 그런 제목으로 출판사에 탈고한 것이다. 그러나 제목을 보고 책이 안 팔릴 것 같다는 판단을 한 편집장이 고집하여서 제목을 <진리와 방법>이라고 고쳤다. 편집장의 예상대로 책은 엄청나게 많이 팔렸다. 소위 대박을 맞은 셈이다. 가다머의 그 책 『진리와 방법』은 지금도 학계에서는 가장 꾸준히 팔리는 소위 스테디셀러steady seller의 대명사가 되고 있다. 그렇다면 왜 처음에 가다머가 제시한 그 책의 제목은 <방법이 없는 진리>였을까? 여기서 가다머는 당시 세상을 지배하고 있던 실증주의 방법론(과학적 방법론)이 학계에서 유일한 방법으로 간주되는 사실이 못마땅했기 때문이며, 특히 진리의 세계는 결코 그러한 방법, 즉 실증주의나 과학주의의 방법으로는 도저히 접근할 수 없다는 사실을 주장하려고 했던 것이다. 즉 진리의 세계에 접근하는 데에는 '특정한 하나의 방법'으로 가능한 것이 아니다. 따라서 '방법적 다수성의 원리'는 어떤 학문에서도 적용되는 것이 극히 정당하다. 또한, 우리는 특정한 개념에 대한 통섭concilitation적 접근을 통해 지식의 본질적인 융복합성을 밝혀냄으로써 진실한 지식의 탄생을 기원할 수도 있을지 모른다.

I

지식의 개념

01 지식[앎]의 원천

1. 감각: 관찰과 경험

1.1 관찰과 지식

인간에게 지식의 원천은 관찰觀察, observation이다. 인간은 태어날 때부터 주변을 살핀다. 주변을 '관찰'[1]하는 것이다. 왜냐하면, 우선 눈目이 있기 때문이다. 그러나 잘 따져보면 관찰을 살아남기 위함이다. 이런 점에서 인간은 동물과 결코 다르지 않다. 동물이나 인간이나 모두들 관찰을 통하여 우선 적敵을 구별해 낸다. 물론 처음에는 잘 모른다. 그러나 점차 시간이 지나면서 적을 알게 된다. 적어도 자신에게 해를 끼치지 않는 놈도 알게 된다. 심지어 그에게 가까이 가서 친하게 지내기도 한다. 일명 친구親舊가 되는 것이다. 친구가 되면 무엇이 이로운지를 알기 때문이다. 물론 이는 자신이 살아남기 위한 전략이기도 하다. 배가 고프면 이들은 주변을 두리번거리기도 한다. 혹시 먹을 것이 없을까? 그리고 무엇을 먹어야 하는가? 먹이를 찾기 위해서 관찰하기 시작하는 것이다. 이렇게 보면, 우리는 일차적으로 생존을 위해서 주변을 열심히 관찰하는 것이다.

물론 호기심好奇心 때문에도 주변을 관찰한다. 이러한 관찰에는 '생각하는 것', 즉 '사고능력'이 동반된다. 물론 동물도 관찰하면서 생각하는지 모

---

[1] 관찰이란 주변의 현상(대상)에 대한 인식의 출발점으로서 능동적이며 유목적적인 행위를 말한다. 이는 인식 대상의 정보를 획득하기 위한 삶의 본능本能이다.

른다. 그러나 우리가 동물이 아닌 이상, 이를 주장할 근거는 명확하지 않다.[2] 따라서 인간만이 '생각하는 동물', 즉 호모사피엔스homo sapiens로 불린다. 두뇌의 사고능력 덕분에 관찰은 인식을 거쳐서 마침내 '과학적 사고'로까지 이어진다. 이렇게 본다면, 관찰은 과학의 뿌리가 될 수 있다. 이런 연유로 오늘날 '관찰'은 과학적 연구방법의 시작이기도 하다. 즉 과학science, 科學은 '관찰theoreia'로부터 시작된다. 과학자들은 단순한 관찰과 구분하여 자신들의 방법을 '관측'이라고 부른다. 그러나 관측은 관찰과 측정測定이 합해진 말이다. 처음에는 눈으로 있는 그대로를 관찰하다가 이를 수학적으로 계산하면서 관측을 하였으며 지금은 각종 과학실험도구나 테크놀로지의 힘을 빌려서 관측을 한다. 이는 망원경과 현미경 발견의 역사를 살펴보면 쉽게 알 수 있다. 관찰이 관측이다. 이렇게 본다면 관찰은 일상의 지식을 얻는 것으로부터 시작해서 마침내 '과학적 지식'[3]의 원천이 되기도 하는 것이다.

원시수렵어로시대의 원시인들은 물고기를 잡기 위해서 이들의 움직임을 관찰했다. 빠른 놈도 보이고 느린 놈도 보인다. 끈질긴 관찰의 결과, 사람들은 느린 놈을 먼저 잡을 수 있었다. 아직 빛의 굴절 원리를 몰라도, 이들은 눈에 보이는 곳보다 더 깊게 어망을 흩어내야만 물고기를 잡을 수 있다는 사실을 알았다. 오랜 관찰의 결과이다. 또한, 나무꼭대기에 올라가서 파인애플 열매를 따 먹는 침팬지를 보면서 인간은 자신도 나무에 올라갈 궁리를 하였을 것이다. 배고픔을 해소하기 위함이다. 심지어 맹수들의 일거수일투족을 관찰하면서 어떻게든 놈들을 피해야 한다는 생각을 했을 것이다. 물론 그러다가 한동안 사자, 호랑이 같은 맹수들에게 잡혀 먹기도 했겠지만 말이다.

고대 메소포타미아 인들은 유체역학에 대한 (과학적) 지식이 없이도 관찰

---

[2] 물론 아리스토텔레스는 『니코마코스의 윤리학』에서 아동과 동물을 같은 종species으로 보았고, 아우구스티누스는 아동을 작은 동물little animals로 보았다.

[3] '아리스토텔레스는, 우리는 '왜'라는 이유를 알 때 지식다운 지식을 가지게 된다는 말을 자주 한다. 여기서 '지식다운 지식'이라고 하는 것은 희랍어로 '에피스테메'로서 아리스토텔레스가 말하는 '과학적 지식'에 해당된다.'(D.W. 함린, 1978/ 이홍우 역, 2010: 49~50)

을 통해서 배 만드는 기술을 터득할 수 있었으며, 유기화학이나 생화학에 대한 지식 없이도 관찰만을 통해서 술을 빚을 수 있었다. 또한, 고대 이집트 인들은 일상생활의 필요 상 농업 기술과 제례 의식을 위해서 점성술과 달력 기술 그리고 해시계 및 물시계 등 천문관측의 기술을 발전시켰다. 훗날 이는 천문학, 기하학 등 기초 자연과학으로 성장하지만, 초기 지식은 역시 관찰로부터 얻어진 지식들이었다. 결국, 관찰로부터 얻어지는 소위 '관찰지식 觀察知識'은 과학적 지식의 뿌리가 된 것이다.

그러나 관찰지식이 반드시 과학적 지식으로 발전하는 것은 아니다. 왜냐 하면, 나의 관찰과 다른 사람의 관찰이 다를 수 있기 때문이다. 또한, 인간의 관찰능력은 늘 불안하기 때문이다. 또한, 오늘 관찰한 것과 어제 관찰한 것이 다를 수도 있다. 여기서 인간은 관찰이 늘 동일할 수는 없다는 사실을 알게 된다. 처음에는 자신의 관찰이 맞고 남들이 틀렸다고 우겨 보기도 한다. 그러나 결국 시간의 흐름 속에서 자신의 관찰만이 유일한 정답은 아니라는 사실을 알게 된다. 아니면 관찰의 능력이 탁월한 사람의 생각을 그래도 따르기도 한다.[4]

한편, '아이들 보는 데에서는 물도 못 마신다'는 말이 있다. 아이들은 보는 대로 모방模倣한다. 모방은 경험經驗, experience이다. 이는 원시 인간들의 모습이기도 하다. 이렇게 본다면, 관찰과 경험은 삶과 동본원적이다. 물론 특별한 경험 없이 관찰로만 끝나는 경우도 허다하다. 그러나 엄밀히 말하면 '관찰한다'는 그 자체가 '경험'이다. 즉 관찰은 '시각적 경험'이다. 한마디로 관찰과 경험은 어느 것이 먼저인지 구별하기 어렵다. 그러나 중요한 것은 경험과 관찰의 결과는 반드시 '지식'으로 축적된다는 사실이다. '남의 말을 잘 듣지 않는 자는 당해봐야 안다'는 말이 있다. 일반적으로 인간은 간접경험보다는 직접경험을 통해 얻는 지식을 선호한다. 백문불여일견百聞不如一見, 즉 '백 번 듣는 것보다 한번 보는 것이 낫다'고 하지만, 한번 보는 것보다 직접 경험해 봄으로써 보다 더 확신을 얻는다. 즉 직접 먹어봐야 맛을 아는

---

4 이런 의미에서 과학자들은 과학 방법을 단순한 관찰觀察과 구별하여 '관측'이라고 한다. '측정이 가능한 관찰', 즉 관측觀測이 바로 과학(연구)방법의 시작이다.

법이다.

　그러나 직접경험으로 얻은 지식이라도 반드시 확실하지는 않다. 독서 또는 전승 등 간접경험에 대한 불신은 더 클 수 있다. 한마디로 경험을 통하여 터득한 지식은 항상 안전한 것이 아니다. 그럼에도 불구하고 그것이 직접경험이든 아니면 간접경험이든 경험으로 습득된 지식은 분명히 '지식'이다. '경험지식經驗知識'이 그것이다. 그러나 이러한 경험지식 역시 아직은 '불안한 지식'이다. 말하자면 (참) 지식이 될 가능성만을 가지고 있는 '잠정적 지식'이다. 오늘날의 과학적 용어로는 입증立證과 검증檢證, verification이 요청되는 지식이다. 그러나 중요한 것은 분명히 이러한 지식에도 '안전한 (또는 확실한) 지식으로의 가능성' 역시 상존한다는 사실이다. 즉 인간의 감각을 통해서 얻어지는 경험지식은 일련의 지식으로서 이는 언젠가 진정한 또는 확실한 '지식'으로 거듭날 수 있다는 말이다.[5] 플라톤 역시 자신의 대화집 『국가Politeia』에서 인식의 수준을 '감각적인 것'과 '이성적인 것'으로 양분하였으며, 다시 감각적 인식은 감각지感覺知와 경험지經驗知로 나누고 있다. 반면, 이성적 인식은 오성지悟性知와 이성지理性知로 나뉜다. 이에 대해서는 아래에서 계속 설명된다. 결국, 지식은 관찰, 경험, 추상에 의해서 일단 형성되지만, 지속적으로 번복되고 수정되면서 아니면 입증되고 검증되면서 마침내 진정한 지식으로 발전할 수 있는 것이다. 우리는 이를 '객관적 지식'이라고 부른다. 이러한 '객관적 지식'이야말로 우리가 의도하는 '진정한 지식' 또는 진정으로 믿을만한 지식이다. 왜냐하면, 지식이란 일반적으로 "누구나 알 수 있는 것"을 의미하기 때문이다(찰스 반 도렌, 오창호 옮김, 1995a: 11).

---

[5]　감각과 감각의 반복에서 감각인상이 나오고, 이 감각인상이 반복되면 기억인상이 나오고 이것은 다시 경험으로 이어진다(D.W. 함린, 1978/ 이홍우 역, 56~57).

1.2 경험과 지식

지식은 관찰로부터도 습득되지만, 순수한 직접 경험을 통해서도 얻어진 다고 했다. 인류는 나일 강의 범람을 막기 위해서 몸소 강으로 들어가서 강물의 깊이와 조류의 속도를 직접 경험하였으며, 산속에서 채취해 온 풀을 잘못 먹고 복통을 경험하면서 독초를 구분할 수 있었다. 물론 잘못 경험할 수도 있다. 그러나 이러한 경험적 지식을 아직 우리는 '과학적'이라고 말할 수는 없다. 왜냐하면, 자신이 경험으로 얻은 지식을 토대로 배를 만들어서 강물에 띄었지만 금방 가라앉을 수도 있기 때문이다. 따라서 모든 경험으로 부터 지식은 '시행착오試行錯誤, trial and error'의 과정을 통하여 완성되어 간 다. 결국, 경험지식은 시행착오를 전제한다.

달리 말하면, 시행착오의 경험들은 경험적인 객관지식의 가능성을 제공 한다. 예를 들면, 아랍의 사막지대에는 신기루를 비롯한 광학 현상이 많이 나타나며 사막에 부는 강한 모래바람 때문에 많은 사람이 눈병에 걸려 고생 한다. 이러한 현상을 예방하고 치료하는 과정에서 아랍 사람들은 눈과 시각 현상에 대한 많은 지식을 얻을 수 있었으며, 이러한 지식을 토대로 하여 광학기술이 발전하게 된다(김영식 · 임경순, 2002: 46). 물론 '시행착오의 연 속'이다. 즉 이러한 광학기술의 역사는 실생활에 필요한 지식이지만, 엄밀히 말하면 오랜 시간 동안 모래바람과의 싸움을 통한 무수한 시행착오의 경험 에서 얻어진 '경험적 지식'이었던 것이다.[6]

---

[6] 이라크의 바스라 출신인 이븐 알하이탐(아랍어: أبو علي، الحسن بن الحسن بن الهيثم, 페르시아어: ابن هی ثم, 라틴어: Alhacen, 영어: Alhazen, 965~1040)은 이슬람의 학 자로서 광학, 물리학, 천문학, 수학, 안과학, 철학, 시각, 과학적 방법 등에 능통한 학자였다. 그는 특히 광학 이론에 큰 공헌을 했는데, 광학과 시각의 연구인 <광학 의 서>는 1270년 라틴어로 번역 출판되었다. 그는 우리가 물체를 볼 수 있다는 빛이 있기 때문이라는 광학 이론을 제시하였으며, 아울러 유클리드와 프톨레마이 오스의 이론을 거부했다. 그는 이 외에도 눈의 구조, 빛의 반사와 굴절, 렌즈, 무지 개, 대기 굴절과 같은 이론들을 발표해서 광학에 큰 영향을 끼치게 되었다. 이 이론이 유럽에까지 널리 퍼지게 되면서 이븐 알하이탐은 '제2의 프톨레마이오스' 라고 불리게 된다. 오늘날 그의 연구 결과는 물리, 특히 광학에 엄청난 영향을 끼쳤고, 광학의 이론과 실험의 새로운 시대를 열었다고 할 만큼 높은 존경을 받고

일반적으로 경험은 직접경험과 간접경험으로 나눈다. 직접경험은 자신의 직접 겪어 보는 것이며, 간접경험은 누군가에게 간접적으로 들은 이야기나 독서 또는 TV, 라디오, 인터넷 등 매체를 통해서 얻은 일종의 '대리경험代理經驗'을 말한다. 그러나 중요한 것은 직접경험이든 간접경험이든 하여간 '경험'을 통해서 얻어지는 지식은 삶을 풍요롭게 한다는 사실이다. 그것이 직접경험이든 간접경험이든 경험을 통해서 얻은 지식은 바로 '사고思考'로 이어진다. 경험을 통해 얻은 지식으로 우리는 같은 상황에서 발생할 사건과 문제를 '사고하면서' 예견하기도 하고, 이에 직접 대처할 수 있는 방안을 강구하기도 한다.

물론 지식이 사유思惟로 이어진다고 해도, 그것이 반드시 행동行動으로 이어지는 것은 아니다. 만약 우리가 경험으로부터 얻은 지식이 곧바로 행동으로 이어진다면, 이는 기술技術, 기능技能 그리고 테크놀로지로 발전될 수 있을 것이다. 다시 말해서, 경험적 지식은 기술적 지식 또는 기능적 지식 등 실용적 지식으로 발전될 가능성이 높으며, 기술, 기능, 테크놀로지로 현실화될 가능성이 높다. 특히 고대 문명의 발생지로 꼽히는 이집트와 메소포타미아 지역에서 발굴되는 과학적 지식들은 실용적 성격이 강하였으며(김영식·임경순, 2002: 11), 이러한 실용적 지식은 경험적 지식이 행동으로 발전한 역사적 사례로 간주될 수 있다.

물론 경험을 통해서 얻어진 지식이 실생활에 적용되지 못하는 경우도 있다. 이는 두뇌능력, 즉 기억력, 순발력, 판단력 또는 추진력 등 의지의 문제일 수도 있지만, 한 번의 경험으로 모든 경험을 대신할 수는 없기 때문이다. 즉 한 번의 경험이 항상 완벽한 것은 아니다. 다시 말해서, 인간에게 경험적 지식이 반드시 똑같은 시간과 공간에 적용되어서 똑같은 산출물로 나타나기는 쉽지 않다. 예를 들어, 기술자는 경험적 지식을 현실화시킬 가능성이 높지만, 일반인들은 그렇지 못할 것이다. 왜냐하면, 일반인들은 자신들이 경험한 사실을 실제에 적용할 수 있는 능력이 없거나 아니면 그럴 필요성을

있다.(Al Deek, Mahmoud(2004), "Ibn Al-Haitham: Master of Optics, Mathematics, Physics and Medicine", Al Shindagah(November~December 2004)

느끼지 못하고 있기 때문이다. 그러나 분명한 것은 경험적 지식이 나중에 과학적 사고를 야기할 수 있다는 사실이다.

한편, 경험으로부터 발견되고 습득된 지식은 문화(문명) 창조에 큰 역할을 한다. 문화 창조를 촉발시키는 지식은 궁극적으로 삶의 유리한 조건 창출에 기여한다. 또한, 경험과 경험으로부터의 지식, 즉 경험적 지식은 최종적으로 '경험과학'으로 이어진다. 인류 최초의 과학을 시작한 것으로 알려진 아리스토텔레스의 과학론(자연학)은 '경험적 지식'을 토대로 하고 있다(Mainzer, 1997: 22). 이러한 경험적 지식은 자연현상을 관찰하면서 자연의 본질을 규명하려고 했던 탈레스[7]에게서 이미 나타나고 있었다.

자연의 본질을 '물'이라고 파악한 탈레스는 BC 620년경 '물가'에서 태어났다. 즉 그가 태어난 밀레투스는 소아시아Asia Minor의 서해안지역으로서 메안더 강Maeander River의 어귀에 위치하고 있다. 그는 지구의 땅이 '바닷물'에 떠 있다는 가정 하에서 지진地震의 원리를 설명했다. 즉 땅이 파도wave에 왔다 갔다 밀리다가 점차 그 강도가 강해지면서 지진이 발생한다는 것이다. 이렇게 본다면, 탈레스의 지식추구의 방법은 극히 경험론적 접근이었다고 할 수 있다. 즉 그는 자신의 눈으로 '관찰'한 것을 또는 실제로 관찰을 통해 경험한 인식을 지식으로 간주했던 것이다. 이러한 관찰을 통한 인식경험은 오늘날 대표적인 과학적 지식탐구의 방식이며 경험과학經驗科學, empirical science의 시작이다.[8]

"탈레스 이전 대부분의 지식은 사냥에서 작물을 기르는 것, 한 집안을 조직하는 것에서 도시를 통치하는 것, 예술을 사랑하는 것에서 전쟁하는 것까지 기획한 것에서 성공을 거둬내기 위한 실용적인 규칙들로 구성되었다. 수천

---

[7] 탈레스는 물질세계의 단 하나의 보편적인 원리, 즉 스스로 변하지 않으면서 다른 모든 변화의 기저에 놓인 유일한 실체Substratum를 제안한 첫 사상가이다(찰스 반 도렌/ 오창호 옮김, 1995: 78)

[8] 아리스토텔레스는 탈레스를 고대 그리스의 전통을 가진 최초의 철학자로 기록하고 있다(Aristotle, Metaphysics Alpha, 983b18). 러셀Bertrand Russel에 의하면, 서양 철학은 탈레스로부터 시작된다(Bertrand, 1945: 7).

년 동안 지속된 이런 실제적인 노하우의 점차적인 누적은 그리스인들이 사물의 본성에 관해 철학 하기 시작했다고 해서 끝나지 않았다.”(찰스 반 도렌 / 오창호 옮김, 1995: 117)

한마디로 인간은 경험적 지식을 통해서 철학(형이상학)도 시작할 수 있다. 그러나 경험적 지식은 경험의 양태에 따라 제한된다. 즉 어떤 범주에서 얼마나 경험하는가에 따라서 경험적 지식은 영역과 범위가 제한되는 것이다. 따라서 경험적 사고가 과학적 사고로서, 즉 과학으로 성립되기 위해서는 객관적 영역을 포괄하는 '객관성客觀性'의 문제를 해결해야 한다. 이 역시 '시행착오'의 문제라고 할 수 있다. 또한 '과학성'이란 경험적 지식의 확실성과 보편타당성에 달려 있다.

“『형이상학Metaphysica』 첫머리에서 아리스토텔레스는『분석론 후서』끝 부분의 논의 중 많은 부분을 반복하면서 경험은 특수적 사례와 관련되며 이점에서 '과학적 지식'과 대비된다는 말을 덧붙이고 있다. 아리스토텔레스가 왜 이 말을 하는지는 짐작하기 어렵지 않다. 아리스토텔레스 자신도 인정한 바와 같이, 그 말이 '보편적인 것'과 무관하다고 보는 것은 옳지 않다.”(D. W. 함린, 1978/ 이홍우 역, 2010: 53~54)

결국 경험으로 얻은 지식이 객관성을 확보할 수 있다면, 그것은 '경험과학'의 시작을 의미한다. 왜냐하면, 모든 과학은 예외 없이 '객관성'을 담보하고 있기 때문이다. 그러나 '과학적 객관성'의 문제 역시 '경험의 시행착오'라는 본질적인 한계상황을 극복할 수 있을 때 비로소 가능하다.

주지하는 대로 인간의 경험은 예외 없이 시행착오를 동반한다. 왜냐하면, 인간의 경험지식은 완전하지 않기 때문에 시행착오를 통하여 비로소 지식으로 전환된다고 할 수 있기 때문이다. 애초에 인간은 동물과의 생존 경쟁에서 승리하기 위해 생각하면서(homo sapiens) 도구를 만들어(homo faber) 사용했다. 호랑이나 독수리의 강한 발톱에 대항하기 위해 날카로운 창과 칼 그리고 독화살[9]을 고안해 냈고, 이들의 공격 속도를 막아내기 위해 덫을 놓고 구덩이를 파 놓고 창살을 설치하였다. 스컹크의 독가스를 보면서 가스총을 만들어 냈으며, 도롱뇽과 카멜레온의 피부 변신을 보면서 각종 위장 전술을 알게 되었다. 또한, 호랑이나 사자 같은 맹수처럼 날카로운 이빨을 가지지 못한 관계로 소화기능이 좋지 않은 인간은 열매와 씨앗을 맷돌[10]과 돌망치[11]로 갈아 잘게 부수었으며, 토기[12]를 구워내어 질긴 날고기 대신 불에 구워 연하게 먹을 수 있었다. 두더지 손을 모방하여 땅 파는 굴봉掘棒[13]을 만들어 냈으며, 추위를 극복하려고 불을 사용하면서 옷을 지어 입을 줄 알게 되고 움막에서 비와 바람을 피할 수 있었다. 이처럼 인간들은 처음에 동물들을 관찰하면서 그리고 이들의 능력을 모방하면서 무엇인가를 만들어 낼 수 있었다.[14] 심지어 동물의 능력보다 성능이 우세한 그 무엇인가도 만들어 낼 수 있었다. 결국, 동물과의 경쟁에서 승리하기 시작한 인간은 점차 '이성의 동물'(homo ratio)로 탄생하고 있었으며, 아울러 보다 정교한 도구

---

[9] 인류가 활을 사용한 최초의 고고학적 증거는 약 10,000년 전 또는 12,000년 전의 암각화로부터 나왔으며, 말레이시아 세망Semang족의 이웃에 있는 사카이Sakai족은 규모가 적은 종류의 수렵에서 독약을 묻혀 대나무로 만든 화살을 불어서 사용하였다(Bock, 1979/ 조병로 역, 2001: 226). 지금도 아마존 유역의 지바로 인디언 Jivaro Indians 족은 불어서 내쏘는 화살로 사냥하는데 아주 숙련된 수렵민이다(윗글, 227).

[10] 맷돌은 지금부터 약 1만 년 전의 구대륙이나 신대륙에서 발견된 것으로, 세계 대부분의 지역에서 폭넓게 나타나는 자급자족하는 생계 경제의 전형적인 모습으로서 열매의 수집이나 곡물 타작에 있어 필수 불가결한 역할을 하고 있다(Bock, 1979/ 조병로 역, 2001: 223).

[11] 샤이안 족 여성들의 가장 기본적인 가재도구는 큰 돌망치이다(Bock, 1979/ 조병로 역, 2001: 223).

[12] 가장 오래된 토기는 8,000년경 전에 근동 지방에서 발견되었다(Bock, 1979/ 조병로 역, 2001: 264).

[13] 굴봉은 원시인류로부터 원시 농업에 사용한 뾰족한 땅 파는 막대기로 지금도 미국의 인디언들이 사용하고 있다(Bock, 1979/ 조병로, 2001: 222).

[14] 반두라Bandura(1977)에 의해 제시된 사회적 학습이론은 지식생성을 '관찰과 모방의 과정으로 인식한다(이홍 외, 2005: 17). "사회적 학습에서는 특히 모방이 지식생성의 기본 메커니즘이다. 모방이 성공적으로 이루어질 경우 모방 이전과 모방 이후의 지식은 매우 다르다. 즉 모방 이후의 지식은 모방 이전에는 전혀 가질 수 없었던 것으로 기존 지식과는 매우 큰 차별성을 가지게 된다."(이홍 외, 2005: 26)

를 만들어 낼 줄 아는 인간은 '능력 있는 기술자'로 거듭나게 되었다.

한편, 반복하지만 인간(인류)은 살아남는 과정에서 수많은 시행착오를 반복하였다. 아마 시행착오의 연속 선상에서 죽음도 다반사로 발생했을 것이다. 물론 지금도 그렇지만 원시인류가 탄생할 당시에는 훨씬 더 그랬을 것이다. 부실한 장대로 대적하다가 호랑이에게 잡아먹히는 경우가 허다했을 것이며, 전갈을 손으로 집었다가 순식간에 독이 퍼져 비명에 죽어 가는 일도 많았을 것이다. 산에서 채집해 온 풀과 버섯을 먹고 더 이상 숨을 쉬지 않는 일을 거듭하면서 시행착오를 거듭하면서 독초와 독버섯을 구별해 낼 수 있었다. 갑자기 덤벼드는 맹수들을 관찰하면서 이를 피해야 할 것인지 아니면 달려들어 잡아야 할 것인지를 잘 판단해야 했으며, 산에 널린 풀들을 관찰하면서 정확하게 먹을 수 있는 것을 구별해 낼 수 있어야 했다. 한 번의 실수는 곧 죽음이다. 과연 어떤 놈이 나를 공격해 올 것이며, 어떠한 산나물을 뜯어먹어야 죽지 않을 것인가? 인간은 항상 목숨을 건 고민을 하면서 살아남을 궁리만 해야 하는 운명이었던 셈이다. 이제 인간에게 중요한 것은 이러한 반복되는 '시행착오'를 가급적 줄여나가는 일이 관건關鍵이었다. 즉 시행착오를 줄이는 일은 인간의 생존 확률을 제고시키는 것이었다. 결국, 인간은 살아남을 확률을 높이기 위해서는 '시행착오'를 줄여나가야 했다. 그것이 삶의 본능이자 본질이다. 또한, 시행착오 역시 일련의 경험이다. 이러한 시행착오의 경험을 통해서 '우연하게' 지식이 생성되기도 한다. 물론 이는 '학습의 결과'이기도 하다.[15] '한번 실수는 병가상사兵家常事'라는 말이 있다. '타산지석他山之石'이나 '반면교사反面敎師'라는 말 역시 경험을 교훈을 되새기며 다시는 실수를 하지 말라는 뜻이다.

결국, 인간은 자연을 경험하고 관찰한 결과에 대하여 다시 말하면 시행착오의 경험을 통하여 '좀 더 객관적으로' 생각하기 시작했던 셈이다. 역으로

---

[15] 파블로프, 손다이크, 스키너 같은 연합주의 심리학자들은 시행착오의 경험을 통한 학습, 즉 '시행착오학습'에 의한 지식의 생성과정을 포착한 최초의 사람들이다. 이들은 지식생성이 "우연성"에 바탕을 두고 있다고 생각하였다(이홍 외, 2005: 15).

인간은 시행착오의 경험을 통해 획득되는 이러한 '객관적인' 사고능력 덕분에 생명을 담보하는 시행착오의 경험을 줄여나갈 수 있었다. 한마디로 인간은 '시행착오의 경험'을 통하여 지식을 획득하고, 이러한 지식을 활용하여 '시행착오의 경험'을 줄여나가면서 살아남을 확률을 높이게 된다. 시행착오의 경험과 지식획득의 과정이 순환되면서 지식은 보다 객관적으로 명료하게 되고 지식의 내용 역시 보다 정교화된다. 결국, 이러한 순환 과정을 통하여 지식은 객관적으로 성숙되는 것이다. 즉 지식은 '객관화客觀化'의 과정을 경험하면서 점차 확실해진다.

물론 지식은 누군가에게 불현듯 갑자기 생각날 수도 있다. 그러나 이러한 지식은 주관적인 지식이다. 물론 주관적이지만 그 지식이 보편성과 타당성을 가질 수 있다. 그러면 지식은 비록 주관적으로 탄생하더라도 객관적인 지식으로 인정된다. 인류 4대 성인들의 지식이 그렇고 소위 도인道人이나 성자들의 지식이 이에 해당된다. 물론 이들의 지식은 수많은 공부와 수행과정을 통해서 얻어진 참지식일 가능성이 높다. 그러나 일반적으로 모든 지식은 보다 많은 사람들이 공감하고 인구에 회자할 수 있을 때 '객관성'을 획득한다. 처음에는 살아남고자 하는 욕망이 객관적 지식을 선호하게 했다. 오늘날 우리는 좀 더 쉽고 편리하게 살고자 하는 소망 때문에 '객관적 지식'을 구한다. 왜냐하면, 우리는 객관지식으로 살아남을 확률 또는 편리하게 살아날 확률이 높아진다는 사실을 알게 되었기 때문이다.

결국, 지식의 생성과정은 세 단계로 구분될 수 있다. 즉 주관적 지식이 잠정적 지식으로 그리고 그 지식은 객관적 지식으로 완성된다. 물론 가장 지식다운 지식은 '객관적 지식'이다. 왜냐하면, 객관적 지식이 우리가 (잘) 살아남을 수 있는 확률을 가장 높여주기 때문이다. 오늘날 우리가 객관적 지식을 창출해 내기 위해서 연구와 궁리를 지속하는 이유도 여기에 있다. 과학은 바로 이러한 객관적 지식 탐구의 절차와 방법이며 동시에 결과이다. 자연과학의 객관적 지식을 기반으로 우리는 세상에서 살아남을 수 있는 가능성을 제고한다. 아울러 자연에 대한 객관적 지식은 차후에 '자연과학natural science'이 탄생하는 씨앗이 된다.

그럼에도 불구하고 우리의 주관적인 경험들이 어떻게 완전한 객관성을 보장받을 수 있을까? 이러한 질문은 여전히 유효하다. 우리의 과학은 정말 인간 경험의 객관성을 담보할 수 있을까? 이러한 의구심으로부터 '확률과학 確率科學'도 탄생했다.[16] 아무리 정교한 과학의 세계에서도 모든 것을 객관적으로 파악하는 데에는 본질적인 한계가 놓여있다. 왜냐하면, 지식이 움직이는 한 객관성은 한도 끝도 없기 때문이다. 물론 지식이 절대적으로 움직이지 않는다고 한다면, 지식의 객관성은 의심의 여지가 없다. 그러나 오늘의 지식이 내일의 지식이 아니고 과학적 지식도 반증을 통하여 새로운 지식에게 자리를 내주는 현실에서 지식의 절대성과 고정성을 주장하는 것은 여전히 극복하기 어려운 미제未題로 남아 있다.

2. 신화

2.1 신화적 상상력

(1) 서양

어느 날 멀쩡하던 하늘에서 갑자기 '쾅'하는 소리가 나고 하늘이 번쩍이더니 달아나던 동물들이 새까만 숯덩이로 변한다. 도대체 무슨 일이 벌어진 것일까? 애초에 인간들은 이유를 알 수 없었다. 무소불위의 천재지변 앞에서 인간은 아연실색한다. 어떻게 해야 하나? 천둥이 치고 번개가 치면 일단 피하고 볼 일이다. 도대체 '왜' 이런 일이 발생하는 것인가? 특단의 대책이 필요하다. 결국, 지식의 문제로 귀결된다. 이러한 앎의 강요는 인간과 자연, 즉 삼라만상森羅萬象인 '우주cosmos'의 기원에 대한 호기심과 궁금증으로 발전한다.

우리가 살고 있는 이 우주는 도대체 누가 만든 것일까? 우리는 처음에

---

[16] '확률과학'을 본격적으로 시작한 장본인은 현대이론물리학을 꽃피우게 한 '양자역학量子力學'이다(이현경, 2006).

어떻게 생겨났으며, 세상 만물을 주도하는 것은 무엇인가? 만약 하늘이 창조주라면, 우리는 그에게 어떻게 해야 할까? 그의 명령에 무조건 복종하는 것이 맞는가? 아니면 그의 손아귀를 피해서 도망가는 것이 맞는가? 살아남는데 무엇이 더 유리한가? 도대체 우리의 조상은 누구이며 우리는 어떻게 지금까지 살아남았을까? 인간의 기원起源은 어디인가?

> "인간은 누구이며, 세상은 무엇인가. 인류는 오래전부터 자신과 자신을 둘러싼 세계에 대해 많은 의문을 가져왔지만, 최초로 품었던 의문, 가장 원초적인 궁금증은 바로 이것이었다. 하늘과 땅은 언제 생겨났으며 해와 달과 별이 뜨고 지는 일, 그리고 낮과 밤의 반복은 어떻게 시작된 것일까. 또 이 모든 우주만물, 세계는 왜 존재하게 되었고 어떻게 해서 지금의 모습을 갖추게 되었을까."(정재서, 2004: 11~12)

결국 인간은 전지전능한 조물주神를 상상想像하기 시작한다. 우리를 창조하고 만물을 만드신 조물주는 모든 것을 초월하는 힘을 가지고 있을 것이다. 그러한 힘은 자연과 동일시되기도 하고 심지어 자연의 힘을 지배하기도 한다. 물론 이러한 신들 그리고 자연현상들을 인간의 행동으로 변형하여 만들어진 이야기가 바로 조물주의 이야기, 즉 신화神話, mythos이다. 인류와 우주의 창조과정을 알려 주는 창조신화創造神話는 대표적이다.

> "세상은 어떻게 시작되었을까? 태초에 무엇이 생겨났을까? 어떻게 우리가 존재하게 되었을까? 세상의 신화들이 던지는 화두가 바로 이런 질문들이다. 이런 창조신화는 종종 무無처럼 모호하거나 혼돈처럼 무질서한 무언가로 시작된다. 또는 무한한 우주의 탄생을 설명하거나 특정한 인간 종족의 출현에 국한하여 시작되기도 한다. 어쨌든 이런 이야기들이 모든 신화의 가장 기본적인 요소를 이룬다."(낸시 헤더웨이, 2001/ 신현승 옮김, 2004: 25)

이러한 신화는 우주의 기원, 인류의 탄생뿐만 아니라 신적 영웅의 업적, 민족의 역사 등 고대인의 사유나 표상이 반영된 신성한 이야기이기도 하다.

어느 나라 어느 민족이든지 자신들의 신화를 가지고 있으며 그것은 끊임없이 후대에 전해져 내려온다. 이로써 신화로부터 유래하는 '신화적 지식'은 지식의 한 부류가 된다.

스마트라 신화에서는 마누크라 불리는 푸른 닭이 세계의 알을 낳았는데, 그 알에서 세 신이 탄생하여 차례로 천상과 대지와 지하세계를 창조한다(낸시 헤더웨이, 2001/ 신현승 옮김, 2004: 26). 고대 이집트의 창조신화에 의하면, 공기의 신인 슈Shu와 습기의 신 테프누트Tefnut 사이에서 땅의 신 게브Geb와 하늘의 신 누트Nut가 태어났다. 그 후 게브와 누트가 결혼하면서 전쟁의 신 세트Seth와 그의 아내 네프티스Nepthys를 낳았다. 이 둘 사이에서 인류의 자손이 나온다. 결국, 인류는 '전쟁의 신'으로부터 태어난 셈이다. 신과 신 사이의 전쟁은 투쟁과 경쟁을 낳게 되고, 이로써 이들 간에는 서열관계도 매겨진다.

4대 문명의 발생지인 메소포타미아 지역에서 전해 내려오는 창조신화에서는 물物의 탄생(창조)과정이 우주의 지배서열과 동일시되고 있다. 우주적 차원의 지도자인 아누Anu가 권력서열 상에서 가장 높은 위치에 있고, 폭풍의 신인 엔릴Enlil이 그다음을 차지한다. 그다음은 물의 신 에아Ea 또는 엔키Enki이다. 엔키는 땅의 여신 닌후르삭Ninhursac을 낳았다. 마침내 물과 흙이 결합하여 식물의 여신인 니자르Nisar가 태어난다. 바로 그 자손이 '나무의 신'들인데 이들은 모두 위계서열관계로 존재한다.

한편, 서구 헬레니즘을 대표하는 그리스신화에서의 창조신화는 보다 아마득한 이야기로 시작한다.

"일단 최초의 기반이 어느 정도 형성되자 많은 창조 신화들이 마치 족보처럼 전개되기 시작했다. 대표적인 예가 바로 그리스 창조 신화다. 그리스 신화는 일방적으로 자손을 창조하는 추상물(혼돈)에서 시작하여 몇 세대를 지나 정력적인 남녀 신과 인간들의 집단으로 끝맺음한다. 그들은 초현실적인 도전과 복잡한 관계에 휘말려 듦으로써 신화를 흥미진진하게 만든다."(낸시 헤터웨이, 2001/ 신현승 옮김, 2004: 27)

헤시오도스가 썼다고 전해지는 『신통기Theogony』는 태초에 혼돈混沌, chaos, 즉 카오스chaos로부터 신들이 나와서 점차 질서 잡힌 세계를 창조해 가는 과정의 이야기로 구성된다. 태초에 카오스(공간)와 가이아(땅), 타르타로스(심연) 및 에로스(사랑)라는 네 신의 존재로부터 이 세상이 만들어졌다. 그 후 우라노스(하늘)의 아들 크로노스가 아버지의 몸을 자르자 우라노스는 가이아로부터 분리되었다. 크로노스는 그 후 아들 제우스에게 지배권을 빼앗김으로써 드디어 제우스가 신들의 새로운 우두머리로 군림하게 된다. 결국, 올림포스Olympos 산의 주신主神으로 등극한 제우스Zeus는 다른 신적 존재들과 상호 파괴적이고 복수적인 투쟁의 과정을 거쳐 세상의 패권을 잡게 된다. 신화 속에서는 이러한 신들의 경쟁과 패권의 과정이 상상 속에 자세히 그려져 있는 것이다.

로마 신화에서 보면, 로마를 세웠다고 전해지는 로물루스와 레무스는 알바롱가家[17]의 마지막 군주의 딸인 레아 실비아와 전쟁의 신神 마르스 사이에서 태어났다. 권력욕에 눈이 먼 삼촌에게 버림받아 테베 강에 버려진 로물루스와 레무스는 겨우 살아나 암컷 늑대의 젖을 먹고 자랐다. 훗날 명문가문 출신의 이들은 성장하여 주변 사람들에 의해 다시 왕으로 추대되었다. 드디어 로마는 이들 형제에 의해 건국建國된다. 신화에서만이 아니라 실제로도 로마는 그즈음에 세워졌다.[18]

우리도 상황은 비슷하다. 100일 동안의 모진 수련 끝에 사람(여자)이 된 곰과 환웅(하느님) 사이에서 태어난 단군檀君의 고조선 신화라든지, 김해金海 김 씨의 시조로서 여섯 개의 황금알에서 나와 여섯 가야를 한꺼번에 통치했다는 김수로왕, 박瓠과 같이 생긴 알에서 나왔다고 하여 박朴이라는 성을 붙인 서라벌新羅의 시조 박혁거세 등의 신화는 왕권신수설王權神授說을 대변해 주고 있다. 어떤 면에서 이들은 전능한 신적 능력을 지녔지만, 인간처럼

---

[17] 알바롱가는 트로이 전쟁의 영웅인 아이네아스가 축복의 땅 이탈리아 반도에 발을 디디면서 세운 왕조이며, 아이네아스는 지혜의 신 비너스와 트로이 왕의 형제 안키세스 사이에 태어났다.

[18] 신화에서만이 아니라 실제로도 로마는 그즈음에 건국되었다(자크 아탈리/ 이효숙 옮김, 2005: 125).

행동하는 반신반인半神半人,hēmitheos의 모습을 띠고 있다. 따라서 실제로는 허무맹랑한 이야기일 수 있지만, 이 역시 하나의 '지식'을 만든다. 왜냐하면, 사람들은 누군가가 강력한 힘으로서 나약한 자신들을 영원히 지켜 준다고 '믿고' 있었기 때문이다. 이렇게 본다면, 신화에서 나오는 지식, 즉 '신화적 지식'은 인간의 상상력을 통해서 만들어지지만, 초월적인 강력한 믿음belief, 신념으로부터 출발한다.

구약의 창세기에서는 창조주가 흙으로 아담과 이브를 창제한다. 그러나 이들은 뱀(사탄)의 꼬임에 빠져서 선과 악이 함께 존재한다는 선악과善惡果를 따 먹게 된다. 결국, 창조주인 하나님은 아담과 이브를 에덴동산의 파라다이스에서 추방하여 땅으로 내려가 살 것을 명한다. 이로써 인간의 후손들은 땅속으로 들어가야 하는 운명, 즉 죽을 수밖에 없는 운명을 얻게 된다. 또한, 신은 노아Noah의 홍수 사건을 통하여 그동안 범한 인간의 죄罪를 모두 사해 주려고 했으며, 인간들이 공들여 쌓은 바벨탑Babel Tower을 한순간에 무너뜨림으로써, 인간의 과욕과 오만을 탓하고 앞으로 인간들로 하여금 선하게 살도록 인도하고 구원救援하려 했다. 결국, 신의 마지막 은총恩寵을 받은 사람은 신의 명령에 따라서 자신의 아들인 이삭Isaac을 제물로까지 바치려고 했던 노아의 후손 아브라함Abraham이었다. 아브라함은 이 사건을 통하여 믿음의 시험에 통과한 셈이다. 결국, 신은 자신의 후손 중에서 유대인의 지도자를 정했는데, 그가 바로 이삭의 아들 야곱(이스라엘)과 그의 아들 요셉이었다.

이렇게 모든 신화는 우주 창조 및 우주 체계 그리고 자연현상의 원리와 이치 그리고 인간과 인간사회의 형성에 대한 관심에서 출발한다. 여기서는 모든 자연이 의인화擬人化된다. 이는 신화가 인간 중심적anthropocentric, human-centered 사고로부터 야기되었다는 것을 의미한다. 신화의 내용과 신화적 지식은 지역마다 다르고 종족마다 다르다. 때로 신화의 이야기는 서로 모순되고 상충된다. 그리스신화는 모든 근심과 고통, 절망이 판도라 상자로부터 쏟아져 나오는 바람에 세상이 이렇게 되었다고 설명해 준다. 동시에 판도라 상자에 남아 있는 희망이 존재하는 한, 인류에게는 아직 희망이 있다고 전해 주고 있다. 그런데 희망이 영원히 상자 속에만 갇혀 있다면, 과연 그게 무슨 소용이 있을까? 심지어 구약의 창세기에 나오는 노아의 방주 이야기를 철저히 믿고 있었던 사람들에게 신화적 모순은 실제 현실에서도 혼란을 야기한 바 있다. 1492년 콜럼버스가 신대륙을 발견했을 때, 당시 원주민이었던 인디언들은 이들에게 알려지지 않은 종족이었다. 결국, 이들이 어느 종족에 속하는지 알 수 없었기 때문에 이들은 동물로 취급당했다. 왜냐하면, 모든 인류는 노아의 후손인데, 창세기에는 인간의 종種으로 유럽인종, 아프리카 흑인종, 중동 인종만을 구분하고 있었기 때문이었다.

이렇게 본다면, 신화는 분명 논리적으로 모순矛盾일 수 있으며, 이야기가 서로 충돌하는 곳이기도 하다. 그러나 신화적 지식을 통하여 우리는 신화 속의 모순을 '스스로 정화시키고자 하는 반성적 사고'를 경험하게 된다. 이를테면, 서양의 신화로부터 나오는 지식은 혼돈으로부터 질서로, 비리로부터 정의正義, justice로 전환되는 지식으로 구성된다. 또한, 신화로부터 우리는 서열관계에 대한 지식을 알게 되고, 선과 악의 문제로부터도 지식을 획득하게 된다. 물론 이러한 지식형성에는 우리 인간의 '상상력想像力, imagination'이 한몫을 한다. 즉 신화적 지식의 원천은 늘 '신화적 상상력'이다. 그러나 애초에 혼돈과 질서 간의 상관관계와 복잡하고 다양한 인간 - 신 사이의 상호역학관계를 통하여 신화적 지식은 발생하지만, 인간중심의 사회가 형성되면서부터는 '과연 정의란 무엇이며, 또한 정의는 어떻게 성취될 수 있는가?'라는 질문에 대한 응답으로서 지식이 발생하게 된다. 물론 이때에도 신화적 상상력은 결정적이다. 왜냐하면, 신화란 인간에게 부여된 무한한 상상력의 결집체이기 때문이다.

(2) 동양

그리스신화에서처럼 동양의 신화에서도 혼돈으로 창세기가 시작한다. 태초에 카오스, 즉 혼돈이 있었다.

"세계 각 민족에게는 저마다 나름의 창조신화가 있는데, 대부분의 경우 이 세계가 혼돈으로부터 비롯되었다고 말한다. 우리나라 제주도 무가에서도 태초에는 하늘과 땅이 뒤섞여 사방이 캄캄하다고 했고, 그리스 로마 신화의 히브리인들의 구약과 창세기에서도 혼돈과 어둠이 태초의 세계를 지배한 것으로 말하고 있다."(정재서, 2004: 22~23)

대표적인 중국신화인 ≪산해경≫에서 혼돈은 '제강帝江'이라는 이름을 가진 새鳥로 비유된다. 이 새는 날개만 있고 눈코입귀가 없으며 다리만 6개이다. 제강은 춤과 노래를 잘하고 늘 즐기면서 살았다고 한다.

"그 새는 한눈에 보면 무슨 포대처럼 생겼는데 불덩어리같이 붉은빛을 띠고 있고 여섯 개의 다리와 네 개의 날개가 달려 있다고 했다. 아마도 이 날개 때문에 그 이상한 생김새에도 불구하고 새라고 여겨졌던 모양이다. 그런데 무엇보다도 기이한 특징은 눈, 코, 귀, 입 등 얼굴이 하나도 없다는 점이다. 그러니까 이 새는 정말 혼돈 속에 갇힌 어두운 상황처럼 볼 수도, 들을 수도 없는 답답한 모습을 하고 있었다. 그렇지만 이 새가 정말 천성이 답답하고 꽉 막힌 성격을 지녔다고 생각한다면 큰 오산이다. 이 새는 특별한 재주를 가지고 있었는데, 그것은 바로 춤과 노래를 잘할 뿐 아니라 삶을 아주 즐긴다는 점이다"(정재서, 2004: 24~25)

여기서 혼돈인 제강이 춤과 노래를 잘한다는 것은 창조할 수 있는 능력을 의미한다. 따라서 혼돈은 '창조의 카오스'(Nietzsche)가 된다. 즉 창조는 태초에도 혼돈(카오스)에서 이루어졌다.[19]

더 이어지는 이야기는 이렇다. 제강은 세상을 다스리는 군주가 되면서 남쪽 나라는 숙숙이라는 친구에게, 서쪽 나라는 홀忽이라는 친구에게 맡긴다. 숙과 홀은 제강과 무척 친한 친구 사이로서 친구가 찾아오면 제강은 극진히 대접하여 보내곤 했다. 그런데 항상 대접만 받던 숙과 홀 두 친구는

---

[19] 이러한 사실은 놀랍게도 오늘날 현대이론물리학의 영역인 '혼돈이론chaos theory'에서 입증되고 있다.

제강의 호의에 무엇인가 답례를 하고자 했다. 마침내 숙과 홀은 제강에게는 없지만, 자신들에게는 있는 눈, 코, 귀, 입 등 7개의 구멍을 뚫어 주기로 했다. 그러나 하루에 구멍을 다 뚫지 않고 하루에 하나씩만 뚫어 주기로 했다. 마침내 7일째 마지막 구멍을 뚫으면 다 되는데 그만 제강은 마지막 7번째 구멍을 뚫는 동안 죽고 말았다.

여기서 '숙'과 '홀'은 어원적으로 '잠깐' 또는 '순간' 내지 '찰나刹那'를 의미한다. 즉 이들은 '시간時間'을 의미한다. 따라서 혼돈(제강)이 숙과 홀에 의해서 죽는다는 것은 시간에 의해서 세상이 지배되는 것을 의미한다. 그리고 시간에 의한 지배는 동시에 인간에 의한 지배를 의미한다. 결국, 무시간이 지배하는 혼란을 마감하고, 시간이 그리고 인간이 지배하는 세상이 도래한 셈이다. 성경聖經에서도 구약의 창세기에 보면, 7일 동안의 창조 후에 혼돈이 사라진다. 즉 혼돈이 죽는 것이다. 혼돈이 죽으면서 세상은 새로움으로 창조되며 이로써 세상의 새로운 질서가 나타난다. 이를 두고 아우구스티누스는 신의 창조는 '무로부터의 창조creation ex nihilo'라고 해석했다. 이렇게 본다면 동서양을 막론하고 7이라는 숫자는 새로운 세계의 창조를 의미한다.

그런데 제강의 신화가 보여주는 중요한 동양적 특징은 노장사상에서 나타나는 무위자연無爲自然의 속성을 가지고 있었다는 사실이다. 이를테면, 제강의 몸에 구멍을 뚫는다는 것은 인위적인 조작操作을 가하는 것이다. 자연은 있는 그대로 두어야 하는 것이지, 인간이 이를 꾸미고 다듬게 되면 결국은 파멸하고 만다는 교훈을 전하고 있다. 즉 그냥 놔두어도 되는데, 굳이 인위적으로 구멍을 뚫는 행위 과정에서 혼돈이 죽은 것이다. 만약 자연 그대로 놓아두었다면 혼돈은 영원히 살 수 있었을지도 모른다. 여기에서 혼돈은 맑고 순박한 자연의 본질을 상징한다. 그러나 혼돈을 죽여야만 새로움이 창조된다는 사실을 놓고 본다면, 7번째 구멍 뚫는 것은 어쩌면 행운을 가져다주었는지도 모른다. 아니면 그것이 혼돈의 운명이었을지도 모른다.

≪신이경≫이라는 고대소설에서도 '혼돈'이 최초의 형상이다. 여기서 혼돈의 모습은 흉물스럽고 이상할 뿐만 아니라 성격도 매우 괴팍하여서 선한

사람들을 괴롭힌다. ≪산해경≫에 나타나는 혼돈(제강)은 노래와 춤을 즐기는 낙천적인 성격으로 묘사되지만, ≪신이경≫에서는 결코 그렇지도 않다. 왜냐하면, 고대시대의 소설에서는 신화에서와는 사뭇 달리 혼돈과 무질서가 매우 부정적인 것으로 인식되었기 때문이다. 즉 고대소설에서는 세상을 질서 있게 지배하는 인간상이 우세했다. 이는 고대시대가 이미 인간중심의 세상이었다는 사실을 알려 준다. 이 밖에도 동양의 신화는 <목천자전>, <초사>, <회남지> 등에서도 나타난다.

인간의 입장에서 본다면, 자연自然은 항상 혼돈이고 무질서이다. 동양신화에서 최초의 신으로 나타나는 제강과 거인 반고盤古는 자연에서 스스로 태어났다. 아무것도 없는 혼돈에서 유有, 즉 인간의 세상이 태어난 것이다.

"태초에 어둠 속에 알 하나가 둥둥 떠다녔다. 그 안에는 소용돌이치는 혼돈에 둘러싸인 음과 양의 자식 반고가 들어 있었다. 그는 1만 8천 년 동안 알 속에서 자라면서 키와 몸집이 점점 커졌다. 이윽고 알을 깨고 바깥으로 나왔을 때, 그의 거대한 몸은 온통 털로 뒤덮여 있었으며 뿔과 엄니는 튀어나와 있었다. 알의 투명한 부분은 위로 떠올라 하늘로 변했고, 무거운 노른자위와 껍질은 가라앉아 땅이 되었다"(낸시 헤더웨이, 2001/ 신현승 옮김, 2004: 32).

이윽고 반고의 죽음으로 썩은 대지는 새로운 생명을 잉태한다.

"세상을 창조한 이야기에서 엄청난 거인 반고는 어느 날 갑자기 쓰러져서 몸 하나하나가 세상 만물로 변화한다. 살은 흙이 되고, 뼈는 돌이 되고, 피는 강이 되고, 머리카락은 숲이 된다. 그러니까 거꾸로 말하면 오늘날 지구는 거인의 몸 그 자체인 셈이다."(정재서, 2004: 13)

이렇게 본다면 혼돈은 모든 것을 창조하는 힘의 원천이 된다. 결국, 동양신화에 나오는 신은 자연과의 조화라는 융합사고에서 비롯되었다. 그러나 '인간의 시간'이 개입되면서 세상에는 새로운 질서가 창조된다. 이제 중요한 질문은 인간이 지배하는 시대가 성립된 이후 혼돈은 인간들 사이에서 어떤 이미지로 남아 있을까? 하는 것이다.

한편, 동양신화에 등장하는 태초의 여신女神인 '여와'는 대모신大母神, 즉 대지의 여신으로서 흙으로 인간을 빚어냈다고 전해진다. 즉 그녀는 흙을 사방에 흩뿌리면서 여러 다양하지만, 신에 비해서는 모두 어리석고 천한 인간들을 차례로 만들어 냈다. 이는 신분의 차이를 시사하는 것으로서 똑똑한 사람, 힘이 있는 집단과 국가가 뭇 사람들을 지배하는 것을 정당화하고 말았다. 또한, 신화는 위대하고 출중했던 여와를 그의 오빠였던 복희와 결혼시킴으로써, 신화 속의 사회는 여성중심 모계사회에서 남성중심 가부장사회로 전환되었다. 이로써 독립적이고 자율적 존재였던 여와(모권사회)는 제도(가부장제도)에 오히려 스스로 갇히는 상황이 되어 버렸다.

또한, 서양신화에서와 마찬가지로 동양신화에서도 '홍수洪水'가 자주 등장한다. 서양에서는 홍수가 말을 듣지 않는 인간에 대한 신의 저주로서 징벌의 성격이 강하다. 이러한 징벌과 구원은 오로지 신의 의지로서 예정된 도덕적, 목적론적 성격을 가진다. 반면 동양신화에서의 홍수는 순수한 자연재해를 묘사하는 것으로 자연스러운 일상의 표현일 뿐이다. 또한, 반신반인의 모습을 한 서양의 신들에 비하여 반인반수伴人半獸의 모습을 한 동양의 신들은 '자연'에 보다 가깝다고 할 수 있다. 이를테면, 반인반수의 모습을 하고 있으며 죽음의 여신인 '서왕모'는 서쪽의 여신이다. 서왕모가 상징하는 서쪽은 해가 지는 곳, 즉 죽음의 땅으로서, 서왕모는 인간의 죽음을 관장한다. 또한, 서왕모는 죽음을 면하게 할 수도 있기 때문에 영생과 불사의 상징이기도 하다. 이는 서왕모가 생명의 여신으로 추앙되면서 '미美의 여신'으로 간주되는 이유이기도 한다. 여기서 미의 여신이란 자연의 생명원리에 따르는 가장 아름다운 모습을 가졌다는 의미로 해석된다. 이렇게 본다면, 동양에서는 '자연적 삶' 또는 '자연성自然性'에 대한 신화적 지식이 산출된다고 할 수 있다.

2.2 신화와 일상

신화에 대한 관심은 여느 관심처럼 인간의 호기심과 상상력으로 시작되었다. 그러나 위에서 살펴본 것처럼 신화적 사고 덕분으로 우리는 자연과 우주의 섭리에 절대복종할 수 있는 질서공동체를 수립할 수 있었다. 한 번도 본 적이 없고 만난 적도 없는 신이지만, 신의 계시로 공동체의 질서가 유지되며 무질서와 난잡한 야성의 본능은 억제된다. 신의 섭리를 인정하는 인간에게 공동체의 수립과 공동체 의식의 생성은 안정된 삶의 조건이 된다. 당시 살아남기 위한 최적의 조건으로 등장한 공동체 의식과 질서의식 그리고 자연숭배사상은 바로 신화를 창조할 수 있었던 인간의 사고능력 덕분으로 가능했다.

신화는 문명이 발전한 곳이면 어디서나 존재한다(낸시 헤더웨이, 2001/ 신현승 옮김, 2004: 11). 그러나 아무도 보았거나 직접 경험한 사람이 없으므로 신화적 지식의 신빙성은 극히 낮다. 심지어 누군가의 상상적 허구이며 창작fiction이라고 할 수도 있다.

> 나는 신화란 고대인들이 전하는 정적인 이야기들의 모음이 아니라 끊임없는 퍼즐이자 현재 진행 중인 창작물이라 생각한다. 신화는 언제나 유동적이다. 모든 신화를 새롭게 하는 요소들은 무수히 많다. 사회적 변화는 참신한 해석으로 새로운 신화를 자극하고 낡은 신화를 개조한다… 그러나 동시에 신화를 최근에 되살리거나 다시 얘기하는 모든 시도에 왜곡이 불가피하다는 점을 명심하라. 오늘날에도 모든 신화 해석은 나름의 각색이다. 관찰자나 새가 움직일 때마다 다른 색깔로 보이는 무지개 새처럼 신화는 새로운 이론, 번역, 고고학적 발견, 사회학적 변화에 따라 천차만별이다. 즉 신화의 기준이 많으면 많을수록 다양한 해석이 가능하며, 때로는 상충되는 형식들이 존재할 가능성도 더 농후해지는 것이다…. 심지어 신화의 세계에서는 합의된 정의조차 존재하지 않는다. 신화의 내용은 그 의미만큼 논란의 여지가 많다.(낸시 헤더웨이, 2001/신현승 옮김, 2004: 8~11)

과연 누가 하늘을 들고 서 있는 아틀라스와 헤라클레스를 보았을 것이며,

머리는 황소이며 몸은 인간인 괴물 미노타우로스를 본 사람이 있을까? 그러나 인간에게 신화적 지식은 인간이 '보이는 세계'에서 그것도 '극히 제한된 영역에서' 관찰하고 경험하면서 얻는 지식의 세계를 벗어나 '안 보이는 세계'와 '보다 개방된 삶의 영역'으로까지 비약할 수 있게 하였다. 비록 가설이고 확실한 증거가 확보될 수 없는 심지어 허무맹랑한 이야기라고 할지라도, 인간의 사고 영역은 보다 확장된다. 인간은 직접 체험으로부터 얻어지는 구체적 지식으로부터 상상과 추리로 얻어지는 추상적 지식까지 습득할 수 있는 고등동물이다. 즉 인간의 능력은 보고 만질 수 있는 세계에 대한 지식으로부터 안 보이고 만질 수 없는 세계에 대한 지식으로 '지식의 전이轉移'를 가능하게 한다.

한편, 신화적 지식은 실제 일어난 '사실事實, fact'로부터 시작되기도 한다. 호머Homer의 BC 9~8세기 작품인 『일리아드Ilias』, 『오디세이아Odysseia』에 나오는 신화는 실제 BC 12~13세기에 있었다고 전해지는 트로이 전쟁의 사건에 얽힌 이야기로 출발한다. 구체적으로 이는 올림포스 산정에 살았다고 알려진 신들의 갖은 무용담을 각색해 놓은 사례이다. 따라서 어디까지가 사실이고 어디까지가 허구인지는 잘 구분이 되지 않는다. 그런데 이러한 종류의 신화가 허구fiction, 즉 문학文學의 원류로 간주될 수 있다.

신화는 일반적으로 기원과 출처가 분명히 알려져 있지 않으며 대부분 구전이나 전승에 의해 알려진다. 따라서 신화적 접근으로 얻어지는 지식은 객관적 사실에 근거한 지식이라고 할 수 없다. 그럼에도 불구하고 우리는 일상생활에서 신화적 지식을 완전히 배제할 수 없다. 왜냐하면, 신화는 신에 관한 이야기로서 진리의 개념 역시 신의 개념과 완전히 별개라고 할 수 없기 때문이다. 또한, 이는 일상에서의 지식과도 완전히 무관하지 않다. 왜냐하면, 신화는 문화의 원형이기 때문이다(정재서, 2004: 14).

"동양의 신화를 읽으면 우리는 동양문화의 원형을 알게 된다. 문화의 원형을 알게 되면 오늘의 문화현상을 더 쉽게 잘 이해할 수 있다…. (이를테면) 모든 인류가 식욕이라는 본능을 공통으로 지니고 있지만, 그것을 해결하는 방식은 민족마다 달라서 한식, 중식, 일식, 양식 등의 요리가 있듯이 신화도 민족마다 고유한 특색이 있는 것이다."(정재서, 2004: 14~15))

특히 신화는 종교의식 및 신앙과 관련되어서 특정한 관행·신앙·제도·자연현상 등을 설명하기 위해서 가능한 실제의 사건들을 토대로 하고자 한다. 심지어 신화를 탐구하는 학문, 즉 신화학mythology은 신화 자체에 대한 연구일 뿐만 아니라, 특정한 민족과 국가 또는 지역의 문화적, 종교적 전통을 지닌 신화들을 가지고 이를 학문적·객관적인 연구 대상으로 삼고 있다.[20]

그러나 일반적으로 신화는 확실한 언어로 진술되기보다는 함축적이며 상징적으로 제시되는 경우가 대부분이다. 특히 신화에서 제시되는 초인超人의 상像, image은 지금도 우리의 일상에 많은 영향을 주기도 한다. 이를테면, 초인의 삶을 닮기 위해서 수련하고 수양하는 사람들은 신화적 지식에 크게 의존하고 있다. 초기 리더십의 이론을 주도했던 소위 '특성이론trait theory'은 대부분 신화적 지식에 기반을 두고 있다. 즉 특성이론에 의하면, 리더의 조건은 우선 신체적으로나 정신적으로 모든 면에서 타인들보다 월등해야 한다. 이는 모든 신화에 기본적으로 등장하는 '초인적 특성'일 수 있다. 북유럽의 신화에 자주 등장하는 엘프Elf는 강하면서도 아름다운 인간 정도의 크기를 가진 존재로 이해된다. 이러한 신화적 인간은 보통 사람들에게 삶의 이상인 동시에 리더의 기준 조건이자 원형으로 작용하기도 한다. 그럼에도 불구하고 서양에서의 신과 인간의 관계에는 엄격성이 존재한다. 반면 동양의 신화에서는 별로 그렇지 않은 것 같다.

물론 서양에서도 신화에 등장하는 신적 존재들 역시 여느 인간들처럼 사사로운 욕망으로부터 자유롭지 못하곤 했다. 특히 신 중의 신이었던 제우스의 끊임없는 바람기와 이에 따른 헤라와의 부부싸움, 헤라의 질투, 그리고

---

[20] 신화학은 특정 지역 곧 그리스 로마 지역의 신화를 바탕으로 개념, 분류, 특성 등을 규정해 왔으며, 이 과정에서 도출된 서구신화학의 이론들은 중국 신화를 비롯한 비서구 지역의 신화들에 대해 표준으로서의 지위를 누려왔다(정재서, 2010: 25).

이러한 와중에서 벌어지는 신들 간의 투쟁과 경쟁 관계 및 치명적인 복수극 등은 모두 우리 인간의 삶에서 욕심慾心과 욕망慾望의 극치가 무엇인지를 잘 보여주고 있다. 이런 면에서 신화 내지 신화적 지식은 일상의 지식과 결코 무관하지 않으며 더 나아가서 반면교사의 교과서로서의 역할도 해낼 수 있다.

2.3 신화와 과학

과연 이러한 신화적 지식은 오늘날 우리의 모든 사고를 지배하고 있는 '과학적 사고' 내지 '학문적 사고'와 일말의 관계가 있는 것일까, 아니면 이들은 전혀 무관한가? 물론 사실의 진위眞僞를 기준으로 본다면, 신화적 지식은 과학적으로 가치가 없을지 모른다. 왜냐하면, 과학적으로 입증될 수 있는 신화는 보장되지 않기 때문이다. 그러나 신화적 지식은 '안 보이는 세계'까지 상상할 수 있는 '가설적假說的 사고', 즉 무한한 인간사고 능력의 잠재성을 일깨워 준다. 왜냐하면, 과학도 아직 '입증되지 않는 가설'로부터 출발하기 때문이다. 즉 아직 안 보이는 세계에 대한 인간의 염원이 과학과 기술을 발전시킨다. 다시 말하면, 과학은 '가설hypothesis'로부터 출발하는데, 바로 이러한 과학적 가설이 신화적 사고에 뿌리를 두고 있다는 사실이다. 다만 선사시대와 고대 문명에서 자연에 대한 지식과 신화에 대한 지식이 서로 뒤섞여 있다는 것이 우리를 복잡하게 할 뿐이다. 왜냐하면, 당시에는 지금처럼 과학과 종교(신화) 사이에 아무런 갈등이 없었기 때문이다(Ronan, 1982/ 김동광 역 I, 1999: 23). 아무리 황당무계한 신화에 대한 가설도 만약 입증만 될 수 있다면 과학으로 인정될 수밖에 없다. 자연과 신의 섭리로 알고 한 행동이지만 이러한 행동이 객관성과 보편성을 획득하게 된다면, 또한 이를 누구든지 신뢰하게 된다면 이는 '과학적 지식'이 되는 것이다. 물론 '신화적 지식'이 '과학적 지식'으로 발전하는데 큰 몫을 하는 것은 역시 시행착오일 것이다. 즉 인간은 자신이 알고 있는 이야기를 토대로 무수한 시행착오의 행위를 거쳐서 보편적이고 일반적인 지식을 획득하게 된다. 과학적 발견역시 이러한 범주를 크게 벗어나지 않는다.

실제로 근대 과학의 혁명이었던 뉴턴의 과학 세계는 당시 아무도 검증할 수 없는 신의 '창조 가설' 하에서 이루어진 인류의 최대 업적이었다. 즉 뉴턴Issac Newton(1642~1727)은 자신의 물리학 체계를 우주적이고 심지어 종교적 틀 작업으로 이전시켰던 것이다(Mainzer, 1997: 262). 사과가 나무에서 떨어지는 것은 아마도 신이 땅속에서 끌어당기는 것은 아닐까? 아니면 땅속에 그 이상의 무엇이 사과를 끌어당길 것이다. 또한, 아인슈타인Albert Einstein(1879~1955) 이후 우리의 눈으로는 도저히 볼 수 없기 때문에 상상으로만 가능했던 블랙홀black hole의 정체가 서서히 과학적으로 입증되고 있다. 우주 아주 먼 저곳 넘어서 엄청난 신적 존재가 빛들을 끌어당기고 있는지도 모른다. 여기서 "아마도 어딘가에 블랙홀이 있을 것이다"라는 아인슈타인의 '가설'이 성립된다. 이러한 그의 '가설적 선언宣言'은 마침내 망원경의 정밀도와 컴퓨터 공학이 발전하면서 객관적으로 입증되기 시작했다. 심지어 거시 물리학적 세계나 쿼크 입자들의 요동으로 미시 세계를 이해할 수 있는 것 역시 신화적 사고의 유산인 '가설적 사고'로부터 가능했다. 오늘날 연구의 핵으로 떠오른 융합학문融合學問에 중요한 모티브를 제공한 생태학生態學, ecology은 그리스 신화에 나오는 대지大地의 여신인 '가이아Gaia'의 이야기에서 비롯되었다. 이 밖에도 고대부터 발달해 온 점성술, 마술, 연금술은 신화적 지식에 토대를 두고 있다고 할 수 있다.

세상의 만물은 과연 무엇으로 이루어졌을까? 우주의 근원 물질은 무엇인가? 이러한 질문을 풀어 보기 위해서 자연에 관한 관찰을 시작한 탈레스는 '물水'이 만물의 근원으로 주장했다.

> "주위를 둘러보면 우리는 실로 다양한 종류의 것들이 모두 끊임없는 변화의 상태에 있다는 것을 감지할 수 있다. 살아 있는 존재는 태어나서 성숙하고 마침내 사라진다. 식물은 땅에서 자라서 번성하고 죽는다. 바다는 언제나 움직이고 있고, 거대한 산들도 풍화되어 사라지며, 인류의 모체인 땅도 변한다. 그러면 모든 것이 변하는가? 아니면 변하지 않는 무엇이 있는가?"(찰스 반 도렌/ 오창호 옮김, 1995: 78)

그것은 바로 물이었다. 그 후 아낙시메네스는 우리가 살아 있는 공간에 널려 있는 '공기'를 만물의 근본 물질이라고 보았으며, 헤라클레이토스 Heracleitos는 '불'을 만물의 근본으로 간주했다. 이러한 주장들을 토대로 엠페 도클레스Empedocles는 흙을 더 하여 소위 '자연 4원소설'을 제시하게 된다. 그의 4원소설 역시 관찰과 실험의 방법을 통해서 완성되었다. 즉 (바다) 물 은 태양의 열(불)로 인해 공기로 증발하게 되면 급기야 땅(흙)이 보인다. 그 릇에 흙을 넣고 그 위에 물을 붓고 나서 그릇에 열을 가해 보았더니 정말로 흙이 남았다. 그런데 이러한 엠페도클레스의 4원소설 역시 신화적 지식에서 비롯되었다. 즉 헤로도토스[21]의 『신통기』에 등장하는 신들은 모두 우주를 구성하는 각 요소들을 대표하고 있다. 대지(가이아), 지하(타르타로스), 밤 (닉스), 우라노스(하늘) 등을 나타내는 신들의 명칭이 그것이다. 우주만물萬 物에는 이를 각각 구성하는 마지막 원소가 존재하였던 것이다.

결국, 엠페도클레스의 유산에 따라서 사람들은 엄밀히 말해서, 고대 자연 철학자들은 우주만물을 형성하는 자연의 기본 요소를 물, 공기, 불, 흙으로 간주하는 전통을 세우게 되었다. 특히 아리스토텔레스는 4요소를 따뜻함 (불), 차가움(흙), 건조함(공기), 축축함(물)과 일치시키면서, 4요소설의 타당 성을 지지하였다. 이러한 아리스토텔레스의 논리는 중세를 거치면서도 지 속되었다. 이들 4요소는 우주 공간에서 서로 동일한 권한isonomy을 가지며, 모든 힘들은 대칭적·균형적이며symmetrical 상호변환가능transferable하다는 사실을 알게 해 주었다.

아리스토텔레스에 의하면, 탈레스의 제자 아낙시만드로스에게서 이러한 현상이 가장 잘 나타나고 있다고 주장한 바 있다. 즉 그는 신화적 지식을 입증하기 위해서 스승 탈레스로부터 '관찰하는 방법'을 배웠다.

---

[21] "헤로도토스는 BC 484년경에 태어나서 그리스의 승전보를 들으면서 성장했다. 그는 위대한 여행가였다. 그는 수년에 걸쳐서 페르시아 제국 대부분의 지역과 이 집트, 그리고 그리스의 대부분의 도시를 여행했다. 그는 자신이 관찰한 것과 저명 한 사람들과의 인터뷰를 기록하면서 발이 닿는 곳은 어디든 주의 깊게 살펴보고 기록했다. 그의 호기심은 끝이 없었다. 그는 페르시아전쟁의 원인과 사건들에 대 한 연구서들을 쓰면서 세월을 보냈다."(찰스 반 도렌/ 오창호 옮김, 1995: 113)

"탈레스가 '모든 것은 물이다'란 말에서 무엇을 의미했든 그는 하나의 단일한 물리적 실체 혹은 요소가 세계의 모든 다른 것들에 기초한다는 것을 제안함으로써, 중요한 정신적 위업을 수행하고 있었다. 그러한 그의 행동은 그가 세계를 새로운 방식으로 이해하게 되었다는 것을 보여주고 있다."(찰스 반 도렌/ 오창호 옮김, 1995: 80).

　동시에 그는 바빌론 같은 동방세계의 오래된 문명화에 의해 형성된 '실험의 방법'[22]에 접근했다는 것이다. 당시 아낙시만드로스의 의문은 '왜 신들은 서로 알력관계를 가지고 있었으며, 서로 싸우고 복수하면서 살게 되었는가?'하는 것이었다. 태초에 신들의 욕망이 서로 부딪히면서 갈등과 싸움 그리고 복수극이 벌어지면서 급기야 카오스(혼돈) 현상이 발생한다. 그런데 결국 '정의正義, dike'가 승리함으로써 세계의 질서가 유지될 수 있다는 내용을 담고 있다. 이러한 신화적 지식을 바탕으로 아낙시만드로스는 우주의 기원을 아페이론a-peiron, 즉 '무한無限, indefinite, infinite, boundless, unlimited'으로 규정했다. 결코 움직이지 않는 아페이론의 상태에서는 어떤 것도 분화되지 않은 '미분화의 통일 상태'로 존재한다. 이를테면, 차가움과 뜨거움, 건조함과 축축함 같은 것들도 아페이론 속에서 아직 미분화상태로 존재한다. 이것이 바로 만물의 근원 물질, 즉 아르케arche, 기원, 본질, 원리인 것이다. 결국, 고대 그리스의 자연학자들은 '신화적 지식'을 토대로 '관찰과 실험'이라는 방법으로 자연현상에 접근했다.

　피아제(1896~1980)는 인지 발달의 마지막 단계를 '형식적 조작기'라고 명명하였다. 그는 이때부터 '가설 연역적 추상능력抽象能力'이 발달한다고 하면서 이를 인간에게 가장 높은 수준의 고등 사고능력으로 보았다(송명자, 2000: 94). 신화는 인간이 무엇인가를 '추상할 수 있는 능력'에서 비롯되었다고 할 수 있다. 따라서 신화 또는 신화적 사고는 인간이 살아남기 위해서 만들어낸 '추상적 창안創案'으로서 고등사고의 소산이라고 할 수 있다. 심지어 신화적 사고는 주관과 객관에 대한 구별 없이 주어진 대상 그 자체에

---

[22] 아낙시만드로스는 '최초의 과학적 실험을 실시한 사람'이다(Sagan, 1985: 143).

들어가 그것과 하나가 되어 즉자적卽自的으로 파악하는 사고를 말한다. 이러한 사고는 인식 주관과 인식 대상을 구별하여 객관화하는 논리적 사고와 함께 진리 인식의 기능으로서 상호 보완적인 관계를 맺는다. 이렇게 본다면, 서양의 사상은 뮈토스Mythos, 신화, 즉 신화에서 출발하여 논리論理, 즉 로고스Logos, 이성로 발전된다. 결국, 이러한 논리가 과학으로 집결되는 것이다. 이렇게 본다면, 신화는 진리眞理와 (과학적) 지식의 원천이자 보고寶庫라고 할 수 있다. 또한 "신화는 인류의 문화를 창조했던 힘과 세상에 대한 진지한 고투의 흔적을 피부로 느낄 수 있다는 점"(정재서, 2004: 26)에서 과학적 사고를 포함한 모든 인간 사고의 원형이었다고 할 수 있다.

그럼에도 불구하고 신화로부터 과학의 단계로 발전하는 과정에 대한 논리는 그리 석연치 않다. 왜냐하면, 신화, 즉 신의 이야기를 가능하게 하는 '프시케Psyche, 靈魂'에 대한 이해가 극도로 불안하기 때문이다. 다시 말하면, 물의 존재파악을 위해서 '존재론적 차원ontological dimension'으로 설명되어야 할 부분까지도, '인식론적 논리'의 전개를 통해서 일방적으로 경주되어 왔기 때문이다.

3. 이성

3.1 시행착오와 이성

이성理性, ratio, reason이란, 사전적 정의에 의하면, 사물(현상)을 인식함으로써 사물을 이해하고 사물(현상)의 진위까지 판단할 수 있는 능력을 말한다. 심지어 이성은 아름다움과 추함을 식별하게 하는 인간의 능력까지를 말한다. 따라서 이성은 인간의 고유한 본성으로서 인간을 인간답게 하고 다른 동물들과 구별되게 능력을 말한다. 한마디로 인간과 동물의 가장 결정적인 차이는 '이성의 능력'이다. 결국, 인간은 이성을 통하여 비로소 동물의 차원을 벗어나서 진정한 인간으로 거듭난다.

이미 위에서 본 것처럼, 처음부터 인간은 '관찰과 경험'으로부터 지식을 습득해 왔다. 물론 살아남기 위해 필요한 지식이었다. 상상력을 통한 '신화적 사고'로부터 습득된 '신화적 지식' 역시 삶의 방편으로서의 지식이었다. 그러나 지식이 반드시 삶에 도움이 되는 것은 아니다. 이를테면, 세상에는 '쓰레기 지식'도 많으며 잘못된 지식도 많다. 심지어 식자우환이라는 말도 있다. 지식이 오히려 화禍가 된다는 이야기이다. 또한 '선무당 사람 잡는다'는 말도 있다. 섣부른 지식 때문에 목숨까지 내놓을지 모른다는 뜻이다. 이는 지식의 맹점과 한계를 의미한다. 따라서 인간은 쓰레기 지식과 '진정한 지식'을 구별할 수 있어야 하며, 식자우환으로서의 지식을 경계하고 선무당 지식으로부터 해방되어야 한다. 또한, 이론적 지식과 실천적 지식은 항상 동일하게 나타나지 않는다. 이러한 의미에서 미래학자 토플러Alvin Toffler (1928~)는 21세기 지식사회는 "압솔리지obsoledge"를 경계해야 한다고 역설했다. '압솔리지'란 삭제해야 할 '쓸모없는 지식'을 의미하는 영어로서, 삭제obsolete와 지식의 합성 조어이다.

결국, 여기서 '이성의 능력'이 요청되는 것이다. 즉 인간은 이성의 능력을 갈고 닦음으로써 도달 가능한 '진정한 지식'에의 염원을 가지게 된다. 달리 표현하면, '객관적 지식'에 대한 염원이다. 즉 (완전한) 객관성을 담보하는 지식만이 지식이며, 이는 (완전한) 이성능력에 의해서만 가능하다. 이러한 이성적 사고는 과학적 사고의 토대가 되기도 한다. 이렇게 본다면, 과학 역시 이성 또는 이성적 능력에 의해서 완성된다고 할 수 있다.

이성론자理性論者들은 '이성'이야말로 지식의 원천으로 간주한다. 원칙적으로 이미 위에서 본 것처럼 인간의 모든 지식습득의 과정은 시행착오의 연속이다. 관찰과 경험으로부터 습득되는 지식이 그렇고, 신화로부터 습득되는 지식 역시 대동소이하다. 그러나 시행착오가 되풀이될수록 인간의 생존확률은 점점 더 낮아진다. 왜냐하면, 그만큼 올바른 지식(앎)을 가질 수 없기 때문이다. 앎은 삶이다. 따라서 살아남을 확률을 높이기 위해서는 인간은 시행착오를 극소화시킬 수 있어야 한다. 이러한 시행착오를 줄여줄 수 있는 지식이 바로 이성에 의해서 가능하다는 생각이다. 즉 인간은 선천적 본능인 이성적 능력을 잘 다듬을 수 있을 때 비로소 온전한 지식이 창출될 수 있는 것이다. 따라서 이성에 근거한 지식, 즉 '이성적 지식'을 통하여 우리는 객관적 지식의 습득이 가능하다. 한마디로 이성은 '지식의 객관성'을 담보한다. 또한, 인식론적 오류 역시 이성을 잘 갈고 닦으면 극복이 가능하다. 즉 완벽한 이성능력을 가지고 사물을 본다면 그것은 정확하다. 여기서 진정한 지식이 획득된다. 그렇다면 이제 문제는 과연 우리가 어떻게 이성적 능력을 잘 다듬을 수 있을까?

실제로 인간은 객관적 지식의 습득 능력으로서 인정받은 이성을 통하여 지식을 소유所有하는 것을 원칙으로 하여 왔다. 특히 소크라테스의 "인간은 이성적 동물"이라는 선언과 함께 시작된 철학의 역사는 이를 반증하고 있다. 이후 전개된 모든 철학적 사유는 적어도 딜타이Wilhelm Dilthey(1833~1911)와 베르그송Henri Louis Bergson(1859~1941)의 "생철학生哲學, Lebensphilosophie"이 등장하기 전까지 이성 철학의 테두리에서 급성장해 왔다. 그런데 여기서 우리가 잊지 말아야 할 매우 중요한 사실은, "이성적 존재"(소크라테스, 플라톤, 아리스토텔레스)로서의 인간은 분명 이성적 능력을 선천적으로 타고나지만, 이성이란 노력하면 최고로 성숙될 수 있다는 '가정'일 뿐이라는 사실이다. 심지어 우리가 이성의 능력을 잘 사용하면 여러모로 득이 될 수 있겠지만, 만약 잘못 사용한다면 이는 사회적으로나 개인적으로나 재앙災殃이 될 수 있다는 '양날의 칼'이 될 수 있다는 사실이다. 이러한 사실은 이미 모든 '이성' 내지 '이성적 능력'을 비판하는 데 평생을 보낸 칸트Immanuel Kant(1724~1804), '이성의 간지奸智'를 주장한 헤겔Georg Wilhelm Friedrich Hegel(1770~1831) 그리고 '도구적 이성'을 신랄하게 고발했던 프랑크푸르트 비판학파의 시조始祖들인 호르크하이머Max Horkheimer(1895~1973)와 아도르노Theodor Ludwig Wiesengrund Adorno(1903~1969)에 의해서 잘 알려져 있다.

3.2 자연탐구와 이성

이성능력에 의존하는 '이성적 지식'은 자연(현상)에 대한 학적 접근에서도 그의 연원을 찾아볼 수 있다. 주지하는 대로 고대 그리스 시대에 자연의 본질에 대해 큰 호기심을 가지고 있었던 탈레스는 "물"을 만물의 아르케로 보았다(Aristotle, Metaphysics paragraph, 27). 자연을 최초로 탐구했다는 이러한 의미에서 탈레스는 '과학의 아버지'라고도 불리기도 한다(Singer, 2008: 35). 특히 그는 당시 지배적 전통이었던 신화적 사고mythology로부터 가능한 멀리하면서 다른 인식의 방법으로 자연의 본질을 밝혀내고자 했다.

> "탈레스의 저작 덕분에 세계는 근본적으로 인식이 가능하게 되었고 비록 정신은 세계의 일부라 하더라도 외부 세계와 인간의 정신 사이에는 깊은 상관성이 있다는 새로운 생각이 그리스 전역과 세계도처에 퍼졌다."(찰스 반 도렌/ 오창호 옮김, 1995: 82~83)

그럼에도 불구하고 탈레스는 말한다: "만물에는 신들gods로 가득하다." (Aristotle, *De Anima*, 411a7) 그는 또 말한다: "신은 물로부터 모든 것을 만들어내고 형성해 내는 마음mind이다."(Aristotle, *De natura Deorum*, i.,10)

그러나 이러한 탈레스의 말은 신성divinity, 神性이 모든 것을 '하나'로 통합하고 있다는 것을 의미하지는 않는다. 그렇다고 신성을 통하여 인간의 육체와 영혼이 하나가 된다는 뜻도 아니다. 왜냐하면, 그는 자연의 모든 물질뿐만 아니라 인간의 정신(또는 영혼)마저도 탈신비화하고 탈脫인격화하고 객관화하려고 했기 때문이다. 물론 탈레스 역시 물질을 움직이고 살아있게 하는 것은 프시케라는 사실을 믿고 있던 물활론자hylozoist였다(Farrington, 1944). 왜냐하면, 당시는 범신론적 사유polytheism가 지배하던 시대였기 때문이다. 그러나 탈레스의 물활론적 사유는 물질(질료)과 그 물질을 살아서 움직이게 하는 '그 무엇'이 서로 구분될 수 없는 '하나'라는 사실을 의미하는 것만은 아니다. 오히려 이로부터 육체와 영혼, 물질과 에너지의 구분으로 이어지는 마음과 물질의 관계가 양분된다.[23] 이로써 결국 인간의 영혼, 정신, 마음은 '관찰과 경험의 주체subject'가 되며, 자연(만물)은 관찰과 경험의 대상이자 목표object가 된다.

---

[23] 이러한 과학적 사유의 전통은 중세를 거쳐서 물질과 에너지를 구분하지 않았던 아인슈타인의 우주진화론cosmology이 출현할 때까지 지속된다.

그러나 탈레스는 궁극적으로 자신이 보는 세계를 초자연적인supernational 방법으로 설명하지 않고 자연적natural 방법으로 설명하려고 했다. 또한, 그는 지식의 취득을 위해 뮈토스Mythos, 신화의 관점 대신 로고스의 관점으로 접근했다. 즉 그는 전설(구전, 기록 등)과 전통으로부터 전해진 지식보다는 사실에 직접적으로 접근함으로써 실재의 지식real knowledge을 얻겠다는 의도를 가지고 있었다. 이렇게 본다면, 탈레스의 인식은 경험론적이면서 동시에 이성론적 접근이라고 할 수 있다.

> "(특히) 탈레스 이전에는 성공을 보장하고 불행보다는 행복을 주는 지식은 지배계급, 즉 왕과 성직자들의 독점물이었다. 탈레스와 그의 추종자들은 '신비로운 것'에서 공公적인 것으로 지식을 바꾸었다. 읽을 수 있는 사람은 누구든지 그런 지식의 혜택을 누릴 수 있었다. 그것의 원리를 이해할 수 있는 사람은 누구든지 그것을 보탤 수도 있었다."(찰스 반 도렌, 오창호 옮김, 1995: 118)

이런 방식으로 당시 자연학自然學을 시작했던 고대 그리스의 자연(철)학자들은 대부분 경험적 지식을 토대로 하고 있었지만, 어떻게든 자신에게 부여된 천부天賦의 '이성적 능력'을 통하여 '자연현상'에 객관적으로 접근해 보려는 노력을 게을리하지 않았다고 할 수 있다.

3.3 이성과 지식

문헌상의 기록으로 볼 때, 이성적으로 지식에 접근한 최초의 학자는 플라톤Plato(428/7~348/7 BC)이었다. 왜냐하면, 탈레스 이후의 자연학적 접근들은 모두 플라톤에 의해 집대성되었기 때문이다. 물론 이성을 처음 발견한 사람은 그의 스승 소크라테스Socrates(470~399 BC)라고 해야 한다. 그는 플라톤의 <대화편> 여기저기에서 '인간은 이성적 동물'(homo ratio)이라는 말을 하기도 한다. 이는 플라톤에게 평생 동안 인간이라는 종에게 과연 '이성' 내지 '이성적 능력'은 어떻게 가능하며, 또한 '이성의 소산'은 무엇인가? 하는 질문에 답하도록 자극했다.

플라톤에 의하면, 인간의 육체는 '이성의 껍데기'일 뿐이다. 왜냐하면, 육체는 동물들도 모두 다 가지고 있기 때문이다. 즉 인간과 동물과의 차이는 바로 '이성'이다. 따라서 인간의 삶에서 중요한 것은 오로지 이성이지, 육체에서 비롯되는 감각이나 감성 그리고 이를 통한 경험은 궁극적으로 삶을 결정하지 않는다. 왜냐하면, 감각과 경험은 참지식이 아닌 억견doxa을 낳을 수밖에 없기 때문이다.[24] 결국, 플라톤은 이성이 인도하는 것이라면, 우리는 무조건 따라야 한다고 주장했다.

> "인간이 이성의 인도 아래 있으면, 인간은 자신의 내면에 있는 여러 꼴들을 하나의 통일된 전체적인 질서 안으로 끌어들이고 질서 안에서 자아를 실현할 수 있다. 그럴 수 있을 때 인간은 가장 바람직한 상태에 있으며 인간의 아레테는 실현된다."(오인탁, 1996: 55)

또한 플라톤의 이성주의理性主義는 '윤리적 요인'을 배경으로 하고 있다. 즉 인간 본성의 본능적 측면은 감각적인 쾌락을 추구하지만, 이성적 측면은 우리에게 잘못된 것은 행하지 말라고 가르침으로써 우리의 마음과 행동을 규제한다. 플라톤에 의하면, 인간은 결코 본성적으로 선을 행할 수 있는 천사天使가 아니다. 따라서 인간이 선을 행할 수 있기 위해서는 이성적으로 될 필요가 있다. 만약 인간이 이성적이지 못하다면, 즉 이성적으로 행동하지 못한다면, 인간은 동물적 차원에서 벗어날 수 없다. 그렇다면 인간은 더 이상 인간이 아니고 단순한 동물일 뿐이다. 물론 인간 역시 동물의 부류이지만, 동물 그 이상의 무엇이며 무엇이어야 한다. 즉 인간은 하등동물과 구분되는 고등동물이다. 따라서 고등동물로서 살아야 하고 살아야만 하는 인간에게 이성적 능력은 필수적이다. 이러한 의미에서 파스칼Blaise Pascal(1623~1662)은 "인간은 동물과 신의 중간에 사는 존재"로 규정했다.

---

[24] 플라톤은 자신의 철학 전반에서 경험적 이해인 억견의 세계와 철학적 이해인 인식episteme의 세계를 날카롭게 분리하고 지식과 진리의 인식을 강조하고 있다(오인탁, 1996: 67).

결국, 플라톤은 도덕을 개인과 사회 간의 관계로서 형성되는 사회윤리라는 개념으로 풀고 있다. 즉 개인의 도덕도 사회 윤리적 차원에 포함되는 것이다. 플라톤에게 사회윤리의 이상은 행복이었다. 그러나 행복은 사회정의를 실현함으로써 가능해진다. 플라톤은 자신의 대화편 『국가』에서 정의正義, dikaiosyne를 최고의 이상으로 꼽게 된다(Politeia, 336A~342E). 하나의 국가가 정의를 통해 사회적 윤리가 형성되는 것이 가장 이상적이며 정의사회속에서 개인은 행복해진다. 이것이 우리가 추구해야 할 사회윤리이며 개인 도덕인 셈이다. 따라서 사회윤리와 개인도덕을 책임지는 국가는 사회적 필요에 의해 형성되며 정의 사회를 구현해야 한다. 구체적으로 수공업자 및 농부 같은 생산자계급, 무사계급 그리고 통치자 계급들이 서로 상관관계를 가지고 조화롭게 그 관계를 유지할 때 국가 사회는 정의를 구현하게 되는 것이다. 결국, 이로써 사회윤리도 실현된다. 그는 이러한 사회체제의 질서유지를 가능하게 할 수 있게 함으로써 정의사회를 이룩하고 개인에게 행복을 가져다줄 수 있는 이상적 정치체제로 귀족정을 들고 있다. 즉 플라톤은 명예정치, 과두정치, 민주정치, 참주정치체제로서는 이러한 정의사회를 이룩할 수 없으며, 여기서 이상국가의 염원은 불가능한 것으로 보았다.

정리하자면 플라톤의 국가론, 즉 정의사회론은 "선의 이데아 사상"에서 비롯되었다. 정의사회, 이상국가가 사회적 차원이었다면, 선의 이데아는 개인적 차원이다. 즉 공동체에는 정의가 핵심이지만, 개인에게는 선이 최고이다. 플라톤의 『국가론』이 중·후기 작품이라면, "선의 이데아 사상"은 초기 플라톤의 핵심 사상이다. 개인에게 삶의 최종 목표는 선을 인식하고 실천하는 것이다. 한마디로 개인에게 최고의 이상은 선의 이데아가 된다. 따라서 실생활과 모든 사회적 관계는 선의 이데아에 따라 재편되어야 한다. 여기서 선의 이데아는 태양에 비유되고 모든 다른 이데아들은 그 태양 빛을 받는 대상으로 존재한다. 정의사회를 구성하는 정점에는 지혜(또는 지혜론은 철인)가 위치하게 된다.

한편, 플라톤은 "동굴의 비유"를 통하여 인간들이 '이성의 세계'로 걸어 나올 것을 주문한다. 이성의 세계는 빛의 세계이다. 빛이 없으면 세상은 암흑이다. 빛이 들어오지 않는 동굴은 암흑이다. 동굴 속에 살고 있는 그들은 오로지 그림자의 세계만을 바라볼 뿐이다. 심지어 그들은 그들이 지금 보고 있는 것이 그림자라는 사실 조차도 의식하지 못하고 있다(오인탁, 1996: 68). 그러나 동굴 밖에서 들어오는 빛줄기에 의해 동굴 속에 갇혀 있는 죄수들은 다른 세계가 존재한다는 사실을 알게 된다. 따라서 동굴 속의 죄수들은 스스로 빛의 세계에 나올 필요가 있다. 또한, 우리는 어둠 속에서 그림자의 세계만을 볼 수 있는 죄수들에게 빛의 세계를 보여 주어야 할 의무가 있다. 즉 우리는 아직 동굴 속에 갇혀서 그림자의 세계만을 보고 있는 우리 스스로를 빛의 세계로 내보낼 수 있어야 한다. 그리고 누군가(교사)가 죄수들의 포승을 풀어 주어서 동굴 밖 빛의 세계로 인도해 주어야 한다. 왜냐하면, 우리는 이미 동굴 밖에 또 다른 세계, 즉 실재하는 세계를 볼 수 있는 빛의 세계가 존재한다는 사실을 알고 있기 때문이다. 즉 세계는 어둠의 세계만이 세계가 아니고 빛의 세계도 세계이다. 따라서 두 세계가 모두 존재하는 곳에 사는 것이 온전한 삶이다. 여기서 빛의 세계가 바로 이성의 세계이며, 그것이 곧 진리의 세계이다. 따라서 이성은 진리logos의 세계를 볼 수 있는 또는 접근할 수 있는 유일한 인간의 능력이 된다. 플라톤은 이를 파이데이아Paideia, 즉 '(인간)도야의 과정'을 통해서 실현시킬 수 있다고 보았다.

> "동굴의 비유는 인간이 파이데이아의 일정한 질서에 따라서 지식의 상이한 단계들에 이르는 길을 그리고 있다. 도야의 길의 질서 밖에 있기 때문에 파이데이아의 길로 인도되는 인간은 지식의 단계들을 알고, 여기서 바로 이 단계들이 문제임을 안다. 파이데이아의 길을 스스로 가는 자는 단계들을 언제나 추후적으로 비로소 인식하게 된다. 그는 그의 고유한 인식에 따라서 매 단계에서 실재 전체의 인식을 시도한다. 그러한 세계파악은 파이데이아의 길에서 수정된다."(오인탁, 1996: 71)

그러나 '과연 이성이 무엇이냐?'라는 질문은 아직 끝나지 않았다. 이성의 본질, 실체, 정체에 대한 규명은 항구적인 테마일지도 모른다. 이성이란 무엇인가? 누가 이성을 보았는가? 이는 마치 누가 신을 보았는가?라는 질문과도 상통한다. 이미 중세 천 년 동안 신의 세계(종교, 믿음, 진리)와 이성 간의 만남을 논리적으로 주선해 보려는 노력을 해 왔지만, 결국 종교는 "신비神秘로 접근할 수밖에 없다"(Meister Eckhart, 1260~1327)는 결론으로 중세 '신존재 증명'의 논쟁은 막을 내리고 말았다. 이후 데카르트Rene Descartes(1596~1650)는 회의懷疑, scepticism하는 방법을 통하여 이성의 실체를 규명하고자 했다. 그러나 "나는 생각한다. 그러므로 존재한다"(cogito ergo sum)는 소위 코기토 cogito 명제를 넘어설 수가 없었다. 즉 데카르트는 '이성의 능력 덕분으로 우리가 모든 것을 의심할 수 있다'는 사실만을 밝혀 놓았을 뿐, 정작 이성이 무엇인지에 대해서는 아무 언급도 못 했다. 즉 그는 '생각한다'(cogito)는 사실 이외에 다른 이성의 흔적이나 본질을 더 이상 규명해 낼 수는 없었던 것이다. 급기야 로크John Locke(1832~1704)에 의해서 '오성悟性, understanding, Verstand'의 개념이 도입된다. 여기서 오성은 감각과 이성을 매개하는 개념이다. 그러나 결국 오성의 개념 역시 이성의 본질을 밝혀내기가 쉽지 않기 때문에 차용된 개념이라고 할 수 있다. 그럼에도 불구하고 이성의 본질은 직접 규명될 수 없는 영역이 되고 말았다. 왜냐하면, '이성'의 개념은 플라톤에게서 이미 현실을 초월한 이상理想이자 일종의 가설假設로서, 이데아Idea의 세계에서나 가능한 형이상학적 개념이었기 때문이다.

　로크의 오성 개념을 계승한 칸트는 '비판批判, critic'의 개념을 통하여 '이성의 진정한 모습'을 파악해 보려고 했다. 왜냐하면, 인간의 사고능력은 무한하고 생각은 자유이기 때문에 인간에게 늘 이성적인 모습을 기대하기는 쉽지 않기 때문이었다. 따라서 현재 일상에서 쓰이고 있는 이성에 대해서 우리가 제대로 '비판'해 낼 수만 있다면, 이성의 본 모습이 그대도 드러날 수 있다는 판단 때문이었다. 그는 맨 먼저 '순수한 이성'을 비판해 보았으며 (순수이성비판), 그다음으로는 현실에서 '실천되고 있는 이성'(실천이성비판)을 비판했다. 마지막으로 '판단하고 있는 이성'까지 비판해 보았다. 그럼에도 불구하고 여전히 '이성이란 무엇인가?'의 질문은 완전히 해소되지 못했다. 단지 칸트의 이성비판은 우리 인간의 삶에서 이성의 기능과 역할에 대한 이해를 좀 더 풍족하게 해 주었을 뿐이다.

결국, 헤겔에게서 이성은 절대정신absoluter Geist과 동일시되었다. 이로써 이성의 문제는 아예 '관념觀念'의 세계로 넘어가게 되었다. 심지어 정신현상으로서 다루어진 이성의 문제는 오히려 형이상학meta-physics의 영역으로 갇혀버리는 현상까지 초래되고 말았다. 결국, 이성의 본질과 실체는 그동안의 많은 규명 노력에도 불구하고 여전히 불투명한 상태가 된 셈이다. 그럼에도 불구하고 이성이란 인간에게 삭제될 수 없는 중요한 본성이라는 사실은 거부될 수 없었다.

결국, 20세기 초 프랑크푸르트 비판학파를 창시한 호르크하이머와 아도르노는 자신들의 논문 <계몽의 변증법>에서 직접적인 이성본질의 규명 대신 이성의 속성을 들여다보기 시작했다. 이들은 루카치Georg Lucas(1885~1971)가 처음 사용한 '도구적 이성'의 개념을 자신들의 이성비판에 적극 도입하게 되었다. 이들은 '이성' 자체가 문제가 되는 것이 아니라, 이성이 어떤 특정한 목적을 위해 '도구화되고 수단화'되는 것이 문제라고 주장했다. 그러나 이로써도 "이성이 무엇인가?"의 본질 및 실체 규명은 끝나지 않았다. 다만 플라톤의 철학적 · 형이상학적 사유, 즉 이데아로 제시되는 이성의 능력 덕분으로 우리 인간은 최고의 선, 즉 정의를 구현할 수 있다는 생각은 최소한 학문적 · 이론적으로는 여전히 유효하다고 할 수 있다.[25] 따라서 진정한 지식, 객관적 지식, 과학적 지식 등 이상적이고 완벽한 지식탐구에 있어서 '이성' 또는 '이성적 능력'은 그의 본질과 실체가 어떻게 밝혀지든 아니든 상관없이 결정적일 수밖에 없다. 한마디로 지식은 다른 것도 마찬가지이지만 이성적이지 않으면 완전하지 않다.

---

25 이러한 플라톤의 철학적 사유는 신화를 통해서 '정의'로운 삶을 추구했던 신화적 전통의 계승이라고 할 수 있다.

4. 믿음

4.1 서양

(1) 범신론과 유일신론

고대 그리스 시대는 범신론汎神論과 유일신론唯一神論이 병존하던 시대였다. 그리스 신화에 등장하는 신들은 모두 반신반인의 모습을 가지고 있었다. 따라서 이러한 신화적 전통에 익숙했던 사람들에게 범신론적 사유는 극히 당연하다. 누구라도[汎] 강력한 지배력과 영향력을 가지고 있다면 신이 될 수 있다. 그러나 제우스가 신 중의 신으로 등극하면서 점차 '유일신 사상'이 잉태되기 시작했으며, 그의 아들 아폴론Apollo이 가장 그리스적인 신으로서 사람들에게 추앙되면서 유일신 사상이 무르익게 되었다. 고대 그리스 땅에서 당시 아폴론신이 유일신으로 숭상되었다는 근거는 바로 소크라테스의 사형사건에서 밝혀진다. 즉 소크라테스의 죽음은 범신론과 유일신 사상의 혼존混存 내지 '범신론에서 유일신론으로'의 전환기에 발생한 역사의 아이러니라고 할 수 있다.

소크라테스는 두 가지 죄목으로 기소되었다. 그 하나는 궤변적sophistic 대화를 통하여 청소년들을 선동했다는 죄목이었고, 다른 하나는 두 가지 신을 함께 모시고 있었다는 죄목이었다(Apologie, 24b & Memorabilia, I. 1.1.). 즉 그가 아폴론 신만을 유일신으로 모시고 있지 않았다는 사실이 독배를 마시게 된 결정적인 사유였던 것이다(이상오, 2008: 213~214). 한마디로 소크라테스는 일종의 소피스트Sophist로 간주되어 처형되었다. 당시는 소피스트들이 온갖 궤변을 통하여 '모든 진리는 상대적'이라고 호도하면서 진리의 절대성을 혼탁하게 하였고, 이로써 국가와 사회를 어지럽혔다는 죄목으로 처형당하던 시절이었다. 이들은 절대적인 권력의 유일신을 믿지 않았거나 아니면 신들을 모두 상대적인 것으로 간주하면서 범신론적 사유를 가지고 있었다. 시대적으로 소크라테스는 소피스트의 전통에 영향을 받을 수밖에 없었다. 즉 당시 대표적인 소피스트였던 고르기아스Gorgias는 소크라테스에 깊은 영향을 주었다.[26] 아울러 비록 소피스트들과 잦은 논쟁을 하면서도 소크라테스는 이들에게 일말의 영향을 받지 않을 수 없었다. 이러한 의미에서 소크라테스는 당시 마지막 소피스트로서 간주되기도 했다.

한편, 소크라테스의 제자 플라톤은 아테네의 정치에 잠시 개입하게 되면서부터 소피스트들과의 전쟁을 선포했다. 당시 원로원 회의에 적지 않은 영향력을 행사하고 있었던 플라톤은 스승 소크라테스가 유죄판결을 받고 독배를 마시는 것을 목도하게 되면서 깊은 회의와 자괴감에 빠졌다. 결국, 소피스트로 몰린 스승 소크라테스의 죽음은 자신에게도 일말의 책임이 있는 것으로 생각하게 된다. 역사적 아이러니가 아닐 수 없었다. 스승의 죽음 후 실의에 빠진 플라톤은 모든 것을 내려놓고 깊은 유랑을 하는데, 시칠리아 섬 주변을 7년 동안 방황하게 된다. 결국, 진리의 상대성을 외쳤던 소피스트들과 진리의 절대성을 지지했던 플라톤의 사이에서 활동하고 있었던 소크라테스의 운명은 '역사적 숙명'이라고 아니할 수 없었다. '과연 소크라테스는 소피스트였느냐, 아니었느냐'하는 논쟁 속에서 양쪽, 즉 상대지식의 옹호자인 소피스트들과 절대진리의 옹호자인 이성주의자들 사이에 (양)다리를 걸치고 있었던 소크라테스는 결국 죽을 수밖에 없는 시대 상황적 운명이었던 것이다.

당시 아테네시민이라면 아폴론신을 유일신으로 모시고 있어야 했던 것이다. 이로써 당시 사회가 내용상으로는 이미 유일신唯一神의 시대였음을 알 수 있다. 소크라테스는 스스로 자신을 잘 변호함으로써 사실 무죄판결을 받을 뻔했다. 그런데 갑자기 돌발 상황이 발생한 것이다. 사실 소크라테스는 자신을 변호하는 재판정에서 하지 않아도 될 말을 했다. 처음에 소크라테스는 여러 다양한 근거를 대가면서 자신은 분명 아폴론신의 충복忠僕으로서 철저한 아테네시민이라고 변론하였다. 그러나 재판관이나 배심원 누구 하나 묻지도 않았는데 소크라테스가 이상한 말을 꺼낸 것이었다. 즉 소크라테

---

[26] 이러한 의미에서 소피스트인 고르기아스가 소크라테스의 스승이라고 불리기도 한다. 이러한 사실도 소크라테스가 소피스트로 처형당하게 되는 이유가 되기도 한다.

스는 어렸을 때부터 자신의 마음속에 자리 잡고 있는 "다이모니온Daimonion, 즉 영혼의 소리"(Apologie, 31c)의 명령에 따라 행동해 왔다는 것이었다.

> "소크라테스는 청중에게 오해의 소지가 남을지도 모를 석연치 않은 말은 덧붙인다. 바로 다이모니온에 대한 부연설명이다… (고발자) 멜레토스가 다시 물고 늘어지는 것도 아니고 배심원들이 묻는 것도 아니기 때문에, 그냥 슬쩍 넘어가도 될 법한 부분인데도 불구하고… 배심원과 시민(청중)에게 자신만의 고유한 '영(혼)적인 것', 즉 다이모이온에 대해서 좀 더 온전한 이해를 구하고자 한 것은 무슨 심사였을까? 아마 소크라테스는 자신에게 평생 이보다 더 중요한 문제는 없다는 생각 때문이었을 것이며, 이는 소위 자신만의 '양심의 소리'로 간직하고 있었던 다이모니온에 대한 마지막 예의(?)가 아니었을까 한다."(이상오, 2008: 213~214)

배심원들이 따지고 들었다. "도대체 다이몬이 무엇인가?" 소크라테스는 그것은 자신에게 명령하는 '영혼의 목소리'로서 이를테면 '양심의 목소리'라고 부연설명을 하게 된다. 갑자기 배심원들의 반응이 싸늘해졌다. 그렇다면 소크라테스는 결국 당시 아테네의 유일신인 아폴론 신만을 모신 것이 아닌 셈이지 않은가? 결국 '아폴론신의 목소리가 다이몬의 목소리는 동일한 것'이라는 소크라테스의 변명辨明, excuse은 묵살되었고, 소크라테스는 독배毒盃를 마셔야 했다. 달리 말하면, 소크라테스는 아폴론 신에 대한 경건함(종교성)을 가지고 있었지만 동시에 극히 이성적인 양극성의 인물이었다고 할 수 있다(Kahn, 1996: 89).

> "소크라테스는 신적인 것과 영적인 것을 동일시했던 것이다. 그에게는 영혼의 목소리에 귀를 기울이는 것과 신의 명령에 충실한 것은 똑같은 것이었다. 결국, 이는 인간의 영혼과 신의 세계는 하나일 수 있다는 의미로 해석된다. 따지고 보면 당시 델포이 신들도 영웅이 이성적이며 동시에 종교적이기 때문에 신격화된 반신반인의 형상을 포함한다. 이는 나중에 도입되는 기독교 유일신 사상과는 차이가 있다. 이렇게 본다면 소크라테스의 발견은 자신이 다이모니온의 목소리에 귀를 기울임으로써 이성과 종교성의 결합 또는 이

성과 종교의 미묘한 상태, 즉 무지無知, Nichtwissen와 지知, Wissen 사이를 왔다 갔다 하는 상태에 있었음을 암시한 듯하다…. 중요한 것은 인간에게 천부적으로 주어진 영혼의 영역이 신적 영역과 합일될 수 있다는 사실이다…. 소크라테스에게 중요한 것은 전문지식이나 진리를 단순히 규정하는 것이라기보다는 진리를 함유하고 있는 '영혼을 보호하고 각성시키는 것'이었다. 왜냐하면, 그에게서 영혼보호와 영혼각성이 바로 영혼의 목소리Daimonion를 듣기 위한 유일한 길이었기 때문이다. 또한, 이러한 일이야말로 자신이 신의 명령에 충실히 따르는 이성적 방법이라고 여겼다. 즉 소크라테스에게서 이성이란 양심의 소리에 따라서 신의 명령을 충실히 수행mission 하는 과정에서 확인된다… 이러한 의미에서 우리는 소크라테스를 이성의 필연적 법칙에 따라 세계를 이해하는 철저한 '이성주의자'인 동시에, 신의 명령과 섭리에 의지해서 말하고 실천하는 경건한 '종교주의자'로 보게 되는 것이다."(이상오, 2008: 214~216)

결국 지식이란 범신론이 득세할 때와 유일신론이 득세할 때 달라질 수밖에 없다. "내가 만물의 척도다"라고 선언한 프로타고라스의 지식관은 상대적이며 범신론적 지식관을 가지고 있었다. 즉 지식은 항상 변한다. 마치 수많은 신들이 다양한 생각을 하고 스스럼없이 특이하게 행동할 수 있듯이 지식 역시 다양하고 얼마든지 변칙도 가능하다. 이에 반하여 아폴론 신을 유일신으로 떠받들어 믿고 있었던 당시 아테네의 시민들은 아폴론신의 계명에 절대복종해야만 했다. 따라서 아테네의 지식도 절대적이며 고정적이며 불변이다. 즉 아테네에서는 아폴론신이 내리는 지식을 한 치의 변형變形 없이 그대로 고수固守해야만 했다. 그렇지 않으면 누구도 예외 없이 죽음이다. 결국, 유일신을 따르는 자와 범신론을 따르는 자의 지식과 지식관은 서로 달라질 수밖에 없다. 이로써 우리 인류의 역사에서는 지식의 상대성과 지식의 절대성 간의 괴리가 발생하게 된 셈이다. 그 과도기에 소크라테스가 희생양이 된 셈이다. 그러나 이러한 사실은 피할 수 없는 '역사의 필연'이었다고 보는 것이 타당하다.

한편, 고대 그리스 시대에 이러한 사상적 전환기를 경험한 헬레니즘의 종교관은 중세시대에 헤브라이즘의 유일신 사상과 만나면서 또 다른 역사를 만들게 된다. 서구 세계를 지배하기 시작한 로마제국은 국가와 사회를 어지럽혔다는 죄목으로 예수를 처형했다. 이는 역사의 필연적 산물이라는 점에서 소크라테스의 사건과 매우 유사하다. 그러나 이번에는 범신론 사상에서 유일신 사상으로의 전환기가 아니었고, 유일신 사상이 정통正統이냐 아니면 이단異端 이냐의 논쟁이 시작된 것이다. 즉 중세시대의 이단논쟁異端論爭 또는 이신론理神論, theism 논쟁이 그것이다. 그러나 중세시대 천 년 이상 지속된 '이단논쟁'은 루터Martin Luther(1483~1546)의 종교개혁, 그리고 오늘날의 중동전쟁으로 이어지면서도 여전히 명확한 결론을 내지는 못하고 있다. 이러한 서구기독교 사회에서의 이단논쟁 내지 이신론논쟁에 이론적 기반을 제공했던 역사는 학문적으로 아래에 기술되는 '실재론'과 '유명론'의 논쟁을 통하여 보다 심화되고 체계화되는 계기가 되었다.

(2) 실재론과 유명론

실재론과 유명론의 논쟁은 외형적으로 보면 '신이 실재實在하는가 아니면 이름姓名으로만 존재하는가?'하는 소위 '신존재증명'을 위한 논쟁이었다. 그러나 내용적으로 보면 이른바 '보편논쟁普遍論爭' 내지 '보편지식논쟁'이었다. 즉 우리의 삶을 지배하고 규제하는 보편적 진리, 즉 보편성普遍性이 존재하는가? 더 나아가서 지식의 보편성, 즉 우리에게 '보편적 지식은 존재하는가?'에 대한 논쟁이라고 할 수 있다. 즉 실재론과 유명론 간의 논쟁은 처음 신의 존재를 증명하는 논리의 대결로부터, 일상생활에서의 보편적 지식의 존재 문제에 대한 논쟁으로 전환되는데 기폭제가 되었다고 할 수 있다.

헬레니즘과 헤브라이즘을 통합하면서 본격적인 중세사상을 열어 놓은 아우구스티누스Aurelius Augustinus Hipponensis(354~430)는 "알기 위해서는 우선 믿어라"고 가르쳤다. 하나님이 존재한다는 사실은 먼저 신의 존재성을 믿지 않고서 우리는 더 이상 아무것도 알 수 없다는 것이다. 아우구스티누스는 이에 대하여 자신만의 독특한 논리를 세워나갔다. 당시 이는 매우 주효했다. 그러나 시간이 흐르면서 아우구스티누스의 '우선 믿음'의 설교에 의문이 제기되기 시작했다. 왜냐하면, 주로 구전과 전승으로 내려오던 예수의 '부활사건'에 대한 신빙성을 의심하는 인구가 늘어났기 때문이다. "너, 정말 예수를 본 적이 있나? 예수가 장사한 지 사흘 만에 부활한 것 정말 봤나? 너, 정말 하나님 봤어?"라고 반문하면서 사람들은 소위 '무조건적 믿음'을 점차 거부하고 나섰다. 심지어 뭇 사람들은 '믿지 않고도 우리는 얼마든지 알 수 있다'는 주장까지 하게 되었다. 이제 인간의 지식은 (하나님의) 진리와 무관해도 된다는 논리로까지 비화하기 시작했다. 마침내 또 다른 제2의 소피스트 시대가 도래할 위기에 처한 셈이 된 것이다.

이제 신학자들은 '논리적으로' 하나님의 실존(존재)을 입증해야 했다. 그렇지 못한다면 사회적 위기는 고사하고라도 자신들의 입지 역시 위태롭다. 결국, 이들은 신의 존재 증명을 위해서 더 이상 플라톤의 이데아론에 의존해서는 안 되고 아리스토텔레스의 논리학과 우시아Usia의 개념을 도입하는 것이 유리하다는 결론에 도달한다. 드디어 신학적 믿음을 철학적(논리학적)으로 논증해야 하는 '스콜라 철학scholar philosophy'이 탄생하였다. 그러나 스콜라 철학의 지주로 부상한 아리스토텔레스의 사상에는 항상 논쟁의 여지가 많았다. 따라서 중세 스콜라 시대에는 거의 아리스토텔레스의 논쟁으로 일관했다고 할 수 있다.

안셀무스와 아벨라르에 의해 촉발되고 토마스 아퀴나스에서 정점에 이르렀던 스콜라 철학에서는 결국 아리스토텔레스의 논리를 차용하여 가능태dynamis와 현실태energeia의 논리적 추론을 통하여 '신존재증명', 즉 '보편논쟁'을 전개해 나갔다. 가능성으로서의 신성이 현실태로 나타날 수밖에 없다는 아리스토텔레스의 논리는 신의 존재를 증명하는 논리적 근거論據로 충분했다. 이로써 우리가 무엇인가를 안다는 것은 우리가 무엇인가를 믿지 않고서는 불가능하다는 논리가 지지된다. 즉 '우선 믿으면 알 수 있다'는 아우구스티누스의 설교가 토마스 아퀴나스Thomas Aquinas(1224/25~1274)에게서 '우리 인간의 지식은 결국 믿음을 벗어나서 가능한 것이 아니라, 믿음이라는 전제 하에서 지식도 가능하다는 논리'가 성립된다.

그러나 이러한 논리전개와 별도로 여전히 또 다른 논리를 전개해 온 제3

의 세력이 있었다. 바로 유명론nomalism이 그것이었다. 특히 오캄William of Ockham(1285~1349)의 '면도날 논리'는 결국 아퀴나스의 신존재증명의 논리를 흔들어 놓는데 결정적 역할을 하게 된다. 즉 하나님은 실제로 존재하는 것이 아니라 오로지 이름, 즉 명목상으로만 존재한다는 것이었다. 아니면 실제로 존재한다고 해도 '관념' 속에서의 실재함, 즉 실념론實念論으로 설명이 충분하다는 논리였다.

> "오캄은 실재하는 것은 사과나 인간과 같이 독자적인 실체일 뿐이라고 말했다. 보편적인 것은 전혀 존재하지 않고 그들은 단지 이름뿐이라고 했다. 더구나 자연은 사물들만으로 구성되어 있고, 인간의 이성만이 인간이 그들과 '마주치는' 것을 허용한다."(찰스 반 도렌/ 오창호 옮김, 1995: 228)

결국 중세 후반기에 유명론과 실제론 사이에서 벌어진 논쟁에서 나타난 논리적 한계에 대한 공방은 에크하르트Meister Eckhart(1260~1329)에 오면서 신비주의神秘主義로 결판난다. 즉 하나님의 존재는 신비체험을 할 때 비로소 알려진다. 그리고 신비체험을 통해 얻은 신의 존재에 대한 지식이 곧 '믿음'이다. 반대로 신비체험을 못하면 앎도 믿음도 불가능하다. 따라서 신비체험은 진리와 지식의 전제조건이 된다. 결국, 중세 천 년은 '지식과 믿음은 동본원적'이라는 사실을 '논리적으로' 또는 논리학적 전개(논리전개)를 통해서 입증하려고 애를 쓴 셈이다.

물론 이러한 논쟁은 당시 유일신 사상을 기초한 기독교라는 종교의 한울타리 내에서 벌어진 논쟁이었지만, 오늘날 이러한 논쟁의 계승 결과는 지식세계에서 보다 민감하게 전개된다. 즉 이러한 논쟁은 보편적 지식이 실재에서도 존재한다는 주장과 그것은 오로지 명목뿐으로 현실(실재)에서는 존재하지 않는다는 주장으로 갈라진다. 이는 고대 그리스 시대에 지식의 절대성과 상대성의 논쟁, 즉 이른바 '소피스트논쟁'과 내용상으로 다름이 없으며, 오늘날 '지식의 상대성'을 묻는 포스트모던의 지식논쟁과도 대동소이하다. 만약 지식이 절대적이라면 '보편지식'은 존재하는 것이며, 반대로 지식이 상대적이라면 지식의 보편성은 허구가 된다.

4.2 동양

(1) 도가 사상

도道사상의 창시자이며 『도덕경道德經』의 저자로 알려져 있는 노자老子[27]의 사상에서 핵심 개념은 '자연'이다. 그에 의하면, '도는 자연을 본받는다[道法自然]. 그는 인간의 삶의 방식으로서 '무위자연'을 주장했다. 무위無爲란 말 그대로 '위爲, 즉 위선僞善이나 인위人爲가 없다'는 뜻이며, 자연이란 '스스로[自] 그러하다[然]'는 뜻으로 인위를 거부한다. 따라서 무위자연이란 우리가 자연을 본받을 때 위선이 없어야 한다는 말이며, 스스로 그러하게 한다는 뜻이다. 쉽게 말하면, 무엇인가를 인위적人爲的으로 꾸미지 말고 자연의 섭리에 따라서, 즉 자연을 닮은 그대로 자연스럽게 행동하라는 뜻이다. 그것이 도道를 따르는 것이다. 한마디로 자연의 순리에 따라 자연스럽게 살면 그것이 바로 도道이며, 또한 그것이 (진정한) 삶인 것이다.

노자가 집필했다고 전해지는 도교의 경전인 <도덕경>의 핵심사상은 무위자연이다. 여기서 무위자연은 곧 도道를 의미하기도 한다. '무위'라는 개념은 말 그대로 '꾸미지 않음'으로서 인위적이지 않기에 부자연스럽지도 않다는 것을 말한다. 결국 무위란 자연과 같은 개념이다. 또한 자연은 결코 인위적으로 제거되는 것도 아니기 때문에 늘상 그대로 거기에 있다. 그것이 도道와 기氣인 것이다.

노자에 의하면, 삶은 결코 어떤 다른 목적의 수단이 되어서는 안 된다. 삶은 그 자체가 목적이다. 여기서 삶 자체의 구체적인 목적은 행복幸福이다. 이런 면에서는 아리스토텔레스의 생각과 다르지 않다. 따라서 삶은 행복을 위해 지향되어야 하고 삶은 행복해질 필요가 있다.

한편, 노자에게 거짓 삶은 무위자연을 거슬리는 삶에서 온다. 구체적으로

---

[27] 중국의 춘추전국시대에 초나라의 사상가였던 노자는 성姓이 이李 이름은 이耳, 자는 백양伯陽 또는 담聃 노군老君 또는 태상노군太上老君이라고 하는데, BC 6세기경에 활동한 중국 제자백가 가운데 하나인 도가道家의 창시자로 알려져 있다. 그는 우주의 진리를 '도(철학)'라고 명명했다. 그는 우주 만물이 이루어지는 근본 이치를 도라고 하고 이러한 도의 신앙을 '도교'라고 하였다.

이는 소유와 집착執着에서 온다. 즉 인간에게는 (과)욕심이 항상 문제이다. 다시 말하면 (과)욕심으로 자연을 소유하고 집착함으로써, 결국 우리는 행복에 다가서지 못하게 된다. 왜냐하면, 도道는 자연의 상태이며, 무의 상태이기 때문이다. 결국, 노자는 자연에 의한 것과 인간에 의한 것을 뚜렷이 구분하여 자연에 따르는 것이 인간 행복의 원천이고, 소유와 집착을 목표하는 인위적인 것을 모두 인간 고통의 원인이라고 보았던 것이다(馮友蘭, 정인재 역, 1982: 47). 이렇게 본다면, 도사상은 불교에 큰 영향을 미쳤다고 할 수 있다. 특히 노자의 도道사상을 계승하면서 대표작인『장자莊子』를 쓴 장주莊周, 또는 莊子는 중국불교의 발전에 큰 영향을 주었다.[28] 그에 의하면, 유와 무의 사이에서 기氣가 생겨났고, 기가 변형되어 형체가 되었으며, 형체가 다시 생명으로 모양을 바꾸었다.

장자는 '도道가 어디에 있느냐?' 제자들의 질문에 대해 '세상에 도가 없는 곳은 없다'고 대답했다. 그러나 장자는 '도가 무엇이냐'는 제자들의 질문에는 말할 수 없다고 했다. 즉 "도가도비상도道可道非常道', 즉 '도道란 무엇이라고 말하는 순간, 도는 더 이상 도가 아니다." 또한, 장자는 말로 설명하거나 배울 수 있는 도는 진정한 도가 아니라고 가르쳤다. 세상에 이름이 있는 것은 모두 변한다. 그러나 도道는 변하지 않는다. 왜냐하면, 이름이 없기 때문이다(조현규, 2002: 214). 명가명비상명名可名非常名, 즉 이름을 이름이라고 하는 순간 더 이상 이름이 아니다. 우리가 도道가 무엇인지 이름으로 칭하려는 순간, 도道는 이내 사라진다.

세상에 도道가 어디에나 존재하고 있다는 생각은 불가佛家에서도 나온다. 불가에서는 아무리 미천한 것에라도 불성佛性이 들어 있다고 가르친다. 또한, 도는 시작도 없고 끝도 없으며, 한계나 경계도 가지지 않는다. 우리의 인생은 도의 변형에 따라서 영원히 흘러가는 것일 뿐이다. 또한, 도 안에서

---

[28] 한대漢代의 역사가였던 사마천司馬遷(?~BC 85)은 <사기> 열전列傳에서 장자는 전국시대 송宋나라의 몽蒙(지금의 허난 성河南省 상추 현商邱縣)에서 태어났고, 이름은 주周이며 고향에서 칠원漆園의 하급 관리를 지냈다고 적고 있다. 그는 초楚나라 위왕威王(?~BC 327) 시대에 맹자孟子(371~289경 BC)와 동시대 사람으로서 공자만큼 위인으로 추앙받은 것으로 알려져 있다.

는 좋은 것, 나쁜 것, 선한 것, 악한 것의 차별이 없다. 따라서 모든 것은 저절로 흘러가도록 내버려두어야 한다. 그리고 사람들은 이것이 저것보다 낫다는 가치판단을 해서도 안 된다. 아울러 참으로 덕이 있는 사람은 환경, 개인적인 애착, 인습, 세상을 낮게 만들려는 욕망 등의 집착에서 벗어나 자유로워져야 한다. 도덕경의 장자 외편外篇에는 "도道로써 사물을 보면 사물 사이에 귀한 것과 천한 것이 없으며, 물의 입장에서 보면 자기는 귀하다고 하고 상대방을 천하다고 한다."[29]는 구절이 나온다. 결국, 노장사상 그리고 불가에서는 인간의 욕심을 통한 물의 소유와 집착을 경계하고 있다. 내가 가는 길도 도이고, 남이 가는 길도 도이다. 내가 가지 않는 길도 남이 가면 도이고, 모든 길을 다 알면 도통道通한 것이다. 길을 길 위에서 보면 모든 길을 알 수 없다. 그러나 위에서 보면, 즉 관조觀照하면 모든 길이 다 보인다. 즉 관조를 통해서 우리는 비로소 도통할 수 있다. 이렇게 본다면, 동양의 '관 사상觀思想'은 노장사상에서 비롯되었다고 할 수 있다.

한편, 노장사상에서 삶은 그 자체가 '놀이'이다. 즉 놀이처럼 자연스럽게 이루어지는 것이 삶이고, 자연 속에서 산책하듯 그냥 자연을 즐기는 것이 삶이다. 따라서 낙樂은 삶에서 최고의 가치가 된다. 이를 위해 인간은 구체적으로 하늘의 도道를 그대로 따라야 한다. 구체적으로 노장의 도는 인위적인 문화와 가치관을 부정하고 자연생명의 가치를 그대로 받아들이고 따를 때 세상 만물이 평온해지고 행복해진다. 즉 노장사상은 인간의 순수한 마음을 보존하면서 자연의 섭리攝理에 대한 절대적 믿음을 바탕으로 하고 있다.

결국, 노장사상에서 유래되는 도가의 지식은 '무위자연의 삶', 즉 인간이 자연 내지 자연의 섭리를 거스르지 않고 살아가는 것에 대한 지식이다. 이러한 지식은 '개념적 지식'이면서 동시에 '방법적 지식'이라고 할 수 있다. 다시 말하면, 과연 '무위자연의 삶이란 본질이 무엇이며', 아울러 '무위자연으로 살아가는 방법은 어떻게 가능한가?'라는 질문에 대한 답이 바로 노장사상에서 추구하는 '지식'이라고 할 수 있다.

---

[29] 『莊子(外篇)』「秋水」: 以道觀之 物無貴賤. 以物觀之 自貴而相賤 以俗觀之 貴賤不在己.

(2) 유가 사상

유가儒家는 중국 춘추시대 말기 노魯나라의 공자孔子(BC 551경~479경)의 사상으로서,[30] 한漢 무제武帝와 동중서董仲舒에 의해서 철학과 사상을 넘어서 국가이데올로기로 자리 잡기 시작하였으며, 마침내 BC 136년에는 국교로 선포되기까지 했다.

노자의 도道사상을 계승한 유가에서는 '하늘의 도'와 '인간의 도' 사이의 도덕적 연대를 통하여 인간사회를 선하게 회복하는 것이었다. 구체적으로 유가 사상의 목표는 중국 주周 왕조시대의 예禮를 회복하는 것이다: "은대殷代의 예禮는 하夏에서 유래했기 때문에 그 손익損益한 바를 알 수 있고, 주대周代의 예는 은에서 유래했기 때문에 그 손익한 바를 알 수 있다. 주周를 계승할 이가 있다면 비록 100세가 지나더라도 그 손익한 바를 알 수 있다." 이는 애초부터 공자가 추구한 '온고지신溫故而知新', 즉 '옛 것을 숭상하는 것이 곧 지식을 새롭게 하는 것'이라는 의미를 알게 해 주는 대목이기도 하다.

유가의 근본은 경천애인敬天愛人이다. 즉 인간적 가치를 존중했던 공자는 초월적 주재자에 대한 교설敎說이나 의식儀式을 적극적으로 제시하지는 않았다. 그러나 유가는 '천天' 또는 '천명天命'에 대해 강한 신념과 외경심을 가지고 있었다. 공자에 의하면, 천天은 인간의 의지를 넘어서 그 뜻을 행하는 궁극적 존재였다. 따라서 '인간은 하늘의 의지에 따를 뿐'이라는 천명사상天命思想[31]이 도덕성과 역사의식의 근거가 되었다. 경천사상은 우주와 인간을 주재하는 초인간적이며 초자연적인 절대 신에 대한 숭경崇敬을 의미한다. 여기서 상제上帝[32]는 인간을 감찰하고 화복을 내려주는 무한한 권위를

---

[30] 공자는 본명이 공구孔丘 또는 공부자孔夫子이다. 그는 찬란했던 주周나라의 문화와 사상 그리고 가치와 규범을 후대에 전수해야 하겠다는 생각을 자신의 사명으로 생각했던 사람이다. 따라서 공자는 온고지신溫故知新, 즉 옛것을 살려 새로운 것을 알게 하는 것이 중요하다는 신념을 가지고 살다 보니까. 결국은 유교儒敎의 창사지가 되었다고 할 수 있다.

[31] 중국에서 천명은 우주만물의 창조 원리를 설명하는 것으로서 만물이 창조된 것은 거역할 수 없는 운명이기 때문에 이에 순응할 수밖에 없다는 논리이다.

[32] 중국 고대시대에 상제는 우주만물의 조물주로서 천계天界에 조정朝廷을 만들고 여기서 지상地上을 감시하면서 지상에 만물을 생성 · 변화시켰다고 전해진다.

지닌 절대 타자絶對他者로 인식된다. 유가의 종교성은 바로 이러한 경천사상敬天思想에 가장 잘 나타난다.

공자의 인간관의 핵심은 '인仁' 사상이다. 그에 의하면, 인仁은 인간의 본질이며 삶 그 자체이다. 공자 사상의 중심을 이루는 도道, 직直, 덕德, 충忠, 신信, 의義 등의 개념들은 모두 인仁에 속한다. 이러한 인은 당위當爲로서, 인간이 성취해야 할 바람직한 가능성이다. 즉 인은 '가능의 당위'이다. 다시 말하면, 인仁은 인간의 완숙完熟 내지 완성完成을 의미한다. 그런데 인을 성취하기 위해서는 덕德이 요청되는데, 덕은 주체적 각성을 의미한다. 결국, 인仁과 덕德에 의해서 하늘天의 세계가 열릴 수 있다고 보았다. 왜냐하면, 천天은 외경적 존재이기 때문이다. 그러나 공자의 인仁은 세상에서 다양하고 유연하게 현현懸懸한다. 즉 공자의 인은 전全인간성을 뜻하며 모든 덕의 총체적 표현이다. 그리고 인仁의 극치는 성인成人의 경지에 도달하는 것이다. 그러나 인을 성취하는 방법은 매우 다양하다.

어느 날 제자들이 공자에게 '인仁이 무엇인가?' 하고 물었다. 공자는 제자 안연顔淵에게는 '극기복례克己復禮'라 대답했고, 자장子張에게는 '공恭, 관寬, 신信, 민敏, 혜惠'라고 서로 다르게 대답했다. 또한, 중궁仲弓에게는 "문밖에 나설 때는 큰 손님 맞이하듯, 백성을 부릴 때는 큰 제사 받들 듯할 것이라고 하면서, 자기가 원하지 않는 것을 남에게 하지 말라"고 하면서 인을 설명했다. 또한, 공자는 "지자知者는 의혹하지 않고[不惑] 인자仁者는 근심하지 않으며[不憂] 용자勇者는 두려워하지 않는다[不懼]"라고 하면서 각각의 개념을 비교한 바 있다. 훗날 맹자는 이를 보다 쉽게 설명하기 위해 인仁을 인仁, 의義, 예禮, 지知로 세분하면서, 이를 4주덕主德이라고 하였다. 그런데 인은 덕의 각성을 통하여 완성된다. 구체적으로 말하면, '가능성으로의 인'은 주체적 '각성覺醒으로서의 덕'을 통하여 현현한다. 즉 덕의 각성은 인의 완성으로 발전한다. 결국 이러한 방법, 즉 덕의 각성을 통하여, 맹자의 4주덕은 공자의 인仁으로 귀결되는 것이다.

사실 공자의 인仁사상은 사상의 시대적 흐름 속에서 서서히 형성되었다고 할 수 있다. 상고上古 시대에는 '상제'와 '천天'이 동격으로 사용되었다.

그러나 주周대로 내려오면서 천天의 의미가 변화하여 '하늘의 초월성을 내재한 인간성의 개념'과 동일시되고 있었다. 이제 인간의 내재적 본성의 현현인 인仁이 곧 하늘天인 것이다. 따라서 경천애인, 즉 하늘을 경외하는 것이 곧 인간을 사랑하는 것이다. 물론 여기서도 주체적으로 각성하는 덕德이 인仁에 도달하는 결정적 수단이다. 이러한 과정은 결국 도道를 득함으로써 가능한데, 공자는 도道를 '인간이 마땅히 가야 할 길'로 풀었다: "아침에 도를 들으면 저녁에 죽어도 좋다." 따라서 공자에게는 도리, 즉 도의 이치를 깨닫는 것이 무엇보다도 중요하였다.

공자에게 가장 중요한 인간의 도리는 자식을 사랑하고慈 부모에게 효孝하는 친자관계親子關係로부터 시작한다. 그것이 바로 '효의 도리', 즉 효도孝道인 것이다. 이러한 의미에서 유가는 '관계關係의 도道'를 기반으로 한다고 할 수 있다. 결국, 효는 인간이 마땅히 해야 하는 도리가 되며, 모든 인간에게 내재된 태생적 가능성이 된다. 왜냐하면, 인간은 누구나 예외 없이 '관계'로 시작하는데, 최초의 인간관계가 바로 부모와 자식 간에 성립되는 '효의 관계'이기 때문이다. 이러한 효도로 맺어지는 친자관계에는 조건이 없는, 즉 '무조건적'이다. 즉 자식과 부모 간에는 조건 없는 관계에서 오로지 사랑과 존경만이 존재한다. 이것이야말로 공자가 말하는 인간과 인간 간의 인격적인 결합이며 삶의 본질이기도 하다. 인간의 본질은 관계이다. 관계가 끊기는 순간 인간은 본질을 상실하는 것이며, 관계가 회복되는 순간 인간은 본질을 재현한다. 한마디로 유가에서 인간은 관계의 존재, 즉 관계-내-존재인 것이다. 즉 유가에서 인간은 처음부터 홀로 독립된 존재가 아니라 '관계의 존재'로 태어난다. 결국, 최초의 관계인 효는 만행의 근본이 되며, 더 나아가 경애, 자애, 우애의 뿌리가 된다. 종적으로는 어버이에 대한 경애로부터 멀리 조상으로까지 보본추원報本追遠하며, 횡적으로는 부모와 자녀에 대한 애휼愛恤을 토대로 타인의 부모와 자녀의 관계로까지 뻗어 나간다. 심지어 임금과 국가에 대한 충忠 역시 가정에서의 '효'를 기반으로 한다. 심지어 자신을 낳아 주고 길러 준 부모에 대한 효는 부모가 죽어서도 제사祭祀를 지내는 풍습으로 이어진다. 죽어서도 부모와 자식 간에는 관계를 유지하는 것이다. 따라서 효의 관계의 연장인 제사의식祭儀이 오늘날 대표적인 '유가적 전통'이 되었다고도 할 수 있다. 즉 인간의 본질인 관계는 살아서나 죽어서나 영원한 것이다. 이러한 효의 관계가 국가적으로는 충忠의 관계로 확장된다.

따라서 효와 충에 기반을 두고 있는 유가의 제사는 예로부터 전통적으로 내려오는 제의祭儀와 크게 다르다. 일반적으로 원시 종교에서 행하는 '제의'는 기복행사祈福行事 내지 기복신앙祈福信仰에서 나오지만, 유가의 제의제사는 '효'라는 부모와 자식 간의 관계에 근거한 윤리성과 도덕성을 기반으로 하고 있다. 따라서 유가의 제의는 기복신앙에서 추구하는 어떤 대가나 보상을 요구하는 기복이나 구복求福을 노리지도 않는다. 그냥 끊임없는 인간관계의 영원한 유지와 지속 그리고 보존일 뿐이다. 왜냐하면, 처음부터 관계의 존재로 태어나는 인간은 본질상 죽음 후에도 그러한 관계를 거역할 수 없기 때문이다. 관계가 상실되는 순간 인간성도 인간의 본질도 함께 상실된다. 즉 유가에서 인간은 관계의 존재로 태어나며 관계의 존재로 죽는다. 따라서 유가의 제의는 여타 기복신앙의식과 달리 주술적 치료적인 성향도 배격하고 있다. 그러나 유가는 제사의식을 통하여 궁극적으로는 내세보다는 현재 세속의 세계를 윤리적으로 축성해 보려는 의지를 가지고 있다고 할 수 있다. 왜냐하면, 인간의 탄생, 생존, 죽음은 모두 영원한 관계 속에서 발생하는 연속적 사건들이지만 살아 있는 우리가 알 수 있는 세상은 오로지 이승(세속)뿐이기 때문이다. 따라서 유가는 세속의 삶에서 거부될 수 없는 인간과 인간의 관계를 보다 구체적으로 명시하고 있다. 물론 이러한 관계는 인간 최초의 관계인 '효'로부터 나온다. 즉 유가에서 효의 관계는 전한前漢시대의 동중서에게서 군신유의君臣有義, 부자유친父子有親, 장유유서長幼有序, 부부유별夫婦有別, 붕우유신朋友有信, 즉 오륜五輪으로 확대된다. 즉 왕과 신하는 의로움을 중시하는 관계이고, 아비와 자식은 친근함의 관계이다. 연장자와 연소자는 순서(질서)가 있는 관계이고, 남편과 아내는 서로 할 일이 다른 관계이며, 친구들은 신뢰의 관계로 완성되는 존재들이다.

한편, 유가의 현실관은 '수신제가치국평천하修身齊家治國平天下'의 사상에서 나온다. 그는 수기치인修己治人의 도리를 이상으로 하고 있다. 자기수련, 자기수양自己修養, 자기도야自己陶冶, 즉 '자신의 몸을 닦음으로써 모든 사람을 평안하게 할 수 있다'[修己而安百姓]는 공자의 생각은 개인과 사회, 국가를 한 몸으로 간주하는 것이다. 따라서 사회와 국가가 맑아지려면 개인부터 맑아져야 하며 개인과 국가를 위해 이를 구성하는 개인이 먼저 성숙될 필요가 있다. 특히 이는 한 국가와 사회를 이끄는 리더leader에게 요청되는 중요한 덕목이기도 하다. 따라서 유가의 도道는 이 세상을 버리고 은둔하는 은자隱者의 인생관[33]과 세상에 영합해서 사리사욕私利邪慾을 추구하는 속물주의를 모두 거부한다. 그러면서도 유가는 이 세상 속에서 인간성을 수양하는 목표를 포기하지 않는다. 왜냐하면, 유가는 인간이 보편적으로 가능성으로서 품고 태어나는 '밝은 덕을 세상에 밝히는 것[明明德於天下]'을 최고의 이상으로 삼고 있기 때문이다.

이렇게 본다면, 공자 사상은 매우 현실적이다. 이를테면, 자기수양이란 높은 이상이나 관념을 추구하는 것이라기보다 현재 자기가 할 수 있는 것에 최선을 다하라는 것이다. 즉 자신에게 잠재적 가능성을 주어진 것에 전념한다면, 그것이 바로 사회와 나라를 구하는 길이기도 하다. 따라서 평범한 사람도 노력하면 위대한 성현聖賢이 될 수 있다는 믿음은 유가적 전통에 뿌리 깊은 것이라고 할 수 있다. 그럼에도 불구하고 공자는 현실에 그냥 안주하는 것이 아니라, 현실을 늘 새롭게 바꾸어 보려고 하였다. 왜냐하면, 인간에게는 교화敎化와 발전 가능이 상존하고 있으며, 개인적·사회적 노력을 통해서 완벽하게 될 수 있다고 생각했기 때문이다. 즉 '세상에 있으면서 세상을 벗어나라'[馮友蘭]는 공자의 가르침이 그것이다. 이러한 공자의 사상은 당시 주周의 문화가 본래의 모습을 잃어 가는 것을 안타까워하는 가운데에서 나왔다: "요순堯舜을 근본으로 삼고 문무文武를 본받는다."[祖述堯舜 憲章文武] 이는 단순한 복고주의復古主義라기보다는 춘추전국시대에 인간의 이기

---

[33] 공자는 당시 많은 학자(사상가)들이 혼란한 속세를 떠나서 자연을 벗 삼아 살아가는 풍조와는 달리 세상에 살면서 세상을 변화시키고자 했던 속세의 학자였다고 할 수 있다.

심과 사욕으로 인해 점차 타락해 가는 전쟁문화에 대한 반성과 성찰을 위한 특별 주문이기도 하였다. 즉 사회적·국가적 차원의 전면 개혁이 시급하게 요청되었던 것이다. 또한, 공자는 내용과 형식이 균등하게 섞여 있는 "문질 빈빈文質彬彬"의 상태를 가장 바람직한 인간의 모습으로 보았다. 문질文質이란 문양과 본질로서 형식과 내용을 말한다. 따라서 논어論語에 나오는 문질 빈빈은 문양과 본질이 잘 어우러진 것으로서 '완벽한 인간의 모습'을 의미한다. 즉 군자는 외형의 형식과 내면의 본질이 잘 어우러져 있는 완성된 인간형이다. 또한, 시대적으로 없앨 것은 없애고 보충할 것은 보충하는 "시중지도時中之道"가 현실적으로 가장 필요하다고 가르쳤다. 중용中庸에 보면, 군자는 시중지도를 실천하는 사람이요[君子之中庸也 君子而市中], 소인배는 시도 때도 모르고 경거망동으로 인생을 막 사는 사람[小人之反中庸也 小人而無忌憚也]으로 묘사되고 있다. 결국, 군자의 중용적 삶의 형태는 때를 잘 알아 그 상황에 가장 적절한 중심을 잡아 사는 것이다. 즉 사람은 늘 때를 알아야 치우치지 않는 중용의 삶을 살 수 있다는 말씀이다.

한편, 유가 사상에 중심이 되는 경전經典이 존재한다는 면에서는 종교라고 할 수 있지만, 여느 종교에서처럼 집단적 예배를 추구하지는 않는다. 오히려 유교는 이를테면 성균관이나 향교 같은 서원(일종의 교육기관)에 문묘文廟로 설치하고 있다는 점에서는 일종의 공부工夫 내지 학문學問이라고 할 수 있다. 또한, 유가의 사람들은 사제나 승려들처럼 특정한 종교적 권위를 가지고 있지 않았으며, 혼인도 하고 가정도 돌보면서 일반인으로서의 일상 생활을 했다. 심지어 인간의 본능인 희노애락喜怒哀樂 뿐만 아니라 특히 맹자에게서 애오욕愛惡慾의 감정까지도 그대로 수용함으로써 금욕주의적 멸정론滅情論을 부정했다. 즉 인간의 감정을 배격하는 것이 아니라 감정적 처사도 적절히 조절함으로써 전체로서의 삶을 영위하는 것이 옳다는 입장이다. 여기서도 유가의 현실주의적 요소가 드러난다. 따라서 이는 이상과 현실, 감성과 이성을 이원화하고 이분화하는 서양의 사상과도 구분된다.

이상은 결코 현실을 떠나서 이루어진 것이 아니다. 오히려 현실은 이상의 가능성을 가지고 있다. 따라서 성聖과 속俗 역시 별개로 존재하는 것이 아닌

한 몸이다. 특히 유가에서 가정家庭은 성속이 만나는 중요한 장소이다. 즉 가족 구성원들 간에는 구구절절의 감정과 성스러움이 별개로 존재하지 않는다. 따라서 우리의 삶은 속俗을 제거함으로써 성聖을 성취하는 것이 아니라, 성속聖俗이 하나로 수렴된 상태, 즉 '중화中和'로서 완성된다. 어떻게 이미 존재하는 것은 없다고 할 수 있는가? 이미 존재하는 것은 제거의 대상이 아니라 조절과 조정을 통하여 어르고 구슬리고 다스릴 수 있을 뿐이다. 이로써 조화가 이루어진다. 일반적으로 '자기를 이기고 예를 지킴[克己復禮]', '생각을 진실로 하고 마음을 바르게 함[誠意正心]', '몸을 닦음[修身]'과 같은 일련의 수양론修養論들이 이에 해당한다.

그런데 이들은 모두 조화를 성취하기 위함이다. 이러한 조화의 사상은 사회적 외현으로도 확장된다. 이를테면, 유가에서는 개체와 집단의 조화를 추구한다. 공자는 "군자는 널리 소통하되 편당 하지 않으며, 소인은 편당하되 널리 소통하지 않는다."[君子周而不比 小人比而不周]고 하였다. 사사로운 편당성偏黨性을 버리고 보편적으로 널리 소통함을 뜻한다. 또한, 전체적인 조화는 '개체의 특수성'을 포괄할 수 있어야 한다. 공자는 "군자는 화합하되 일률적이지 않고, 소인은 똑같이 하되 조화롭지 못하다"[君子和而不同 小人同而不和]고 가르쳤다. 이러한 조화의 사상은 중화사상中華思想의 근간이 되었다. 또한, 이러한 중화사상은 맹자에게서 중용사상中庸思想으로 계승 발전되었다.

공자를 가장 충실히 계승한 것으로 평가되는 맹자[34]는 그의 책 ≪중용≫에서 인성人性은 천명에서 유래했다는 공자를 그대로 따르고 있다. 맹자는 공자와 마찬가지로 인간적 가치의 궁극적 근원을 인간의 선한 본성에 두고 있다. 맹자는 인간이 선한 본성을 타고났다는 근거로 사단四端의 본성을 들었다. 즉 측은지심惻隱之心, 수오지심羞惡之心, 사양지심辭讓之心, 시비지심是非之心이 그것들인데, 이러한 마음의 싹을 가지고 태어나는 인간은 선천적으로

---

[34] 맹자는 전국 시대 추鄒나라 사람으로 이름은 가軻이고, 자는 자여子輿 또는 자거子車이다. 어릴 때부터 공자를 숭배하고, 공자의 사상을 발전시켜 유교의 기초를 완성했다.

선의 잠재성을 가지고 태어난다. 이로써 맹자의 성선설性善說이 탄생한다.

맹자에게 중용이란 지知와 행行에 있어서 과불급過不及이 없는 이상적 상태를 말한다. 즉 '중용의 도中庸之道'란 '특정한 상황에 적절한 도'를 추구하는 것이다. 맹자는 중용의 성취를 위해서는 반드시 '성誠'의 덕목이 요구된다고 하였다. 여기서 성誠은 인간 존재의 근본원리로서 '자기완성'이자 동시에 '타자완성'을 의미한다. 한마디로 성誠이란 곧 '인간관계의 완성'이다. 즉 인간에게 완성되어야 할 근본적인 인간관계는 위에서 언급한 것처럼 '군신君臣, 부자父子, 부부夫婦, 형제昆弟, 붕우朋友의 관계'이며, 이는 지知, 인仁, 용勇을 통해서 실현된다.

결론적으로 춘추전국시대에 걸쳐 소위 '공맹사상孔孟思想'으로 토대가 완성되는 유가에서는 사람을 중시하고 사람을 토대로 하는 정치제도를 수립하고자 했다. 특히 공자의 사상을 계승하고 공자가 수립한 인간의 실천적 주체성이나 덕에 의한 정치라는 사고방식을 이어받은 맹자는 이를 전통적인 하늘의 신앙과 결부시킴으로써 이를 발전시켰다. 성선설에 입각한 '왕도주의王道主義'사상이 대표적이다. 특히 공자의 안인사상安人思想과 안백성安百姓 사상은 민본주의民本主義의 근간이며, 인간중심 및 인의仁義를 토대로 하는 유가의 대표적 정치사상이다. 맹자는 이러한 민본주의가 바로 '왕이 가야 할 길', 즉 왕도王道라고 했으며, 이것이 곧 덕치德治라고 했다. 이로써 민본주의(또는 인본주의)와 인의에 의한 왕도정치王道政治는 유교정치원리의 근본정신이 되었다.

또한, 유가에서는 성인군자聖人君子가 반드시 백성을 다스려야 하는 의무가 있다고 가르친다. 왜냐하면, 모든 백성이 행복해지기 위해서는 가장 인의에 밝은 자가 리더가 되는 것이 마땅하기 때문이다. 따라서 국가는 '성인군자의 육성'에 게을러서는 안 된다. 바로 이렇게 길러진 성인군자가 국가의 리더가 되어야 하는 것이다. 아울러 최상의 국가가 성립하기 위해서는 경제적·군사적 요소보다는 왕과 국가에 대한 백성들의 '신뢰信賴, trust'가 가장 본질적이라고 보았다. 즉 '인의'에 입각해서 상호신뢰를 강화하는 차원에서 통치자의 도덕성을 확립하는 것이 우선이다.

한편, 유가에서 개인과 국가의 관계는 개인의 자유만을 방임하는 개인주의도 아니고 국가의 종종從으로 국민을 전락시키는 전체주의도 아니다: "나라에 도가 있다면[邦有道] 가까이 있는 이들은 기뻐하고 멀리 있는 이들이 오고자 할 것이다[近者悅 遠者來]." 따라서 도를 세우는 최상의 국가는 모든 개인을 보호하는 고향이 되고, 개인은 삶의 터전으로서의 국가와 사회를 소중히 여길 때 가능하다. 임금은 임금답고, 신하는 신하다우며, 부모는 부모답고, 자식은 자식다워야 한다. 이것이 삶의 기강紀綱이며 기본이다. 만약 이러한 삶의 원칙이 무너지면 결국 백성은 의지할 곳이 없어지게 되며, 이로써 국가 역시 더 이상 지속될 수 없다.

이렇게 본다면, 유가 사상에서의 지식은 인과응보因果應報의 지식이다. 즉 세상의 모든 것은 서로 관계로 연결되어 있으며 각자가 자신의 도道를 준수함으로써 삶은 조화롭게 영위된다. 부모와 자식, 군신, 친구가 모두 관계 속에서 하나이며, 정신과 육체까지 모두 하나의 관계 속에 들어 있다. 다만 각자의 도리는 서로 유별類別하다. 이는 누구는 반드시 이래야 한다는 강령綱領이라기보다는, '특정한 상황' 하에서는 이러해야 한다는 '도리'를 규정하는 것이다. 이를테면, 왕은 반드시 어때야 한다는 것이 아니라, '왕이라는 상황'에서는 이러 이러한 지식이 요청된다는 것이다. 부모의 상황에서, 자식의 상황에서, 지아비의 상황에서, 아내의 상황에서, 친구의 상황에서 요청되는 지식은 모두 다를 수 있다. 왜냐하면, 가는 길의 이치道理가 서로 다르기 때문이다. 그러나 중요한 것은 각자가 가는 길의 이치는 서로 달라도 결국 지식(진리)은 한 몸이라는 것이다. 왜냐하면, 인간의 모든 도리는 인仁으로 귀결되기 때문이다. 이렇게 본다면, 유가의 지식은 일련의 '상황의 지식狀況知'이라고도 할 수 있다. 이러한 '상황의 지식'은 놀랍게도 현대 서구 존재론적 철학자인 가다머의 주장과 맥을 같이 한다고 볼 수 있다. 가다머에 의하면, 상황狀況, consequency이 모든 지식을 결정한다.

그러나 유가의 지식은 '도道의 원리', 즉 '도리를 아는 것'으로 집약된다. 따라서 유가에서는 지식을 습득하기 위해서 공부가 필수적이다. 즉 지속적인 교육을 통해서만 지식습득이 가능하다. 그런데 유가에서의 지식습득은 단순히 지식 전달로 마감되는 것이 아니다. 즉 지식은 자기수양과 자기도야를 통한 스스로의 '깨우침覺醒'으로 얻어진다. 이렇게 본다면, 유가의 지식은 '자각自覺'을 통해서 '스스로 구성되거나', 아니면 '스스로 드러나는' 것이라고 할 수 있다. 이러한 지식창출의 논리는 서양의 관점에서 볼 때 '구성주의적'이며 동시에 '존재론적'이라고 할 수 있다.

공자는 제자들과 대화하면서 지식을 전달하기도 했지만, 스스로 성찰하고 반성해 보도록 함으로써 '스스로의 깨우침', 즉 각성을 통해서 학습자 스스로 지식을 구성하고 재구성해 보도록 자극했다. 이는 고대 그리스 시대에 제자들에게 끊임없이 촌철살인의 질문을 통해 스스로 무지함을 각성하고 고백하도록 유도했던 소크라테스의 대화방식인 산파술産婆術, Mäeutik과도 통한다. 또한, 공자는 말한다: '끊임없이 배우고 익히면 이 역시 즐겁지 아니한가.'[學而時習之不亦說乎] 결국 끊임없이 지식을 탐구하는 (자기)학습은 삶의 즐거움이며 기쁨이다.[35] 따라서 지식도 객관적으로 고정되고 제한된 것이 아니라 항구적이고 구성되어 가는 것이다.

(3) 불가 사상

불가사상佛家思想은 부처, 즉 불타佛陀가 설파한 가르침을 통해 알려진다. 불교는 기원전 5세기에 석가모니釋迦牟尼[36]가 창시한 종교로서, 불가사상을 토대로 한다. 불가에서는 이 세상의 고통과 번뇌를 벗어나 그로부터 해탈하여 부처가 되는 것을 궁극적인 이상으로 삼는다. 불가정신의 근본적 가르침

---

[35] 이러한 공자의 생각은 '삶'을 '즐거운 놀이'로 간주했던 노장사상에서 영향을 받았다고 할 수 있다.

[36] 불교의 창시자(4~6세기 BC)로서 성은 고타마Gautama이며 이름은 싯다르타Siddhārtha이다. 중부 네팔의 석가족釋迦族의 중심지 카필라 성Kapila, 城에서 정반왕淨飯王과 마야摩耶 부인의 아들로 태어났다. 29세 때 인생의 고뇌 해결을 위하여 출가하여, 35세에 부다가야Budda-gayā의 보리수菩提樹 아래에서 깨달음을 얻어 부처가 되었다. 그 후 녹야원鹿野苑에서 다섯 명의 수행자를 교화하는 것을 시작으로 교단을 성립했으며, 각지를 다니며 설법을 하다가 80세에 입적하였다. 입적 후 그의 가르침이 경전으로 모아져 세계로 전파되었다. 산스크리트 어 이름은 '샤키아무니Śākyamuni'이다.

은 자비慈悲로서, 자慈는 적극적으로 상대방에게 이익과 기쁨을 주는 것이며, 비悲는 고통받는 이의 불이익과 고통을 덜어 주는 것을 말한다. 종교로서의 불교는 크게 북방불교인 대승불교大乘佛教, 남방불교인 소승불교小乘佛敎로 나뉜다. 특히 대승불교의 분파인 선종禪宗은 노장사상의 영향을 크게 받았으며, 우리나라에서는 고려시대에 국교國敎로 불교가 크게 흥했다.

불가의 경서인 불경佛經에서 말하는 세 가지 진실한 가르침(지식)은 3법인三法印이다. 첫째, '모든 것은 변한다'는 제행무상諸行無常, 둘째, '모든 변화하는 것에는 '나'라는 실체가 없다'는 '제법무아諸法無我', 셋째, '모든 변화하는 것은 괴로움을 발생시킨다'는 '일체개고一切皆苦'가 그것들이다. 이러한 삶의 본질적인 문제 때문에, 인간은 모든 괴로움의 불이 꺼진 상태, 즉 '열반적정涅槃寂靜'에 도달할 필요가 있다.

4성제四聖諦는 글자 그대로 불경에서 말하는 네 가지의 성스러운 진리이다. 즉 고집멸도苦集滅道가 그것이다. 첫째, 고苦란 인간의 현실적 존재는 괴로움, 이를테면 현재 환자의 증세를 말하는데 사고四苦, 즉 '생로병사生老病死'이다. 팔고八苦는 사고의 확장으로서 생로병사에 '원증회고'[怨憎會苦: 미워하는 것을 만나는 괴로움], '애별리고'[愛別離苦: 사랑하는 것과 헤어지는 괴로움], '구불득고'[求不得苦: 구하는 바를 얻지 못하는 괴로움], '오음성고'[五陰盛苦: 육체의 본능에 의한 괴로움] 등이 포함된다. 둘째, 집集은 괴로움의 원인인 '집착'으로서, 즉 인간에게 병이 드는 원인이다. 셋째, 멸滅은 번뇌와 고통이 모두 없어진 해탈과 열반의 세계를 말하는데, 즉 '병이 없는 상태'이다. 넷째, 도道는 괴로움을 없애는 방법으로 '병을 치유하는 법'을 말한다.

이렇게 모든 번뇌에 고통에서 벗어나기 위해 불교에서는 8정도八正道에 정진할 것을 가르친다. 첫째, 정견正見이다. 이는 편견 없이 바로 보는 것을 말한다. 둘째, 정사유正思惟이다. 즉 바른 생각이다. 셋째, 정어正語 즉 바른 말, 넷째, 정업正業 즉 바른 행동, 다섯째, 정명正命 즉 바른 생활, 여섯째, 정정진正精進 즉 바른 노력, 일곱째, 정념正念 즉 바른 마음의 수행, 여덟째, 정정正定 즉 바른 집중이 그것이다.

또한, 남을 대할 때의 올바른 네 가지 마음가짐을 '사무량심四無量心'이라고 한다. 첫째, 무량심은 '자무량심'[慈]으로 남을 평등하게 사랑하여 언제나 밝은 모습으로 대하는 마음이다. 둘째, '비무량심'[悲]이다. 이는 남의 고통을 함께 슬퍼하며 그 고통을 덜어주고자 하는 마음이다. 셋째, '희무량심'[喜]이다. 이는 남의 기쁨을 진정한 자신의 기쁨으로 생각하는 마음이다. 넷째, '사무량심'[捨]이다. 이는 남을 대할 때 아무런 치우침 없이 평등하게 대하는 마음이다.

한편, 불가에서는 중생을 교화하기 위한 네 가지 실천덕목(4섭법: 四攝法)을 제시하고 있다. 첫째, 보시布施 섭 즉 베풂, 둘째, 애어愛語 섭 즉 진실하고 사랑스러운 말로 대하는 것, 셋째, 이행利行 섭 즉 모든 중생에게 이익이 되는 행동을 하는 것, 넷째, 동사同事 섭 즉 모든 중생과 함께 일하며 즐거워하고 고통도 함께 나누는 것이 그것들이다. 보살菩薩은 보리살타菩提殺薩의 준말로서 범어로는 Bodhisattva이다. 이는 상구보리 하화중생上求菩提下化衆生하는 자로서, 위로는 보리(깨달음)를 구하고 아래로는 중생을 교화하는 자를 말한다. 또한 '보살'은 스스로 깨달음菩을 구하는 중생薩이기도 하다.

교화된 중생은 모두 '바라밀波羅密, Paramita'에 들 수 있다. 이는 도피안到彼岸으로서, 즉 피안(열반)에 이른 상태를 말한다. 불도를 닦는 이가 수행에서 열반에 이르는 6가지 방법이 있는데, 그것을 6바라밀六波羅密이라고 한다. 첫 번째가 보시이다. 이는 베풂을 통하여 보시하는 것을 말하는데, 재물로 하는 재보시財布施, 부처님 법을 전해주는 법보시法布施, 공포를 없애 마음의 평안을 주는 무외시無畏施가 있다. 특히 여기서 '무주상보시無住相布施'는 '베풀고도 베풀었다는 상이 없는 최상의 보시'를 말한다. 두 번째 보시의 방법으로는 지계持戒 즉 계율을 지키는 것이고, 셋째, 인욕忍辱 즉 욕됨을 참고, 넷째, 정진精進 즉 부지런히 노력하고, 다섯째, 선정禪定 즉 마음을 가라앉히고, 여섯째, 지혜智慧 즉 모든 존재의 비어있음을 보는 안목을 갖는 것이다.

대승불교에서는 방편方便, 원願, 역力, 지智를 더하여 10바라밀을 가르친다. 이는 6바라밀의 마지막 단계인 지혜, 즉 반야般若의 방법을 네 가지로 풀어서 보다 구체화시켜 놓고 이를 더한 것이다. 즉 '반야'는 일상적인 언어를 떠난 '무분별지無分別智'이지만, 그것이 현실생활에서 진실한 지혜 그대로 전개된 모습으로서 4가지 단계를 거치면서 구현된다. 이는 보살이 10가지 수행계위로 실천해야 할 덕목들이기도 하다. 우선 우리는 이를 통하여 지혜를 도출하는 방편을 얻어야 하며, 둘째, 지혜를 구하고자 하는 원願을 세워야 하며, 셋째, 선을 행하고 진실과 거짓을 판별하는 힘力을 길러야 하며, 넷째, 마침내 궁극적이고 응용력 있는 혜안慧眼을 얻어야 한다.

궁극적으로 부처는 성불成佛을 목표한다. 성불의 과정에는 3계三界가 존재하는데, 욕망으로 가득 찬 ('탐 진치'가 넘침) 욕계欲界, 욕망은 끊었으나 육체가 남아있는 ('진치'가 있음) 색계色界, 육체를 가지지 않고 정신적 요소만 있는 ('치'가 있음) 무색계 無色界가 있다. 불가에서는 성불에 장애가 되는 세 가지 무서운 독을 삼독三毒이라고 하는데, 탐(貪: 탐욕), 진(瞋: 성냄), 치(痴: 어리석음)가 그것이다. 그리고 성불하고자 하는 이가 닦아야 할 세 가지 가르침, 즉 3학三學은 계(戒: 계율), 정(定: 선정), 혜(慧: 지혜)이다.

불가에서 말하는 구체적 수행하는 방법으로 자력문自力門이 있다. 이로써 우리는 성불할 수 있는데, 참선, 간경, 사경, 염불, 주력, 정근, 기도, 자자와 포살 등이 그것이다. 첫째, 참선參禪은 동남아시아의 남방 불교권에서 행해지고 있는 수행법인 위빠사나Vipassana와, 북방아시아권에서 행해지며 화두話頭를 참구하는 수행법인 간화선看話禪이 있다. 참선할 때의 3요소는 조신(調身: 참선의 몸자세), 조식(調息: 참선시의 호흡법, 數息觀), 조심(調心: 화두 드는 방법)이다. 둘째, 간경看經은 경전을 보고 읽는 수행법이며, 셋째, 사경寫經은 경전을 정성 들여 쓰면서 이해하고 외우면서 세상에 전하는 일이다. 과거에는 경전의 유통보급을 중시했으나 오늘날에는 서사書寫의 공덕을 강조한 신앙적인 면을 더 중시한다. 사경의 종류로는 묵서경墨書經(먹으로 쓴 경전), 금자경金字經(금가루로 쓴 경전), 은자경銀字經(은가루로 쓴 경전), 수예경手藝經(바늘로 수를 놓아 쓴 경전)이 있다. 넷째는 염불念佛이다. 이는 부처님(또는 보살님)을 마음속으로 항상 생각하는 수행법으로 이를테면 나무아미타불로서, 부처님이 깨달으신 진리를 생각하는 염불인 법신염불, 부처님의 공덕이나 모습을 마음에 그려보는 염불인 관념염불, 부처님의 명호를 부르는 염불인 칭명염불이 있다. 다섯째는 주력呪力이다. 이는 주문의 힘, 즉 주문한 수행법으로서 다라니陀羅尼(긴 주문 - 총지)와 진언眞言(짧은 주문 - 만트라)이 있다. 여섯째, 정근正勤은 선법善法을 더욱 자라게 하고 악법을 멀리 여의려고 부지런히 수행하는 정진이다. 일곱째는 기도이다. 기도는 불보살님의 위신력을 찬탄하고 다생에 지은 모든 업장을 참회하며 감사하는 마음으로 일체중생과 함께하기를 발원하고 회향하는 수행법을 말한다. 여덟째는 자자自恣와 포살布薩이다. '자자'는 스님들이 안거를 끝내는 마지막 날, 함께 공부하던 대중들이 모인 가운데 자신의 죄를 고백하고 참회하여 꾸중 듣기를 청하는 것이며, '포살'은 보름과 그믐에 대중들이 한곳에 모여 계경戒經을 잘 지켰는가를 대중 앞에서 고백하는 의식이다.

불교를 전체적으로 관통하는 기본원리는 무엇보다도 '연기설緣起說'이다. 불교에서 제시하는 지식의 개념도 여기서부터 나오는데, 구체적으로 연기설은 윤회輪回와 인과응보로 현시된다. 불가에서 제시되는 12연기緣起는 무명無明, 행行, 식識, 명색名色, 육입六入, 六處, 촉觸, 수受, 애愛, 취取, 유有, 생生, 노사老死로서 이들은 상호순환으로 윤회 되는 인과응보의 관계에 들어 있다. 특히 삶과 죽음의 윤회는 4가지 과정을 되풀이하는 것을 말한다. 즉 사유死有(죽는 순간), 중유中有(죽어서 다음 생을 받기까지의 기간인 10~49일), 생유生有(태어나는 순간), 본유本有(생애를 누리는 기간)가 그것이다.

한편, 불가에서는 오온五蘊, 즉 인연因緣에 의해서 생긴 5가지 정신과 물질을 거론하고 있다. 첫째는 색色 즉 물질, 둘째는 수受 즉 외부의 자극에 대하여 감각 등을 받아들이는 작용, 셋째는 상想 즉 대상을 인식하는 표상작용, 넷째는 행行 즉 스스로의 의지에 의하여 적극적으로 활동하는 작용, 그리고 다섯째는 식識 즉 판단이나 추리에 의한 식별 작용이다. 그런데 우리는 이를 불가에서 말하는 '마음'이라고 부르기도 한다. 결국 '오온'은 자기 동일적인 것으로 머물러 있는 것이 아니라, 연기 과정의 변화 속에서 단지의 인과법칙에 따라 연속적으로 이어지는 것일 뿐이다. 아울러 현생의 오온이 다하고 내생의 오온이 생기는 것이 윤회이며, 윤회에 있어서 고정 불변하는 '자기 동일의 자아'는 존재하지 않는다.

한편, 식識은 불가에서 '지식'이 산출되는 원천이다. 그런데 중요한 것은 이러한 '식識'은 서구에서 말하는 '인식'과 다르다. 왜냐하면, 불가에서는 제법무아, 즉 인식하는 주체인 '아我'가 존재하지 않으며, 설령 아我가 존재한다고 하더라도 제행무상, 즉 '아'는 늘 움직이기 때문에 인식이나 행위의 주체가 될 수 없기 때문이다. 부처는 『아함경』에서 '누가 인식을 가지는가?'(무엇이 '식'을 가지는 '식'의 주체인가?)라고 물으면 안 되고 "무엇이 식의 인연이고 무엇이 식의 결과인가?"라고 물어야 한다고 가르친다. 즉 식識의 활동인 업因, 業, Kamma과 보報, 果는 있지만, '식'의 주체는 따로 있지 않다. 왜냐하면, 일체一體는 자기 자성自性이 있는 실체로서 존재하는 것이 아니라 '인연화합'의 결과 연기하기 때문이다. 또한 '식'을 발생시키는 원인이 결국 '식'이 발생하는 과정과 같기 때문에 '식'의 원인과 결과는 맞물려 있다. 결국, 인식주체가 없는 상태에서의 식識은 연기, 즉 다른 것과의 순환적 인연으로부터 발생할 수밖에 없다. 다시 말하면, 우리가 직접 아는 것이 아니라, '무엇으로 인하여' 또는 '어떠한 관계 속에서' 알게 된다[識]는 것이다. 또한, 이로써 우리는 비로소 '마음'을 얻게 된다.

이렇게 본다면, 불가에서는 인간의 지식을 늘 불안한 것으로 파악한다. 왜냐하면, 지식의 과정에서 인식의 주체인 아我가 고정되어 있지 않기 때문이다. 그럼에도 식識은 대단히 중요하다. 왜냐하면, 식은 '인연의 순환과정' 속에서 드러나는 숙명적 삶이기 때문이다.[37] 한마디로 식은 우리가 살아가는 한 피할 수 없다. 그런데 이는 끊임없는 순환의 과정에서 '스스로 드러나는 것'이지, 우리가 무엇을 알고자 한다고 해서 알 수 있는 것이 아니다. 결국, 서양에서 지식이 '알아서 식별하는 것'을 의미한다면, 동양에서의 식은 '개오開悟'를 통해서 한순간에 깨닫고 이로써 자연스럽게 알게 되는 것을 말한다. 구체적으로 말하면 깨달음은 사물을 익힘으로써 얻어지는 것이 아니고

---

[37] 불가에서 말하는 12인연의 과정은, 무명→행→식→명색→육입처→촉→수→애→취→유→생→노사이다. 이 중 하나라도 삭제된다면 우리는 존재할 수 없다.

'관계(또는 상황)의 깨달음'이다.

이는 득도得道하는 과정과 동일하다. 도道는 항상 '찰나의 도道'이다. 순간적으로 왔다가 사라지는 도는 끊임없이 '순간이 거듭되면서', 즉 영겁永劫을 통하여 득도에 이른다. 따라서 부처가 되기 위해서 우리는 계속해서 한순간도 게을리하지 않고 도를 닦을 수밖에 없다.[38] 즉 불가에서는 인식의 주체로서의 아我는 착각이라고 하면서 끊임없이 구도求道할 것을 가르친다. 왜냐하면, 아我는 영원한 흐름 속에 있으며 고정된 실체도 없고 인식의 주체도 아니기 때문이다. 달리 말하면, 동양에서의 아我는 '관계의 흐름' 속에서 개오, 각성, 득도와 함께 스스로 순간적으로 드러날 뿐이다. 따라서 동양에서 (최종의 참) 지식을 득하는 것은 곧 성불하는 것인데, 그러한 지식은 끊임없이 구도하는 가운데에서 '스스로 드러난다[生起]'. 이렇게 본다면, 이러한 지식생성의 과정은 서구 철학적 관점으로 본다면 극히 '존재론적'이며 '해석학적'이라고 할 수 있다.

그러나 오늘날 동양의 지식방식은 '인식론적·분석론적 접근에 경도된 서구사상지배의 시대를 맞으면서 이미 우리의 지식과정에서 사라진 지 오래며, 서구종교지식으로서의 '보편지식논쟁' 역시 사변적인 진리개념추구에 대한 비판과 함께 우리의 삶의 영역에서 사라진 지 오래이다. 심지어 오늘날 서구의 종교지식 역시 동양의 종교지식들과 마찬가지로 극소수의 신자信者 내지 성직자의 몫으로만 남았을 뿐이다. 물론 동양의 '식' 개념과 서양의 '지식' 개념을 동일 선상에서 비교할 수는 없다. 왜냐하면, 전자는 연기설에 근거한 입체적·순환적·비선형적 차원에서 스스로 드러날 수 있을 뿐이며, 후자는 분석과 종합을 통한 평면적·직선적·선형적 차원에서 규명되기 때문이다.

---

[38] 이렇게 본다면, 불가의 지식은 서구의 개념으로 본다면 인식론적 차원이 아니라 '존재론적 차원'이라고 할 수 있다.

02 인식론 : 지식에 관한 이론

1. 개요

지식이란 무엇인가? 이를테면, '지식의 개념'에 대한 답을 구하는 일이 가능한가? 이것이 가능하다고 확신하는 이론이 있다. 인식론이 그것이다. 인식론은 '지식에 관한 이론the theory of knowledge'이다. 어원적으로 인식론은 '지식', 참된 앎, 이해라는 뜻의 그리스어 epistēmē(ἐπιστήμη)[39]에서 유래하며, 이론, 학문study을 의미하는 logos(λόγος)의 합성어이다. 즉 인식은 사물을 분별하고 판단하여 아는 것이다. 인식론은 인식의 기원, 본질, 한계 등 참된 지식의 기원, 타당성, 본질을 탐구하는 학문의 한 분야이다. 즉 인식론은 절대 불변의 진리와 우주 그리고 인생의 본질을 설명하는 지식의 근거, 성격, 구조, 방법 및 가치를 탐구의 대상으로 하는 '앎의 과학'이며, 지식의 본질과 범위 그리고 한계 및 적용에 대해 다루는 철학의 한 부류이다.

인식론이란 사전적 정의에 의하면, 구체적으로 '인간은 어떻게 알 수 있는가', '과연 우리가 안다는 것은 무엇인가', '우리가 무슨 근거로 안다고 말할 수 있는가' 등의 문제를 탐구하는 이론학이다. 우리 인간이 살아가는 데에

---

[39] "에피스테메episteme는 '조직화된 지식'이다. 이것은 정기적으로 모든 사람들에 의해 검토되고 검증되며 의문이 제기될 수 있다는 원칙에 기초한 공적인 지식이다."(찰스 반 도렌/ 오창호 옮김, 1995: 119) 따라서 에피스테메는 지식다운 지식, 즉 참지식을 목표한다고 할 수 있지만 그 자체가 궁극적으로는 지식다운 지식, 즉 참지식을 의미한다고 할 수 있다.

있어서 지식은 대단히 중요하다. 지식, 즉 앎은 곧 삶이다. 바로 이러한 지식에 관한 지식을 목표하는 것이 인식론의 과제이다.

한마디로 인식론은 우리가 인식하고 있는 진리와 지식들이 참이냐 거짓이냐, 변하느냐 변하지 않느냐 등을 탐구하는 학문으로서, 절대론, 상대론, 회의론으로 구분된다. 결국, 지식의 개념을 탐구하는 '인식론의 질문'은 다음과 같이 정리될 수 있다.

첫째, 지식이란 무엇인가? (What is knowledge?)
둘째, 지식은 어떻게 획득되는가? (How is knowledge acquired?)
셋째, 우리가 안다는 것을 어떻게 아는가? (How do we know what we know?)

구체적으로 인식론은 "우리가 안다는 것은 무엇을 말하는 것인가", "우리는 어떻게 알 수 있는 능력을 가지고 있는가?", "인식의 메커니즘은 무엇인가?" 등의 문제를 탐구하는 학문이다. 이러한 인식론적 질문이 대답 될 때 비로소 우리는 지식의 개념에 대한 온전한 이해에 접근할 수 있다. 왜냐하면, 인식론은 모든 지식을 문제 삼는 것은 아니고 참지식episteme, 즉 진리에만 관심을 가지기 때문이다. 인식론은 크게 인식의 대상에 초점을 두고 앎의 본질을 규명하는 '전통적(고전적) 인식론', 지식의 논리적 조건에 근거하여 앎을 규명하는 '분석적 인식론' 그리고 인식의 주체성에 중심을 두고 앎의 본질을 해명(이해)해 내는 '해석적 인식론'으로 나뉠 수 있다.

앎이란 삶이다. 이렇게 본다면 지식이 삶을 결정한다. 우리의 삶은 외부 세계 내지 주변 세계에 대한 인식으로부터 시작된다. 그러나 인간의 인식은 완벽할 수도 있지만, 반대로 불완전할 수도 있으며 심지어 인식은 잘못되어서 마침내 실수나 오류로 이어질 수 있다. 지피지기 백전백승이라는 말이 있다. 나를 알고 상대방을 알면 백번 싸워도 이긴다. 반대로 나를 잘 모르고 상대방도 모르면 백번 싸워 백번 진다. 결국, 정확한 앎을 가능하게 하는 '인식'이 모든 삶을 결정한다. 그렇다면 도대체 우리가 무엇을 어떻게 인식할 때 제대로 된 앎(지식)을 얻을 수 있는 것이며, 제대로 된 삶을 살아갈 수 있는 것일까?

영국의 수학자이며 철학자인 러셀Bertrand Arthur William Russell(1872~1970)은 명제지식命題知識을 '설명에 의한 지식knowledge by description'이라고 정의하고, 이를 '면식에 의한 지식knowledge by acquaintance', 즉 통상적 지식과 구분했다. 즉 전자는 (논리적) 설명이 가능하고, 후자는 논리적 설명이 불가능하다. 라일 Gilbert Ryle(1900~1976)은 '명제지식'과 '방법지식方法知識'을 구분했다. 폴라니 는 '물리적 지식'과 '실천적 지식'은 서로 다른 것이라고 주장하면서 '형식지型式 知, explicit knowledge'와 암묵지를 구분하였다. 전자가 '명제지식'이라면, 후자는 '방법지식'에 해당된다. 그러나 모두 다 지식이다. 최근 소사Ernest Sosa, 그레코 John Greco, 크반비히Jonathan Kvanvig, 자그제브스키Linda Trinkaus Zagzebski 같은 인식론자들은 인식론이 단순한 지식 그 자체를 넘어서 인간의 본질 및 속성 이를테면 '지적 덕행', 즉 '지식의 윤리적 측면'까지 다루어야 한다고 주장한다.

오늘날 인식론은 철학 등 인문학을 넘어서 사회과학, 그리고 심지어는 자연과학에서조차 매우 중요한 위상을 차지하게 되었다. 이를테면, 하이젠 베르크Werner Heisenberg(1901~1976), 보어Niels Bohr(1885~1962), 보른Max Born (1882~1970) 그리고 파울리Wolfgang Pauli(1900~1958) 같은 학자들의 이론을 '분석分析'하는 데에 인식론이 요긴하게 사용되고 있으며, 퀀텀Quantum 메커 니즘에 대한 현대적 해석에서도 '인식론의 개념'과 '인식론적 방법론'은 매 우 유효한 것으로 평가되고 있다.

2. 인식과 지식의 상관성

일반적으로 인식cognition, 認識과 지식은 동일한 의미로 사용된다. 그러나 엄밀히 보면, 인식은 외부환경과의 작용과정을 통해 지식을 습득하는 과정 이며, 지식은 인식작용의 결과로 얻어진 인식의 내용이다. 즉 인식은 사물을 분별하고 판단하여 알아가는 과정課程이며, 지식은 결과結果이다. 특히 철학 적으로 인식이란 사람이 사물에 대하여 가지는 그것이 진真이라고 하는 것을 요구할 수 있는 개념 또는 그것을 얻는 과정을 말한다. 심리학에서는 거의 같은 의미로 인지認知의 개념을 사용하는데, 인지란 자극을 받아들이고 저장하고 인출하는 일련의 정신 과정을 말한다. 구체적으로 인지란 환경 안에서 정보를 받아들이고 그것을 이해하고 판단하여 일상에 적용하는 것으로서 감각정보가 변형, 축소, 세분화, 저장 그리고 인출되는 모든 고등정신과정을 말한다. 이렇게 본다면, 인식은 과정이면서 동시에 결과라고 할 수 있다. 왜냐하면, 인식작용은 결국 지식을 획득하기 위한 정신과정이기 때문이다.

초기 그리스인들은 실재 내지 존재存在의 속성을 판단하기 위해 연구하고 노력했다. 일반적으로 말하면, 그들은 그것의 본질에 대해서 서로 다른 방식으로 확신하고 논리를 폈다. 예를 들어, 헤라클레이토스Heraclitus는 세상에서 변하지 않는 것은 오로지 '변화變化, change'라고 생각했다. 만물유전론萬物流轉論, 즉 '판타레이panta rhei'가 그것이다. 그에 의하면, 만물은 모두 변한다. 다시 말하면, 흐르는 강물에는 다시 들어갈 수가 없다. 이와는 반대로 파르메니데스Parmenides는 '실제는 결코 변하지 않는다'고 주장했다. 만약 존재 Being, 存在가 변한다면, 논리적으로 존재는 변화하기 때문에 '비非존재'가 될 수밖에 없다. '존재가 비존재'라는 것은 논리적으로 모순이다. 따라서 변화의 명제 역시 논리적으로 모순이다. 한마디로 세상의 모든 존재는 '불변'하는 그 무엇이다.

그러나 이러한 사변적 대립speculations은 우리들로 하여금 무엇이 진실인지 갈피를 잡지 못하게 한다. 급기야 이러한 논리적 대립은 회의주의 skepticism로 이어지기도 한다. 따지고 보면 진리의 상대성에 근거하는 소피스트들의 출현도 이러한 혼란 상황의 결과였다고 할 수 있다. 진리(참지식)를 찾기 위해서는 일단 모든 것을 회의하고 봐야 한다고 주장하는 피론주의 Pyrrhonism가 대표적이다. 피론주의는 헬라의 철학자인 엘리스의 피론Pyrrhon of Ellis(BC. 365~275)에 의해 주장된 '극단적인 회의론'으로서, 모든 지식의 가능성을 부인한다. 그리고 앎(지식)이 불가능하다는 사실을 아는 것이 바로 내적 동요를 막아준다는 주장이다. 그러나 플라톤은 지식이란 우주의 이데아들과 형식eidos들에 도달하는 시도라고 생각했으며, 아리스토텔레스는 지식을 성취하기 위한 논리적·경험적 방법에 강조점을 두면서 지식(앎)의 가능성을 천명했다.

역사적으로 온전한 인식(지식)을 위해서 우리가 감각sense, 感覺에만 의존하여도 된다고 주장한 사람은 없다. 플라톤은 감각적 인식의 불충분성을 최초로 거세시킨 철학자이다. 그에 의하면, 사고의 보편성만이 감각적 인식의 불완전성을 만회시켜 준다. 이는 '영혼의 정화淨化'를 통하여 보편성이 가능하며, 이는 오로지 이성의 작용으로만 가능하다고 주장한 피타고라스의 사상을 계승한다. 여기에 플라톤은 파르메니데스의 존재론과 헤라클레이토스의 유전론적 사유를 통하여 자신의 '이데아론'을 완성한다. 즉 플라톤은 '보편성'을 보장하는 이데아의 세계에서만 완전한 인식이 가능하다는 논리를 세우게 된다.

여기서 이제 우리의 의문은, 과연 '보편성'이란 무엇인가? 하는 것이다. 과연 우리의 삶에서 보편(타당)성은 존재하는가? 아니면 보편성은 오로지 사고의 산물일 뿐인가? 플라톤에게서 촉발된 보편성의 문제는 중세시대에 들면서 '신의 존재성'의 문제와 엇물리면서 보다 증폭된다. 우선 위에서 살펴본 것처럼 실재론자들realists의 등장이다. 이들은 인간의 감각을 부정하고 오로지 '이성의 능력'을 통해 도달할 수 있는 이데아의 세계를 보편세계로 상정한 플라톤의 후예들이라고 할 수 있다. 이들에 의하면, 보편성이란 사람들이 그것의 본질이나 정체에 대해서 어떻게 생각하는지와 관계없이 무조건 세상에 '실재', 즉 실지로 존재한다. 반면에 보편성이나 보편세계는 결코 세상에 존재할 수 없으며, 오로지 인간이 만들어 낸 이름으로만 가능하다고 주장하는 사람들이 존재하여 왔다. 유명론자들nominalists의 입장이 그것이었다. 이 두 입장은 고대 그리스 시대부터 오랜 시간 동안 대립했지만, 아직도 명쾌한 결론을 내지 못하고 있다. 따라서 두 입장은 모두 다 입증과 검증의 절차가 남아 있는 일종의 '가정' 또는 '가설'의 수준에 있다고 할 수 있다.

이러한 가설을 입증하고 검증하기 위해서 가장 먼저 나선 철학자가 데카르트이다. 유명한 그의 '코기토 명제cogito, ergo sum'는 이미 위에서 언급한 것처럼 '모든 지식을 의심하다 보면 마지막으로 명료한 지식이 남을 것'이라는 가정에서 출발했다. 결국, 자신이 감각적으로 경험한 지식에 대하여 회의와 회의를 거듭한 결과 마지막으로 남는 것은 '내가 생각한다cogito'는 사실 뿐이었다. 한마디로 데카르트는 우리의 순수사유 내지 순수사유의 방법을 알아낸 것이다. 여기서 또한 우리가 주목해야 하는 것은 데카르트에 의해서 '인식의 주체가 명확해졌다'는 사실이다. 즉 인간은 모든 것을 인식할 수 있는 유일한 주체가 된 것이다. 그러나 더욱 중요한 사실은, 인식이란 누구에게나 가능한 감각적 경험으로부터 획득된 지식을 '끊임없이 의심함'으로써만 가능하다는 것이었다. 여기서 '선험적a priori, 先驗的'이라는 개념이 잉태되면서, 결국 인간에게 '선험적 인식'도 가능하다는 논리가 힘을 얻게 되었다. 왜냐하면, 우리의 삶에서는 '생각한다는 사실cogito'은 경험 이전에 이미 존재하기 때문이다.

이는 오랜 관습과 전통을 이어 온 경험주의자들이 주장하는 '후험적a posteriori, 後驗的'이라는 개념과는 정 반대가 된다. 통상적으로 경험주의에서는 지식이란 일련의 '경험experience'을 통해서 획득된다고 가르친다. 즉 생각하는 것만으로는 불충분하다. 직접 보고 만져보고 느껴 보아야 한다. 이러한 맥락에서 본다면, 대부분의 사람들은 '경험주의자'에 속한다. 왜냐하면, 뭇 사람들은 일단 자신의 '감각' 내지 '(감각적) 경험'을 통해서 사후after the fact 에 얻어진 앎을 지식으로 간주하기 때문이다. 과거의 철학자들 역시 '모든 지식은 경험으로부터 나오는가' 또는 '경험으로부터 획득되지 않는 지식이 있는가'하는 식의 질문을 해 왔다(D. W. 함린, 1978/ 이홍우 역, 2010: 36). 사전事前, 즉 '사실의 이전before the fact'에 이미 존재하는 지식의 세계는 일부 특정한 사람들에게서나 수긍될 수 있는 일이었다. 도대체 보지도 못했고 겪은 적도 없는 일을 어떻게 알 수 있다는 말인가? 한마디로 플라톤의 이데아를 볼 수 있는 눈, 그리고 전에 한 번도 경험하지 않은 이데아를 어떻게 알 수 있다는 말인가? 우리 인간이 '어떻게' 선험적으로 존재하는 이데아를 인식할 수 있다는 것인가?

"데카르트의 순수사유는 수학을 이성 존재 증명의 방법으로 끌어들이면서 첨예화되기 시작했다. 그는 가장 이성적인 것을 수數로 생각하도록 했다. 데카르트에게 수학이란 확실히 의심할 수 없는 이성적 인식을 확인하기 위한 수단으로 간주된다. 수학은 모든 사람에게 타당성으로 간주된다. 누가 보더라도 수학적 타당성을 의심하는 경우는 없다."(이상오, 2005: 64~65)

이러한 연유로 데카르트의 철학적 방법은 수학적 방법에서 도출된 직관적·연역적 추론이다(한국철학사상연구회편, 1989: 272).

"수학은 직관으로만 가능한 영역이지 감각이나 지각 그리고 상상력을 통해서 이루어지는 영역이 아니다. 예를 들어, 삼각형이 직선 세 개로 연결되어 이루어진다는 사실은 경험으로 인식하기 어렵다. 오로지 직관으로만 인식된다. 우리는 직관적으로 삼각형이 직선 세 변으로 이루어진다는 사실을 이성적으로 파악한다. 결국, 데카르트에게서 직관이란 절대 의심할 수 없는 이성적 인식이 된다. 따라서 보편성과 타당성을 추구하는 과학적 사고도 이성의 직관으로부터 시작되어야 한다. 직관을 통해서만 우리는 새로운 지식과 고차원의 지식을 창출할 수 있다. 우리는 이를 공리公理라고 한다. 만약 평행선은 서로 교차하지 않는다는 공리가 없다면, 우리는 삼각형의 내각의 합이 180도라는 사실을 인식할 수 없다. 지식이 새로운 지식과 고차원의 지식을 낳기 위해서는 반드시 '전제된 지식'이 있어야 하는 것이다. 나중에 과학 이론에서는 전제된 지식이 "가설"로 발전한다. 하여간 이를 우리는 연역적 지식이라고 한다. 우리는 이러한 연역적 지식의 도움을 받아서 처음에는 잘 몰랐던 새로운 지식을 계속 창출해 낼 수 있는 것이다. 데카르트는 직관과 연역의 방법으로 그의 이성적 과학 이론을 발전시킨다."(이상오, 2005: 65)

결국 이러한 과학적 방법론을 통하여 데카르트는 "주관과 객관의 분리"라는 명제를 가지고 오늘날까지 우리의 세계관을 발전시키는 본질적인 초석을 놓게 되었다(Volkamer/ Streicher/ Walton, 1996: 9).

그럼에도 불구하고 데카르트는 감각이나 경험보다는 오로지 '사유'의 능력을 통해서만 이데아의 세계에 접근할 수 있다는 논리(회의논리)를 수립하는 것으로 만족해야 했다. 따라서 데카르트의 논리로서 우리가 인식의 문제를 풀어내기에는 여전히 충분한 것이 아니었다. 왜냐하면, 인간의 감각과 직접적인 경험은 인간의 인식에서 여전히 중요한 것이기 때문이다. 잉글랜드의 철학자 존 로크John Lock(1632~1704)는 인식에서 경험의 중요성을 다시 대변함으로써 '경험주의 철학'의 대부가 된다. '인간이 어떻게 경험을 하지도 않고서 인식할 수 있다는 말인가?' 로크는 자신의 저서 『인간 오성론Essay Concerning Human Understanding』(1690)에서 당시 '새로운 과학' 곧 근대과학을 포함한 인식의 문제를 새롭게 들고 나왔다.

물론 로크는 근대철학의 아버지라고 할 수 있는 데카르트를 사사했다. 그러나 그의 최고의 관심은 '실험과학實驗科學'이었다. 또한, 로크는 기독교 인문주의자들로 이루어진 케임브리지의 플라톤학파 회원들과 사귀었다. 이들은 경험과학에 공감하면서도 '유물론唯物論'은 반대했다. 왜냐하면, 유물론으로서는 삶의 이성적 부분을 설명할 수 없었기 때문이다. 또한, 로크는 '본유관념本有觀念'에 기반을 둔 플라톤주의를 주장하지는 않았으나, 관용, 종교적 삶의 실천행위의 강조에 매력을 느꼈으며 정치와 종교에 대해서는 비교적 자유로운 태도를 취했다. 특히 프랑스의 가상디학파는 로크의 형이상학과 인식론에 중요한 영향을 미쳤다. 프랑스의 물리학자이며 수학자이며 철학자인 가상디Pierre Gassendi(1592~1655)는 데카르트 '생득관념설'의 지나친 사변주의를 거부하고 에피쿠로스의 철학으로 돌아갈 것을 주장했다. 즉 경험론, 쾌락주의, 원자론 등이 그것이다. 또한, 그는 정보란 경험적 증거로부터 이성적 추론을 통하여 보다 풍성해지기 때문에 인식은 우선 감각기관感官에 의존해야 한다고 주장했다. 즉 인식은 감각, 경험 그리고 오성 과정을 통해서 이성으로 완성된다. 이로써 드디어 '지식'이 탄생되는 것이다.

로크를 계승한 흄David Hume(1711~1776) 역시 '인식은 어떤 경험을 떠나서도 성취되지 않는다'고 주장했다. 즉 인식의 출발은 '감각적 경험'이다. 물론 그의 관심은 인식이 생겨날 때, '정신'이 어떻게 작용하는가를 알아내는 것이었다. 이를 설명하기 위해 흄은 로크의 인식론을 차용했다. 제3권으로 구성된 흄의 저서 『인성론A Treatise of Human Nature』(1737) 제1권에서 그는 인간의 인식과정을 설명하면서, 관념의 기원, 시간·공간·인과성 등의 관념, 감각의 진실성 등을 차례로 논하고 있다. 1758년 흄은 『인성론』 제1권의 내용을 개편하고, 이에 "기적에 관하여On Miracles"라는 논문을 덧붙여서 『인간 이해력 탐구An Inquiry Concerning Human Understanding』라는 개정판을 출간하였다. 여기서 그는 감각과 내성內省 자료인 '인상印象, impression'과 이 자료들을 혼합·변경하여 얻는 '관념'을 구분하고, '모든 관념은 인상에서 생긴다'고 주장했다. 다시 말하면, 감각은 경험과 내성을 통하여 인상되고, 이러한 인상의 종합으로부터 관념이 형성된다. 이렇게 본다면, 감각(감성)과 이성의 세계는 결코 분리될 수 없다.

마침내 칸트는 흄을 계승하면서 이성과 감성의 두 영역을 종합하려 했다. 칸트는 모든 지식은 경험을 통하여 나오기는 하지만 반드시 경험으로부터만 나오는 것은 아니라고 주장하였다(D. W. 함린, 1978/ 이홍우 역, 2010: 36). 이것이 세계의 두 범주Kategorien에 대한 칸트의 생각이었다. 그 하나는 우리 앞에 나타나는 것으로서의 현상계phenomena이며, 다른 하나는 그들이 그들 자체 속에 존재하는 것으로서의 천상계noumena이다. 그는 먼저 우리 인간들이 오직 전자前者의 지식을 가질 수 있을 것이라고 생각하였다. 즉 인간은 결코 후자를 얻을 수 없을 듯하다. 왜냐하면, 후자는 유한자로서 인간의 영역에서 벗어난 영역, 즉 신 같은 무한자의 영역이기 때문이다. 그러나 실제로 우리의 삶에서 양자가 완전히 분리될 수는 없다. 이를테면, 신앙을 가진 사람들은 오히려 후자의 세계를 추종하기 때문이다. 파스칼이 "인간의 신과 동물의 중간에 산다"고 주장했을 때, 인간은 신의 영역까지도 생각은 할 수 있는 존재가 된다. 이러한 연유로 그는 "인간은 생각하는 갈대"라고 규정했다. 인간은 갈대만큼 연약한 존재이지만, 생각한다는 점에서는 위대하다.

물론 칸트는 감각이 우리 인간의 삶에 유용한 정보를 제공한다는 이치를 잘 설명해 주었다. 이는 처음 '전통적인 인식론자들'에게는 매우 혼란스러움을 초래하였다. 그러나 칸트는 감각에 관한 자신의 관점을 '실용주의

Pragmatism'로 전환시킴으로써, 그는 경험적 지식에 관한 자신의 입장을 확고히 할 수 있었다. 그에 의하면, 지식은 오성understanding이 경험에 적용된 것이며, 이때 그 이해가 객관적인 것이 되려면 모종의 '선험적 원리'에 부합해야만 한다(D. W. 함린, 1978/ 이홍우 역, 2010: 45). 그럼에도 불구하고 지식이 어떤 방식으로든지 구체성particularity을 띠는 데에는 경험이 필요하다(D. W. 함린, 1978/ 이홍우 역, 2010: 74). 플라톤 이래로 우리는 무질서한 상상의 사고능력이 정화되면서 이성의 세계로 들어갈 수 있으며, 반대로 우리의 삶에서는 상상을 초월하는 일도 가능하다. 결국, 이는 상상의 세계를 떠났기 때문에 '이성의 영역'에 속하는 셈이다. 따라서 훗날 칸트에게서 '선험적transzendental'이라는 개념은 '초월적transzendent'의 영역, 즉 초월성을 포함한다. 즉 사전에 직접 경험하지는 않았지만, 경험을 초월하는 세계, 즉 상상을 초월하는 미경험의 영역도 우리가 머릿속으로, 즉 이성적으로 생각해 낼 수 있다는 사실이 곧 '선험적'인 것이다. 한마디로 인간의 모든 경험을 넘어선 영역, 즉 선험성도 이성의 영역이 되는 셈이다. 그런데 여기서 우리가 새롭게 알아야 할 사실은 칸트의 고유한 의미에서 '상상력'이 경험과 이성의 영역을 중재하고 있다는 사실이다. 즉 감각적 경험과 함께 수반되는 상상의 능력이 이성의 영역에서는 '구상의 능력Einbildungskraft, 또는 具象力'으로 작용한다.

한편, 칸트가 차용한 실용주의의 개념 역시 상상력 또는 구상력의 매개로 성취된다. 일반적으로 '실용주의實用主義'에서는 어떠한 목적에 '유용utility' 하기만 하다면, 그것이 바로 지식이라고 설명한다. <칸트의 비판철학>에 대해서 박사학위 논문을 쓴 듀이John Dewey(1959~1952)는 그의 실용적 사상으로부터 미국의 실용주의가 탄생하는 데 크게 기여했다. 실용주의에서는 이념理念 또는 관념이 진실인지 아니면 현실적으로 얻어질 수 있는 것인지에 대한 질문은 때로는 의미가 없거나 중요하지도 않다. 중요한 것은 주어진 모델이 우리에게 실제로 현실적인 '문제 해결problem solving'에 도움을 주는가 하는 것이다. 즉 문제 해결에 얼마나 유용한가? 또한, 그것이 중요하다면 우리는 어디서 그런 지식을 얻을 수 있는가? 이러한 지식에 대한 실용주의적 관점은 앞으로도 계속 '인식론적 탐구'에 중요한 관심사가 될 것이다.

이렇게 본다면, 실용주의는 전통적인 인식론에 대한 새로운 접근이라고 할 수 있다.

3. 인식론의 탐구과제

3.1 지식(앎)이란 무엇인가? – 우리는 '무엇을' 알 수 있는가?

'지식'이란 경험이나 교육을 통해 얻어지는 '인식'으로서, 정보, 사실, 묘사descriptions, 기술skills 등을 포함한다. 따라서 지식은 이론적 이해의 결과이기도 하다. 아울러 지식은 실제 경험을 하고 난 다음의 이해이기도 하다. 즉 지식은 이론적 차원에서도 획득되지만, 실천적 차원에서도 형성된다. 달리 말하면, 지식은 내포적implicit일 수도 있고, 외현적explicit일 수 있다. 또한 지식은 형식적formal일 수도 있고 체계적systematic일 수도 있다.

플라톤은 지식을 "정당화된 진실한 믿음JTB: Justified True Belief"이라고 정의했다.[40] 이는 현존하는 서구사상계의 문헌상, 지식에 관한 최초의 정의definition라고 할 수 있다. 그러나 플라톤 이후 지금까지 지식 개념에 대한 일치된 결과는 존재하지 않는다. 따라서 오늘날도 인식론자들은 지식을 나름대로 매우 다양하게 설명하고 있다. 로티Richard Rorty(1931~2007)는 자신의 저서 『철학과 자연의 거울Philosophy and the Mirror of Nature』(1979)에서 "지금 같은 과학(만능)의 시대에 전통적 철학은 이미 설 자리를 잃었지만, '지식의 이론', 즉 '지식론'이 나오는 덕분에 철학은 과학과 영원히 분리될 수 있었다"고 주장한 바 있다. 한마디로 지식에 관해서 철학(또는 인문학)과 과학이 보는 관점은 다르지만, 각기 서로 다른 관점으로 지식을 정의하고 있다는 점을 감안한다면, 오늘날 같은 과학의 세기에 있어서도 우리는 결코 철학(또는 인문학)을 폐기할 수 없다는 의미이다.

지식에 대한 정의定義, definition는 인식론의 영역에서 특히 철학자들 간에

---

[40] 지식의 개념에 관하여 플라톤은, 지식이라는 것은 단순히 사물에 대한 직접적인 인식을 뜻한다는 생각에 갇혀 있었다고 보아야 할 것이다(D.W. 함린, 1978/ 이홍우 역, 2010: 39).

오랫동안 끊이지 않는 논쟁의 테마로 자리매김해 왔다. '정당화된 진실한 믿음으로서의 지식JTB', 즉 플라톤에 의해 처음 제기된 고전적 정의[41]에 의하면, 하나의 명제가 지식으로 간주되기 위해서는 다음 '세 개의 조건'을 충족시켜야 한다. 지식이란, 첫째, 정당화될 수 있어야 하며, 둘째, 진실에 입각해야 하며, 셋째, 믿을 수 있어야 한다. 그러나 혹자는 소위 "게티어Gettier의 사례"[42]에서 볼 수 있는 것처럼 이러한 조건들로 지식이 (참) 지식으로 군림하게에 충분한 것은 아니라고 주장한다. 실제로 지금까지 많은 대안들이 제시되었다. 특히 지식은 반드시 '진리'에 입각해야 한다고 주장하는 노직Robert Nozick(1938~2002), 우리 인간은 인식론적 한계 내지 약점을 가지고 있기 때문에 그리고 우리가 모든 조건을 충족시킬 수 없기에 아예 우리는 (참) 지식에 접근할 수 없다는 주장을 하는 블랙번Simon Blackburn, 그리고 지식에 대한 정의는 믿음을 위한 명백한 증거evidence를 요구한다는 주장 등은 모두 플라톤의 '지식론'에 대한 대표적인 비판이자 반론들이며, 동시에 플라톤의 지식론을 보완하는 진술들이라고 할 수 있다.

이러한 접근들과 대조적으로, 비트겐슈타인Ludwig Josef Johann Wittgenstein (1889~1951)은 '무어의 패러독스Moore's paradox'를 인용하면서,[43] '지식의 본질'에 파고들었다: "우리는 '누군가 그 사실을 믿고 있지만, 그것은 실제로 그렇지 않을 수 있다'고 말할 수 있다. 그러나 '누군가 그것을 알고 있지만, 그것은 사실 그렇지 않다'라고는 말할 수는 없다."(Wittgenstein, 1969) 그러나 비트겐슈타인은 이러한 논리가 '정신 상태'를 파악하는 데에는 적합하지 않

---

[41] 플라톤의 대화집인 테아에테투스Theaetetus에서 소크라테스와 테아에테투스는 지식의 세 가지 정의에 대해 논한다. 첫째, 오로지 지각으로서의 지식, 진실한 판단으로서의 지식, 그리고 마지막으로는 근거 있는 판단으로서의 지식이다. 그러나 대화에서 이러한 정의들은 모두 불만족한 것으로 나타났다.

[42] 이 부분에 대해서는 제II부에서 자세히 다룬다.

[43] "무어 자신은 자연주의의 오류의 문제를 존재·당위의 문제와 직접적으로 연관지어 설명하는 것 같지는 않다. 더구나 그는 『윤리학 원론Principia Ethica』 이후 자연주의 오류에 관하여 거의 언급하고 있지 않기 때문에 그의 본래 의도에 관한 의문이 여전히 남으며 이것이 다양한 해석과 논란의 소지를 제공해 왔다."(정해창, 2011: 69)

고, 오히려 이는 '확신確信'에 대해서 논하는 데에 적합하다고 보았다. 여기서 중요한 것은 '말하는 사람의 정신 상태'가 아니라, 그들이 무엇인가에 '몰입沒入'하고 있는가 하는 것을 밝혀내는 것이다. 이를테면, '주전자가 끓고 있다는 사실을 안다'는 것은 우리의 특별한 마음 상태가 아니라, '주전자가 끓고 있다'는 진술만을 가지고 '내가 무엇인가를 알고 있다'는 과제를 해결해 내고자 하는 것이다. 그러나 사실 비트겐슈타인은 '감정에 자연스러운 언어'의 사용법을 찾아냄으로써, 지식에 대한 개념 정의의 어려움을 피해 보려고 했다. 즉 그는 '지식'을 '가족유사성family resemblance'의 범주로 보았다. 다시 말하면, 가족유사성이란 가족 구성원들 사이에 존재하는 유사한 성질을 일컫는 것으로서, 지식은 특징에 따라 구분되는 '클러스터cluster'의 개념으로 재구조화될 수 있다는 것이다. 예를 들어, 서로 다른 사람들인 A, B, C, D가 있다고 가정했을 때, A와 B가 특징1이 닮았고, B와 C가 또 특징2가 닮았고, C와 D가 특징3이 닮았고, A와 D가 특징4가 닮았다고 해 보자. 비록 이들 모두에게 완전히 공통되는 특징은 존재하지 않지만, 서로 교차한 '유사성類似性' 때문에 그들은 가족으로 '인식'될 수 있다는 말이다.

그러나 비트겐슈타인의 결론은 지식의 개념이란 어떠한 '정의definition'를 통해서도 충분히 해명되지는 않는다는 사실이었다(Gottschalk-Mazouz, 2008). 다시 말하면, 지식이란 개념 정의의 대상이 아니라 그 개념을 '이해할 수밖에 없는 속성'을 가지고 있다. 이를테면, 어떤 사람이 즐거워한다는 것을 아는 것은 그의 마음을 모두 알고 있기 때문이 아니라, **'특정한 상황에서'** 그가 즐거워하는 것으로 알아챘기 때문이다. 이러한 논리는 지식을 획득하고 지식을 성취하는 과정에서 지식의 속성은 단순히 개념을 '정의definition'함으로써 알려지는 것이 아니라, 단순한 느낌으로든 아니면 감각 내지 감각적 경험을 통해서든 '스스로 특정한 상황 속에서 드러날 수밖에 없다'는 '존재론적·해석학적 차원'을 암시하고 있다.

한편, '과연 우리는 무엇을 알고 있는가?'에 대한 의문은 오늘날 '과연 우리는 무엇을 모르고 있는가?' 하는 질문에도 대답할 필요가 있음이 지적되고 있다. 우리가 모르고 있는 것을 헤아리다 보면 자연스럽게 우리가 아는 것만 남는다는 생각이다. 그러나 이미 2천5백 년 전에 소크라테스는 '나는 모른다는 사실만을 알고 있다'는 소위 '무지론無知論, Nicht-Wissen'을 주장했다. 그리고 그는 '나는 모르기 때문에 질문한다'고 하면서, 지식은 질문을 통해서 생성되고 질문을 통해서 획득된다고 주장했다. 무지가 지식을 요구한다. 이렇게 본다면 지식탄생과 지식획득의 전제조건은 '무지'이다. 따라서 소크라테스는 무지를 고백하고 각성할 때 비로소 우리는 지식의 세계로 여행할 수 있다고 주장했다. 한마디로 소크라테스는 상대방과 '대화dialogue'를 하면서 지식의 세계로 동반여행을 하고자 했던 셈이다. 이렇게 본다면, 지식의 탄생과 지식의 획득은 '방법론적 차원'에서 가능성이 탐색될 필요가 있다. 이런 연유로 '지식에 대한 이론'인 '인식론'에서는 다음의 질문들을 계속할 수밖에 없다.

3.2 우리는 어떻게 지식을 습득하는가? – 우리는 '어떻게' 알 수 있는가?

(1) 관찰·경험적 차원

주지하는 대로, 관찰과 경험을 통하여 지식을 취득하는 방법은 감각적 경험주의empiricism의 뿌리가 된다. 감각적 경험주의는 경험의 역할 특히 감각기관에 의한 지각적 관찰에 근거하는 (감각적) 경험을 강조한다. 여기서는 모든 지식이 오로지 감각·경험적으로 이루어질 뿐이다. 따라서 수학이나 논리학 같은 정신적 차원에서의 또는 관념적 차원에서의 지식 습득의 원리는 제외된다.

그러나 엄밀히 말하면 특히 '인지심리학'적으로 본다면 인간의 지식 습득은 관찰이나 경험으로 완결되는 것이 아니다. 즉 관찰과 경험에서 얻어진 자극들이 '복잡한 인지 과정cognitive processes'을 거쳐서 지식으로 되는 것이다. 이를테면, 인지의 과정은 지각perception,[44] 학습learning, 통찰insight, 의사소

---

[44] 지각이란 인간을 비롯한 생명체가 시각·청각·촉각 등의 감각 수용기를 통해 환경의 사물이나 그 변화를 알아내는 작용으로서 환경으로부터 오는 감각정보를 해석하여 의미 있는 형태로 조직화하는 작용을 말한다.

통communication, 연상association, 합리화reasoning 그리고 기억memory 등을 통하여 이루어진다. 또한, 지식습득의 결과는 인간 개개인의 인식능력에 관계된다(Cavell, 2002). 지식의 습득에서도 개인차個人差가 존재한다. 어떤 사람은 인식능력이 탁월하고 어떤 사람을 그렇지 못하다. 이러한 사실은 습득된 지식이 모두 객관화되고 일반화될 수는 없다는 뜻이다. 지식은 '객관성' 내지 '보편성'을 상실하면 더 이상 지식이 아니다. 왜냐하면, 지식의 원천은 인간의 의식으로부터 독립하여 존재하는 객관적·보편적 세계이며, 지식의 내용은 이 객관적·보편적 실재를 반영한 것이기 때문이다. 이렇게 본다면 지식의 필수조건은 '객관성' 내지 '보편성'이다. 그러나 개인의 주관적인 관찰과 경험을 통해 얻어진 지식(정보)은 과연 어떻게 객관성(또는 보편성)을 확보할 수 있을 것일까?[45] 물론 관찰과 경험을 통한 주관적 지식도 일종의 지식이다. 그러나 이는 진정한 지식이라고 할 수 없다. 왜냐하면, 잘못된 지식일 수도 있기 때문이다. 심지어 이러한 지식은 위험한 지식일 수도 있다. 왜냐하면, 선무당의 지식은 사람을 잡을 수도 있기 때문이다. 지식에 관한 이론을 연구하고 참지식을 연구하는 인식론의 고민은 바로 여기서부터 시작된다.

(2) 경험·실험적 차원

인간은 지식의 객관성을 확보하기 위해서 '실험實驗'을 하기 시작했다. 인류에게 최초의 실험방식은 '관측실험'이었다. 관측실험은 이미 일어난 현상을 그저 감각으로 관측하면서 수많은 데이터를 모아 놓고, 데이터들 간의 법칙성을 찾는 것을 그 목적으로 한다. 우선 자연과학의 세계를 열어 준 천문학, 역학, 생물학의 과학연구방법을 위시하여 사회과학에서의 수많은 조사통계연구가 이에 해당된다. 심지어 현대물리학의 영역에서 중심과제로 다루는 입자 간의 충돌 실험 역시 관측실험에 해당된다.

---

[45] 이러한 의미에서 현상학phenomenology을 창시한 후설Edmund Husserl(1859~1938)은 객관성이라는 말 대신에 '간間주관성' 또는 '상호주관성inter-subjectivity'라는 용어를 사용했다.

역사상 대표적인 관측실험자는 천문학 분야에서 활동한 중세시대의 티코 브라헤Tycho Brache(1546~1601)를 꼽을 수 있다. 그는 선천적으로 타고 난 좋은 육안肉眼으로[46] 지구 밖 행성들의 궤적을 추적했다. 그는 케플러의 스승이다. 스승과는 전혀 달리 시력이 매우 안 좋았던 조수 케플러Johannes Kepler(1571~ 1630)는 먼 거리에서도 관측할 수 있는 망원경望遠鏡을 발명했다. 티코 브라헤는 케플러 망원경이 탄생하기 전까지 태양계에 떠다니는 777개 이상 항성의 위치를 밝혀냈다고 전해진다. 비교적 정확했다는 후세의 평가이다. 우리나라도 매우 오래전에 관측실험의 전통을 세운 바 있다. 특히 1,400여 년 전 신라의 선덕여왕 시대에 경주(서라벌)에 세워진 첨성대瞻星臺는 세계에서 가장 오래된 천체관측건축물이었다.

이러한 관측실험은 나중에 여러 변인들을 수정해가면서 '일정한 법칙法則'을 찾아내는 자연과학의 대표적인 연구방법을 낳았다. '실험'이라는 '과학적 방법'이 바로 그것이다. 오늘날 '실험'은 '경험과학'의 대표적인 연구방법이 되었다. 실험이란 이론이나 가설 따위가 실제로 가능한지를 밝혀내기 위하여 실제로 경험해 보는 것을 말한다. 또한, 연구의 목적에 따라서 '실험의 조건'을 통제하기도 한다. 이를 위해서 실험실Labo이 필요하다. 실험실에서는 조건을 통제하면서, 즉 특정한 조건 하에서 실험이 진행된다. 대실험과학實驗科學과 '실험심리학實驗心理學, experimental psychology'[47]의 발달이 대표적이다. 과학

---

[46] 항간에 그의 시력은 6.0이었기에 이렇게 좋은 시력을 가지고 하늘을 직접 관찰하였다고 하는데, 결국 그의 사인死因은 안질眼疾이었다고 한다. 그리고 그의 제자 케플러Johannes Kepler(1571~1630)는 스승의 시력을 쫓아갈 수 없어서 멀리 볼 수 있는 망원경을 개발했다고 전해진다.

[47] 생물체의 정신 현상 및 행동의 연구에 실험적인 방법을 쓰는 심리학으로, 19세기 후반에 독일의 철학자 분트Wilhelm Wundt(1832~1920)가 창시했다. 그는 1879년 세계 최초의 심리학연구소를 설립했으며 1881년에는 최초의 심리학 잡지 <철학 연구Philosophische Studien>를 창간했으며, 1892년 처음으로 과학적 심리학에 대한 강좌를 개설하였다. 그런데 당시 심리연구는 철학의 한 분야로 여겨졌기 때문에 연구방법 역시 합리적 분석으로 국한되어 있었다. 그러나 분트는 심리 - 정신연구에서도 자연과학에서 도입한 실험적 방법을 사용할 것을 주장했다. 구체적으로 여기서 사용된 방법론은 내성법, 즉 의식적 경험의 의식적 검토였다. 이러한 실험심리학의 움직임은 20세기에 들어 왓슨John Watson(1878~1958)에 의해 행동주의 심리학으로 탄생한다. 행동주의 심리학은 실험심리학의 방법을 복잡한 고등정신기능

자는 실험을 통하여 실증적 데이터를 얻어낸다. 이는 훗날 사회과학의 영역에서 탄생한 실증주의와 만나면서 대표적인 학문연구(자연과학, 사회과학)의 방법론으로 급진전한다.[48]

실증주의란 말 그대로 실제로 근거(증거)가 있는 것, 그것은 바로 지식이 된다는 주장이다. 그러나 우리의 의문은 그렇다면 실증되지 않는 삶은 전혀 삶이 아니라는 말인가? 실제로 우리의 삶에서는 증거가 확실한 것도 있겠지만, 증거가 없는 것들도 많다. 또한, 아직은 증거가 불충분하여 실증될 수는 없지만, 언젠가는 명백한 증거로서 실증될 수 있는 것도 많다. 그렇다면 어디까지가 실증된 것이고 어디까지가 근거 있는 삶인가? 삶에서는 실제로 존재하지만, 영원히 실증되기 어려운 영역들도 많다. 사랑, 행복, 우정, 의지 등을 우리는 어떻게 입증할 것인가? 아침에 부인에게 1번 키스하고 나가는 남편보다 3번 키스하고 나가는 남편이 부인을 더 사랑하는 것인가?

(3) 경험·논리적 차원

태초에 인간은 자신의 주변에서 꽃이 피고 지는 것을 관찰하면서 4계절의 순환에 대하여 알게 되었다. 이러한 지식은 봄에 파종하고 가을에 거두어들여야 한다는 '실용적 지식'으로 발전되기 시작했다. 삶에 '유익하고 유용한 지식'인 것이다. 밤하늘에 별이 떠 있지 않으면 다음 날 비나 눈이 온다는 사실을 알게 되었으며, 날아다니는 작은 모기(말라리아모기)에 물려도 생명을 잃을 수 있다는 사실을 알게 되었다. 그러나 경험과 관찰을 통해 지식이 생성되는 과정에는 반드시 '중재자仲介者'가 개입된다. 바로 '이성'

의 분석에 적용하면서 당시의 심리학 세계를 지배하기 시작했다.

[48] 실증주의란 관찰이나 실험으로써 검증할 수 있는 지식만을 인정하려는 학문적 입장으로, 프랑스의 철학자 콩트Isidore-Auguste-Marie-François-Xavier Comte(1798~1857)가 주도한 철학적 이데올로기이자 학문사조이다. 콩트는 <실증철학 강의Cours de philosophie positive>에서 인간의 지적 발전은 역사적으로 신학적 단계, 형이상학적 단계, 실증적 단계의 3단계로 발전해왔다고 주장했다. 그리고 그는 모든 실증적 지식을 '과학의 위계질서' 속에서 분류하여 각 과학의 방법을 분명히 밝혔고, 특히 새로운 통합과학인 사회(과)학을 강조했다.

을 기반으로 하는 '사고의 능력'이었다. 왜냐하면, 인간은 사고할 수 있는 능력을 가진 호모사피엔스로 태어나기 때문이다. 만약 우리가 오감五感으로 보고 느끼고 듣는다고 해도 사고할 수 있는 능력이 없다면, 지식형성은 불가능하다. 관찰을 통해 많은 것을 알게 되는 것 역시 사고능력 덕분이다. 그러나 단순한 사고능력만으로 지식을 객관적으로 지식답게 하기는 어렵다. 지식이 진정한 지식으로 형성되어 지식으로서 제구실하기까지는 바로 '이성의 논리능력論理能力'이 결정적이다.

아리스토텔레스의 논리학論理學, Organon은 경험·논리적 지식 습득의 뿌리이다. 논리학은 올바른 추론의 원리를 다루는 학문이다. 과연 우리가 어떻게 추론을 하면 진정한 지식에 도달할 수 있는가? 결국, 논리학은 지식창출을 목표하는 학문의 충분조건은 아니지만, 필수조건이 된다. 즉 논리학적 지식만으로 학문이 완성되는 것은 아니지만, 논리학적 지식이 없으면 더 이상 학문을 영위할 수 없으며 진정한 지식창출도 불가능하다. 이런 의미에서 오르가논Organon이라는 명칭이 '논리학'으로 해석되는 이유이기도 하다. 즉 오르가논이란 기관, 도구라는 의미인데, 논리학은 지식창출 내지 학문의 수단이고 도구라는 뜻이다. 한마디로 논리학은 일종의 지식습득의 방법이다.

물론 아리스토텔레스가 논리학을 집대성하기 이전에도 수많은 사상가와 철학자들이 논리적 사유를 통하여 지식을 창출해 왔다. 소피스트들이 대표적이다. 그러나 우리가 추론의 원리로서 삼단논법三段論法, syllogism[49]을 창시한 아리스토텔레스를 논리학의 아버지로 지칭하는 데에는 이유가 있다. 소피스트들의 '궤변적 논리sophistry'와 아리스토텔레스의 논리학logic은 명백히 구별되기 때문이다. 실제로 아리스토텔레스는 역사반성의 차원에서 논리학을 구상했다. 과연 진정한 논리가 무엇일까? 그의 고민은 여기서 시작되었다. 왜냐하면, 오랜 시간 동안 소피스트들의 논리가 세상을 어지럽혔다고

---

[49] 삼단논법의 핵심은 전제조건을 수용하면 결론도 긍정여야 한다는 점이다. 이렇게 본다면 삼단논법 역시 학문은 모두 '조건의 학문'이라는 명제를 수용하고 있다고 볼 수 있다.

고발되면서 당시 아테네 사회가 더욱더 어지러워졌기 때문이다. 진정한 논리란 어떤 것인가? 과연 무엇이 세상을 현혹시키는 궤변이고 무엇이 진정한 논리인가? 과연 어떤 기준이 궤변과 논리를 판가름하는가? 결국, 아리스토텔레스에 의해 집대성되고 체계화된 논리학은 무려 2000년 이상 그의 생명력을 지속할 수 있었다.

오늘날 이러한 전통적인 지식습득의 방법은 '논리실증주의論理實證主義'[50]의 근거가 되기도 했다. 물론 이 과정에서는 논리학과 실증주의와의 만남은 결정적이었다. 이를테면, 우리는 일반적으로 논리적 근거, 즉 논거論據를 통해서 실질적 지식을 얻을 수 있다. 또한, 경험·논리적 차원의 지식습득방법은 합리주의Rationalism의 성장과 발전에도 깊은 영향을 미쳤다. 합리주의는 감각질료empirical sense data의 우월한 지위를 인식론적으로 강조하는 감각경험주의와 다르며, (이론적) 이성의 우위성을 강조하는 관념주의와도 다르다. 물론 합리주의(특히 데카르트, 스피노자, 라이프니츠로 대표되는 대륙의 합리론)는 이성의 능력을 통한 성찰만이 진정한 인식이고 이로부터 나온 지식만을 진정한 지식으로 간주한다. 즉 합리주의는 이성을 지식의 근원이자 검증의 수단으로 보는 철학적 입장을 띤다. 그러나 원칙적으로 합리주의는 무엇보다도 '우연偶然'과 '필연必然'(또는 논리적 필연)을 구별하여, 전자를 비합리적이라고 배제하고 후자, 즉 필연적인 것만을 합리(이성)적인 것으로 간주한다. 결국, 경험·논리적 차원의 지식습득방식은 감각과 귀납을 통하여 지식을 창출하는 원리를 가진 경험주의(특히 영국의 로크나 흄 같은 경험론)를 넘어서 합리주의에서의 지식습득방식에도 영향을 미치면서, 마

---

[50] 논리실증주의는 일명 비엔나학파라고 하는데, 1920년대 오스트리아의 빈Wien에서 태어난 철학학파이다. 슐리크에 의해 창시된 논리실증주의의 뿌리는 분석철학이다. 이는 논리경험주의라고도 부른다. 논리실증주의는 지식의 궁극적 기초가 개인의 경험이 아닌 공적인 실험적 검증에 의거한다. 이런 점에서 본다면, 데이비드 흄, 에른스트 마흐 같은 경험론자들이나 실증주의자들과 다르다. 또한 형이상학 학설이 잘못된 것은 아니지만 무의미한 것이라고 주장한다는 점에서는 콩트나 밀과도 다르다. 그러나 진리를 언어적 영역으로 국한하여, 오로지 '언어비판', '언어분석'만을 통해서 진리를 규명하고자 한다는 점에서 철학적-학문적 한계를 보여주고 있다.

침내 대륙의 합리론과 영국의 경험론을 종합한 칸트의 지식추구방법에 큰 기반이 되기도 한다.

심지어 프랑스의 과학철학자인 바슐라르Gaston Bachelard(1884~1962)가 처음 지칭한 '현대적 의미에서의 합리주의'는 경험·논리적 차원에 근거한 제3의 사고체계a third system of thinking를 통하여서만 가능하다. 여기서 그가 제시한 사고체계를 구성하는 세 가지 차원은 감각·경험적 차원, 이론적 차원 그리고 추상적 차원인데, 모두 똑같은 비중으로 취급된다. 다시 말하면, 그가 말하는 합리주의에서는 경험·논리적 사유를 통해서도 가능하다. 물론 나머지 두 가지 차원에서도 가능하다. 말 그대로 '합리적'이다. 특이한 점은 경험·논리적 사유에 근거한 사고체계와 '추상적 사고'에 근거한 사고체계가 모두 합리적 지식 창출을 가능하게 한다는 사실이다. 한 예로, 우리는 삼각형, 사각형, 원 등 '순수한 기하학적 형식'에 대한 피타고라스의 개념을 생각해 볼 수 있다.[51] 즉 현실 세계에서는 불가능할 수 있지만, 관념의 세계나 비현실, 즉 이상의 세계에서는 모두 생각 가능한 것들이다. 또 다른 예로는 대수에서 사용되는 '수數'를 들 수 있다. '하나'라는 숫자는 과연 무엇을 의미하는가? 현실적으로 '하나'라는 것이 무엇을 말하는 것인지? 그리고 1 + 1 = 2라는 공식을 논리적으로 설명하고 말로 표현할 방법은 없다. 그러나 '하나' 또는 '1' 하면 우리는 그냥 '직감적'으로 인식한다. 여기서 직감이란 경험을 통하건 논리를 통하건 그냥 느낌feeling과 통찰insight 또는 직관intuition에 따라서 합리적으로 인식되는 것을 말한다.

결국, 감각과 경험을 통해서 얻은 지식이나 추상적 지식이나 모두 다 '지식'(합리적 지식)이며, 지식의 범주에서 어느 하나도 제외될 수 없다는 것이다. '이론적 지식' 역시 비록 언제 달라질 수 있을지 몰라도 똑같은 '지식'이다. 이렇게 하여 '합리성'을 담보하는 지식의 세계를 다루려는 '합리주의'는 경험·논리적 사유를 배제하지 않고 있다. 심지어 이러한 합리주의적 사유

---

[51] 실제 세계를 수학적 용어로 인식할 수 있게 한, 수학적 용어로만 인식이 가능한 어떤 것이 있다는 피타고라스의 창조적인 통찰력은 인류 사상사에서 가장 위대한 발견일 것이다. (찰스 반 도렌/ 오창호 옮김, 1995: 85)

는 훗날 '과학적 지식'을 산출해 내는 '과학적 합리주의'에도 다리를 놓게 된다. 결국 '과학적 지식'은 '합리성' 내지 '합리적 지식'임을 표방하려면 '경험적이면서 동시에 논리적인 사유' 내지 '경험적·논리적 분석'을 배제할 수 없게 된다.

그러나 경험·논리적 차원에서 얻어지는 지식도 완전한 것은 아니다. 그것이 경험주의의 한계를 극복하든, 아니면 합리주의에 충분한 근거를 제공하든 분명한 것은 이로써만 온전한 지식이 산출되는 것은 아니라는 사실이다. 이미 언급한 것처럼, 논리적인 것만이 삶의 전부가 아니듯이, 합리적인 것만이 삶의 전부는 아니다. 물론 경험적인 것은 말할 것도 없다. 마찬가지로 논리적인 것만이 지식의 모든 것이 아닌 것처럼, 합리적인 지식만이 지식의 전부는 아니다. 우리의 현실에서는 합리적인 것도 삶이지만, 합리적이지 못한 삶도 존재한다. 또한, 나중에서는 합리적인 것으로 밝혀질 수 있지만, 당장은 비합리적이고 반反합리적으로 보일 수도 있다. 반대의 경우도 마찬가지이다. 즉 지금은 합리적으로 여겨지지만, 나중에는 비합리적으로 판정 날 수도 있다. 이런 연유로 '비판적 합리주의critical rationalism, 批判的 合理主義'[52]도 탄생한 것이다. 지식의 세계도 마찬가지이다. 지식은 합리적으로 알려질 수도 있지만, 합리적이지 못한 경우도 허다하다. 지금은 합리적이지만 나중에 비합리적으로 결판날 수도 있고, 반대로 당장은 비합리적으로 보이지만 나중에 합리적 지식으로 밝혀질 수도 있다.

(4) 이성·선험적 차원

지식은 크게 선험적 지식A priori knowledge, 先驗的과 후험적 지식A posteriori knowledge, 後驗的으로 구분된다. 전자는 경험으로부터 독립된 것으로 알려진 지식이다. 즉 이는 비非경험적이거나 이성에 의해서 사전事前에 성취되는

---

[52] 비판적 합리주의는 1920년대 과학과 철학의 논쟁 가운데 과학철학자 칼 포퍼Karl R. Popper(1902~1994)에 의해서 제창되었다. 그는 당시 과학 방법이었던 검증 가능성의 원리principle of verifiability에 대하여 반증 가능성의 원리principle of falsifiability를 들고나오면서 합리주의를 기반으로 하는 전통적 과학 방법의 허점을 비판했다.

지식이다. 따라서 이는 경험으로부터 독립적인 '그 무엇인가'를 통해서 취득되어질 것이다. 이에 반해, 후험적 지식A posteriori knowledge은 반드시 사전事前의 (감각적) 경험에 의해서만 알려지게 되는 지식이다. 즉 이는 경험을 통해서 나중에 얻어지는 지식이다. '선험적 지식'은 서양에서는 주로 연역적 추리, 논리, 통찰insight[53] 등 이성의 작용에 의해 관념적으로 습득된다고 보았으며, 동양에서는 觀을 통해서 또는 직관적으로 습득되는 지식이라고 보았다. 후험적 지식은 동서양을 막론하고 직간접의 경험을 통해서 얻어내는 지식을 말한다. 그러나 지식은 우선 여러 감각기관五感, 五觀을 통해서 직접 외부 세계와 접촉하는 가운데 감성적 단계에서부터 그것을 토대로 질적으로 보다 높은 이성적 단계로까지 진행한다. 특히 이성적 단계에서는 사고의 활동에 의해 생성되는 개념 - 판단 - 추리의 과정을 통해서 보다 심오한 객관적 실재의 본질, 즉 '내적 관계' 내지 '내면화의 과정'이 반영된다.

이성적 · 선험적 차원의 지식습득은 관념론자들Idealists에게서 대표적이다. 이들은 지식이란 '선천적이고 선험적 과정'에 의해서 취득된다고 믿는다. 한마디로 이는 경험으로부터 도출되는 개념의 형식이 아니다. 중요한 이론적 과정은 종종 통찰 내지 직관이라는 이름에 의해 수행된다. 특히 칸트의 선험적 관념주의 이론에서는 '인간의 마음human mind'의 구조가 곧 이성적 · 선험적 지식의 원천이다. 반대로 이러한 지식은 플라톤의 형상Forms, 形象, 그리고 아리스토텔레스의 에이도스eidos처럼 인간의 마음과는 별도로 존재한다고 할 수도 있다. 따라서 칸트의 선험철학을 인식론의 종합이라고 한다면 후자, 즉 플라톤과 아리스토텔레스의 관점은 다분히 (전통)존재론적 차원을 포괄하고 있다.

그러나 관념주의 인식론의 중심에 서 있는 개념은 '이성' 특히 '선험적

---

[53] 통찰이란 '아하, 경험Aha, experience'으로서, 대상들이 심리적 장에서 갑작스러운 변화가 생긴 결과이다. 통찰에 의한 행동은 하나하나의 자극에 대한 개별적인 반응이 아니고, 전체 장면의 형태에 대한 통합된 반응이다(김경희, 2000: 125). 학습이론에서 게슈탈트 심리학자들은 '통찰'이라는 개념을 강조해 왔는데, 이것은 아리스토텔레스가 말하는 '직관'과 어느 정도 유사한 것이다(D.W. 함린, 1978/ 이홍우, 2010: 71).

이성'이다. 아니면 지식은 '마음'의 산물이다. 그러나 마음으로 아는 지식은 극히 사변적이며 관념적이다. 자연과학의 입증과 검증의 관점에서 본다면 아직 입증되지 않은 것은 설령 지금은 그것이 입증되지 않았다고 하지만 언젠가는 입증될 수도 있다. 따라서 마음의 지식이 사변적이고 관념적이라고 해도 처음부터 지식의 범주에서 삭제하는 것은 극히 위험하다. 아니면 방법론의 문제일 수 있다. 즉 관념적이고 사변적인 것이라고 간주되는 지식을 입증하고 검증하는 방법은 자연과학이나 실증주의 방식의 그것과는 사뭇 달라질 수 있다.[54] 다시 말하면, 관념적이고 사변적인 지식을 지식으로 간주하기 위해서는 새로운 방법론이 요청되어야 할지 모른다.

(5) 분석·종합적 차원

일반적으로 우리는 분석Analysis을 통해서 지식을 얻기도 하며, 각각의 인식을 다시 종합Synthesis함으로써 지식을 얻기도 한다. 이렇게 얻어진 지식을 우리는 '명제命題, proposition'라고 한다. 명제proposition는 그것의 '의미意味'까지 이해될 때 비로소 '진실眞實'로 '믿어지고' '정당화正當化'된다.

원칙적으로 '명제'란 인간의 '이성적 능력'을 통해서 얻어진 최종의 이론을 말한다. 명제라는 용어는 독일의 계몽철학자 칸트가 처음 사용했다. 칸트가 명제를 도출해 내기 위해 사용했던 방법은 두 가지 유형으로서 '분석적 방법'과 '종합적' 방법이다. 칸트는 자신의 저서 『Critique of Pure Reason (1781/1998, A6~7/B10~11)』에서, '분석적 명제'와 '종합적 명제'를 구분하였다. 전자analytic proposition는 명제의 술어가 주어 개념 속에 포함되는 것을 말하고, 후자synthetic proposition는 명제의 술어가 주어 개념 속에 포함되지 않는 것을 말한다. 이를테면, 모든 총각은 결혼하지 않았다. 모든 삼각형은 세

---

54 실제로 자연과학의 (연구)방법이 관찰, 실험, 실험조작 등이라면, 인문학 내지 철학의 (연구)방법은 변증법, 해석학, 현상학에서 얻을 수 있다. 심지어 후자의 방법론이 회복될 때 인류의 지식 세계가 보다 완전해질 수 있다는 전망이다. 왜냐하면, 자연과학의 방법론은 현상학적 방법의 일부에서 비롯되었을 뿐이기 때문이다. 이에 대해서는 본 글의 결론 부분에서 보다 자세히 다루며 아울러 이러한 관점이 바로 본 연구의 핵심줄기가 될 것이다.

모서리를 가지고 있다. 이러한 명제는 분석적 명제들로서 주어적·술어적 판단이 긍정적이다. 또한 '나의 아버지의 형님은 나의 삼촌이다'는 사실은, 우리는 그 용어가 '의미'하는 것을 이해할 때, 비로소 그것이 진실(사실, 진리)이라고 믿어진다. 이때 우리는 명제를 '분석적analytic'으로 접근한 것이다.

반대로 다음 명제들은 '종합적'이다. '모든 총각들은 불행하다'. '심장을 가진 모든 피조물은 콩팥을 가지고 있다.' 이 명제들도 분석적 명제들처럼 주어적·술어적 판단은 긍정적이다. 그러나 어떤 경우에도 주어적 개념과 술어적 개념이 일치되는 것은 아니다. 총각들과 불행은 항상 일치되지는 않다. 그러나 모든 것을 종합해 보면 총각은 행복하지 않다고 단정하고 있는 것이다. "심장을 가진 모든 피조물은 콩팥을 가지고 있다." 여기서도 주어적 개념이 술어적 개념을 내포하지만, 반드시 두 개념이 일치되는 것은 아니다. 또한 '나의 아버지의 형(삼촌)은 두발이 까맣다'라는 문장 역시 종합적 명제이다. 삼촌과 까만 두발은 직접적으로 같은 속성은 아니다. 두발이 까만 사람들은 삼촌 이외에도 많다. 그럼에도 불구하고 이러한 명제는 종합적 명제로 단정될 수 있다. 왜냐하면, 선험적 판단이 종합적으로 작용할 수 있기 때문이다. 결국, 분석적 명제에서는 주어와 술어가 분석을 통해서 서로 '연상'될 수 있지만, 종합적 명제에서는 주어와 술어가 매우 '단정적'이다.

그러나 미국의 대표적인 분석철학자이며 논리철학자인 콰인Willard Van Orman Quine(1908~2000)은 그의 논문 "경험주의의 두 개의 도그마Two Dogmas of Empiricism"(1951)[55]에서 두 영역은 경계가 뚜렷하지 않다고 주장하였다 (Quine, 1951). 즉 분석으로만 지식이 완전히 습득되는 것이 아니고, 분석과 종합이 함께 이루어지면서 지식은 형성된다는 주장이다. 또한, 그는 모든 과학적 진술들은 모두 '상호연관interconnected'되어 있으며, 논리적 법칙은 다른 진술들 사이의 '관련성'을 부여하는 것이라고 보았다. 심지어 그는 '환원주의자'가 이해할 만한 증거를 산출해 낼 때까지 환원주의는 또 다른 '형이

---

[55] 미국의 하버드대 철학자인 고트프레이-스미스Peter Godfrey-Smith는 자신의 책『이론과 실제Theory and Reality』(2003)에서 콰인의 "이 논문이 언젠가는 20세기 최고의 논문으로 인정받을 것"(p. 33)이라고 극찬한 바 있다.

상학적 신념조항'metaphysical article of faith'일 뿐이라고 주장했다. 결국, 그는 특히 논리실증주의를 비판하는 과정에서 '분석'을 통한 지식의 환원성을 거부하고, '지식의 순환성circularity'을 주장하였다. 즉 지식은 반드시 분석과 종합의 순환과정을 통해서 생성되고 획득된다.

그러나 분석적·종합적 차원에서 획득되는 지식은 반드시 '변증법적 과정'을 통하여 가능하다. 즉 서구 세계의 지식은 원칙적으로 변증법적으로 탄생하고 변증법적으로 획득된다. 특히 칸트 철학에서 방법론으로 사용된 분석적·종합적 방법은 변증법적 사고과정에서 발생하는 지식의 구조를 이해하는 것이 서구세계에서의 지식의 탄생과정을 규명하는 첩경임을 알게 해 주는 단서로 작용한다.

그러나 역사적으로 볼 때 '분석analyse'은 지식추구의 방법론으로 발전했지만, '종합synthesize'의 방법은 크게 수용되지 못했다. 이를테면, 데모크리토스의 '원자론'은 '분석'을 통하여 물질의 근본을 추구한 최초의 방법론이라고 할 수 있다. 이로부터 자연과학은 '분석의 방법'에 크게 의존하면서 발달되어 왔다. 철학의 영역에서도 '분석철학'이 탄생한 이래로 특히 '논리실증주의'에서 분석의 방법이 정점을 이루게 되었다. 이러한 연유로 분석의 방법은 자연과학에서뿐만 아니라 인문사회과학의 전 영역에서도 지식추구의 대명사로 군림할 수 있게 되었다. 그러나 분석의 대립으로서 '종합'은 방법론으로 성장할 수 없었다. 왜냐하면, 사물의 근원을 추구함으로써 우리는 지식의 본질을 알 수 있다고 생각했기 때문이다. 그러다가 칸트에 와서 비로소 종합의 과정을 통할 때 비로소 (진정한) 분석도 가능하다는 사실이 알려질 수 있었다.

칸트에 의하면, 종합은 분석된 부분들을 다시 합산하는 것으로 이루어지는 것이 아니다. 또한, 그에게서 단순한 종합은 오히려 위험하고 불안하다. 왜냐하면, 부분을 다 모았다고 해서 모든 종합이 이루어진다고 한다면, '비판critique'은 더 이상 의미가 없다. 즉 칸트의 분석에는 '비판critique'의 개념이 수반된다. 비판으로 가능한 분석, 그리고 그러한 분석으로 밝혀진 부분들이 단순히 종합된다면 이렇게 얻어진 종합은 무비판적이며 주관적인 종합이 되기 때문에 보편적 지식은 불가능하다. 심지어 분석과 종합을 통한 지식체계의 확장이나 재구성 내지 지식창조는 더욱더 불가능하게 된다. 따라서 칸트에게서의 종합은 '선험적 종합'이다. 왜냐하면, 선험적 종합은 모든 비판의 '기준criterium. 基準'이 되기 때문이다. 비판은 기준이 분명할 때 객관성과 보편성이 보장되며, 기준이 명확하지 않을 때는 비난非難이나 비방誹謗이 된다. 따라서 비판에는 반드시 명백한 기준이 필수적이다.

　이는 칸트의 인식론이 정립되는 과정에서 발생하는 특수성과도 통한다. 전통적인 인식론은 합리주의와 경험주의로 나뉜다. 합리주의는 인간이 본래부터 타고나는 천부적인 이성으로 가능한 연역법을 방법론으로 사용한다면, 경험주의는 인간 개개인들이 스스로 경험함으로써 지식을 얻어 내는 귀납법을 사용한다. 여기서 칸트는 이 두 사상들이 저마다 한계가 있음을 알게 되면서, 이를 통합하기 위해 선험주의transcendetalism를 제시하였다. 즉 칸트에 의하면, 인간이 경험한 대로 아는 것도 문제이고 경험도 하지 않은 상태에서 머리(관념) 속으로만 아는 것도 문제이다. 따라서 칸트는 인식론의 '코페르니쿠스적 전회Kopernikanische Wendung'를 시도한다. 즉 우리가 대상을 있는 그대로 아는 것이 아니라, 우리의 인식이 대상을 결정한다. 그 대신 인식하는 우리의 이성능력이 객관적으로 될 때까지 끊임없이 예리하게 갈고 다듬어야 한다. 즉 가장 순수한 이성이 대상을 인식한다면 대상은 확실할 것이다. 물론 이때 이성의 객관성과 보편성은 가설이다. 그러나 분명한 것은 이성 자체도 갈고 닦음으로써 객관적이고 보편적이 될 수 있다. 따라서 우리는 이성을 계속 비판할 필요가 있다. 이는 어쩔 수 없이 인식주체가 될 수밖에 없는 우리의 이성이 객관성과 보편성을 확보하기 위함이다. 칸트의 3대 이성비판, 즉 <순수이성비판>, <실천이성비판>, <판단력비판>은 바로 이에 대한 학적 연구물이다. 결국, 우리는 인식의 주체인 이성을 보다 순수하게 갈고 닦을 필요가 있으며, 경험하고 실천하는 이성도 판단하는 이성도 비판의 대상이다. 이렇게 하여 끊임없는 비판을 통하여 이성이 계속 정련되어 객관화될 때 비로소 인식대상에 대한 지식도 객관화될 수 있다. 한마디로 객관화된 이성을 통한 인식에 의해서 지식의 객관성과 보편성은 확보된다.

따라서 칸트에게서 방법론으로서의 선험적 종합 역시 '코페르니쿠스적 전회'에 해당된다. 물론 여기서 선험적 종합은 칸트의 가설이다. 결국, 인식 주체로서의 우리가 분석된 부분들을 있는 그대로 다시 합산하는 것이 아니라, 종합능력을 가지고 있다고 가정되는 선험적 이성은 부분들을 합산하는 과정에서 '비판의 기준'으로 작용한다. 다른 말로 하면 '선험적 판단'이다. 따라서 선험적 판단에 의한 선험적 종합은 부분들에 대하여 '기준에 입각한 정당한 비판'을 해낼 수 있을 것이며, 이러한 비판을 통하여 종합된 대상의 지식은 객관성과 보편성을 확보할 수 있을 것이다. 한마디로 '비판적 종합'이다. 즉 선험적 판단에 의한 선험적 종합의 방법을 통하여 이루어지는 '분석 후의 종합'은 비판적 종합으로서 잘못된 분석도 교정할 수 있으며 또한 경험적 분석을 통해 얻어진 부분들의 단순한 합산 과정에서 발생하는 '인식론적 오류'도 찾아낼 수 있다. 결국, 선험적 판단과 선험적 종합의 준거 하에 이루어지는 비판적 종합은 보편지식의 가능성을 보장할 뿐 아니라 준거적 비판을 통하여 새로운 지식체계를 구축할 수 있게 된다. 보편적이고 객관적인 인식세계가 확장되는 셈이다. 이렇게 본다면, 칸트에게서 분석과 종합의 과정은 극히 변증법적dialectic이다. 즉 비판과 함께 이루어지는 분석은 헤겔의 의미에서 보면 '정 - 반'의 대립구도를 형성하며, 이는 '선험적 종합'이 비판의 준거가 되어서 분석된 부분들은 지속적으로 보편적인 새로운 종합 내지 인식론적 오류를 찾아 이를 수정하고 보완하는 비판적 종합을 향해 나아가게 한다. 이러한 변증법적 과정에서 마침내 새로운 지식이 많은 변증법적 비판 과정을 통하여 객관적이고 보편적으로 탄생하는 것이다. 그러나 여전히 남는 의문은 과연 이 세상에 몇 사람이나 코페르니쿠스적 전회로만 가능한 선험적 판단과 선험적 종합에 의한 인식을 할 수 있을까?

(6) 생성·구성적 차원

지식의 생성·구성적 차원은 지식은 스스로 생성하고 심지어는 새롭게 구성된다는 관점이다. 이러한 입장은 포스트모던의 지식관에서 합류한다. 철학에서는 니체의 '생성론적 인식론'이 대표적이며, 심리학에서는 피아제의 '발생론적 인식론'이 대표적이다.

2천7백여 전 헤라클레이토스는 모든 지식은 이미 존재하는 것이 아니라 늘 새롭게 생성되고 변화되며 심지어는 새롭게 생성된다는 차원에서 지식의 근원을 추구해 왔다. 그의 '만물유전론萬物流轉론'이 대표적이다. 그에게서 가장 중요한 개념은 '생성生成'이었다. 불火을 만물의 근원으로서 조화로운 우주의 기본적인 물질형성의 원리로 본 헤라클레이토스는 우주의 만물은 모두 변화의 과정 속에 있으므로 지식 역시 고정된 것이 아니라 늘 변화하는 과정에 있다고 보았다. 따라서 그는 '변화를 통한 생성', 그것만이 진리라고 주장하였다. 그 이유에 대해서 그는 우주의 만물은 서로 연관이 되어 있어서 결국 상호관계 속에서 모든 사물이 자연적으로 발생하기 때문이라고 설명했다. 따라서 지식 역시 만물의 상호관계 속에서 자연 발생적으로 형성된다. 이는 만물의 질서를 주제하는 로고스의 원리에 따르는 것이며, 이로써 자연 만물은 서로 조화롭게 되는 것이다. 예를 들어 건강과 병은 서로를 제약하며, 선과 악, 뜨거움과 차가움 그리고 그 밖의 서로 반대되는 것들도 이미 숨겨진 관계 속에서 연결되어 있는 것이다. 물고기가 공기에 노출되면 죽지만, 인간은 물 속에 들어가면 익사한다. 누군가에게는 해롭지만, 누군가에게는 이롭다. 결국, 모든 것은 조화롭게 이루어져 있다. 비록 우주만물은 다양한 변화를 경험하지만, 궁극적으로는 균형과 조화를 향하여 그들만의 정합성coherence을 찾아가는 것이다. 이렇게 본다면 헤라클레이토스의 생각은 다분히 변증법적이었다. 이러한 입장은 다양하게 변화하는 경험세계를 지배하는 형식적 통일성을 추구했다는 점에서 훗날 플라톤의 이데아 철학뿐만 아니라, 아리스토텔레스의 우시아 사상에서도 질료hule와 형상eidos 그리고 가능태와 현실태의 개념이 어떻게 제 역할을 해낼 수 있는가에 대한 중요한 단서를 제공했다.

한편, 이러한 헤라클레이토스의 생각은 당시에는 크게 수용되지는 못했다. 따라서 그의 사상이 한동안 지식 세계를 지배한 적은 거의 없었다. "한 번 들어간 강물에는 다시는 들어갈 수 없다"는 그의 주장에도 불구하고, 상대적 지식관의 관점을 가지고 있었던 소피스트의 시대에도 별 커다란 인용은 없었다. 그러나 헤라클레이토스의 <단편>이 니체 철학의 모델이 되면서 변화, 생성의 철학 내지 발생과 변화 그리고 운동과 생성의 지식관은 크게 부각되기 시작했다. 급기야 변화, 운동, 발생, 생성의 개념은 오늘날 포스트모던의 지식 세계에서 커다란 반향을 받게 된다. 심지어 지식은 늘 구성되는 것이라는 '구성주의 지식관constructivism'이 등장하면서, 지식의 발생론적·생성론적 차원은 제3의 새로운 관점으로 전개되고 있다.

3.3 우리가 안다는 것이 어떻게 가능한가? – 우리는 그것이 앎(지식)이라는 것을 어떻게 알 수 있는가?

사실 이러한 인식론적 질문은 회의주의Skepticism에서 흔히 발견된 수 있다. 대표적인 회의주의자는 고대 그리스의 피론Pyrrhon(360~270 BC)과 계몽주의 시대의 합리론자인 데카르트였다. 회의주의는 '과연 확실한 지식이 가능한지'에 대한 질문과 관계된다. "우리가 포인트 A를 입증해 낼 때까지 포인트 B로 이동할 수 없다면, 그리고 포인트 A를 입증하기 위해서 그것을 절대적인 증거evidence를 통한 '명증성clarification'으로 인정해야 한다면, 마치 모든 포인트를 입증하는데 얼마나 많은 시간과 노력을 바쳐야 하나?" 회의론자들은 어떤 것을 믿는다는 것은, 반드시 그것에 대한 주장을 정당화시키는 것은 아니라고 말한다. 이러한 점에서 회의론자들은 "어디에 구애받지 않고도 반드시 정당화되는 근본적 믿음이 존재한다"고 주장하는 기초주의foundationalism와 다르다.

이러한 회의주의로부터 '오류주의fallibilism, 誤謬主義'가 탄생한다. 특히 20세기 들면서 지식이란 '지식 그 자체로서' 확실해야 한다는 생각은 점점 사라지기 시작했다. 이러한 추세가 득세하게 된 이면에는 오류주의가 한몫을 했다. 오류주의자들은 '우리가 어떤 것을 안다는 것은 그것에 관하여 반드시 확실성을 수반할 필요는 없다'는 주장을 한다. 한마디로 세상의 모든 지식에는 오류誤謬가 있을 수밖에 없다는 것이다. 즉 오류는 모든 진실로 접근하는 과정에서 발생하는 어쩔 수 없음이다. 심지어 오류는 진실을 위한 전제조건이다. 만약 우리가 진실을 인정하지 않는다면, 오류도 인정되지 않는다. 진실을 추구하기 때문에 오류에 대해서도 언급할 수 있다. 따라서 오류는 잘못도 아니며 인간의 인식과정에서 피치 못하게 발생할 수밖에 없다. 한마디로 오류투성이의 지식도 일종의 지식(과정)이다. 물론 궁극적인 참지식은 아니다.

'실용주의 심리학'을 창시한 퍼스Charles Sanders Peirce(1839~1914)는 대표적인 '오류주의자'였다. 또한, 가장 발전된 오류주의의 원리는 포퍼에 의해 주창되었다. 그는 자신의 저서 『과학적 발견의 논리The Logic of Scientific Discovery』(1934)에서 "추측할 수 있는 전환점conjectural turn"의 개념을 과학철학과 인식론에 도입했다. 즉 그는 가설들은 '참'인 언명들이라 주장될 수 없고, 그것들은 다만 '잠정적 추론들provisional conjectures'이라고 주장한다(칼 포퍼, 1934/ 박우석 옮김, 1994: 363). 이로써 그는 '비판적 합리주의Critical Rationalism'의 윤곽을 그려냈다(오춘희, 2006: 233). 오늘날 '비판적 합리주의'는 일반적으로 당시 대부분의 철학 조류에서 강하게 믿고 있었던 것처럼 '지식은 영원히 정당화될 수 있다'는 개념을 강하게 거부하고 있다. 이의 가장 영향력 있는 대표자는 후기 바틀리the late William W. Bartley III(1934~1990)와 밀러David Miller(1942~)라고 할 수 있다.

오늘날 인식론認識論의 문화는 다양한 형식의 지식산출 사이에서 차별화되고 있으며, '인식하는 주체'의 '문맥적 측면'을 강조하고 있다. 크놀-세티나 Karin Knorr-Cetina(1944~)는 자신의 저서 『인식론적 문화Epistemic Cultures』(1999)에서 '인식론의 문화'를 '배열과 메커니즘의 아말감amalgam of arrangements and mechanisms'이라고 규정했다. 즉 지식은 '친화력affinity', '필요necessity' 그리고 '역사적 일치historical coincidence' 등에 의해 결합되어 있다. 결국, 지식은 단지 독립된 또는 완성된 '그 지식 하나' 또는 지식의 획득 메커니즘 그 자체만으로 종결되는 것이 아니다. 항상 지식은 지식형성의 과정을 통하여 중간에 인식론적 오류에 의해서 오류 지식도 발생하고 마침내 참지식이 되는 것이다. 한마디로 처음부터 완전한 지식은 없다. 따라서 우리가 '안다는 것'은 주어진 상황field, context, contingency, coherency에서 우리가 '어떻게 아는가'를 의미하는 것이다(Knorr-Cetina, 1999: 1). 즉 여기서 지식(앎)이란 지식 그 자체를 어떠한 메커니즘을 통해서 알게 되는가 하는 것보다는, '지식을 습득하는 상황'이 보다 중요하다는 사실이 암시되고 있다.[56] 즉 자신이 가지고 있는 지식이 참인가 아닌가를 판별하는 것은 이 지식이 상황에 부합되는가, 아니면 상황에 어울리지 않는가 하는 것이다. 물론 모든 상황을 충족시킬 수 있는 지식이라면 절대지식이라고 할 수 있다. 그러나 절대지식이라고 하더라도 나의 지식이 진정한 지식인지를 구분해 낼 수 있는 것은 상황에 부합되는지 아닌지에 따라서 결정될 수밖에 없다. 왜냐하면, 내가 안다는 사실을 어떻게 아는가의 질문은 주관적 인식론에 근거할 수밖에 없기 때문이다. 주관적 인식론에서는 항상 오류주의를 전제하고 있다. 왜냐하면, 주관적 인식론에서는 인식론적 오류는 피할 수 없기 때문이다. 결국, 자신이 알고 있는 것이 확실한 지식이라고 인식하는 것은 오류가 없는 무결점의 지식이라는 것이 입증되어야 하는데, 이는 상황에 따라 달라질 수 있다. 간단히 말하면, 주관적 인식론에서는 상황에 부합되는 지식만이 지식이다. 여기서 지식은 일명 '상황적 지식situated knowledge, contextual knowledge'이 된다.

그러나 중요한 것은 상황에 부합되는 지식은 상황 논리에 맞는 지식이라는 사실에 만족해서는 안 된다는 사실이다. 자신이 확신하는 지식을 통하여 지식을 결정하는 상황이 달라질 수 있도록 하는 것도 '상황적 지식'에 해당된다. 상황이 결정하는 지식도 지식이지만, 지식을 통해 상황을 변화시키는 것도 상황적 지식이다. 한마디로 상황과 지식은 정합성coherence의 관계 속에서 움직인다. 실용주의자 존 듀이의 <민주주의와 교육> 간의 상관개념이 대표적이다. 민주주의라는 '상황'이 민주교육을 결정하지만, 교육은 민주주

---

[56] 이러한 암시는 나중에 '상황이 모든 지식을 결정한다'는 상황론자들(하이데거, 듀이, 가다머, 피들러, 폴라니 등)의 입장을 암시한다고 할 수 있다.

의를 구성하는데 역시 자극을 준다. 이때 민주주의와 교육은 정합성의 원리에 따라서 상황적 지식을 창출해 낸다. 물론 이러한 과정에서 오류의 지식도 발생한다. 또한, 인식의 오류, 지식의 오류 속에서 반성과 성찰의 과정도 늘 수반된다. 따라서 '우리가 알고 있는 것을 어떻게 알고 있다고 말할 수 있는가?' 하는 질문은 영원히 계속되는 지식형성 내지 지식발전의 과정에서 결코 삭제할 수 없는 항구적인 물음이 된다.

4. 인식론의 범주

4.1 전통적 인식론

(1) 인식의 대상에 관한 이론

전통적 인식론traditional epistemology은 우선 인식의 대상에 관한 이론이다. 인식의 대상에 관한 이론은 실재론과 관념론으로 구분된다. 전자는 말 그대로 실재로 존재하는 것을 우리가 인식한다는 의미이고, 후자는 관념상, 즉 머릿속에 있는 상image으로 인식한다는 의미이다. 다시 말해서 관념론은 우리가 인식하는 것은 지각과정에서 나타나는 관념의 표상일 뿐이라는 의미이다. 영국의 분석철학자 화이트헤드Alfred North Whitehead(1861~1847)는 "세상의 모든 철학은 플라톤의 각주에 불과하다"는 유명한 말을 남겼다. 플라톤의 대화집 ≪국가Staat, Republic≫에서는 '목수의 이데아'를 다루고 있다. 어떤 사람이 목수에게 주문한다. 탁자 하나를 만들어 주세요. 주문을 받은 목수는 탁자를 만들지만, 탁자를 부수어 버린다. 왜냐하면, 마음에 들지 않기 때문이다. 이때 탁자는 만들어진 탁자가 실제로 탁자인가, 아니면 목수의 마음속에 관념의 탁자가 진짜 탁자인가? 그에게는 둘 다 탁자이다. 즉 만들어졌지만 이내 완전한 것이 아닌 것 같아서 이내 부서지는 탁자도 탁자지만, 마음속에 완전한 상으로 남아 있는 탁자도 탁자다. 이런 의미에서 우리는 플라톤의 사상은 '관념론적 실재론idealistic realim'으로 간주된다. 물론 플라톤에게서는 관념이 보다 중요하다. 왜냐하면, 관념이 없으면 어떤 것도 결코 실제로 나타날 수 없기 때문이다. 다시 말하면, 관념은 우리의 마음속에 그리고 우리의 머릿속에 남아 있는 영원한 꿈(이상)인 셈이다. 만약 우리에게 꿈이 없다면 현실도 없는 것이다.

(2) 인식의 원천에 관한 이론

인식의 원천은 인식의 방법을 말하는데 이는 역사적으로 볼 때 두 가지로 방식으로 발전해 왔다. 경험과 합리(이성)가 그것이다. 로크로 대표되는 경험주의는 아리스토텔레스와 아우구스티누스로 거슬러 올라갈 수 있다. 반면 합리주의는 데카르트에 의해 대표된다. 특히 로크는 인간을 백지tabula rasa로 간주하면서, 인간은 오로지 경험에 의한 외부의 감각인상을 통해서 지식을 획득한다고 하였다. 반면, 데카르트는 본유관념, 즉 선험적 지식같이 이미 마음속에 인식의 기재가 존재하는데 이를 준거로 우리는 인식하게 된다고 생각했다. 한마디로 경험론자가 경험을 인식의 원천으로 보았다면, 합리론자들은 인식의 원천을 이성으로 보았던 것이다. 이러한 경험론과 합리론은 훗날 칸트에 의해 집대성되었다.

(3) 진리의 조건에 관한 이론

진리의 조건에 관한 이론은 대응설, 정합설, 실용설로 구분된다. 우선 대응설對應說은 말 그대로 신념이나 판단이 실제와 일치하면 그 신념은 진리라고 주장한다. 이는 우리의 현실 속에 '객관적 실체'가 존재한다는 실재론을 전제한다. 즉 실제로 존재하는 것에 대한 신념이나 판단은 진리다. 정합설은 어떠한 신념이나 판단이 다른 신념이나 판단과 논리적으로 일관성과 법칙성을 유지하면 진리로 간주한다. 합리론자들의 입장은 정합설을 대변한다. 마지막으로 실용설은 신념이나 판단이 소기의 목적을 달성할 수 있을 만큼 유용한 것으로 판명 나면 그것이 진리가 된다. 이는 실용주의의 입장을 대변한다.

4.2 형이상학적 인식론

형이상학적 인식론metaphysical epistemology은 원칙적으로 이성의 인식능력에 기초한다. 그러나 전통적인 형이상학에서는 이성의 인식능력에 따라서 대상을 파악하는 것을 원칙으로 해 왔지만 실제로는 이성이 대상의 속성을 쫓아가는 양상이었다. 이렇게 된다면 실제로 이성은 대상인식에서 제 역할을 해내지 못한다. 심지어 이성은 형이상학의 한계를 극복하는 데에 있어서도 역할을 해낼 수 없다. 이런 문제점에 착안하여 칸트는 인식론의 '코페르니쿠스적 전회Kopernikanische Wendung'를 시도한다. 인식대상이 인식주체를 결정하는 것이 아니라, 인식주체가 인식대상을 판정한다. 그러나 엄밀히 말하면 이는 인식이 대상을 드러내는 것을 뜻하는 것은 아니고, 인식이 대상을 '구성'한다는 뜻이다. 탈레스 이후 자연학 내지 자연과학은 지속적으로 발전해 왔으며, 갈릴레오 이후 수학과 과학의 만남이 이루어지면서 과학의 세기가 시작되었다. 그러나 이성의 요청으로서의 진리를 찾고자 하는 형이상학은 '인식의 정당성'과 '인식의 합리성' 사이에서 발생하는 괴리조차도 해소하지 못하는 애매한 처지가 되고 말았다. 따라서 이는 칸트가 '인식론적 대전환'을 시도한 중요한 계기가 되었다.

당시 칸트의 의문은 왜 인식이 대상에 의존해야 하는가? 그렇다면 대상이 변화하는 수준과 정도에 따라서 인식은 늘 달라져야 할 것인데, 그렇다면 이렇게 불안정한 인식을 통하여 도대체 우리는 어떻게 진리에 도달할 수 있을 것인가? 대상이 변하지 않는 인식에 준거해야만, 비로소 우리는 진리를 추구할 수 있다. 따라서 진리를 알아내기 위해서는 대상에 대한 '선험적 인식'이 요청된다. 이러한 사실은 '태양이 도는 것이 아니라 지구가 돈다는 사실 인식'에 도달한 코페르니쿠스에 비유된다. 결국, 칸트의 인식론적 전환은 '코페르니쿠스적 혁명'과 유사한 상황이다. 인식주체가 인식대상의 주위를 도는 것이 아니라, 인식주체를 중심으로 인식대상이 돈다. 다시 말해서 인식주체는 인식대상의 거울이어서는 안 되고, 인식대상이야말로 인식주체의 거울이다.

이로써 형이상학에서 인식은 과학적 인식과 구분된다. 전자는 대상이 탐구되기 이전부터 인식이 작용하는 것이고, 후자는 대상을 탐구하면서 또는 탐구한 결과를 토대로 인식하는 것이다. 그럼에도 불구하고 형이상학적 사고의 탐구영역을 구성하는 대상들에 대한 선험적인 인식을 수립하려는 시도는 여전히 명확하지 않다. 이런 이유로 인식론에 관한 형이상학적 관점은 이미 오래전에 특히 감각적 경험에 직접적으로 의존하는 과학주의 및 실증주의의 등장과 함께 권위를 상실하고 말았다. "실증주의가 형이상학의 목을 잘랐다"는 후설의 언설은 형이상학적 인식론의 권위상실과도 맥락을 같이한다. 이는 분석적 인식론과 자연주의적 인식론의 성립조건이기도 하다.

4.3 분석적 인식론

(1) 전통적 인식론에 대한 비판

분석적 인식론analytic epistemology은 전통적 인식론에 대한 비판으로부터 비롯된다. 즉 전통적 인식론은 지식의 대성과 원천 그리고 진리의 조건에 대한 논의를 통하여 지식의 확실성을 추구한다. 그러나 지식의 속성에 대해서는 아무 규정도 없다. 따라서 전통적 인식론은 철학적으로 보면 추상적이고 사변적이고 형이상학적이라고 할 수 있으며, 지식의 원천에 관한 질문은 오히려 심리학적 차원이다. 또한, 인식의 가능성에 대한 확신이 전제되지 않고는 직접적으로 진리의 조건을 언급할 수 없다. 따라서 간접적으로 대응설, 정합설, 실용설을 통하여 진리의 조건을 추구하지만, 여전히 불명료하다. 결국, 인식의 '명료화 작업'을 위하여 (개념) 분석적 인식론이 대두한다.

(2) 명제적 지식과 방법적 지식

분석적 인식론은 지식의 형태를 명제적 지식과 방법적 지식으로 구분한다. 또한, 명제적 지식은 논리적 지식, 사실적 지식, 규범적 지식, 형이상학적 지식으로 분류되며, 방법적 지식은 지식을 추구하는 인식의 방법과 기술을 말한다.

우선 논리적 지식은 A라는 개념과 B라는 개념 사이에 논리 관계가 성립되면 가능하다. 즉 개념과 개념 사이의 인과관계가 성립하든지, 아니면 A라는 개념이 B라는 개념의 일부일 경우에도 논리적 지식은 성립된다. 또한, A와 B 사이에 의미관계가 성립해도 논리적 지식이 된다. 사실적 지식은 직접적인 경험을 통한 지식으로서 경험적 증거나 관찰에 의해 성립된다. 즉 실제로 눈에 보이고 만져지는 현실을 그대로 설명하는 지식이다. 규범적 지식은 지식의 진위 여부를 떠나서 가치론적이고 의미론적으로 모두가 받아들이면 성립된다. 마지막으로 형이상학적 지식은 논리적 추론이나 경험적 증거를 초월하기에 진위 판단도 쉽지 않은 사변적 차원의 지식을 말한다.

한편, 방법적 지식은 지식을 추구하는 인식의 방법과 기술을 의미한다. 특히 지식의 의미를 분석하는 방법, 즉 의미분석의 방법은 분석철학analytic philosophy의 영역에서 비약적으로 발전한다. 분석철학은 먼저 언어로 표현된 개념분석에 중점을 두고 있다. 그러나 분석철학자들은 언어에 관한 철학적 탐구의 목적도 서로 다르게 제시하였다. 따라서 언어분석의 방법도 서로 다르다. 버트런드 러셀과 초기 비트겐슈타인 등은 언어의 구조가 세계의 구조를 알려 주기 때문에 언어분석을 통해서 우리는 실재를 파악할 수 있다고 보았다. 즉 언어가 사용되는 개념을 명료화하다 보면 언어분석도 가능해지며, 아울러 언어가 사용되고 있는 의미도 제대로 분석될 수 있다는 논리이다. 그러나 최근의 분석철학자들은 이런 관점을 거부한다. 왜냐하면, 언어는 본질적으로 다의적이기 때문에 언어로 표현되는 개념은 본질적으로 불분명하기 때문이다. 특히 일상언어의 용법에서 개념분석은 매우 모호하다. 따라서 제대로 된 언어분석, 개념분석을 위해서 이들은 특히 비트겐슈타인Ludwig (Josef Johann) Wittgenstein (1889~1951)이 자신의 <논리철학논고Tractatus Logico-Philosophicus>(1922)에서 일상언어 대신 '이상언어理想言語, ideal language'를 구상해야 한다고 제안하고 있다. 여기서 이상언어란 정확하고 모호함이 없으며 분명한 구조를 가진 언어를 의미하는데, 이는 훗날 기호논리학에서 분석의 대상으로 하는 언어모형이 된다. 이로써 20세기부터는 기호논리학이 언어분석 및 분석철학의 중심세력으로 등장한다.

기호논리학의 아버지로 불리는 독일의 수학자 프레게Friedrich Ludwig Gottlob Frege(1848~1925)는 수학의 기초를 수학적 언어의 명료화 하고자 하는 과정에서 기호논리학을 창시하게 되었다. 즉 그는 자신이 고안한 기호논리학이 단순히 수학적 언어의 명료화를 위한 도구에만 머무는 것이 아니라, 명료한 철학적, 과학적 사고의 도구로 사용될 수 있다는 사실을 알게 되었다. 따라서 이는 언어의 논리적 분석을 통해서 철학적 문제를 해결한다는 언어 분석의 방법론이 되었다. 원칙적으로 분석적 인식론은 바로 이러한 기호논리학이 제시하는 분석의 방법에 기인하고 있다.

(3) 지식의 가능성과 전망

플라톤은 지식의 조건으로 JTBJustified True Belief, 즉 신념조건, 진리조건, 정당성조건을 제시했다. 신념조건이란 지식을 믿음과 동일시하는 것을 말한다. 즉 우리가 믿을 수 있으면 지식이고, 믿지 못하면 지식이 아니다. 진리조건은 신념조건이 지식을 보장하지 않는다는 판단에서 비롯된다. 즉 믿는다고 모두 지식이 되는 것이 아니라 그 믿음이 진실되어야만 지식이 된다는 것이다. 정당성조건은 지식이 '진실된 믿음'이라는 개념을 보다 구체화하기 위해서는 정당성이 보장되어야 한다는 의미이다. 정당성을 확보할 수 있게 해 주는 대표적인 것은 '증거evidence'이다. 이런 의미로 정당성조건은 증거조건이라고 하기도 한다. 따라서 그것이 설령 '진실된 믿음'이라고 해도 정당성을 보장해 주는 확실한 증거가 확보되어야만 진정한 지식으로 간주된다.

5. 자연주의 인식론

자연주의 인식론epistemology naturalized은 19세기 이후 계몽주의 과학의 발달과 함께, 실증주의 사회학의 창시자로 불리는 콩트August Comte(1798~1857)를 위시하여, 생리학자 베르나르Claude Bernard(1813~1878), 수리경제학자 쿠르노Antoine-Augustin Cournot(1801~1877) 등에 의해 시작되었다. 19세기 말 당시 진화론, 상대성 이론, 양자역학 등이 탄생하면서, 지식의 세계에서는 지금까지

별 의심도 없이 수용되었던 규범들을 '과학적 합리성'에 의해 재검토할 것을 요구했다. 이제 형이상학적 이성 대신 과학적 이성을 요청되기 시작한 것이다. 실증주의는 바로 이러한 사회적 요청에 가장 확실한 근거를 제시했다.

콩트는 자신의 저서 『실증철학강의Cours de philosophie positive』에서 인간 지식의 역사는 신학적 단계에서 형이상학적 단계로 그리고 실증적 단계로 발전되었다고 주장하였다. 이제 실제의 증거가 없는 지식은 지식이 아니라는 주장이다. 따라서 철학도 실증적이지 못한 철학은 진정한 철학이 아니며, 전통적인 사회와 달리 현대사회에서는 실증적인 지식만이 유효하다. 특히 어렸을 때부터 '사회문제'에 관심이 많았던 콩트는 과거 신학적·신화적 단계의 철학지식이나 형이상학적 단계의 철학적 지식으로 당시 프랑스 사회가 당면했던 문제들은 해결할 수 없다는 생각에 직면한다. 한마디로 당시 지식이 무용지물인 셈이다. 특히 오랫동안 지식의 여왕 자리를 독차지하고 있었던 철학적 지식은 형이상학적 지식으로서 콩트에 의하면 이는 더 이상 쓸모없는 지식만을 생산한다. 즉 형이상학적 지식은 '사변적 지식'으로서 현실 사회에는 아무 도움도 안 되고 실현 불가능한 머릿속 지식만을 산출할 뿐이다.

사실 콩트는 당시 과학주의에 경도된 계몽주의자들과 사귀면서 경험과학에 익숙해졌는데, 특히 영국 경험주의자들인 흄과 버클리의 영향을 많이 받았다. 철학도 이성주의보다는 경험주의 철학이 타당하다. 아울러 칸트의 합리주의에 의존하면서 철학의 사회적 기여에 대해서 고민하다가 마침내 사회주의를 창시한 생시몽Claude-Henri de Rouvroy, comte de Saint-Simon(1760~1825)을 접하게 된다. 이로써 그의 독자적인 '실증주의 철학'이 탄생하게 된다. 그의 실증주의 철학은 엄밀히 말하면 사회철학의 성격을 가지고 있다. 그러나 그의 실증주의는 자연과학의 영역을 함께 수용하고 있다. 결국, 철학과 자연과학의 중간지대에 그의 실증주의 사회철학이 있는 것이며, 그의 실증주의는 사회학을 넘어서 철학(인문학)과 자연과학을 포괄하고 있다. 이런 면에서 본다면 실증주의는 모든 학문 세계를 관통하는 지식관이라고 할 수 있다. 자연주의 인식론은 바로 실증주의를 가능하게 해 준 장본인이다.

반대로 실증주의의 탄생은 자연주의 인식론에게 가장 확실한 빌미를 줄 수 있었다.

자연주의 인식론이라는 용어는 1969년 콰인의 논문 "자연주의 인식론" (Epistemology Naturalized in *Ontological Relativity and Other Essays*. New York: Columbia University Press: 69~90)에서 처음 사용되었다. 그는 여기서 역사적 전통을 가진 인식론은 단일한 관점에서 언급할 수 없을 정도로 매우 다양하고 복잡한 양상으로 발전하고 있다고 주장한다. 한마디로 자연과학도 '인식론적'이라는 주장이다. 전통적으로 지식의 탄생은 인식론에서 비롯되었다. 인식론이 곧 지식론이다. 따라서 인식론과 무관하면 그것은 일단 지식의 범주에서 제외된다. 만약 자연과학이 인식론의 범주에서 벗어난다면 아무리 훌륭한 지식이 과학적 실험을 통하여 산출되었다고 해도 지식으로서의 위상을 인정받기 힘들다. 과거에는 신화적 지식, 즉 믿음이 인식의 요람이었다고 한다면, 철학이 지배하던 시대에는 형이상학이 인식론의 전당이었다. 이제 자연과학이 그 자리를 차지하게 되었다는 논리이다. 결국, 이제는 자연과학적 지식이 인식이 탄생하는 곳이며 그곳이 바로 인식론의 전당이다. 한마디로 이제 인식의 전당, 즉 인식론의 자리를 자연과학이 철학을 밀어내고 차지했다. 철학적 지식보다는 과학적 지식이 더 가치가 높다. 이는 철학이 지식의 탄생에서 역사의 뒷마당으로 사라지는 결정적인 이유이기도 하다. 바로 이러한 과정에서 실증주의의 역할이 지대하다. 반대로 실증주의는 자연주의 인식론이 지식의 전당으로서 자리매김하는 데 결정적인 기여를 한다. 이로써 자연주의 인식론은 오늘날 과학적 인식론을 주장할 수 있는 근거를 제공할 수 있었다. 과학이 이 세상을 지배하는 지금 우리는 이제 인식론이라고 하면 철학적 인식론 대신 '과학적 인식론scientific epistemology'을 의심 없이 받아들이고 있다. 즉 과학적 지식이 최고의 지식이 되었다. 이제는 반드시 실증實證이 되는 지식만이 진정한 지식이다. 과학적 지식이 대표적이다.

정리하자면, 자연주의 인식론은 역사적으로 크게 3단계로 구분된다. 첫째, 과학의 세기, 즉 근대近代이다. 자연과학이 눈에 띄게 발달하기 전인 근대 이전에는 철학이 형이상학이었으며 그것이 바로 인식론의 뿌리였다. 특히 플라톤에 의해 시작된 전통적 인식론은 형이상학적 관점에서 지식을 바라보는 것만이 인식이었다. 한마디로 '이성적 인식'만이 앎을 정당하게 한다. 따라서 플라톤에게서 "개념" 역시 감각의 세계가 아니고 인식론의 차원에서만 가능하다. 즉 개념이란 오로지 관념과 논리에서만 가능한 것이지 우리가 감각적으로 경험할 수는 없다. 플라톤에게 개념은 실재의 원인이다. 인간은 아름다움이라는 개념을 인식할 수 있는 존재이기 때문에 "아름다운 여인"이라는 개념은 얼마든지 가능하다. 마찬가지로 이데아의 개념은 경험적 존재가 아니라 존재자의 논리적 토대일 뿐이다. 따라서 이데아가 인식 가능한 존재의 개념이기 때문에, 이데아를 추구하는 세계가 가능하게 되는 것이다. 결국, 이데아는 전체로서의 논리적 토대일 뿐만 아니라 모든 세계를 존재하도록 하는 원인이 된다. 바로 이러한 존재의 근거와 존재의 원인을 제공하는 세계를 플라톤은 파라데이그마paradeigma라고 불렀다. 오늘날 이는 토마스 쿤이 과학 세계의 전회적 사건을 설명한 패러다임의 어원으로서, 원래 실재할 수 있는 존재의 원인 근거를 설명하는 세계를 의미한다. 이렇게 본다면 이데아는 목적론적 개념이 된다. 즉 실재하는 세계의 원인을 추구하다 보면 그 원인은 결국 목적telos의 되는 셈이다(Mainzer, 1997: 5). 결국, 목적은 본질의 세계이며 목적을 추구하는 세계는 현상의 세계가 된다. 따라서 플라톤에게는 항상 두 개의 세계가 별개로 존재하게 되는 것이다. 즉 플라톤은 세계를 이데아의 세계와 현실 세계로 양분했다(장파, 1994/ 유중하 외 옮김, 2000: 71). 두 개의 다른 세계를 다른 말로 하면, 이데아의 세계와 감각적 대상의 세계가 된다. 이데아의 세계는 보편적이고 완전하며 영원하다. 또한, 불변의 세계이며 부동의 세계이다. 반면 감각의 세계는 일시적이며 항상 불안하게 움직이며 다양한 형태로 존재한다. 아름다움은 영원한 불변의 개념이지만 아름다운 여자는 무수하게 많으며 일시적이다.

그러나 아리스토텔레스가 자연학을 시작하면서 전통적인 인식론의 개념이 조금씩 변화하기 시작했다. 즉 '감각적 인식'도 인식론의 중요한 요인으로 간주되면서 자연관찰과 자연경험이 지식의 정당성 구성에 한몫을 하게 된다. 자연과학적 지식 역시 인식에 의해 이루어진다는 사실이 인정되기 시작한 것이다. 다른 말로 하면, 철학과 자연과학 사이에 인식론적 입장의 차이가 발생하게 된 셈이다. 갈릴레이의 실험과학을 기점으로 과학의 세기가 시작되면서 과학의 방법은 새로운 인식론으로 등장하게 된다. 따라서 근대는 자연주의 인식론의 태동기에 해당된다.

이때부터 철학은 자연과학과 대립각을 형성하게 된다. 무엇보다도 진리의 문제에서 자연과학의 방법에는 한계가 있다는 사실을 인식하면서 철학은 점점 더 형이상학의 영역에 집착하게 되었다. 특히 데카르트, 스피노자 등의 합리주의 철학자들과 로크, 버클리, 흄 같은 경험철학자 그리고 이를 종합한 칸트의 철학적 입장은 자연과학과 맞서면서 진리추구를 위한 철학과 형이상학의 의미를 부각시키려고 했지만, 오히려 자연과학에 인식론의 새로운 자리를 내주는 결과를 초래하고 만 것이다. 즉 이들 철학자들은 자연과학에서 배제하는 초자연적이고 비합리적인 것들을 옹호하고 정당화하였지만, 결과적으로는 자연과학적인 방법을 도입하는 상황을 연출하게 된다. 이로써 자연과학은 전통적인 형이상학이 추구해 온 인식론의 한계에 정당하고 합리적으로 쉽게 파고들 수 있었다. 특히 증거(실증)와 근거에 입각한 과학주의는 애매모호함을 극복하지 못하는 형이상학적 인식론의 자리에 쉽게 안착할 수 있었다.

그러나 역사적으로 인식의 전당이 신화였건 종교였건 철학이었건 여전히 답변되지 않은 질문이 있다. 즉 진정한 지식이 무엇인가? 하는 것을 묻는 인식론의 항구적인 과제는 '정당성justification'의 문제였다. 한마디로 '정당한 지식'이 무엇인가에 대해서는 신화적 인식론도 형이상학적 인식론도 대답하지 못했다. 주지하는 대로 플라톤이 지식이란 "정당화된 진실한 믿음Justified True Belief"이라고 정의했을 때에도 '진실한 믿음'의 개념도 명확하지는 않다. 무엇이 진실한 믿음인지? 나의 믿음이 진실한 것인지, 그의 믿음이 진실한 것인지? 우리 집단의 믿음이 진실한 것인지, 아니면 다른 집단의 믿음이 진실한 믿음인지? 누가 진실성의 기준인가? 이런 연유에서 맹신盲信, 광신狂信의 개념도 탄생한다. 더 나아가서 종교적으로 이단의 문제도 마찬가지이다. 결국, 믿음의 문제가 이단의 문제까지 간다면, 정당성의 문제로 귀결된다. 그러나 실제로 인식 내지 지식의 정당성 문제는 더욱더 불명료하다. 실제로 역사상 진실한 믿음에 대한 논의는 중세 1000년 동안 소위 '신존재증명'의 논쟁을 통해서도 무수한 세월을 보내 왔다. 특히 아리스토텔레스의 삼단논법에서 시작된 <논리학>은 이에 큰 기여를 했다. 이런 의미에서 중세는 '아리스토텔레스논쟁'의 시대라고 하기도 한다. 결국, 이단의 문제가 정당성의 문제로 귀결되면서 결국 인식론은 정당성의 문제로 집약된다. 따라서 인식론에서도 인식의 정당성 내지 지식의 정당성이 지식탄생의 관건이 된다. 한마디로 지식의 진실성 내지 진리성을 물은 인식론의 문제는 곧 지식의 정당성 문제이다. 이렇게 본다면, 자연주의 인식론, 즉 과학적 인식론 역시 인식론의 여왕 자리를 차지하기 위해서는 정당성의 질문을 피해갈 수 없다. 오늘날 우리가 쉽게 접하는 자연과학적 지식은 과연 정당한 지식인가?, 즉 과학은 '지식의 정당성'을 보장할 수 있는 지식을 산출하고 있는가?

물론 과학적 인식론은 지식의 정당성을 지식의 객관성과 동일시하고 있다. 그러나 과연 객관적 지식이 정당한 지식인가? 정당성이란 어쩌면 가치개념이며 규범개념일 수 있다. 따라서 가치중립value-neutral과 가치배제value-free를 전제하는 과학의 세계에서 지식은 객관적 지식이면 충분하다는 논리는 설득력이 충분하다. 그러나 과학적 지식은 지속적으로 번복되고 있다. 새로운 증거가 나타나면 과거의 지식은 폐기되고 새로운 지식이 지식으로 남는다. 포퍼의 "반증주의falsifiabilism"가 바로 대표적이다. 즉 과학적 지식은 영원한 진리가 아니다. 입증(검증) 여부에 따라서 늘 달라질 수 있다. 따라서 영원한 진리의 지식을 추구하는 인식론의 자리에 자연주의 인식론에 근거한 과학적 인식론이 자리매김하기 위해서는 '객관적 지식' 내지 '객관성'의 개념에 안주해서는 안 된다. 물론 과학적 지식도 영원한 진리를 추구한다. 뉴턴의 만유인력의 법칙이나 코페르니쿠스의 지동설은 자연과학이 발견한 지식이지만 영원한 진리에 해당된다.[57] 따라서 자연주의 인식론이나 과학적

_____

[57] "근대 역학의 형성에 있어서 뉴턴이 해낸 가장 커다란 기여는 순간적인 힘의 개념

인식론이 인식론의 명제를 충족시키기 위해서는 전통적 인식론의 미해결 과제인 지식의 정당성에 관한 질문을 결코 피해갈 수는 없다.

6. 해석(학)적 인식론

전통적 인식론과 이를 비판하면서 등장한 분석적 인식론 아울러 자연주의 인식론 내지 과학적 인식론은 지식의 객관적 근거, 즉 지식의 객관성을 전제하고 있다. 즉 세상에는 시공간을 초월하는 객관적 진리가 있지만 궁극적으로 우리는 이것을 인식할 수 있다는 전제조건은 '지식의 객관성'이라는 것이다. 그러나 지식의 객관성에 대해서도 전지전능한 신이 아닌 이상 어느 누구도 답을 줄 수가 없다. 따라서 진리는커녕 객관적 지식 역시 확신할 수 없다. 따라서 해석학자들은 객관성이라는 용어 대신에 '상호주관성相互主觀性'이라는 개념을 사용하자는 제안을 하고 있다. 해석학자 딜타이는 지식의 객관성이란 많은 주관들이 공유하는 '공통주관성'에 불과하다고 주장한다. 이에 뿌리를 둔 '상호주관성'의 개념은 해석학자들인 후설, 하이데거, 가다머 등을 거쳐서 '객관'의 자리에 들어선다. 지식은 어차피 주관主觀에서 시작한다. 설령 그것이 객관적인 것 같아도 실제로 그 지식을 받아들이는 주체에 따라서 지식의 '의미意味'는 달라진다. 따라서 지식은 주관적이다. 그러나 지식은 모두에게 공유共有되면서, 점차 '객관화'가 되는 과정을 거친다. 왜냐하면, 우리는 지식을 매개로 상호교류하기 때문이다. 그러나 모든 지식이 완전한 객관에 도달할 수는 없다. 왜냐하면, 우리는 절대지를 안다고 가정되는 전지전능한 신이 아니기 때문이다. 따라서 객관지식을 대체할 수 있는 개념이 바로 상호주관성 또는 간주관성間主觀性, inter-subjectivity이다. 즉 지식은 주관적으로 시작하면서 객관화를 향해 끊임없이 움직인다. 그런데 여기서 움직임을 가능하게 하는 것은 바로 지식의 '의미'이다. 의미는 해석

에 바탕을 둔 운동법칙을 통해 만유인력처럼 계속적으로 작용하는 힘의 효과를 취급할 수 있게 해 주었다는 데 있다."(김영식 · 임경순, 2002: 97)

됨으로써 이해된다. 해석적 지식론은 '의미해석'에 근거하여 진정한 지식을 구명하는 것을 목표한다.

해석적 인식론의 모태는 <일반 해석학>을 정초한 슐라이어마허Friedrich Erst Daniel Schreiermacher(1768~1834)에게서 찾을 수 있다. 특히 해석학의 역사에서 최초로 '인식론적인 고찰'을 방법론적 논의 가운데로 포함시키려고 했던 사람이 바로 슐라이어마허이다(Bleicher, 1980: 13). 그는 먼저 해석학을 해석법 Auslegungslehre이라고 하면서, 성서나 기타 고전들의 가장 정당한 이해를 위한 방법을 연구하는 것이라고 생각했다(이규호, 1979: 245). 물론 슐라이어마허의 작품에서 나타난 해석의 기술은 고대 희랍적 사유에 근원을 두고 있다(Bleicher, 1980: 2). 그러나 고전적 해석학은 말 그대로 해석학의 뿌리지만 해석학적 절차의 한계와 타당성이 입증되는 이론적 틀을 충분히 규명할 수는 없었다. 결국, 해석학은 슐라이어마허를 기점으로 '인식론의 방법론으로서 새로운 차원'의 형태를 갖추게 되었다고 할 수 있다.

슐라이어마허는 방법론으로서의 해석학을 성서교리해석에 토대를 두었다. 그러나 해석학의 실제 적용에 대한 그의 관심은 차츰 '일반 해석학 allgemeine Hermeneutik'의 근거마련에 집중되었다. 이로써 그는 일반 해석학의 초안자가 되는데, 이는 그의 해석학이 철학적 관심의 대상이 되는 중요한 이유이기도 하다(Scholtz, 1995: 198). 일반 해석학은 성서와 같은 특정한 권위를 부여받은 책에다 적용하는 특수한 방법론의 사용을 허락하지 않는다(Bleicher, 1980: 15). 이는 일반 해석학이 특수해석학의 영역을 대신하거나 아니면 불필요한 것으로 제외한다고 이해해서는 안 되며, 오히려 일반 해석학이 과학적 기초를 획득하는 것을 의미한다(Scholtz, 1995: 198). 결국, 그는 일반 해석학의 추구를 통하여 해석의 방법들을 객관화하고 체계화함으로써 현대 해석학의 전통을 세워나갔다. 그러나 물론 그의 일반 해석학 속에는 신학적 특수해석학의 근본 모습들도 정주 되어 있다(Scholtz, 1995: 198). 따라서 그의 일반 해석학은 특수를 포괄하는 일반성을 지향한다.

그의 해석학은 처음부터 한계를 안고 출발하고 있다. 이에 대하여 키멀레 H. Kimmerle는 자신의 저서 『슐라이어마허의 해석학FR. D. E. Schleiermacher

Hermeneutik』(1958)에서 다음과 같이 지적하고 있다.

> "슐라이어마허의 해석학을 위해서 특징적인 것은 그는 이해의 현상만을 주목하고 그 이해된 것의 표현Darstellung은 문제 삼지 않았다는 것이다. 그는 이해를 하나의 자율적인 현상으로 파악하려고 함으로써 이해와 표현의 관계를 분리시켰다. 그런 연유로 여기서는 역사적인 거리가 무시되고 과거의 사실에 전적으로 몰두하게 된다. 따라서 참다운 이해의 본질적 사실, 인간은 그의 상황에서 결코 분리될 수 없다는 사실, 인간은 그의 상황 속에서만 이해하려는 대상에 접근할 수 있다는 사실이 망각되었다."(이규호, 1979: 245~246)

한마디로 슐라이어마허의 해석학은 역사와 역사성에 대한 인식은 있었음에도 불구하고, 역사적 차원의 정신Geist보다는 이성Vernuft에 비중을 둔 체계 철학(체계적 인식론 또는 윤리학)으로의 경향성을 보다 더 견지했다고 할 수 있다.[58]

결국, 해석적 인식론은 딜타이에게서 완성된다. 특히 딜타이의 "역사이성비판"[59]은 '칸트의 순수이성비판에 대한 비판'이다. 칸트의 순수이성비판은

---

[58] 슐라이어마허는 <정신>이라는 개념 사용 대신에 대부분 <이성>이라는 개념을 사용했다(Scholtz, 1995: 68). 그에게서 아직 '정신과학'이란 용어 사용은 없으며, 윤리학을 "정신의 과학Wissenschaft der Geist" 또는 이성과학Vernunftwissenschaft으로 전용하고, 또 다른 곳에서는("Ueber den Begriff des hoechsten Guts. 1. Abb," 1827) "정신의 생동성에 관한 과학Wissenschaft von den Lebensthasetigkeiten des Geistes"이라는 개념을 사용하고 있다. 그는 자신의 논문 "Ueber den Umfang des Begriffs der Kunst in Bezug auf die Theorie derselben(1831)"에서 "정신에 관한 과학"을 "이성과학"으로 동일시했다(Schleiermacher, 1831: 183).

[59] 칸트의 『순수이성비판』을 보완하기 위하여 "역사 이성"의 비판을 시도해야 하는 필요성은 하나의 사건 속에서 철학과 과학, 형이상학과 인식론, 신념과 지식, 로고스와 에로스, 순수이성과 실천이성, 체계적 철학과 삶의 철학, 논리학과 역사 사이의 그것으로 다양하게 묘사되는 이원론을 양산해 내는 근대 철학 속의 긴장들로부터 생성되었다(Bleicher, 1980: 20). 구체적으로 1883년 딜타이의 글 "정신과학 입문(Einleitung in die Geisteswissenscahften, GS. Bd. 1)"은 인간과 인간 스스로 만들어 낸 역사와 사회를 파악하는 인간의 인식능력에 대한 비판을 다룬 역사이성비판이다.

뉴턴 과학을 시대정신의 모델로 삼고 있으며 계몽주의의 시대적 한계였던 '이성＝과학의 만능'이라는 등식을 극복하기 위한 중요한 시도였지만, 결과적으로는 논리와 윤리를 분열시킨 철학이 되고 말았다.[60] 그러나 원칙적으로 역사이성은 순수이성을 포괄한다(Bleicher, 1980: 19). 따라서 딜타이는 칸트가 감정과 행위에 대한 욕구를 무시함으로써 '자아라는 전체'를 고려하지 못했다고 비판하였다. 한마디로 칸트의 맹점은 딜타이에 의하면 비역사적 접근방법에 있다. 결국, 논리와 윤리의 칸트적 분열에도 불구하고 이론과 실천을 재결합시키려는 딜타이의 시도는 과학의 개념을 확장시키는 것으로 과학(학문)에 '새로운 인식론적 근거'를 마련해 주는 것이다(Bleicher, 1980: 22). '이해의 방법'이 바로 그것이다.

딜타이에게 '설명explanation'은 실증주의자들에 의한 자연과학적 인식의 방법이다. 따라서 자연과학에서의 지식은 설명으로 충분하다. 반대로 역사적 지식은 '이해understand' 되어야 한다. 물론 이해는 첫째, 직관과 통찰의 방법, 둘째, 역사 및 사회현상의 일회적 사건을 인식하는 방법, 셋째, 감성적 직관에 논리적 사고과정도 포함되는 통합적 방법, 넷째, 타인에 대한 주관적 공감의 방법, 다섯째, 나의 체험과 타의 체험 간의 내적 연관성을 인식하고, 이를 추체험하여 재구성하는 방법을 포괄한다(Dilthey, V). 이해는 어떤 것을 어떤 것(인간적인 것)으로 인식하고 동시에 그의 의미를 파악하는 것인데 반해, 설명은 사실을 원인으로부터 추론하는 것이다(Danner, 1994: 19). 결국, 딜타이에게 자연과학적 인식의 방법인 설명과 정신과학적 이해의 방법은 대립관계로 나타난다. 왜냐하면, 자연은 인과법칙 속에서 우리에게 나타나고, 인간의 삶과 정신현상은 주로 역사와 문화 속에 투영되어 있지만 '의미 관련 Sinnzusammenhang'을 통하여 우리에게 다가오기 때문이다(Danner, 1994: 27).

---

[60] 플라톤은 철학의 과제를 지식을 통하여 삶의 행위를 인도하는 것으로 보았고, 소크라테스처럼 논리와 윤리를 불가능한 것으로 간주했다. 이와 같은 이론과 실천의 소박한 통일은, 근대 철학에서 질서 정연한 논리와 주관적인 윤리 사이의 분열로 대체 되었다. 특히 논리와 윤리의 분열은 이성의 영역이 극대화된 근대 과학의 산파였던 갈릴레오와 파스칼에 의해 대표된다. 칸트 철학 역시 이러한 범주를 벗어나지 못함으로써 논리와 윤리의 분열을 촉진시켰다(Bleicher, 1980: 21).

결국, 딜타이는 자연과학에 대한 정신과학의 독자성을 증명하려는 의도를 가지고 두 과학을 현저하게 대립시키며(『정신과학서설Einleitung in die Geisteswissenschaften』(1883)), 이것들의 대상과 방법을 원칙적으로 구분했던 것이다(한국철학사상연구회편, 1989: 300)

한마디로 지식은 딜타이에 의하면 자연과학과 실증주의에서 추구하는 지식과 정신과학에서 추구하는 지식은 동일하지 않다. 결국, 이러한 맥락에서 딜타이는 "자연은 설명하고 정신생활은 이해한다"(Dilthey, GS.V: 144)고 선언한다. 즉 자연과학에서의 지식은 설명으로 충분하지만, 정신과학에서의 지식은 반드시 이해되어야만 지식이다. 왜냐하면, 딜타이에게 "삶은 곧 역사"(Dilthey, GS.VII: 291)이기 때문이다. 달리 말하면, 인간은 역사 속에서만 존재하고, 역사 속에서만 인식한다(Dilthey, GS.V: 279). 따라서 인간의 지식 역시 역사 속에서의 지식이며 그러한 역사적 지식은 설명으로는 불충분하고 반드시 이해의 과정을 거쳐야만 이해될 수 있다. 왜냐하면, 모든 지식은 의미를 바탕으로 이루어지기 때문이다. 따라서 역사 속에서 형성된 지식의 의미 내지 의미 관련은 단순히 설명될 수 없으며, 오로지 이해될 때 비로소 완전한 인식도 가능하다. 즉 설명과 이해의 본질적 차이는 현실에 나타나는 사물, 사실 그리고 과정 등이 어떤 다른 "의미"를 가질 수 있다는 사실에 기인한다(Danner, 1994: 16).

예를 들어 우리의 몸짓은 손과 팔 그리고 근육의 움직임, 에너지의 사용 등의 역학관계가 물리적 · 기계적 또는 해부학적으로 설명될 수 있다. 그러나 그 몸짓이나 제스처의 '의미'는 사람에 따라서 그리고 시공간의 상황과 맥락에 따라서 모두 다를 수 있다. 따라서 그 의미는 설명의 대상이 아니라, 이해될 수밖에 없는 것이다. 물론 밀물과 썰물 그리고 지구와 달의 인력관계 같은 자연현상들은 자연의 법칙에 따라서 기계적으로 "설명"될 수 있다(Danner, 1994: 15). 그러나 그 안에서 살고 있는 우리의 삶은 동서고금을 막론하고 제각각 다른 의미를 담고 있다. 어떤 사람들은 달을 향한 자신의 기원에 소중한 의미를 담고 있을 것이며, 어떤 사람에게 이런 일들은 별 의미가 없다. 자연에 내 던져져 있는 돌은 자연과학적으로 분석될 수 있으며, 무게, 범위, 낙하속도, 화학구조에 대해서 측정과 설명이 가능하다. 그러나 그 돌에 부여하는 의미는 모두 다르다. 또한, 모차르트나 베토벤의 음악을 악보, 멜로디, 템포 등으로 사람들에게 일률적으로 설명할 수는 있지만, 그 음악이 가지는 의미는 사람마다 모두 다르다. 바로 이러한 의미와 역사적·공간적 의미 관련이 이해의 대상인 것이다. 해석학적 이해는 한마디로 '의미 - 이해'이다(Danner, 1994: 32).

한편, 딜타이에게 인식의 최종단위는 체험이다. 따라서 인식을 통해서 앎을 획득하기 위해서는 체험Erlebnis을 해야 한다. 체험이 표현되면 그 표현이 이해됨으로써 인식은 종결된다. 여기서 체험이 표현되는 근거를 딜타이는 '객관 정신'이 작용하기 때문이라고 설명한다.

딜타이는 이해의 가능성을 '간주관적 상호이해'로 보고 있다. 즉 나와 타자 간의 이해가 이루어진다면 상호이해가 가능해지며 이는 고차원의 이해로의 전이를 실현한다. 그렇다면 이러한 간주관적 상호이해의 근거는 무엇인가? 그것을 딜타이는 '공통의 기질Kongenialitaet, congeniality' 또는 간단하게 '공통성'이라고 한다. 이러한 공통성의 기반 위에서 나는 타자의 삶과 삶의 표현을 이해할 수 있는 것이다. 이러한 공통의 기질은 오로지 역사적이며 문화적인 형성으로 가능하다. 또한, 이는 반드시 "의미Sinn, meaning"의 차원일 수밖에 없다. 따라서 여기서는 의미 관련Sinnzusammenhang이 중요하다. 예를 들어, '언어'는 대표적인 공통의 기질이며 공통성이다. 우리는 언어를 매개로 서로 공통의 기질이 통한다는 것을 알게 되며 이를 매개로 의사소통하며 자신을 표현한다. 물론 언어는 그때마다 그리고 화자의 의도에 따라 "의미"가 서로 다르게 전달될 수도 있다. 그럼에도 불구하고 공통성은 표현을 이해하는데 있어서 결정적이다. 왜냐하면, 이러한 공통성 안에서 이해는 개별적 이해의 주관성이 전체적인 상호이해의 방향으로 확대되어 가기 때문이다. 이러한 의미에서 딜타이는 "이해가 세계를 열어준다"(Dilthey, GS.VII: 205)고 한다.

그런데 이러한 공통성 안에서 우리는 정신의 객관적 산물(또는 정신의 객관화)을 이해하게 된다. 이를 딜타이는 "객관 정신objektiver Geist"의 덕분이라고 한다. 딜타이의 객관 정신은 헤겔이 이성으로부터 추론하는 객관 정신이 아니라. 삶의 공통성 안에서의 구조 관련에서 생성된다. 즉 객관 정신이란 개인과 개인 사이에서 존재하는 공통의 기질이 주관적 감각 세계에서 빠져 나와서 객관화된 형식들을 말한다(Dilthey, GS.VII: 208). 이러한 객관 정신은 표현된 것들을 객관적으로 이해할 수 있도록 하는 근거가 된다. 모든 개별자들의 주관적 의식 속에는 때때로 초개인적인 것도 들어 있다. 바로 이러한 초개인적인 것이 객관적 표현과 객관 정신을 가질 수 있도록 하는 근거이다. 따라서 다양한 개별자들의 주관들은 결국은 동질적인 것, 즉 객관화된 공통적 기질로 합쳐질 수 있다. 예를 들면, 예술, 법률, 종교 등은 공통성의 통합으로서 주관의 모임으로 인하여 객관이 된 것들이다. 그러나 오히려 개인은 이들에 의해서 통제되고 제재되기도 한다. 왜냐하면, 이들은 이미 "객관"으로 표현된 것들이기 때문이다. 그럼에도 불구하고 이러한 객관적 표현들은 삶의 제 문제들을 중재함으로써 서로의 삶을 해석하고 이해하게 하는 준거가 될 수 있다. 즉 이러한 객관적 표현들은 객관 정신의 발로이며 아울러 다시 새로운 객관 정신을 형성한다. 따라서 우리는 이러한 객관 정신 안에서 나와 이웃의 관계, 나와 정치, 나와 경제, 나와 환경 등 나와 세계의 관계를 간주관적으로 이해하게 된다. 이때 이해하는 주관은 타자로의 몰입Hineinversetzen을 이루게 되는데, 여기서 추체험Nachleben이 이루어지게 된다(Dilthey, GS.VII: 215).

그럼에도 불구하고 이렇게 이루어지는 인식 역시 여전히 불안하다. 따라서 온전한 인식을 위해서 체험 - 표현 - 이해의 과정이 계속해서 순환되어야 한다. 이러한 인식론적 순환논리를 딜타이는 해석학적 순환이라고 한다. 결국, 우리의 온전한 인식은 딜타이에 의하면 해석학적 순환 과정을 통해서 이루어지는 셈이다.

이로써 슐라이어마허 이후 약 50여 년 동안 해석학은 신학과 문헌학에 연관된 해석의 새로운 체계에서 새로운 과학, 즉 정신과학들Geisteswissenschaften의 방법론으로 발전했다(Bleicher, 1980: 16). 즉 해석학 개념은 자연과학으로부터 정신과학을 격리하는 도구로서 새로운 활동성을 얻게 되었다(Scholtz,

1995: 9). 이로써 모든 것을 이해하기 위한 전제 조건을 마련해 준다는 종전 해석학의 주장은 역사적 사건들의 방법적인 재구성에 있어서 객관성의 보호막으로 전환되었고 정신과 정신적 표현들의 영역으로 실증주의자들의 침입이 거절당할 수 있는 토대를 마련해 주게 되었다(Bleicher, 1980: 16).

마지막으로 분석적 인식론과 해석적 인식론은 지식을 의미를 인식의 대상으로 하고 있지만, 전자는 의미를 분석하여 인식하는 것이며, 후자는 의미를 이해하며 인식하는 것을 말한다. 그런데 의미를 분석하는 것은 지식이 생성된 맥락context을 분석하여 지식을 명료하게 하기 위함이고, 의미를 이해한다는 것은 지식이 생성된 역사를 살펴봄으로써 궁극적으로는 지식이 발생한 '상황situation'까지를 파악하는 것이다, 이렇게 본다면, 후설과 하이데거의 경우에 지식은 "세계 - 내 - 지식"으로서 인식의 대상이 확장되며, 가다머의 경우에 지식은 "상황 - 내 - 지식"이 인식의 대상이 되는 셈이다. 아울러 분석적 인식론이 추구하는 맥락脈絡이 일차원적인 확장이라면, 해석적 인식론이 추구하는 상황은 다차원적이고 존재론적 확장이다.

03 지식의 유형

1. 명제적 지식 [61]

1.1 사실적 지식

'사실적 지식'은 '사실 그 자체를'(*de facto*) 그대로 기술한 지식을 말한다. 따라서 사실적 지식은 사실 혹은 현상을 기술하거나 설명하는 지식을 말한다. 이는 경험적 탐구의 결과로 도출된 지식으로서, 가설적이고 개연적인 지식의 성격을 내포하고 있다. 대표적인 '사실적 지식'은 '자연과학의 지식'이다. 이를테면, "물은 100도에서 끓는다"는 것은 사실적 지식이다. 이는 실험을 통해 얻어진 '자연과학적 사실scientific fact'의 결과이기도 하다. 오늘날 자연과학이 모든 과학(학문)의 세계를 지배하고 있다. 사회과학의 영역 역시 실증주의의 중대로 자연과학에 점차 구속되고 있다. 즉 자연과학이나 사회과학 계통의 학문이 지니고 있는 지식의 대부분은 사실로서 구성된 명제에 그 기반을 두고 있다. 이렇게 본다면, 과학적 지식은 곧 사실적 지식이며, 과학이 곧 '사실'인 셈이다. 그러나 '사실적 지식'은 엄밀히 말하면 '현상학'에서 나온 분지分枝학문이다.

---

[61] 지식을 '명제적 지식'과 '방법적 지식'으로 나눈 학자는 논리실증주의 철학자 라일Gilbert Ryle이다. 즉 지식은 행동으로 옮겨질 수 있다. 이때 '할 수 있다'는 전자에 해당되고 '할 줄 안다'는 후자에 해당된다. 그러나 전자는 후자를 논리적으로 강조한다(Ryle, 1949).

'현상학現象學, phenomenology'의 범위는 광범위하다. 현상학은 말 그대로 '현상現像, phenomena' 그 자체를 '그대로' 묘사하고 '기술하는' 학문이다. 여기서 '그대로'란 구체적으로 어떠한 '선입견先入見'이나 '편견偏見'이 없는 상태를 말한다. 현상학은 현상을 그대로 묘사하고 기술하기 위해서 '방법 method'을 도입하는 데, 그것이 바로 '현상학적 환원還元'이다. '현상학적 환원'이란 '판단중지Epoche'를 통하여 선입견을 배제한 상태에서 '지금 여기'의 '현상'을 있는 그대로 관찰하고 경험한 대로 기술하는 방법이다. 따라서 사실적 지식은 앞으로 다룰 '방법적 지식'과 무관하지 않다. 그러나 사실적 지식이 '결과적 지식'이라면, 방법적 지식은 '과정적 지식'이다. 따라서 사실적 지식과 방법적 지식은 관련이 없는 것이 아니라 지식이 형성되는 과정과 결과로서 결국은 한 몸이다. 마찬가지로 '현상학적 지식'은 '현상학적 방법', 즉 '현상학적 환원'을 통하여 현상을 현상대로 기술함으로써 완성된다.

사실적 지식으로서의 자연과학적 지식 역시 (자연과학적) '방법method'을 통해서 밝혀진다. 이렇게 본다면, 자연과학적 방법으로 산출되는 과학적 지식은 원칙적으로 현상학적 지식의 범주에 든다. 왜냐하면, 현상학적 방법과 자연과학적 방법은 '방법상의 원칙'이 동일하기 때문이다. 다시 말하면, 둘 다 '일정하게 규정된 방법(론)'을 통하여 결과에 도달한다. 그러나 자연과학이 실증주의와 결합하면서부터 현상학의 속성 특히 '철학적 현상학'으로부터 크게 벗어나기 시작했다. 이러한 의미에서 현상학의 창시자인 후설 Edmund Gustav Albrecht Husserl(1859~1938)은 "실증주의가 철학(학문, 형이상학)의 목을 잘랐다"(Husserl, 1976)고 개탄한 바 있다. 왜냐하면, '사실'이 곧 모든 학문이 추구하는 '진리truth'를 의미하는 것은 아니기 때문이다. 심각한 것은 자연과학이 득세하는 오늘날 하나의 '자연과학적 사실'이 '진리truth'로 둔갑하고 있다는 사실이다. 소위 '일반화의 오류'가 지배한다. 즉 과학 만능의 시대에는 언제라도 또 다른 '실험'을 통하여 달라질 수도 있는 특정한 '사실'이 부동의 '진리'로 간주되는 것이다.

1.2 논리적 지식

'논리적 지식'은 '논리logic', 즉 언어가 기록되는 원리에 의해 성립되기 때문에 주로 '문장文章'으로 표현된다. 논리적 지식은 개념, 즉 용어의 의미를 설명해 주거나, 문장을 구성하는 요소들의 의미상의 관계를 나타내 주는 지식으로서, 대부분 '주어'와 이를 설명해 주는 '서술어'로 구성되어 있다. 또한 이는 주로 '분석적 문장'으로 표현된다. 즉 논리적 지식은 이미 존재하고 있는 개념과 현상에 대한 설명을 '분석적 방법'으로 제시한 것이다. 따라서 이는 경험적 세계에 대해서 새로운 지식을 제공하지는 못한다. 이를테면, 아직 결혼하지 않은 남자는 총각總角이라고 한다. 이는 새로운 사실을 알려 주는 것이 아니라, 문장을 구성하는 언어적 요소들 간의 의미상의 관계만을 부연 설명해 주는 지식이다. 이 세상에 '결혼한 총각'은 없다. 논리적으로 앞뒤가 맞지 않는다. 수학적 지식도 논리적 지식에 해당된다.

원칙적으로 '논리적 지식'은 '논리학論理學, logics'의 산물이다. 논리학은 '논증論證' 내지 논거論據를 통하여 '명제가 어떻게 사용되고 있는가'를 연구하는 학문이다. 논리학에서 중요한 것은 '논리적 타당성'이다. 타당성 있는 논리를 갖는 문장은 논증된 것이다. 결국, 논리학은 '언어 사용의 타당성'을 연구하는 목표를 갖는다. 이러한 논증은 '연역논증'과 '귀납논증'으로 구분된다. '연역논증'은 이미 존재하는 명제(전제)로부터 의미적으로 연관되는 새로운 명제(결론)를 끌어내는 것을 말한다. 다시 말하면 참인 전제premise를 수립하고 이를 계속 긍정하면서 마침내 참인 결론을 도출해 내는 것이다. 즉 전제가 참일 경우 그러한 전제에 의해 뒷받침되는 결론 역시 참이 되지 않을 수 없다는 연역추리이다. 한마디로, 전제가 참이면 결론도 참이 된다. 따라서 참된 전제를 참된 결론으로 끝냄으로써 전제가 참이라는 사실은 논증해 내는 것이다. 이는 논리적 타당성의 결과이기도 하다. 구체적으로 전제前提란 우리가 승인하고 있는 사실, 즉 이미 알고 있는 사실을 가리키고, 결론은 아직 승인되지는 않았지만, 우리가 주장하고 싶은 사실을 말한다.

반면, '귀납추리'로 이루어지는 '귀납논증'은 개별사실들을 증거로 일반 결론을 끌어내는 형식을 띤다. 즉 전제는 결론이 참이라는 것에 대하여 필연적이지는 않지만, 합당合當하다고 말할 수 있는 정도의 근거를 제시해 준다. 오늘날 논리학에서는 더 이상 귀납논쟁을 다루지 않는다. 왜냐하면, 이미 자연과학과 사회과학에서 일반적인 논리전개의 과정과 일치하기 때문이다. 따라서 오늘날 철학에 뿌리를 둔 논리학의 관심은 '연역과정'에서의 논리이다. 즉 오늘날의 논리학은 명제와 명제 사이의 상호 유관성의 원리뿐 아니라, 이러한 상관관계를 논리적으로 해명하며, 더 나아가 이에 대한 타당한 진술을 가능하게 하는 사고의 방법까지를 연구한다. 결국, 이러한 논리연구로부터 얻어지는 지식이 '논리적 지식'이다. 다시 말하면, 이는 논리적 추론으로부터 얻어지는 지식을 말한다. 그런데 문제는 논리적 추론이 정말 모두 타당한가? 라는 질문이다. 과연 누가(무엇이) 논리의 타당성을 인정하는 주체이며, 그러한 타당성의 근거는 정말 객관적인가?

원칙적으로 논리학은 진리탐구와 무관하지 않다. 따라서 논리적 지식 역시 '진리'와 유관하다. 그러나 논리적 지식이 진리와 동일시되는 것은 문제가 아닐 수 없다. 우리의 삶에는 논리적으로 파악될 수 있는 것도 있지만, 논리적으로 파악되지 못하는 것도 많다. 심지어 논리적 지식은 '언어의 사용'과 '언어의 의미'에 대한 분석과 이해로부터 나온다. 그러나 우리의 삶에는 언어적으로 표현되는 것도 있지만, 표현되지 못하는 것도 많다. 즉 언어적 소통verbal communication뿐만 아니라 몸짓, 제스츄어 등 비언어적 소통non-verbal communication 역시 삶이다. 이러한 의미에서 비트겐슈타인Ludwig Wittgenstein(1889~1951)은, "말로 할 수 없는 것에는 침묵하라"고 외쳤다. 그럼에도 불구하고 우리는 삶의 모든 것을 논리 또는 논리적 타당성으로만 풀어내려고 하고 있다. 이를테면, 학교에서 성적이 90점인 학생은 80점짜리보다 무조건 '우수한' 학생으로 인정된다.

역사적으로 본다면, 고대시대부터 (절대자 또는 진리의) 말씀Logos을 (유한자인 인간의) 논리logic로 풀어 보려고 했다. 따지고 보면, 이러한 생각부터 이미 우리 인간에게는 '인식론적 한계의 역사'가 시작된 것이다. 아버지가 '하나님, 아버지' 하고 기도하니까, 옆에서 이를 듣고 있던 아들이 '하나님, 할아버지'라고 기도하였다. 논리적으로는 결코 틀리지 않았다. 그러나 틀렸다. 우리는 기도할 때 아들이나 아버지나 손자나 모두 '하나님, 아버지'라고 기도한다. 도대체 뭐가 맞는 것인가? 무엇이 논리이고 무엇이 비非논리인가? 그렇다면 왜 이러한 문제가 발생하는가? 왜냐하면, '논리'와 '논리적 지식'은 우리의 삶을 모두 설명하지 못하기 때문이다. 따라서 논리적 지식을 통해서만 삶을 이해한다는 것은 더욱 어려운 일이다. 이러한 연유로 우리는 과연 '지식, 논리, 논리적 지식'에 대해서 새삼 성찰省察해 볼 필요가 있다. 논리적 지식이란 과연 어디까지 참이고 어디까지는 (참) 지식이 될 수 없는가?

1.3 규범적 지식

'규범적 지식normative knowledge'이란 준거 또는 근거에 의하여 정당화되는 지식으로 평가적 언어를 포함하는 진술로 구성된다. 이를테면, '민주주의는 가장 바람직한 정치제도'라는 명제는 규범적 지식이다. 이러한 규범적 지식에는 이미 '가장 바람직한'이라는 가치판단이나 가치평가가 함께하고 있다. 따라서 규범적 지식은 가치적 차원이다. 구체적으로 규범적 지식은 도덕적·윤리적 판단과 의미론적 판단에 관한 지식으로서, 평가적 의미가 포함된 문장으로 표현된다. 또한, 규범적 지식은 가설로서의 타당성을 가져야한다. 즉 입증될 수 있는 가설이어야 한다. 이를테면, 민주주의라는 개념은 반드시 이루어져야 할 가치를 내포하고 있는 가설로서 가설적 타당성을 가지고 있다.

독일의 철학자이며 심리학자인 슈프랑어Eduard Spranger(1882~1963)는 규범적 지식이란 규범 정신에 의해 획득되는 지식으로서 당위체험을 통해 이루어지는 가설적 차원이라고 주장했다. 칸트에 의하면 규범적 지식을 가능하게 하는 당위체험은 선험적 영역Transzendentaler Bereich에서 이루어지며, 헤겔에서 규범적 지식은 절대정신에 의해 획득된다.

결국, 규범적 지식은 가치론적 당위의 차원으로서, 도덕적·윤리적 가치 및 의미론적 가치판단 및 평가로부터 나온다. 그렇다면 누가 가치판단과 평가를 하는 주체인가? 만약 전지전능한 신이라면 이는 인간의 현실에서는 무의미하다. 결국, 인간에게는 신의 대리자로서의 가치판단과 가치평가를 하는 주체가 요청되어야 하는데, 그게 인간의 삶의 현실에서 과연 가능할까? 명목상 신을 대리한다는 목사, 사제, 승려 등은 그렇다고 하더라도 히틀러나 무솔리니 같은 역사상의 정치적 독재자들도 혹시 자신이 가치의 판단자이며 평가자로 해석했던 것은 아닐까? 과연 우리의 삶의 현실에서 규범적 지식이 정말 가능할까? 가능하다면 그것은 어떻게 가능할까? 이에 대한 질문은 '규범'의 본질은 과연 무엇이며, 어떻게 규범이 발생하고 어떻게 규범이 획득되는가에 대한 질문부터 풀어야 할 것이다.

규범Norm이란 당위의 규칙으로서 '그렇게 되는 것이 마땅하다'는 당위가치를 가지고 있다. 대표적인 규범체계는 윤리ethics이다. 윤리는 우리가 어떻게 행동해야 하는지에 대한 규정이다. 규범은 공유하는 사람들 사이에서는 절대진리이기 때문에 비판이 허용되지 않는다. 그러나 이를 공유하지 않는 사람들에게는 무용지물이다. 따라서 어떤 사람은 윤리를 지키고 윤리적 행동을 하지만, 어떤 사람들은 윤리와 무관하다. 여기서 후자의 경우, 즉 규범을 지키지 않는 사람들에게 규범 내지 규범적 지식은 무기력하다.

2. 방법적 지식

2.1 경험적 지식

경험적 지식은 인간의 감각과 경험을 통하여 얻어지는 지식이다. 구체적으로 경험적 지식은 인간이 감각기관(눈, 코, 귀, 입, 손)을 통한 경험에 의해 얻어진다. 물론 경험적 지식은 직접 경험이나 간접 경험으로부터 얻어내는 지식이지만, 사물과 사실에 대한 관찰 및 측정을 통해서도 획득된다. 자연과학과 사회과학의 지식들은 대부분 이에 해당된다. 이를 경험 후에 얻은 지식이라고 하여 '후험적後驗的 지식'이라고도 한다. 학교가 없고 교과서가 없던 시절에 우리는 직접 경험을 통해서 지식을 얻었다. 이에 반하여 교과서에서 얻는 지식은 간접 경험으로부터의 지식이다. 물론 진리를 표방하는 성경이나 불경 그리고 유교 경전이나 코란 등에서 획득되는 지식은 대부분 선험적 명제지식이다.

> "시대적으로는 15세기 들어 수공업자들의 활동에 따른 사회 경제적 변화는 화폐경제, 무역과 교역의 발달, 도시와 시장의 생성, 경제활동의 증가와 부의 축적 등으로 나타나기 시작했다. 직업적으로도 외과의사, 건축가, 항해사, 기술자, 장인의 사회적 지위가 상승되면서 기술세계에서 얻어진 경험적 지식과 실험을 통해 얻어지는 실증적 지식은 사람들의 공감대를 형성하게 된다. 대학에서도 논리적 방법이나 수사학, 선험적 논의 대신 실제 현상의 관찰, 실제 과정과 조작의 이해, 경험적인 연구 등이 중요한 위상을 점하게 된다. 당시 기술적 지식으로부터 자극을 받고 그것을 체계적으로 발전시킨 사람은 프란시스 베이컨Francis Bacon(1561~1626)이다. 그는 플라톤이 '허황된 철학과 이단의 종교'를 낳았다고 비난했으며, 아리스토텔레스는 비생산적인 삼단논법만을 탐닉했다고 비난하였다. 그는 지식이란 반드시 실험과 경험을 통해 얻어지는 것이 정상이라면서 철저한 경험주의적 입장을 취했다."(이상오, 2005: 38~39)

한편, 영국의 경험주의자 로크John Locke(1632~1704)는 자신의 『심의론心意論』에서 지식의 근원은 유전이 아니라 환경이라고 하면서 경험적 지식의 중요성을 강조했다. 미국의 실용주의 철학자 듀이John Dewey(1859~1952)에게 '삶은 곧 경험'이었다(Dewey, 1916/ 이홍우 1996). 즉 인간은 끊임없이 경험하면서 살아간다. 경험이란 인간의 오감五感 내지 오관五官이라는 감각기관感覺器官을 통해서 이루어진다. 보고, 듣고, 맛보고, 만져보고, 냄새를 맡고 하면서 우리는 실제(현실)를 경험한다. 우리 인간은 사는 동안 수많은 경험을 하면서 지식을 발견하고 습득하고 그러한 지식을 생활에 활용하면서 살아간다. 경험을 통해 얻은 지식은 삶의 조건을 유리하게 만드는데 기여한다. 왜냐하면, 경험이라는 것은 지각을 통하여 생겨나는 사실에 대한 상시적 지식이 축적된 결과를 말하는 것이기 때문이다(D.W. 함린, 1978/ 이홍우 역, 2010: 53).

원칙적으로 경험적 지식은 경험적 방법을 통해 도출된다. 경험적 방법을 사용하여 경험적 지식을 산출해 내는 대표적인 학문은 자연과학이다. 따라서 경험적 방법은 자연과학적 방법과 동일시되기도 한다. 코헨Moris R. Cohen과 네이걸Ernest Nagel은 자신들의 공저『논리와 과학적 방법 입문An Introduction to Logic and Scientific Method』(2002)에서 경험적 방법에 의한 연구로부터 의심할 여지가 없는 확고한 신념, 즉 신뢰할 수 있는 지식을 얻을 수 있다고 주장하였다. 이러한 경험적 방법은 권위나 직관에 의한 방법과 구별된다. 이들에 의하면, 경험적 방법은 변치 않는 관계의 형태를 설명하는 방법, 동일성과 차별화에 의한 방법, 자연의 일관성을 설명해 주는 방법, 다수의 원인을 설명해주는 방법이다. 그런데 이러한 과학적 방법은 사물의 유동성을 통제하고 확고한 신념을 수립하기 위해 인간이 고안한 중요한 기술이다.

그러나 경험적 지식은 '부분적 지식partial knowledge'이다. 왜냐하면, 인간의 경험은 완전하지 않고 부분적일 수밖에 없기 때문이다. 따라서 이러한 불완전한 경험에서 얻어지는 지식은 당연히 부분적이며 파편적일 수밖에 없다. 이미 위에서 살펴본 것처럼, 우리 인간이 (온전한) 지식을 얻는다는 것은 쉽지 않은 일이다. 자세히 알고 보면 우리의 지식은 모두 전체적이거나 완벽할 수 없으며, 부분적이며 파편적일 뿐이다. 이는 인식의 능력 면에서 개인차가 존재하기 때문이기도 하다. 또한, 누구나 신처럼 완전하거나 전지전능한 존재가 아니기 때문이다. 결국, 유한자로서의 인간에게 지식은 어쩔 수 없이 부분적이며 불안할 수밖에 없다. 특히 결핍존재(Mägelwesen/ Arnold Gehlen)로 태어나는 인간의 경험에서 얻어지는 지식은 늘 불완전하다.

지식의 지식론인 인식론은 인간에게 가능한 선에서 부분적·편파적 지식으로 시작한다. 일반적으로 우리는 수학數學의 지식을 완전한 지식으로 간주한다. 그러나 수학적 지식은 머릿속에서 상상으로만 가능한 지식으로서 극히 이상적이며 현실에서는 불가능하다. 한마디로 비非현실적이다. 이를테면, 5 + 7 = 12라는 공식에서 사실 5와 7과 12는 아무 관계가 없다. 또한, 모든 수학의 숫자는 '직선直線'을 가정하고 있다. 그러나 지구가 둥글기 때문에 우리가 살고 있는 지구 상에서 직선을 긋는 것은 불가능하다. 물론 중력重力이 작용하기 때문에도 불가능하다. 결국, 수학은 그냥 약속일뿐이다. 따라서 우리 인간의 삶은 수학과는 무관하다. 달리 말하면 수학적 지식은 서로 약속을 한 이상적 조건 하에서만 가능한 (가설적) 지식이다. 또한, 수학적 지식은 '특정한 공리' 하에서만 가능하다. 우리가 공리公理와 공식公式를 모르면 수학문제를 풀 수 없는 이유도 여기에 있다. 이렇게 본다면, '특정한 공리와 공식'은 수학적 지식을 얻기 위한 조건이다. 공식이 틀리면 수학문제는 결코 풀리지 않으며, 더 이상 지식도 없다. 그러나 현실은 학교 공간과 다르다. 즉 현실적 상황에서 사람들은 종종 제한된 양의 정보를 가지고 또한 자신에게 알려진 공식만을 가지고 결정을 해야 한다. 이렇게 본다면, 수학은 삶의 현실을 설명할 수 없다. 결국, 가장 완벽한 지식이라고 여겨지는 수학적 지식 역시 '제한된' 지식일 뿐이다. 이렇게 본다면, 우리 인간의 지식은 모두 부분적이며 편파적이라고 할 수 있다.

'상황적 지식Situated knowledge' 역시 '경험적 지식'의 일종이다. 이는 '특정한 상황'에만 적용되는 전문지식을 말한다. 시행착오 또는 경험으로부터 나오는 지식은 대부분 상황적 지식이라고 해도 무방하다. 그러나 과학적 지식은 상황적 지식이 아니다. 특히 돌발 상황에서 요청되는 지식은 과학적 지식과는 거리가 멀다. 그럼에도 불구하고 우리의 일상에서는 반드시 '돌발 상황들'이 발생하게 마련이다. 심지어 21세기 복잡한 세상에서의 삶은 돌발 상황의 연속이다. 따라서 이때 요청되는 지식이 바로 상황적 지식이다. 상황적 지식은 종종 언어, 문화 또는 전통과도 깊은 관련을 맺는다. 폴라니의 암묵지나 스텐버그Robert Sternberg의 '실제 지식'은 일종의 '상황적 지식'이다. 따라서 경험적 지식이 상황적 지식을 완전히 포용할 수 있을 때 특히 자연과학의 경험적 지식이 우리는 보다 현실적인 지식을 획득할 수 있다.

2.2 선험적 지식

경험으로부터 나온 지식은 모두 '사후afterwards, 事後'를 의미하는 후험적a posteriori 지식이다. 후험적 지식의 반대 개념은 '사전before, 事前'의 지식을 의미하는 '선험적 지식'이다. 모든 경험에 앞서 존재하는 선험적 지식은 '전제' 내지 '가정assumption'에 근거하는 지식이다. 예를 들어, 우리가 '의자chair'에 대해서 이야기하고 있다고 한다면, 의자는 이미 3차원의 공간 속에 존재하고 있다는 사실을 전제하고 있는 것이다. 이때 '의자는 3차원적이라는 사실'이 선험적인 것이다. 민주주의는 반드시 실현되어야 한다. 그러나 완전한 민주주의를 경험한 사람은 없다. 그렇다면 우리는 민주주의가 무엇인지도 모르면서 바라는 것인가? 민주주의는 누군가가 경험했기 때문에 아는 지식이 아니라 하나의 '가정' 또는 '가설'이다. 가정 또는 가설로서의 민주주의는 선험적 지식이다.

대표적인 선험적 지식은 이성적 지식이다. 이성적 지식은 인간의 이성적 추리에 의한 지식을 말한다. 즉 인간은 반복되는 경험을 경험으로 그치는 것이 아니라 추가적인 추리력을 발동시켜 새로운 지식을 얻기도 한다. 인간은 감각적 경험을 통해 도저히 알 수 없는 많은 것들에 대하여 나름대로의 '이성적 추리'를 통해서 많은 의문에 대하여 대답해 왔다. 그러나 이성적 추리가 항상 참이라고 할 수는 없다. 이를테면 인간은 콜럼버스가 신대륙을 발견하고 마젤란이 세계 일주를 하기 전까지는 지구가 평평하다고 추리했었고, 코페르니쿠스와 갈릴레오의 이론이 나오기 전까지는 아리스토텔레스의 천동설에 의해 지구를 태양이 돈다고 추리했었다. 이성적 추리를 통해서 얻어질 수 있는 지식은 일종의 선험적 지식이다. 그러나 이성적 추리가 어떤 경우에는 맞지만, 어떤 경우에는 틀린다. 이러한 의미에서 칸트는 이성비판을 시작했다. 왜냐하면, 이성에 대한 철저한 비판을 통하여 우리는 선험적 지식을 얻어낼 수 있다고 생각했기 때문이다. 그러나 이러한 노력에도 불구하고 선험적 지식을 얻는 방법은 여전히 의문이다.

2.3 과학적 지식

과학적 지식은 일반적으로 '과학' 또는 '과학함'에서 획득되는 지식을 말한다. 오늘날 우리가 과학적 지식이라고 한다면 주로 자연과학적 지식을 말한다. 그러나 지식은 인문학적 지식이나 사회과학적 지식 그리고 예술적 지식 등도 모두 과학적일 수 있다. 왜냐하면, 과학은 다양한 지식을 그 내적 필연성에 기초하여 논리적으로 체계화한 것이기 때문이다. 그러나 자연과학적 지식이 지식의 대명사가 된 이유는, 그것이 가장 정교한 방법으로 얻어진 지식이라는 것 때문이다. 엄밀히 말하면 이는 정교한 방법이라기보다는 반복가능성의 입증과 검증이 가능한 방법이다. 이러한 방법적 지식은 '방법적 회의주의methodological skepticism'를 통해서 지식을 추구했던 데카르트의 '명증성明證性, l'évidence 개념'을 가장 잘 내포하고 있다는 의미가 되기도 한다. 물론 이러한 과학적 지식을 방법적으로 체계화하겠다는 노력은 이미 그리스시대부터 시작되고 있었다.

> 그리스인들은 단지 호기심이 많고 낯선 땅을 여행했기 때문에 배운 것은 아니다. 중요한 것은 체계적으로 배우는 방법, 다시 말하면, 조직화된 지식 자체의 발명이라는 그들의 혁명적인 발견이었다. (찰스 반 도렌/ 오창호 옮김, 1995: 118)

자연과학적 방법의 발달은 지식에 대한 우리의 이해에 중요한 기여를 해왔다. 과학적이라는 전문용어로 이해되기 위해서, 탐구의 방법은 합리화의 특별한 원칙들에 입각한 관찰 가능하고 경험적이며 측정이 가능한 증거에 기인해야 한다. 과학적 방법은 관찰, 실험 그리고 가설의 형성과 검토를 통하여 데이터를 수집하는 것으로 구성된다. 과학, 그리고 과학적 지식의 본질 역시 철학의 주제가 되어 왔다. 과학 그 자체가 발전해 온 것처럼, 지식은 메타 인식론 내지 생성론적 인식론으로 그리고 어느 정도는 인지적 발달이론으로까지 관련되어 논쟁 되어 온 생물학, 심리학 내에서 사용범위를 광범위하게 넓혀 왔다.

베이컨Francis Bacon(1561~1626)의 '아는 것이 힘'이라는 명제는 인식론이란 지식에 대한 연구이며 그것이 어떻게 취득되는가 하는 것을 알려준다. 과학이란 계산된 실험에 의해서 결정된 사실들의 개입을 통하여 사고를 논리적으로 완성시키는데 사용되는 과정이다. 과학적 방법의 역사적 발전에 비판적인 입장을 취했던 베이컨은 과학적 탐구를 위한 '귀납적 방법'을 구축하고 이를 보편화시켰다.

"베이컨은 소위 연역법은 끝났다는 생각을 견지하며 아리스토텔레스의 과학적 사유 방법론을 격렬하게 반대했다. 그는 자신의 방법이었던 귀납법을 매우 선호했다… 왜냐하면, 어떤 직관적인 가정에서 추론된 지식을 추구하는 (연역법적) 탐구자들이 현실 세계에 대해 논리적으로 옳을지 모르지만, 본질에 충실하지 않은 결론을 도출했기 때문이라는 것이다. 반면에 귀납법을 바람직하게 생각했던 이유는, 자연의 연구란 가장 주의 깊고 겸허한 관찰로부터 시작되고 그러한 연구의 기초가 '경험'이기 때문에 진리일 수밖에 없다는 일반적인 결론으로 베이컨이 소위 '지식의 사다리'라고 불렀던 것에 의해 올려지기 때문이었다…. 자연을 탐구할 때는 직접 손에 먼지를 묻혀가면서 해야 하는 것, 즉 경험을 강조한 것은 많은 전문가들이 그러한 노력을 회피하던 때에 아주 획기적인 주장이었다."(찰스 반 도렌/ 오창호 옮김, 1995: 254~255)

귀납적 방법이란 많은 경험적 데이터를 분류하고 정리한 후 이로부터 참다운 지식을 얻어내는 방법을 말한다(김영식·임경순, 2002: 112). 베이컨은 귀납법이 단순한 경험적 사실들의 합보다 범위가 크다고 주장하였으며, 새로운 사실들도 예측할 수 있게 해 준다고 강조했다(이상오, 2005: 43). 결국, 이때부터 과학자들은 귀납적 과학 방법인 관찰과 실험, 그리고 조작실험을 통하여 사실을 밝혀내고 이를 입증하고 검증해 냄으로써 지식을 창출해 낸다. 즉 과학적 사실이 지식인 셈이다.

"근대의 과학혁명은 경험적 관찰을 지식의 토대로 삼는 새로운 인식론의 산물이었다. 이 새로운 인식론은 영국의 경험론 철학자들에 의해 주장되었고, 그 전통은 현재의 영미철학과 과학철학 일반에서도 여전히 유효하다. 출생 직후의 인간을 '백지상태'에 비유했던 베이컨처럼, 인간은 구체적인 경험을 겪지 않고서는 어떠한 관념도 가지지 못하고, 따라서 모든 지식은 귀납적인 경험을 토대로 해서만 가능하다는 것이 17세기 영국경험론자들의 일반적인 주장이었다. 실증성positiveness을 유일한 원칙으로 삼은 경험론자들은 학문의 영역에서 경험적으로 검증이 불가능한 모든 가설을 추방했으며, 이를 통해 과학은 자신만의 영역을 확립했다. 실증될 수 없는 것은 모두

가 공허한 상상이고, 이는 과학이 다룰 대상이 아니라는 것이다."(임정택, 2011: 43~44)

　그러나 원칙적으로 과학적 지식은 '조건의 지식'이다. 만약 조건이 달라지면 결과는 달라진다. 예를 들어, 온도 20도, 습도 83%라는 조건에서 가장 잘 살 수 있는 미생물은 온도와 습도가 변하면 생명력이 약화될 것이며, 온도 10도 습도 60%에서 싹이 트는 식물은 그 조건을 벗어나면 발아할 수 없다. 인간도 적정한 온도와 습도를 벗어나면 살아갈 수 없다. 달과 화성에 물이 없기 때문에 생명이 살 수 없다. 그러나 인류는 지구와 똑같은 조건을 가진 또 다른 지구를 찾아 헤매고 있다. 조건이 같아야만 생명체가 살 수 있다는 과학적 사실을 알고 있기 때문이다. 이미 아리스토텔레스는 자신의 저서 『분석론 후서 1권 2부』에서 "과학적 지식이란 주어진 조건에서 명료한 진실을 알게 될 때까지 숙고하여 증거를 찾아 참과 거짓을 가려내는 것"이라고 규정한 바 있다. 결국, 조건의 지식인 과학적 지식은 온전한 지식이 될 수 없다. 즉 조건이 바뀌면 지식도 바뀐다.
　한편, 귀납법을 통해 얻어지는 과학적 지식은 얼마든지 수정될 수 있다. 이러한 맥락에서 포퍼는 '반증의 논리'를 수립했다.

　"베이컨이 옹호했던 순수한 경험은 오직 현상계의 움직임과 경향을 파악하는 도구일 수 있지만, 물리학의 법칙을 증명하는 수단이 될 수는 없다. 흄의 이러한 극단적인 결론은 과학 혁명의 성과를 한순간에 부정하는 것이었고, 그것이 이후 등장한 칸트에 의해 극복되었다. 하지만 그로부터 두 세기가 지난 뒤, 또다시 흄의 후계자들에 의해 귀납의 한계가 제기되었다. 오스트리아 출신의 철학자 칼 포퍼는 귀납의 원리 자체에 의문을 던졌다. 우리가 까마귀가 모두 검은색이라는 사실을 귀납적으로 안다고 말한다. 하지만 정말 우리는 확신할 수 있는가? 엄밀히 말해 그것은 세상의 모든 까마귀를 살펴보지 않는다면 그 누구도 확인할 수 없는 명제이다. 그리고 세상의 모든 까마귀를 관찰한다는 것은 불가능하다. '까마귀는 검다'라는 명제는 당장 내일이라도 검지 않은 까마귀가 지구 반대편 어디에서 발견됨으로써 부정될 수 있다. 포퍼에 따르면 실증주의가 옹호한 귀납법은 항상 경험에 의해

반증 될 수 있기 때문에 진실을 보증할 수는 없다는 것이다."(임정택, 2011: 44~45)

즉 아무리 과학적인 지식이라도 그것이 귀납에 의해 얻어졌다면, 반증이 되는 순간 지식은 바뀐다. 물론 지식은 반증이 생겨날 때까지만 지식의 행세를 할 뿐이다. 이렇게 본다면 과학적 지식 역시 위에서 거론된 것처럼 부분적 지식이다.

"오늘날의 '과학'이란 개념은 라틴어로부터 유래되었다. 그러나 과학은 이미 누구나 가지거나 가질지도 모르는 종류의 지식을 의미하지는 않게 되었다. 예를 들어, 과학은 시인의 지식이나 목수의 지식 심지어는 철학자나 신학자의 지식을 의미하지는 않는다. 그렇다고 과학이 수학적 지식을 의미하지도 않는다. 오늘날 '과학'은 '과학자들'만이 소유하는 특별한 종류의 지식이다. 그들은 어느 누구나가 아니다."(찰스 반 도렌, 오창오 옮김, 1995a: 11)

그럼에도 불구하고 오늘날 과학적 지식이 모든 지식의 대표인 양 일상의 모든 지식을 지배하고 있다는 사실은 심각한 문제가 아닐 수 없다. 물론 과학 내지 과학자의 탓은 아니다. 과학적 지식이 일반화一般化되는 '일반화의 오류'가 문제이다. 과학적 지식은 삶의 전체를 설명하지는 못한다. 그러나 삶의 특정한 부분을 가장 확실한 증거를 통해 설명할 수는 있다.

2.4 소통적 지식

인간의 지식은 대화dialogue로부터 취득된다. 물론 스스로 알게 되는 지식도 있지만, 대부분의 지식은 정보교환으로 시작되는 상호교환, 즉 대화나 의사소통communication으로부터 취득된다. 동양에서는 자기 자신과의 대화를 한다. 묵상, 명상, 요가, 참선 등이 그것이다. 선종을 시작한 달마대사達磨大師의 면벽구년面壁九年이 대표적이다. 벽 앞에 앉아서 9년 동안 혼자 묵상黙想을 하면서 득도했다는 전설이다. 반면, 서양에서는 다른 사람과의 직접적인 대화를 한다. 역사상 서구 최초의 문헌기록으로 남아 있는 플라톤의『대화집』은 이를 대변하고 있다.

그러나 인간은 의사소통을 통하여 지식을 액면 그대로 수용하는 것은 아니다. 우선 대화하고 소통하면서 사고가 수반된다. 그리고 대화 속에서 오가는 지식이 내포하는 '의미意味, meaning'까지 수용한다. 특히 이러한 의미이해를 위해서 우리는 언어가 지시하는 '상징symbol'을 파악해야 한다. 따라서 의사소통적 지식은 난해하고 복잡하다. 왜냐하면, 의사소통에서 의미이해는 매우 역동적이고 복합적으로 이해되는 '상징적 재현symbolical representation'에 의존하여야 하기 때문이다.

위에서 언급한대로 문헌상 서구지식의 시작은 플라톤의『대화집』에서 시작한다. 그 이전에도 소피스트들 역시 대화dialogue를 통해 지식을 교환하고 습득했다. 왜냐하면, 대화는 인간에게 삶의 토대이기 때문이다. 조물주로부터 언어를 사용할 수 있는 능력을 부여받고 태어난 인간이 살아가는 한 누군가와 대화를 통하여 지식을 교환하고 습득하면서 삶을 영위해 나간다. 또한, 대화를 통한 지식의 교환과 습득은 의사소통적 지식의 원형이 된다. 물론 대화를 통하여 의미도 획득하고 뜻도 이해한다. 또한, 인간은 기록하면서 의사소통적 지식을 쌓아 왔다. 이를테면 기록記錄으로서의 '쓰기writing'는 대표적인 의사소통적 지식이다. 특히 '문어적文語的 차원'의 의사소통인 쓰기는 '구어적口語的 의사소통'에 비해 '오류'가 적다. 왜냐하면, 무엇이 언급되고 있거나 아니면 누가 원래 그것을 말했는가에 대한 정확한 기록이 없을 경우에는 그것이 지식인지 알 수 있기 때문이다. 말의 원천이나 내용은 입증되는 경우도 있지만 그렇지 않을 경우도 있다. 대표적인 예가 가십gossip과 소문rumors이다. 이렇게 본다면, 쓰기에 의해 의사소통하는 것이 오히려 적합할지도 모른다.

이미 오래전부터 쓰기에 의한 기록물은 지식전달의 수단으로 사용되어 왔다. 도서관의 수백만 장서는 이를 입증하고도 남는다. 학교에서도 쓰기를 통해 기록된 교과서로 지식을 전달하고 있다. 오늘날에는 지식을 기록하기 위한 오디오와 비디오 기술이 일상이 되면서 쓰기를 통한 의사소통적 지식은 보다 광범위하게 일상화되었다. 이렇게 본다면, 쓰기는 지식을 기록하고 전달하는 모든 형식 중에서 아직은 가장 접근이 용이하다. 또한, 이는 모든 세대를 걸쳐 그리고 모든 문화와 언어의 세계로 지식을 이전시키는 인류 최초의 기술이기도 하다. 독일의 활판인쇄의 창시자인 구텐베르크Johann Gutenberg(1398~1468)의 인쇄술의 발명과 이의 대중적 보급이 칭송되는 이유이기도 하다. 물론 우리나라의 직지直旨도 이에 한몫을 한다.

그러나 쓰기에 의한 기록물에서 습득되는 지식은 온전한 의사소통적 지식이라고 볼 수 없다. 원칙적으로 의사소통적 지식은 쌍방으로 상호교환되는 지식이어야 한다. 쓰기로 인한 기록은 일방적이다. 물론 기록물을 분석하고 '해석'하는 작업을 통해서 지식의 의미가 달리 해석될 수는 있다. 학문적으로도 해석학hermeneutics의 발달은 이를 대변한다. 그러나 실시간 쌍방으로 교환되는 의사소통적 지식은 원칙적으로 '구어적 의사소통'에서만 제대로 취득될 수 있다.

이런 맥락에서 이미 포스트만은 그의 에세이 전집인 『테크노폴리 Technopoly』에서 플라톤의 대화집 『파에드로스Phaedrus』로부터의 발췌록을 통하여 쓰기 지식을 반박했다(Postman, 1992: 73). 이 발췌집에서 소크라테스는 이집트의 왕 타무스Thamus와 테우스Theuth의 이야기가 '쓰여진 세계the written world'의 고안자로 나온다. 이 이야기 속에서 테우스는 타무스 왕에게 그가 새롭게 고안한 '쓰기writing'가 이집트의 지혜와 기억을 개선시킬 것이라고 주장하였다(Postman, 1992: 74). 그러나 타무스 왕은 이러한 새로운 고안에 대해서 회의적이었다. 따라서 그는 이것을 '상기recollection'의 수단으로 사용하는 대신 차라리 '지식의 보존 수단'으로 사용하도록 명령했다. 왜냐하면, 사람들은 외부적 원천으로부터 사실들과 이야기들을 획득할 수 있겠지만, 사람들이 엄청난 양의 지식 그 자체를 정신적으로 보유하도록 하지는 못할 것이기 때문이다(Postman, 1992: 74). 심지어 그는 '쓰여진 세계'가 자칫하면 모든 이집트 사람들을 허위 지식으로 오염시킬 수도 있을 것이라는 생각도 했던 것이다.

로빈손Andrew Robinson 역시 그의 책 『쓰기의 기원The Origins of Writing』에서

쓰기의 잠재성은 잘못된 정보를 유포시키는데 사용될 수 있으며, 또한 쓰여진 세계의 가능성은 사회적 지식의 양을 격감시킬 수 있다고 주장했다 (Robinson, 2003: 34). 사람들은 종종 그들이 지식으로 지각하지만 실제로는 그들의 마음을 잘못된 지식으로 채우는 새로운 정보를 주관화하는 경향이 있다. 쓰기 지식이 의사소통적 지식에 해당되는지 아닌지에 대해서는 지금도 논쟁 중이다. 이러한 의미에서, 오늘날 언어철학자들, 기호학자들 그리고 언어해석학자들이 쓰기에 의한 기록으로 이루어진 의사소통적 지식을 분석하고 해석하는 작업은 대단히 중요하다.

그러나 의사소통적 지식은 기록을 통한 '쓰기'라는 문어적 차원뿐만 아니라 구어적 차원을 포괄한다. 특히 구어적 차원의 의사소통을 통해 습득되는 지식은 대단히 역동적이며 복잡하다. 따라서 지식을 고정시키기가 용이하지 않다. 그럼에도 불구하고 오늘날 언어적 구조주의 내지 후기구조주의의 관심은 '구어적 차원'에서의 의사소통적 지식으로 옮겨가고 있으며, 이는 구성주의자들의 중요한 관심 영역이기도 하다. 결국, 오늘날 쓰기 중심으로 편향된 의사소통의 지식은 지식의 객관성을 보다 정당하게 확보할 수 있다는 장점을 추구한 결과였겠지만, 구어적 차원이 배제되는 한 의사소통 지식으로서의 완전하지 못하다고 할 수 있다.

2.5 반성·성찰적 지식

'반성적 지식reflective knowledge'은 일종의 의사소통적 지식이다. 즉 반성적 지식은 내면적 차원을 강조하는 내면적 의사소통지식이라고 할 수 있다. 이미 언급한대로 이는 동양의 대표적인 지식추구방식이기도 하지만, 동시에 서구에서는 소크라테스 이래 플라톤 그리고 헤겔에서 완성되고 듀이와 가다머 등에게서 적극적으로 응용된 중요한 지식습득의 방식이기도 하다. 이러한 관점에 의하면, 지식은 사유대상에 대한 끊임없는 반성과 성찰省察을 통해서만 취득된다. 이미 소크라테스는 지식이란 소피스트들의 가르침에서처럼 일방적으로 습득되는 것이 아니라, 개인(학습자)의 자각과 각성을 통해서 이루어진다는 가정을 하고 있다. 그가 주장한 무지론無知論과 산파술이 대표적이다. "나는 모른다는 사실만을 알고 있다. 그래서 질문하는 것이다." 그리고 "너 자신을 알라"라는 소크라테스의 가르침은 누구나 자신의 무지를 '각성awareness'함으로써 참지식을 향해 나갈 수 있다는 계명이었다. 각성을 통한 지식 그것이 바로 소크라테스가 추구한 반성적 지식이다. 이렇게 본다면 반성적 지식은 각성적 지식에 토대를 두고 있다.

그러나 제자인 플라톤의 지식추구방식은 달랐다. 그것은 바로 상기想起, mneme였다. 즉 레테lethe 강(망각의 강)을 건너기 전을 상기回想할 수 있다면 그것은 진리, 즉 아-레테이아a-leteia를 얻는 것이다. (진정한) 지식은 상기와 회상을 통해 얻어진다.[62] 그런데 이 역시 '반성적 지식'의 일환이다.

> "플라톤의 말에 의하면, 영혼은 여러 번 윤회를 거듭해 왔으며, 그러는 동안 많은 것들을 보았지만 잊어버렸다. 그러므로 영혼은 현세에서 잊어버린 것을 다시 대면함으로써 그것을 상기할 필요가 있다. 이 주장이 옳다는 것을 증명하는 한 가지 방법으로 플라톤은 노예 소년에게 기하 문제를 내고, 해답을 일러 주거나 적극적으로 가르쳐 주지 않은 상태에서 그 해답을 '회상'해 내도록 한다…. 그 문제는 주어진 정사각형의 넓이의 두 배가 되는 다른 정사각형의 한 변의 길이를 구하는 것이다. 『메논』에서 소크라테스는 소년에게 명백히 유도적인 질문을 하며, 심지어 맨 처음의 사각형에다가 여러 가지 그림을 덧붙여서 소년으로 하여금 올바른 해답을 볼 수 있도록 한다… 플라톤은… 회상(상기)만 하면 된다는 것을 증명했다고 주장하고, 따라서 모든 학습은 회상이라고 주장한다."(D. W. 함린, 1978/ 이홍우 역, 2010: 39)

한편, 동양의 가르침은 원칙적으로 각성적·반성적 지식을 목표한다. 달마대사 역시 9년 동안 자신과의 대화를 통해서 (반성적) 지식을 추구했던 셈이다. 따라서 종교에서도 묵상, 참선, 수련 등을 통하여 도道를 터득한다는 것은 반성적·각성적 지식 하는 것을 말한다. 인도에서는 명상과 요가를 통해 수련을 한다. 이는 모두 타인과의 대화가 아니라 자신과의 대화이

---

[62] 플라톤에 의하면, 우리가 이미 가지고 있으면서도 기억하지 못하는 지식을 회상시켜 주는 역할을 하는 것을 '경험'으로 보았다(D.W. 함린, 1978/ 이홍우 역, 2010: 73).

며 자신과의 의사소통을 통한 각성적 지식, 즉 반성적 지식을 목표한다. 결국, 내면적 대화와 소통을 통해서 얻는 지식은 반성적 지식이며 각성적 지식이다.

그러나 오늘날 서구에서 이러한 반성적 지식추구의 방식은 거의 사라졌으며, 서구문화가 동양문화권마저 모두 잠식하는 바람에 동양의 고유한 반성적 지식취득의 방법 역시 폐기된 지 오래다. 심지어 바쁜 현대인들에게는 반성의 기회도 주어지지 않는다. 반성할 시간이 없는 것이다. 결국, 우리의 삶에서 반성적 지식을 취득할 수 있는 기회는 거의 사라졌다고 해도 과언이 아니다.

그렇다면 이제 또 다른 질문은 우리가 반성적 지식을 얻기 위해서는 과연 얼마나 반성해야 하고 언제까지 어떻게 반성(성찰)을 해야 한다는 말인가? 이에 대한 답의 실마리는 이미 헤겔이 자신의 변증법에서 제시했다. 지양 Aufhebung의 개념이 바로 그것이다. 헤겔이 제시한 지양의 개념은 '모순의 자발적인 지양'으로서 변증적 과정에서 스스로 모순이 제거된다는 뜻이다. 모순이 스스로 지양되면 합合, synthesis으로 지향指向된다. 이런 의미에서 헤겔의 변증법에서 가장 핵심적인 개념인 Aufhebung은 '지양'을 의미하면서 동시에 '지향'을 의미한다. 정 - 반 간의 모순이 스스로 지양되면서 마침내 합으로 지향되면서 지식은 변증법적으로 발전한다. 반면, 가다머는 변증법 대신 스스로 진리가 드러나게 하는 '존재론적 대화의 방법'을 제시함으로써 '무엇을know-what' 그리고 '어떻게know-how'의 질문은 어느 정도 해소되었다. 그럼에도 불구하고 여전히 우리에게 남는 의문은 '언제까지know-where, know-when' 반성하고 성찰할 것인가? 하는 질문이다.

2.6 비판적 지식 – 반성적 비판

철학哲學을 사회학社會學으로 전환시키는데 기여한 마르크스Karl Marx(1818~1883)에 의한 지식추구의 핵심 방식은 '비판'이었다. 마르크스와 그의 후학들에 의해 발전된 '비판적 지식' 내지 '의식화 지식' 역시 의사소통적 지식에 해당된다. 즉 우리는 사안의 모순을 비판함으로써 (진정한) 지식을 얻어낼 수 있다.

그러나 문제는 사안의 모순을 '비판하는 준거'가 명확해야 한다는 사실이다. 마르크스는 우선 비판의 준거를 자본주의체제의 모순에서 찾았다. 구체적으로 '생산수단의 소유관계'가 비판의 준거였다. 마르크스는 이러한 준거에서 당시 자본주의 사회체제의 모순을 밝혀냈다. 심지어 그는 이러한 비판적 지식을 통하여 '의식화意識化'의 근거를 만들어 낼 수도 있었다.

그러나 원칙적으로 비판이란 비판의 준거가 바뀐다면 비판의 내용과 결과도 달라질 수 있다. 다시 말하면, 마르크스의 비판은 자본주의 사회체제에서 발생하는 '생산양식의 소유'라는 비판의 준거 하에서만 성립된다. 이때 그가 수립한 비판의 준거는 '조건'이 된다. 따라서 그러한 조건 하에서만 그의 비판은 타당하다. 그러나 남은 문제는 '특정한 조건'에서 이루어진 비판의 결과가 자본주의 전체의 문제로 인식되는 바람에 '일반화의 오류'를 답습하고 있다는 데에 있다.

한편, 비판적 지식을 추구하는 비판의 준거는 하나의 관점viewpoint이며 조건이다. 따라서 관점과 조건이 달라지면 비판도 달라질 수밖에 없다. 일상에서 본다면, 무엇을 비판해야 하는 조건이나 비판의 관점은 늘 달라질 수 있다. 또한, 우리는 어떻게 확고한 비판의 준거를 찾아낼 수 있을까? 결국, 비판을 통해서 온전한(또는 진정한) 지식을 얻기 위해서는 반드시 '반성과 성찰'이 전제되어야 한다는 사실이다.[63] 즉 반성과 성찰이 없는 비판은 자칫 비방誹謗이나 비난非難으로도 전락될 수 있다. 왜냐하면, 비판은 특정한 관점과 조건 하에서만 정당할 수 있기 때문이다. 즉 관점과 조건이 바뀐다면 그 비판은 더 이상 성립하지 않는다. 이를테면, 만약 비판의 준거가 생산수단의 소유관계가 아닌 '소비수단의 소유관계'라면 마르크스의 비판적 지식도 의미를 상실한다. 이러한 연유로 대중문화와 대중 소비의 문제에 주목한 프랑크푸르트 비판철학이 득세하게 된다. 따라서 프랑크푸르트 비판철학은 마르크스의 비판적 계승이기도 하지만 마르크스 철학의 변형이라고 할 수 있다.

---

[63] 물론 사전적 의미로 본다면, 비판은 단순한 경험에 집착하거나 편견이나 독단에 빠지지 않고 바른 판단과 행동을 할 수 있게 하는 '반성적 활동'이라고 할 수 있다 (교육출판공사, 1981: 467; 오춘희, 2006: 233 재인용).

그러나 엄밀히 말하면, 전자가 후자의 변형이라기보다는 단지 '비판의 준거' 내지 '관점' 또는 '조건'을 달리하고 있을 뿐이다. 자연과학에서도 조건이 달라지면 결과(지식)가 달라지는데, 사회과학에서도 결코 다르지 않다. 따라서 진정한 비판의 준거를 확보하기 위해서 우리는 늘 반성하고 성찰할 수밖에 없다. 반성적 비판reflective critic을 통해서 우리는 비판의 준거를 보다 정당하게 획득하며, 이러한 조건 하에서 우리는 (진정한) 비판, 즉 비난이나 비방이 아닌 정당한 비판을 통한 지식을 얻을 확률이 높아진다.

2.7 직관·각성적 지식

우리는 직관直觀, intuition을 통하여 직관적 지식을 얻는다. 직관은 판단·추론 등을 개재시키지 않고, 대상을 직접적으로 인식하는 일이다. 즉 직관은 사유 혹은 추리推理와 대립되는 인식능력이나 작용이다. 따라서 직관은 추리나 관찰, 이성이나 경험으로는 얻어내지 못하는 인식을 할 수 있는 힘을 의미하는 용어로서, 다른 원천에 의해 얻지 못하는 인식을 설명해 주는 근원적이고 독자적인 인식의 원천이다. 한마디로 대상이나 현상을 보고 즉각적으로 느끼는 깨달음으로서, 절대 의심할 수 없는 이성적 인식이다. 아울러 직관은 감각기관의 작용으로 직접 외계의 사물에 관한 구체적 지식을 얻는 것을 말한다. 이를테면, 공리公理와 규칙規則은 직관의 대상이며 방법이다.

이미 플라톤은 지식을 철학적으로 분석하기 전에 먼저 그것을 동굴의 어두운 그림자와 같은 암흑의 상황에서 태양에 의해 밝게 비춰진 세계라는 깨달음의 상황으로 향상시켜 묘사하였다(Elias & Merriam, 기영화 역, 1998: 20). 이는 직관적 지식의 좋은 사례에 해당된다. 그는 간접적 식별지識別知를 의미하는 디아노이아dianoia의 위에 문답법이나 변증법에 의해 도달되어야 하는 지식으로서 직관적 지식, 즉 직관지直觀知를 꼽았다. 이러한 직관지의 개념은 감각적 억측과 간접적 식별지와는 구별되는 직각지直覺知의 개념으로 사용되었다. 직각지란 개념은 말 그대도 직접 깨우쳐서[覺醒] 터득한 지식이다. 따라서 이는 종교적 차원을 포괄하며, 통념상 직각지는 식별 이전이나 식별을 초월한 위치에 존재한다. 피히테Johann Gottlieb Fichte(1762~1814)

와 헤겔 그리고 베르그송의 지식관 역시 직각지의 전통을 벗어나지 않는다. 특히 베르그송에게서의 지식은 동물의 본능에 비유될 정도의 직관으로서 직각지의 속성을 지니고 있다고 할 수 있다.

로크John Locke(1632~1704)에 의하면, 우리가 가질 수 있는 최고의 확실성의 정도는 우리의 지식이 직관直觀일 때이다. 그것은 단순히 둘이나 그 이상의 관념을 고찰함으로써 우리가 어떤 것에 관해서 참이라고 즉각적으로 아는 것이다. 이러한 지식은 "흰색은 검지 않다", "삼각형은 원이 아니다", "1＋2＝3이다"와 같이 어떤 경험으로도 거부할 수 없는 지식에 해당된다.

칸트Kant에 의하면, 직관이란 관찰의 도움을 받지만, 관찰에 근거하지 않는 모든 사실 인식의 원천이다. 반면, 스피노자Spinoza와 베르그송에 의하면, 직관은 과학이나 일상적 관찰에 의해 얻어진 단편적인 '추상적' 인식과 달리 상호 연관되어 있는 세계 전체에 대한 구체적 인식이다. 특히 스피노자에 의하면, 직관적 지식은 대상을 전체 체계 속에서 포괄적으로 이해하는 데에서 비롯된다. 현상학의 창시자인 후설Edmund Husserl(1859~1938)은 철학의 기본적인 방법으로서 직관을 중요시하고 직접적·직관적으로 되돌아감으로써 스스로의 고찰을 출발시키려고 했다. 즉 직관의 외부에서 논리적 구조를 생각하는 것이 아니라 오히려 직관 그 자체가 성립되는 곳에서 논리적 구조의 소재를 찾으려고 하는 것이다. 그는 현상학이 '본질직관'을 목표한다고 한다. 본질직관이란 어떤 사물을 다른 사물과 비교하여 인식하는 것이 아니고, 감성으로 현상을 직관하여 사물의 본질을 인식하는 일이다.

결국, 직관적 지식은 경험이나 추리, 판단 등에 의하지 않고 대상을 직접적으로 파악할 때 획득된다. 따라서 직관적 지식은 자체적으로는 모순이 없으며 보편적이고 필연적인 연관성을 확보하게 된다. 이를테면, 빨간색은 파란색과 상호모순이 없으며 빨간색이 파란색이 될 수는 없다. 이 세상에 빨갛고 동시에 파란 색깔은 없으며 빨강과 파랑이 섞이면 보라색이 된다. 이때 빨강, 파랑, 보라색은 모두 어떤 경험으로도 더 이상 거부할 수 없는 직관적 지식이다.

그러나 이미 언젠가부터 누군가에 의해 또는 사회적 합의로 규정된 공리와 공식에 의해서 직관적 지식을 획득한다는 오늘날의 지식 논리에는 한계가 있다. 왜냐하면, 직관에는 본능적 (또는 심지어 동물적인) 감각도 배제되지 않기 때문이다. 반대로 애초에 공리와 공식을 알지 못하고 있는 자는 결코 직관적일 수 없다는 것인가?

2.8 합리적 지식

합리적 지식이란 이성적 작용에 의해 획득되는 지식으로서, 합리성合理性, rationality을 담보하는 지식이다.

> "합리성은 일반적으로 논리論理, logic 또는 이성의 적합성을 가리키는 개념이나, 사회과학에서는 어떤 행위가 궁극적 목표달성의 최적 수단이 되느냐의 여부를 가리키는 개념으로 사용되고 있다. 시몬H. Simon은 합리성의 개념을 실질적 합리성substantive rationality과 절차적 합리성procedural rationality으로 나누어, 실질적 합리성은 목표에 비추어 적합한 행동이 선택되는 정도를 의미하고, 절차적 합리성은 결정 과정이 이성적인 사유reasoning에 따라 이루어졌을 때 존재한다고 말한다. 또한, 만하임K. Manheim은 합리성을 기능적 합리성functional rationality과 실체적 합리성substantive rationality으로 나누고, 기능적 합리성이란 조직목표 달성을 지향하는 목표지향적이고 일관성 있는 행태의 속성을 말하는 반면 실체적 합리성이란 개개인의 목표 달성을 지향하는 행태의 속성을 말한다고 구분하였다."(이철수 외, 2009: 17)

한마디로 합리성이란 좁은 의미로는 이성에 의한 분별력 혹은 이성에 의해서 획득되는 생각이나 믿음으로서, 충동과 같은 생리적 요구에 의한 반응이나 감각적 경험에 의해서 획득되는 생각과는 달리 이성의 작용에 의해서 식별되고 수용되는 인식의 내용이나 특징을 말한다. 반면, 광의로 합리성은 어떤 생각이나 주장이 정당한 근거 내지 이유를 가지고 있음을 나타내는 말로서, 단순한 감정의 표현이나 생각이 아니라, 객관화할 수 있는 증거 내지 이유를 수반하는 주장, 판단, 신념을 말한다. 형식논리학과 순수수학의 원리적 지식은 합리성을 담보하는 합리적 지식의 대표적 유형이다. 결국,

합리적 지식이라는 것은 사물을 구분, 분별을 통하여 아는 것, 그리고 이로써 알려진 내용을 포괄한다.

그러나 이성의 본질이나 실체가 여전히 파악되지 않고 있는 현실에서, 어떻게 합리성이나 합리적 지식을 언급할 수 있을까? 합리성이나 합리적 지식은 자칫 '합리화合理化' 또는 '자기합리화'로 둔갑할 수 있다. 이렇게 된다면 이는 소피스트 시대부터 나타난 역사적 궤변논리와 합리적 지식은 다르지 않게 된다. 과연 우리는 객관성을 담보한다는 핑계로 함부로 합리성이나 합리적 지식에 대해서 언급할 수 있을까? 과연 누가 또는 누구의 이성이 합리성과 합리적 지식의 근거이며 기준인가? 헤겔은 시대정신Zeitgeist으로 현실적 합리성의 기준과 근거를 제시한 바 있다. 그것은 객관 정신objektiver Geist의 결정판인 '절대정신'의 적용이었다. 그러나 헤겔이 '당시의 시대정신'으로 간주되었던 나폴레옹의 혁명은 현실에서는 나폴레옹 독재獨裁로 막을 내렸다. 도대체 무엇이 합리성의 기준이며 합리적 지식은 어떻게 가능한 것인가?

2.9 종교적 지식

종교적 지식은 지식의 종교적 의미를 말한다.[64] 기독교에서 지식은 성령Holy Spirit의 7개 선물 중 하나이다. 선과 악에 관한 구약의 족보는 신으로부터 인간을 분리시킨 지식을 포함하고 있다. 영지주의靈知主義, Gnosticism에서는 신성한 지식 내지 영지가 습득될 수 있으며 조물주의 물리적 세계로부터 탈출한다. 그리고 텔레마Thelema에서 지식과 성스러운 보호자 천사와의 대화는 삶이 목적이다. 이는 영지와 또 다른 신비종교에서의 계몽과 유사하다.

힌두교의 조각상을 보면, Paroksha Gnyana과 Prataksha Gnyana이 두 종류의 지식을 나타내고 있다. 전자는 간접적 지식으로서 책이나 풍문으로부터

---

[64] 사실 신화적 지식과 종교적 지식의 구분은 불분명하다. 어디쯤에서 신화가 끝나고 시작되는 것인지, 신화는 단순히 누군가의 종교에 지나지 않는 것인지, 그 진실에 대해 우리는 단지 무성한 추측만 할 수 있을 뿐이다(낸시, 헤더웨이, 2001/ 신현승 옮김, 2004: 11~12).

취득되는 반면, 후자는 직접적 경험에서 나오는 지식으로서 '스스로 발견' 해내는 지식이다. 크리슈나Krishna는 바가바드기타Bhagavad Gita에서 세 가지 유형의 '요가'를 소개하고 있다. 즉 Bhakti Yoga, Karma yoga 그리고 Jyâna yoga가 그것들이다. 이 중에서 지식의 통로는 Jyâna yoga이다. 그러나 모든 선종Dharmic Religion의 교리인 단Daan의 주요한 부분은 '지식의 공유'이다.

이슬람에서 지식 علم, 'ilm은 '주어진 중요성'을 의미한다. 또한 '안다는 것 al-'Alīm'은 신의 탁월한 속성을 반영해 주는 명칭 99개 중의 하나이다. 코란 Qur'an에서는 모든 지식이 신으로부터 온다고 되어 있으며, 무하마드 Muhammad와 그의 교우들의 언행록인 다양한 하디스hadith는 지식은 취득함으로써 지식이 되는 것이라고 하면서 "요람에서 무덤까지 지식을 추구하라" 그리고 "참으로 지식인들이야말로 예언의 계승자들이다"라고 주장한다. 이러한 연유로 이슬람의 학자들, 신학자들 그리고 율법학자들은 "지식이 풍부한knowledgable"을 의미하는 아림alim이라는 칭호를 받고 있다.

유대인의 전통에서 지식 דעת da'ath은 인간이 얻을 수 있는 가장 가치 있는 특성 중의 하나로 간주된다. 유대인들은 기도할 때 하루에 세 번 "당신에게 나오는 지식, 이해 그리고 분별력으로 우리를 은혜롭게 하소서. 당신은 지식을 주는 고귀하고 자비로운 유일한 존재입니다"라고 암송한다. 유대교의 경전인 타낙The Tanakh에는 "지혜로운 자는 권세를 얻고, 지식인은 권세를 유지한다. 지식은 금보다 우위에 있다"고 쓰여 있다. 유대경전의 지식은 곧 진리이며 지혜이며, 유대인들은 유대경전을 습득함으로써 지식인이 되는 것이다.

오늘날 종교인들은 종교생활을 통하여 지식을 획득한다. 이러한 지식은 이론적 차원을 넘어서 실생활에 유용한 지식도 있다. 심지어 종교생활에 몰입하는 사람들에게 여기서 습득되는 지식은 진리 그 자체가 된다. 동서양을 막론하고 종교의 공통성은 교리敎理를 교과서text의 형식에 담아 지식 또는 진리로서 대중(신도)에게 설파하고 있다는 사실이다. 성경, 불경, 코란, 바가바드 기타Bhagavad Gītā 등이 그것들이다. 또한, 이에 대한 수많은 다양한 주석서와 해석서들 역시 종교적 지식의 중요한 전파매체들이다.

그러나 종교 교리로서의 지식은 신도信徒들에게는 진정한 앎 내지 진리지만, 일반 대중에게는 여러 지식 중의 '또 하나의 지식'일 뿐이다. 물론 비非신도 중에서도 신도 이상으로 교리의 지식에 익숙한 사람들도 얼마든지 있다. 공부로서 또는 학문으로서 교리의 지식을 추구하는 경우도 있다. 그럼에도 불구하고 종교적으로 획득되는 지식은 대중지식으로서 또는 객관지식으로서 한계를 보이고 있다. 이러한 현상은 교리 자체가 일종의 도그마Dogma로서의 기능과 역할을 크게 벗어나지 못한다는 데에 원인이 있다. 도그마란 일종의 독단獨斷으로서 다른 영역과는 구별되는 독자적인 영역을 확보한다. 따라서 교리적·종교적 지식은 태생부터 일반화되고 객관화될 수 없는 속성을 가지고 있다. 물론 역사적으로 이러한 논쟁을 종결짓기 위해서 중세를 연 아우구스티누스는 "알기 위해서는 먼저 믿어라"고 했다. 즉 믿음이 없는 이상 종교적 지식은 무의미하다는 이야기였다. 그리고 그는 믿음을 통한 지식이 왜 참지식이 될 수 있는지에 대해서 평생 연구하고 설파했다. 그런 연유로 중세 기독교 시대의 지식논리의 대명사가 되기도 했다. 그럼에도 불구하고 믿음을 통한 지식, 즉 종교적 지식이 일반화되는 과정은 여전히 논쟁 중이다.

04 지식 개념의 성립

1. 믿음주의

고대 그리스시대까지 지식은 믿음과 동본원적이다. 우리가 믿지 않고는 알 수 없으며, 알지 못하면 믿지 못한다. "지식이란 정당화된 진실한 믿음 JTB: Justified True Belief"이라는 플라톤이 계승한 그리스의 전통적 지식 개념 역시 이러한 사실을 대변한다.

그러나 중세시대에 들면서 헬레니즘과 헤브라이즘이 만나면서 '지식이 먼저냐 아니면 믿음이 먼저냐'에 대한 논쟁이 시작되었다. 즉 이제 믿음과 앎은 동본원적이지 않고 믿음이 먼저냐 앎이 먼저냐, 즉 믿음과 지식의 우선순위에 대하여 논쟁이 시작된 것이다. 왜냐하면, 기독교의 '유일신 사상'이 합류했기 때문이다. 중세의 '신존재증명'에 대한 논쟁이 바로 그것이었다. 이는 보편논쟁이라고도 하는데, "어떻게 우리가 기독교 신을 알 수 있는가?" 하는 질문을 통해서 우리 인간의 삶을 지배하는 보편적 진리 내지 보편적 지식을 터득하기 위함이었다. 물론 이는 헬레니즘의 전통인 '지식이란 무엇인가? 지식은 어떻게 습득되는가? 우리가 안다는 것이 어떻게 가능한가?' 등 항구적인 인식론적 질문과도 일치된다. 다만 이러한 인식론적 질문들이 과연 기독교 유일신의 존재성과 어떻게 일치할 수 있을까? 하는 문제가 관건이었던 셈이다. 위에서 이미 언급한 것처럼, 아우구스티누스의 경우에는 믿음을 지식의 전제조건으로 보았지만, 반대로 토마스 아퀴나스의 경우에는 지식을 통한 믿음이 진정한 믿음이라고 보았다. 그럼에도 불구하고 이들을 포함한 중세의 모든 신학자는 지식과 믿음을 동일 선상에 놓고 있었다.

그러나 계몽주의 시대를 맞으면서 지식과 믿음의 동본원성의 논리는 급격하게 몰락하게 된다. 특히 논리학과 실증주의 그리고 (경험주의적) 자연과학이 발달하면서 실질적인 증거가 없고 우리가 직접 경험할 수 없으며 아울러 논리적으로 모순이 발생한다면 그것은 지식으로 인정될 수 없었다. 한마디로 중세와 함께 시작된 '우선 믿음' 대신 '우선 지식'으로 전도된 셈이다. 그러나 이로써 지식과 믿음의 관계가 완전히 분리된 것은 아니다. 즉 논리적이고 경험적이고 실증적인 지식이 발견된 다음에 우리는 그것을 믿을 수 있다. 결국, 오랜 시간의 흐름 속에서, 즉 논리전개의 과정 속에서 지식과 믿음의 순서가 바뀌었을 뿐이지, 지식과 믿음은 삶에서 떨어질 수 없는 관계임에는 분명하다는 사실이 밝혀진 셈이다. 이렇게 본다면, 이러한 논쟁의 역사는 플라톤의 지식 개념, 즉 '정당화된 진정한 믿음JTB'을 물론 다양한 논쟁의 방식을 통하여 재현한 것이라고도 할 수 있다. 왜냐하면, "도대체 '진실한' 진리의 개념이 무엇이냐?"의 질문을 해명하기 위해서 중세동안 신존재증명을 했다고 할 수 있으며, 믿음을 '정당화'하기 위한 논리를 세우기 위해서 스콜라 철학의 시대에 아리스토텔레스의 논리학을 끌어 왔다고 할 수 있기 때문이다.

그러나 '믿음의 정당화'의 논제는 여전히 난점이다. 대표적인 난점은 회의주의skepticism로부터 나온다. 즉 하나의 믿음을 정당화하기 위해서는 이를 정당화하기 위한 또 다른 믿음이 나와야 한다(Pollock, 1975: 26). 하나의 믿음은 계속 정당화되어야 하는 것이다. 따라서 회의주의 입장을 가진 자들은 우리에게 끊임없이 이어질 수 있는 합리화reasoning는 불가능하다고 주장한다. 이런 맥락에서 본다면, 이미 소크라테스는 인간의 지식습득에 대해서 회의적이었다고 할 수 있다. 그는 말한다: "유일하게 진실한 지혜는 네가 아무것도 모른다는 사실을 아는 데 있다." 즉 '내가 알고 있는 유일한 사실'은 '아무것도 모른다'는 역설이었다.

한편, 믿음주의는 근본주의자들의 입장과 통한다. 이들은 자신들의 믿음을 지지하는 어떤 믿음을 스스로 다른 믿음에 의해 정당하게 평가될 수 있기를 기대하지 않는다. 이로써 이들은 회의주의자들의 논리에 맞대응한다. 따라서 이들의 믿음에는 '근본적'이라는 꼬리표가 달린다. 근본주의자들이 믿고 있는 지식은 진리와 다름이 없다. 이미 이들이 근본적으로 믿고 있다는 사실은 정당화가 된 셈이다. 아니면 이들은 자신의 믿음을 무효화하는 증거가 나타날 때까지 자신의 믿음을 진리로 간주한다. 물론 혹자는 자신의 믿음이 선험적 차원에서 정당화될 수 있다고 주장한다. 그럼에도 불구하고 믿음의 정당성 문제는 중세시대의 신존재증명 또는 보편논쟁이 명확한 결론 없이 마무리되는 바람에 오늘날도 여전히 우리에게 남아있는 과제임이 분명하다.

2. 이상주의

고대 그리스인들은 가장 이상적 인간상에 집착하면서 이상주의idealism를 발전시켰다. 호머의 『일리아드Iliad』에 등장하는 아킬레스는 감정에 흔들리는 불완전한 인간이었고, 냉철하고 이성적인 인간은 그와 대적했던 헥토르Hector였다. 여기서 그는 이상적인 전사戰士이자 트로이의 지주支柱로 묘사되어 있다. 그의 행실이 어찌나 이상적이었는지 훗날 시인들에 의해 아폴론 신의 아들로 묘사될 정도로 아폴론의 특별한 총애를 받았다고 알려져 있다. 즉 이성적인 것이 동시에 이상적이었다.

특히 이러한 신화적 전승이 이상주의 사상을 낳았다. 이상주의는 모든 실재를 정신적인 것으로 본다. 즉 정신이 물질을 활성화하고 동력을 불어넣기 때문에 정신없이는 물질이 독립적으로 존재할 수 없다. 왜냐하면, 물질은 항상 움직이고 불안하기 때문이다. 따라서 물질은 물질 이면에 있는 '그 무엇인가'가 모든 것을 결정한다. 여기서 바로 '그 무엇인가'가 정신 또는 혼魂, psyche이다.[65]

이상주의에서는 '우리가 아는 것이란 이미 알고 있던 것을 회상回想하여 다시 그것을 일깨우는 것'을 말한다. 플라톤은 이를 '상기想起, mneme'라고 하였으며, 헤겔과 딜타이는 이를 '기억記憶'으로 풀었다. 즉 우리가 알 수 없다고 해도 무엇인가가 이미 먼저 존재한다. 이런 의미에서 보면, 칸트의 '선험先驗, Das Transzendentale' 역시 이상주의적 발상에서 비롯된다. 즉 이러한 이상주의는 우리가 알고 있든지 모르고 있든 지 어딘가에 이미 진리가 존재하고 있다는 입장이다. 진리를 의미하는 그리스어인 'aletheia'는 a와 letheia 의 합성어인데, '레테 강을 건너기 전'을 상기(기억)하는 것이 바로 진리를 아는 것이다. 따라서 진리는 우리가 알기 이전에 그리고 우리가 경험하기 이전에 심지어 경험과 무관하게 이미 선재先在한다.

플라톤은 이데아의 세계를 경험과 무관한 이상으로 상정했다. 이는 감각이나 경험의 차원이 아니라 정신과 영혼의 차원이다. 이는 피타고라스가 주장한 "영혼불멸설"의 영향이라고 할 수 있다.[66] 결국 플라톤이 제시한 '목수의 이데아'는 목수가 책상을 만든다고 할 때, 순간적으로 머릿속을 스치는 책상의 상이다. 이때 목수의 머릿속에 떠오른 책상이 '이데아'인데 이는 현실이 아닌 이상이다. 왜냐하면, 실제로 목수는 자신이 처음 생각했던 책상의 모습을 완벽하게 재현하지는 못하기 때문이다. 예술가나 장인들은 자신들이 만든 물건을 깨뜨리고 찢어 버린다. 왜냐하면, 자신이 그 작품에 만족하지 못하기 때문이다. 이데아의 세계는 현실에서 영원히 재현될 수 없다. 그럼에도 불구하고 목수는 무의식적으로 '책상의 이데아'를 품고 있다. 목수가 무의식적으로 또는 의식적으로 생각하는 책상의 이데아는 결국 도달되기 어려운 이상으로만 남아 있는 것이다. 그러나 이상은 언젠가 이루어질 수 있을 것이라는 가정이다. 한마디로 '꿈dream'이다. 꿈은 영원히 이루어지지 않을 수도 있지만, 언젠가 이루어질 수도 있다. 따라서 꿈과 이상은 매우 중요하다. 따지고 보면, 이상ideal이란 우리의 삶에서 결코 존재하지 않는 것

---

[65] 이로부터 물활론物活論적 사유hylozoism가 발생한다.
[66] 피타고라스는 이집트인들로부터 배워 플라톤에게 전한 것으로 여겨지는 교의, 즉 영혼의 윤회를 믿었다.(찰스 반 도렌/ 오창호 옮김, 1995: 84)

이 아니라 현실에서는 항상 불충분하게 나타날 뿐이다. 그러나 만약 이상이 실제로 이루어진다면 그것은 실재가 된다. 꿈이 이루어지는 순간이다. 이러한 연유로 플라톤의 이상론實在論은 실재론이 된다.

한편, 이데아의 세계를 구상했던 플라톤의 이상주의적 사고는 형이상학形而上學을 촉발시켰다. 스승 플라톤의 형이상학적 사유에 의심을 품었던 아리스토텔레스Aristoteles(384~322 BC)는 형이상학 대신 '물질적·물리적 사유'를 시작했다. 그는 자연을 그대로 설명해 보고 싶었고 동시에 만물을 움직이게 하는 원인原因에 관심을 가졌다. 이를 통하여 그는 '만물의 근본 이치'를 파악해 보려고 했다. 결국, 아리스토텔레스는 자신의 최초 작품으로 『물리학physika』을 집필했다. 여기서 그는 당시 전승이었던 물활론hylozoism적 사유에서 만물을 움직이게 하는 동력의 원인으로 간주된 프시케의 개념을 논리적·이성적(과학적)으로 파악해 보고자 하였다. 그러나 그는 프시케를 해명하기 위해서는 자신이 쓴 '물리학'만으로는 안 되고 '그 이상의 무엇'이 요청된다는 고백을 하게 된다. 그것이 바로 그의 두 번째 저서인 형이상학 Meta-physika으로 출간되었다. '형이상학'이란 메타와 피직스physics, 물리현상의 합성어이다. 메타Meta는 after, with, change의 의미를 가지고 있다. 따라서 메타 피직스, 즉 형이상학이란 '물리현상 그 이후', '물리현상과 함께' 그리고 '물리현상의 변형'을 의미한다. 다시 말하면, '메타'란 물리적 현상만으로는 설명되지 않는 그 무엇이 우리의 삶에는 존재한다는 의미이다. 결국, 이는 우리의 눈에는 보이지 않으며 그렇다고 이성적 논리로도 알 수 없는 영역, 그러나 분명 항상 물리현상과 함께 작용하고 있으며 물리현상을 변형시키는 그 무엇인가를 의미한다. 아리스토텔레스는 스승 플라톤이 이상형으로 제시한 추상적 차원, 즉 數의 개념을 생각하였다. 왜냐하면, 예나 지금이나 물리학은 궁극적으로 물질세계의 기술에 관심이 있는 반면, 수학은 물질세계와 어떤 연관도 가질 필요가 없는 '추상적인 패턴'에 관심을 두기 때문이다. 그러나 아리스토텔레스에게도 둘 사이의 유용한 관련은 인간의 추상抽象이 물리의 세계와 결코 분리될 수 없다는 상식에 근거한 추론이었다.

한편, 아리스토텔레스는 '꿈dream, vision'을 대표적인 형이상학적 사유의 예시로 들었다. 우리는 꿈을 본 적이 없으며 논리적으로도 꿈을 설명할 수 없다. 과연 꿈은 실재하는가? 아니면 실재하지 않는가? 그러나 만약 꿈이 없다면 삶은 피폐해지며, 삶은 더 이상 의미도 없다. 즉 꿈이 없는 삶은 죽음과 같다. 꿈이 있기 때문에 살아갈 용기가 나는 것이고, 살아갈 이유도 생기는 것이다. 물론 꿈은 현실에서 이루어지지 않는다. 그러니까 꿈이다. 즉 이루어지지 않기 때문에 꿈이다. 그러나 반대로 이루어질 수도 있다. 우리는 2002년 월드컵에서 '꿈은 이루어진다'는 구호를 가지고 4강 진출의 신화를 이루었다. 또한, 누군가에게는 이루어지지 않는 꿈일지라도 다른 누군가에게는 이루어질 수도 있다. 중요한 것은 만약 꿈이 이루어진다면, 이는 더 이상 이상이거나 공상空想, 허상虛想이 아니라는 사실이다. 그것은 실재이고 현실現實이다. 오스트리아의 생태건축미술가로 유명한 훈데르트바서Friedensreich Hundertwasser (1928~2000)는 "혼자 꿈을 꾸면 그것은 단순히 꿈이지만, 모두가 함께 꿈을 꾼다면 그것은 바로 현실이다"라는 말을 남겼다. 이러한 의미에서 꿈이라는 형이상학은 만물을 움직이게 하는 동인動因이며 촉매이다. 형이상학과 꿈을 동일시한 아리스토텔레스의 예시는, 만약 우리의 삶에서 형이상학이 사라진다면, 우리는 살아 있어도 죽은 것과 다름이 없다는 논리의 전개와 결코 다르지 않다.

결국, 이상주의에서의 지식은 실제의 물리현상으로부터 형이상학의 영역을 모두 포괄한다. 그러나 역사적으로 오랜 시간 동안 지속되어 온 '이상주의'는 헤겔에게서 관념주의觀念主義 내지 사변주의思辨主義로 전락했다. 즉 이상이란 머릿속에서만 왔다 갔다 할 뿐 현실에서는 무용지물이라는 것이다. 그러나 이러한 해석은 철학적 차원이 아니라 '사회학적 해석'일 뿐이다. 왜냐하면, 당시로써는 매일 전쟁하는 시대에는 '사회적으로' 이상이 결코 현실적으로 이루어진 적이 없었기 때문이다. 그럼에도 불구하고 철학자로서의 헤겔은 '이상적인 것이 곧 현실적'이라고 주장했다. 왜냐하면, 꿈이 언젠가는 이루어질 수도 있는 것처럼, 이상 역시 언젠가 이루어질 수도 있기 때문이다. 따라서 이상주의적 지식은 현실과 거리가 멀 수도 있으며 실재하지 않을 수도 있다. 그러나 플라톤의 '목수의 이데아'처럼 이상은 늘 지향指向과 정위正位, orientation로서 존재한다. 즉 이상이 없다면 현실도 없다. 결국, 이상주의자들에게는 결코 변할 수도 없고 변하지도 않는 항구적으로 고정불변한 지식이 이 세상 어딘가에는 존재한다.

이렇게 본다면, 이상주의理想主義가 오늘날 우리의 삶에 무용지물인 사변적 형이상학으로만 간주되어야 하는 것인지, 아니면 오히려 실재론적이고 현실적인 정위Orientation로서의 이상을 제시하는 이정표로 파악되어야 하는 것인지는 아직 끝나지 않은 논쟁거리이다. 즉 아리스토텔레스가 형이상학으로서 제시한 '꿈vision'에 대한 해석이 제대로 이루어질 수 있다면, 이상주의적 지식에 관한 입장도 바뀔 수 있을지 모른다.

3. 경험주의

경험주의자들은 5가지 감각기관感官, 즉 오감五感, 5 senses을 통한 경험을 앎의 유일한 원천으로 간주한다. 여기서는 세계에 대한 어떠한 앎도 경험과 독립해서 존재할 수 없다. 물론 경험의 범위를 어떻게 설정하느냐에 따라서 경험주의의 내용도 다양해진다. 그러나 전통적으로 논의되는 경험주의는 대체로 5가지 감각지각(시각·청각·후각·미각·촉각), 즉 오감을 통한 감각적 경험을 의미한다. 즉 인간에게는 태어날 때부터 알고 있는 지식이나 원리란 어떤 것은 없다. 따라서 감각적 경험의 한계가 곧 인간의 앎의 내용이자 한계가 된다.

경험주의는 일반적으로 백지설白紙設, tabula rasa로 대변된다. 인간은 태어날 때에는 어떠한 선천적 앎도 가지고 있지 않다. 그냥 백지상태로 태어난다. 따라서 인간의 마음은 원래 아무것도 쓰여 있지 않다. 따라서 백지에 무엇인가가 쓰여질 때 비로소 앎이 생긴다. 경험주의 철학의 태두격인 로크 John Locke(1632~1704)는 백지에 무엇이 그려지는 과정이 바로 경험이라고 설명했다. 이러한 경험주의는 객관적이고 절대적인 외부세계가 존재한다는 가정을 하고 있다. 외부세계에 대한 감각적 경험을 통해서 실제의 사실이 발견되고, 여러 다양한 경험을 통해서 얻어진 사실들이 귀납의 과정을 거쳐서 일반지식으로 전개된다.

원칙적으로 경험주의는 개별현상들을 관찰하고 검증함으로써 공통된 특징을 찾아내거나 동일한 관계를 찾아냄으로써 동일한 개념을 발견하려고 한다. 따라서 감각적 경험이 지식으로 간주되기 위해서는 객관적이고 보편적이어야 한다. 그러나 문제는 지식 형성의 토대가 되는 감각적 경험이 반드시 객관적이지는 않다는 사실이다. 즉 경험은 원칙적으로 주관적이기에 때문에 본질상 주관적 경험은 보편적인 지식으로 간주될 수 없으며 단지 개별적 지식일 뿐이다. 심지어 경험을 통해서 형성된 지식은 또다시 본질적으로 한계를 가진 경험을 통해서 검증될 수밖에 없다. 결국, 경험이 객관성과 과학성의 확보를 위해서는 '끊임없이' 객관적으로 검증될 수밖에 없다.

일상에서 우리는 경험을 객관화하고 보편화하여 일반지식으로 하기 위해서는 끊임없는 '시행착오의 과정'을 거친다. 과학에서는 객관성을 확보하여 일반 지식을 창출해 내기 위해서 지속적으로 관찰하고 실험하고 측정한다. 다시 말하면, 경험주의는 과학지식의 출처로 '경험'을 제시한다. 경험주의는 자연의 규칙성이 관찰·측정·실험 등 경험을 통해 감각적으로 인식되고, 이로써 과학지식이 산출된다고 본다. 즉 경험을 통해 얻어진 과학적 사실들은 과학지식으로 일반화되고, 일반화된 과학지식은 다시 경험을 통해 검증되고 보다 일반화된다. 이런 과정을 통해 도출된 과학지식은 기존의 과학지식에 차곡차곡 쌓여진다. 그러나 관찰과 실험을 통한 과학적 지식 역시 늘 바뀐다. 즉 새로운 관찰과 새로운 실험의 결과로 얻어지는 지식은 기존의 지식을 대체한다. 이러한 의미에서 과학철학자 포퍼는 '반증주의 Falsifiabilitism'를 선언했다. 즉 기존의 지식에 새로운 반증이 생기면 기존의 지식은 폐기되고 새로운 지식이 곧 지식이다. 이렇게 지식은 진화한다. 이를 과학자들은 과학의 발전이라고 설명한다. 중요한 것은 과학의 발전이 기약되는 한 지식은 계속해서 반전反轉한다는 사실이다. 즉 지식은 계속 달라질 수 있다. 이러한 지식 개념은 경험주의에서 말하는 지식의 성격이라고 할 수 있다. 결국, 경험주의에서는 새로운 과학지식이 계속 누적되면서 과학이 발달한다고 본다. 이러한 과학지식의 발달 모형을 누가모형 또는 보존모형이라 한다. 여기서 과학지식은 계속 축적되면서 양적으로 팽창될 뿐 아니라, 질적으로 심화되어 변화·발전한다.

그러나 경험주의에 대해서는 지난한 오해가 존재한다. 특히 경험주의를 연 로크John Lock(1632~1704)는 단순한 경험의 누적을 지식으로 간주하지는 않았다. 우선 그에게서 지식의 원천은 '외적 감각'과 '내적 감각'이었다. 따라서 그에게는 합리주의자들의 전유물이었던 본유관념은 존재하지 않으며 단지 단순관념만 존재한다. 이러한 단순관념들이 외적 감각과 내적 감각을 통하여 형성된다는 것이다. 따라서 모든 지식은 외적 감각을 통해 마음으로 들어오는데, 이때 그에게 중요한 것은 마음의 작용으로 인하여 '반성 reflection'이 이루어지면서 참지식으로 전개된다는 점이었다. 여기서 반성의 과정을 통하여 얻어지는 지식은 내적 감각에 의한 지식이다. 그렇다면 왜 '반성작용'이 이루어지는가? 바로 단순관념 간의 충돌 때문이라고 로크는 주장한다. 즉 반성작용의 원인이자 준거는 단순관념이다. 이렇게 본다면, 감각에 토대를 둔 경험주의지식은 단순히 백지tabula rasa를 채워주는 누적 감각이 아니라 외부 감각으로 수용된 정보를 '부단한 반성과정'을 통해서 단순관념을 참지식으로 전환시켜 주는 것이다. 결국, 로크가 주장하는 경험주의적 지식은 반성적 과정을 통하여 반성적 지식으로 종결된다고 할 수 있다.

이렇게 본다면, 오늘날 경험주의의 토대 위에서 자란 자연과학은 지식창출에서 중요한 전환점을 마련할 필요가 있다. 즉 객관지식을 찾겠다는 염원의 승리로 자처하는 자연과학이 진정한 객관지식을 얻으려면 반드시 반성적 성찰을 통한 지식추구의 방법을 새롭게 발견해야 할 필요가 있다는 사실이다.

4. 합리주의

합리주의는 우리의 감각으로 얻어지는 개별적 지식은 늘 변할 수 있기 때문에 지식으로 간주하지 않는다. 즉 합리주의에서의 지식은 영원히 불변한다. 따라서 지식은 객관성, 보편성, 일반성을 추구하기 때문에 '이성'에 의해서만 가능하다. 결국, 합리주의에서는 이성에 의한 지식만이 지식이다. 이성이란 후천적 경험에 대립하는 선천적 인식능력이다. 합리주의는 지식을 획득하기 위해서 귀납적 지식을 가능하게 하는 감각경험과 물리현상을 거부하고 오로지 이성능력에 의한 연역적 방법을 택한다. 따라서 합리주의는 보편성으로부터 개별성을 파악해 내는 방식을 택한다.

합리주의란 지식 또는 정당성의 원천으로서 이성reason에 호소하는 모든 견해를 말한다(Lacey, 1996: 286). 오늘날 이는 지식 개념의 근거를 제공하는 이론이며 방법인데, 여기서는 진리의 기준이 감각적 차원에 있지 않고 지성적이며 연역적 차원이다(Bourke, 1962: 263). 그러나 그가 이론과 방법 중 어디에 얼마나 강조를 두느냐에 따라서 합리주의자들의 입장과 관점은 달라진다. 일반적으로 이성은 지식을 획득하는 과정에서 다른 방법보다 선행한다고 주장하지만, 극단적인 합리주의자들은 이성을 지식획득의 유일한 방법이라고 주장한다(Audi, 1999: 771).

계몽주의 이래로, 합리주의는 데카르트, 스피노자Baruch de Spinoza(1632~1677), 라이프니츠Gottfried Wilhelm Leibniz(1646~1716)[67] 등에 의해서 철학의 영역에 수학적 방법을 도입함으로써 성립되었다. 이는 대륙의 합리론이라고 불리었는데, 당시 영국에서는 경험론이 득세하고 있었기 때문이다. 합리론은 종종 경험론과 대비된다. 경험론자들은 감각에서 지식이 유래한다고 보았지만, 합리주의자들은 지식이 원칙과 '공리公理'로부터 나온다고 보았다. 이를테면 기하학에서의 공리axioms는 근본적인 기초적 원칙으로서 이로

---

[67] 라이프니츠는 생득적 관념을 주장한 대표적인 합리론자로서, 관념을 갖는다는 말의 의미를 설명하는 데에 지식이라는 개념을 사용하였다(D.W. 함린, 1978/ 이홍우 역, 2010: 73).

부터 모든 가능한 지식의 나머지도 도출된다는 것이다. 왜냐하면, 합리주의 지식과정은 오로지 이성reason의 사용을 통해서만 가능하며, 기본 원칙이 지켜지는 것이 지식과정에서 '합리적'이라는 입장 때문이다. 따라서 이들에게 수학은 이성을 사용하여 공리를 합리적으로 적용함으로써 지식을 창출하는 대표적인 사례가 된다. 또한, 이들은 논리logic에 근거하여 인간의 행동을 예측하고 설명한다. 결국, 합리주의에 따르면, 지식은 이성의 작용을 통한 논리적 근거에 의해 형성되는 기본 공리(공식)로부터 나온다.

그러나 현실적 삶에서는 공리와 공식으로 파악되지 않는 영역이 더 많을 수 있다. 왜냐하면, 우리 인간의 삶은 단순한 조각들의 합이거나 선형적 과정이 아니기 때문이다. 따라서 합리주의에서 도출되는 지식은 자칫 '합리화의 도구'로 전락할 가능성이 있다. 합리성을 빌미로 '합리화' 또는 '자기합리화'를 할 수 있다면, 이는 궤변sophistry에 불과하다. 이는 논리와 궤변이 종이 한 장 차이라는 사실과도 결코 다르지 않다. 심지어 역사적으로 합리슴理의 이름으로 단죄함으로써 생사를 결정지었던 사건들은 셀 수 없을 정도로 많았다. 역사상 수없이 자행되었던 일명 '마녀사냥'이 대표적이다. 물론 우주의 모든 삶을 설명할 수 있는 합리주의적 지식이 존재한다면, '이상사회理想社會'는 쉽게 찾아올지도 모른다. 합리도 삶이지만 '비非합리'도 삶이다. 왜 저 사람은 전염병이 도는 무리 속에서도 자원봉사를 계속할 수 있을까? 정이란 합리인가 비합리인가? 사랑, 행복, 의리 등을 우리는 어떻게 '합리'만으로 설명할 수 있을까?

5. 자연주의

자연주의에서는 우리가 자연현상에 대해서 완전히 인식할 수 있다고 믿는다. 즉 자연에는 객관적으로 이해할 수 있는 법칙이 존재한다. 봄에는 꽃이 피고 가을에는 낙엽이 진다. 아침에 해가 뜨고 저녁에 해가 진다. 이른바 '자연법칙'이다. 따라서 자연에는 규칙과 통일성이 존재한다. 만약 이러한 규칙과 통일성을 알려주는 법칙이 없다면, 우리는 자연에 관하여 어떤 지식도 획득할 수 없다. 우리가 자연에 관하여 무엇인가를 알 수 있는 한, 자연에는 객관적 법칙이 존재하는 것이며 이로써 우리는 자연에 대한 지식을 추구할 수 있다.

그런데 여기서 중요한 것은 '자연에는 법칙이 있다'는 말이 하나의 가정이며 가설이라는 사실이다. 아니면 믿음이다. 만약 이러한 가정과 가설을 믿을 수 없다면, 우리는 자연에 대해 알고 있는 것은 무법칙적인 것이다. 만약 이러한 가정과 가설 그리고 이러한 믿음이 잘못되었다면, 우리는 자연에 관하여 잘못 알고 있는 것이다. 그러나 이러한 가정과 가설 그리고 믿음이 틀림없다면, 우리는 자연에 관하여 확실히 알 수 있다. 그럼에도 불구하고 자연의 '법칙성'에 대한 가정은 (온전한) 지식을 담보하지는 않는다. 왜냐하면, 자연을 인식하는 주체에 따라 개인차가 존재하기 때문이다. 즉 자연이 일정한 법칙에 의해 현상하더라도, 우리의 인식능력에 따라서 지식의 정도와 수준은 달라진다.

자연주의 지식을 창출해 내는 대표적인 영역이 자연과학이다. 유물론 역시 자연주의 지식의 온상이다. 왜냐하면, 자연주의는 형이상학에 대해서는 관심이 없으며, 단지 자연은 실재 그 이상도 이하도 아니라고 생각하기 때문이다. 따라서 자연주의는 초자연적인 것을 인정하지 않는다. 그러나 자연적인 것 속에서도 초자연적인 것을 발견하는 것이 가능하다고 할 경우에는 자연주의에서 초자연성에 관한 지식도 가능할 것이다. 사실 인류 최초로 이렇게 생각한 자연학자가 바로 최초로 ≪형이상학Meta-Physika≫이라는 저작을 쓴 아리스토텔레스였다.

사실 애초에 자연현상을 관찰하면서 마침내 자연과학을 가능하게 한 자연(철)학 역사를 보더라도 탈레스로부터 어느 누구도 자연현상에 관한 지식을 자연과학적 차원에만 국한시킨 적은 없다. 계몽주의 시대에 '자연으로 돌아가라'고 외친 사상가로 알려진 사실은 그런 적이 없지만 루소Jean Jacques Rousseau(1712~1778)는 자연철학의 대표적인 계승자였다. 오늘날 자연주의로부터의 지식은 마치 자연과학을 통해서만 산출될 수 있다고 믿는다. 즉 자연철학적 사유를 통해 얻어질 수 있는 자연주의적 지식의 산출방식이 삭제되고 만 셈이다. 루소의 자연주의 철학에서의 지식은 '인간성 회복을 위한 지식'이다. 루소는 자신의 자연철학에서 '야만과 문명'을 대치시켰다. 루소에게서 문명civilization은 인간성을 파괴하는 장본인이다. 따라서 '자연으로 돌아가라'는 식의 루소의 입장은 타락한 인간성을 회복하라는 의미이다. 특히 그의 '자연법사상'은 자연에 존재하는 법칙에 따라 살아가는 것이 인간성을 회복하는 길이라는 의미이다. 그럼에도 불구하고 자연과학에서의 자연법사상은 자연현상을 관찰, 실험, 조작함으로써 지속적으로 인간의 삶에 유리하다고 평가되는 문명의 이기를 쌓아 놓는데 기여하는 것으로 만족하고 있다.

그러나 문명이나 문화는 인간에 의해 만들어진다. 그리고 인간은 자신이 창조한 문화와 문명에 다시 구속된다. 즉 인간은 스스로 문화를 창조해 내지만, 그 문화에 스스로 지배된다. 따라서 문화와 문명이 건전해지기 위해서는 창조하는 주체로서의 인간이 건전해질 필요가 있다. 이렇게 본다면, 인간성 회복으로서의 자연법사상은 자연철학적 차원에서 수정될 필요가 있다. 왜냐하면, 오늘날 자연법사상에 입각한 자연주의적 지식은 자연과학적 방식에 경도된 왜곡된 지식으로 나타나기 때문이다.

6. 실증주의

실증주의는 실제로 증거를 근거로 이론을 전개하는 견해를 말한다. 고대 이집트로부터 오늘날까지 이어져 온 이 개념은 19세기 초 사회학을 창시한 프랑스의 철학자 콩트Isidore Auguste Marie François Xavier Comte(1798~1857)에 의해서 발전되었다. 실증주의자들은 직관Intuition이나 내적 성찰Introspection에 의해 지식을 얻은 것을 거부했다. 대신 이들은 오로지 '근거'가 명확할 때 그것을 '증거evidence'로 하여 마침내 지식으로 간주했다.

실증주의는 전통적으로 '형이상학적으로' 지식을 획득하는 대신 '과학적 방법'을 지식산출과 지식획득의 방법으로 간주했다. 계몽주의자들 중 특히 생시몽Henri de Saint-Simon(1760~1825), 라플라스Pierre-Simon Laplace(1749~1827), 콩트가 이러한 실증주의 운동에 앞장을 섰다. 이러한 지식의 실증주의적 접근방법은 '사회적 조사social research'를 창시한 뒤르켐David Émile Durkheim (1858~1917)에 의해 전용되었다. 이로써 연구방법론을 창안하게 된 '사회과 학社會科學'은 전성기를 구가하게 되었고 급기야 전 학문 세계를 지배하게 되었다. 그러나 20세기 전환기에 독일의 사회학자들 중 베버와 지멜Georg Simmel(1858~1928) 등은 일방적인 실증주의적 독트린에 반기를 들면서 특히 사회학에서 반反실증주의anti-positivism 운동의 기수가 된다. 이 과정에서 현상 학의 창시자 후설Edmund Husserl은 이미 위에서 언급된 것처럼 "실증주의가 형이상학의 목을 잘랐다"고 한탄했다.

그러나 콩트에 영향을 받았지만, 또 다른 노선을 지향하면서 20세기 초 빈Wien학파를 중심으로 전개된 논리실증주의logical positivism의 등장은 실증 주의의 조류를 다시 학문 세계의 주류로 올려놓는데 큰 기여를 한다. 특히 논리실증주의는 독일어권에서 탄생했지만, 앵글로 - 아메리카 지역의 학문 세계를 지배하고 있던 '분석analyse' 방법 중심의 학문 조류들 이를테면 자연 과학, 경험과학, 사회과학 등과 쉽게 조우할 수 있었다. "많은 비판에도 불구 하고"[68] 실증주의는 결국 학문의 중심세력이 되고 말았다. 그러나 이러한

---

[68] 인류에게 학문의 출발은 철학philosophy이었다. 철학은 이제 실증주의에 그의 명성 을 내주는 꼴이 되었다. 이 과정에서 특히 우리가 주목해야 할 것은 논리실증주의 자들의 역할이다. 논리실증주의자들은 엄연히 철학자(논리학자)들이었다. 결국, 형이상학의 목을 자른 실증주의에 결정적으로 공헌을 한 논리실증주의자들은 철 학을 스스로 폐기한 철학자가 된 셈이다. 오늘날 철학은 막다른 길에 와 있는 이유 도 여기에 있다. 대표적인 논리실증주의자로 간주되고 있는 그러나 본인은 결코 그것은 오해라고 외치다 죽어 버린 비트겐슈타인Ludwig Josef Johann Wittgenstein (1889~1951)의 경우, 『논리적 철학적 논문』(Logisch-Philosophische Abhandlung, Annalen der Naturphilosophie, 14 , 1921)을 쓴 이후 한동안 철학의 세계를 떠났 다. 그 이유 중에는 자신도 모르게 자기 스스로 논리실증주의에 지나치게 경도된 듯한 느낌을 받아서 이를 반성하는 차원도 있었다. 그 후 그는 낙향하여 초등학교 교사도 하고 빈들빈들 시간도 보내다가, 마침내 20여 년이 지난 후 그의 마지막 대작인 『철학적 탐구』(Philosophische Untersuchungen, 1953)를 발표한다. 여기서 그는 자신의 전기 작품인 <논리철학>을 거부하고, 하이데거Martin Heidegger의 인간

비판들을 통해서 실증주의적 지식의 과정은 온전한 지식획득을 위해서 크게 수정 보완될 필요가 있다. 왜냐하면, 실증만 되면 지식이 된다고 한다면, 정말 그것이 진리라고 하더라도 실증이 없다면 결코 지식이 될 수 없다는 논리가 성립하기 때문이다. 즉 실증주의자들에게 진정한 지식이란 그것이 감각과 경험에 의해서건 아니면 논리나 합리적 사고에 의해서건 중요한 것은 '확실한 증거'에 의할 때에만 가능하다. 설령 그 증거가 잘못된 것이든, 조작된 것이든 상관없이 무조건 증거만 있으면 지식이다. 이는 실증주의가 우리 사회에 남겨놓은 결정적인 한계, 즉 '증거주의의 오류'이다. 대표적으로 법실증주의는 법치국가에 살고 있는 우리 현대인들에게 가장 심각한 일상적 오류를 산출해 내고 있다. 물론 법실증주의의 한계를 만회하기 위해서 유권해석을 하고 있지만 법실증주 앞에서는 그의 위력은 거의 무기력한 실정이다. 증거가 있으면 진리이고 증거가 없으면 아무것도 아니다.

7. 실존주의

실존주의existentialism란 말 그대로 실지로 존재하는 것이 모든 것의 주체가 된다는 의미로서, 특히 철학에서 주체는 관념이나 사변이 아니라 실제로 존재하는 인간이 된다. 따라서 철학적 사유 역시 인간, 즉 생각하고, 느끼고, 행동하고, 살아 있는 인간 개개인에서 시작된다(Macquarrie, 1972: 14~15).

실존주의자들은 "실존이 본질에 앞선다"는 구호 하에 실제로 존재하기 위해서 인간은 스스로 생각하고, 스스로 행동하고 스스로 살아간다. 따라서 삶의 주체로서의 인간은 스스로 한 생각과 행동에 스스로 선택하고 결단하고 이에 책임진다. 키에르케고르Kierkegaard, Søren Aabye(1813~1855)로 대표되는 유신론적 실존주의자들에게 인간은 "신 앞에서의 선택과 결단 그리고 책임"

학, 현상학, 해석학적 접근으로 철학의 방향을 선회한다. 이는 당시 대표적인 논리 실증주의자로 간주되었던 한 철학자의 자기비판이었으며 자기반성의 대표적인 사례라고 할 수 있다.

이 중요하다. 사르트르로Jean-Paul Sartre(1905~1980)로 대표되는 무신론적 실존주의자들에게는 인간에게 부여된 자유 속에서의 자유로운 선택과 결단 그리고 이에 대한 책임이 중요하다. 결국, 실존을 위해서 인간은 신 앞이든 아니면 자신 앞에서든 선택, 결단, 책임질 수 있는 동물이 된다.

많은 실존주의자들은 전통적인 체계나 철학자들을 너무 추상적이어서 구체적인 인간 경험으로부터 너무 멀리 있다고 보았다. 19세기 초 키에르케고르는 실존주의의 아버지로 간주된다. 그는 자신의 삶을 결정하는 자는 결국 개인이라고 단정했다. 따라서 모든 것은 개인의 선택과 결정에 따라 달라진다. 그러나 중요한 것은 이러한 선택과 결정에 개인은 반드시 책임질 수밖에 없다는 사실이다. 반면, 무신론적 철학자인 사르트르Jean-Paul Sartre(1905~1980)는 "인간은 자유의 형벌을 받은 존재"라고 선언하였다. 여기서 자유의 형벌이란 자신이 자유롭게 선택한 것에 대해서는 스스로 책임질 수밖에 없다는 논리이다. 따라서 인간은 자신의 자유로운 선택과 결정에 따라 이에 대해서 책임질 수밖에 없는 존재인 것이다. 왜냐하면, 인간의 삶은 동물의 그것과 달리 항상 '의미meaning'을 가지고 있기 때문이다. 따라서 인간은 동물과 달리 때로는 열정적이고 진지하게 삶을 살아간다. 반대로 인간은 동물과 달리 극단적인 경우에는 스스로 자신의 삶을 마감하는 자살自殺까지도 자행할 수 있는 자유를 가지고 있다.

실존주의existentialism라는 용어는 프랑스의 철학자 마르셀Gabriel Marcel(1889~1973)에 의해 1940년대에 처음 사용되었지만, 그 이듬해인 1945년 10월 20일 사르트르가 파리의 <클럽 메인트낭, Club Maintenant>에서 강의할 때 도입하면서 이 개념은 일반화되기 시작했다. 이 강연의 내용들은 『L'existentialisme est un humanisme』(1946)이라는 이름의 책으로 출간되었다. 그러나 내용적으로는 이미 독일의 철학자 하이데거Martin Heidegger(1889~1976)가 1920년부터 자신의 철학에 인간존재Desein에 대해서 집중해왔으며, 야스퍼스Karl Theodor Jaspers(1883~1969)는 1930년대부터 나온 자신의 철학을 실존철학Existenzphilosophie이라고 명명해 왔다.

이러한 실존주의는 제2차 세계대전 이후 개인주의의 득세와 함께 인간의 자유freedom와 개성individuality 그리고 '주체성'을 존중한다는 명목하에 대중적인 지지를 얻게 되었다. 그러나 실존주의적 사유로부터 도출되는 지식은 개인적 지식이 된다. 왜냐하면, 실존주의 지식은 개인의 자유로운 선택과 결단에 달려 있기 때문이다. 물론 개인적 선택과 결단으로 획득되는 지식은 인간에게 주어진 본연의 자유 내지 신 앞에서의 평등과 자유가 전제된다. 따라서 실존주의 지식은 누군가에게서 고정된 지식이 아니라 자신이 스스로 찾아내고 스스로 창출해 가는 지식이 된다. 그럼에도 불구하고 남아있는 질문은, 과연 우리 인간은 완전히 자유롭게 선택하고 결단하고 이에 대해서 진정 책임질 수 있는 존재인가? 또한, 개인의 실존적인 선택과 결단이 어떻게 지식의 객관성과 보편성을 확보할 수 있을까?

8. 실용주의

실용주의Pragmatism는 이론과 실제를 연결시키는 일에 주목한 학문 사조로서 19세기부터 특히 미국에서 시작된 새로운 학문사조이다. 당시 산업혁명은 학문적 성과들이 매우 사변적이거나 실제와 동떨어진 것으로 취급되는 계기를 만들었다. 즉 산업혁명에 당시 대학에서 나온 이론들은 그리 유용하게 적용될 수 없었던 것이다. 특히 당시 시대를 지배하던 헤겔주의는 절대존재absolute Being를 믿었던 관념주의, 사변주의적 형이상학의 요소를 담지하고 있었다. 이러한 사회적 움직임에 자극을 받은 학문 세계에서는 실제로 적용될 수 있는 이론을 산출해 낼 수 있어야 했다. 이를 위해 학자들은 우선 실제(또는 실천)로부터 이론을 도출하는 일을 시작해야 했다. 여기서 실제는 지성적 실제intellectual practice가 된다. 또한, 실용주의자들은 '사실'과 '가치value'의 구분을 거부하고, 도구주의, 경험주의, 검증주의, 과학주의, 개념적 상대주의를 적극 수용하고 나섰다.

철학운동으로서의 실용주의는 1870년대 미국에서 시작되었다. 특히 철학클럽philosophical club은 당시 실용주의 노선을 수립하는 데 결정적이었는데,

이 클럽의 주회원은 퍼스Charles Sanders Peirce(1839~1014)를 위시하여 제임스 William James(1842~1910), 라이트Chauncey Wright(1830~1875), 그리고 듀이John Dewey(1859~1952)와 미드George Herbert Mead(1863~1931)로 구성되었었다.[69]

이들은 대부분 미국의 심리학자들이면서 동시에 철학자들로서 특히 수학과 과학에 정통했다. 특히 심리학 연구를 위해 이들은 '실험의 방법'을 적극 도입함으로써 실용적 지식을 얻을 수 있다고 생각했다. 또한, 이로써 이들은 실제 세계와는 동떨어진 사변철학에서 벗어날 수 있다고 믿었다. 그리고 이들은 지식산출을 위해서 '분석analysis'에 크게 의존하였다. 또한, 경험은 이들에게 가장 중요한 이슈였다. 경험 없이 얻어지는 지식은 더 이상 지식이 아니다. 즉 경험을 통한 지식만이 진정한 지식이었다. 이렇게 하여 이들이 추구했던 지식은 실제의 삶에 '유용한 지식'이 되었다. 한마디로 지식의 판단은 진리가 아니라 '유용성有用性, utility'이며 공리公利였다. 즉 실제로 우리가 삶에서 써먹을 수 없는 지식은 더 이상 지식이 아니다. 아울러 공리를 거부하는 유용성은 더 이상 실용이 아니다.

그러나 의아한 것은 실용주의자들 대부분 <형이상학클럽metaphysics club>의 회원들이었다는 사실이다. 물론 이들은 사변적이며 비현실적인 형이상학을 비판함으로써 진정한 철학에 보다 가까이 접근하겠다는 의도를 가지고 있었다. 그러나 이러한 의도는 점차 형이상학을 거부하는 것보다는 형이상학과 경험의 세계가 동떨어진 영역이 아니라는 데에 일치하게 된다. 즉 경험과 합리를 합일시키고자 했던 칸트의 선험철학으로 돌아감으로써 현실에서 형이상학의 문제를 해결할 수 있다는 결론에 도달하고 말았다. 처음 의도와는 달리 실용주의적 지식은 형이상학의 문제를 결코 거부할 수 없는 지경이 된 셈이다.

특히 실용주의자들에게 종종 발견되는 반성과 성찰Reflection의 개념은 이를

---

[69] 실용주의pragmatism이라는 용어는 1898년 제임스가 처음 사용했는데, 그는 이때 퍼스의 학문을 실용주의의 효시라고 지칭함으로써, 우리들은 1870년대 초 퍼스의 작품들을 실용주의의 시작으로 간주하고 있다. 퍼스는 실험을 통한 도구주의의 선봉이기도 하다. 따라서 그에 의해 정위된 실용적 지식은 반드시 실험을 통하여 얻어져야 하며, 삶의 도구로서의 지식을 의미한다.

대변한다. 이를테면, 철학과 교육철학을 동일시하는 듀이John Dewey(1859~ 1952)의 교육의 최종 목표는 '성장growth'이다. 즉 우리는 성장하기 위해 지식을 습득하고 성장하기 위해 학습한다. 이때 성장과 실용적 지식은 어떤 관계를 가지고 있을까? 지금까지 우리는 일반적으로 듀이에게는 실용적 지식의 누적이 곧 성장으로 이해했다. 그러나 듀이에 의하면, (형이상학적) 반성과 성찰이 없이는 결코 성장이 일어나지 않는다(Dewey, 1916).

그렇다면 도대체 어떻게 된 것인가? 지식의 전달과 누적이 우리에게 성장이 아니라, 경험을 통해 얻어진 지식을 반성하고 성찰해 봄으로써 비로소 성장한다. 따라서 듀이에게 모든 경험은 도구instrument가 되는 것이다. 즉 실용주의자들을 도구주의자라고 칭하는 이유도 여기에 있다. 우리가 어떠한 경험을 하든 경험하면서 획득되는 지식을 그대로 쌓아가고 이를 실생활에 적용하는 것이 지식이 아니라, 진정한 지식은 경험하는 동안 반성하고 성찰하면서 얻는 지식이다. 반성과 성찰을 통해 얻어지는 지식은 실생활에 적용될 정도를 넘어서 궁극적으로 무한한 잠재능력을 가진 개인의 지속적인 성장을 보장한다.

05 지식 개념의 한계와 전망

1. 인식론적 오류

애초에 인간은 자연의 본질과 현상을 파악하기 위해 자연을 인식하기 시작했다. 이들은 자연현상을 관찰하면서 자연의 본질을 찾아내고자 했다. 탈레스가 '물'이 만물의 아르케라는 선언을 함으로써 시작된 자연(현상)에 대한 연구, 즉 자연(철)학은 모든 학문의 시작이었다. 이러한 학문의 시작은 철학과 신학의 세기를 거쳐서 급기야 자연과학의 세기로 발전한다. 현대적 의미에서 자연과학을 정초한 갈릴레이Galileo Galilei(1564~1642)로부터 뉴턴으로 이어지는 근대과학의 성립과 대륙의 합리론과 영국의 경험론의 대립은 한편으로는 '인식론의 절정'을 이루게 했다. 그러나 다른 한편으로 이는 '인식론적 갈등'을 암시하는 신호탄이 되기도 했다. 즉 애초부터 학문 세계에서 지속적으로 누적되어 왔던 인식론적 사유의 한계는 계몽주의 시대에 일반대중에게까지 노정되기 시작한 것이다.

특히 자연과학이 득세하기 이전, 즉 철학(형이상학) 내지 자연(철)학이 지배하던 시대에는 '관찰의 주체'인 인간의 인식문제는 그렇게 명확하게 평가되지 않았다. 왜냐하면, 인식은 외적 인식뿐 아니라 내적 인식의 문제를 함께 포함하고 있었기 때문이다. 구체적으로 우리의 눈(또는 시력, 관찰)으로 인식하지 못하는 것(외적 인식, 관찰)은 마음으로 인식하면 되었기 때문이다. 즉 외적 인식의 한계는 내적 인식으로 보충할 수 있었다. 물론 이러한 생각은 철학(또는 형이상학)이 삶의 저변과 모든 학문 및 연구세계를 지배하고 있었기 때문에 가능하였다. 왜냐하면, 전통적으로 인식론의 관심은 전통적으로 인식의 내용이나 발견과정을 넘어서서 인식의 '정당성'과 그러한 '정당성의 맥락'을 추구하는 것에 있었기 때문이다(Haack, 1978).

그러나 경험과학과 자연과학이 점점 철학의 영역에서 벗어나 독자적인 학문 세계를 구축해 가는 과정에서 인식론적 갈등은 가속화되었다. 특히 19세기 실증주의positivism의 등장은 '인식론적 오류'를 노출시키는 기폭제가 되었다. 즉 실증주의와 자연과학의 만남으로 인하여 이제 '과학으로 철학을 증명하려는 처사'가 되었다. 이를테면, 철학 역시 선험적 관점이 아니라 자연과학의 다양한 방법과 이론적 틀을 통하여 경험적으로 수행되어야 한다는 주장이다. 또한, 실증주의와의 만남으로 (자연)과학은 학문으로서의 철학적 인식론마저 거부하고 말았다. 결국, 전통적인 철학적 인식론이 '과학적 인식'에 자리를 내주게 되면서, 인식론은 이제 '앎의 과학'이 아니라 '과학적 앎'에 대한 연구로 대치된다.

그러나 실제로 이는 잠재된 인식론적 한계와 오류의 노정이었으며 인식론적 편견의 결과이기도 했다. 다시 말하면, 우리 인간의 삶에서는 실증주의자들이 주장하는 것과는 달리 입증되고 검증되지 않는 것이 얼마든지 존재한다: "과연 누가 인간을 이론적으로 증명할 수 있는가?"(찰스 반 도렌/ 오창호 옮김, 1995: 262) 그럼에도 불구하고 '근거가 없으면 삶이 아니며, 증거가 없으면 아무 일도 없는 것'이라는 실증주의적 사유가 우리의 모든 삶을 지배하게 된 것이다. 따라서 아직 입증되고 검증되지 않는 삶도 엄연히 삶이라는 주장과 입증되고 검증되지 못하는 것, 즉 증거나 근거가 없는 것은 일단 연구와 학문에서 제외하고 보자는 입장이 확연하게 대치되고 만 셈이다. 그러나 인식론적 오류로 인한 인식론적 한계에 든 이상, 우리의 삶은 제대로 인식될 수 없으며 아울러 진리와 지식의 문제는 더욱 요원한 문제가 될 수밖에 없다.

그러나 학문적으로 이러한 인식론적 오류의 문제를 촉발시킨 학문이 있다. 바로 '사회과학'이 바로 그것이다. 학문이 학문으로 군림하기 위해서는 연구의 대상이 확실해야 하고, 연구방법론이 정립되어 있어야 한다. 원칙적으로 사회과학의 연구대상은 '사회'이다. 즉 사회과학은 구체적으로 사회구조를 파악하고 사회변동의 현상을 연구해 냄으로써 학문적으로 사회의 전모를 분석해 내고 이해하는 것을 목표한다. 학문적으로도 사회과학은 삶을 설명하고 이해하는 데 있어서 발생하는 자연과학과 인문학 사이의 간극을 메우는 가교의 역할을 할 수 있다는 판단이다. 그러나 사회과학은 자연과학이나 인문학에 비해 연구방법론에서 취약하다. 자연과학은 관찰, 관측, 실험, 조작 등 고유한 방법론을 오랜 시간 동안 발전시켜 왔다. (서구의) 인문학은 변증법과 스토리텔링이라는 방법론을 가지고 성장했다. 그러나 사회과학은 실증주의로부터 '조사방법론'을 차용했다. 물론 사회과학은 인문학과 자연과학의 방법론을 병행하고 있다. 왜냐하면, 사회과학은 학문적으로는 양자를 규합해야 하는 소명을 가지고 있기 때문이다. 그러나 오늘날 사회과학은 거의 조사survey를 통한 증거에 입각한 방식으로 학문의 양적 성장을 이루어지고 있다. 그런데 조사방법이 자연과학의 방법을 그대로 모방하고 있다는 사실이다. 임의로 표집을 하고 그 표집에 대해서 양적 통계처리를 하여 이를 설명하는 것이 대세이다. 그런데 위험한 것은 오늘날 사회과학이 득세하면서, 즉 조사를 통한 통계처리의 방법이 사회과학의 방법을 지배하면서 인문학 역시 이러한 방법론에 익숙해지고 있다는 사실이다. 이렇게 본다면, 모든 학문 세계에서 자연과학적 방법이 지배적으로 된 계기는 사회과학의 기여라고 할 수 있다. 복잡계이론이나 빅데이터의 방법론 역시 사회조사방법의 발전에 한몫을 하고 있다. 결국 자신만의 고유한 연구방법론을 창안하지도 못하고 시작된 사회과학은 학문 세계에서 그리고 일상에서 '인식론적 오류'의 생산에 한몫을 했다고 할 수 있다.

2. 인식론적 반성

이미 언급한대로 인간은 태생적으로 본래의 인식능력의 한계 때문에 인식론적 오류를 피할 수는 없다. 삶의 실제 역시 역사과정을 통해서 볼 때 특히 계몽주의 이후(과학의 세기, 실증과학의 등장) '인식론적 오류'의 과정을 그대로 노정 시켜 왔다. 인간은 늘 '반성적 인식' 내지 '인식론적 반성 epistemological reflection'의 과정을 통해서만 온전한 인식에 도달할 수 있다'(Baxter, 1992). 헤겔에 의하면, 인식론적 반성이란 개별을 통해서 보편을 인식하는 사고과정의 능력을 말한다(Hegel, 1807). 즉 '인식론적 오류'는 인식론적 반성이나 반성적 인식의 영역에서 내적으로 비판되거나 반성 성찰 reflection됨으로써 수정되어야 한다. 그러나 인류에게 실제적으로 그런 역사는 거의 없었다. 진정한 '과학의 방법'으로서 귀납법을 수립한 베이컨이 제시한 우상偶像, idol 배제의 논리 역시, 사실은 인간에게 피치 못 할 오류를 야기하는 원인으로서 '우상'을 제거해야만 진정한 지식을 획득할 수 있다는 주장이었다.

> "베이컨은 인간의 오류를 설명하기 위해 '우상'을 만들었는데 그것은 매우 유용한 개념이다. 인간은 우상 숭배에 의해 길을 잘못 들지 않는다면, 일반적인 경우보다 더욱 많은 진리를 얻을 수 있다…. 먼저 '종족의 우상'은 모든 인간에게는 보편적인 지적 결함이 있는 데, 즉 자기의 편견에 따라 마음이 움직인다는 것이다… 가장 나중의 이론은 그다음의 이론이 나올 때까지는 언제나 지고의 진리인 것처럼 보이는 것이다. (둘째) 동굴의 우상은 개인적인 특성에 의해 발생하는 오류다. 즉 동굴에 갇혀서 넓은 세계를 보지 못하기 때문에 생기는 개인의 성향이나 역할 등 편향된 교육에서 생기는 것이다… (셋째) 시장의 우상은 언어 때문에 발생한다… 최상의 진리는 어떤 인종에게 있어 언어로 번역될 때까지는 현실적으로 그 인종에게 쓸모가 없다. 그리고 각 인종들은 조금씩 다른 방법으로 말을 이해하는데 그것은 심각한 사고의 왜곡과 결함을 일으키게 한다. 마지막으로 베이컨은 극장의 우상을 말했는데… 20세기의 대표적인 정치적 가설인 마르크스주의자와 민주주의자들은 서로를 이해하지 못하였다. 말을 이해할 수 있을지는 몰라도 그 뒤에 숨어 있는 사상은 의미를 감추어 버린다."(찰스 반 도렌/ 오창호 옮김, 1995: 255~256)

베이컨은 자신의 대작 『새로운 아틀란티스Novas Atlantis』에서 과학자들이 귀납적 방법을 활용하여 실제적이고 경험적인 지식을 추구하는 새로운 과학을 시작할 것을 종용했으며 과학자들이 범하기 쉬운 '4가지 우상'으로부터 탈피하는 방법을 다음과 같이 제시했다.

> "먼저 종족의 우상에 대해서는 감각에만 얽매이지 말고 이성reason을 사용하고 감각의 불완전성을 보충하기 위해 기구instrument를 사용할 것을 주장했다. 다음 동굴의 우상에 대해서는 개인의 주관이나 선입견에 영향을 받지 않기 위해서 여러 사람의 협동과 상호비판을, 그리고 시장의 우상에 대해서는 말만이 아니라 실제 물체와 현상에 의지하기 위해서 실험을 할 것을 제의했다. 끝으로 극장의 우상에 대해서는 어떤 체계나 학파에 매이지 않는 '귀납적 방법'을 사용할 것을 강조했다."(김영식·임경순, 2002: 114)

보다 심각한 문제는 인간에게 생래적生來的이면도 동시에 실증과학의 등장으로 확연해진 '인식론적 오류'가 삶의 현실에서 무의식적으로 또는 계획적이고 고의로 그대로 변용變容되고 있다는 사실이다. 현대를 살고 있는 우리는 '과학의 시대'에 살고 있다. 보다 심화된 과학의 세기임이 분명하다. 이미 우리 사회에서 '과학성'은 '신뢰'의 대명사가 되었으며, 심지어 '과학'이라는 글자가 붙지 않은 제품은 팔려 나가지도 않는다. 주지하는 대로 (자연)과학은 인간에게 문명의 이기를 충족시킴으로써 편리한 세상을 만드는 데 중요한 기여를 했다. 그러나 과학은 그에 못지않은 부작용도 수없이 초래하여 왔다. 대량살상의 무기개발과 자연생태환경의 파괴가 대표적이다. 물론 지금까지 과학은 자신만의 특정한 연구방법을 성공적으로 수행하여 왔다. 이러한 면에서 '과학적 사실'은 객관으로서 '신뢰'를 얻을 수 있었다. 그러나 과학적 (연구)방법이 인간의 모든 사유방식까지 일방적으로 결정하게 되었다는 사실은 문제가 아닐 수 없다. 특히 시간의 흐름 속에서 계몽주의 시대의 자연과학과 실용주의적 사유와의 조우 속에서 이미 변형되고 변용된 인식론적 사유가 우리 인간의 삶 전반에서 '유일한 사유방식으로' 자리매김을 하고 있다. 실제로 계몽주의의 성립과 자연과학의 득세 그리고

실증주의의 등장은 모든 인문사회과학의 영역에서 근대성modern의 한계로
도 지적되고 있다.

이러한 현상을 목도한 하이데거Martin Heidegger(1889~1976)는 인식론적 문
제접근 대신에 오히려 극도로 왜소해진 (전통적) 존재론적 사유에 대하여
비판의 칼날을 대기 시작한다. 그에게 전통적인 존재론적 사유에 대한 비판
은 새로운 철학적 존재론의 탄생을 예고하는 것이었다. 구체적으로 그는
전통적인 존재론의 한계를 극복하기 위해서 우선 존재Sein와 존재자Seiende를
구분하고 현존Dasein의 개념을 매개로 새로운 존재론적 사유의 개념을 정립
하고자 했다. 그의 '해석학적 현상학'은 해석학적 접근을 통하여 현상을 존
재론적으로 이해하려는 시도였다. 이는 인간의 현존재를 존재의 현상으로
보고 현존재의 해석을 통하여 존재를 이해하고자 하는 철학적 방법이기도
하다. 그에 의하면, 만약 우리 인간에게 존재론적 사유의 복권이 없다면,
물론 고대존재론에 대한 비판을 토대로 하는 현대적 의미에서의 존재론이
지만 우리는 변용되고 굴곡屈曲된 인식론적 사유의 파시즘으로 등장하는
자연과학적 사유 내지 실증주의적 사유의 세계에 영원히 농락당할 수밖에
없다.

오늘날 우리는 철학의 부재를 외치고 있다. 인식론적 오류에 의한 철학적
사유의 한계 때문이다. 이는 철학(함) 자체의 부재를 의미한다기보다는, 철
학의 영역에서조차도 사유의 존재론적 차원이 망각되고 있다고 해석하는
것이 오히려 자연스럽다. 왜냐하면, 그것이 철학이든 자연과학이든 우리는
일상에서 주변(존재, 사물, 현상 등)을 인식함에 있어서 그 대상인 객체object
를 인식 주체와 동등한 존재로 간주하지 않는 것은 물론 인식론적 사유의
지극히 다양한 방향들 중 '하나의' 특수한specific 사유방식이라고 할 수 있지
만 '서구 근대의 자연과학적 사유, 혹은 실증주의적 사유'의 지배하에서 무
기력해지고 있기 때문이다.

사실 인식론과 존재론은 다른 말이 아니다. 즉 둘 다 한 몸으로서 모두
물의 '본질'을 온전히 파악해 내는 것을 목표한다. 왜냐하면, 우리가 물의
본질을 알지 못하면 생존 자체가 위험하기 때문이다. 호랑이의 본질이 무엇

인지를 모르면, 호랑이에게 잡혀먹힐 확률이 높다. 즉 호랑이가 무서운 괴물이라는 사실을 알지 못한다면 우리는 호랑이에게 다가갈 것이다. 그렇게 작은 전갈의 꼬리에 치명적인 맹독이 들어 있다는 사실, 즉 전갈의 본질을 알지 못하면 우리는 전갈을 손바닥에 놓고 놀다가 영원히 잠이 들고 말 것이다. 우리 말에 '친구 따라 강남 간다'는 말이 있다. 친구의 본질을 잘못 알고 사귀다가 자신도 조폭이나 범죄자가 되는 경우다. 이런 연유로 우리는 사물의 본질을 정확히 알 필요가 있다. 그러나 본질을 담고 있는 '존재'는 아무 말이 없다. 우리가 책상에게 "너는 누구냐?"라고 물어도 대답하지 않는다. 그러나 우리는 책상을 우리의 감각으로 인식한 그대로 '책상에서는 공부하는 것'이라는 사실을 알고 있다. 그러나 어떤 학생이 책상 위에서 음식을 먹고 있다면, 그것은 책상인가, 식탁인가? 심지어 그 위에서 잠을 잔다면 그것이 탁자인가 침상인가? 존재는 여러 모습으로 변형되어 현상할 수 있다. 과거에는 책상에서는 반드시 공부해야 하는 것이었다. 책상에서 음식을 먹으면 큰일 난다. 아니면 그 아이는 정말 이상한 아이다. 그러나 오늘날은 책상인지 탁자인지 구별이 안 되는 가구들도 많다. 다용도 가구가 그것이다. 오히려 그런 것이 개성 있는 가구로 더 잘 팔리기도 한다. 컵에 장미꽃 한 송이가 꽂혀 있으면 그것은 컵인가 꽃병인가? 존재가 정확히 알려주지 않기 때문에 발생하는 인식론적 한계이다. 반대로 설령 존재가 말을 한다고 해도 우리는 그의 본질을 정확히 알 수는 없다. 그 말(언어)에 대해서도 정확한 해석이 필요하다. 이는 언어해석학이 탄생하게 된 이유이기도 하다.

그러나 우리는 살아가면서 존재의 본질을 어떻게든 알아내야 하는 것은 필수사항이다. 왜냐하면, 우리는 계속 살아남아야 하기 때문이다. 존재의 본질을 어떻게든 알아내야 하기 때문이다. 궁여지책으로 우리가 할 수 있는 것은 오로지 존재를 '인식'하는 일이다. 존재가 모든 것을 보여주고 진실을 알려주면 좋겠지만, 현실에서는 결코 그렇지 않기 때문에 우리는 인식의 방법으로 존재의 본질에 최대한 접근하는 것이다. 존재의 본질이 아무 이야기도 해 주지 않고 알려주지 않는다고 해서 그리고 우리가 존재의 본질을 직접 알 도리가 없다고 해서 존재가 존재하지 않는 것은 아니다. 존재가 자신을 드러내지 않는다고 해서 우리도 그냥 아무 대책도 세우지 않는다면, 우리는 목숨을 하늘에 맡기고 마는 꼴이나 다름이 없다. 한마디로 존재의 본질을 위해 우리 인간이 할 수 있는 최대한이 바로 '인식'인 것이다. 이로써 '인식론'이 탄생한다. 이렇다 보니 '인식론적 오류'는 극히 정상이며, 이를 어떻게든 만회하기 위해서 우리는 '인식론적 반성'을 할 수밖에 없는 운명이다. 결국, 인식론적 사유는 반드시 존재론을 염두에 두고 수행되어야 한다. 즉 본질에 대한 존재가 아무 말도 하지 않는다고 해서 존재론이 아무 의미가 없으며 심지어 존재론은 없는 것이라고 무시하는 것은 극히 위험하다. 그러나 아마도 존재 역시 물의 본질을 알고 있을 것이며 무엇인가를 계속 말하고 있을 것이다. 물론 우리는 그의 말을 듣지 못한다.

따라서 세상에 유한자로 나오는 우리 인간에게 인식론적 오류와 인식론적 반성은 극히 정상이다. 왜냐하면, 존재는 아직 우리에게 아무 본질도 알려주지 않기 때문이다. 오히려 삶에서 인식론적 오류를 인정하지 않고 이를 극복하기 위한 노력으로서 부단히 해야 하는 인식론적 반성을 아예 하지 않거나 게을리하는 것이 '비정상'이다.

3. 지식의 존재론[70]

현대사회를 맞이하면서 지식을 존재론적으로 접근해보자는 학문적 움직임은 현상학phenomenology, 現象學으로부터였다고 할 수 있다. 현상학은 19~20세기 실증적 · 경험적 자연과학이 지배하는 학문의 세계에서 특히 '철학의 위기'를 구하려는 후설Edmund Husserl(1859~1938)의 노력에 의해 탄생했다. 그의 현상학은 당시 학문과 삶의 사유형식에서 대세를 이루던 실증주의에 대한 철학적 · 인문학적 비판으로부터 출발한다. 그는 실증주의가 의식과

---

[70] 이 부분은 이상오의 논문, "학생에 대한 Gadamer의 존재론적 이해 인식론적 접근의 한계를 넘어서"(교육의 이론과 실천, 제15권 제1호, 2010. 4)의 48~54의 내용을 본 글의 취지에 맞추어 대폭 삭제, 수정, 보완, 재편집하여 인용하였다.

대상을 실체적으로 분리시켜 사고하는 것이 철학적 오류라 비판하면서, "실증주의가 철학의 목을 잘랐다"(박승억, 2008: 148)고 주장했다. 즉 당시 왜곡된 인식론적 사유의 그늘에 들어감으로써, 과학과 철학을 분리해야 한다는 목소리가 여기저기서 나오자(리케르트, 딜타이 등 신칸트학파), 이에 대해서 후설은 차라리 '존재론적으로 철학의 위상'을 복권시키고자 했던 대표적인 학자라고 할 수 있다.[71]

애초에 인간은 '존재Being, Sein, 存在'에 대한 인식과 함께 살아왔다. 왜냐하면, 인간은 주변 사물(존재)에 대한 인식의 주체가 되기 때문이다. 혹시 저것이 나를 공격하지는 않을까? 과연 저것은 무엇으로 되어 있는가? 또 저것의 근거는 과연 무엇인가? 따라서 인간에게 '인식'은 '존재'에 대한 사유의 시작이다. 이러한 의미에서 인간의 모든 사유는 인식론적이며 동시에 존재론적이다. "존재(사물)는 왜(어떻게) 존재하는가?" 존재를 존재하게 하는 원인, 즉 '존재의 근거'에 대해서 의문을 가지면서부터, 인간 사유의 '인식론(적 차원)'[72]은 급격하게 발전하게 된다.

한마디로 인식론(또는 인식론적 사유)은 궁극적으로 '존재근거에 대한 규명'을 목표한다. 과거 플라톤은 이성을 통해서 존재 본질에 직접 접근하고자 했지만, 데카르트는 이성을 통해서만 (명증적인) '인식'이 가능하다는 논

---

[71] 물론 후설Husserl의 현상학은 존재론적 차원을 추구했지만, 오히려 칸트의 선험적 이성철학에 보다 가까웠기 때문에 인식주체와 인식대상이 완전히 합일되는 경지에는 오르지 못했다. 철학의 존재론적 복권은 나중에 그의 계승자인 하이데거와 가다머에게서 이루어지게 된다. 이를테면, 후설의 현상학이 인식론적이냐 존재론적이냐의 논쟁은 아직 진행 중이다. 그러나 후설의 현상학은 '인식론적·존재론적 철학'의 전통을 그대로 유지하고 있다는 논리가 가장 유효하다.

[72] 어원적으로 인식론은 '지식' 또는 '참된 앎'을 뜻하는 epistēmē와 이론을 의미하는 logos(이론)의 합성어이다. 따라서 인식론은 인간의 인식의 기원과 본질 그리고 이의 한계 등을 연구하는 철학의 분야로서 '지식론'이라고 하기도 한다. 달리 말하면, 인식론은 절대 불변의 진리와 우주 그리고 인생의 본질을 설명하는 지식의 근거, 성격, 구조, 방법 등을 탐구의 대상으로 하는 '앎의 과학' 또는 '지식에 관한 과학'이라고 할 수 있다. 구체적으로 인식론은 "우리는 무엇을 알고 무엇을 알 수 있는가?", "지식이란 과연 무엇인가?", "지식은 어떻게 획득되는가?", "인간은 어떻게 알 수 있는가", "인식한다는 것은 구체적으로 무엇을 안다는 것인가", "안다는 것은 과연 무슨 뜻인가? 등등 이러한 질문에 대한 대답을 목표한다.

리를 전개한다. 똑같은 이성의 문제를 다루면서 플라톤에게서는 '존재본질을 직접 관조하는 이성'이었던 반면, 데카르트에게서 이성은 '인식하는 주체로서의 이성'으로 탈바꿈된다. 아울러 존재 본질을 추구하는 로고스의 문제 역시 인간 인식의 주체인 이성으로 탈바꿈되면서, 존재 본질을 추구하는 직접적 시도는 소멸되기 시작했다. 오히려 인간 인식이 로고스와 이성 영역을 모두 관장하는 주체가 되어 버린 것이다. 이제 실제적·현실적 사유의 영역에서는 인식론이 중심이 된다.[73] 물론 우리는 인식을 통해서 지식다운 지식인 '(참) 지식', 즉 에피스테메를 얻는다. 왜냐하면, 인간은 인식의 주체이기 때문이다. 아울러 자연을 관찰할 수 있는 인식능력에 의해 시작되는 자연과학의 발달로 인하여 인간 인식도 '객관성'과 '보편성'을 확보할 수 있다는 믿음이 생기면서, 인간의 인식능력은 지식획득의 유일한 방식으로 신뢰 되기 시작했다. 이렇게 하여 과학의 시대와 함께하는 계몽주의 시대는 인식론적 사유의 온실이 된다.

사실 데카르트 이전 중세기는 역사상 모든 삶과 사유의 차원에서 '존재론(적 차원)'을 공고히 하려 했던 유일한 시기였다고 할 수 있다. 물론 이들이 추구한 존재론은 '보편적 존재(보편자)'로서 기독교 신의 존재문제를 해결하기 위한 소위 '신존재증명神存在證明'을 위한 특별한 논쟁으로 진행되었다. 그럼에도 불구하고 이 시기는 존재론에 대한 사유를 보다 확고히 할 수 있는 계기를 마련해 주었다고 할 수 있다.

---

[73] 인식론이라는 개념이 처음 사용된 것은 페리어의 『형이상학원론(1754)』에서이다. 물론 인식에 대한 철학적 고찰은 고대나 중세에서도 '신의 인식'이라는 차원에서 나타났으나, 인식의 주체로서의 인간의 인식 문제가 철학의 중심을 차지하게 된 것은 근세에 이르러서이다. 이는 '존재론'이란 개념보다 상대적으로 늦게 사용된 것으로서, 특히 인식론의 근대적 성격은 로크의 『인간오성론人間悟性論』, 버클리, 흄 등 주로 영국의 경험론자(경험론적 인식론자)들에 의하여 명확해졌으며 칸트에서 집대성되었다. 원칙적으로 인식론의 근본문제는 지각과 감각의 상대성으로부터 기인한다. 칸트는 감각과 경험을 인식의 발생과 성립의 근거라고 하면서도 직관直觀·오성의 선천적 형식으로부터 학문적 인식의 보편타당성의 근거를 추구했다.

"기독교가 세계종교로 발전하면서 서양의 중세는 신 중심적 사고로 물들었다. 중세의 철학은 자연 존재의 궁극적 원인에 대한 관심이 주도하였으며, 모든 것은 바로 그것으로서 존재하게 하는 존재의 제1원인에 대한 탐색이 주류를 이루었다. 보편 존재(보편자)에 대한 존재론적 사유는 신학의 중심 주제이기도 하다"(김진, 2003: 12).

천 년의 중세철학(또는 신학)을 양분했던 형이상학, 즉 신플라톤주의를 토대로 하는 성 아우구스티누스와 아리스토텔레스주의를 기반으로 하는 토마스 아퀴나스의 스콜라 철학은 접근 양식의 차이에도 불구하고 둘 다 신존재증명을 통하여 진리로서의 삶의 보편성을 추구하는 존재론적 사유를 정련하는 논리대결의 장이었다. 그러나 이러한 노력에도 불구하고 신플라톤주의자들에 의해 꾸준히 진전된 실재론(또는 관념실재론)과 오캄에 의해 주창된 유명론의 커다란 대립 구도 속에서 결국 에크하르트Meister Johannes Eckhart (1260~1329)의 신비주의적 입장의 등장과 함께 존재론적 보편자 논쟁은 결론 없는 소강상태로 종결된다.[74] 존재론적 보편자 논쟁이 이렇게 흐르게 된 이면에는 토마스 아퀴나스에게서 절정을 이룬 스콜라 철학이 결정적이었다.

스콜라 철학이란 한마디로 '아리스토텔레스논쟁'이라고 할 수 있다. 즉 당시 스콜라 시대에는 아리스토텔레스를 어떻게 해석하느냐에 따라서 존재론의 명암은 엇갈릴 수 있었다. 형상과 질료의 관계를 존재론적 테두리에서 설명하는 아리스토텔레스에게는 이성 못지않게 중요한 것이 '감각'이며 '경험'이었다. 그에 의하면, 우리의 모든 관념은 궁극적으로 감각지각에 의존한다(D.W. 함린, 1978/ 이홍우 역, 2010: 49). 따라서 인간의 감각과 경험은 인식론의 단초가 된다. 스콜라 철학의 시대에는 이미 아리스토텔레스가 '자

---

[74] 중세 스콜라 철학자들은 존재 개념에 단일한 의미를 부여했다. 과연 보편자가 실재로 '존재'하는가? 에 대한 대답은 결국 실재론자와 유명론자 간의 논쟁으로 비화되었다. 한마디로 논쟁의 이슈는 '존재'의 문제였다. '존재'는 물리적 대상인가? 아니면 대상의 속성인가? 유명론자들에 의하면, 실재하는 것은 개체, 즉 개별뿐이고, 속성은 대상들의 집합적 이름일 뿐이다. 따라서 이들에게는 '존재'도 이름(유명)에 불과하다. 반면, 실재론자에 따르면 실재로 존재하는 것은 속성이고 개체는 우연하게 생겨난 것일 뿐이다. 한마디로 존재는 '속성'만을 의미한다.

연학physis'에서 허용한 감각과 경험의 논리를 대폭 '수용하는 분위기'가 되었다. 이러한 와중에 유입된 철학적 사유가 바로 스페인 출신의 이슬람학자인 아베로에즈Averroes, 본명: 'Abū l-Walīd Muḥammad bin 'Aḥmad bin Rušd(1126~1298)에 의해 대표되는 아랍권의 아리스토텔레스주의였다. 이러한 이슬람 계통의 자연학에 영향을 받은 윌리엄 오캄 등 유명론자들에 의해서 사유의 존재론적 차원은 사유영역에서 점점 더 멀어지게 되었다.

이로써 '고대 그리스로 돌아가자'는 르네상스의 시작은 애매모호하게 결론이 난 중세의 존재론논쟁의 자리에 인식론적 사유를 대신하고자 하는 본격적인 움직임이었다고 할 수 있다. 이는 인간의 '이성'에 대한 강렬한 믿음 때문이었다. 물론 중세에도 보편자로서의 신존재증명에 접근했던 존재론적 통로 역시 엄밀하게 말하면 '이성'이었다. 특히 아우구스티누스의 신존재증명은 플라톤의 '이성'을 통한 이데아론을 기독교 유일신 사상에 그대로 이식해 놓은 것이나 다름이 없었다. 그럼에도 불구하고 중세 천 년 동안 지배했던 이성은 '신적 이성'이었다. 이에 반해 르네상스로부터 시작된 새로운 이성은 '인간의 이성'이었다. 르네상스와 그리고 종교개혁 이를 계승한 계몽주의에서 인간의 이성은 이제 '인식의 주체'가 된다. 이로써 인식의 주체와 인식의 대상(객체)이 명확히 구분되기 시작하면서 자연과학이 급격하게 발전하게 된다. 실제로 인식론은 '나에 의한 타의 인식'과 '나에 의한 나의 인식'이었지만, 자연과학의 융성은 후자에 대한 인식론적 입장을 사변적 철학 또는 형이상학의 영역으로 추방하고 말았다. 결국, 계몽주의 시대 그리고 과학의 세기에 들면서 과거 플라톤의 철학적 이성은 이제 '인식의 대상으로부터 분리된 인식주체'로서의 '(자연)과학적 이성'이 된다.

주지하는 대로 데카르트는 절대진리를 찾기 위해서 인간은 이성의 능력을 최대한 발휘하여 기존의 지식에 대하여 철저하게 회의해야 한다고 생각하였다. 그는 "지식에 대한 절대 확실한 근거를 얻어내기 위해서는 전혀 의심할 나위 없이 확실하고 분명하게 자신의 머릿속에 비쳐진 생각 외에는 아무것도 받아들이지 않았다."(김영식, 임경순, 2002: 118). 그는 조금이라도 의심스러운 것은 하나하나를 차례로 부정해 나갔으며, 결국 마지막에 남는 의심할 여지가 없는 지식을 진정한 지식으로 간주하고자 했다. 이렇게 모든 것을 부정한 후에 남게 된 것은 바로 자신이 "생각한다는 사실"(Mainzer, 1997: 116)뿐이었다. 즉 아무리 모든 사실을 부정할 수 있다고 해도 자신이 "생각한다는 바로 이 사실"(김영식, 임경순, 2002: 119)만은 더 이상 의심할 수가 없었던 것이다.

특히 '명료성'(또는 명증성)을 가진 지식을 찾아내고자 모든 것을 회의하면서 학문을 시작한 데카르트는 우주의 모든 현상의 근원이 무엇인지에 대해서 궁금했다. 즉 모든 자연세계가 현상하는 뿌리, 즉 원인을 찾아내는 일이다. 데카르트가 이렇게 찾아낸 절대 확실한 실재가 바로 '물질matter'과 '운동motion'이었다. 우주만물이 현상하는 배후에는 물질과 운동만이 존재하며 그것만이 자연현상의 근본적 원인, 즉 '근원'이다. 결국, 물질과 운동은 데카르트의 '기계주의 철학'[75]이 성립하는 데 근본요소가 되고 말았다. 물론 이는 데카르트 사상과 과학관의 기초가 된다.

그런데 여기서 중요한 것은 데카르트가 우주현상의 원인으로 규명한 물질과 운동은 "분석적 사고의 방법"(프리쵸프 카프라, 1996; 김용정, 김동광 역, 1998: 36)으로 찾아낸 명료한 지식이었던 것이다. 분석의 방법은 복잡한 현상들을 작은 조각으로 잘게 나누어 "그 부분의 특성들을 통해 전체의 움직임을 이해하려는 시도"(프리쵸프 카프라, 1996; 김용정, 김동광 옮김, 1998: 37)이다. 이러한 분석 작업을 통해서 모든 것은 기계를 분해하는 것처럼 하나하나 해부 된다. 그는 "자연에 있는 모든 시스템들은 시계의 톱니바퀴처럼 분리된 성분으로 구성된다"(Mainzer, 1997: 82)고 가르쳤다. 기계의 톱니바퀴가 돌아가는 것처럼 자연현상도 오차 없이 돌아간다. 심지어 그에

---

[75] 기계적 철학의 기원은 기원전 5세기 후반의 레우키포스와 데모크리토스에서 유래하는 고대의 원자론atomism으로 거슬러 올라간다(김영식, 임경순, 2002: 122). "데모크리토스는 모든 물질은 일정한 수의 분자들이나 원자로 이루어져 있다고 믿었는데, 이들의 응집과 분리가 사물의 생성과 소멸을 설명한다고 믿었다. 원자 자체는 수적으로 무한하고 영구적이라고 한다. 필요한 운동에 따라 원자들은 우리가 공간이라고 부르는 진공을 움직이는데, 이 진공은 비존재의 원리가 적용되는 곳이고 원자는 존재의 원리가 적용되는 곳이다."(찰스 반 도렌/ 오창호 옮김, 1995: 90)

게서는 "인간의 육체도 기계와 기하학의 법칙에 따라 구조화된 물질적 기계로 환원"(Mainzer, 1997: 116)된다. 이로써 전통적인 철학적 · 인식론적 사유는 인식대상을 보다 철저하게(객관적이고 과학적으로) 인식주체로부터 분리시키는 자연과학적 · 계몽주의적 인식론으로 변용되기 시작했다.

당시 데카르트의 철학이 대륙의 합리론을 대표했다면, 베이컨은 경험주의 철학의 시작을 알린다. 아리스토텔레스를 이어받은 감각과 경험의 문제는 베이컨의 철학적 사유를 자연과학적 실천으로 이어놓는 결정적 역할을 한다. 결국, 합리론이나 경험론이나 인식대상과 철저하게 분리된 '인식의 주체로서의 인간의 위치'를 확고히 해 놓았다. 특히 이때부터 인식론적 사유는 구체적 또는 과학적 · 실증적 사유와 동일시되었으며, 이제 인간은 이성뿐만 아니라 감각에 의한 인식을 통해서도 얼마든지 객관성과 보편성을 확보할 수 있다고 믿게 된다.

이때부터 자연과학은 우리 사회에서 유일무이한 '학문'의 대표주자가 되었다. 인간의 사고 역시 자연과학적이어야만 객관적으로 인정되기 시작했다. 즉 자연과학적 기반을 가진 인식론적 사유는 특별한 반성과 고민도 없이 인식론(적 사유)의 대명사로 둔갑하게 된 것이다. 왜냐하면, 자연과학은 속성상 '반복검증'될 때 비로소 성립하기 때문에, 굳이 인간에게 본질적인 '인식론적 오류의 가능성'에 대해 크게 고민할 필요가 없다고 믿었기 때문이었다. 이로써 철학과 사상세계에서 처음부터 문제가 되었던 인간의 생래生來적인 인식론적 오류의 문제는 자연과학의 세계에서 '반복검증'이라는 개념으로 대치될 수 있었다. 이러한 인식론(적 사유)은 인문사회학의 영역에서도 우리의 모든 사유양식을 지배하게 된다. 이로써 자연과학의 방식처럼 모든 인식에서 인식의 주체와 대상(객체)이 구별되는 '인식론적 변용'의 역사가 시작될 수 있었던 것이다. 반면, 이때부터 우리의 삶과 사고양식에서는 존재론적 차원이 망각되는 운명을 맞게 된다.[76]

---

[76] 고대 그리스 특히 플라톤 이후 정신과 육체의 분리로 시작해서 데카르트를 거치면서 주관과 객관의 완전한 분리로 이어진다(Volkamer/ Streicher/ Walton, 1996: 13). 데카르트에게서 물질은 죽은 것이고 인간과는 별개의 대상일 뿐이다. 또한,

존재론의 구체적 범주는 존재, 실존, 실재라는 세 가지 개념과 동일시된다(Lavelle, 1928; 최창성 역, 1988: 4). 여기서 '존재'는 '속성'이며, 실존은 개인의 자유 또는 자유의지에 의한 선택, 결단, 책임이며, 실재는 '현실' 또는 '현실적 실체' 또는 '표현된 실제'를 말한다. 세 가지 범주의 엇물림 속에서 가능해지는 존재론적 접근은 '전체로서의 존재를 존재 자체로' 사유하고자 하는 인간 본래의 앎(인식)의 방식이기도 하다. 달리 말하면, 아는 것도, 모르는 것도, 알 수 없는 것도 모두 존재이며 본질이다. 따라서 우리가 대상(존재)에 대해서 지금 인식하는 것, 아직 인식하지 못하는 것 그리고 인식으로는 전혀 드러나지 않은 것 모두가 존재 본질이라고 할 수 있다. 이렇게 본다면, 단지 실증적 인식대상으로서의 대상(또는 표현된 실체)은 '전체로서의 존재'를 알려주지 못한다.

> "근세에 와서야 비로소 사유와 존재 사이의 이상적 일치가 의문시되기 시작했다. 그래서 철학자들은 존재론을 시작하기에 앞서, 다시 말해 존재자 자체를 탐구하기에 앞서, 존재자에 이르는 가능조건 자체를 문제시해야 할 필요성을 느끼기 시작했다. 왜냐하면, 존재자에의 접근은 우리의 인식능력에 달려 있기 때문이다"(이기상, 1991: 20).

존재는 우리 인간의 인식에 언제나 실재reality로서 나타난다. 즉 유한자로서의 우리 인간은 어쩔 수 없이 실재를 인식하는 것으로부터만 존재에 대한 지식을 얻게 된다. 달리 말하면 소경이 코끼리를 만지는 격이다. 코끼리의 코를 만진 사람은 코끼리가 소방호수라고 말한다. 귀를 만진 사람은 코끼리

그에게 물질세계는 하나의 거대한 기계에 불과하였다. 데카르트의 분할론적 사고는 후에 아이작 뉴턴에게 영향을 미친다. 즉 뉴턴이 완성한 기계론적 역학은 고전 물리학의 기반으로 성립되는데, 데카르트의 분할론이 바로 그 가교의 역할을 한 것이다. 한편, 아리스토텔레스의 역학에 의하면, 모든 운동은 운동원인mover을 가지고 있으며 운동원인이 없으면 정지한다. 데카르트의 역학 체계는 아리스토텔레스를 완전히 벗어난다. 이로써 데카르트의 카테시안 역학 체계는 아리스토텔레스의 전일론holism과 대립적 입장에 든다(Mainzer, 1997: 82). 이러한 정신사는 계몽주의시대의 인식론적 변용의 역사와 직접적인 관련을 가지게 된다고 할 수 있다.

가 부채라고 말한다. 상아를 만진 사람은 코끼리를 삼각뿔대라고 말한다. 다리를 만진 사람은 코끼리를 돌기둥이라고 말한다. 아무리 이들이 모두 다 말해도 코끼리의 본질은 알려지지 않는다. 즉 실재 또는 실재에 대한 단순한 인식은 물의 본질을 알려주지 않는다. 또한, 우리는 '실재'를 온전히 이해할 수도 없다. 왜냐하면, 본질을 모르기 때문이다. 바로 이러한 이유에서 존재와 인식은 표면상 분리될 수밖에 없다. 그러나 존재론적 사유와 인식론적 사유는 결코 뗄 수 없는 한 몸이다. 즉 인식이 있는 곳에 존재가 있으며, 존재가 있는 곳에 인식이 있다(질송, 1949; 정은해 옮김, 1992: 56). 특히 존재를 존재하게 하는 배후에 대한 인식은 존재를 존재하게끔 하는 확실한 단서이기도 하다.

한편, 존재론의 마지막 주자격인 가다머의 존재론적 사유는 실존적이며 동시에 해석학적 차원으로서 '인식함'을 '해석함'으로 대치시켰다. 유한자로서의 인간에게 피할 수 없는 '인식론적 오류'를 '반성적 인식'을 통해 극복하고자 하는 인식론자들의 노력 대신 '존재存在, Being, Sein' 그 자체를 해석해 냄으로써 존재본질에 직접적으로 접근하고자 하는 것이다. 그의 구체적 처방은 상호대화에 의한 지평 융합의 과정을 통해서 '존재'를 '존재로서' '스스로 드러나도록生起, geschehen'하는 것이다.[77] 존재와 존재 간의 (진정한) '만남과 대화'는 존재가 존재로서 스스로 드러날 수 있는 기회를 준다. 여기서 이미 언급한대로 가다머의 해석학은 '(모순)지양의 방법', 즉 헤겔식 변증법의 차용을 통해서 존재론적 사유의 완성을 촉진시켜 준다. 존재가 전체적으로 생기할 수 있도록 끊임없는 '해석학적 대화' 속에서 지평 융합의 기회가 주어질 때 우리는 비로소 존재 드러내기에 도달할 수 있다. 이로써 우리에게는 존재 본질에 대한 진정한 이해도 가능해진다. 이는 우리에게 '전체로서의 대상(존재)에 대한 이해'를 담보해 줄 수 있다. 이로써 우리는 비로소 본질 파악을 위한 존재론적 접근에 대해서 언급할 수 있을 것이다.

결국, 지식의 존재론은 지식이란 인식을 통해서 완전히 획득될 수 있는 것이 아니라, 지식이 '스스로 드러나도록生起' 해야 하는 것이다. 지식이 드

---

77 이는 니체Friedrich Nietzsche(1844~1900)의 생기존재론生起存在論의 영향이다.

러나기 위해서는 대화가 가장 확실한 방법이다. 가다머에 의하면, 일상대화에서 '대화對話'는 우리가 주도하는 것이 아니다. 만약 우리가 의도적으로 대화를 주도한다면, 이러한 대화는 특정한 목적을 가진 대화이다. 이러한 대화에서는 순수성이 보장되지 않는다. 순수하지 못한 대화는 목표에는 충실하겠지만, 물질이 본질을 드러나게 하지는 못한다. 대화가 본질 접근을 위해 순수해지게 하려면 '대화가 대화를 하도록' 해야 한다. 우리 인간은 대화의 장場에 그냥 내 던져질 뿐이다. 대화의 주체가 되는 순간 우리는 인식론적 대화를 주도하게 된다. 목표를 추구하는 대화가 대표적이다. 따라서 특정한 목표를 지향하지 않는 대화가 진정한 대화이며, 이러한 대화 속에서 진정한 지식이 스스로 드러나는 것이다. 대화의 주체는 나도 남도 아니고 대화 그 자체가 된다. 결국, 본질이 모두 자연스럽게 드러날 수 있도록 우리는 대화 그 자체에게 대화의 주도권을 넘겨야 한다. 가다머의 의미로 보면, 우리는 대화를 주도하는 것이 아니라, 대화 '되어지는' 것이다. 또한, 태초에 대화가 있었다. 우리는 그 대화의 상황에 우연하게 던져진 기투己投, 또는 被投된 존재일 뿐이다. 즉 우리가 대화한다는 것은 대화를 주도하기 이전에 우리는 이미 먼저 존재하는 대화의 장場, field에 던져지는 것이다. 자연스럽게 형성된 대화의 장 속에서 우리가 대화의 역할을 할 뿐이다. 대화가 대화를 한다. 그 대화는 어디로 갈지 모른다. 목표가 뚜렷하다면 대화도 그 방향으로 움직이겠지만, 목표가 없는 소위 순수한 대화, 즉 대화를 위한 대화는 그 대화가 어디로 가는지도 모르고 어떤 내용을 가지고 있는지 아무도 모른다.

　존재론에 의하면, 우주의 모든 존재는 동가치적으로 존재의 그물망web에 하나의 날줄과 씨줄로 걸려 있다. 따라서 우리도 대화의 피조물일 뿐이다. 이렇게 본다면, 지식의 존재론을 완성하는 존재론적 지식은 대화의 그물망 속에서 스스로 드러날 수밖에 없는 셈이다. 아인슈타인은 중력장 법칙을 설명하는 과정에서 에너지와 질량 간의 함수관계를 $E = mc2$라는 공식으로 풀어내었다. 우리가 세상에 나오기 전에 이미 에너지의 장이 존재했다는 것이다. 그런데 에너지(E)는 물질(m)로 환원될 수 있지만 반대로 물질도 에너지로 환원된다. 그런데 중요한 것은 만약 물질이 존재하지 않는다면(m = 0), 에너지도 존재하지 않는다. 그러나 물질이 1이라도 생겨난다면 에너지는 $1 \times C^2$만큼 생겨난다. 결국, 에너지는 '잠재성', 즉 '가능성potential'으로 존재하는 것이다. 결국, 이렇게 본다면, 존재는 가능성이자 잠재성이다. 따라서 존재가 현재 나타나지 않는다고 해서 없는 것이라고 할 수 없다. 이는 마치 존재론이 아무것도 알려줄 수 없다는 이유로 존재론은 없는 것이고 인식론만이 유일하다고 주장하는 논리와 결코 다르지 않다.

II

지식의 조건

역사와 비판적 검토

01 전통적 지식의 조건 - 플라톤의 JTB 계승

2천 5백여 년 전 그리스의 철학자 플라톤은 '**지식이란 정당화된 진정한 믿음**Justified True Belief: JTB'이라는 그리스의 전통적 지식 개념을 전승했다. 이를테면, 어떠한 사물이나 사건이 진실하고 누군가가 그것을 정당하다고 믿는다면, 우리는 그 사물 또는 사건을 '안다[知]'고 할 수 있다. 따라서 지식은 우리의 억측이나 공상에서 나오는 것이 아니다. 억측과 공상이 지식이 되기 위해서는 대상이나 사건에 대해 진실하고 그것이 정당한 것으로 믿어져야 한다. 결국, 우리가 지식을 취득한다는 것은, 첫째, 그것이 진실(참)로 밝혀져야 하고, 둘째, 그것을 참이라고 믿을 수 있어야 하며, 셋째, 그것은 반드시 정당화될 수 있어야 한다. 플라톤이 발굴해 낸 이러한 전통적 지식 개념 또는 고전적 지식 개념은 스코틀랜드의 철학자 페리어James Frederick Ferrier(1808~1864)에 의해 세상에 처음 알려졌다(Encyclopaedia Britannica Online, 2007).

플라톤은 그의 대화집 『테아테투스Theatetus』에서 소크라테스와 테아테투스는 지식을 세 가지 차원에서 언급하고 있다. 첫째, 지각知覺으로서의 지식, 둘째, 진실된true 것으로서의 지식, 세 번째, 근거account, *Logos*를 가진 판단으로서의 지식이 그것들이었다. 그러나 각각의 정의는 모두 불충분한 것으로 나타났다. 우선 소크라테스는 지식과 지각(또는 감각 인식, sense perception)을 동일시하는 테아테투스에게 반문한다: "만약 같은 바람이 불어와도 어떤 사람은 춥게 느끼고 어떤 사람을 그렇지 않다면, 과연 어떤 것이 지식인가?"

지금 날씨가 추운 것이 지식인가, 춥지 않은 것이 지식인가? 결국, 소크라테스는 '세상에는 어떤 것도 그 자체적으로는 동일한 것은 없다. 모든 것은 과정에 있다'고 말한다. 이로써 플라톤은 '만물은 유전流轉한다'고 주장하는 헤라클레이토스Heraclitus의 관점을 수용한다. 두 번째로 테아테투스(200e)는 "진정한 판단(판정, 판결)은 오류로부터 자유롭기 때문에 지식일 것"이라고 주장한다. 이에 대하여 소크라테스는 법정의 사례를 들면서 배심원들이 변호사에 의해서 일방적으로 '설득'될 수 있다는 근거에서 판결judgement과 지식은 다른 것이라고 말한다. 즉 설득persuasion은 진실을 아는 것과 다르며 (201a), 진정한 판단(판정, 판결)을 위해서는 오히려 (진정한) 지식이 판단(판결)에 선행되어야 한다(201c)는 것이다.

이렇게 지식에 대한 개념정의는 고대 그리스 시대부터 인식론의 영역에서 철학자들 사이에 계속 논쟁의 대상이 되어 왔다. 특히 플라톤은 위의 『테아에테투스』에서 인용된 것처럼 스승 소크라테스의 입을 통하여 "지식은 정당화된 진정한(또는 진리에 입각한) 믿음Justified True Belief: JTB"이라는 그리스의 전통적 정의를 계승하려는 입장에서 이러한 대화를 상정했다고 할 수 있다.

그러나 1963년 미국의 철학자 게티어Edmund L. Gettier III는 "정당화된 진정한 믿음이 지식인가? Is Justified True Belief Knowledge?"라는 제목을 가진 3쪽짜리의 짧은 논문을 발표하면서, '플라톤이 제시한 지식에 대한 정의가 반드시 그렇지는 않다'는 결론을 내렸다. 그에 의하면, 우선 지식으로 간주되기 위해서는 그것이 믿어져야 하고 진정성을 가져야 하지만, 그것을 믿는 사람들이 그것을 믿을만한 충분한 이유good reason나 근거를 가져야 한다는 것이었다. 즉 믿음이란 이성적으로reasonable 또는 합리적으로rational 납득될 수 있어야만 지식이 될 수 있다는 것이었다. 영국의 철학자 블랙번Simon Blackburn(1944~) 역시 인간에게는 어떠한 믿음이라도 '잘못'일 수 있으며 오류로 판명될 수 있다고 주장했다. 이를테면, 맹신盲信이나 고집固執 같은 것은 '잘못된 믿음'으로서 가능성이 존재하며, 그것이 진실로 둔갑되어 정당화되는 경우도 얼마든지 가능하다. 따라서 미국의 정치철학자 노직Robert Nozick(1938~2002)은

"지식은 반드시 진리truth를 따라야 한다"고 주장했으며, 미국의 철학자 커크햄Richard Ladd Kirkham(1955~)은 "지식이란 믿음의 증거가 진리를 담보해야 한다"고 주장했다. 지식은 그것이 믿음과 어떠한 상관관계를 가지고 있다고 하더라고 궁극적으로는 '진리의 범주'를 벗어날 수 없다는 것이다.[1] 플라톤이 그리스의 전통을 계승하여 발굴한 전통적 지식 개념에 내포되어 있는 '지식의 조건'은 다음과 같다.

1. 신념조건

우선 우리가 무엇을 '안다知, knowledge'는 것은 '믿음'을 수반한다. 봄이 오면 싹이 틀 것이라는 믿음은, 봄에 대한 지식으로 이어진다. 즉 '봄에는 싹이 돋는다'는 지식이 생성되는 것이다. 이렇게 본다면, 지식과 믿음은 동본원적同本源的이다. 특히 명제지식命題知識에서는 '믿음'(신념)이 결정적이다. '하늘이 파랗다'는 지식은 명제로서의 지식이다. 그러나 노을이 물든 하늘은 붉으며, 빛이 닿지 않는 밤하늘은 까맣다. 그럼에도 불구하고 '하늘이 파랗다'는 명제는 거짓이라고 할 수 없다. 왜냐하면, 우리는 이미 그렇게 학습효과 등을 통하여 그렇게 '믿고 있기' 때문이다.

그러나 이는 사실이라고 할 수 없다. 왜냐하면, 실제로 하늘은 특정한 색깔이 있는 것이 아니라 그냥 '허공'이기 때문이다. 이렇게 본다면, 진정한 지식이란 특정한 믿음과 동일시됨으로써 성립되는 것이 아니라, '진실성(참)' 또는 '진리眞理'를 담보해야 한다. 결국 '믿음'은 지식의 전제조건이지만 충분조건은 아니다. 즉 '믿음'이 지식의 필요충분조건이 되기 위해서는 '진리성'이 담보되어야 한다. 즉 진실한 믿음이 지식의 진정한 조건, 즉 필요충분조건이다.

---

[1] 그러나 지식과 진리의 관계성 탐구는 이 정도의 수준에서 보류되고 만다. 왜냐하면, 소크라테스 이후 진리truth는 전지전능한 무한자無限者로서의 신의 영역인 반면, 인간의 지식(능력)은 유한자의 영역으로 분리되는 국면이 도입되기 시작했기 때문이다.

원칙적으로 지식은 우리의 직접 경험으로부터 습득된다. 직접 보고 듣고 만져보고 느껴보면서 알게 된다. 아울러 지식은 간접 경험을 통해서도 습득된다. 교육과 학습 그리고 훈련이 대표적인 간접 경험의 원천이다. 누군가의 가르침을 통해서도 알게 되고 스스로 터득하면서 알게 된다. 이로써 습득되는 지식은 사실, 정보information, 진술description 그리고 기술(숙련, skill)을 포함한다.

> "지식이란 올바른 근거에 입각한 참 신념信念, 즉 감각경험이나 타당한 추리推理를 통하여 대상을 명확하게 인식하고 있어서 의문에 의하여 혼란되지 않는 마음의 상태를 말한다. 통속적으로 이 상태를 언어로 표현한 진술을 뜻하기도 한다. 지식은 일종의 신념이므로, 역시 단속적인 의식상태이며, 따라서 성향性向의 일종으로 취급되기도 한다."(서울대학교 교육연구소, 1995)

한마디로 지식은 일종의 신념(또는 믿음)이다. 즉 지식은 신념으로부터 출발하여 참(진정한) 신념으로 발생할 때 가능하며 궁극적으로 지식은 요동치지 않는 마음의 상태와도 관련된다. 아울러 지식은 진리와 결코 무관하지 않으며, 지각적이고 감각적일 뿐만 아니라, 서술적 인식과 이로부터의 추리 그리고 이해될 수 있어야 한다.

결국, 오늘날까지 인식론에서 가장 핵심적인 논쟁점은 '믿음(또는 신념)과 지식의 관계'를 밝혀내는 것이 되었다. 실제로 예나 지금이나 일상에서 앎은 믿음으로부터 출발하며, 믿음으로써 앎은 끝나는 경우도 많다. 육교陸橋를 오르는 사람은 육교가 안전하다는 믿음 때문에 비록 그가 건축공학자가 아닐지라도 육교를 이용하겠다는 생각을 할 것이다. 건축공학적 지식 이전에 믿음이 지식을 선행한다. 다시 말하면, 믿음이 지식(앎)을 낳는다. 아니면 믿음이 곧 지식인 셈이다. 그러나 믿음과 지식이 불일치하는 경우도 얼마든지 있다. 우리 말에 "믿는 도끼에 발등 찍힌다"는 말이 있다. 그렇게 믿었던 사람에게 배신을 당할 때, 우리는 이를 배은망덕背恩忘德이라고 한다. 반대로 경찰의 조사로 아들이 도둑질했다는 사실이 밝혀졌지만, 아버지는 여전히 아들이 훔치지 않았을 것으로 믿는다. 내 눈앞에서 이미 재가 되어 버린 집의 화재를 확인했지만, 이 사실을 믿을 수 없다. 전쟁 중에 사망했다는 사실을 통보받았지만, 노모老母는 아들이 살아서 걸어 들어 올지 모르기 때문에 이사를 가지 않는다.

대표적인 믿음의 종교인 그리스도교가 서방으로 전개되면서 믿음이 곧 앎(지식)이 되었다. 그러나 성령聖靈의 영역마저도 지식만으로도 접근할 수 있다는 극단적 주장을 하는 그노시스Gnosis, 즉 영지주의靈知主義가 등장하면서 비록 나중에 이단으로 몰렸다고는 하지만 지식은 믿음의 관계가 또다시 혼란 상태에 빠져들게 되었다.

비트겐슈타인Ludwig Wittgenstein(1889~1952)은 무어의 패러독스Moore's paradox를 인용하면서 우리는 '그가 그것을 믿고 있지만(believe) 그것은 그렇지 않다'라고는 말할 수는 있지만, '그가 그것을 알고 있지만(know) 그것은 그렇지 않다'라고 말할 수는 없다고 주장하면서 지식과 믿음의 경계를 그어 보려고 애를 썼다. 즉 단순한 믿음이 지식으로 판명되지 못할 경우에는 언제든지 번복될 수 있지만, 이미 지식으로 판명된 사실은 더 이상 번복될 수 없다. 이렇게 본다면, 결국 믿음은 지식의 필수조건이지만, 충분조건은 아닌 셈이다. 따라서 플라톤이 추종한 지식에 대한 고전적 정의, 즉 '지식이란 정당화된 진정한 믿음JTB: Justified True Belief'에서도 "정당성Justification"과 "진리truth"가 필요충분조건으로서 전제되고 있었다고 할 수 있다. 즉 단순히 믿음 하나로만 지식을 거론할 수는 없다. 결국, 플라톤에게서도 믿음은 반드시 진리에 입각해 있고, 정당성을 확보할 수 있을 때 비로소 그것이 지식인 것이다.

2. 진리조건

진리Truth라는 단어는 *triewþ, tréowþ, trýwþ(old english), trewþe(middle english), triuwida(old high germen), tryggð(old norse)*에서 유래했다. 이들

단어는 믿음faithfulness, 충실성fidelity, 충성royalty, 성실성sincerity, 진실성veracity의 속성과 사실 또는 현실과의 일치를 뜻한다. 독일어권 언어에서는 '충실성fidelity'으로서의 진리의 개념과 '사실성factuality'으로서의 진리의 개념을 구분한다.

'지식'은 진리(또는 진실성)에 근거해야 한다. 이제 진정한 지식 내지 참지식을 얻어내기 위해서는 '진리가 무엇인가'에 대한 해명이 함께 이루어져야 한다. 그러나 진리의 본질에 대한 질문은 철학의 항구적 테마이다.[2] 결국 '지식이 무엇인가'의 질문은 '진리의 본질규명'과 동질적이며 동본원적이다. 플라톤 역시 진리의 본질 규명을 위해 한평생을 매달렸다. 그에게 진리는 이데아의 세계에서만 가능하다. 따라서 진정한 믿음으로서의 지식 역시 이데아의 세계에 존재한다. 결국, 플라톤에게는 '이데아'를 볼 수 있는 이성을 토대로 하는 지식만이 진정한 지식이다. 또한, 이러한 지식이 플라톤에게서는 바로 진리와 동일시되었다. 한마디로 플라톤에게 지식은 이데아를 인식하는 과정에서 나타난다. 결코, 이데아와 무관한 다른 지식은 지식이 아니며 의미가 없다. 구체적으로 인간의 감각이나 경험에 의한 지식은 의미가없다. 따라서 당시 소피스트들이 떠드는 지식은 플라톤에게 절대로 지식으로 간주될 수 없었다. 왜냐하면, 이들에게는 이데아에 대한 관념이 없었기 때문이다. 오로지 현실 문제를 해결해야 하는 실용지식이나 기술지식을 가지고 자신들의 논리적 설명을 보태는 소피스트들의 행동은 플라톤의 의미에서 지식일 수 없으며 단지 궤변일 뿐이다.

애초에 인간은 가짜가 아닌 진짜를 찾아 돌아다녔을 것이다. 산에서 버섯을 따 먹은 사람이 죽었다. 그는 버섯은 먹는 것이라는 사실만을 알고 있었다. 먹지 못하는 버섯도 있다는 사실을 알아내기 위해 애초의 인간들은 무수한 생명을 버려야 했을 것이다. 제대로 된 지식을 얻기 위한 시행착오는 인간의 목숨을 담보했다. 시행착오로 목숨을 잃지 않기 위해 인간은 언젠가부터 제대로 된 지식을 갖고자 했을 것이다. 즉 살아남기 위해서 진리truth를

---

[2] 미국의 실용주의 철학자 존 듀이John Dewey는 '진리의 본질을 규명하는 것이 철학의 테마로서 부적절하다'고 주장했다.

찾으려고 했을 것이다. 왜냐하면, 잘못된 지식 내지 사이비 지식으로는 삶에서 반드시 실패하기 때문이다.

그러나 산에서 독버섯을 따 먹고 사망했다는 보도는 오늘날도 계속 나오고 있다. 아직도 참지식을 소유하지 못하기 때문이다. 즉 독버섯을 먹고 사망한 사람은 잘못된 지식을 가지고 있었던 것이다. 알지 못하면 죽는다. 가을은 전어箭魚의 계절이라고 한다. 회는 가을 전어라는 말도 있다. 그러나 가을 전어를 회로 먹고 사망했다는 보도가 연일 나오고 있다. 물론 비브리오 균 때문이다. 비브리오 균에 대한 지식을 가지고 있지 못한다면 우리는 계속해서 희생당할 수밖에 없을 것이다. 우리는 죽게 하는 지식, 그것은 바로 진리와 무관하지 않다. 진리를 안다는 것은 곧 진정한 지식, 즉 참지식을 가지고 있다는 사실이다. 지식 중에서도 진정한 지식(참지식)은 곧 진리를 의미한다.

사실 오늘날까지 역사적으로 진리에 대한 연구는 특히 신학자, 철학자, 과학자 등 학자들 사이에서 계속 이어져 왔다. 한마디로 진리의 문제는 모든 학문이 추구하는 궁극적인 영역이다. 사전적으로 진리Truth는 사실 또는 실제reality에 부합하는 존재의 상태를 말한다. 또한, 진리는 원전, 기준, 이상에 충실함을 의미하며, 행동이나 속성 면에서도 일관성 내지 진심을 가지고 있어야 한다. 진리의 반대는 '거짓'이다. 이는 논리적, 사실적, 윤리적 차원을 포괄한다.

한편, 현대철학에서는 '진리의 문제'는 '언어Logic의 문제'로 구체화되었다. 언어철학은 대표적이다. 일상생활에서 우리는 말과 언어를 매개로 삶을 영위한다. 앎이 삶이라고 한다면, 말과 언어는 가장 중요한 지식의 매개물이다. 왜냐하면, 말과 언어는 호모사피엔스에게 본능이기 때문이다. 그러나 인간이 사용하는 말과 언어는 진리를 담지擔持할 때 가장 유효하다. 진실성이 결여된 언어는 말하는 사람의 인격마저 의심스럽게 한다. 거짓된 말은 순간을 속일 수는 있어도 영원하지는 않다. 따라서 최초의 철학자들은 일찌감치 진리에 입각한 언어가 무엇이며, 진리에 입각한 언어를 파악해 보는 것을 진리 담론의 주제로 삼아왔다.

성경에 '태초에 말씀(로고스, Logos)이 있었다'고 기술되어 있다. 오늘날 기독교에서는 로고스를 하나님의 말씀과 동일시하면서 진리의 개념과 동일시하고 있다. 로고스의 개념은 약 2천7백 년 전 고대 그리스에서 헤라클레이토스에 의해 매우 정교하게 도입된 바 있다. 그러나 로고스, 즉 하나님의 말씀이 진리와 동일시되는 바람에 인간이 사용하는 말과 언어도 진리의 잠재 가능성을 내포하고 있다는 식의 논리가 만들어졌다. 마치 언어만 진리에 입각한다면 우리 인간의 삶도 진리와 일치한다는 논리이다. 물론 이러한 논리전개의 중심에는 분석철학과 논리실증주의자들의 철학이 자리하고 있다.[3] 그러나 정말 그럴까? 인간이 사용하는 말과 언어가 진리(또는 진실)라면 삶도 진리인가? 삶의 현실에서는 진실일 것 같던 말(언어)이 거짓말로 밝혀질 경우가 얼마든지 가능하다. 심지어 인간의 말에 진실성이 묻어 있고 그것이 진리에 입각한 말이라는 것을 과연 누가 판정하나?

결국, 애초에 지식과 진리의 문제를 직접 다루던 철학의 테마가 어느 순간에 진리에 대하여 언급하는 언어의 문제를 다루는 일종의 논리학으로 슬며시 넘어갔다. 사실 현대철학은 언어를 해석하는 부류와 언어를 분석하는 부류로 전개되어 왔다. 전자는 해석학적 접근으로서 해석학을 대표적이라고 한다면, 후자는 분석철학적 접근으로서 논리실증주의가 대표적이다. 그러나 현대 철학의 딜레마는 바로 여기서 발생한다.

"논리실증주의자들은 철학에서 형이상학을 제거하고 그 자리에 인식론을 위치시키려 하였다. 이들이 포기한 것은 형이상학이었고 철학 그 자체는 아니었다. 다시 말하면, 이들은 아직도 철학에 관한 전통적 개념인 문화 전

---

[3] 물론 이들은 철학의 과제는 진리를 직접 거론하는 것이 아니라, 진리에 대하여 언급하는 언어를 분석하는 것이라고 자신들의 입장을 변호한다. 즉 언어의 분석이 진리 분석과 동일시된다. 이로써 이들은 철학의 임무도 종결된다고 보았다. 그러나 이들은 철학의 항구적인 과제인 진리규명의 과제를 포기한 것이나 다름없다. 단지 이들은 철학의 일부로서의 논리학論理學에 자신들의 학문 세계를 축소시켜 놓았다. 한마디로 이들은 더 이상 전통적 계승으로서의 철학자의 부류는 아닌 것이다. 그러나 이들은 논리실증주의가 시대의 철학이라고 주장하는데 커다란 문제가 있는 것이다.

반에 관한 기초적 조정자로서의 관념을 그대로 유지하고 있었다. 그것을 가능케 해 주는 도구로서 인식론에 대한 의존이 커지고, 결과적으로 후기 분석철학자들은 인식론을 통해 '실재'에 대하여 확고한 기초적 지식을 얻을 수 있고, 여기서부터 과학, 예술, 도덕, 종교, 정치에 있어서 다양한 지식의 건전성을 평가할 수 있다고 믿었다… 여기서 철학의 딜레마가 시작되었다. 구체적인 것은 철학이 아니라 과학에 의해 더 잘 설명되고 있어서, 이에 당황한 철학자들은 언어의 의미 분석에 몰두하게 되어 철학은 '언어적 전환'이라는 새로운 국면을 맞이하였고, 다시 추상의 세계로 복귀하였다. 그러나 의미 분석 작업은 어떤 공통의 주제가 아니라 공통의 기술이어서, 이제 이성은 분석하는 양화 된 이성으로 바뀌었다. 분석이성은 사물을 정리하고 개념적 혼란을 명료하게 하기 위한 기능이 되었다. 그러나 아직까지는 전통적으로 고수되어 온 철학의 기능이 완전히 소멸된 것은 아니었다."(정해창, 2011: 311~312)

분명히 논리, 즉 '말과 언어'는 인간에게 주어진 삶의 생래적 도구이며 수단이다. 그러나 우리의 삶에는 말로 표현할 수 없는 것도 수없이 많으며 말이 필요 없는 것도 많다. 여기서 우리의 질문, 만약 말로 할 수 있는 것 심지어 진실된 말로만 할 수 있는 것만이 삶이라면, 말을 잘못하거나 말을 안 하고 침묵하는 사람은 모두 진리의 삶과 무관하게 살고 있는 것인가? 고대 그리스, 로마 등 예로부터 웅변술, 수사학에 능한 소위 '말 잘하는 사람들'이 출세하는 데 유리했던 것은 사실이다. 지금도 면접 시 말을 잘하면 취직하는 데 유리한 것도 사실이다. 국회의원이 되려면 말을 잘해야 한다. 물론 이들이 '말만 잘하는 것'이 문제이긴 하지만 말이다. 그러나 말을 잘하는 이들의 삶이 과연 진리의 삶이었으며 진정한 삶이었다고 단정하기는 어렵다.

물론 언어는 슐라이어마허Friedrich Daniel Ernst Schleiermacher(1768~1834)에 의하면 사유의 통로이다. 사유함 그리고 이로 인해 얻어진 지식은 언어를 통해 밖으로 흘러나온다. 그럼에도 불구하고 이러한 논리가 모든 것을 의미하지는 않는다. 설령 사유하고 있더라도 아직 언어화되지 못하는 것도 많으며 사유하지 않고서도 얼마든지 말은 무의식적으로 튀어나올 수도 있다. 또한, 아직 말과 언어로 발전되지 못한 사유함이 과연 진리(진실)인지 아닌지도 우리는 결코 알 수 없다. 결국, 현대철학은 해결점도 찾지 못하면서 언어를 분석하거나 해석하는 일에 몰두하게 되었다. 그 바람에 현대철학은 답을 구하기 어려운 진리의 문제를 피해 나가는데 성공했다. 그러나 학문으로서의 현대 서구철학은 지금도 해체 수순을 밟고 있다. 왜냐하면, 철학의 항구적인 테마는 진리와의 직접적인 담론이기 때문이다. 다만 유한자로서의 인간에게 진리는 지식을 매개로 이루어질 수밖에 없다. 아마 이러한 어쩔 수 없는 한계 때문에 철학자들은 진리에 대해 거론하는 말과 언어에 자신들의 과제를 제한했을지 모른다. 아니면 이들은 결코 풀기 어려운 진리의 문제에 직접 부딪히기보다는 진리를 대변한다고 치부되는 말과 언어 logos라는 영역으로 돌아서 간접적으로 진리의 개념에 접근하려고 했을지도 모른다.

그럼에도 불구하고 이제 문제는 과연 진리를 언급하는 말과 언어를 파악해 낼 수 있다는 말인가? 그렇다면 진리와 무관한 말과 언어는 말도 아니고 언어도 아니라는 말인가? 그렇다면 누가 진리를 언급하는 말과 언어를 판별할 수 있는 것인가? 따라서 이제 우리가 참지식을 얻기 위해서는 지식과 진리의 직접적인 관계로 다시 돌아갈 용기가 필요하다. 진리를 밝혀내고 진리를 구하기 쉽지 않다는 이유로 우리가 진리의 문제를 슬쩍 피해가거나 돌아가는 일은 비겁한 일이다. 또한, 이는 철학이 자신의 세계를 스스로 축소시켜 버리는 일이기도 하다. 이럴 경우 우리는 철학적 사유를 통해서는 진리는커녕 인간의 삶 자체에도 온전한 접근도 하기 어렵다. 심지어 철학자들에게 이는 매우 혼란스러운 일이 되고 있다. 오늘날 우리는 '인문학의 위기'에 대해서 언급한다. 이렇게 본다면, 진리의 문제를 언어의 문제로 축소 치환하면서 스스로 자신의 연구영역을 축소하는 결과를 초래 해 온 현대철학에게 우리는 일말의 책임을 묻지 않을 수 없다.

실제로 진리의 문제를 집요하게 붙들었던 시대가 있었다. 고대 그리스를 시작으로 근세까지 최소한 칸트, 헤겔의 철학까지를 그 시대로 간주할 수 있다. 이후 철학이 특히 논리실증주의자들에 의해 관념적 형이상학으로 몰리면서 철학은 언어해석과 언어분석의 논리학으로 자신의 영역을 스스로 축소해 버렸다. 결국, 진리의 문제는 소리 없이 철학의 영역에서 삭제된 셈이다. 이러한 맥락에서 이미 언급한 것처럼 듀이는 "철학은 진리의 문제를 다루지 않는다"라고 선언한다. 듀이의 이러한 선언은 철학은 진리의 문제를 직접적으로 해결할 수 없다는 의미를 내포하고 있다. 그러나 이러한 듀이선언은 동시에 당시 진리의 문제를 다루지 않는 철학연구의 세파가 한심하다는 비아냥이기도 했다. 특히 이러한 비아냥을 눈치챈 영국의 분석철학자 러셀Bertrand Arthur William Russell, 3rd Earl Russell(1872~1970)은 듀이철학을 철학의 이단으로 몰아 추방시키기에 이르렀다. 러셀은 자신의 논리실증주의는 진리의 문제를 담지하고 있다는 자부심이었을 것이다. 그러나 러셀은 현대철학을 다시 한 번 최고봉의 위치로 올려놓은 장본인이었지만, 진리 문제를 교묘하게 피해 나가는 현대철학의 딜레마를 촉발시켰던 장본인으로 기록되고 말았다.

결국, 논리실증주의가 철학적 사유의 대세가 되면서 항구적으로 진리를 추구하는 철학 과제는 보다 요원해졌다. 이러한 상황에서 오늘날 우리는 지식의 조건으로서 진리조건을 추구해야 하는 운명이 되었다. 딜레마가 아닐 수 없다. 만약 우리가 진리조건을 충족시킬 수 있다면, 우리는 지식의 참조건을 구할 수 있다. 그러나 반대로 상황이 여의치 못하다면, 우리의 과제는 여전히 오리무중에 머물 수밖에 없다. 그러나 분명한 것은 현대철학 정확히 말하면 현대영미철학을 대변하는 언어분석철학과 논리실증주의는 진리로 대변되는 하늘의 '로고스'를 유한자인 인간의 '논리logics'로 풀어내려는 우愚를 범하고 있다는 사실이다.

3. 정당성조건

이미 언급한대로 '진실한 믿음으로서의 지식'을 규명하기 위해서는 진리의 본질규명이 동반되어야 한다. 그러나 결코 쉽지 않다. 따라서 플라톤이 제시한 '정당화된 믿음으로서의 지식'은 진실한 믿음을 구체화하는 현실적이고 구체적인 '대안' 또는 '보충'으로 제시된 개념이라고도 할 수 있다. 그러나 '정당화된 믿음'이라는 개념 역시 '진리의 본질규명' 못지않게 복잡하다. 즉 '정당화'란 무엇이며, 또한 정당화는 무엇을 위한 정당화인가? 아울러 '정당화의 근거'는 과연 무엇이며, 어떻게 정당화가 가능한가? 또한, 믿음이 정당화된다는 것은 무엇을 의미하는 것인지? 우리의 믿음이 어떻게 정당화될 수 있다는 것인지? 등등의 의문이 해명될 수 있어야 한다. 이를테면, 정당화는 실증적 근거證據를 요구할 수도 있으며, 심지어는 변명 역시 정당화의 수단이 될 수도 있다. 다음은 역사적으로 정당화와 관련되어 정립된 연구결과로서, '정당성조건'을 이해하는 데에 근거를 제공해 주는 이론들이다.

첫째, 부합이론correspondence theory이다. 부합이란 논리적으로 일치된다는 뜻이다. 한마디로 논리적 일관성이다. 따라서 부합이론에 따르면 서로 부합이 되면, 즉 논리적으로 일치하면 정당성을 확보한다는 것이다. 역사적으로 부합이론은 고대 그리스의 소크라테스, 플라톤, 아리스토텔레스로 거슬러 올라간다(Encyclopedia of Philosophy, Vol.2, 1969: 223~224). 여기서는 진정한 진술이 중요하다. 진술에서 논리적 일관성이 있어야 한다. 물론 이러한 논리적 일관성에 대한 진정한 믿음이 전제된다. 부합이론은 러셀의 논리실증주의의 성립에 크게 기여했다(Encyclopedia of Philosophy, Vol.2, 1969: 223). 논리적 일관성, 즉 부합이론에서는 대상 간의 상관관계를 상정하고 있다. 따라서 부합이론에서는 진리인지 허위인지를 구별하는 것은 상호관계가 확실한지 아닌지에 의해서 결정된다. 토마스 아퀴나스에 의하면, "진리는 사물과 지성의 부합Veritas est adaequatio rei et intellectus"이다. 그에 의하면, 그것이 영원한 실재에 부합할 때 비로소 진실이다.

부합이론에서 진리는 '객관적 실제objective reality'로 간주된다. 객관적 실재란 사실을 사상, 언어, 상징으로 정확히 재현할 수 있을 때 가능하다. 그러나 부합이론가들은 하나의 특정한 사실을 분석해 내기 위해서는 다른 주변의 요소들, 즉 맥락context에 대한 분석을 전제한다고 주장한다. 왜냐하면,

언어(말)는 다른 언어로 번역될 수 없기 때문이다. 언어의 의미를 이해하는 것은 보다 더 어렵다. 내가 사용하는 언어를 상대방이 완전히 이해하지 못한다. 이러한 맥락에서 쿤Thomas S. Kuhn(1922~1996)과 파이어아벤트Paul Karl Feyerabend(1924~1994)는 모든 언어는 "통약불가능성incommensurability"의 속성을 가진다고 주장했다. 즉 언어 이해를 위한 동일한 척도나 기준이 없으며, 언어를 상호 비교하거나 번역할 수도 없다. 세상에는 어떤 경우에도 공약수가 없다(Kuhn, 1962). 언어의 경우도 마찬가지다. 따라서 언어 사용에 의한 오해도 얼마든지 가능하다. 언어의 의미는 이를 분석하고 해석하는 사람의 역량과 관점에 좌우된다.

둘째, 정합성 이론coherence theory, 整合性이다. 정합성 이론은 부합이론의 한계를 보완하는 것을 목표한다. 정합성 이론은 단순한 '논리적 일관성'을 넘어선다. 정합성 이론은 '전체성'을 전제한다. 따라서 정합성의 기준은 맥락 속에서의 논리적 일관성이 아니라 '전체 시스템과의 상관관계'이다. 즉 전체 시스템과의 상관관계에서 일치할 때 우리는 지식이 정당성을 확보한 것이라고 할 수 있다. 정당성을 확보한 지식은 진정한 믿음으로서의 지식이 된다.

칸트, 라이프니츠, 스피노자 등에 의하면, 완전성과 포괄성은 정합시스템의 타당성과 유용성을 판단하는 데 있어서 결정적인 요소들이다. 정합성 이론의 지배적 신조는 진리란 무엇보다도 특정한 명제가 전체 시스템의 특성에 적합할 때 가능하다. 동시에 전체와 그들의 일치, 즉 정합성에 따라서만 개별적 명제로 환원될 수 있다. 그런데 문제는 전체 시스템이 절대 시스템을 요구하는 것인지, 아니면 가능성의 시스템인지가 불분명하다. 따라서 정합성 이론은 여러 다양한 관심사에 따라서 서로 다르게 분화된다. 또한, 무엇이 전체이고 무엇이 부분으로서의 명제인지를 분간하기 어렵다. 일부 정합성 이론은 논리학과 수학의 영향으로 형식적 시스템을 가정하기도 한다. 심지어 정합성 이론은 뉴라트Otto Neurath나 헴펠Carl Hempel 등과 같은 논리실증주의자들이 주장하는 '합리성의 개념'을 수용하는 상황에 처하기도 한다.

셋째, 구성주의이론constructivist theory이다. 이는 정당성을 확보할 수 있는 지식은 구성주의적 관점을 가진다는 주장이다. 구성주의는 크게 개인적 구성주의와 사회적 구성주의로 구분된다. 지식의 정합성을 주장하는 관점은 사회적 구성주의에 근거한다. 사회적 구성주의에서는 진리란 사회적 과정에 의해 구성되기 때문에 역사적이고 문화적으로 특수한 것이라고 주장한다. 또한, 진리는 부분적으로는 커뮤니티 내에 존재하는 권력투쟁을 통해서도 형성된다는 입장이다. 원칙적으로 구성주의는 우리의 모든 지식을 구성된 것으로 본다. 왜냐하면, 그것은 어떤 외적인 선험적 실재를 인정하지 않기 때문이다. 오히려 진리의 지각은 인습, 인간지각, 그리고 사회적 경험에 대한 일관성으로 간주된다. 비코Giambattista Vico(1668~1744)는 '역사와 문화는 인간이 만든 것'이라는 주장한다. 비코의 인식론적 지향점은 결국 "진리 자체는 구성된다verum ipsum factum"는 공식으로 귀결된다. 헤겔과 마르크스 역시 진리는 사회적으로 구성될 수 있다고 주장한다. 마르크스는 객관적 진리의 존재를 부정하고, 차라리 진정한 지식과 권력이나 이데올로기에 의해 왜곡된 지식 사이를 구별하는 일에 진력한다. 특히 마르크스의 진정한 과학적 지식은 역사에 대한 변증법적 이해와 일치된다. 그에 의하면, 이데올로기 지식은 주어진 정치·경제적 맥락 속에 있는 물질적 권력관계에 대한 부수적 설명을 통해 알려진다(May, 1993). 결국, 구성주의이론에 의하면, 지식의 정당성 문제는 사회적으로 커뮤니티의 생명과정 속에서 스스로 구성될 수 있다.

넷째, 합의이론consensus theory이다. 합의이론에 의하면, 합의된 것은 모두 진리이다. 철학자 하버마스Jürgen Habermas(1927~)가 대표적이다. 물론 그는 이상적 언어 상황에서 합의된 것을 진리로 간주한다. 그러나 시스템철학자이며 실용주의를 옹호하고 진리의 정합성 이론을 주장하는 레셔Nicolas Rescher(1928)는 이에 비판적이다. 그에 의하면, 여론과 합의는 진리의 정당성을 보장하지 못한다(Rescher, 1995). 특히 여론은 얼마든지 호도될 수 있으며 위험한 포퓰리즘의 온상이 될 수도 있다. 또한, 합의는 이면합의, 날치기합의 등으로 얼마든지 변질될 수도 있다. 하버마스는 진정한 합의를 위해서 '왜곡된 의사소통'을 경계하고 있다. 그러나 현실에서는 그가 제시하는 것과 같이 '이상적 조건' 하에서 바람직한 의사소통이 이루어지는 것은 가능한 일이 아니다. 물론 이상사회에서는 가능할지 모른다. 그러나 현실에서 우리가 '왜곡된 의사소통'을 극복하고 진정한 합의를 볼 수 있는 기회는 거의 없다고 할 수 있다.

다섯째, 실용성 이론pragmatic theory이다. 실용주의는 20세기 전환기에 퍼스Charles Senders Pierce, 제임스William James 그리고 듀이John Dewey 등에 의해 미국에 도입되었다. 학자들 간의 관점 차이에도 불구하고, 이들에게 진리는 실천practice을 기준으로 하고 있다(Encyclopedia of Philosophy, Vol.5, 1969). 특히 유용성utility을 보장하는 실천이 관건이다. 퍼스에 의하면, "진리란 끊임없는 탐구가 과학적 믿음을 몰고 가는 이상적 한계와 추상적 진술의 일치이다."(Peirce, 1901: 720) 제임스에 의하면, 진리는 사고하는 방식의 차원이고, 옳음(정당성)은 행동하는 방식의 차원이다(James, 1909). 따라서 진리의 가치는 개념을 현실적 실천에 적용할 때 발생하는 효과성에 의해 확정된다. 마지막으로 듀이는 제임스보다는 덜 광범위하지만 퍼스보다는 더 광범위하게 탐구와 진리의 개념을 연계시켰다. 즉 탐구inquiry는 과학적이든, 기술적이든, 사회학적이든, 문화적이든 시간에 구애받지 않고 늘 자기수정적self-corrective이어야 한다. 만약 이러한 탐구결과가 탐구공동체에 의해서 테스트를 받도록 허락된다면, 탐구공동체는 제시된 진리를 명백하게 함으로써 정교하게 '정당성'을 확보할 것이다.

그러나 정당성은 절대적인 가치로서가 아니라, 다양한 역사적·문화적 배경에 따라서 달라지는 구체적 맥락context 속에서 판단되어야 한다(가바리노, 2001: 9). 즉 하나의 지식이 어떤 시대에는 마치 진리처럼 설명되지만, 시대가 달라짐으로써 한낱 웃음거리가 된다면, 과연 우리는 지식의 정당성은 어디에서 찾을 수 있을 것인가? 한마디로 여전히 남는 문제는 역사·문화적 전체성을 포괄하는 전체적 맥락 속에서 정당성을 확보할 수 있는 지식은 과연 어떻게 가능한가?

02 '전통적 지식 조건'의 문제점과 한계성

1963년 미국의 철학자 게티어Edmund Gettier III(1927~)는 자신의 3페이지짜리 논문 "Is Justified True Belief Knowledge?"(*Analysis* 23 [6]: 121~123)에서 '플라톤의 지식 개념(JTB 명제)'에 대하여 역사상 처음으로 이의異意를 제기하였다. 즉 그는 플라톤이 제시한 믿음, 진리, 정당화는 지식의 조건이 되기에는 불충분하거나 아니면 자체적인 모순과 한계가 존재한다는 것이었다.

1. 신념조건의 한계

게티어Gettier는 우리의 믿음은 진리에 입각한 진실한 믿음일 수 있으며 또한 얼마든지 정당화될 수 있다는 플라톤의 지식 개념에 직접 반론을 제기하지는 않았다. 그러나 그의 의문은 "과연 믿음이 모두 지식으로 인정될 수 있을까?" 하는 것이었다. 다시 말하면, 그는 사실이나 대상에 대한 진실한 믿음과 정당한 믿음은 지식을 위해서 분명히 필요하겠지만, 이로써 충분한 것은 아니라는 주장이다. 왜냐하면, 주어진 명제가 진실한 것인지 정당한 것인지는 모두 개인의 영역일 수도 있기 때문이다. 그러나 만약 '내가 믿는다'고 해서 그것이 정말 지식인가? 그것이 정당화된다고 항구적으로 지식이라고 할 수 있을까? 지식은 원칙적으로 일반성과 보편성(또는 객관성)을 담보한다. 이러한 의미에서, 게티어의 의문제기는 전통적 지식 개념JTB에 대한 또 다른 철학자들로 하여금 '대립의 사례들counter-examples'을 발표하게 하는 자극제로 작용하게 되었다. 이는 전통적(고전적) 인식론의 근본적인 문제이기도 하다.

> "인식론은 멀리 기원전 5세기의 희랍에서부터 지식의 정의, 형성과정 그리고 정당화와 관련된 제반 물음을 추구하는 과정에서 발전하였다. 그 이후 인식론의 중요한 과제는 어떻게 '거짓 믿음'의 가능성을 배제하느냐에 있었다."(장상호, 2000: 5)

게티어의 실험은 "게티어 케이스Gettier Cases"로 알려져 있다. 그가 설정한 사례는 다음과 같다. 존스와 스미스는 취업경쟁자이다. 취업 면접을 마치고 결과를 기다리면서 스미스는 자신은 떨어지고 존스가 취업될 것이라는 (불길한) 예감을 한다. 이는 사실 회사 측이 (일부러) 흘린 언질을 스미스가 엿들었기 때문이다. 스미스는 '취업에 성공하는 사람은 과연 어떤 특성을 가지고 있을까?'에 대해서 곰곰이 생각해 본다. 그때 존스가 지갑에 10달러를 가지고 있다는 사실을 알게 되었다. 그가 자신의 지갑은 열어서 보여주었기 때문이다. 존스에 대해서 스미스가 알고 있는 정보는 오로지 그것뿐이었다. 그래서 스미스는 지갑에 10달러를 가진 사람이 취업에 성공한다고 추론할 수 있었다. 이러한 추론은 '믿음'이 된다. 결국, 그는 스스로 다음과 같은 명제를 수립했다.

첫째, 존스가 취직에 성공할 것이다.
둘째, 존스의 지갑 속에는 10달러가 들어 있다.
셋째, 취직에 성공하는 사람의 지갑 속에는 10달러가 들어 있다.

그러나 최종 결과는 존스가 떨어지고 스미스 자신이 붙었다. 자신의 예측이 다행스럽게도 잘못되었다는 사실을 알게 된 스미스는 우연히 자신의 지갑에도 10달러 있다는 사실을 알게 된다. 결국, 당시 두 사람은 공히 지갑에

10달러를 가지고 있었으며, 10달러라는 돈이 취업에 성공하는 것과 관계가 있을 것 같다는 생각을 하게 되었다. 어쨌든 '취업을 원하는 사람은 지갑 속의 10달러를 가지고 있다'는 '믿음'은 진실로 정당화된 것이다. 그러나 떨어진 존스의 10달러는 취업 성공과 무관했다. 같은 10달러에 대한 믿음이었지만, 똑같은 결과가 나지는 않은 것이다. 즉 자신의 '믿음', 즉 '10달러와 취업 성공의 연관성'은 사실이었으며 믿음이었지만, 진실(진리)과는 전혀 무관했다. 따라서 우리의 삶에서 어떠한 추론도 어떠한 믿음도 가능하겠지만, 자신의 '믿음'은 잘못된 지식으로 결판나는 일은 허다할 것이다. 결국, 지금까지 '정당화되었던 진실한 믿음'은 (참) 지식이 아니었으며, 심지어 '잘못(된 지식)'으로 결론이 난 셈이다.

우리는 일상생활에서 자신의 믿음에 따라서 지식을 수용하고 이를 토대로 논리적으로 추론하고 판단하는 경우가 비일비재하다. 이것이 일반적인 '(논리적) 인식의 흐름'이다. 인간의 인식은 일단 자신만의 지식이 되어서 (논리적) 추론으로 이어진다. 결국, 플라톤의 지식 개념을 변호하는 전통적 인식론에 대한 게티어의 이의제기는 '인식론認識論에 대한 재검토를 요구하는' 사건이라고 할 수 있다. 믿음과 지식이 동본원적이고 상호교호적이라면, 진실한 믿음은 지식이 되겠지만, '잘못된 믿음'은 결국 (참) 지식이 되지 못한다. 믿음과 지식으로부터의 추론 역시 마찬가지이다. 따라서 지식이란 '어떠한 오류도 없다는 전제premise'에 근거하는 '정당화된 진실한 믿음JTB'일 수밖에 없다. 그런데 여기서 '어떠한 오류도 없다는 전제'가 과연 어떻게 가능할까? 이러한 의문은 또 다른 의문을 낳는다.

게티어의 의문제기가 나온 후 몇몇 철학자들은 반응을 보이기 시작했다. 즉 게티어의 의문제기가 다른 철학자들에게 플라톤의 JTB에 대한 관심과 의심을 불러일으키는 자극제가 된 것이다. 첫 번째 반응은 소위 오류불가능주의infallibilism로부터 나왔다. 이는 게티어의 의문제기에 자극을 받은 일련의 반응이었다. 즉 이러한 반응들은 우선 전통적인 지식 개념인 플라톤의 JTB 명제에 대한 의문으로 출발한다. 그러나 이러한 반응들은 플라톤의 명제에 대해서 의문을 제기했던 게티어에게도 의문의 화살을 겨누고 있었다.

미국의 철학자 커크햄Richard Kirkham(1955~)은, '모든 반대 사례에도 면역이 되어서'(immune) 절대 흔들리지 않는 사실이 유일한 지식이라고 주장했다. 즉 지식은 절대적 '오류불가능'이어야 한다는 주장이었는데, 이는 진실과 믿음 사이에는 '논리적 근거' 또는 '논리적 정당성'이 보장되어야 한다는 조건을 충족해야 한다는 점을 강조한 것이다.

오류불가능주의는 '지식이란 이성적으로 의심될 수 없는 진정한 믿음'이라는 입장이다. 지식으로서의 자격을 갖추기 위해서 믿음은 결코 일말의 오류도 없어야 한다. 또한, 정당성 역시 '의심의 여지가 없어야' 한다.[4] 즉 지식이 되기 위해서는 '무오류의 인증'을 획득해야 한다는 주장이다. 그러나 우리의 삶에서 '의심의 여지가 없음', 즉 '무오류'는 과연 어떤 상황이며, 또한 '의심할 여지가 없음', 즉 '무오류'의 기준과 척도는 무엇인가? 또한, 과연 '의심의 여지가 없음'을 누가 어떻게 판정할 것인가?, 즉 우리는 어떻게 무엇을 가지고 의심의 여지가 없는 '무오류'를 인증받을 수 있을 것인가? 이러한 질문에 대한 해법이 (참) 지식을 위한 관건이다.

두 번째 반응은 '파기할 수 없음indefeasibility'의 이론에서 나왔다. 이 이론은 어떠한 믿음도 결코 파기할 수 없다는 사실에 근거한다. 예를 들어, 우리 마을 도서관에서 톰이 책을 훔치는 것이 목격되었다. 그런데 톰의 일란성 쌍둥이 동생인 샴이 우리 마을에 살고 있다는 것이 사실로 밝혀졌다. 그렇다면 진짜 범인은 톰인가, 톰의 쌍둥이 동생인 샴인가? 설령 샴 역시 의심이 된다고 해도 결국 톰이 범인일 것이라는 최초의 믿음은 '완전한 증거'에 의해서 정당화Justified 될 때까지 파기될 수 없다.

인도의 철학자 마티랄Bimal Krishna Matilal(1935~1991)은 '파기할 수 없음'의 지식논리를 13세기부터 시작된 인도의 논리철학 '나비아니아야Navya Nyaya'의 '오류주의철학'에서 끌고 왔다. 이 철학에서는 모든 진실한 믿음을 지식으로 간주한다. 이렇게 본다면, 설령 잘못된 과정을 통해서 얻어진 믿음

---

[4] 인식론에서 무의심주의는 지식이란, 개념상, 이성적으로 의심될 수 없는 진실한 믿음이다. 다른 믿음들도 이성적으로 정당화될 수 있다. 그러나 절대적으로 확실하지 않다면, 이는 지식의 수준으로 올라갈 수 없다.

역시 지식이라고 할 수 있다. 그러나 이러한 지식은 거의 무지에 가까운 단순한 지식 또는 심지어 단순한 믿음으로 간주될 수 있다. 그리고 정당화에 대한 질문은 획득된 믿음이 과연 지식인가를 재고하는 제2단계에서만 일어난다. 즉 불확실성이 완전히 제거될 때 비로소 그것은 진실한 믿음이 된다. 결국, 이 철학에서는 'p를 안다'는 것과 '누군가 p를 아는 것을 안다'는 것은 다르다고 설명한다. 따라서 누군가 p를 아는 것인지 아닌지를 알고자 하는 순간, 의심이 생길 수밖에 없다. 이렇게 본다면, 마티랄은 게티어의 의문제기와 비슷하다. 즉 만약 우연히 믿었던 사실이 사이비 증거로 인하여 추론에 오류를 야기했다면, 믿음의 진실성에 오류가 생기게 된다. 이럴 경우 지식에의 요구가 반드시 계속되는 것은 아니다(Matilal, 1986: 71~72). 즉 믿음이란 일단 '지식의 가능성'을 제공할 수는 있지만, 정당성을 확보하지 못한다면 지식은 진실한 것도 아니며 더 이상 (참) 지식으로 발전할 수도 없다. 다시 말하면 '지식으로의 가능성'과 (참) 지식 그 자체는 동일한 것이 아니다. 믿음과 정당성에서 오류와 불확실성이 존재하는 한, 지식의 가능성은 지식으로 성취될 수 없다. 그러나 믿음과 정당성 그리고 지식의 가능성의 관계가 지속적으로 검토되고 반성 성찰될 때 비로소 지식의 가능성은 (참) 지식으로의 가능성을 현실화할 수 있다.

세 번째 반응은 '신빙주의Reliabilism'에서 비롯되었다. 신빙주의에서는 잘못된 믿음에 더 많은 진실성을 제고하는 절차가 수행될 때에만 정당화될 수 있다. 달리 말하면, 진실한 믿음은 그것이 신뢰할만한 믿음-만들기 절차에 의해서 산출될 때에만 지식으로서 간주된다. 그러나 사실 믿음주의는 이미 게티어의 케이스에 의해서 도전받아 왔던 대상이라고 할 수도 있다.

신빙주의에 도전하는 또 다른 주장은, '헨리Henry와 헛간 파사드façades'의 케이스다. 헨리는 드라이브하면서 헛간을 닮은 많은 빌딩들을 보았다. 이 중 하나를 본 그는 자신의 지각에 근거하여 방금 헛간을 보았다고 결론짓는다. 그러나 사실 그가 그것을 보았던 것은 헛간이 아니라 파사드Passade였다. 그럼에도 불구하고 이론적으로 볼 때 헨리는 파사드를 헛간으로 잘못 보았다는 것을 스스로 알 길은 없었다. 왜냐하면, 그는 진실한 믿음을 오로지

'우연하게' 취득했기 때문이다(Goldman, 1976: 147). 다시 말하면, 우리는 자신이 확실히 알고 있다고 믿는 것을 이론적으로 습득한 것이 아니라, 일상에서 우연하게 알게 된 것을 확실한 믿음으로 간주하는 경우가 더 많다. 따라서 자신이 확실한 믿음으로 가지고 있는 지식도 실제로는 우연한 경험을 통해 얻어지기 때문에 믿을 수 없는 경우가 허다하다. 결국, 이러한 믿음주의에 입각해서 볼 때, 믿음과 지식 간에는 끊임없는 '성찰reflection'과 검토review가 요청된다는 것을 암시한다.

네 번째 반응은 미국의 철학자 노직Robert Nozick의 '가정법 지식'의 개념에서 나왔다(Nozick 1981). 즉 지식은 가정법, 즉 특정한 '조건'에 따라 결정된다. 여기서 지식을 결정하는 조건은 '사실조건', '믿음조건', '진리조건'을 포함한다.

첫째, 만약 P라면 그는 p를 아는 것이다. (사실-지식)
둘째, 만약 S가 그 p를 믿는다면 그는 p를 아는 것이다.(믿음-지식)
셋째, 만약 p가 오류라면 S는 그 p를 믿지 않을 것이다.(지식-믿음)
넷째, 만약 p가 진실이라면 S는 그 p를 믿을 것이다.(진실-믿음)

아들이 범죄를 저질렀다는 사실을 가정해 보자. 아버지는 자신의 아들이 범죄를 저지른 것을 도저히 믿을 수 없다. 이는 아들에 대한 아버지의 본질적인 믿음 때문이다. 그런데 아들이 무죄라는 것이 법정에서 입증되었다고 해 보자. 이럴 경우 아버지는 아들의 무죄를 확신할 것이다. 반대로 만약 법정에서 자신의 아들이 유죄로 판결이 났다고 해 보자. 이럴 경우에 아버지는 어떻게 할까? 과연 아버지는 아들의 유죄를 선언한 법정의 판결을 믿으려고 할까? 유죄와 무죄는 모두 죄의 유무에 대한 지식이다. 지식은 앎이며 삶이다. 그러나 우리는 '지식을 능가하는 믿음'을 가지고 있다. 오히려 아버지는 자신의 믿음을 뒤집는 지식을 모두 오류라고 믿고 싶을 것이다. 이렇게 본다면 우리의 일상생활에서는 지식보다 믿음이 우선priority이라고 할 수 있다. 그러나 이럴 경우 '명확한 증거'나 '조건'이 우리의 지식을 충족시킬 것이라는 가설에 혼란이 일게 된다.

한편, 영국의 철학자 블랙번Simon Blackburn(1944~)은 우리가 '확실한 근거를 찾기 위한 믿음'은 지식으로 간주하지 않았다. 오히려 그는 '증거부족에 의한 취약점과 논리의 허점 및 거짓을 배제하는 조건'을 제시하였다. 윌리엄슨Timothy Williamson(1955~)은 지식이란 어떤 '특별한 조건'에서만 가능하다는 지식이론을 발달시켰다. 그의 책『Knowledge and its Limits』(2000)에서 윌리엄슨은 지식의 개념이 일련의 다른 개념으로 파악될 수는 없다고 주장하였다. 대신 지식은 '특정한 것sui generis'일 뿐이다. 따라서 지식은 정당성, 진리 그리고 믿음을 요구하지만, '지식'이라는 단어는 '정당화된 진실한 믿음을 위한 단순한 속기록'은 아니라는 주장이다. 즉 지식은 '특정한 조건' 하에서만 성립되는 '조건의 지식'인 것이다.

마지막으로 골드만Alvin Goldman은 그의 논문『앎의 인과론』(1967)[5]에서, 지식이 진정 가능하기 위해서는 명제와 그 명제에 대한 믿음 사이에 '인과관계의 고리들causal chains'이 존재해야 한다. 이러한 고리들은 사실, 그 사실에 대한 믿음, 그리고 그 사실을 믿는 주체를 위한 원인이 현실로 나타날 때에만 가능하다(Goldman, 1967: 358). 즉 믿음이 지식의 조건으로서 가능해지기 위해서는 '믿음(a)과 믿음(b) 사이에서 전혀 빈틈이 없는 인과관계'가 성립되어야 한다. 그러나 빈틈이 없는 것이 어떻게 가능하며, 누가 빈틈이 없다는 사실을 입증할 것인가? 니체는 말한다: "우리를 확신시킨다고 해서 그것이 반드시 진리라고 할 수는 없다. 그것은 단지 설득력이 있는 것일 뿐이다"(이언 엥겔, 2001: 377)

2. 진리조건의 한계

플라톤이 제기한 전통적 지식 개념JTB에 대한 논쟁, 즉 지식의 본질에 대한 일련의 논쟁은 한마디로 지식으로서의 진리조건을 찾아내기 위한 인

---

[5] 이 글은 게티어Gettier의 의문제기인 "JTB 지식론"에 대한 반박이며 보완으로서, 지식이 발전하는 데 필요한 조건을 설명해 보려는 시도의 하나이다.

식론적 형식주의Externalism와 인식론적 내면주의Internalism 간의 논쟁이었다. 즉 진리조건을 충족시키는 지식은 외부로부터 발생하는가 아니면 내부로부터 발생하는가? 형식주의자들은 지식을 얻고자 하는 자의 심리상태의 외부, 즉 외부적external 환경 요인들이 지식의 조건으로서의 진리조건이 된다. 반면에 내면주의자들에게 지식은 특히 '심리적·정서적 차원'이라는 삶의 내면으로부터 비롯된다.

역사적으로 본다면, 15세기부터 고대 그리스로 돌아가 진리와 지식의 상관관계를 처음부터 재검토해 보자는 움직임은 르네상스Renaissance로부터 비롯되었다. 이어 종교개혁, 계몽주의시대가 전개되면서 진리와 지식의 상관관계를 푸는 문제는 항구적인 테마가 되기 시작했다. 특히 계몽주의를 열면서 지식의 조건으로서의 진리 문제에 깊은 고뇌를 했던 대표적인 철학자가 바로 데카르트였다. 특히 그의 '방법적 회의론methodical skepticism'은 유명하다. 즉 지식의 '명증성明證性, clarification'을 찾아내기 위해서는 우선 자신의 인식을 '의심'해 보는 것이 최상이라는 회의론적 사고가 그것이었다.

회의론적 사고는 고대의 극단적 회의론skepticism인 피론주의Pyrronnism에 뿌리를 두고 있다. 피론Pyrrhon(360?~270? BC)은 그리스 시대의 전통적 지식 개념에 대해서 극단적으로 회의하면서 진정한 지식을 찾아내려고 했다(김영식·임경순, 2002: 116). 물론 이러한 회의대상인 지식은 플라톤의 지식 개념JTB이었다. 피론은 세상에 진실이나 참다운 지식은 있을 수 없다고 주장하였다. 설령 지식이 존재한다고 하더라도 그 기준은 없다고 주장했다. 왜냐하면, 지식의 시작인 인간의 '감각感覺, sense'[6]은 믿을 수 없기 때문이다. 또한, 설사 그것을 믿을 수 있다 하더라도 그것은 실제 외부 세계의 현상들이나 본질에 대해서 아무것도 말해 주지 않는다.

수학數學 역시 그 자체가 진리일지는 모르지만, 외부세계에 적용되는지는 알 수가 없다. 심지어 확실한 것으로 받아들여지는 삼단논법syllogism도 '일

---

[6] 감각이란 단순한 자극이 아니라 자극을 통한 경험 이를테면 단순한 자극에 연합된 의식적 경험을 말한다. 따라서 감각은 경험을 가능하게 하는 능력으로서 감각은 감각경험과 동일한 개념으로 쓰이기도 한다.

단 자신이 알고 있는 사실에 바탕을 두고' 그것을 전제로 해서 새로운 사실을 결론짓는 것이기 때문에 결국은 확실하다고 입증되지 못한 것, 즉 '불확실한 것'을 바탕에 두고 시작할 수 있을 따름이다.

이렇게 극단적 회의론으로 평가되는 피론의 회의론은 계몽주의를 시작하는 16세기 말부터 극도로 번창하게 되었다. 데카르트의 신독단론New Dogmatism은 이러한 회의론의 풍조 속에서 탄생한다. 그는 절대진리를 찾기 위해 우리는 이성의 능력을 최대한 발휘하여 기존의 지식에 대하여 철저하게 의심해 보아야 한다고 주장하였다. 왜냐하면, 우리 인간은 어쩔 수 없이 감각으로부터 인식을 시작하여 지식을 얻을 수밖에 없지만, 그 감각은 완전한 것이 아니고 불안정하고 불완전하기 때문이다. 데카르트는 전혀 의심할 나위 없이 확실하고 분명하게 자신의 머릿속에 비쳐진 생각 외에는 아무것도 받아들이지 않으려고 했다(김영식·임경순, 2002: 116). 그는 조금이라도 의심스러운 것은 하나하나 차례로 부정해 나가면서, 마지막에 남는 의심할 여지가 없는 지식을 진정한 지식으로 간주하고자 했다. 이렇게 모든 것을 부정한 후에 남게 된 것은 딱 하나 바로 자신이 '생각한다cogito'는 사실뿐이었다(Mainzer, 1997: 116). 즉 아무리 모든 사실을 부정할 수 있다고 해도 자신이 '생각하고 있다'는 사실만은 더 이상 의심할 수가 없었던 것이다(김영식·임경순, 2002: 117).

한마디로 인간의 '이성적 능력'의 최후 결과로 얻어진 진리란 바로 "내가 생각한다"는 사실뿐이었다. 이것이 바로 삶의 최소 단위가 되는 것이다. 이로써 데카르트는 이 세상에는 절대진리가 분명히 존재한다는 사실을 확인시켜 주었던 것이다. 여기서 중요한 것은 절대진리가 없다는 피론의 주장과 데카르트의 주장은 전혀 다른 결과였다. 데카르트에게 절대진리 또는 절대지식은 바로 생각한다는 사실, 즉 이성적 능력의 존재성이었던 것이다. 결국, 그의 유명한 명제인 'cogito, ergo sum', 즉 '나는 생각한다. 그러므로 나는 존재한다'는 화두가 탄생한다.

이렇게 자신이 이성적으로 생각할 수 있다는 사실만을 확실한 지식으로 받아들인 데카르트는 최후의 지식을 "명료성clarity, distinctness"[7]의 지식으로

---

[7] 서구문화의 출발점은 명료성을 찾는 것으로부터 시작한다. 탈레스 명료한 근본물

간주하였다. 또한, 그는 명료성을 가진 지식만을 참된 지식으로 간주한다. 과학은 바로 이러한 명료성을 가진 지식으로부터 시작된다. 이로써 그는 과학이 베이컨에게서처럼 귀납적으로 이루어져서는 안 되고 반드시 '명료성을 가진 지식으로부터' 연역적으로 이루어져야 한다고 주장하게 된다.

결국, 이러한 맥락에서 데카르트는 자신만의 '체계적 의심의 방법method of systematic doubt'을 발견한 셈이다. 소위 '연역법演繹法, deduction'이 그것이었다. 그는 철학을 일종의 보편적 수학으로 보았다. 또한, 그는 대표적 저서인 『방법서설』에서 엄밀한 연역적 방법으로 일체를 더 이상 나눌 수 없는 근본 개념으로 도출해 낼 수 있다고 믿었다. 한마디로 그가 제안한 연역법이란 이성의 능력을 계속해서 의심하다 보면 최후로 알게 되는 지식이 진리이다. 그에게서 이는 진리를 찾아내는 유일한 방법이다. 그리고 이러한 방법을 통해 얻어진 지식은 선험적 진리로 군림하게 된다. 결국, 데카르트에게 명료한 지식을 얻어내는 것은 '방법상의 문제'였던 것이다. 따라서 그는 확실한 진실indubitably true로서 묘사될 수 있는 것을 발견하는 유일한 방법은 사물을 '명백하고 명료하게clearly and distinctly' 보는 것뿐이라고 주장하였다(Descartes, 1985).

만약 세상을 만든 전지전능한 조물주(신)가 존재한다면, 인간이 '알 수 있는 능력'(지식능력)을 가지고 만들어졌다고 믿는 것은 정당하다. 왜냐하

질이 물이라는 사실을 인식한 이래로 확실성과 명료성을 찾으려는 노력은 이전의 견해를 부정하고 새로운 명료성을 찾아 전진하는 방법으로 진행된다. 부정과 부정을 거쳐 세계는 더욱 명료해지고 회의와 회의를 거듭하면서 확실성과 명료성이 확인된다. 17세기 사상가들은 수학적 증명을 통해 명료성을 확신했으며, 18세기 계몽주의자들은 인간의 모든 것을 명료함이라는 이성의 법정에 세워 심판했다. 19세기에는 명료한 사상적 체계와 헤겔의 명료한 변증법이 지배했지만 20세기 들어 명료성을 대신하던 뉴턴, 하느님, 헤겔이 실추되면서 우주의 총체는 모호해지기 시작했다. 당혹감도 커졌다. 왜냐하면, 인간은 가장 명료한 방법을 통해서 가장 명료하지 못한 세계를 찾아내고 있었기 때문이다. 이를테면, 아인슈타인의 상대성이론으로 시작되는 현대이론물리학은 양자역학, 비유클리드 기하학 그리고 양자역학을 통해 불확정적 세계와 불확실성을 밝혀내고 구조주의와 포스트모던에서는 본질의 부재, 총체성의 불가능성 그리고 구조의 해체성을 명료하게 논증해 냄으로써 우리 인간은 가장 명료한 방법으로 가장 불명료한 모호한 세계를 발견하게 된 셈이다.<張波, 1994/ 유중하외 옮김, 2000: 67~69 참고>

면, 세상을 창조한 조물주는 모든 것을 알 수 있는 능력을 가지고 있고, 그의 모상模像인 인간에게 그러한 능력을 부여했을 것이기 때문이다. 그러나 이러한 논리는 인간의 지식능력이 완벽하다는 것을 의미하는 것은 아니다. 왜냐하면, 신은 우리 인간에게 무엇인가를 알 수 있는 지식획득의 능력을 부여했지만, 인간의 지식(획득)능력은 신의 그것처럼 또는 진리와 동일시될 정도로 전지전능하지는 않기 때문이다. 따라서 데카르트는 우리가 이러한 지식능력을 '방법적인 의심을 통하여' 정확하고 신중하게 사용해야 한다고 주장한 것이다.

결국, 그의 코기토 명제("Cogito ergo sum"), 즉 '나는 생각한다. 그러므로 존재한다(I think, therefore I am)'는 명제는 '방법적 의심'을 통해 얻어 낸 최종 결론이다. 여기서 중요한 것은 우리가 어떤 결론적 지식을 얻어낸다는 것보다, 우리가 지식의 진리조건을 얻기 위해서는 끊임없이 의심하고 회의해야 한다는 사실일 것이다. 왜냐하면, 우리가 진정한 지식을 얻기 위해서는 우리가 기존에 알고 있던 모든 지식들을 일단 의심해 보는 것이 중요하기 때문이다. 과연 지금 이것이 (참) 지식인가? 아닌가? 물론 여기서 간과할 수 없는 것은 반드시 '(정확한) 방법적으로' 의심해야 한다. 왜냐하면, '정확한 방법'을 통해 의심하지 않는다면, 우리는 명료성이 보장되는 지식 또는 진리를 얻어낼 수 없기 때문이다. 결국, 지식의 조건으로서의 진리조건을 추구하는 문제는 '방법론적 문제', 즉 '방법조건의 문제'로 귀결된다. 다시 말하면, 우리는 '지식의 진리조건'을 직접 찾아낼 수는 없으며 오로지 '방법적으로만' 접근할 수밖에 없다.

3. '전통적' 정당성조건의 한계

역사적으로 지식의 '정당성' 문제에 최초로 심도 있게 접근했던 철학자 역시 데카르트였다. 물론 중세 스콜라 철학시대에 이루어졌던 '신존재증명'의 논쟁은 모두 '정당성 논쟁'의 뿌리였다. 초기 스콜라 시대에 유명론과 실재론 간의 대립이 본격화되는 가운데 서 있던 피에르 아벨라르Peter Abelard(1079~1142)는 "예와 아니오Sic et Non"의 논리를 전개하였다. 그는 A 논리로 보면 신은 실재한다는 실재론이 정당하며, B 논리로 보면 신은 명목상으로만 존재하는 명목론 역시 정당하다는 결론을 내린다. 결국, 이러한 난제를 이어받은 아퀴나스는 논리상의 배리 관계를 해결하기 위해 '유비론analogy'을 도입한다. 한마디로 유사한 논리가 더 많은 곳에 논리의 정당성이 존재한다는 것이었다. 그럼에도 불구하고 신존재증명의 정당성은 완전히 해소되지 않았다. 결국, 에크하르트가 신비주의를 선언하면서 신존재증명의 역사는 중세의 역사와 함께 끝이 나고 만다. 즉 신의 존재는 (신비적) 체험으로만 가능하다는 '신비주의'의 안갯속으로 잠적하게 된다.

한편, (참) 지식을 추구하는 데카르트의 '방법적 회의 방식'을 통하여 형식주의자와 내면주의자들의 지식 논쟁은 해소될 수 있다고 믿게 되었다. 다시 말하면, 지식의 진리조건을 찾아내는 것은 내면적 차원에서의 끊임없는 방법론적 회의를 통하여 접근되는 동시에 외형적으로는 의미 있는 관련 요인들과의 '인과율causality, 因果律'에 합당해야만 가능하다는 논리였다. 결국, 이는 '정당성'을 확보하는 노력의 일환이었다고 할 수 있다. 방법적 회의와 인과율이 정당성을 확보할 때 비로소 데카르트가 추구했던 지식의 '명증성'이 획득된다. 물론 이는 모든 것을 알고 있는 전지전능한 조물주(신)가 자신의 분신으로 창조한 인간이라는 피조물이 지식획득의 가능성을 타고났다는 사실에 대한 '믿음'을 전제하고 있다. 사실 데카르트가 발견한 새로운 지식은 없다. 단지 끊임없는 의심(회의)을 통하여 '나는 생각한다'는 사실만을 인식하게 된 셈이다. 그러나 지식 개념에 대한 데카르트의 공헌은 '지식이란 오로지 방법적으로만 취득될 수 있다'는 사실이었다.[8]

사실 데카르트가 논리적으로 자신을 의심할 수 없었던 최초의 것은 그

---

[8] 오늘날 지식이 자연과학적 지식과 거의 동일시되는 근거는 바로 여기에 있다. 왜냐하면, 자연과학에서 지식을 산출하는 것은 전적으로 '방법'에 의존하고 있기 때문이다. 학문은 연구의 대상이 분명하고 연구의 방법이 분명할 때 학문이다. 이로써 학문은 지식을 창출해 내는 것이다. 자연과학의 연구대상은 '자연'이며, 연구방법은 관찰, 실험, 조작 등이다.

자신의 '경험'이었다. 따라서 "나는 존재하지 않는다I do not exist"는 명제는 논리상 모순이다. 왜냐하면, 이렇게 말하는 행위 자체가 존재하는 누군가가 우선 말을 해야 한다는 것을 전제하고 있기 때문이다. 결국, 데카르트는 자신의 감각들, 그의 육체 그리고 그의 주변 세계를 의심할 수 있었음에도 불구하고 자신의 존재를 부정할 수는 없었다. 왜냐하면, 그는 의심할 수 있었으며 그렇게 하기 위해서는 우선 '존재'해야 했기 때문이다. 설령 어떤 '악한 천성evil genius'이 그를 속이고 있다고 할지라도 그는 속임을 당하기 위해서도 일단 '존재'해야 할 것이다. 그는 이를 아르키메데스의 기점 Archimedean point이라고 하면서, 이는 지식의 토대를 보다 발전시키기 위해 반드시 요청된다고 주장했다. 결국, 데카르트의 '인식론적 정당화'는 모든 것을 알고 있는 신에 대한 자신의 경험 그리고 이에 근거하는 명확하고 명백한 지식에 대한 확실한 믿음에 의존하고 있다(Descartes, 1985).

이렇게 하며 지식의 조건으로서 진리를 찾고자 했던 역사적 지식논쟁은 자연스럽게 '방법론' 문제로 넘어가게 되었던 것이다. 즉 지식의 조건으로서 진리 역시 방법적으로 추구할 수밖에 없다. 이제 지식의 조건으로서 진리조건을 제시했던 모든 명제조건은 해소된다. 또한, 지식의 조건으로서의 진리조건을 추구하는 일은 지식의 정당성조건을 충족시키는 일로 집약된다. 이미 위에서 제시된 게티어의 의문제기the Gettier problem에 대해서도 학자들의 반응은 동일했다. 즉 내면주의자들은 지식을 얻고자 하는 자들의 심리상태만이 지식을 산출하는 근원이라고 주장한다. 한마디로 이들은 무엇이 어떻게 믿음을 '정당화'시켜 줄 수 있는가에 따라 지식은 결정된다고 생각했다. 반면, 형식주의자들의 응답은 '지식이란 정당화된 진실한 믿음'JTB이라는 등식이 성립하기 위해서는 '방법'의 문제와 관련사실들factors 간의 '인과율causation'의 문제가 남아 있다고 보았다.

이렇게 본다면, 이제 지식의 (진정한) 성립조건은 수정·보완될 수밖에 없다. 즉 전통적인 지식의 조건으로서 제시된 세 가지 조건, 즉 믿음조건, 진리조건, 정당성조건은, 첫째, '(새로운) 정당성조건', 둘째, '방법조건'으로 재편될 필요가 있다. 왜냐하면, 상기의 믿음조건과 진리조건은 모두 방법조건에 의해 보완되어야 하며, 믿음조건 및 진리조건과 명확한 경계를 가질 수 없었던 전통적 정당성조건은 구체적으로 '증거조건'과 '정합조건'으로 새롭게 구획될 필요가 있기 때문이다.

03 현대적 수정: 지식의 성립 조건

1. 정당성조건의 구체화

1.1 증거조건: 근거의 합리성

지식의 성립조건으로서 '정당성Justification을 위한 조건'을 구체화하기 위해서는 우선 '증거조건證據條件'을 충족시킬 수 있는 지식 개념이 요청된다. 즉 지식은 그것이 (참) 지식이라고 할 만한 명백한 증거證據, evidence가 있어야 한다. 명백한 증거란 '근거根據의 합리성'이라고도 할 수 있다. 지식은 바로 이러한 '합리적 근거'를 가지고 있을 때 비로소 (참) 지식이 된다. 실증주의의 성립으로 가능해진 실증적 지식관의 탄생은 '명백한 증거' 내지 '근거의 합리성'을 보장한다. 이는 인류의 오랜 과제가 되어 버린 '지식추구의 합리성'에 대한 염원의 일환이었다.

실증주의에서는 말 그대로 실제로 증거evidence가 있는 지식을 말한다. 따라서 증거가 없는 지식은 지식 축에 들지 못한다. 한 마디로 '믿음'도 증거가 없으면 지식이 될 수 없다. 믿음 역시 지식이 되려면 믿을만한 신빙성, 즉 근거를 획득해야 한다는 것이다. 예를 들면, 조사 결과로 도출된 통계수치는 하나의 '근거'가 된다. 그러나 통계수치가 (참) 지식이 되려면 신뢰도와 타당도가 확보해야 한다. 만약 통계가 신뢰도와 타당도에서 의심이 된다면 그것을 지식으로 간주하지 않는다. 일상에서도 마찬가지이다. 근거가 확실해야만 지식으로 간주될 수 있다.

‘실증주의’라는 말을 처음 사용한 사람은 프랑스의 공상적 사회주의자 생시몽Comte de Saint-Simon(1760~1825)이다. 그리고 실증주의를 철학의 한 분야로 도입한 사람은 프랑스의 철학자이며 사회학자인 콩트Isidore-Auguste-Marie-François-Xavier Comte(1798~1857)이다. 그는 자신의 <실증철학강의Cours de philosophie positive> 에서 철학적 사유에서 ‘실증의 개념’에 대해서 언급하면서, ‘실증성實證性’만이 (참) 지식을 가능하게 한다고 주장했다.

실증주의자들은 어떤 사실이나 현상의 배후에 ‘초월적 존재’나 ‘형이상학적 원인’이 존재한다는 생각 자체를 거부한다. 이들은 실제 경험을 통해서 확인한 사실만을 ‘지식’의 범주로 제한한다. 즉 이들은 ‘사실’ 내지 ‘사실관계’를 관찰한 대로만 파악하려고 한다. 따라서 이들에게는 사실이 던지는 상징성, 의미, 가치, 메시지 등은 지식과 무관하다. 결국, 이들은 초월적이고 형이상학적인 사변思辨을 배격하고 ‘관찰’이나 ‘실험’ 등 실제의 경험을 통해서 입증과 검증이 가능한 지식만을 인정하는 셈이다. 이렇게 본다면, 이들은 경험(과학)적이고 자연과학적인 방법과 절차를 그대로 따르고 있다고 할 수 있다.

사실 과학의 세기와 함께 시작된 계몽주의 이후 지식의 세계는 자연과학적 방법, 즉 ‘관찰과 실험’ 또는 ‘관측’을 통해서 사실을 입증하고 검증하는 실증의 절차가 대표적인 학문의 방법으로 자리 잡아 왔다. 그런데 바로 이러한 자연과학적 방법이 실증주의의 등장과 함께 ‘과학적 실증주의’를 형성하고, 마침내 인문학(철학, 사회과학)의 영역에까지 그대로 이식된다. 결국, 실증주의는 근대 자연과학의 방법과 성과에 기초해 자연적 · 물리적 세계를 넘어서 사회적 · 정신적 현상들까지 통일적으로 설명하려는 지적 태도가 된 셈이다. 왜냐하면, 계몽주의 이후 우리 사회는 점점 더 명백한 증거證據를 중요시하는 ‘증거중심주의사회’로 발전되었기 때문이다.

실증주의의 아버지 격인 콩트 사상의 가장 커다란 특징은 (자연)과학에 대한 무한한 신뢰였다. 그에게 자연과학이 매력적이었던 이유는 지식추구에 있어서 ‘가치가 배제’되거나 아니면 ‘가치중립’이 보장된다는 점이었다. 가치배제 내지 가치중립을 통해서 지식을 추구할 때 우리는 (참) 지식을 얻게 된다는 것이다. 즉 사실에 모종의 '가치'가 개입되면 사실을 규명하는 일은 무척 복잡해지며 사실 규명이 거의 불가능할 수도 있다. 다시 말하면, 이들은 지식을 추구할 때 우리는 일단 자신이 가지고 있는 가치관으로부터 자유로워야 한다는 입장이다. 만약 우리가 어떤 특정한 '가치관'에 의존해서 지식을 추구한다면, 이는 (주관적) '편견偏見'이나 '선입견先入見'에서 자유로울 수 없게 된다.

그러나 엄밀히 말하면 사람들은 누구나 자신의 (주관적) 편견과 선입견을 가지고 사실을 보거나 경험한다. 왜냐하면, 누구나 자신이 살아온 과정과 역사는 모두 주관적으로 해석되어 내면에 잠재될 수 있기 때문이다. 특정한 개인의 믿음이나 신념으로부터 얻어지는 지식 역시 마찬가지이다. 사람에 따라 믿음은 서로 다를 수 있기 때문에 이 역시 선입견이나 편견과 다름이 없다. 결국, 지식이 객관성을 획득하기 위해서는 가치배제나 가치중립이 절대적이다. 한마디로 지식은 '모든 가치로부터 자유로울 때' 비로소 (참) 지식이 된다. 이런 의미에서, 가치배제와 가치중립을 전제하는 자연과학의 지식추구 방식은 콩트에게 가장 합리적이라는 판단이었다. 즉 이러한 지식이야말로 지식으로서의 '정당성Justification'을 획득할 수 있는 것이다.

한편, 콩트는 자연과학에서 차용되는 '실증적 연구 방법'이 인간과 사회 현상에 대한 탐구에도 적용될 수 있다고 생각했다. 또한, 반드시 그래야만 한다고 생각했다. 왜냐하면, 그는 실제로 명백한 '근거'가 없는 지식이란 지식이 아니며, 공상이며 상상일 뿐이라고 여겼기 때문이다. 따라서 그는 지금까지 인간이 추구해 온 지식은 절차와 방법 자체가 잘못되었다고 주장하기에 이른다. 구체적으로 그는 자신이 주장하는 실증적 학문, 즉 과학이 '형이상학적이며 오직 사물의 본질에만 주의를 기울이는' 철학, 즉 형이상학metaphysics을 대신해야 한다고 생각했다. 왜냐하면, 형이상학은 현실에서의 실제 문제를 다루는 것이 아니라, 앞으로 되어져야 할 당위, 즉 (아직은) 비현실적인 영역까지를 포괄하기 때문이다. 그에 의하면, 우리 인간의 삶에서 '당위das Sollen'란 그렇게 되었으면 하는 희망사항이며 기대치일 수는 있지만, 현실과 실제에서 과연 그러한 당위가 현실이 될 수 있을지는 아무도 모른다. 따라서 그에게 형이상학이란 사변적思辨的이며 비현실적이다. 따라서 그는 지금까지 지식추구의 원리이며 방법을 제시해 온 철학적·형이상학적 사유, 그리고 이를 통하여 우리가 머리로만, 즉 '사변적으로만' 지식을 추구하던 전통과 관습을 모두 버리는 일이 급선무라고 주장하게 된다.

더 나아가 실증주의는 과학의 성립과 근거에 관한 연구를 토대로 철학적 사유의 온상이었던 인식론認識論의 영역에까지 도전할 수 있었다. 원래 인식론이란 '사유하는 방법' 내지 '철학 하는 방법'의 일환으로 등장했다. 즉 인간은 존재Sein, 存在의 본질 또는 근거를 인식하려면, 존재가 스스로 말하고 표현하는 것을 우리가 제대로 인식하면 된다.

원칙적으로 우리가 존재의 본질을 제대로 알기 위해서는 '존재론적 접근'을 해야 한다. 그러나 실제로 존재론적 접근은 불가능하다. 왜냐하면, 사물이나 존재는 스스로를 말하지 않기 때문이다. 이러한 의미에서 독일의 인식론자 칸트는 이미 '물 자체物 自體, Dian an Sich'는 알 수 없다고 선언한 바 있다. 물론 우리가 존재론적 접근에서 '본질本質'을 알아내려고 하는 이유는 당연히 (참) 지식을 얻기 위함이다. 그러나 실제로는 그것이 불가능하다. 즉 우리는 (참) 지식을 알아내기 위한 '존재의 본질'을 직접 알아낼 수 있는 방법을 가지고 있지 않다. 그럼에도 불구하고 우리 인간은 (참) 지식을 알고 싶은 욕망을 가지고 있다. 다시 말하면, 우리는 존재본질의 해명(규명)을 포기할 수 없다. 본질도 알지 못하면서 우리가 어떻게 무엇을 안다고 말할 수 있을까? 과연 우리는 존재의 본질도 제대로 알지 못하면서 나름의 '지식'을 획득했다고 할 수 있을까? 실제로 우리는 알지 못하면 목숨을 잃을 수도 있다. 호랑이가 왜 무섭다는 것인가? 호랑이의 본질을 알아야지만, 즉 사실을 알아야지만 우리는 호랑이의 접근을 피하고 호랑이의 공격에 대처할 수 있다. 불이 뜨겁다는 사실(본질)을 알아야지만 화상을 입지 않는다. 농약을 먹으면 죽는다는 사실을 알아야지만, 우리는 농약을 가까이 두지 않을 것이다.

결국, 우리 인간은 어쩔 수 없이, 즉 궁여지책으로 존재본질의 규명(해명)을 해야 하는 운명이다. 이런 연유로 우리가 지식획득의 대안으로 착안해 낸 것이 바로 '인식론적 방법epistemological method'이었다. 어차피 '인식'은 우리가 하는 것이다. 즉 내가 바로 '인식의 주체'가 된다. 설령 A라는 존재가 스스로 본질을 알려주지 않더라도, 우리는 우리에게 주어진 감각을 통하여 그것을 직접 '인식'할 수는 있다. 대표적인 인식의 방법이 자신의 눈으로 확인하는 '관찰'이다. 관찰을 통해서 우리는 존재의 본질에 대한 탐구를 시작한다. 이때 관찰이나 탐구의 대상이나 목적으로서 등장하는 A라는 존재는 '인식의 대상'이 된다. 따라서 인식론 또는 인식론적 접근에서는 '인식주체'와 '인식대상'이 구분(분리)될 수밖에 없다.

우리가 오랜 시간 동안 '인식론'이라고 했던 것은 '철학적 인식론'을 의미했다. 왜냐하면, '인식론'이란 고대 '자연(철)학physis'의 핵심적 탐구방법 중의 하나였기 때문이다. 그러나 어느 순간부터 '인식론'이라는 개념은 자연과학에서도 경험과학에서도 지식추구의 방식으로 전용되고 말았다. 즉 '자연학'이 인문학과 자연과학으로 갈리면서 인식론은 양쪽의 영역에서도 모두 탐구의 방법으로 그대로 차용될 수밖에 없었던 것이다. 오히려 자연과학에서 '인식론적 방식'은 보다 구체화되고 체계화되었다. 대표적인 자연과학의 방법으로 전용되어 온 '관찰과 실험' 또는 '관측'의 방법은 엄밀히 말하면 모두 다 '인식론적 접근'이다. 이때 주목할 것은 인식의 '대상objective'이 '탐구(연구)의 대상'으로 바뀐다는 사실이다. 즉 관찰과 실험 그리고 이를 통한 탐구(연구)의 '대상'은 엄밀히 말하면 '인식의 대상'일 뿐이다. 이렇게 하여 결국 '인식주체'와 '인식대상'이 양분(분리)되면서 자연과학은 가장 명확한 인식주체와 인식대상을 가지게 된다. 나중에 경험과학은 인간의 경험을 연구대상으로 하기 위해서 이러한 자연과학의 논리를 그대로 가져오게 된다.

그러나 인간이 인간을 대상으로 또는 인간이 인간의 사유를 탐구 대상으로 하는 '철학적 인식론'에서는 인식주체와 인식대상이 '무 자르듯이' 그렇게 엄격하게 분리될 수는 없다. 특히 인간의 삶의 문제를 다루는 철학의 영역에서는 인식주체인 인간이 얼마든지 인식대상이 될 수도 있다. 또한, 인식대상은 인식주체에 영향을 미칠 수 있다. 이를테면, 공감Sympathie, 동정

Mitleid 등 같은 '느낌의 공유共有'는 인식주체와 인식대상의 구분을 애매하게 만들기도 한다. 왜냐하면, 우리의 일상에서 인식주체와 인식대상은 상호 공존하면서도 늘 상호작용interaction and transaction하고, 심지어는 '상호공진화coevolution'하기 때문이다. 즉 인식의 주체는 어느 순간 자신도 모르게 인식의 대상으로 바뀔 수 있다는 사실이다. 이를테면, 내가 타인 속에서 나를 본다. 왜냐하면, 인식주체나 인식대상이나 모두 인간의 삶이라는 공동의 지반 속에서는 항상 역동적으로 계속 움직이는, 즉 '살아 있는 생명체'이기 때문이다.

반면, 자연과학에서는 인식주체와 인식대상이 엄격하게 분리되어 있다. 설령 인식의 주체인 '나'는 살아서 역동적으로 움직일지 몰라도, 인식의 대상은 '정지된 목표물(대상)'로 간주된다. 엄밀히 이러한 '전제preposition'는 맞지 않는다. 왜냐하면, 생태학에서 주장하는 것을 고사하고라도 지구 상의 모든 물체(존재)는 모두 살아서 움직이며 모두 상호 연결되어 있기 때문이다. 아무리 딱딱한 고체나 동맹이라도 그 안에서 분자운동은 활발하게 일어나고 있으며, 조작으로 내는 순간 분자운동은 보다 활성화되고 자유로워진다. 그러나 자연과학에서는 일단 연구와 탐구의 편의성과 효율성을 위해서, 인식대상 내지 탐구대상을 고정된 대상으로 '가정'하는 것이다.

결국, 이렇게 하여 오랜 시간 동안 자연과학에서는 애초에 철학적 사유방식을 위한 수단 내지 방법으로서 채택되었던 '인식론적 차원'을 '자연과학적 인식론'의 영역으로 보다 조직적이고 체계적으로 끌어들였다. 이로써 자연과학적 인식론은 오랜 시간 동안 철학적 인식론이 극복할 수 없었던 비현실성, 즉 '사변적이고 형이상학적인' 요소를 지식의 범주에서 삭제시키는 데 성공했다. 결국, 자연과학적 인식론에 깊게 의존하여 성립된 콩트의 실증주의는 '철학적 지식', 즉 사변적이라고 간주되는 '형이상학적 지식'을 인문사회학의 영역에서조차 모두 거부할 수 있었던 것이다. 가장 중요한 이유는 바로 지식의 '객관성' 또는 '객관적 지식'의 문제 때문이었다. 달리 말하면, 이는 (참) 지식의 조건으로서의 '정당성조건'을 의미한다고 할 수 있다.

반복하지만, (자연)과학은 '지식의 객관성'을 보장한다. 즉 과학을 통한 지식은 '객관적 지식'이다. 왜냐하면, 과학적 지식은 '반복적으로 입(검)증' 되기 때문이다. 그런데 콩트에게서 객관성으로 판정된다는 것은 '명확한 증거'에 입각한다는 것을 의미한다. 따라서 명확한 증거만 나온다면, 그것은 '객관적'인 것이다. 그러나 어떠한 증거도 나오지 않는다거나 그것은 객관적인 것이 아니다. 결국, 콩트에게 객관적이지 않은 것은 지식이라고 할 수 없다. 왜냐하면, '객관적이지 않은 지식'은 '객관적으로(정확하게) 인식하지 못했다'는 사실과 다르지 않기 때문이다.

이제 우리는 '증거'만 확실하면 '객관적'이라는 논리가 발생한다는 사실을 알게 된다. 콩트는 자신의 방식을 실증주의라고 표기할 때, '긍정주의 positivism'이라는 단어를 사용했다. 여기에는 '과학적 방법만이 지식추구의 방식이라는 사실을 긍정하라'는 의미가 숨어 있다. 즉 과학주의를 맹신했던 콩트는 과학의 방법을 인간 지식의 원천으로 인정하는 태도를 실증주의 positivism, 긍정주의라고 설명했던 것이다. 한마디로 현실적으로 밝혀진 것을 긍정적으로 받아들이자는 의미이다. 이러한 콩트의 주장은 의도적이든 아니든 오랜 전통의 철학·인문학을 오히려 '자연과학의 시녀'로 만드는 결과를 낳고 말았다. 왜냐하면, 현실은 항상 긍정적일 수만은 없기 때문이다. 결국, 우리의 학문 세계에서는 엄청난 비극이 초래되었다. 즉 처음부터 철학적·형이상학적 방법으로서 정립되면서 오랜 전통을 이어 온 '인식론적 접근'이 '자연과학적 인식론'에 의해서 무기력하게 그의 아성을 정복당하고 만 것이다. 물론 콩트는 이로써 자신이 시작한 사회학sociology을 인문학의 범주가 아닌 엄밀한 과학으로서의 '사회과학social science'으로 정립시키는 데에서는 결정적인 공헌을 했다. 그가 고안한 사회조사방법은 사회과학을 인식론의 반열에 올려준 대표적인 공적이다.

물론 콩트가 실증주의를 수립한 이면에는 나름대로의 논리가 있었다. 그의 역사연구는 실증주의 논리의 근거이다. 그는 인간이란 누구나 예외 없이 인식의 3단계 과정을 통해서 (참) 지식을 얻는다고 설명한다. 첫째, 신화적 단계, 둘째, 형이상학적 단계, 셋째, 실증적 단계가 바로 그것들이다. 그에 의하면, 이는 개인의 발전뿐만 아니라 인류의 문명발전단계 그리고 학문의 발전단계에도 그대로 적용된다. 결국, 과학적 지식습득의 과정은 인류의 역사과정과 동일하며 이로써 인류의 문명도 진보하는 것이다.

실제로 19세기 후반부터 실증주의는 자연과학의 비약적인 성장과 함께 모든 학문 세계에 매우 커다란 영향을 끼쳤다. 즉 '실증주의'라는 개념은 형이상학적 학설에 반대하여 '사실에 대한 인식'만을 참된 지식으로 보고 과학적 방법을 신뢰하는 태도들을 폭넓게 가리키는 용어로 자리 잡게 되었다. 특히 당시 태동을 시작하고 있던 사회학Sociology 내지 사회과학social science은 이러한 실증주의의 논리를 별다른 여과screen, 濾過도 없이 그대로 수용하는 판국이 되고 말았다. 그러나 오랜 전통과 역사를 가진 철학과 신학 그리고 문학의 영역에서는 실증주의의 물결을 막아 보려는 거센 저항들이 나타나기에 이르렀다. 주지하는 대로 현상학의 창시자인 후설Edmund Husserl(1859~1938)이 대표적이다. '실증주의가 형이상학의 목을 베었다'는 후설의 유명한 언설은 당시 홍수처럼 밀려드는 실증주의의 도전에 대한 철학, 즉 형이상학의 단호한 거부 입장을 대변하고 있다.

콩트의 사상은 학문적으로 이른바 '빈 학파Wiener Kreis'라고 불리는 독일 실증주의 학파의 발달에 영향을 끼쳤는데, 1920년대에 나타난 이들의 사상을 '신실증주의neo-positivism' 혹은 '논리실증주의logical positivism'라고도 부른다. 논리실증주의에서 말하는 지식은 반드시 '논리적 근거', 즉 '논거論據'를 요청한다. 만약 논리적 근거가 부재하거나 박약하다면, 우리에게 인식되는 지식은 결코 (참) 지식으로 인정되지 않는다. 따라서 지식은 반드시 논리적 근거(논거)나 논증論證을 요구한다. 이들은 철학 내지 철학함에 있어서 엄밀한 과학적 태도를 요청하였는데, 이러한 처사는 결과적으로 전통적인 형이상학적 사유를 거부하는 모습이 되었다. 이는 콩트의 입장을 그대로 계승한 것과 다름이 없다. 마침내 이는 분석철학analytic philosophy의 발달에도 중요한 영향을 미쳤다. 이러한 영향은 특히 '역사학歷史學'의 연구에서 크게 작용하였다. 즉 역사적 지식은 반드시 '역사적 근거'가 밝혀져야만 지식으로 간주되었다. 한마디로 '역사 인식'에서도 '실증주의역사관'이 지배하는 시대가 열린 것이다.

대표적인 실증주의 역사학의 연구자는 19세기 독일의 역사가 랑케Leopold Von Ranke(1795~1886)였다. 랑케Leopold von Ranke(1795~1886)에게 역사서술에서 가장 중요한 것은 '객관성' 내지 '보편성Allgemeingültigkeit'이었다. 즉 객관적이지 못한 역사기술은 '자의적'이며 주관적이다. 또한, 역사서술에서는 역사가의 편견, 선입견, 편파성도 작용할 수 있다. 그렇다면 랑케에게서 '객관성의 기준'은 무엇이었을까? 랑케가 역사적 지식을 서술할 때 작용한 객관적 기준은 두 가지였다. 하나는 '국가國家'였으며, 다른 하나는 '역사적 연속성'이었다. 다시 말하면, 역사연구 및 역사기술에 있어서 객관성을 보장하는 '국가'와 '역사적 연속성'은 실제의 증거, 즉 '실재'였던 셈이다. 구체적으로 랑케는 최소한 15세기 이래 유럽 역사는 하나의 문화적 전통을 가진 여러 민족들이 나름대로 '국가國家'에 대한 개념을 자유로이 발전시켜온 과정이라고 보았다. 달리 말하면, 랑케에게 역사과정에서 나타나는 가장 중요한 독자적 실재는 국가였던 것이다. 더 나아가서 랑케에게 국가는 '정신적 실재이자 인간 심성이 독창적으로 만들어낸 것으로서 오히려 신의 착상'이기도 했다. 특히 실증적 현실, 즉 '실재'로서 등장하는 국가의 본질적 임무는 '독자적으로' 진화하는 것이며, 그 과정에서 국가는 각 시대에 적합한 제도들을 탄생시키는 것이었다. 따라서 역사연구는 국가와 역사적 연속성의 관점에서 이루어질 때 비로소 객관성을 획득할 수 있다는 것이다. 즉 역사적 객관성 내지 객관적 역사지식은 '국가'와 '역사적 연속성'이라는 '실증성'을 통해서만 제대로 밝혀질 수 있는 것이다.

랑케의 역사연구의 포인트는 크게 두 가지의 관심에서 비롯되었다. 과연 인류의 역사에서 역사적 보편성과 객관성은 존재하는가? 특정한 시점에서 역사적 사실을 있는 그대로 기록해 낼 수 있을까? 랑케의 최초의 작품은 1824년에 발표된 『1494년부터 1514년까지의 라틴족과 게르만족 역사 Geschichte der romanischen und germanischen Völker von 1494 bis 1514』였다. 이 책의 소재와 내용은 이탈리아의 지배에서 주도권을 차지하기 위해 발발한 프랑스 정부와 합스부르크가家 사이의 다툼이었다. 그는 역사 연구가 미래의 삶에 '반면교사'로 작용할 것이라는 신념을 가지고 있었다. 또한, 그는 역사적 사건을 그대로 기술하는 것만이 미래를 예측할 수 있는 토대를 제공해 줄 것이라고도 생각했다. 그럼에도 불구하고 그가 자신의 출세작이라고 자평하였던 『근세역사가들에 대한 비판Zur Kritik neuerer Geschichtsschreiber』은 과거의 전통과 역사에 대한 '비판적 분석critical analysis'이야말로 역사가들의 기본임무라는 사실을 각인시킨 작품이었다.

그러나 여기서 주목할 것은 '비판'이란 반드시 '사실'에 입각해야 한다는 것이다. 따라서 역사적 사실에 대한 자의적인 해석이나 주관적이고 감상적인 판단이나 평가는 모두 금지된다. 다시 말하면, '실증성'을 토대로 비판과 분석도 이루어져야 한다는 것이다. 이를테면, 『16~17세기의 로마 교황, 그 교회와 국가Die römischen Päpste, ihre Kirche und ihr Staat im sechzehnten und siebzehnten Jahrhundert』라는 역사서는 1834에 시작하여 1836년에 완성되었는데, 이는 랑케의 작품 중 최고 걸작으로 평가된다. 나중에 이 작품은 『지난 4세기 동안의 로마 교황Die römischen Päpste in den letzen vier Jahrhunderten』이라는 다른 제목으로 발간되기도 했다. 여기서는 '교황'敎皇이라는 존재가 종교적 전통의 시각에서 본다면 여전히 권위적인 교회기구로서 기술될 수 있지만, 종교적 당파성을 초월하여 비판적으로 분석해 보면 교황이라는 지위는 세속적인 권력의 잔재로 기술될 수 있다는 사실을 보여주고 있다.

이러한 분석은 '실증성'이라는 비판의 기준으로 작용하는 '국가'나 '역사적 연속성'의 관점에서 볼 때는 가능한 일이었다. 즉 교황과 황제 간의 알력과 갈등이 첨예화되던 이 시대에 그리고 '절대국가絶對國家'의 성립이 가속화되던 이 시대에 교황의 권위는 점차 위력을 발휘할 수 없게 되었다. 어쩔 수 없이 이들은 상공시민사회의 자본력과 결탁하면서 세속화될 수밖에 없었다. 즉 당시의 교황은 신흥자본가들의 금전적 후원을 받기도 하고 이들과 결탁하여 세를 확장하기도 하였다. 대표적인 사례가 바로 당시 최고의 재력가였던 메디치가Medici's families와 교황들과의 결탁이었다.[9] 이러한 시대적 배경과 역사적 전환점에서 랑케는 '역사적 사실historical fact'을 '객관화'시킬

---

[9] 신흥상공자본가로 출발한 메디치가는 당시 교황의 든든한 '돈줄'이었기 때문에, 메디치가문에서도 교황이 두 명이나 탄생했다.

수 있었던 것이다. 또한, 랑케는 '역사적 연속성'이라는 관점에서 보더라도 점차 쇠퇴해 가는 로마 교황청의 권위와 이를 다시 복권시킬 수 없다는 것을 기정사실화함으로써 이를 비판적 분석의 결과로 도출해 낼 수 있었던 것이다.

특히 1839~1847년 사이에 종교개혁의 시대를 학술적으로 다룬 랑케의 『종교개혁 시대의 독일사Deutsche Geschichte im Zeitalter der Reformation』, 1847~1848년 사이에 집필된 『프로이센 역사 9권Neun Büuher preussischer Geschichte』, 1852~1861년 사이에 집필된 『16~17세기 프랑스사Französische Geschichte, vornehmlich im sechzehnten und siebzehnten Jahrhundert』, 1869년에 출간된 『16~17세기 영국사Englische Geschichte, vornehmlich im sechzehnten und siebzehnten Jahrhundert』 등은 유럽 체제 안에서 결정적인 발전단계에 있었던 유럽의 주도적 국가들의 성장 과정을 다루고 있다. 특히 랑케는 문화발전의 주역으로서 라틴족과 게르만족만을 꼽았으며, 16세기부터는 이들 민족이 만들어 낸 국가 가운데 프로테스탄트 국가들이 점차 유럽에서의 주도적인 지도력을 확보해 왔다고 보았다. 아울러 랑케는 이들 국가들 사이의 외교관계, 통치제도 및 행정제도 같은 정치사 내지 국가발달사에 초점을 맞추고 있다. 이러한 랑케의 작품들은 유럽의 사회들이 대부분 '교회' 대신 '국가國家', 즉 '절대국가의 성립'을 중심으로 전개되고 있다는 사실을 역사적 귀결로서 이를 '실증적' 방식으로 대변하고 있는 것이다.

그러나 18세기 말에서 19세기 초까지의 역사과정을 서술한 『독일 권력과 군주동맹Die deutschen Mächte und der Fürstenbund』(1871~1872), 1875년에 출간된 『1791년과 1792년 혁명전쟁의 기원과 시작Ursprung und Beginn der Revolutionskriege 1791~1792』, 그리고 1877년에 출간된 『하르덴베르크와 1793~1813년의 프로이센 정치사Hardenberg und die Geschichte des preussischen Staates von 1793 bis 1813』 등에서 랑케는 복잡한 정치사건을 자세히 다루고 있다. 그러나 여기서 그는 경제적·사회문화사적 사실에 대해서는 직접적으로 언급하지 않는다. 물론 이러한 관점은 그가 정치에 직접 몸담았던 시절에 터득된 관점의 반영이라고 할 수 있다. 그러나 그의 정치생활 역시 그의 '신념', 즉 실재 또는 실증으로서의 국가의 형성과정이 종교적 패러다임으로부터 정치적 패러다임으로 넘어가고 있다는 역사성에 대한 '개인적 믿음과 신념의 반영'이었다고 할 수 있다. 즉 그는 역사적 귀결을 국가형성이란 정치적 사건의 일환이라고 본 것이다. 따라서 그에게는 '국가라는 실재에 대한 믿음'이 바로 역사적 증거가 된 셈이다.

물론 랑케는 '역사history'란 '역사적 삶'의 복잡한 과정이라는 사실을 부정하지는 않는다. 그럼에도 불구하고 그는 '역사적 삶'이란 위대한 국가와 국가가 체험하는 진정한 '정신적 삶의 형식'을 조성한다고 보았다. 또한, 그는 역사가란 본질을 추출하면서도 항상 '전체全體'를 염두에 두고서, 가능한 한 객관적으로 '있는 그대로'를 기술해야 한다고 주장했다. 이런 점에서 볼 때 랑케는 '분석가analyst'라기보다는, 오히려 직접 자신의 '눈으로 보는', 즉 '관찰한 그대로'를 재현해 내는 '역사서술가historical descriptor'였다고 하는 것이 더 어울린다. 그러나 그는 역사연구를 위해서는 역사가는 누구도 예외 없이 시간·장소의 제약을 받는다는 사실을 인정한다. 물론 그는 자신을 어떤 '당파'가 아닌 국가 자체와 동일시함으로써 역사 서술에서 최대한의 객관성과 보편성을 얻으려고 애를 썼다고 할 수 있다. 즉 위에서 제시된 그의 저서들을 살펴보면, 국가의 발생과 전개라는 정치발달사적 입장에서 역사적 기록에 임해야 한다는 데에 커다란 믿음을 가지고 있었다는 사실이 발견된다.

이러한 맥락에서 랑케는 극단적으로 1871년 비스마르크에 의한 독일제국의 탄생을 극찬했다. 왜냐하면, 독일인 역사가로서 자신의 신념, 즉 국가라는 '실증(실재)의 역사'를 자신의 고국인 독일 땅에서 직접 목격할 수 있었기 때문이다. 만년에 랑케는 '통사通史'를 완성하였다. 그러나 이 책은 15세기까지의 역사를 다룬 역사기록이었다. 즉 이는 비평적 연구서도 아니고 역사적·철학적인 고찰을 담고 있지도 않다. 오히려 이 책은 그리스부터 라틴-게르만 민족에 이르는 문화의 진보를 광범위하게 서술하고 이를 부연 설명한 것으로서, 유럽 이외의 세계는 부분적으로만 다룬, 사실상 '보편적 유럽사' 내지 '일반유럽사'의 일환이라고 할 수 있다.

그러나 여기서 우리가 주목해야 할 사실은 랑케가 만년에는 역사서술에 있어서 자신의 신념이었던 '역사적 연관성'에 대해서 회의적인 태도를 가지게 된다는 사실이다. 즉 이는 전통적인 국가와 민중세력 간의 투쟁과 대립에서 결국 민중세력의 승리로 이루어진 비스마르크제국의 성립을 목도하면서 시작된 랑케의 '입장변화'에서 잘 나타난다. 특히 중세 1000년 동안 '교황권'과 '황제권', 즉 종교와 (절대)국가 간의 알력과 대립이 19세기 국가와 민중 간의 대립으로 전개되면서, 결국 랑케에게 '역사적 연관성'은 실증적 역사 기술의 주요 개념에서 사라지게 된다. 즉 오로지 '국가'라는 개념만이 랑케의 실증적 차원으로 남게 된다. 결국, 랑케는 자신의 역사연구는 객관성을 담보하기 위해서, '국가'와 '역사적 연속성'의 개념을 준거 기준으로 삼았지만 결국은 스스로 자폭하는 결과를 낳고 말았다. 일단 역사적 연속성의 개념은 민중혁명으로 세워진 비스마르크 제국에 의해서 객관성을 상실하게 되었고, 남은 '국가'의 개념 역시 당시 무너져가는 교황권을 바라보면서 절대국가에 대한 자신의 '개인적인 주관적 신념'을 반영한 셈이 되는 바람에 역사연구의 객관성을 담보하기가 어려운 형국으로 판명되고 말았다. 이 모든 과오는 실증성에 대한 랑케의 지나친 과신過信 때문이었다고 할 수 있다.

그럼에도 불구하고 실증주의 역사학, 즉 '실증사학實證史學'의 대가로서 자리를 굳힌 이러한 랑케의 역사서술의 원리와 방법은 당시 유럽의 후학들에 큰 호평을 받으면서 롤 모델role model이 되기에 이르렀다. 심지어 이러한 실증사학의 연구방법은 다른 학문분야의 (연구)세계에도 영향을 미쳤다. 심지어 우리나라의 역사연구에서도 한동안 랑케의 영향은 무시할 수 없을 지경이었다.

1910년대 후반부터 1930년대에 걸쳐서 일본의 동경제국대학이나 와세다대학早稻田大學, 그리고 일제 식민지하의 경성제국대학에서 전문적인 역사교육을 받은 역사학도들은 랑케의 역사서술방식을 도입하는 주류세력들이었다. 대표적인 학자로는 이병도李丙燾, 이홍직李弘稙, 이상백李相佰, 김상기金庠基, 신석호申奭鎬, 유홍렬柳洪烈, 이선근李瑄根 등을 꼽을 수 있다. 이들의 학풍은 '역사가는 현재의 전통 내지 주관적인 편견에서 벗어나서 '있는 그대로' 역사적 사실을 보아야 한다'는 랑케식의 '가치중립적 태도'를 고수했다. 이들은 '사료史料'에 대한 주관적 해석이나 편견을 배격하고 치밀한 '문헌고증文獻考證'을 통한 개별적이고 구체적인 역사적 사실의 역사복원 및 역사서술에 주안점을 두었다. 이를테면, 이들은 민족운동의 수단으로서의 역사연구 대신 그것이 '역사를 위한 역사'로 그칠지언정 객관적 역사기술의 방식을 추구했다. 심지어 이들은 역사(서술)란 '역사를 위한 역사'로 끝나야 한다는 주장도 했다. 아마도 이는 모든 연구영역의 전문화와 과학화에 편승하여 '역사학의 전문화와 과학화'를 지향했다고도 할 수 있다. 따라서 이들은 역사연구에서 역사가의 역사관이나 이론적인 틀을 배제하고 합리적인 사료의 객관적·과학적 비판과 분석을 강조했다. 이병도의 고려시대 풍수사상과 조선시대 유학사에 관한 연구, 김상기의 고려시대 대외관계사와 동학에 관한 연구, 이상백의 조선건국과 서얼제도에 관한 연구, 신석호의 사화士禍에 관한 연구 등은 '객관적 문헌고증'을 통한 대표적인 역사연구들로 평가된다. 결과적으로 이러한 역사연구 내지 역사서술은 학문으로서의 '역사학歷史學, historiography'을 학문(또는 과학)으로 정착시키는 데 공헌하였다는 평가이다.

그러나 '실증사학positive history'은 우선 민족주의 역사학, 민중사 그리고 마르크스 유물사관에 의해서 '비판의 대상'이 되었다. 특히 민중사적 차원에서 실증사학은 '지나치게 보수적인 관점에 편중되어서 시작하였다'는 비판과 비난을 한몸에 받는 신세가 되었다. 또한, 실증사학에 대한 반발은 루소Jean Jacques Rousseau의 역사이해에 토대를 둔 '민주사학民主史學'에게 낭만주의의 역사비판에 길을 터주게 되었다.

> "나는 역사와 소설 사이에 커다란 차이점을 인정하지 않는다. 다만 소설가가 자신의 상상력에 의존하고 역사가가 타인의 상상력에 따를 뿐이라면 근대 역사가는 오로지 눈에 띄려고만 고심하여 극도로 채색된 초상화, 곧 종종 아무 모습도 보이지 않는 초상화를 그리려는 것밖에 생각하지 않는다…"(Rousseau, 박호성 편역, 2009: 44쪽에서 재인용)

루소는 자신의 교육소설인 『에밀』에서, "역사는 인간의 생각을 이해하는

데 도움을 준다"(Rousseau, 박호성 편역, 2009: 208)는 의미에서 매우 중요하다고 가르쳤다.

흔히 역사라고 하면, 두 가지 차원에서의 기록을 의미한다. 하나는 '쓰여진 글'로서의 역사, 그리고 다른 하나는 '일어난 사건 또는 사실'로서의 역사이다. 루소의 역사개념은 후자에 해당된다. 역사History란 말 그대로 '그의 이야기his story'이다. 따라서 '쓰여진 글'로서의 역사는 역사를 기술한 사람의 생각에 따라 쓰여진 글이다. 반면 '일어난 사건 또는 사실'로서의 역사는 말 그대로 역사가의 의도가 전혀 개입되지 않았다고 주장한다. 그러나 과연 사람이 하는 일인데 현실적으로 그것이 가능할까? 결국, 그것은 '가능하면 그대로' 기술하려는 목적에 최대한 노력하는 과정에서 이루어질 수 있다. 이러한 노력이 바로 "현상학적 기술"이다. 학문으로서의 현상학現象學[10]은 역사적 사건과 사실을 가능한 그대로 기록하는 것을 목표한다. 현상학에서는 판단중지Epoche, 즉 저자의 선입견(선판단)과 편견을 제거함으로써 순수 기술이 가능하다고 한다. 이러한 판단중지를 위해서 현상학적 환원이 필수적이다.

한편, 중요한 문제는 우리의 실증사학자들이 일본의 식민사관을 그대로 수용하는 상황이 벌어졌다는 사실이다. 왜냐하면, 국가가 가치중립적인 실증적 기술의 기준인데, 제국주의 시대에는 제국帝國이 바로 국가였던 셈이기 때문이다. 아울러 민중들이나 정치적으로 피지배의 서민층들에게는 실증될 수 있는 국가의 개념이라든지 아니면 실증적 자료로서 인정될 만한 것들이 부재한다. 따라서 오늘날 '제대로 된' 국가 또는 (이상적) 국가로 인정받지 못하고 역사의 뒤안길로 사라진 '제국帝國'만이 존재하였던 셈이다. 심지어 제국을 거부하는 민중들에게는 '민족적 동질성'이라든지 '민족의 정서' 같은 것이 '실체Substanz'라고 할 수 있다. 그러나 이러한 감성적이고 정의적인 것들은 결코 '실증'되기가 어렵다는 사실이다. 또한, 많은 사료들은 기록보다는 구전口傳으로 전해지는 경우가 대부분이다. 따라서 실증사학은 민중사학의 입장과 늘 대치될 수밖에 없다.

---

[10] 이에 대해서는 나중에 III. 지식의 구조 편에서 자세히 다룬다.

결국 '실증사학'은 시간이 흐르면서 많은 비판을 받게 된다. 심지어 '국가'라는 실체 역시 실제로는 부재할 수도 있다는 생각을 하게 된다. 즉 외형적으로 국가는 존재할 수는 있겠지만, 이미 외세의 침입으로 국가를 잃어버렸다거나 아니면 국가를 구성하고 있는 개인적 집합으로서의 국민적 동질감이나 유대감이 사라졌을 수도 있기 때문이다. 반대로 제국주의 시대에는 왜곡된 국가형태인 제국만이 존재했다. 이러한 연유로 실증사학자들은 민중세력들과의 알력과 대립과 함께 스스로를 다시 돌아볼 수 있는 반성의 계기를 갖게 되었다. 1934년 진단학회震壇學會의 탄생은 '우리 것에 대한 새로운 이해', 즉 '우리 힘으로 우리의 것을 다시 보자'는 기치 하에 '국가'를 잃은 그러나 앞으로 언젠가는 '명실공히 실재하는 국가의 실증성'을 보여주어야 한다는 새로운 사명감과 의무감 때문에 민족의 동질성과 정서적 유대감을 역사연구에 조금씩 반영하기 시작했다. 그럼에도 불구하고 국가라는 실재가 이들에게는 실증사학의 단서가 된다는 논리는 좀처럼 변할 수가 없었다.

한편, 이러한 실증사학의 원리는 당시 '신생학문'으로 등장하기 시작한 사회과학의 성립과정에서도 커다란 영향을 미쳤다. 원칙적으로 사회과학은 자연과학과 인문학(철학, 역사학, 문학 포함)의 중간 정도에 위치한다. 즉 자연과학은 연구대상이 자연(현상)이고, 인문학은 연구대상이 넓게는 삶이며 좁게는 개인(인간)이다. 반면 사회과학은 인간과 인간의 관계로서 유지되는 제반 '사회현상'(인간행동, 사회구조, 사회변동 등)이다. 제반 사회현상이 학문적으로 규명되기 위해서는 인간이 행동하고 살아가는 사회, 즉 '사회구조'와 '사회변동'의 현상을 과학적·객관적으로 추적해 낼 수 있어야 한다. 따라서 사회과학은 실증성을 담보할 수밖에 없다. 왜냐하면, 실증되지 않는 사회현상은 그것이 개인의 연장인지 사회적 속성인지를 알아낼 수가 없기 때문이다. 다시 말하면, '사회'란 정말 실재하는가? 아니면 사회란 사실은 없는 것으로 오로지 명목(명칭, 이름)으로만 존재하는 것인가?, 즉 '사회실재론'이냐, 아니면 '사회명목론'이 맞느냐?의 해묵은 논쟁은 '사회'라는 개념에 대해 명확한 해명을 머뭇거리게 한다. 따라서 사회과학에서 여전히 '실증적 사유'는 결코 거부될 수 없다. 즉 사회가 실재하는 것인지 아니면 사회가 명목상으로만 거론되는 것인지에 대한 기준은 '사회에 대한 실증성'만이 마련해 준다. 특히 사회학 연구sociology를 시작하게 한 '기능주의 사회학functional sociology'은 '사회가 실재한다는 사실'을 전제하고 있다. 그렇다면 더욱더 실증적 사유가 요청된다. 즉 '실증'으로서의 사회가 연구의 첫 번째 대상이 되는 것이다.

오늘날 우리는 '법치국가法治國家'에 살고 있다. 몽테스키외Charles-Louis de Secondat, baron de La Brède et de Montesquieu(1689~1755)가 삼권 분립을 주창한 이래로 이러한 원칙은 '법치국가'의 이론적 토대가 되었다. 다시 말하면, 역사적으로 삼권분립三權分立은 '법치국가'의 논리를 합리화·정당화시키는데 결정적인 기여를 했다. 입법立法은 법을 만드는 기능에 정당성을 부여했으며, 사법司法은 입법화된 법을 토대로 시시비비를 가리는 기능에 정당성을 부여했다. 마지막으로 행정行政은 법을 집행하는 기능을 합리화시키고 정당화시켰다. 따라서 법을 연구하는 것은 연구에서도 중요하지만, 법치국가에 살고 있는 우리의 현실에서도 보다 '직접적'이다. 물론 법치국가의 이론적 기초는 시대적으로 훨씬 더 올라갈 수 있다. 특히 로마는 이민족을 통치하게 위해서 국가가 법적 지배, 즉 법치를 시작했던 시대였다.

> "로마가 정복했던 모든 곳에 자신들의 법을 가져와 피정복민들에게 적용했다. 결과적으로 제국 최고 번영의 시기에는 하나의 법이 영국에서 이집트, 스페인에서 흑해에 걸쳐 모든 사람을 통치하게 되었다."(찰스 반도렌/ 오창호 옮김, 1995: 137).

실증주의의 등장과 함께 법에 대한 '연구'뿐만 아니라 '법률적 일상의 실제'에서도 '법실증주의' 또는 '실증법학'을 낳게 되었다. 물증物證, 즉 증거가 없으면 어떠한 심증心證은 의미가 없다는 것이다. 즉 심증은 있지만 물증이 없다면, 어떤 법도 무기력하다. 정황상 A라는 사람이 분명히 사람을 죽였다는 확신이 든다고 하여도, 입증하지 못하고 증거(물증)가 없으면 그는 무죄無罪다. 따라서 반드시 명확한 증거에 입각해서 법이 적용되어야 하며,

모든 소송은 증거에 입각해서만 판결된다. 우리의 일상생활에서도 법을 사용하고 적용하기 위해서는 반드시 명백한 증거를 확보해야 한다. 증거가 없이는 어떠한 법도 도움이 되지 못한다. 심지어 명백한 사실일지라도 증거가 없으면 오히려 피해와 손해를 본다.

심지어 법치주의에서 실증주의의 상황은 보다 심각해진다. 증거 조작이 비일비재하게 일어나는 것이다. 왜냐하면, 증거가 조작되었다는 사실만 밝혀지지 않으면, 그 증거는 유효하기 때문이다. 심지어 일상에서 '증거인멸'도 얼마든지 가능하다. 다시 말하면, 증거만 다 없애버리면 '완전범죄'도 가능해지는 것이다. 이렇게 해서 '증거주의'는 '법치국가'를 범죄의 온상으로 전락시킨다. 그럼에도 불구하고 오늘날 우리의 법치주의 국가에서는 증거(물증)에 입각한 법 지식이 바로 '객관적 지식'이 되는 것이다. 물론 명백한 증거에 입각한 법치주의는 정의사회구현에 기여할 것이다. 그러나 현실은 점점 더 비관적이다. 이런 비관적 전망은 실증주의의 본질적 한계에 구속되어 있기 때문이다.

정리하자면, 실증주의의 등장과 함께 경험과학, 사회과학 심지어 인문학 등 거의 모든 학문 연구의 영역에서 생성된 인식들은 역사적 근거, 과학적 근거, 논리적 근거를 통해서 (참) 지식으로 간주된다. 그런데 중요한 사실은 실증주의가 탄생되게 한 원인에는 사회변화의 추세라든지 아니면 사회패러다임의 전환 등 현실 사회적 자극도 커다란 역할을 했다. 이를테면 과학지상주의가 대표적이다.

> "인식론적 문제에 대한 강조는 '방법'에 대한 강조를 가져 왔지만, 철학 혹은 인문학을 막다른 곤경으로 몰아붙이고 과학지상주의에로의 가능성을 제공하게 되었다."(최신일, 1999: 17)

그러나 무엇보다도 가장 커다란 원인을 제공한 것은 바로 '전통적인 철학(형이상학)'의 한계에 있었다고 할 수 있다. 왜냐하면, 일반적으로 새로운 학문은 기존 학문의 정당성이나 신뢰성의 결손에 대한 비판으로 발생하기 때문이다. 한마디로 철학·형이상학을 통한 (객관적) 지식의 창출과정이 완전하지가 않았다는 것이다. 이로써 이에 대한 불신不信도 작용하였다. 또한, 철학은 거대한 세력으로 밀려들어 오는 자연과학과 실증주의에 대해서 비판하고 저항하는 데 모든 힘을 다했다. 이미 방법론에서 많은 발전을 거듭해 온 자연과학이나 사회과학에 비하면 인문학은 자신의 연구방법론을 수립하는 데에 있어서도 진일보하지 못했다. 결국, 오랜 시간 동안 지식의 전당이었던 철학과 형이상학적 지식들은 이들 실증과학에게 지식의 권위를 내줌으로써 지식의 정당성을 상실하고 말았다.

정리하자면, 철학 내지 인문학에서도 플라톤의 JTBJustified True Belief 명제에서 제시된 (참) 지식의 조건인 '진리조건'과 '믿음조건'은 '증거조건'에 의해서 충족될 수 있다는 주장은 틀리지 않았다. 그러나 오랜 담론으로 제시된 지식의 '정당성조건'이 단순히 '증거조건證據條件'만으로 대체된 것이라고 해도 과언이 아니다. 한마디로 플라톤이 제시한 JTB 명제에서의 '정당성조건'은 '증거조건'을 의미하는 것이 되었다. 본질적으로 명백한 증거는 지식의 정당성과 객관성 그리고 보편성을 보장한다. 그러나 정당성조건이 증거조건으로 전락한 오늘날의 상황에서 온전한 정당성을 획득할 수 있는 지식은 불가능하다. 왜냐하면, 지식의 정당성조건이 증거조전으로 전락하는 순간 많은 부분이 축소 왜곡될 소지가 있기 때문이다. 이 모두는 반복하지만, 실증주의의 태생적 한계 때문이다. 따라서 증거조건으로서 오늘날 실증주의에 지나치게 의존하고 있는 지식의 정당성조건을 충족시킨다는 것은 지극히 부실不實하다. 심지어 실증지식에 의한 지식의 정당성을 확보하는 일은 극히 위험하다.

1.2 존재론적 정합조건

위에서 우리는 '지식의 (정당한) 조건으로서의 증거조건'이라는 논리를 통해서 플라톤의 JTB 명제에서 제시된 지식의 조건으로서의 '정당성조건'에서 극복되어야 할 '애매모호함'을 극복하는 데 주력해 왔다. 그러나 증거조건으로 대체된 정당성조건의 논리에도 여전히 의문은 남는다. 즉 우리 인간의 삶에서 과연 '증거'가 있는 것이 얼마나 되며, 증거가 없다고 해서 그것은 과연 진실과 무관한 것인가? 예를 들면, 남녀 간에 존재하는 사랑의 증거는 무엇인가? 둘 사이의 아이인가? 그렇다면 사랑하면 반드시 아이를 낳아야 하는 것인가? 아니면 키스인가 또는 스킨십인가? 그렇다면 아이도 낳지 않고 스킨십도 하지 않으면 사랑하지 않는 것인가? 실제로는 사랑하지도 않으면서 키스 한번 하고 사랑한다고 하면, 그걸 사랑으로 믿어야 하는 것인지 아닌지? 과연 두 사람이 사랑한다는 '명백한 증거'가 무엇이란 말인가? 이러한 종류의 질문은 인간에게 삶의 거의 모든 영역에서 가능하다. 과연 '행복의 증거'는 무엇인가? 돈이 많으면 행복한 것인가? 아이들이 공부를 잘하면 행복한 것인가? 건강하면 행복한 것이라고 말하는 사람과 돈이 많으면 행복하다고 생각하는 사람은 누가 정말 행복한 것인가? 결국, 이렇게 본다면, 플라톤의 JTB 명제에서 (참) 지식의 조건으로서 제시된 '정당성 조건'이라는 개념을 대신할 수 있는 '증거조건' 역시 한계에 부딪히게 된다.

그럼에도 불구하고 정당성조건이라는 사변적·형이상학적 조건을 보다 구체화·현실화시켰다는 점에서 우리는 이를 '보완적 조처'로 볼 수 있다. 물론 위의 질문에서 본 것처럼 특히 삶에서 발생하는 정서적·심리적 문제들 속에서 어떤 증거도 찾을 수 없다면 우리는 비현실적인 형이상학이라는 미궁 속에서 여전히 빠져나올 수 없을지도 모른다. 무엇이 과연 '정당성 Justification'인가? 그러한 정당성은 누가 어떻게 정하는 것인가? 증거가 명백하다면 정당한 것이라고 한다면, 증거가 불충분하면 그것은 정당하지 않은 것인가? 정당한 일이지만 '아직은' 증거가 발견되지 않았을지도 모르지 않는가? 증거가 지금 나오지 않고 나중에 나온다면 지금은 정당하지 않지만, 전에는 정당하지 않았던 것도 지금은 정당해지는 것인가? 그렇다면 정당성이란 시간의 추이에 따라서 시시때때로 변할 수밖에 없는 것이며, 증거가 밝혀짐에 따라서 정당성의 근거도 변화해야 하는 것인가? 지금은 증거가 없어서 무죄지만 나중에 증거가 나오면 그때는 유죄란 말인가? 반대로 지금은 유죄지만 나중에 증거가 나오면 그때는 무죄라는 말인가? 이미 피해자는 죽었는데 나중에 증거가 나왔다고 해서 범인을 처벌하는 것이 과연 정당한 일인가? 반대로 잘못된 증거 또는 착오 때문에 억울하게 범인이 되었다가 나중에 다른 증거가 나와서 훈방이 된다면, 범인으로 살았던 그 많은 세월은 누가 보상해야 하는 것인가? 일상에서 얼마든지 가능한 일이고 실제로 우리 주변에서 어렵지 않게 벌어지는 일이다. 혹자는 그래서 재판이 있는 것 아니냐고 되물을 수 있겠지만, 그렇다면 과연 재판장은 전지전능한 신이라는 말인가? 오심誤審도 비일비재하고, 심지어는 물론 그래서는 안 되겠지만, 일부 양심 불량 판사의 경우 원고나 피고 그리고 변호사와 짜고 판결을 조작하기도 한다. 즉 돈에 매수가 되어 자신의 인격과 양심을 가볍게 파는 것이다. 그런데 여기서 문제의 핵심은 실증주의자들은 삶에서 결코 실증될 수 없는 영역들을 처음부터 배제하고 시작한다는 사실이다. 이들은 실증될 수 있는 것들만 연구의 대상으로 한다. 따라서 처음부터 실증될 수 없는 영역들을 연구의 다른 영역으로 남겨 놓거나 아니면 연구의 범위에서 제외한다. 결국, 이렇게 본다면, 이러한 영역의 제한은 실증주의 연구의 (본질적인) 한계일 수밖에 없다.

그렇다면 실증되지는 않지만, 정당성의 조건으로서의 지식의 조건은 과연 어떻게 접근될 수 있을까? 바로 그것이 '정합조건整合條件, condition of coherence'이다. 정합조건이란 '맥락적 합리성'과 '상황적 합리성'에 기반을 두는 (참) 지식의 조건으로서, 철학에서는 '역사성'에 대한 가치론적·의미론적 접근이며, 과학에서는 심층생태주의의 출현 그리고 철학에서는 하이데거Martin Heidegger(1886~1976)에 의해 정립된 신新존재론의 대두로 등장한 '비선형적인 역동성의 개념'과 통한다고 할 수 있다. 특히 정합조건에 대한 연구는 위에서 제시된 (인식론적) 정합이론의 연장이지만, 다분히 존재론적이다. 한마디로 '존재론적 차원'의 정합조건이 지식의 정당성 문제에 대해서 일말의 해법을 제시하고 있다. 존재론에서는 상황situation과 상황적 연속성contingency이 중요하다. 즉 '상황'이 모든 것을 결정한다. 이는 맥락context을 강조하는 인식론적 정합이론과 구분된다.

"가다머에 있어서 이해의 문제가 방법론의 문제에 국한된 인식론의 문제가 아니라 현존재와 현존재가 처해 있는 '상황'을 다루는 존재론의 문제임을 알게 된 것은 전적으로 하이데거의 영향이다."(최신일, 1999: 17)

　우리는 다음과 같은 예를 들 수 있다. 한 여성이 비키니를 입고 종로 한가운데를 거닐면 바로 경범죄로 처벌된다. 그러나 해운대에서 비키니를 입고 돌아다니는 것은 아무 문제가 없다. 덥다고 아무 데서나 옷을 홀러덩 벗으면 역시 경찰서로 연행된다. 그러나 목욕탕에서는 괜찮다. 오히려 목욕탕에서는 모두들 반드시 옷을 벗어야 한다. 과연 무엇이 문제인가? 상황이 모든 것을 결정한 것이다. 이러한 상황에 의한 결정은 국가와 국가, 민족과 민족 그리고 집단과 집단, 개인과 개인의 취향이나 가치관에 따라 달라진다. 결국, 똑같은 일이라도 아니면 똑같은 지식이라도 '상황에 따라서' (참) 지식이 되기도 하고, 쓸모없는 지식 또는 잘못된 지식이 되기도 한다.
　경영학의 리더십 이론에서도 '상황'의 개념은 매우 중요하다. 피들러F. E. Fiedler의 '상황부합이론'은 상황에 따른 정합성 이론의 시작이다. 한마디로 상황에 부합하지 않는 지식은 리더십을 가능하게 하는 지식이 아닌 것이다. 따라서 리더들은 상황에 부합되는 지식을 발견해야 한다. 즉 아무리 훌륭한 리더 또는 리더행동이라도 결국은 '따라오는 사람', 즉 조직구성원(부하, 추종자)이 이를 수용하지 않으면 무의미하다. 결국, 리더행동의 효과는 '리더십leadership'이 발생되는 '상황'에 의해 결정된다는 말이다. 한마디로, 피들러의 상황(부합)이론에서는 '리더란 타고나는 것' 또는 '리더란 개발되는 것'이라는 리더십의 "특성이론"이나 "행태이론(행동이론)"의 전제에 원칙적으로 동의하지 않는다. 오히려 상황이론은 '상황이 리더를 만들어낸다' 또는 '리더는 상황에서 태어난다'는 논리에 가깝다. 결국, 상황이론에서는 언제 어디서라도 누구나 리더가 될 수 있으며, 상황에 따라서 리더의 역할과 기능도 완전히 달라질 수 있다는 논리이다.
　그러나 중요한 사실은 상황이 계속해서 변한다는 사실이다. 사회에서나 조직에서도 마찬가지이다. 즉 상황은 결코 고정적이지 않으면 한순간도 쉬지 않고 역동적으로 변화한다. 따라서 리더가 제대로 된 리더십을 발휘하기 위해 상황을 기다린다는 사실은 어쩌면 무기력하다. 이렇게 본다면, 삶의 여러 현장에서 참지식을 추구하는 우리는 주어진 상황 또는 상황적 연속성에 부합되는 소위 모든 상황에 부합되는 '역동적인 지식'을 찾아내야 한다. 즉 참지식은 상황과 상황적 연속성이라는 삶의 역동성 속에 존재하는 것이다. 시간의 흐름 속에서 모든 상황은 지속적으로 변화한다. 따라서 상황적 연속성이야말로 지식의 연속성을 담보한다. 결국, 이렇게 본다면, 궁극적으로는 상황 또는 상황적 연속성 속에서 취득되는 역동적 지식만이 참지식인 것이다.

그렇다면 상황 그리고 상황적 연속성을 담보하는 역동적 지식은 과연 무엇이며, 또한 그러한 지식이 어떻게 창출되고 획득할 수 있을 것인가? 한마디로 '전체적 맥락whole context'은 역동적인 지식의 생성부터 지식의 발견 그리고 지식의 취득에서 결정적이다. 이러한 의미에서 우리가 역동적인 지식을 알아내기 위해서는 '전체론적 또는 전일론적holistic' 사고를 요청한다.[11] 그것이 바로 지식의 '정합조건'을 찾는 지름길이며, 이로써 지식의 정당성이 획득될 가능성이 제고된다. 그러나 지식의 정당성조건으로서 정합조건을 찾아내는 것은 단순한 일거리가 아니다. 즉 전체론全體論, 즉 전체적으로 사고하는 가운데에서 획득되는 지식은 말처럼 쉬운 일은 아니다. 그럼에도 불구하고 지식의 정당성조건을 충족하기 위한 작업으로서 이를 도외시할 수는 없다. 따라서 우리는 앞으로 계속해서 플라톤의 JTB 명제를 완성 또는 수정하기 위해서 현대적 수정으로서 제시되는 '지식의 성립조건'으로서 '정합조건'을 찾아내기 위한 '전일론적 사고holos thinking'를 하기 위해서 이 글을 써 내려갈 것이다.

---

[11] 이는 궁극적인 지식추구의 방법적 차원이라고 할 수 있다. 이를 위해 우리는 학문적으로 '해석학Herneneutik' 그리고 '해석학적 순환'에 대한 사유를 요청하게 된다. 왜냐하면, 해석학적 순환은 역사적으로 벌어지는 역동적 순환의 과정이며 이에 대한 사유는 해석학적 사유로 가능하기 때문이다. 이를 우리는 '지식발견의 해석학적 차원'이라고 할 수 있다. 이에 대해서는 다음 단락(III.3)에서 자세히 다루고자 한다.

2. 방법조건: 방법론적 다원주의

2.1 경험적 방법

지금까지 우리는 플라톤의 JTB 명제를 완성(또는 수정)하기 위한 지식의 성립조건을 찾아내기 위해서 정당성조건을 구체화하는 방안을 추구해 왔다. 이는 근거적 합리성을 찾아내기 위함이었다. 이를 위해 우리는 먼저 증거조건을 살펴보았으며, 아울러 존재론적 정합조건을 살펴보았다. 그런데 이러한 작업은 필수적이다. 그러나 우선 우리는 지식의 증거조건을 찾는 일 자체도 쉽지 않다는 사실을 알게 되었다. 왜냐하면, 우리의 삶에서 모든 것이 증거가 명확히 있는 것도 아니며 증거가 없더라도 명백한 사실도 있기 때문이다. 특히 합리적 증거의 찾기 작업에서 오늘날 대표적 주자로 부상한 '실증주의'에 지나치게 의존함으로써 이의 본질적인 한계와 왜곡의 가능성 마저 남게 되었다. 아울러 지식의 존재론적 정합조건을 추구하는 일에서도 '상황' 속에서 살아 움직이는 역동적인 지식을 획득해 내야 하는 어려움이 존재한다. 그럼에도 불구하고 이는 필수적 과제이기 때문에 앞으로의 작업에 성과를 기대하게 되었다. 물론 이는 플라톤이 제시한 지식의 조건으로서의 JTB 명제를 완성한다는 의미가 있지만, 특히 지식의 정당성조건에 대한 구체적 보완 또는 새로운 수정 아니면 대안으로서 제시된 것이다.

이제 우리는 플라톤이 지식의 조건으로 제시한 JTB 명제에서는 발견하기 어려운 새로운 차원을 시도하기 위해서, '지식의 성립 조건'으로서의 '방법 조건'에 대해서 알아볼 필요가 있다. 왜냐하면, 지식을 창출하고 지식을 획득하는 과정에서, 즉 지식의 성립과정에서는 방법적 조건이 발생할 수 있기 때문이다. 즉 지식은 방법조건을 충족시킬 때 비로소 (참) 지식이 될 수 있다.

역사적으로 인간은 지식을 추구하기 위해서 '방법적으로도' 많은 시도를 해 왔다. 우선 사람들은 처음에 자신의 눈에 비친 그대로를 믿고 살았을 것이다. 그것이 그들에게는 '지식'이었던 것이다. 따라서 처음에 지식을 습득하는 방법은 '보는 것', 즉 '관찰'이었다고 할 수 있다. 이렇게 본다면,

관찰은 인간이 지식을 획득하는 최초의 '방법'이었다. 본대로 알고 본대로 믿는 것이다. 즉 본 것이 지식이고, 본 것이 믿음이다.

그러나 어느 날 그냥 자신의 눈으로 보는 것만이 진리가 아니라는 사실을 알게 된다. 이를테면 땅인지 알았는데 얼마 후에 가보니 강이 되었다. 물인지 알았더니 얼음이었다. 사람인 줄 알았는데 원숭이였다. 뱀인지 알았는데 썩은 나뭇가지였다. 결국, 인간들은 보다 확실한 방법으로 지식을 추구하는 방법을 연구해 왔다. 어제는 물이 흰색이었는데 오늘은 녹색이다. 물의 색깔이 왜 변했을까? 맨눈으로 관찰한 그것이 참지식인가를 알아내기 위해서 '실험experiment'을 하기도 했다. 물동이에 나뭇잎을 떨어뜨렸더니 좀 시간이 지나자 녹색으로 변했다. 이른바 '실험의 방법'을 발견한 것이다. 이는 자신이 스스로 경험한 사실을 입증하는 방법이다. 즉 경험상으로 알아낸 지식이지만, 이는 어떻게든 틀림없는 지식으로 간주될 필요가 있었다. 왜냐하면, 자신의 감각感覺으로 경험한 사실이 모두 다 정확하다고 단정할 수 없기 때문이다.

심지어 잘못된 지식으로 목숨을 뺏을 수도 있었기 때문이다. 추워서 옆에 연탄불을 피워놓고 잔 사람이 아침에 보니 죽음으로 발견되었다. 그는 이산화탄소에 질식사한 것이다. 그 사람은 불을 피워 놓으면 추위를 피할 수 있다는 지식을 가지고 있었지만, 이산화탄소에 질식하면 죽는다는 지식은 없었던 것이다. 먹을 것이 없어서 산에서 버섯을 채취해서 삶아 먹었는데, 갑자기 심한 복통을 하다가 죽고 말았다. 우리가 먹어서는 안 되는 독버섯이었던 것이다. 이와 같이 지식의 결핍 또는 잘못된 지식은 목숨도 담보한다. 이러한 사실을 목도한 사람들은 정확한 실험을 할 수밖에 없었던 셈이다. 연탄불을 어디다 놓고 자면 죽지 않을까? 막을 씌워야 하나 아니면 아궁이에다 놓아야 하는가? 버섯을 쥐에게 먼저 먹여 보고 죽지 않으면 우리가 먹는다. 옛날 왕궁에서는 실제로 왕이 식사를 하기 전에 궁녀가 먼저 시식을 해 보았다고 한다. 진짓상에 독초가 올라갔을지도 모르기 때문이다.

'감각기관'을 통해서 이루어지는 경험적 방법은 수많은 시행착오의 과정을 통하여 지식을 산출한다. 이러한 경험적 방법으로 지식을 창출하는 것은 인류의 탄생과 함께 시작되었다. 그것이 큰일이건 작은 일이건 아니면 믿을 만하건 아니 건 인간은 살아남기 위해서 많은 것들을 실험하였다. '돌다리도 두드려 보고 건너라'는 옛말이 있다. 조심하고 신중하게 하라는 의미지만, 두드린다는 것은 일종의 실험이다. 두드렸는데 깨지면 그 돌을 밟는 순간 우리는 사망이다. 결국, 실험은 경험이며 경험은 실험이다. '한번 실수는 병가지상사'라는 말이 있다. 첫 번째 실수는 실험을 통하지 않았을지 모르기 때문에 용서가 될 수도 있다는 말이다. 그러나 두 번째 실수부터는 용납되지 않는다. 왜냐하면, 한 번의 실수失手는 한번 경험한 것이며 또한 한번 실험을 한 것이기 때문이다. 따라서 이미 경험하고 실험한 것인데도 불구하고 또다시 실수를 한다면, 그는 이미 지식을 포기한 것이나 다름이 없다. 특히 실험을 통해 얻어진 지식이 객관적이라면, 객관적 지식이 거부된 셈이다. 객관적이고 정확한 지식을 거부하는 순간 그의 삶은 힘들어질 것이며, 심지어 목숨까지 잃을 수도 있다.

실험은 '조사調査, survey'를 동반한다. 물론 조사가 필요하지 않은 경우도 있다. 그러나 실험을 위해서 우선 무엇을 어떤 목적으로 실험할 것인가, 어떤 내용을 실험할 것인가를 결정하기 위해 사전 조사는 중요하다. 조사의 결과에 따라서 실험이 실시되는 것이 원칙이다. 즉 실험을 설계design 하는 과정에서 조사는 필수일 수도 있다. 이때 조사는 '연구research'와 동일시될 수도 있다. 이러한 연유로 '조사연구調査硏究'라는 합성어가 사용되기도 한다. 하여간 실험을 하기 위한 제반 준비나 사전 연구는 모두 '조사연구'에 해당되며, 이는 실험을 보다 충실하게 하기 위한 전제 조건으로 작용한다. 한 예로, 사회조사연구방법론은 사회과학이 수립한 실증연구방법으로서 자연과학적 방법론의 사회과학적 응용이었다.

결국, 관찰과 실험 또는 조사실험 등은 '경험'의 세계를 '객관적으로' 연구할 수 있도록 하는 길, 즉 방법method'이 된다. 오늘날 자연과학의 연구는 이러한 '경험적 방법'을 가장 잘 준수하고 있다. 더 나아가 자연과학은 '조작' 역시 하나의 연구방법으로 차용하고 있다. 여기서 '조작'은 사건의 은폐 조작을 말하는 것이 아니라, '변수變數의 조작'을 말한다. 더 정확히 말하면,

이는 매개변수媒介變數의 조작이다. 매개변수를 조작하는 이유는 바로 실험의 조건을 바꾸는 일이다. 만약 조건을 바꾸어 본다면, 또 다른 결과가 도출될 수 있다는 가정이다. 즉 A라는 조건을 B로 조작해 보면, 다른 결과가 나오지 않을까? 이렇게 조건, 즉 매개변수를 조작하는 것은 새로운 조건에 의한 새로운 결과를 도출하는 것도 중요하지만, 과학적 성과를 통한 미래예측을 위해서도 매우 중요하다. 특히 암cancer 같은 병의 원인이 잘 알려지지 않는 질병을 치료할 경우에는 '조작실험'이 유효하다. 만약 (실험) 조건을 달리해 본다면, 즉 조건을 조작해 본다면 혹시 새로운 치료법이 발견되지 않을까? 이렇게 하여, 관찰, (조사)실험, (실험)조작이 바로 과학의 대표적인 연구방법이 된다.

결국, 우리의 경험의 세계를 객관적으로 탐구하는 경험적 (연구)방법으로 발견되는 지식은, 관찰, 실험, 조작 등의 방법을 통해서 얻어지는 과학적 지식이다. 과학적 지식은 원칙적으로 객관성을 담보하며 이에 대해서는 신뢰성과 믿음도 생겨난다. 이렇게 하여 우리는 경험적 지식을 객관적으로 발견하게 되는 것이다.

그러나 문제는 경험적 지식이란 과연 관찰, 실험, 조작이라는 과학적 방법으로만 획득되는 것이 정당한가? 하는 질문이다. 이를테면, 경험은 시각적 경험도 있지만, 청각적 경험, 미각적 경험, 촉각적 경험, 후각적 경험, 즉 인간에게 선천적으로 주어진 감각들인 오감五感을 의미한다. 즉 경험적 지식이란 엄밀히 말하면 우리의 오감 모두를 통해 얻어지는 지식이다. 따라서 경험적 방법이 시각적 차원에 국한되어서는 안 된다. 특히 '질성적 감각 qualitative sense'을 통한 경험은 대단히 중요하다.

'질성적 감각'이란 눈으로 보는 것 이외에도 손으로 직접 만져 보고 맛으로 음미해 보고 소리로 들어보고 냄새도 맡아보면서 알려지는 소위 '오감五感을 통한 전체적 체험의 방법'이다. 만약 우리가 이렇게 '오감'을 모두 사용하여 실험한다면 아마도 지금과는 많은 영역에서 실험의 결과가 달라질 것이다. 그러나 오늘날의 과학적 탐구방법은 시각적 관찰에 크게 의존하고 있다. 역사적으로 '현미경顯微鏡'과 '망원경望遠鏡'의 발명이 대표적이다. 인간은 자연과학의 방법을 확장시키기 위해서 미세한 관찰과 거대한 관찰의 수단(도구)으로서 계속 이들의 기능을 보다 획기적으로 발전시켜 왔다.

최초로 확대경을 만들고 이를 사용했던 사람은 스위스 출신의 '게스너 Conrad Gessner'(1516~1565)라는 박물학자였다. 그의 연구는 근대동물학 연구의 효시가 되기도 했다. 한편, 최초의 현미경은 1590년대 독일의 안경제조업자인 얀센 부자Hans und Zacharias Jansen에 의해 만들어졌다. 1609년 갈릴레오 갈릴레이Galilei Galileo(1564~1642)에 의해서 볼록렌즈와 오목렌즈를 가진 복합현미경이 발명되었는데, 이를 1625년 로마 교황청의 독일 의사였던 지오바니 파버Giovanni Faber(1574~1629)가 처음 '현미경microscope'이라고 명명했다. 현미경을 사용하여 '미생물微生物'을 처음으로 관찰한 사람은 네덜란드의 직물상인이었던 레벤후크Anton Van Leeuwenhoek(1632~1723)였다. 그는 1660년 최초로 대물對物렌즈와 오목렌즈를 사용하여 배율이 270배인 현미경을 만들었다(Black, 2008). 물론 그 전에 잉글랜드의 물리학자인 로버트 후크Robert Hooke(1635~1703)가 제작한 현미경이 있었다. 그러나 30배의 배율을 가진 이 현미경은 확대경의 수준에 불과했다. 레벤후크는 직물상인으로서 각종 직물의 구조를 살펴보기 위해서는 보다 더 크게 확대해 보면 좋겠다는 생각 했다. 그러나 렌즈의 굴절이 높아질수록 더 잘 보인다는 사실을 알게 된 후크는 둥근 렌즈를 안쪽으로 더 많이 깎아내면서 배율을 높여나갈 수 있었다. 이렇게 시작된 현미경의 역사는 1000배율의 광학현미경(제1세대)으로부터 제2세대의 전자현미경 그리고 오늘날 제3세대의 원자현미경으로 발전되었다.

한편, 망원경telescope은 1608년 네덜란드의 한스 리프세이Hans Lipershey가 우연한 기회에 발명했다. 즉 그는 두 개의 렌즈를 가지고 멀리 있는 물체를 확대해 볼 수 있다는 사실을 알게 되었던 것이다. 1609년 갈릴레이 갈릴레오Galileo Galilei(1564~1642)는 볼록렌즈와 오목렌즈를 조합해서 망원경을 만들어 냈다. 그는 이를 통하여 1610년 인류 최초로 목성, 금성, 달을 관찰했다. 이어서 1611년에는 독일의 천문학자인 케플러Johannes Kepler(1571~1630)가 두 개의 볼록렌즈를 사용하여 굴절 망원경을 발명했다. 그러나 이는 배율이 높고 시야가 높다는 장점을 가지고 있었지만, 밝은 행성이나 행성을 관측할 때 색수차色數次가 심하게 나타난다는 단점을 가지고 있었다. 1668년 뉴턴은 이러한 단점을 보완해서 2.5cm의 오목거울과 평면거울을 사용하여 길이 15cm의 반사망원경을 만들었다. 이렇게 시작된 망원경의 역사는 광학망원경의 시대를 넘어 오늘날 1990년 우주선 디스커버리호에 실려서 지구 밖에 설치되어 우주관측활동을 전담하고 있는 최첨단 전자망원경인 허블망원경의 개발로 이어졌다.

이렇게 하여 당시 과학은 비약적으로 발전하면서 새로운 지식을 끊임없이 창출하게 된다. 과학적 방법이면서 경험적 방법이라고 할 수 있는 '분석analysis'의 방법 역시 이러한 과정에서 발달되었다. 엄밀히 말하면 '분석'이란 '경험의 분석'을 의미한다. 이는 경험한 것의 근본(본질, 실체)을 파악한다면 자신이 경험한 사실이 보다 객관적으로 밝혀질 것이라는 가정이다. 특히 현미경과 망원경은 자신의 (시각적) 경험을 보다 잘게 분석해서 그의 실체를 파악해 낼 수 있도록 도와준다. 이렇게 본다면 맨눈으로 관찰한 것을 분석하는 데에 있어서 현미경과 망원경은 결정적이다. 한마디로 이들 도구는 '분석의 도구'로 활용되면서 과학적·경험적 방법은 보다 일상화되고 일반화되기 시작했다.

그러나 이러한 경험적 방법을 통한 지식창출은 위에서 지적한 바와 같이 모두 '시각적 관찰'이라는 범주를 벗어나지 못하고 있다. 따라서 이러한 지식은 여전히 불안하다. 심지어 이는 '경험적 차원의 지식'이라고 해도 부족하다. 왜냐하면, 이미 언급한 것처럼 이는 우리에게 주어진 오감五感 전체를 통해 이루어지는 경험한 지식도 아니기 때문이다. 이러한 단점을 보완하기 위해서 오늘날 오감을 모두 활용하는 경험적 지식 세계가 등장하고 있다. 예를 들어 건축디자인 분야에서 '시각 - 청각적' 디자인visual-acoustic design이라는 영역도 등장하고 있다. 이러한 움직임은 우리의 오감五感을 모두 활용하여 얻을 수 있다고 판단되는 지식 창출 및 지식획득의 방법으로 소위 '융·복합적 지식의 창출과정 및 방법'의 범주와도 통한다. 이에 대해서는 앞으로 아래에서 보다 자세히 논의될 전망이다.

이제 경험적 방법이 지식의 성립조건으로서의 방법 조건을 충족하기 위해서는 경험적 방법의 태생적 한계, 즉 경험한 것만을 지식으로 간주하는 것 자체의 모순과 오감체험의 방법을 포괄할 수 있는 방법조건이 강구되어야 할 것이다. 즉 경험하지 않은 것, 경험하지 못한 것은 지식이 아닌가? 눈으로 본 것하고 촉감으로 느낀 것 하고 과연 무엇이 정확한 지식인가? 결국, 우리가 경험적 방법으로만 진리를 찾아낸다는 것에는 무리가 따른다. 이렇게 본다면 경험적 방법으로 탄생하는 지식은 불완전한 지식이다. 심지어는 위험하기까지 하다. 그럼에도 불구하고 경험적 방법은 인류가 지금까지 지식을 탄생시켜 온 하나의 지식추구의 방법이라는 사실은 부정될 수 없다. 이로써 경험적 방법은 지식의 성립 조건으로서의 방법조건 중 일부분이 될 뿐이다.

2.2 이성적 방법

인간이 지식을 발견하기 위해서는 '경험적 방법'과 달리 '이성적 방법 reasonable method'을 활용할 수 있다. 실제로 경험하지 못한 것일지라도 먼저 머릿속으로 생각해 내는 것이다. 호모사피엔스, 즉 '생각하는 동물'로서의 인간이 시작된 이래로 인간에게 이성적 사유방식은 경험을 통한 방식을 병행하면서 지식창출 및 지식획득을 해 왔다. 소크라테스와 그의 제자들(플라톤, 아리스토텔레스)에 의하면, 인간은 '이성적 동물homo ratio'이다. 즉 인간은 다른 동물과 달리 '이성의 능력'을 가지고 태어났다. 따라서 인간은 이성적으로 사유하고 이성적으로 지식을 발견할 때 비로소 다른 하등동물과 구별된다. 즉 인간은 존엄을 획득하고 유지하기 위해서 이성적으로 사유하고 이성적 지식을 발견할 수 있어야 한다.

"동물들은 인간에게는 없는 신체적인 장점을 가지고 있다. 그들은 잘 보고, 잘 듣고, 보다 냄새를 잘 맡고, 더 빨리 달리고, 딱딱한 것도 잘 깨물 수 있어 생존하기 위해 알아야만 하는 지식들을 습득하기 위해 학교에 갈 필요가 없다. 반면, 인간은 추위에 떨고 배고픔과 목마름의 고통을 참고 두려움과 외로움의 고통을 견뎌야 하는 벌거벗은 원숭이다. 그러나 인간은 동물들이 갖지 못한 지식을 가지고 있다. 그 지식으로 인류는 지구를 정복해 왔다."(찰스 반 도렌, 오창오 옮김, 1995: 15)

한편, 이성적 방법은 경험적 방법보다도 고차원적으로 인간의 위상을 제고시켜 준다. 왜냐하면, 하등동물들도 '시행착오의 경험'을 통하여 지식을 획득할 가능성이 있기 때문이다. 이를테면, 파블로프Ivan Petrovich Pavlov (1849~1936), 스키너Burrhus Frederik Skinner(1904~1990), 손다이크Edward Lee Thorndike(1874~1949) 등이 시작한 행동주의 학습이론은 하등동물 역시 경험을 통해서 지식의 습득을 학습할 수 있다는 사실을 입증한 실험결과이다. 물론 이것은 '시행착오'의 경험을 통한 학습이다. 우리는 이를 시행착오학습이라고 하며 이는 동물에게 가능한 본능이다. 그러나 고등동물로서의 인간은 단순한 경험적·감각적 차원을 넘어서 '이성적'이어야 한다. 왜냐하면, 생각할 수 있는 두뇌가 발달되어 있기 때문이다. 이러한 의미에서 '형이상학metaphysics'이라는 개념도 탄생하였다.

그러나 과연 '이성'이란 무엇인가? 이성적으로 사유한다는 것은 도대체 어떻게 하는 것이며 이성적 방법으로 지식을 산출하고 획득한다는 것은 어떻게 가능한 것인가? 이에 대해서 확실하게 대답할 수 있는 사람은 이 세상에 존재하지 않는다. 다만 이성적 사유가 인간이라는 고등동물에게만 가능할 것이며, 이성적 사유가 가능한 인간만이 '존엄'하다는 전제를 가지고 이를 탐구한 사람들은 무수히 많다. 이들에게는 이성 또는 이성적 능력은 타의 (하등) 동물과 인간을 구분해 내는 중요한 경계선이었다. 또한, 이들에게는 이성적 능력이 탁월할수록 같은 인간끼리도 차별화된다. 즉 이성적 능력이 탁월한 사람이 지체가 높은 사람이며 그가 바로 사회의 '리더'가 된다. 반면 이성적 능력이 낮은 사람은 경멸과 지탄의 대상이다. '인간의 이성'에 무한한 신뢰를 보내면서 탄생한 18세기 유럽의 계몽주의시대는 이러한 사실을 대변하고 있다. 그런데 과연 이성적 능력이란 무엇이며, 어떻게 이성적 능력이 다른 능력보다 우위로 판정될 수 있는 것일까? 그러나 아무도 대답할 수 없다. 왜냐하면, 이성이 무엇이고 이성적 능력이 무엇이며 이를 사용하는 방법도 모두 규명되었다면, 더 이상 이에 대해서는 연구도 필요치 않을 것이기 때문이다. 이미 언급한 대로 다만 이에 대해 답해 보고자 한 사람들은 무수히 많았으며 지금도 끊이지 않고 있다. 가장 눈에 띄는 사람들은 철학자의 무리들이라고 할 수 있다.

물론 철학자들 역시 '이성 (또는 이성적 능력)이란 무엇인가'라는 질문에 대해서 직접적인 대답을 하지는 않았다. 다만 인간이 어떻게 하면 이성적 능력이 획득될 수 있고 이성적 인간이 될 수 있는가에 대한 탐구를 통하여, 이성의 본질에 대해서 간접적으로 접근하려는 방법을 택하고 있다. 왜냐하면, 세상에 '이성'을 직접 보거나 만져 본 사람은 아무도 없을 것이기 때문이다. 단지 이성이란 이성을 다루는 사람마다 정의나 이해의 정도에 따라 서로 다른 견해를 가질 수 있을 뿐이다. 마치 이러한 논리는 창조주로서의 하나님을 직접 만났거나 눈으로 본 사람이 없다는 이치와 같다. 그렇다고 우리가 하나님이 없다고 단정할 수도 없다. 왜냐하면, 하나님이 없다는 사실 역시 입증된 바가 없기 때문이다. 또한, 오늘날도 여전히 교회에 가서 하나님께 경배하는 사람들도 부지기수로 많다. 이러한 상황에서 창조주로서의 하나님은 하나의 '가정'일 수 있다. 가정이라는 것은 존재하지 않는 것을 존재한다고 가정하는 것이 아니다. 가정이란 명확한 근거를 가지고 입증할 수는 없다고 해도, 그렇다고 부정할 수도 없는 상황에서 수립된다. 따라서 '신존재증명'의 문제는 이율배반의 물음이다. 다시 말하면, 두 가지 명제가 모두 옳을 수 있지만, 그렇다고 해서 두 가지 명제가 함께 존재할 수는 없는 것이다. 진리나 이성의 본질에 대한 가정 역시 이러한 논리와 결코 다르지 않다.

동양(사상)에서는 도道가 삶의 근본이다. 그러나 이미 장자에서는 '도가 도비상도'라고 하여, 도의 실체를 아무도 알 수 없음을 고백하고 있다. 물론 이것이 '도의 존재'를 부정하는 것은 아니다. 그렇다고 도를 직접 보았다거나 만나 본 사람도 없다. 한마디로 실증實證이 안 된다. 그렇다고 해서 그것이 없는 거짓이라고 단정할 수도 없다. 왜냐하면, 자칭 도인이라는 사람도 있고 겉으로 도인같이 보이는 사람도 있기 때문이다. 따라서 도는 인간의 삶의 섭리로서 '가정'될 수 있을 뿐이다. 도가도비상도! 도의 본체를 알았다고 하는 순간, 그것은 더 이상 도가 아니다. 아니면 '도는 영원히 추구될 수 있을 뿐이지, 어느 순간에 완성되어 종결되는 것이 아니다. 즉 사람이 사는 날까지 도는 영원히 계속 각성 내지 획득, 즉 '득도'되어야 할 삶의 항구적인 과제인 셈이다.

서구사상에서도 '이성' 역시 마찬가지이다. 즉 이성 또는 이성적 인간이란 항구적인 과제이지 그것이 어느 시점에서 달성되거나 이성의 본질이 파헤쳐지는 것은 결코 아니다. 그럼에도 불구하고 서구사상에서는 이성, 이성적 능력, 이성적 인간을 삶의 목표로 하고 있다. 이렇게 본다면 서구사상에서도 이성은 칸트가 주장했듯이 하나의 '요구postulate'일 뿐이다. 즉 '삶의 요구'로서 이성, 이성적 능력, 이성적 인간이 가능한 것이지 현실에서 이를 섭렵할 수 있는 것은 아니다. 그렇다고 해서 이성이 내세에서 반드시 도달되는 것도 아닐 것이다. 그러나 이것이 이성의 존재 자체를 부정하는 것은 아니다. 이렇게 본다면, 서구사상이나 동양사상이나 삶 또는 인간이 '끊임없이 되어가는 과정'이지, 어느 시점에서 또는 어떠한 경지에서 완성되거나 종료되는 것은 아니다. 만약 그렇다면 서구의 이성이나 동양의 도道에는 그 이상의 그 무엇이 또 상정되어야 한다. 즉 이성적 인간이 된 다음에, 득도한 이후에 인간은 그다음에는 더 높은 그 무엇이 계속 추구되어야 한다. 이러한 논리는 자체적으로 모순이다. 결국, 이성이나 도道는 최후의 과제면서 동시에 영원히 도달될 수 없는 항구적인 '지향' 또는 '방향direction'일 뿐이다.

이제 문제는 그럼에도 불구하고 우리는 '이성적 인간'이 되어야 한다고 말한다. 왜냐하면, 인간은 고등동물이기 때문이다. 하등동물처럼 야만野蠻이 아니라면, 우리는 이성을 가지는 것이다. 즉 이성은 야만을 거부할 수 있는 능력이다. 이러한 '이성적 인간'이 되기 위해서는 '이성' 또는 '이성적 능력'을 통한 지식창출 및 지식획득이 필수불가결하다. 다시 말하면, '지식의 발견', 즉 지식창출 및 지식획득의 '이성적 방법'이 요청되는 것이다. 결국, 이성을 추구하고 이성적 인간이 되기 위해서 '이성적 방법'으로 지식을 추구한다는 것은 삶의 '요청'으로서 그리고 지향direction으로서의 이상적 인간을 목표하는 것이다. 이러한 논리에는 일차적으로는 인간과 (하등)동물 간의 구분을 명확히 하고자 하는 인간의 욕망이 숨어 있다. 인간들은 특히 치열한 싸움과 전쟁을 경험하면서 하등 동물적 차원의 세계에서 벗어나고 싶었을 것이다. 전쟁을 피하고 '평화平和'를 갈구하는 능력, 그것이 바로 고등 동물인 인간에게 부여된 이성적 능력이다. 더 나아가 이성의 획득 정도나 소유 정도에 따라서 인간과 인간 사이에서도 위상을 합리적으로 구분 지음으로써 '질서와 평화'를 갈망했을 것이다.

고대 그리스의 역사가인 투키디데스에 의하면, 인간의 역사는 '전쟁의 역사'이다. 인간은 처음부터 싸움과 전쟁을 하면서 살아왔으며 전쟁을 통해 성숙되어 왔다. 따지고 보면 인류의 문명 발달도 모두 전쟁과 함께 이루어 졌다. 전쟁무기의 발달은 곧 기술문명이라고 해도 과언이 아닐 정도로 전쟁과 인류문명발달의 관계는 불가분의 관계에 있다. 일차적으로 인간은 동물들과 함께 정글에 섞여 살면서 싸움을 시작한다. 한마디로 야만과의 싸움이다. 우선 먹을 것을 얻기 위한 소위 식량 경쟁이 싸움으로 이어졌을 것이다. 지구 상의 모든 생물체는 먹어야 살 수 있다. 이러한 과정에서 싸움과 투쟁은 필수적이다. 즉 삶에서 전쟁은 어쩔 수 없는 것이다. 이성적으로 살기 위해서 우리 인간은 야만과 어쩔 수 없이 싸워야 한다. 그런데 싸움, 투쟁, 전쟁은 늘 사람을 불안하게 한다. 다른 동물들에게도 늘 불안한 일이지만, 생각할 수 있는 능력을 타고난 인간들에게 전쟁은 공포다. 그럼에도 불구하고 살아남기 위해서 인간들에게 싸움, 투쟁, 전쟁은 운명이다. 이러한 의미에서 투키디데스의 선언은 극히 정당하다.

유대인들에게 가장 일반적인 인사말은 '샬롬shalom'이다. 말 그대로 샬롬은 '평화peace'를 의미한다. 인류의 역사상 스스로 가장 핍박받은 민족이라고 생각하는 이들에게 '평화'는 최고의 인사이며 가장 염원하는 세상이다. 독일의 대표적인 계몽철학자인 칸트에게도 평화는 최고의 덕목이었다. 오늘날 우리에게 칸트는 대표적인 '이성철학자'로 남아 있다. 그러나 그가 추구한 마지막 철학은 '평화의 철학'이다. 즉 '평화'를 위해서 이성과 이성적 인간이 요청되는 것이다. 달리 말하면, 야만을 제거하고 극복하는 순간, 우리는 이성적이 되는 셈이다.

실제로 서양에서는 지식이 발달하고 학문學文이 발달하면서 고대그리스의 '이성문화理性文化'를 꽃피게 하기도 했다(이상오, 2012: 45). 그러나 이성의 문제가 학문의 대상이나 목적으로 등장하게 된 계기는 플라톤에서 유래한다. 이미 다 쓰러져 가는 아테네가 다시금 과거의 부귀영화로 복권하기 위해서 요청된 것은 사회 질서의 회복이었다. 사회질서는 평화를 위한 길이다. 바로 이러한 간절한 염원에서 쓰여진 책이 플라톤의 『공화국』이다. 그는 여기서 이상국가理想國家의 모습을 그려내고 있다. 지혜sopia, 용기andreia, 절제sophrosyne가 조화롭게 잘 이루어질 때 '정의dikaiosyne'가 이룩된다. 즉 지혜 있는 사람들, 용기 있는 무사들 그리고 절제할 줄 아는 사람들이 조화롭게 어울린다면 정의사회가 된다. 이러한 논리는 개인에게도 해당된다. 즉 지혜, 용기, 절제의 마음이 조화로울 때 인간은 정의로우며 이상적이다. 그러나 플라톤은 이 중에서도 지혜로운 철인哲人, philosopher이 사회를 인도할 때, 비로소 사회정의가 이룩되며 이는 곧 이상국가를 가능하게 한다는 암시를 한다. 즉 플라톤의 '철인 왕'의 논리이다. 마치 이는 당시 가장 유명한 철인 중의 한 사람으로 평가되고 있었던 자신이 왕이 되어야 한다는 소리로 들리기도 한다. 그도 그럴 것이 당시에는 소피스트들의 '상대적 진리관' 때문에 아테네 사회가 무질서와 혼란의 상황 속에 놓여 있을 때였다.[12] 당시

---

[12] 플라톤이 이데아의 관념론적 이상세계에 완전히 몰입하 수 있도록 자극한 사건은 소피스트의 등장이었다. 플라톤은 이들이 아테네의 몰락을 정신적으로 주도하고 있다고 보았다. 실제로 당시 객관적 진리관을 가지고 있었던 아테네 시민들에게 소피스트들은 객관적 진리를 의문시하도록 했으며 이로써 보편적 세계관 역시 무의미하게 만들어 놓았다. 이러한 상황에 대처하기 위한 조처로 구상된 플라톤의 이데아론 역시 처절한 생존전략이었음이 분명하다. 철학이란 처음부터 고립과 자유라는 상아탑 속에서 철저하고 객관적인 냉철한 사유로부터 시작되어도 학문적인 위상을 정립하기 쉽지 않다. 그럼에도 불구하고, 플라톤은 시대적이고 사회적인 이슈를 공박하기 위해서 철학을 할 수밖에 없는 처지였음을 부인하지는 못한다. 사회적 불안과 동요를 잠재우기 시작한 철학이 과연 얼마나 객관성과 학문성을 유지할 수 있을 것인가? 사회질서를 무력화시키는 소피스트들과의 논리적 대결을 목표로 시작되는 플라톤의 철학 세계를 과연 우리는 철학함의 원리로 간

'아폴론 신'을 절대진리의 신으로 모시던 아테네 공동체에서 모든 소피스트들은 절대진리관을 흔들어 놓음으로써 사회 전체의 질서를 혼탁하게 한 주범으로 고발된다.

한편, 플라톤의 철학을 잘 이해하기 위해서는 투키디데스가 쓴 『펠로폰네소스 전쟁사』를 잘 이해야 한다는 말이 있다. 결국, 플라톤의 철학에서 종국적으로 추구하는 '선의 이데아' 논리는 도덕규범의 불변적 근거로서, 당시 전쟁으로 인해 발생하는 '규범적 허무주의'에 대한 '철학적 처방'이었다고 할 수 있다. 당시 이러한 사회적 혼란현상에 대한 논쟁은 마침내 마지막 소피스트로 간주된 소크라테스 역시 죽음으로 삶을 마감하게 하는 판국을 연출하게 된다. 아이러니하게도 마지막 소피스트로 지목되어 독배를 마신 소크라테스는 당시 소피스트 소탕의 논리를 주도한 플라톤의 스승이었다. 스승 소크라테스의 죽음을 목도한 플라톤은 모든 것(특히 정치권력 및 정치적 입장)을 내려놓고, 시칠리아를 비롯한 남부 이탈리아의 작은 섬들을 배회하게 된다. 그는 많은 회환과 혐오 등으로 얼룩진 7년간의 긴 유랑 끝에 다시 아테네로 돌아와서는 메논Menon이라는 교과서를 쓴다. 그는 아카데미아Akademia라는 교육기관(지금의 학교)을 설립하여 이곳에서 메논을 교과서로 사용하면서 제자 양성에 몰입한다. 이로써 그는 <대화편>이란 방식의 교과서 시리즈를 발간하면서, 자신의 철학세계를 다듬고 이를 통하여 교육하는 일에 평생을 보냈다. 바로 이렇게 완성된 이야기가 플라톤의 '이성철학理性哲學'이다. 플라톤의 이성철학이 추구하는 궁극적 목표는 결국 야만, 즉 비이성적으로 이루어진 무질서와 혼란상을 극복하여 마침내 평화롭고 조화롭게 함께 모여 살 수 있는 삶의 공동체였던 것이다. 즉 그것은 이성의 공동체였으며 이성적 사람들이 모여 사는 '정의로운 사회'인 것이다. 결국, 이성은 인간과 동물의 세계를 구분할 수 있게 하는 기준 척도가 된다.

이때부터 아리스토텔레스를 위시하여 거의 모든 지식인들은 플라톤의 이성철학을 교과서로 하여 이에 토를 달고 주석을 달고 때로는 이를 비판하면

주할 수 있을까? 그럼에도 불구하고 아이러니하게도 오늘날 우리는 플라톤을 이성철학의 시조로 따르고 있다.

서 이성철학을 발전시켰다. 이러한 맥락에서 본다면, 화이트헤드Alfred North Whitehead(1861~1947)의 언설은 극히 정당하다: "세상의 모든 철학은 플라톤의 각주에 불과하다." 이러한 연유로 이성철학은 우리들에게 이성적 방법으로 사유하도록 했으며, 이성적 방법으로 지식을 획득할 수 있는 여지를 마련해 주었다. 또한, 철학자를 중심으로 지식인들에 의해서 이성적 방법으로 지식이 창출될 수 있었다.

　그러나 이성적 방법으로 지식을 창출하고 지식을 습득하는 것은 오늘날 한계로 나타나고 있다. 우선 이성, 이성적 인간, 이성적 공동체 등의 개념은 다분히 인위적이라는 느낌이다. 물론 우리 인간에게 평화공동체의 문제는 중요하다. 아무리 기술테크놀로지가 발달하고 문명이 발달한다고 해도, 인간이 서로 매일 싸우고 전쟁을 하면서 산다는 것은 결코 바람직하지도 않다. 이는 우리의 삶에서 반드시 극복해야 할 과제임이 분명하다. 그러나 평화가 반드시 이성이라는 개념 하에서만 이루어지는 것일까? 또한, 플라톤 이후 이성의 개념과 질서의 개념은 동일시되어 왔다. 그런데 이성의 실체가 무엇인지도 모르면서 이를 질서와 동일한 개념으로 취급한다는 것은 자연스럽지 못한 면이 있다. 우리가 살면서 질서 또는 질서로움은 피부로 느껴질 수도 있지만, 이성적이기 때문에 우리 사회가 질서롭다고 하는 것은 어쩌면 '인간중심의' 일방적 견해일 수 있다. 아니면 지나친 비약飛躍이다. 물론 여기에는 '이성'이란 '동물적 차원'과는 완전히 대립되는 반대 개념이라는 전제가 깔려 있다고 볼 수 있다. 설령 그렇다고 해도 동물은 늘 싸움, 투쟁, 전쟁하면서 살고 있다는 논리는 좀 억지라고 할 수 있다. 동물들도 물론 생존이 처절할지 몰라도 겉으로는 평화롭고 한가하게 초원에서 풀을 뜯고 있는 사슴무리, 얼룩말의 무리는 얼마든지 목격될 수 있다. 과연 동물들에게는 평화를 갈망하고 질서를 갈망할 권한이 없을까? 이미 이러한 모순은 헤겔에 의해서 '이성의 간지'라는 개념으로 인해서 1차로 비판받은 바 있다. 즉 우리의 삶에서는 설령 이성적이지 못한 행위가 발생한다고 해도, 이는 세계 이성이 자신의 목적을 실현하기 위해서 이를 이용하는 것이다. 이러한 이성의 개입은 간교한 지혜이다. 독일의 프랑크푸르트 비판철학을 시작한 호르크하이머와 아도르노는 이를 '도구적 이성'이라고 표현했다. 즉 이성은 자신의 목적을 달성하기 위해서 언제든지 도구화되고 수단화될 수 있다. 다시 말하면, 이성 자체가 목적이 될 수는 없는 것이다.

한편, 플라톤의 이성철학이 지금까지 비판, 계승되면서 잘못 전승된 면도 없지는 않다. 실제로 지금까지의 연구에서 플라톤의 이성철학에서 간과된 가장 심각한 것은 '조화調和, cosmos'의 개념이다. 분명히 플라톤은 조화를 통해서 선도 이루어지고, 조화를 통해서 정의도 이루어진다는 명제를 수많은 논거論據, 논리적 근거를 통하여 입증하고자 했다. 그러나 바로 이 부분은 대부분의 후학에 의해 너무 과소평가되었으며 간과된 면이 없지 않다. 주지하는 대로 플라톤은 미노아 문명, 미케네 문명의 자손이다. 아테네로 전승된 미노아, 미케네 문명은 한마디로 '조화harmony'였다. 여기서 조화는 바로 평화의 지름길이었다. 서로 조화롭게 살고 조화롭게 어울려야만 평화가 이루어지는 것이지, 누군가가 누군가를 지배하고 정복함으로써 우리는 영원히 평화를 얻지 못한다. 따라서 그리스신화가 보여주는 신화의 세계는 과연 우리의 삶에서 평화가 어떻게 이루어지고 있으며 어떻게 깨져 나가고 있는가, 그리고 이럴 경우 어떻게 복수와 싸움이 이루어지는가, 결국 복수가 복수를 낳게 됨으로써 조화가 깨짐으로써 평화는 깨진다는 교훈을 주고 있다. 따라서 그리스신화는 조화를 통한 궁극적인 평화를 위해서 독자 모두들 각성하라는 메시지를 던져주고 있는 것이다. 그럼에도 불구하고 후세로 이어져 온 플라톤의 이성철학에 대한 연구와 이해는 대부분 여기까지 미치고 있지 않다. 이를테면, 플라톤은 아테네 신전의 경구oracle를 보고 자신의 이성철학을 구상해 냈다.

아테네 신전에 걸린 경구는 단 두 마디였다. 그 하나는 미케네 문명으로부터 전해 내려온 것이고, 다른 하나는 미노아 문명에서 전해 내려온 것이었다. 전자가 '너 자신을 알라'라는 경구였으며, 후자가 '더도 말고 덜도 말고'였다. 바로 플라톤의 스승인 소크라테스는 전자의 경구를 중심으로 자신의 철학사상을 펼쳐 나갔고, 그의 제자 플라톤은 후자를 중심으로 자신의 이성철학을 전개해 나갔다. 물론 플라톤이 차용했던 '더도 말고 덜도 말고'

라는 경구는 아리스토텔레스의 '중용사상'에서 절정에 도달한다. 이는 동양 사상의 '과유불급過猶不及'의 사상과도 상통한다.

이렇게 본다면, 플라톤의 이성철학에서는 인간과 하등동물을 구별해 주는 기준으로서 이성개념을 상정한 것이 별로 중요한 것은 아니다. 그는 인간의 삶에서 '조화로움'이 왜 필요하며 중요한지를 가르치려 했으며, 조화롭게 할 수 있는 능력이 바로 이성적 능력이라는 주장을 하려 했던 것이다. 조화의 능력은 아테네가 추구한 균형과 비율을 조율할 수 있다. 조화, 균형, 비율을 아는 능력이 바로 이성의 능력이다. 아울러 조화를 깨는 것, 그것은 평화를 깨는 것이며 삶을 깨는 것이다. 그것은 인간을 죽음에 몰고 간다. 결국, 공동체도 깨지는 것이며 이로부터 인간의 삶에는 영원한 혼란, 무질서가 지배하게 된다. 삶은 영원히 몰락한다. 이성이 몰락하는 것이다. 플라톤에게는 지혜로움과 용감함도 중요하지만, 절제 역시 매우 중요하다. 특히 절제할 수 있는 용기를 가진 사람이 가장 지혜로운 자가 된다.

그러나 오늘날 플라톤 이성철학의 계승자들은 대부분 이러한 주제에 대해서는 별로 관심이 없었다. 심지어 플라톤의 이성철학은 비판을 담보로 크게 왜곡되기도 했다. 물론 플라톤의 이성철학 자체가 이러한 빌미를 준 것도 부인하기 어렵다. 왜냐하면, 플라톤은 개인의 차원에서 가능한 철학적 사유의 범주를 너무 성급하게 '사회현실'에 접목하고자 했기 때문이다. 아마도 왕족에 가까운 혈통으로 태어난 플라톤에게는 막 쓰러져가는 아테네 (사회공동체)를 되살려야 한다는 염원이 누구보다도 더 컸을 것이다. 그러나 그는 너무 성급했다. 즉 플라톤은 <대화집>에서 자신의 주제인 '더도 말고, 덜도 말고'의 경구를 처음부터 끝까지 끌고 갔어야 했다. 더욱 중요한 것은 스승 소크라테스가 차용한 '너 자신을 알라'라는 경구와 '더도 말고 덜도 말고'라는 경구는 상호보완적이며 상호순환적인 속성을 가지고 있다. 그러나 이 부분에 대해서도 사실 플라톤은 알고 있었으면서도 너무나 조급했다. 플라톤의 가장 결정적인 오류는 바로 스승 소크라테스가 수립한 '무지론無知論'을 매우 잘못 해석한 일이다.

"평생 동안 너 자신을 알라. 나는 모른다는 사실만을 알 뿐이다[無知]'라고 외치고 다닌 소크라테스에게는, 플라톤에게서처럼 그의 『변론』에서만 본다면 이데아로서의 이상국가의 실체를 잘 알고 있지도 못했으며[無知], 이를 무지한 자들에게 보여 주고 이데아로 안내하는 것은 관심 밖의 영역이었다. 왜냐하면, 소크라테스에게 중요한 것은 무지각성無知覺醒과 무지고백無知告白이었기 때문이다. 그러나 제자 플라톤에게는 이데아를 향한 발걸음 속에서 스승의 유지인 무지고백 보다는 오로지 교육을 통한 무지극복이 보다 중요했다. 즉 플라톤은 무지극복을 위해서 이성교육을 서둘렀던 것이다. 다시 말하면, 소크라테스에게 무지는 각성과 고백의 대상이었지만, 플라톤에게 무지는 극복의 대상이었다."(이상오, 2006: 82)

한마디로 무지는 소크라테스에게 생산적 개념이었지만, 플라톤에게는 부정적 개념이었던 것이다(Spranger, 1931: 12). 결국, 소크라테스에게 중요한 것은 무지각성과 무지고백이 진정한 지식, 즉 진리를 찾아가기 위한 전제조건이며 교육적 과제였지만, 플라톤에게는 무지각성과 무지고백이 관심이 아니라 동굴의 우화에서 보이는 것처럼 무지극복을 통한 이데아의 세계 도달이 교육적 과제였다(이상오, 2006: 82).

이러한 우여곡절의 과정에서 전승된 이성철학은 지식창출 및 지식획득에서 우리에게 '이성적 방법'을 상용할 수 있게 했다. 그러나 역사적으로 이성철학은 태어남과 동시에 반격을 받아 왔다. 대표적인 것이 '경험'의 문제였다. 인간에게 생각하는 이성 이전에 순수한 '감각感覺'의 문제로부터 야기되어 온 '경험의 세계'는 또 다른 철학적 사유를 가능하게 했다. 아리스토텔레스로부터 꿈틀거리기 시작한 감각(경험)의 문제는 이성의 개념과 반립으로 등장하면서, 급기야 경험의 영역을 철학의 새로운 대상으로 옹립하기 시작했다. 급기야 17세기 중엽부터 로크John Locke(1632~1704)에 의해서 '경험에 관한 사유'가 성숙되면서 지식의 발견, 즉 지식창출과 지식획득에서도 이성적 방법은 경험적 방법에 의해 공격을 받게 된다. 물론 경험의 세계가 이성의 세계와 정반대의 개념이거나 서로 판이한 개념이라고 단정 지을 수는 없다. 어차피 경험의 세계는 이성의 세계와 연결될 수밖에 없다. 감각적으로 경험한 세계는 이성적으로 정리된다. 이러한 논리가 바로 칸트의 철학에서 완성된다.[13] 이른바 칸트철학에서 이루어지는 경험주의와 합리주의의 종합이 그것이었다.

그러나 감각을 통한 경험의 세계가 철학의 영역에서 처음부터 거세되었던 것은 사실이다. 이른바 철학이라는 학문을 시작했다고 할 수 있는 플라톤이 감각의 영역 그리고 이로 인해 가능한 경험의 세계를 철학의 세계에서 삭제해 버렸기 때문이다. 플라톤은 육체와 정신(영혼)을 양분하면서, 육체는 영혼의 껍데기에 불과하기 때문에 사유의 대상과 목표가 될 수 없다고 주장했다.

플라톤에 의하면, 영혼은 통합적이며 결코 나눌 수 없으며 불멸이며 자기 스스로 움직이는 본질이다. 영혼은 사고과정에서 감각적 대상을 지향하지 않고 이데아를 지향한다. 이데아는 육체와 감각에 의존하지 않으며, 불멸의 영혼에 의해서만 인식된다. 즉 육체는 불완전하고 불명료한 지식만을 제공한다. 따라서 이데아가 육체와 감각적 지각에 의존해서는 (완전한) 지식을 얻어낼 수 없다. 플라톤은 자신의 대화편 『테아이테토스Theaitetos』에서 모든 종류의 감각적 인식을 검토하면서 감각적 인식은 참된 인식을 할 수 있는 수단이 못 된다고 규정한다. 그럼에도 불구하고 이러한 이데아와 감각적 대상 간의 변증법적 관계와 보편성의 성립은 명쾌하게 이해되지 않았다.

이에 고민하던 플라톤은 결국 최후의 추상인 수數의 개념을 통하여 관념적 이상의 의미를 보편화시킬 수밖에 없었다. 보편성과 객관성에 대한 확실한 증거를 확보하기 위해 플라톤은 자신의 이데아론을 피타고라스의 기하학적 의미로 수정하게 된다. 플라톤은 자신이 세운 아카데미아의 정문에 "기하학을 모르는 자는 들어오지 말라"라고 썼다. 플라톤은 기하학적 추상을 이성의 최종 결과물로 간주했다. 피타고라스는 기하학의 본고장인 고대 그리스의 밀레투스 출신으로서 "우주는 기하학 법칙의 지배를 받는다"는

---

[13] 칸트는 인식론적 양대 흐름인 합리주의合理主義 철학과 경험주의經驗主義 철학을 종합하고, 형이상학의 체계를 전면적으로 재편하려고 시도하여 철학적 사유의 새로운 경지를 개척하였다.

신념을 가지고 있었다. 그는 하늘의 별의 관찰을 통하여 우주 공간은 모두 점으로 조성되며, 점이 모여 선이 되고 선이 모여 면이 되고 체적이 됨을 깨달았다(장파, 1994/ 유중하외 옮김, 2000: 42). 그는 기하학적 방법으로 피타고라스의 정리를 발견해 냈으며, 후대의 수학자들은 대수代數를 이용해 피타고라스 정리를 입증해 냈다(A. K. 듀드니, 2000). 나중에 경험적 지식이 이성을 통해 과학으로 발달하는 과정에서 "수"가 결정적인 역할을 하는 근거도 여기에 있다. 피타고라스가 기하학에서 사용하는 선線이나 숫자數는 모두 추상적 기호이자 상징으로서 플라톤이 이데아론을 구상하는데 결정적 기반을 제공하였다. 플라톤은 수數란 인간이 경험할 수 있는 속세의 영역이 아니며, 오로지 추상으로서 이미 선험적으로 존재하는 신의 세계에 존재한다는 신념을 가지게 된다. 즉 그는 이데아의 세계를 추상적 수의 개념으로 치환시키면서, 신존재 증명과 함께 이데아론의 근거를 동시에 확보하면서 두 마리의 토끼를 잡고자 했던 것이다. 한마디로 머릿속에서 모든 것이 다 이루어지는 셈이다. 이러한 연유로 훗날 플라톤이 시작한 관념철학이 '사변철학'으로 낙인찍히는 근거가 된다.

특히 플라톤은 육체를 통해 이루어지는 감각의 세계는 걷잡을 수 없는 '상상'을 하게 하여 도깨비eikasis 같은 상을 연출하게 된다. 이렇게 '상상력 imagination'의 영역이 파급되면 인간이 정상적으로 생각하는 것은 어려워진다. 왜냐하면, 상상은 말 그대로 자유이기 때문이다. 즉 상상은 극히 주관적이기 때문에 혼란스럽고 산만할 뿐이다. 따라서 사회적 존재로서의 인간에게는 서로서로 알 수 있는 공감대가 필요한 '공통의 정신세계'가 필수다. 왜냐하면, 극히 산만하고 개인적이기에 보편성과 객관성을 보장하지 못하는 생각은 지양되어야 하기 때문이다. 보편적이고 일반적인 사유, 즉 객관적으로 사유할 수 있을 때 우리는 정상적인 지식도 획득할 수 있다. 또한, 철학자들의 사명은 보편적이고 객관적인 사유가 가능할 수 있는 '공유지식'을 창출해야 한다. 따라서 그에게 감각의 세계에서 발생하고 경험의 세계를 가능하게 하는 '상상력'은 철학의 대상이 아니었다. 왜냐하면, 상상력의 세계는 극히 주관적이며 산만하기 때문이다. 즉 이미 플라톤에게서 '엄밀한 학으로서 상상력의 개념'이 학문적인 설득력을 얻기에는 처음부터 한계가 있었던 것이다(이상오, 2012: 7).

> "2천5백 년 전 '이성의 시대'를 열어 놓은 플라톤은 철학적 사유에서 '상상력imagnation'을 제거했다. 특히 그가 추구한 철인哲人의 교육은 이성 중심의 엘리트 주지주의主知主義를 지향하는 바람에 철학의 영역에서뿐만 아니라 교육실재의 현장에서도 '상상력eikasis'을 삭제할 수밖에 없었던 셈이다. 상황이 이렇게 된 가장 중요한 이유는 '상상력'이란 극히 주관적이고 이기적이기 때문에 늘 변덕이 심하다는 논리 때문이었다. 따라서 인간의 태생적 본능인 상상력은 오히려 이성능력에 의해서 철저하게 규제되고 제어될 필요가 있는 사고의 영역으로 간주되었다, 결국 상상력의 영역은 우리의 삶, 학문 세계 그리고 교육의 세계에서 완전히 추방될 수밖에 없는 운명에 처하게 되었던 것이다. 그 대신 이성철학, 이성교육, 주지주의, 지성주의의 사유가 삶, 학문 그리고 교육의 중심세력으로 등장하였다."(이상오, 2012: 1)

그러나 오늘날 모든 삶의 영역을 지배하는 포스트모던의 트렌드와 함께 이성(이성) 대신 감성感性의 시대가 삶의 전면에 등장하면서, 전통적인 이성철학의 시대는 역사의 뒤안길로 사라지고 있다. 이러한 사유의 대전환은 니체Friedrich Nietzsche(1944~1900)의 '감성철학'과 함께 시작된다.

> "니체에 의해서 시작된 이성 중심의 해체는, 우선 철학 전반에 비판과 반성을 야기시켰고 그 중심에 있는 이성 개념은 당연히 제거되어야 할 대상이었다. 무엇보다도, 이성은 가능성의 영역에 거주하고 보편적인 것만을 표현할 수 있을 뿐이어서 실제적 상황과는 유리된 기능으로 공격받았다. 실존철학자들은 이성을 부정적으로 기술하고 있다. 이들에 의하면 이성은 개인을 그 자신과 세계로부터 거리 두도록 만드는 전적으로 이론적인 기능일 뿐이다. 실재는 단지 지적 수단을 통해서 알려질 수 있다는 이성중심주의에 대한 항의로서 등장한 실존주의는 보편적 인간보다는 개별적 인간, 따라서 보편적 이성보다는 개인의 현존에 관심을 둔다. 실존주의자들의 주장대로 합리성 순응이라는 지적 사회적 압력이 개인의 자유와 그의 진정한 본성을 파괴

한다는 것은 별개의 문제이지만, 이성의 개념에 국한시켜 놓고 보면 이들의 입장은 현대과학의 성장이 가져온 추상적 보편이성에 관한 거부와 일치한다."(정해창, 2011: 307)

또한 일반적으로 우리는 이성을 통하면 '객관적 인식'을 할 수 있다고 믿고 있다. 그러나 삶에서 과연 객관성이란 가능한 것인가?

"우리가 객관적이라고 믿는다는 것은 (고정된) 물적 대상에 비유하는 것일 뿐이다. 대상은 거기에서 의미한 것 이상의 것을 우리에게 알려준다. 따라서 세계에 대한 자신의 사고를 믿는 것은 자신이 미숙한 정신을 가지고 있다고 고백하는 것과 다름이 없다."(Bachelard, 1938a: 10)

한마디로 자신의 생각을 객관적으로 생각하는 사람은, 자신의 생각을 '객관'이라고 믿고 싶은 의사 표현에 불과하다. 만약 그의 생각이 끝까지 변하지 않는다면 그것은 '객관'이라고 할 수 있을지 모르겠지만, 만약 중간에 생각이 변한다면 그는 결코 객관적으로 생각하지 못했다는 고백을 하는 꼴이다. 그러나 누구나 객관적으로 사유하고 객관에 따라 살고 싶어 한다. 왜냐하면, 객관적이지 못하면 아무도 자신의 생각이나 입장을 이해할 수 없기 때문이다. 결국, 자신의 인식이 객관적이고자 한다면, 인식은 늘 논쟁을 통과해야 한다: "본질적으로 모든 인식은 논쟁이 아니겠는가."(Bachelard, 1936: 21) 한마디로 '객관성 논쟁'이다. 이러한 논쟁을 통해서 우리는 언젠가 객관성에 도달할 수 있을지 모른다. 그러나 문제는 그러한 논쟁이 언제 종결될지 모른다는 사실이다.

그럼에도 불구하고 우리가 객관성 내지 객관적 진리를 획득하기 위해서는 대상(목표, 사물)에 용감하게 맞서는 것이 필요하다: "인간은 사물의 반反 존재로 나타날 것이다. 사물을 옹호하는 것이 더 이상 필요하지 않고 사물에 맞서는 것이 필요하다"(Bachelard, 1948a: 276). 즉 우리는 이미 알고 있고 우리가 믿고 있는 사실에 대해서 (재)검토해야 한다.

우리 인간의 인식은 어쩔 수 없이 주관적이다. 생각도 주관적이며 행동도 주관적이다. 처음부터 모든 것이 객관적이지는 못하다. 주관은 객관의 기준에서 보면 오류이다: "즉각적인 객관적 인식은 그것이 질적이라는 이유로 반드시 오류가 있기 마련이다. 그것은 교정할 오류를 가져온다. 그것은 숙명적으로 대상에다 주관적 인상을 부과한다."(Bachelard, 1938b: 211) 따라서 인간의 본질인 주관적 인식에는 인식론적 오류가 동반될 수밖에 없다. 결국, 인식론적 오류를 수정하기 위해서는 '반성적 사유'가 요청된다. 그러나 간과할 수 없는 것은 우리의 인식과 삶이 항상 '주관'으로부터 시작된다는 사실이다. 비록 객관을 추구할지언정 시작은 주관이다. 따라서 이러한 주관성이 무시되고 폄하될 이유는 전혀 없다. 왜냐하면, 인간은 누구나 주관이 없는 처음부터 객관에서 시작할 수는 없기 때문이다. 중요한 사실은 주관이 빠진 객관은 삶에서 전혀 가능하지도 않지만, 의미도 없다. 주관이 없는 삶이 과연 삶인가? 그렇다면 '나'라는 삶의 주체는 빠져 버린 담백한 객체로서의 '나', 즉 '기계mechanism로서의 나'일 뿐이다. 우리의 학문 특히 주지주의 내지 지성주의 학문은 바로 이러한 사실을 간과해 왔다.

"(지금까지) 경험과학에 의해 폄하되어 왔던 이 주관적 가치는 객관성의 관점에서는 정당한 평가를 받을 수 없었다. 합리적 인식의 궁극적 목표인 객관성은 주관적 가치들을 인정하지 않아 왔고, 그 결과 오랫동안 주관성은 객관성의 장애물 또는 대립물로 여겨져 왔다. 이때의 객관성이란 주관적이지 않은 것, 모든 주관적인 가치들을 배제한 것을 뜻한다. 그러나 현실적으로 이러한 순수한 가치란 존재하지 않는다. 만약 객관성이란 것이 주관적인 가치들을 제거하고 남은 것이라면, 주관적 가치들을 제거하기 위한 기준은 무엇인가? 어떠한 기준으로 우리는 주관적인 것과 주관적이지 않은 것을 판정할 것인가? 어떠한 판정도 종국에 가서는 결국 주관적일 수밖에 없다. 이렇게 볼 때 결국 우리가 객관성이라고 부르는 것은 결국 그 시대의 주관성의 또 다른 형태일 뿐이다. 다시 말하면, 주관성이 없다면, 객관성도 존재할 수 없는 것이다. 그러므로 현실적인 객관성의 연구는 주관성의 연구를 통해서만 이루어질 수 있는 것이다."(홍명희, 2005: 48).

그런데 중요한 사실은 삶의 주관성을 잘 파악해야만 삶의 객관성도 잘 드러날 수 있다는 점이다. 따라서 우리는 주관을 굳이 처음부터 객관화시키려고 필요는 없다는 사실이다. 또한, 그래서도 안 된다. 주관이 없는 객관은 과연 무엇을 위한 객관이라는 말인가?

> "모든 객관성도 정당하게 확인될 때에만 대상과의 최초의 관계를 부정한다… 객관적 사고는 놀라게 하기는커녕 오히려 아이러니를 행사하게 만든다. 이러한 짓궂은 경계심이 없이 우리는 결코 진실로 객관적인 태도를 취할 수는 없을 것이다."(바슐라르, 1937/ 민희식 역, 1993: 33)

한마디로 우리는 이성의 공정성을 어디서도 보장할 수 없다(Bachelard, 1951: 13). 따라서 이성을 통한 객관성이란 현실에서는 결코 보장될 수 없는 비현실의 영역이다. 또한 '합리'와 '비합리'를 구분하는 기준도 명확하지 않다.[14] 이를 구별해 주는 이성의 실체가 명확하지 않으며, 또한 합리주의가 기반을 하고 있는 뿌리는 이원론적 사고방식일 뿐이다(홍명희, 2005: 6). 이러한 사실은 과학의 영역에서도 크게 다르지 않다. 왜냐하면, 과학지식도 결국 '조건의 지식'이기 때문이다. 즉 (실험)조건이 변하면 결과로 산출된 지식도 달라진다. 한마디로 실험의 조건에 따라서 객관성은 늘 반전된다. 그렇다면 무엇이 문제인가? 이러한 맥락에서 바슐라르는 말한다: "과학의 역사는 비합리의 문제를 잘못 다룬 실패의 역사이다."(Bachelard, 1951: 27)

> "과학의 역사를 더듬어 보면 언제나 인간은 낡은 이론을 부정하고 새로운 이론을 세웠다. 그럼에도 불구하고 과학학회에는 과학에 대해서 상상력을 발휘하거나, 형이상학을 다루거나 경험을 초월하는 것을 금지한다. 때문에 생생하고 창조적인 과학적 사고는 억압되어 버리는 것이다."(바슐라르, 1937/ 민희식 역, 1993: 해제 12)

---

[14] 과학의 세계에서 제1의 비합리성irrationalité은 비합리적인 것의 존재를 부정하는 것이다(폴 지네스티에, 1968/ 김현수 역, 1983: 62). 또한, 지금까지 과학자들은 진실을 발견한다는 핑계로 비합리적인 것을 방해해 왔다(폴 지에스티에, 1968/ 김현수 역, 1983: 184).

실제로 과학 또는 과학지식 역시 완전히 객관적이지 않다. 만약 과학지식이 객관적이라면 과학(지식)에 대해서 어떠한 '비판'이나 '반론'이 제기되어서는 안 된다. 의술에서도 부작용이 일어나면 안 된다. 그러나 현실에서는 의약기술이 아무리 발전해도 부작용은 여전하다. 오늘의 과학적 지식은 내일의 새로운 이론에 의해서 수정될 수 있다. 따라서 과학적 지식은 발견되는 순간부터 비판의 도마에 오르게 되는 것이다. 이것은 우리의 과학지식이 완전히 객관적이지 못하다는 단적인 증거가 된다. 결국, 비판과 반론 그리고 새로운 실험을 통해서 과학은 계속해서 완전한 객관지식을 추구해 갈 뿐이다.

> "(물론) 하나의 객관성이 존재한다. 그 객관성은 문법적으로는 아주 기본적이고 명백하지만, 과학의 세계에서는 불가능한 주체와 객체의 이분법의 객관성은 아니다…. 앞으로 더 이상 비판할 여지가 없을 때 객관적 현실성이 세워질 수 있는 것이다."(Bachelard, 1957: 190).

상상력은 원칙적으로 이성이 아닌 감성의 영역에 속한다. 그러나 이성철학에 경도된 전통철학적 사유들은 알게 모르게 감성의 영역을 가능한 따돌려 왔다. 왜냐하면, 논리적으로 이해하기 어렵다는 핑계 때문이었다.

> "진리와 선으로서의 이성과 거짓과 오류의 원천으로서의 감성의 양분인 것이다… 이성과 감성의 이분법은 실제로는 이성과 나머지 것들, 즉 이성과 비이성의 양분이었다. 이성으로 설명할 수 없는 것들은 모두 비이성적인 것들, 즉 거짓으로 치부하면서 기피해야 할 것으로 여겨왔다. 이와 같은 문화에서는 자연히 이미지와 상상력은 인정을 받을 수가 없었다."(홍명희, 2005: 6)

결국 우리가 이성적 방법으로만 진리를 찾아낸다는 것에는 무리가 따른다. 이렇게 본다면 이성적 방법으로 탄생하는 지식은 불완전한 지식이다. 심지어는 위험하기까지 하다. 그럼에도 불구하고 이성적 방법은 인류가 지금까지 지식을 탄생시켜 온 하나의 지식추구의 방법이라는 사실은 부정될 수 없다. 이로써 이성적 방법은 지식의 성립 조건으로서의 방법 조건 중 일부분이 될 뿐이다.

2.3 논리적 방법

'논리적 방법'이란 '논리', 즉 말 그대로 '언어의 원리原理'를 통하여 지식의 획득하고 지식을 창출하는 방식을 말한다. 독일의 언어해석학자 슐라이어마허Friedrich Ernst Daniel Schleiermacher(1768~1834)에 의하면, '언어란 사유의 통로'이다. 이렇게 본다면, '논리'를 가능하게 하는 '언어의 원리'란 '사유의 원리'와 일치한다. 따라서 사유의 원리를 탐구하기 위해서는 언어의 원리 즉 논리를 밝혀낼 수 있어야 한다. 이렇게 보면, 인간은 아무렇게나 자기, 멋대로 생각하기 때문에 결코 생각의 자유를 파악해 낼 수 없을 것 같지만 언젠가는 타인의 생각이 나의 생각과 일치할 수 있다는 가정을 하고 있다. 아니면 타인의 생각을 내가 최소한 이해할 수 있을 것이라는 가정이다. 우리가 다른 사람의 생각(또는 말)에 '공감대'를 형성한다거나 '동정심'을 가질 수 있다거나, 아니면 반대로 '반감反感'을 가지게 된다거나 하는 것은 결국 말의 원리, 사유의 원리가 분명히 존재할 것이라는 가설이다. 이를 연구의 대상으로 하고 목표하는 학문이 논리학Logik이다. '논리학Logic'의 수립은 논리적 방법을 새로운 지식방법으로 자리매김을 하게 하였다.

사전적 의미로, 논리학이란 명제를 연구하고 논증論證에서 명제가 어떻게 사용되는가를 연구하는 학문이다. 여기서 명제命題, proposition란 언어적 표현을 통해 사태를 나타내는 논리적 형성물을 말한다.

한마디로 명제는 참이거나 아니면 거짓이다. 또한 명제는 진술statement이 아니다. 왜냐하면, 명제는 진술의 의미이고, 진술은 명제의 언어적 자료일 뿐이다.

한편, 논증論證이란 논리학에서 결론을 지지하는 이유를 밝히는 절차를 의미하며, 때때로 이러한 절차는 전제前提로부터 결론을 '연역' 할 수 있도록 구성된다. 물론 잘못된 논증으로 인하여 논리적 오류가 발생할 수 있다.

결국, 명제를 연구하고 그 명제가 논증의 과정에서 어떻게 사용되는가를 연구하는 논리학은 우리가 이미 알고 있거나 알려고 하는 대상(지식)이 과연 '참인지 아니면 거짓인지'를 규명해내는 방법으로서 적용될 수 있게 된다. 한마디로 참지식이나 거짓지식이냐를 밝혀내는 데에 있어서 논리(학)적 방법은 유효한 셈이다.

논리학의 성립을 가능하게 하는 논리적 방법은 크게 '연역演繹의 방법'과 '귀납歸納의 방법'으로 발전하였다. 전자는 결론부터 먼저 언급하고, 이러한 결론이 왜 그리고 어떻게 성립할 수 있을 것인지에 대해서 논증 또는 논리적 근거, 즉 논거를 통해 확인해 나가는 절차를 말한다. 반면, 후자는 모종의 결론을 내기 위해서 주어진 명제를 계속 논리, 즉 말의 원리에 따라 계속 소급 추적해 가는 방식이다.

그러나 오늘날 논리학에서 다루는 논리는 귀납논리는 제외되었고 '연역논리'만을 의미한다. 왜냐하면, 귀납논리는 물리·사회·역사 과학의 방법론과 거의 동일시되면서 특히 자연과학과 사회과학의 방법론에서 적극적으로 차용되면서 더 이상 논리학에서 다루지 않게 되었다. 특히 오늘날 '과학철학科學哲學'의 성립을 통하여 귀납의 논리는 자연과학의 논리가 되고 말았다. 따라서 순수논리로 간주되는 연역논리가 논리학과 논리적 방법의 근간이 된 셈이다. 한마디로 오늘날의 논리학은 연역논리만을 의미한다.

사실 논리학의 출현은 인류의 출현과 맥을 같이 하고 있다. 왜냐하면, 이는 '언어言語'의 문제이기 때문이다. 인간이 말을 하기 시작한 이래 논리의 문제는 늘 함께해 왔다고 할 수 있다. 한마디로 말이 통해야만 소통 되는 것이고, 소통이 되어야만 의사전달과 상호이해understand 그리고 믿음과 신뢰trust까지도 가능한 것이다. 공감대가 형성되거나 동정심이 유발될 수 있는 근거도 바로 여기에 있다. 반대로 상대의 말을 모르거나 서로 이해할 수 없다면 소통이 되지 않는 것은 당연하며, 소통이 불통不通이면 오해誤解, misunderstand는 물론 불신mistrust까지 수반된다. 특히 소통이 불통이 되면 생명까지 내놓아야 될 경우도 생긴다. 네안데르탈인과 크로마뇽인 간의 싸움은 인류가 서로 소통하지 못해서 발생한 역사상 초유의 사태였다고 할 수 있다.

동서양을 막론하고 논리학은 BC 5세기 전후에 발전하기 시작했다. 특히 서양의 논리학은 아리스토텔레스에 의해 정립되었다. 즉 서구의 학문에서 일반적으로 논리학의 뿌리는 아리스토텔레스의 '삼단논법三段論法, Syllogism' 이라고 할 수 있다. 삼단논법이란 논리학에서 2개의 전제와 1개의 결론을 가진 타당한 연역논증을 말한다. 이는 두 개의 논리가 매개개념에 근거하여 입증될 수 있다는 생각에서 나온 논증 방법이다(D.W. 함린, 1978/ 이홍우 역, 2010: 50). 삼단논법의 전통적인 유형은 단순히 서술하는 진술로만 이루어진 정언적定言的 삼단논법이다. 정언적 삼단논법에는 주어나 술어로 사용되는 3개의 명사만 있고, 각 명사는 2번씩 사용되는데, "모든 사람은 죽는다. 어떤 신도 죽지 않는다. 그러므로 어떤 사람도 신이 아니다"와 같은 예를 들 수 있다. 삼단논법의 논증이 타당한 이유는 전제들을 받아들이면서 동시에 그 결론을 부정하는 것은 모순되기 때문이다.

   그러나 이에는 치명적인 논리적 결함도 존재한다. 일반적으로 삼단논법은 "니체는 사람이다. 사람은 죽는다. 고로 니체는 죽었다."라는 논리를 가지고 있다. 그렇다면 이런 논리도 가능하다: "인간은 척추동물이다. 개도 척추동물이다. 고로 개는 인간이다"(폴 지네스티에, 1968/ 김현수 역, 1983: 99). 이것이 과연 가능한 논리인가? 삼단논법 상으로 이 논리에는 아무 문제가 없다. 2개의 전제를 통하여 1개의 결론을 내린 것이다. 그러나 내용적으로는 결코 맞지 않는다. 결국, 논리가 맞는다고 해서 그것이 반드시 사실 또는 진리가 되는 것은 아니라는 사실이다. 이러한 연유로 그리스의 몰락과 함께 논리학에 대한 관심은 사라졌다.

   그러다가 중세 시대 들어 약 10세기부터 아랍의 학자들에 의해서 다시 관심을 받게 되면서 중세 논리학은 '신존재증명'의 방법으로 자리매김하기 시작했다. 특히 안셀무스Anselmus(1033~1109)와 아벨라르Peter Abelard(1079~1142)에 의해 본격화되기 시작한 중세논리학은 14세기 스콜라학자들에 의해 창안된 '명제분석의 방법'에 의해 절정에 이른다. 그러나 르네상스 시대를 맞으면서 논리학은 수사학과 자연과학에 자리를 내주면서 다시 위축되기 시작했다. 즉 언어에 대한 이해를 로고스를 통해 이루어 내고자 했던 논리연구의 전통이 계몽주의시대 자연과학의 발달과 함께 그리고 실용지식의 대두와 함께 사라지게 된 것이다. 그러나 근대의 수학자 라이프니츠는 전통의 논리학을 '이성의 보편적 분석방법'으로 정립하면서, 19세기 기호논리학의 탄생에 결정적인 다리를 놓게 된다. 이는 과학의 발달을 가속화시켜 준 수학의 발달과 맥을 같이한다. 이로써 논리학은 '논리분석'의 개념과 동일시되고, '분석철학分析哲學' 및 '실증주의'와 조우하게 되면서 철학적 사유의 중앙으로 다시 자리매김을 시작하게 되었다.

한편, 논리학의 발달은 역사적으로 '궤변론자'로 간주되어 죽음을 맞이한 소피스트의 탄생에서 비롯되었다는 역사적 뿌리를 간과할 수 없다. 즉 A라는 명제가 '말이 되는지, 아닌지', 즉 '참인지 거짓인지'의 문제는, '그것이 궤변詭辯인지 아닌지'를 분별해 내는 것과 결코 다르지 않다. 실제로 그렇다. 아리스토텔레스가 삼단논법을 시작하면서 논리학을 수립하게 된 동기가 바로 그것이었다. 엄밀히 말하면 논리학은 소피스트들의 발명품이다. 그러나 이들은 궤변론자들로 몰려 모두 몰살당했다. 오늘날도 궤변을 늘어놓는 자들은 소피스트라고 손가락질을 받는다. 마지막 소피스트로 간주되어서 독배를 마셔야 했던 소크라테스 역시 궤변론자로 오인되었기 때문이다. 물론 그는 죽고 나서 얼마 안 지나서 실레노스에서 복권되었다. 즉 그의 논리는 소피스트들의 궤변과는 달랐다는 시민들의 평결 덕분이었다. 그러나 소크라테스를 고발한 멜레토스에 따르면, 그가 소피스트들처럼 궤변을 가지고 청소년들을 선동하면서 사회질서를 어지럽혔다는 것이었다.

이러한 소크라테스의 죽음을 목도한 소크라테스의 제자인 이소크라테스 Isokrates는 자칫 자신도 소피스트로 몰려 죽을 것을 걱정하면서 자신만의 독특한 방식을 생각해 냈다. 사실상 그리스의 마지막 소피스트는 이소크라테스였다. 그런데 그는 결코 여느 소피스트들처럼 죽임을 당하지 않았다. 소피스트였던 그가 궤변론자로서 생명을 부지할 수 있었던 중요한 단서는 그가 논리학적이라기보다는 '수사학적으로 탁월한' 소피스트였기 때문이다. 이소크라테스에 의하면, '언어는 인격人格'이다. 즉 언어는 이를 사용하는 사람의 인격과 인품을 나타낸다는 것이다. 이소크라테스는 여느 소피스트들과 달리 언어와 인격을 동일시하면서 '도야Bildung, 陶冶', 즉 '인격수양'과 '논리학'을 연결시키면서 자신만의 독특한 '수사학修辭學'을 수립했던 것이다. 궤변의 논리 내지 논변 아니면 심지어 설득술이나 처세술로서의 논리학이 아닌, 인격도야를 위한 수사학적 사유는 그를 다른 소피스트들과는 간격을 유지할 수 있게 했다. 이러한 연유로 이소크라테스는 독특한 소피스트로서 자신의 명운을 지켜 낼 수 있었던 것이다.

사실 소피스트들이 '궤변론자'로 간주될 수밖에 없는 근거는 이들의 운명적 삶과 직결된다. 최초의 소피스트라고 알려져 있는 프로타고라스Protagoras (490~420 BC)는 '인간이 만물의 척도'라는 말로 유명하다. 즉 진리는 절대적이거나 하늘에서 주어진 것이 아니라. 누구든지 자신이 생각하는 것이 진리가 될 수 있다는 것이다. 이는 당시 절대지신으로서 아폴론신이라는 유일신을 추종하고 있었던 아테네시민들에게는 어림도 없는 일이었다. 프로타고라스의 소위 '인간척도론'은 아폴론이라는 유일신과 절대진리를 거부함으로써 당시의 사회질서를 흩어 놓기에 충분했다.

원래 소피스트들은 아테네 사람들이 아니고 소小아시아 계통에서 유입된 '이방인異邦人'들이었다.[15] 이들은 소아시아 대륙(지금의 시리아, 아랍 등 중동지역)을 낙타를 타도 떠돌던 대상大商이나 시인들로서 당시 가장 부유한 폴리스였던 아테네에서 살기 위해 몰래 국경을 넘어 들어 온 사람들이었다. 지금으로 말하면, '아테네의 불법 체류 외국인 노동자'라고 보면 된다. 따라서 이들은 아테네에서 몰래 입국은 했지만 특별한 직업을 가질 수도 없었으며, 무엇인가에 종사해서 먹고 살 수도 없었다. 그러나 먹고 살기 위해서는 무엇인가를 해야 하는데, 특별히 마땅한 것도 없고 하던 차에 귀족 자제들을 가르치면서 먹고 사는 것이 가장 좋다는 생각을 하게 된다. 일명 귀족 자제들의 '가정교사'가 되는 일이었다. 당시 귀족의 집안에서는 자제들이 '웅변'

---

[15] 소피스트가 나타나기 이전에 이미 이곳 지역에서는 탈레스, 아낙시만드로스, 아낙시메네스 등 이오니아 출신의 밀레토스학파 자연철학자들과 크세노파네스, 파르메니데스, 제논 등 엘레아학파 자연철학자들이 활동했다. 당시 이 지역은 아테네의 식민지들이었다.

을 잘해서 정치가로 출세하는 것에 모든 관심이 쏠려 있었다. 따라서 아테네의 이러한 사회 풍조는 이들에게는 절호의 찬스였던 것이다. 이들은 뛰어난 머리로―당시 소아시아계통의 사람들은 일찌감치 수數를 발명했던 메소포타미아의 후손들로서 머리가 우수한 것은 주지의 사실이었다―귀족의 집에 숨어서 자제들을 가르치는 일에서 직업을 얻을 수 있었다. 그야말로 말 그대로 소피스트, 즉 '지혜로운 사람들'이었다. 귀족들은 이들을 당국에 불법체류자로 신고하기는커녕 오히려 비호함으로써 자제들의 앞길을 이들에게 맡겼다. 정말 이들은 귀족의 자제들에게 '웅변술雄辯術'을 가르쳐 줌으로써 자제들을 출세시키기 시작했다. 이들이 고안한 '설득술과 처세술로서의 웅변술'은 매우 수사학적이었다. 결국, 비록 불법체류자의 신분이었지만 암암리에 이들은 서서히 아테네에서 자신들의 입지를 구축할 수 있었다.

한편, 최초의 소피스트로 간주되는 프로타고라스 역시 소아시아 출신의 유능한 법률전문가였다. 그는 사실 당대 아테네 최고의 사회개혁가였던 페리클레스Pericles(495~429 BC)에 의해서 소위 '국가 판사'로 특별 채용되어서 아테네에 들어온 이방인이다. 페리클레스는 자신의 사회개혁(특히 법률개혁)을 위해서 이방인일지라도 유능한 법률가가 필요했던 것이다. 그래서 외부에서 영입된 영민한 프로타고라스는 한동안 정의로운 판결을 통해서 소위 국가공무원으로서 페리클레스의 사회개혁에 지대한 공헌을 하게 된다. 그러나 페리클레스의 개혁이 성공적으로 전개되면서 더 이상 국가는 이방인 프로타고라스를 필요치 않게 되었다. 따라서 그는 정부로부터의 '해고解雇'될 수밖에 없었다. 이제 무직자가 된 프로타고라스는 하루아침에 아테네의 떠돌이 신세로 전락하게 된다. 그런데 사람들이 그를 찾아와 해박한 법률지식을 묻게 되면서 그의 인생행로가 달라지게 된다. 즉 그를 찾아온 사람들은 주로 나라의 법에 억울하게 희생되었다고 생각하는 사람들이었다. 그들은 프로타고라스에게 악법에 대해서 호소하는 상소문을 써 줄 것을 부탁하면서 사례금을 주었다. 결국, 먹고살 것도 확실하지 않은 상태에서 프로타고라스에게는 새로운 직업이 생긴 셈이다. 지금으로 말하면, 프로타고라스는 '변호사辯護士'를 개업한 것이다.

그런데 중요한 것은 이들을 위해 변론을 하다 보니까 자신이 국가의 판사를 할 때와는 전혀 다른 논리를 세워야 할 때가 있다는 사실의 알게 되었다. 다시 말하면, 아폴론신의 대리인으로서 국가의 공무원인 판사判事로 재직할 때 그의 법률 해석과 나중에 변호사가 된 이후에 그가 하는 법률 해석이 일치가 되지 않을 수 있었던 것이다. 법은 아무리 완벽하다고 해도 항상 허점이 있을 수밖에 없다. 또한, 법에는 논리적 모순도 허다할 수밖에 없다. 바로 이러한 논리적 모순이나 법적 허점은 변호사들에게 법 해석에서 결정적인 기회를 준다. 그러나 이렇게 때에 따라 법률해석이 달라질 때 한쪽에서 보면, 다른 쪽은 '궤변詭辯'이 되는 것이다.

> "소피스트들의 말에도 분명 나름의 논리는 있었다. 그러나 그들은 논리는 궤변이라고 평가되었다. 결국, 논리는 때에 따라서 비논리 또는 잘못된 논리, 즉 궤변이 될 수 있다."(이언 엥겔, 2001: 317)

그렇다. 이제 새롭게 변호사가 된 프로타고라스는 처음에는 변론을 잘해서 승승장구했지만 사실 이는 자신이 국가의 공복인 판사로서 판결할 때와는 전혀 다른 논리였던 것이다. 그것이 바로 소피스틱, 즉 '궤변의 시작'이었던 것이다. 한동안 그것이 궤변인지 잘 모를 정도로 이들의 논리는 정연했다. 논리가 정연하면 그것은 훌륭한 웅변이 될 수 있다. 마침내 그는 '인간은 만물의 척도'라고 주장하면서 개인의 논리도 말이 되면 얼마든지 그것이 정당한 논리라는 주장을 펴게 된다.

이렇게 하여 프로타고라스를 따르는 이후의 많은 소피스트들은 귀족의 자제들에게도 논리가 정연한 웅변을 가르치고 이들을 설득술과 처세술로 무장하여 출세하게 해 줌으로써 자신도 승승장구할 수 있었다. 그러나 바로 이러한 풍조가 계속되면서 사회는 점점 상대적 진리관에 의해 흔들리게 된다. 즉 결과적으로 그의 논리는 아폴론 신을 절대진리의 화신으로 간주하는 대신 진리의 기준을 개인이라는 인간의 주관적 감각에서 찾으려는 것이 되고 말았다. 결국, 이는 당시 사회적 준거였던 절대적인 진리의 존재를 부정하고 상대주의의 입장을 취한 것으로 간주되면서 사회적 혼란의 주범이 되고 만다. 마침내 이러한 분위기를 목도한 기득권자들은 이들의 파죽지세를 막지 못한다면 자신들의 입지에도 문제가 생길 것을 알게 된다. 이제 소위 '소피스트 소탕령'이 발동하면서 소피스트, 즉 궤변론자들이 아테네의 역사에서 사라지게 되는 것이다.

결국, 이들이 남기고 간 궤변의 후유증은 플라톤을 거쳐 그의 제자인 아리스토텔레스에게 주요한 관심거리가 되었다. 특히 소피스트의 죄목으로 죽어간 스승 소크라테스의 추억은 결코 이들에게 망각할 수 없는 일이었다. 사실 플라톤은 아테네인이었지만, 아리스토텔레스는 소아시아계통의 마케도니아 사람이었다. 아리스토텔레스는 학자로서 '궤변'과 '(진정한) 논리'를 구분하는 객관적 기준을 마련하고 싶었다. 그래서 창안한 것이 '삼단논법'이었다. 아리스토텔레스에게는 삼단논법에 입각한 것만이 (진정한) 논리이며, 이를 어기는 것은 모두 궤변으로 간주되었던 것이다. 이렇게 하여 논리학은 궤변논리를 방지하고 제대로 된 언어의 논리적 사용을 함으로써 절대진리관에 어긋나지 않도록 하고자 했다. 그러나 이미 언급한 것처럼 아리스토텔레스의 만년에 삼단논법 자체에 모순이 발견되면서 아리스토텔레스의 죽음과 함께 논리학의 위세 역시 모두 정지되고 말았던 것이다.

그러나 아리스토텔레스의 삼단논법으로 시작된 논리적 방법은 오랜 시간 동안의 휴지기를 거쳐 '논리실증주의論理實證主義'를 통하여 화려하게 부활한다. 즉 19세기 들어 분석철학(언어철학)과 조우한 논리학은 다시 '실증주의positivism'와 만나면서 '논리실증주의'를 탄생시킨다. 이제 '언어(논리)의 분석'에 있어서도 실증할 수 있는 근거가 있어야 한다는 것이다. 즉 실제의 증거가 없다면, 언어논리분석은 불가능하다.

논리실증주의를 창시한 철학자는 독일의 슐리크Moritz Schlick(1882~1936)이다. 에른스트 마흐와 루트비히 볼츠만의 후임으로 빈 대학에서 철학교수직을 맡게 된 그는 오스트리아의 수도인 빈Wien을 중심으로 철학자들의 연구모임인 소위 <비엔나학파Wiener Schule>를 창시했다. 여기에 모인 학자들은 루돌프 카르납, 오토 노이라트, 수학자 쿠르트 괴델, 과학자 필립 프랑크와 한스 한 등이었다. 나중에 버트란트 러셀과 루트비히 비트겐슈타인이 합류하게 된다. 이들은 기존의 형이상학이 극복하지 못하는 추상적 개념에 대한 적대감을 가지고 확실한 경험적 증거를 토대로 한 철학적 진술이 요구된다고 주장하면서 <현대기호논리학>의 방법에 대해 깊은 신뢰를 보냈다. 심지어 이들은 전통적인 형이상학, 즉 철학이 '과학적 방법'을 적극 수용하지 못한다면 학문의 세계에서 추방되어도 어쩔 수 없다는 주장을 펴기도 했다.

> "서구가 세계에 준 모든 종류의 지식 중에서 가장 가치 있는 것은 새로운 지식을 얻는 방법일 것이다. '과학적 방법'이라고 불리는 이것은 1550~1700년 사이의 일련의 유럽 사상가들에 의하여 발명되었다."(찰스 반도렌, 오창호 옮김, 1995a: 11)

철학이 중세 시대에는 '신학의 시녀'가 되었다면, 이제 철학은 '과학의 시녀'로 전락해야 한다. 급기야 이들의 주장은 1929년부터 논리실증주의운동으로 전개되면서 특히 영미 대륙으로 급속도로 파급되기 시작했다. 이를테면 1930년대 카르납R. Carnap, 라이헨바하H. Reichenbach, 헴펠C. Hempel, 버그만G. Bergmann 등은 논리실증주의를 미국에 옮겨 심어 놓았고 이때부터 이러한 철학의 수입은 계속되었다(정해창, 2011: 8). 특히 2차 세계대전 이후 오스틴이 사망한 때인 1960년까지는 영국이 중심지였고, 이후 현재까지는 미국이 주도하고 있다고 할 수 있다(정해창, 2011: 6). 논리실증주의는 언어가 세계에 일치할 수 있고, 또한 분명히 그렇기 때문에 언어 분석을 통해 세계의 본질에 대한 다양한 분석을 시작한다(Steffe & Gale 편저, 1995/ 이명근 옮김, 2005: 313).

그러나 이러한 논리실증주의자들은 실증주의자들이 비판을 받는 정도만큼 비판의 도마 위에 올랐다. 만약 실제의 증거가 인정되는 것만이 논리를 보장한다면, 실증되지 않는 언어는 말도 아닌가? 이를테면 언어의 비논리적인 사용, 즉 비논리적인 언어로서의 감성적 언어, 간투사를 동반하는 감정적 언어 등은 언어의 범주에 들지 않는가? 또한, 실제로 '말(언어)의 논리적 증거'라는 것은 과연 무엇인가?

이에 대한 가장 극단적인 비판과 반론은 20세기 들어 합리주의 철학자인 바슐라르Gaston Bachelard(1884~1962)에게서 나왔다. 이를 가능하게 한 것은 바슐라르에 의한 비非아리스토텔레스 논리학의 수립이었다(폴 지네스티에, 1968/ 김현수 역, 1983: 101). 실제로 아리스토텔레스 사상에는 '참과 거짓'이라는 두 개의 가치를 가진 논리적 사고밖에는 없었다(바슐라르, 1937/ 민희식 역, 1993: 해제 13). 그러나 바슐라르는 모든 논리적 개연성에 유연하며 개방적이었다. 바슐라르는 말한다: "논리학자의 무게감 있는 부정은 토론하는 데만 사용될 뿐이다."(Bachelard, 1951: 112)

일반적으로 언어는 주관적으로 출발하지만, 궁극적으로는 객관성 내지 공감을 추구한다. 왜냐하면, 언어는 의사소통하는 사람 간의 약속이며 이해의 매개체이기 때문이다. 그러나 언어가 상징하는 것은 이보다 훨씬 다양하고 복잡하다. 따라서 언어는 본질 상 한순간에 완전히 이해될 수 있을 정도로 객관적이지 않다. 일단 주관적으로 표현된 언어는 서서히 객관적 '이해'를 향해서 움직일 것이다. 물론 언어로 인해서 오히려 '오해'가 깊어질 수도 있다. 이러한 문제에 봉착하여 언어로부터 오는 오해를 가능한 피하고 제대로 이해하기 위해서 정신과학의 세계에서도 이미 해석학이 방법적으로 사용되고 있다. 그러나 상, 즉 이미지image는 언어보다 더 주관적으로 시작된다. 또한, 지금까지 이미지라는 것은 언어로 표현할 수 없는 것을 표현하는 수단, 또는 언어에 의한 표현을 효율적으로 대체하는 수단 정도로 인식되어 왔다(홍명희, 2005: 74).

그러나 바슐라르에게 이미지는 언어와 마찬가지로 똑같이 로고스의 한 현상이다. 이렇게 본다면, 논리를 대표하는 언어나 비논리로 인식되는 이미지나 우리의 일상에서는 결코 구분되지 않는 삶의 본질이다. 언어나 상은 모두 다 우리의 삶이 항상 주관으로 시작한다는 사실을 알려주고 있다. 결국, 논리적 방법은 말씀, 즉 로고스를 논리logic의 방법, 즉 '논리적 방법logical methode'으로 풀려고 할 때 '공백'이 생긴다. 이렇게 본다면, 지금까지 연구되고 우리에게 전수된 '논리적 방법'은 바로 이러한 한계를 해결하지 못하고 있는 셈이다.

"근본적으로 논리란 픽션에 지나지 않는다. 그것은 우리의 감각이 <진짜 현실>을 보여 준다는 편견을 갖도록 하는 암호들을 체계화한 것이다. 이러한 환상들은 어느 정도 효과적이지만, 결국 우리의 사고방식을 지배하는 논리는 과거에 쓸모를 보여주었던 권위에 바탕을 두고 있다. 인간 지능의 발달 과정에서 감각 자료를 효과적으로 해석하는 과정을 거쳐 논리가 형성된다. 알기 위해서가 아니라 체계화를 위해서, 카오스에 우리의 실질적인 필요성이 요구하는 질서와 형식을 부여하기 위해서 논리는 형성되었다. 암호들은 사물들을 쓸모있는 방식으로 설명하고 나타낸다. 그러나 납득시키는 것이 쓸모가 있다 하더라도 반드시 진리는 아니다. 그것은 단지 납득할만한 것이다. 그 당시에 우리를 납득시킨 것이라 하더라도 우리를 지금 당장, 또는 언제 어디서라도 납득시킬 수는 없다. 과거에는 유익했던 어떤 논리의 오류들은 무한정 계속될 수 있다. 현대 사회의 교육과 사회, 정치와 경제 시스템 안에 지배적이고 제도화된 논리의 권위는 논리 자체를 만드는 것이 아니라 그 논리를 난공불락으로 만드는 것이다… 그들은 인간의 두뇌가 논리를 창조한 것은 논리가 진실이어서가 아니라 쓸모가 있었기 때문임을 잘 알고 있다…. 인간의 지능은 삶에 매여 있다. 그것은 논리적이라기보다는 생물학적이고 계보학적이다. 지능은 전체로서의 인간과 분리될 수 없다. 논리는 지능의 산물이다…. 논리는 그렇지 않은 것을 단순하고 일관되게 만들려고 고안해 낸 것이다. 현재의 유력한 과학적 방법들이 미래의 심연 위로 팽팽히 쳐진 줄 위를 걷을 수 있게 도와주지는 못할 것이다. 따라서 과학적 방법들을 만병통치약처럼 모든 것에 적용하는 것은 우리와 그들의 관계가 고르디우스의 매듭처럼 복잡하게 얽혀 있음을 뜻한다. 알렉산더 대왕이 그러했던 것처럼, 지식노동자들은 그 매듭을 풀기 위해 노력하지 않고 곁가지에서 뻗어 나온 사고방식을 가지고 그 매듭을 단칼에 절단해 버릴 것이다. 우리를 둘러싼 많은 제도들은 기계 시대에 가장 맞는 방식으로 진화되어 왔다."(이언 엥겔, 2001: 314~315)

가부장제에서 논리는 가부장의 논리에 지배된다. 그것이 진리는 아니지만, 당시의 유용성 때문에 힘의 논리가 창조된 것이다. 독재사회에서 논리는 독재의 논리이다. 마찬가지로 그것이 유용하다고 판단되었기 때문이다. 물론 독재자들에게 유용하다. 자본주의사회에서 논리는 자본가의 논리가 유용한 것이다. 그러나 논리는 그 자체적으로 논리적 오류를 내포하고 있다. 시대적으로 또는 기득권 세력에게 그것이 유용할 수는 있지만, 진리는 아니다. 따라서 자본주의의 논리는 사회주의자들에게 공격을 받는다. 그 역도 마찬가지이다. 결국, 우리가 논리적 방법으로만 진리를 찾아낸다는 것에는 무리가 따른다. 이렇게 본다면 논리적 방법으로 탄생하는 지식은 불완전한 지식이다. 심지어는 위험하기까지 하다. 한마디로 항구적인 완전한 논리란 없다. 그럼에도 불구하고 논리적 방법은 인류가 지금까지 지식을 탄생시켜 온 하나의 지식추구의 방법이라는 사실은 부정될 수 없다. 이로써 논리적 방법은 지식의 성립 조건으로서의 방법 조건 중 일부분이 될 뿐이다.

2.4 분석적 방법

'분석적 방법analytical methode'은 '분석철학分析哲學, analytic philosophy'에서 체계화되었다. 분석철학이란 말 그대로 '언어를 분석하는 학문'이다. 따라서 분석철학은 '언어철학linguistic philosophy'이라고도 하는데, 언어와 언어로 표현된 '개념분석'에 중점을 둔 철학으로서 특히 영미철학계통에서 발달되었다. 물론 분석철학은 개념분석뿐만 아니라 '상징' 내지 '의미意味'까지 분석한다. 따라서 언어분석, 언어철학이란 결국 언어로 나타난 개념들과 그 언어가 내포하고 있는 상징과 의미를 함께 분석해 냄으로써 궁극적으로는 '논리'의 파악을 목표한다. 물론 논리의 파악은 특정한 논리가 참인지 거짓인지, 즉 명제논리가 맞는지 맞지 않는지를 판단하기 위함이다. 'A 명제'가 말이 되는지, 아니면 말이 안 되는지를 판단하기 위해서, 우리는 언어분석 (개념 및 의미 분석)의 과정을 통해서 '논리분석'을 해야 하는 것이다.

'분석적 방법'의 기원은 고대 그리스 시대에 '원자론atomism'을 주장한 레우키포스Leucippus와 데모크리토스Democritos(406~370 BC)로 소급된다. 이들은 세상 만물의 모든 물체 및 정신의 변화는 수많은 원자가 짝을 짓는 데에 따라 생기는 현상이라고 주장하면서 '고대원자론'을 확립하였다. 원자론에 의하면, 세상 만물은 더 이상 쪼개지지 않는 궁극적인 최소 물질이 있다. 그것이 원자atom, 原子다. 이는 하나의 '가설'로서, 최소의 물질을 의미하는 그리스어의 아토모스*átomos*에서 유래되었다.

레우키포스는 BC 5세기경 아시아 미노아 서안의 밀레투스에서 활동했으며, 아리스토텔레스와 테오프라스토스에 의해서 그가 쓴 『The Great World System』과 『On The Mind』가 발굴되면서 '원자론'의 최초 주창자로 인정받았다. 그의 저술은 제자인 데모크리토스의 저술과 구분되지 않는다. 왜냐하면, 이들의 저술이 단편短篇으로만 남아 전해있기 때문이다. 이들에 의하면, 사물은 동일성을 지니고 있지만 더 이상 쪼갤 수 없는 무한대의 작은 원자들로 구성된다. 이러한 최소입자로서의 원자들은 끊임없이 사방팔방으로 움직이며, 상호충돌과 재결합을 통해서 다양한 혼합물로 형성된다. 그리고 우주(조화)는 '소용돌이'로 모여드는 모든 원자들의 충돌로 인하여 생겨난 물질이다. 이들에 의하면, 존재하는 것은 원자와 공간空間뿐이다. 여기서 공간은 원자와 원자 사이에 어쩔 수 없이 발생하는 허공虛空이다. 사물과 물체가 서로 다른 이유는 공간, 즉 허공에서 원자들이 서로 다르고 복잡하게 배열되면서 구성되면서 새로운 물질이 탄생한다. 즉 우주에서 생성되는 모든 변화는 원자의 구성이나 배열이 달라진다. 또한, 원자 자체는 어떤 이유로 만들어진 것이 아니기 때문에 더 이상 쪼개지거나 파괴될 수도 없다. 특히 레우키포스는 우리가 살고 있는 지구는 '북'의 형태를 띠고 있다고 주장하다. 또한, 그는 지구가 우주의 중심에 자리 잡고 있다고 주장함으로써 모든 것은 원자로 소급될 수 있다는 논리를 펴나갔다. 즉 우리가 살고 있는 우주나 지구는 계속 쪼개고 쪼개다 보면 마지막으로 남는 최소의 단위는 원자가 되는데, 이러한 원자가 바로 사물과 물질의 본질이 되는 것이다.

결국, 세상의 모든 물질과 사물은 '원자'라는 마지막의 최소단위로 환원될 수 있다. 그런데 이들의 원자설에서 중요한 사실은 변화와 본질을 '목적론'이 아니라 '인과론적으로', 즉 '원인 - 결과'의 관계로 해석하고 있다는 점이다. 데모크리토스는 말한다: "나는 페르시아 제국을 얻은 것보다 한 가지 원인을 알고 싶다." 이러한 논리는 당시 파르메니데스의 우주관이었던 '존재의 연속성', 즉 '모든 존재는 빈 공간 없이 완전히 연결되어 있다'라는 존재론적 입장과도 상치되는 주장이다. 이렇게 본다면, 분석의 방법은 모든 물질과 사물의 본질을 찾아낼 수 있는 방법이 된다. 즉 무엇인가를 잘게 부수고 쪼개고 나누다 보면 마침내 우리는 사물의 본질을 규명해 낼 수 있다. 이러한 차원에서 발달된 '분석적 방법'은 특히 사물의 본질을 밝혀내는 데 핵심적 역할을 하게 된다.

원칙적으로 분석적 방법은 자연과학의 세계에서는 당연한 연구방법으로 발전하였다. 즉 자연현상을 밝혀내기 위해서는 자연의 물질을 낱낱이 분석해 볼 수밖에 없는 것이다. 여름에 나뭇잎이 녹색이 되는 이치를 규명하기 위해서는 나뭇잎을 채집하여 이를 잘게 부수어서 세포질의 움직임부터 하나하나 분석해 본다. 왜 소가 계속 되새김질을 하는가에 대해서 원인을 밝혀내기 위해서는 소의 위장운동을 살펴보고 이를 자세히 분석해 보아야 한다. 결국, 분석적 방법은 경험적 연구에서도 가장 적합한 연구방법이 된다. 이런 맥락에서 처음부터 자연과학은 분석적 방법을 경험적 연구방법의 일환으로 차용하는 학문이 되었다. 그러나 분석적 방법은 자연과학에서만 차용될 수 있는 독점은 아니다. 이를테면, 경험적 연구방법은 사실 경험철학의 소산이다. 물론 경험철학에서는 경험을 분석해 낸다는 것도 가능할지 모른다.

그런데 보다 주목해야 할 사실은 분석주의는 환원주의還元主義가 된다는 사실이다. 즉 분석을 통한 최소물질의 발견은 전체를 대변한다. 다시 말하면, 분석을 통하여 얻은 최소물질은 물질 전체의 본질도 알려준다. 따라서 분석의 결과는 환원을 위한 근거가 된다. 즉 최소물질을 통해 알려진 본질은 전체를 대변하는 본질로 환원된다는 주장이다.

17세기 과학의 세기를 시작한 뉴턴의 자연과학과 수학적 논리를 심층적으로 연구한 독일 계몽주의 철학자 칸트는 로크John Locke(1632~1704)의 경험철학과 이성철학과의 조우를 시도하면서 당시의 경험론과 합리론을 종합하였다. 이로써 그는 인문학과 자연과학을 포괄할 수 있는 '분석적 방법'도 수립할 수 있었다. 심지어 칸트는 자신의 저서『자연신학 및 도덕의 여러 원칙의 판명성에 관한 연구, 1764(이하 판명성)』에서 '분석적 방법'을 철학(형이상학)의 고유한 방법이라고 주장하게 된다. 여기서 칸트가 제시하는 분석적 방법은 '분석과 해석解釋'을 동일시하는 고대 그리스의 기하학자 파

포스Pappos of Alexandria의 입장을 따르는 것이다. 그러나 이러한 분석적 방법은 혼란을 초래할 수 있기 때문에, 칸트는 자신의 저서『순수이성비판』을 통하여 '분석적 방법'이란 소위 '분해分解'하는 방법으로서, 이것이 다시 '종합'될 때 비로소 연구의 방법이 완성된다는 주장을 한다. 이렇게 하여 칸트의 인식방법인 '이중논리', 즉 '분석적·종합적 방법analitische-synthetische Methode의 도식'이 완성된다.

한편, 칸트는『판명성』에서 '분석적 방법'은 개념 분석을 통해서 '증명 불가능한 명제'(근본진리)를 탐구하는 방법이라고 명시하였다. 그리고 이것이 칸트에게는 '형이상학의 참된 방법'이기도 했던 것이다. 그러나『판명성』에서의 형이상학의 원리를 탐구하는 방법으로서의 '분석적 방법'은『순수이성비판』에서 수정된다. 왜냐하면, 그가 추구하는 분석의 궁극적 목적은 '종합적 판단'이며, 이를 위해서는 분석의 과정에서 '비판적', '회의적' 차원이 필연적으로 발생하기 때문이다. 물론『판명성』에서의 '분석적 방법'과『순수이성비판』의 '비판적 방법'은 상황에 따라서 동일하게 해석되기도 한다. 그러나 반드시 같은 것은 아니다. 그럼에도 불구하고 오늘날 '분석'은 칸트의 영향에 따라서 '비판'을 동반할 때 비로소 완성된다는 논리를 가능하게 해 주었다.[16] 이른바 '분석비판分析批判' 또는 '비판적 분석'이라는 개념이 바로 그것이다. 즉 무엇인가를 자세히 분석하다 보면 비판도 가능하기 때문에, 분석적 비판 또는 비판적 분석은 자연스럽다는 논리이다. 반면, 독일의 관념철학자인 라인홀트Karl Leonhard Reinhold(1757~1823)에게서 '비판적 방법'은 분석의 방법이 아닌 '종합적 방법'이 된다(Lauth, 1974.).

그러나 분석이 '비판'을 동반하든, 아니면 궁극적으로는 '종합'으로 종결되든지 분명한 것은 '분석으로만' 모든 것이 완성되는 것은 아니라는 사실이다. 이렇게 본다면, 오늘날 '분석적 방법'으로 모든 연구가 결과를 산출된다는 논리를 가진 자연과학의 연구방법은 전면적으로 재검토될 필요가 있다. 물론 이러한 주장은 인문학적 사유 중심의 처방일 수 있다. 그럼에도 불구하고 '분석'이 전체로서의 학문 연구의 방법으로 승화되기 위해서는 놓

---

[16] 이러한 논리는 훗날 칸트의 변증법이 성립되는 근거가 된다.

칠 수 없는 영역임이 분명하다. 특히 오늘날처럼 자연과학과 인문학 간의 '융복합의 연구'가 대세가 되는 이 시대에, 오로지 자연과학의 방법으로 경도된 '분석'의 방법이 '비판'이든 '종합'이든 아니면 더 나아가서 전체와 부분 간의 관계에 대한 '해석解釋'의 방법과 어떠한 방식으로든 조우할 수 있어야 한다. 만약 그렇지 않으면 분석적 방법은 연구방법으로서의 위상을 더 이상 지속하지 못할지도 모른다. 특히 분석된 결과를 다시 종합도 하지 않고 심지어는 분석된 것을 전체적 맥락 속에서 해석해 보지도 않고 단순한 분석의 결과를 전체의 의미로 환원還元해 버리는 처사는 치명적이다. 한마디로 환원을 통하여 전체가 왜곡될 수 있다. 왜냐하면, 분석된 부분의 특성을 가지고 계속 소급한다고 해도 전체의 특성과 반드시 일치한다고 장담할 수 없기 때문이다. 즉 분석과정에서는 반드시 손실loss이 발생한다. 이는 환원주의의 한계이다.

결국, 우리가 분석적 방법으로만 진리를 찾아낸다는 것에는 무리가 따른다. 이렇게 본다면 분석적 방법으로 탄생하는 지식은 불완전한 지식이다. 심지어는 위험하기까지 하다. 그럼에도 불구하고 분석적 방법은 인류가 지금까지 지식을 탄생시켜 온 하나의 지식추구의 방법이라는 사실은 부정될 수 없다. 이로써 분석적 방법은 지식의 성립 조건으로서의 방법조건 중 일부분이 될 뿐이다.

2.5 비판적 방법

오늘날 '비판적 방법critical method'은 학문 연구의 영역에서 매우 중요한 영역으로 부각되어 있다. 사실 '비판'이란 인간의 본능이다. 일단 우리는 본능적으로 무엇인가가 불편하면 그것을 '비판'한다. 왜 이 의자는 이렇게 불편할까? 여기에는 왜 문이 없는 것일까? 왜 저 아이는 이렇게 행동할까? 물론 그것이 객관적 비판인지 아니면 주관적인 비난非難인지, 또 아니면 감정적인 비방誹謗인지는 더 따져 보아야 하겠지만, 자신의 마음에 들지 않거나 자신의 입장과 다르면 일단 우리는 발끈한다. 이러한 발끈이 '비판의 시작'이다. 물론 비판은 극히 주관적이고 감정적인 차원에 치우쳐 시작될 수도 있다. 비판이 아닌 비난과 비방이 될 수도 있다. 그러나 궁극적으로는 객관적이고 이성적 차원에 도달한다면, 우리는 이를 (정당한) '비판'이라고 한다.

우리가 살면서 잘못된 것은 의당 비판받아야 마땅하다. 비판은 또 다른 성장을 기원하기 때문에 삶에서 장점으로 작용할 수 있다. 따라서 학문 연구에서도 매우 중요하다. 대학의 사명에서도 '비판적 사고critical thinking'는 대단히 중요한 영역이다. 영어로 '비판적critical'이라는 말은 '결정적'이라는 뜻이다. 그만큼 비판 또는 비판적이라는 것은 무엇인가를 결정하는 분기점이 될 수 있을 만큼 중요하다는 뜻이다. 따라서 비판적 방법은 학문 연구의 방법이 되기에 충분하다.

그러나 엄밀히 따지고 보면, 과연 우리는 정말 누군가를 또는 어떠한 사실이나 사물을 제대로, 즉 '객관적으로' 비판할 수 있을까? 비판이라고 한다면, 우선 비판의 '대상對象'이 있어야 할 것이며, 그다음에는 비판의 '기준基準'이 있어야 할 것이다. 물론 비판의 대상은 정확할 것이다. 왜냐하면, 대상이 있어야 비판도 가능하기 때문이다. 그것이 사람이든 사물이든, 대상이 있으니까 비판도 할 수 있을 것이다. 그러나 '비판의 기준'에 대해서는 우리가 쉽게 답하기 어렵다. 즉 비판의 기준은 과연 어디서 주어지는 것일까? 무엇이 비판의 기준이 되어야 하는 것일까? 하나님인가? 절대자인가? 신인가? 아니면 자기인가?

일반적으로 우리는 비판을 한다면 자신이 신이 아닌 이상 일단 자신의 잣대가 기준이 된다. 물론 학자들은 많은 학문을 통해서 비판의 준거를 알아냈다고 주장할 것이다. 왜냐하면, 이들은 진리 내지 객관성을 추구해 왔기 때문이다. 과학과 학문의 목표는 객관성을 찾는 것이다. 그런데 정말 그런가? 물론 이들이 객관성을 추구한다고 하지만 아직 객관성을 완전히 획득한 것도 아니고 진리를 획득한 것은 더더욱 아니다. 또한, 사실에 객관적으로 접근한다고 해도 우리가 어떻게 완전한 객관을 획득했다고 자부할 수 있을 것인가?

결국, 그것이 아무리 진리에 가깝고 객관적으로 가깝게 간다고 해도 비판의 기준은 자신의 주관적 잣대를 넘어서지 못한다. 물론 정도 차는 존재할지언정 우리 인간이 획득한 지식이나 진리는 여전히 주관적이며 객관적으로 불완전하다. 그럼에도 불구하고 우리는 누군가를 그리고 무엇인가를 쉽게 비판한다. 마치 우리는 스스로 객관적으로 비판한다는 착각을 하면서 아주 자연스럽게 비판을 하고 있는 것이다. 또한, 우리는 대학에서 학생들에게 '비판적 사고critical thinking'를 하라고 강조한다. 즉 대학이라는 고등교육에서 비판적 사고는 매우 중요한 것으로 간주된다. 그러나 이럴 때에도 비판적 사고의 기준은 무엇인가? 교수인가? 학생인가? 아니면 교과서인가? 아니면 인터넷인가?

결국, 유한자로 태어나는 인간에게는 제대로 된 비판, 즉 객관적 비판을 위한 절대적인 기준은 존재하지 않는다. 과거에서 그랬고 지금도 그렇고 앞으로도 그럴 것이다. 물론 인간이 완벽하고 절체절명의 신적 존재라면 객관적 기준이 존재할 수 있을 것이다. 그러나 그럴 가능성은 전혀 없다. 그럼에도 불구하고 우리는 비판적 사고, 비판적 방법을 마치 좀 배우고 익히면 되는 지식 정도로 착각하고 있다. 이는 마치 힘 있는 자의 말이 법이 되는 세계와 결코 다르지 않다.

물론 비판을 통하여 많은 것이 개선되고 문제가 해결될 수 있다면 그보다 좋은 일은 없다. 사실 비판의 목적은 개선이나 개혁 또는 혁신 아니면 문제의 해결이다. 그러나 비판은 종종 오히려 역풍을 맞기 일쑤이다. 엄밀히 말하면, 이는 '비판의 근거'가 박약薄弱하기 때문이다. 한 걸음 더 양보하면, 만약 그것이 '정당한 비판'이라면 적극 수용하여 잘못을 시정하고 바꿀 수 있을 것이다. 또한, 이를 통하여 문제 해결에도 적극적일 수 있다. 그러나 '근거 박약의 비판'이란 한마디로 '제대로 된 비판' 또는 '객관적 비판'이 아니라는 것이다. 다시 말하면, '비판의 기준'이 정당하지 못하다는 의미이다. 이럴 경우에는 비판이 아니라, '비난非難'이 되고 '비방誹謗'이 된다.

일반적으로 우리는 너나 할 것 없이 누구나 '비판의 도마' 위에 올라가기를 꺼려한다. 심지어 남을 비판하기는 좋아해도 자신이 비판의 대상이 되는 것은 무척 싫어한다. 물론 아무리 자신에게 허점이 있거나 분명 문제가 있다고 하더라도 남들에게 비판이라는 이름 하에서 손가락질받는 것이 두려운 것이다. 이는 '자존심自尊心'의 문제와도 결부된다. 그러나 비판의 도마를 회피하고 싶은 진짜 의도에는 상대방의 비판이 정당하지 않다고 생각하기 때문이다. 다시 말하면, 비판하는 자가 세운 비판의 기준에 대해서 승복하지 못하는 것이다. 어쩌면 비판하는 자와 비판받는 자 사이에 비판의 기준에 대한 엇갈린 이해가 숨어 있을 수도 있다. 하여간 잘못된 비판, 즉 비판의 기준이 객관적이거나 정당하지 못한 상황에서 이루어지는 비판은 근거 없는 비난이나 비방이 되기 십상이다. 이는 더 나아가서 비판이라는 미명 하에 중상, 모략, 흑색선전 등으로까지 확대될 수 있다. 이는 우리가 남들의 비판을 합리적으로 수용하지 못하는 중요한 이유이기도 하다.

그렇다면 우리는 과연 비판의 문제를 어떻게 해야 할 것인가? 물론 잘못된 것은 시시비비是是非非를 가려 비판되어 마땅하다. 만약 잘못된 것을 두고 비판조차 하지 못한다면 도대체 문제가 있는 것들은 언제 개선되고 어떻게 발전될 수 있을 것인가? 그럼에도 불구하고 비판이 잘 수용되지 못하는 이유는 비판의 준거가 애매하기 때문이다. 물론 정당한 비판은 개인에게나 사회적으로나 정당한 개선, 개혁, 혁신을 가능하게 한다.

역사적으로 우리가 살아가는 사회현실에서 그리고 더 나아가서 학문의 세계에서 '비판'의 개념을 보편화시켜 놓고, 이를 잘 실천한 학자는 칼 마르크스Karl Heinrich Marx(1818~1883)였다. 이에 대한 가장 신빙성 있는 근거로는 오늘날의 주요한 비판주의자들criticism은 대부분 마르크스의 비판적 관점을 추종하고 있다는 사실이다.

우선 마르크스는 자본주의capitalism의 문제와 한계를 '비판'하였다. 이때 마르크스에게 자본주의는 비판의 대상이 된다. 그런데 과연 그에게 비판의 근거는 무엇이었을까? 바로 '생산수단의 소유관계'였던 것이다. 즉 마르크스는 사회관계의 모든 근본적 변화가 생산수단에 대한 소유관계의 근본적 변화를 요구한다고 생각했다. 왜냐하면, 생산관계는 자본주의 사회에서 기본적인 사회관계였으며, 동시에 공장과 일터에서 생산력의 사회적 운동양식이 될 수 있기 때문이다. 따라서 역사적·사회적인 생산관계의 구체적 형태는 생산력의 발전 정도에 의해 규정되며, 이러한 생산관계는 생산력의 발전을 촉진시키거나 저해하는 작용을 한다. 즉 생산관계와 생산력이 통일되어 생산양식을 이루게 된다.

자본주의를 논하기 이전에, 인간이 애초에 무엇인가를 '만들어내기生産' 시작하면서 '생산관계'에 대한 이해는 동반되었다. 즉 '생산生産'은 호모파베르homo faber로 태어나는 인간에게 본성의 발현이었다. 사전적 의미로 생산관계란 인간이 생산과정에서 객관적으로 맺게 되는 사회관계들의 체계를 말한다. 생산관계는 생산과정 내에서 인간관계들, 특히 생산수단의 소유관계, 활동의 교환관계, 협업·분업 관계, 생산과정에서 다양한 사회집단과 계급이 차지하는 위치 및 분배관계 등을 포괄한다. 이러한 다양한 관계들의 본질적인 구조에 의해 사회 전체의 성격과 운동은 결정된다. 생산관계의 총체에서 특히 소유관계는 근본적·규정적 역할을 수행한다. 소유관계는 생산수단을 누가 소유하고 있는가를 보여주며, 생산자와 생산수단이 결합되는 방식, 즉 생산관계의 유형을 규정한다.

그런데 여기서 마르크스에게 문제가 된 것은 바로 지금 우리 사회에서 '생산수단이 누구의 소유인가'에 따라서 삶의 양식은 모두 달라진다는 것이었다. 역사적으로 볼 때 생산관계는 끊임없이 변화되어 왔다. 까마득한 옛날, 즉 원시 공산공동체와 무산계급의 시대에는 생산관계는 모든 공동체구성원의 공동소유였다. 즉 모두 함께 생산하고 그것을 모두 함께 분배하고 소비한다. 그러나 점점 수많은 싸움과 전쟁을 통해서 귀족층과 노예계층이 생겨나면서 노예계층은 생산을 담당하게 된다. 시간의 흐름 속에서 생산관계에서 귀족은 부리는 자가 되며 노예는 직접 생산을 담당하는 계급으로 양분된다. 생산수단을 소유하는 지배계급이 생긴 것이다.

이러한 계급의 분화가 조직화되고 체계화되면서 생산관계, 즉 생산수단의 소유구조가 사회 전반에 공식화되고 합법화된다. 즉 귀족계층은 생산수단을 소유하는 사용주가 된다. 이제 사용주는 생산인력을 합법이라는 명목하에 자신의 의도대로 부릴 수 있게 된다. 중세 시대가 마감되면서, 수공업자들이 자본을 창출하는 시민상공세력이 성장 확대되면서 이들 간의 생산관계는 보다 세력화된다. 큰 자본을 가장 많이 창출하는 대大시민계층Grossbü rgertum이 귀족세력과 결탁하면서 생산관계의 소유는 보다 강화되고 확장된다. 이렇게 하여 소위 '부르주아계급Bourgeoise'이 탄생한다. 부르주아란 기존의 귀족 계층과 상공시민계층 중 거대 자본을 창출한 부자들에 의해 만들어진 소위 '자본가資本家, capitalist' 계급을 말한다.

이제 생산관계에서 생산수단의 소유자가 결정되면서 사용자 계급과 노동자 계급 간의 양분이 본격적으로 시작된다. 사용자계급은 지배계급이 되고 노동자계급은 피지배계급이 된다. 특히 공장이 생겨나면서 공장 내부에 노동자계층과 사용자계층이 양분되었다. 그런데 보다 심각한 문제는 생산관계, 즉 특히 생산수단을 독점으로 소유하게 된 사용자계급은 생산을 담당하는 자들에게 공장에서 물건을 생산하고 팔아서 낸 이득利得을 제대로 분배하지 않는다는 사실이었다. 바로 이러한 불합리에 대해서 마르크스는 직접 고발장을 낸 것이다. 소위 '잉여자본剩餘資本'에 대한 문제이다. 잉여자본이란 '자본화된 잉여가치'로서 마르크스 경제학의 주요 개념 중 하나이다. 한마디로 그에게서 잉여가치란 자본가가 노동자에게 지불하는 임금 이상으로 노동자가 생산하는 가치를 말한다. 간단히 말하면 이는 노동자가 생산한 생산물의 가치와 자본가가 노동자에게 지불한 임금과의 차액이다. 물론 이러한 차액은 기업이윤, 이자, 지대地代와 같은 소득의 원천이 된다. 그러나 문제는 바로 이러한 잉여자본이 직접 생산에 참여하여 이득을 내는 데 직접 공헌한 사람들에게 노동력의 대가로 완전히 지불되지 않고 생산관계를 소유한 자들에 의해서 임의적이고 자의적으로 처분된다는 사실이었다. 이로써 생산노동자들은 결국 '노동력'을 '착취'당하는 셈이 된다. 결국, 생산의 주역인 노동자들은 이러한 과정에서 오히려 생산현장에서뿐만 안락한 삶에서조차 '소외疏外'되는 현상이 발생하게 된다. 소외란 자신이 그곳에 분명히 참여하고 있지만, 그곳에서 자신의 존재가 인정되지 않을 때 발생하는 현상이다. 이러한 역사과정 속에서 오늘날 '노사관계勞使關係'가 전개되었다.[17]

---

[17] 오늘날 노사관계는 결국 '신뢰'의 문제로 귀결되고 말았다. 즉 노동자들은 사용주들이 자신들의 노동가치를 충분히 인정하여서 잉여자본을 보다 정당한 분배를

마르크스는 이러한 역사과정에 대한 연구를 통하여 마침내 자본주의 전체를 비판하게 된 것이다. 왜냐하면, 마르크스에 의하면 오늘날의 자본주의는 근본적으로 생산관계의 왜곡, 즉 생산수단의 소유관계의 불합리성에 의해서 잘못 형성된 사회체제이기 때문이다.

여기서 주목할 사실은 마르크스에 의해서 실제의 자본주의 사회가 '비판'되면서 자본주의 사회의 '실상과 허상'이 밝혀지는 판국으로 이어졌다. 급기야 자본주의사회의 '모순'이 규명되면서 자본주의는 몰락하고 말 것이라는 '공산주의 선언'으로 이어진다. 즉 공산주의는 자본주의가 낳은 모순을 극복하는 대안이 되는 셈이다. 결국, 마르크스의 논리전개를 계기로 마르크스는 엥겔스와 함께 '공산당선언'에 가담하게 된다. 이때 진전된 마르크스의 자본주의 비판은 '유물론적 변증법materialistische Dialektik'이다. 그에 의하면, 이를 통하여 자본주의의 '모순'이 극복될 수 있다는 것이다.

그러나 엄밀히 말하면 마르크스의 이론은 '유물론唯物論, materialism'의 사상이 아니다. 유물론에 의하면, 세계는 물질적인 것으로 구성되어 있기 때문에 물질이 세상의 중심이며 모든 것은 예외 없이 물질로 치환될 수 있다. 그러나 마르크스는 물질이 세상의 주인이라고는 하지 않았다. 세상이 유산자계급과 무산자계급의 투쟁으로 얼룩져 있지만, 결국 마르크스에게도 세상의 주인은 인간이다. 오히려 마르크스 사상의 핵심은 '변증법Dialektik'이라고 해야 한다. 왜냐하면, 마르크스는 스승 헤겔의 변증법을 계승했기 때문이다. 즉 헤겔에게 현실 자체, 즉 '인류의 역사는 변증법적'이다. 이는 마르크스에게도 대동소이하다. 다만 유물론적 변증법이란 '변증법'이 '유물론적으

하라고 주문한다. 반면 사용주들은 이윤, 생산향상 등 설령 잉여가치가 창출된다고 해도 모두 다 그 자리에서 배분할 수는 없다는 주장이다. 왜냐하면, 사용주, 즉 경영자의 입장에서는 적절한 시기에 투자 및 재투자를 해야 하기 때문에 잉여가치는 경영자의 손에서 비축되었다가 투자의 타이밍을 놓치면 안 된다는 논리이다. 노사갈등에서 노조가 사용주에게 '경영의 투명성'을 외치는 이유도 여기에 있다. 노동자는 노동의 잉여가치를 인정하라고 하고, 경영자는 투자를 위한 비축자금을 인정하라는 주장이다. 일반적으로 노사갈등, 노사대립의 상황에서는 이러한 상대의 주장들은 좀처럼 해결의 기미를 보이지 못한다. 결국, 상호 신뢰하지 못하기 때문에 노사갈등 및 노사문제의 해결이 어렵게 되는 것이다.

로' 이루어진다는 것이다. 즉 헤겔의 변증법은 철학적 사유로서 오랫동안 전승되어 온 '관념론적 차원'으로, 즉 '관념론적 변증법'이라고 한다면, 마르크스의 경우는 '유물론적 변증법'으로서 유물론적 차원에서의 '변증법적 관계에 대한 해석'이었다고 할 수 있다. 그러나 공산당의 수립을 주도한 레닌과 스탈린에 의해 정립된 '변증법적 유물론dialektische matererialism'은 진정한 '유물론唯物論'이다. 세상의 주인은 물질이며, 인간도 물질의 일환으로서 '전체주의 속에서의 개체'일 뿐이다. 여기서 전체주의는 인공물로서 물질에 해당된다.

원칙적으로 '변증법'이란 '존재存在, 物質와 무의 통일'에 관한 이론이다. 즉 존재와 무가 과연 어떠한 경로를 통하여 서로 대화dialog하고 상호교류하면서 상호 통일의 과정을 완수하는가? 이러한 과정을 잘 파악한다면, 우리는 현실적 삶에서도 발생하는 '모순'을 극복해 낼 수도 있다. 헤겔의 변증법은 바로 이에 대해서 답을 제시하고 있다. 변증법을 통한 모순의 '지양'이라는 개념이 이를 대표한다. 이러한 변증법적 관계에 대한 연구는 마르크스에게서 보다 확장되어서, 급기야 사회현실에서 발생하는 모순의 극복, 즉 사회적 갈등 해소의 장치로도 발전된다. 결국, 마르크스에게서는 자본주의 사회의 '모순矛盾, Wiederspruch'을 극복하기 위한 방안(방법)으로서는 관념론觀念論이나 유심론唯心論의 방식이 아닌 '유물론적 접근'이 요청되는 것이다. 이로써 마르크스의 비판이론은 완성된다. 마르크스는 결국 제대로 된 비판을 통하여 자본주의사회의 사회적 갈등과 모순을 치유하는 방안을 제시한 셈이다. 이러한 차원에서 본다면, 마르크스의 비판을 가능하게 한 '비판적 사유'는 오늘날 '비판'의 대명사가 되기에 충분하다. 특히 그는 비판의 계기는 정(정립)의 모순에 있다는 사실과 비판이 있는 곳에서만 진보도 있다는 사실을 매우 잘 간파했다고 할 수 있다. 따라서 오늘날 일반적으로 비판적 방법 역시 마르크스의 비판적 사유를 추종한다.

그러나 마르크스의 '비판적 사유'는 두 가지 차원에서 심각한 '자기모순'과 '한계'를 범하고 있다. 따라서 대부분 마르크스의 비판적 방법을 추종하고 있는 오늘날의 학문연구에는 비판적 방법의 자체적 모순과 한계를 안고 있는 셈이다.

첫째, 헤겔 변증법에 대한 마르크스의 오해 내지 잘못된 적용에서 학문연구의 '비판적 방법'의 한계는 비롯된다. 한마디로 헤겔은 관념론자, 즉 철학자였고, 마르크스는 사회과학자社會科學者였다. 다시 말하면, 헤겔의 변증법은 개인의 관념 좀 더 확장한다고 해도 사회구성원으로서의 집합적 개인의 관념 속에서 '모순이 스스로 지양'되는 경로와 방식을 설명한다면, 마르크스는 이를 사회현상으로서의 변증법적 관계로 파악하는 것이다. 따라서 전통적인 변증법을 계승한 헤겔의 변증논리, 즉 생각, 사념, 관념 속에서 발생하는 변증법적 사유의 양식과 마르크스가 응용사회과학으로 새롭게 창안한 '사회社會'라는 제3의 양식 속에서 발생하는 변증법적 관계가 반드시 동일한 것은 아니다. 이를테면, 헤겔의 변증법적 사유는 누군가의 입장에서 의도적이며 자의적으로 촉진시키거나 방해할 수 있는 성질의 것이 아니다. 그냥 우리가 앉아서 무엇인가를 '생각'하고 '사유'하는 순간 스스로 이루어지는 사유의 과정이며 사유의 방식이다. 특히 판단을 내리거나 결론을 내리고자 할 때에는 보다 자발적으로 이루어지는 생각의 과정이 변증법적으로 진행되는 것이다. 따라서 '모순' 역시 자발적이고 자동적으로 드러나면서 스스로 모순지양도 발생한다. 결국, 헤겔에게서는 관념 형성 과정 자체가 이미 변증법적이며 이를 통하여 '모순의 자기自己 지양'이 가능해진다. 즉 변증법적 사유의 과정에서 드러난 '모순'이 정正과 반反의 사이에서 스스로 지양된다. 도식적으로 우리의 사유는 '정正, These - 반反, Antithese - 합合, Synthese'이라는 '변증법적 방식'을 통하여 전개되며 마침내 이는 최종의 합치를 향해 '지향指向'되는 것이다.

여기서 헤겔이 대립의 지양개념으로 사용한 독일어의 'Aufhebung'이라는 단어는 세 가지 의미를 가진다. 첫째, 부정Negieren, 둘째, 보존Aufwahren, 셋째, 끌어올리기Hinaufheben가 그것들이다. 즉 Aufhebung은 '지양'을 원칙적으로 의미하지만, 보존을 통한 지향을 의미하기도 한다는 사실이다. 즉 모순이 스스로 지양되면서 동시적으로 유보되었다가, 다시 합合, synthesis을 향해서 궁극적으로는 상위의 절대정신을 향해서 '지향指向'된다는 것이다. 바로 이러한 논리가 헤겔의 변증법적 도식의 특징이며 동시에 타의 변증법을 넘어서는 탁월함이다.

그러나 마르크스는 변증법의 '정 - 반 - 합'의 논리를 이렇게 헤겔처럼 '관념론적으로' 사용하지 않았다. 그러면서도 그는 이를 사회실제, 사회실천에 그대로 적용하였던 것이다. 따라서 우리는 마르크스의 (유물론적) 변증법을 '실재론적 변증법realistische dialektik'이라고 한다. 어떻게 보면, 이는 마르크스가 실재, 즉 사회적 현실에 변증법적 사유방식을 최초로 도입 적용한 획기적인 역사였다고 할 수 있다. 이러한 마르크스의 생각은 헤겔의 관념론에 대한 염증에서 기인한다. 즉 우리가 살고 있는 실재의 사회는 반드시 관념론적으로 변하는 것은 아니다. 그러나 사회(공동체) 또는 실제의 사회는 '관념론적 사유'의 주체들인 개인들의 모임이다. 심지어 사회는 실제로 존재할 수도 있겠지만, 명목상(이름)으로만 존재할 수도 있다. 이를 마르크스의 제자인 막스 베버는 '사회실재론'과 '사회명목론'으로 구분했다.

역사상 '사회'를 이해하는 이론적 논리는 크게 두 가지 입장을 취해 왔다. 즉 첫째, 사회는 실제로 존재하는 것이라고 주장하는 입장과 둘째, 사회란 이름으로만 존재하는 것이지 사회라는 실체는 존재하지 않는다는 입장이다. 전자는 사회를 실재한다고 하여 개인보다 사회를 우선영역으로 하는 국가주의 내지 전제주의를 주창할 것이고, 후자는 사회 자체를 무시함으로써 극단적으로 무정부주의를 주창하는 지경까지 갈 것이다. 오늘날 포스트 모던의 현상을 주장하는 사람들은 어쩌면 후자에 해당될 수 있을 것이다.

하여간 사회가 실재하는지, 아니면 명목상으로만 존재하는지에 대한 논쟁도 아직 결판나지 않은 상황에서 우리가 삶의 기준을 사회나 국가로 할 것인지 아니면 여전히 개인에게 둘 것인지의 문제는 고대 그리스 시대에 벌어졌던 소피스트와 플라톤의 대립과도 결코 다르지 않다. 이렇게 본다면, 인류의 역사는 시간의 흐름에 비해서 그렇게 크게 변한 것이 없다. 하여간 이러한 상황에서 마르크스는 성급하게 관념론적 변증법의 논리를 사회적 실재에 적용하는 과오過誤를 범하고 말았다. 한마디로 사회라는 실체가 확실하지도 않은 상황에서 사회를 전제로 사회발전에 변증법적 논리를 적용한 것은 비현실적이다. 따라서 마르크스의 변증법을 '이상적 유토피아'라고 부르기도 하는 이유이다. 따라서 그가 주창한 공산주의는 이론적으로는 보다 정확하게 말하면 사회실재론자들에게는 현실적으로는 불가능한 논리가 되는 셈이다. 그러나 사회명목론자들에게는 비현실적이며 이상적인 유토피아일 뿐이다. 현실적으로 실천이 불가능하다. 이렇게 본다면, 이는 프로파간다로 전용될 소지가 크다. 실제로 동구라파의 사회주의체제가 종말을 고하게 된 근거와 무관하지 않다.

간단히 말하면, (철학적 본질에 뿌리를 둔) 변증법의 원리인 '정 - 반 - 합'은 결코 인위적으로 분리할 수 없다. 왜냐하면, 정 - 반 - 합의 변증은 지속적인 움직임(운동)의 과정이며 자동적이고 자발적으로 움직이기 때문이다. 다시 말하면, 변증법의 과정이 끊임없이 자동적으로 움직이는 '운동 - 내'에 정 - 반 - 합의 요소가 존재하는 것이다.

그러나 마르크스는 일단 비판의 대상인 정립正立, thesis으로 자본주의를 상정하고 반립으로 – 물론 자본주의 사회의 문제를 비판하다 보니 자본주의를 비판의 대상으로 고정시키고 보았기 때문에 결과적으로 그렇게 된 것이지만 – 자본주의의 모순(반자본주의)을 '인위적으로' 대립시킨 결과가 되었다. 물론 이는 마르크스가 사회학자로서 어쩔 수 없는 선택이었다. 사회가 스스로 생각하면서 관념적으로 이루어진다는 보장도 없는 상황에서 사회학적 연구의 한계는 사회를 인위적으로 '고정된 대상'으로 도식화할 수밖에 없다는 사실이다. 그러다 보니까, 이들은 사회양식 및 사회모순을 파악해 내기 위해서 어쩔 수 없이 '인식론적으로' 접근할 수밖에 없다. 자신의 관점에서 사회를 정립과 반립의 관계로 인위적이고 강제적으로 대상화시켜 놓고 이를 인식론적으로 접근해야만 연구가 가능한 것이다. 아울러 정립[18]과 반립을 억지로 또는 인위적으로 분리해 놓고 '정正'에 세워진 자본주의를 비판하다 보니까 비판의 기준은 결과적으로 '공산주의' 내지 '사회주의'가 되고 만다. 그렇다면 결국 공산주의나 사회주의의 기준에서 볼 때 자본주의는 모순투성이로 보일 수 있다. 그러나 공산주의나 사회주의라는 일방적인

---

[18] 어원thésis적으로 보면, 정립은 설정, 세움, 주장 등을 뜻한다.

기준 하에서 자본주의가 비판을 받게 된다면, 과연 이것이 어떻게 진정한 비판이 될 수 있는가? 한마디로 공산주의나 사회주의의 기준에서 자본주의를 비판하는 것은, 자본주의의 기준에서 공산주의나 사회주의를 비판하는 것과 결코 다르지 않다. 그렇다면 물론 비판의 논리는 가능하겠지만, 이는 진정한 비판 또는 객관적 비판과는 거리가 멀다고 할 수 있다. 왜냐하면, 이는 마치 A가 자신의 기준으로 B를 비판하면, B는 자신의 기준으로 A를 비판하는 꼴과 결코 다르지 않기 때문이다. 물론 비판의 기준 문제에서 정도 차가 발생할 수 있을 것이다. 결국, 이렇게 된다면 비판은 평행선상을 달리게 된다. 결론이 나지 않는다는 이분법적 논쟁의 이야기이다. 이는 오늘날 우리 사회를 지배하는 진보 - 보수 간의 이데올로기 논쟁이 바로 이러한 차원에서 지리멸렬하게 진행되는 이유이기도 하다.

혹자는 마르크스가 제시한 비판의 기준, 즉 준거는 명백했다고 항변할 것이다. 즉 '생산수단의 소유관계'가 바로 마르크스가 자본주의를 비판한 준거였다. 그러나 '생산수단의 소유관계'란 사실 마르크스의 주장처럼 그렇게 명백한 개념도 아니며, 생산수단의 소유관계가 완벽하게 물리적으로 구획되는 것은 아니다. 이를테면, 사용주가 모두 노동생산의 잉여가치를 착취한다고 단정할 수는 없다. 물론 개연성은 충분하다. 그럼에도 불구하고 이러한 논리는 '일반화의 오류'를 범할 수 있다. 이미 베버의『프로테스탄트의 윤리학』에서 해명된 것이지만, 루터와 칼뱅으로 거슬러 올라가는 프로테스탄트들은 공장과 기업에서 이윤창출은 분배의 정의에도 입각해야 하지만, 새로운 이윤창출을 위해서 '투자investment'의 전략으로 비축될 수도 있다. 바로 이러한 배분의 정의와 투자의 전략을 최적화할 수 있는 자가 바로 최고경영자가 되어야 하며 사회적 리더가 되어야 하는 것이다. 그런데 사용주가 잉여가치를 착취할 수 있다는 개연성의 논리는 이들이 잉여가치를 착취할 수밖에 없다는 당위성의 논리와 동일한 것은 아니다. 즉 잉여를 착취한 것인지 아니면 새로운 투자를 위해서 비축해 놓은 것인지 확실하지가 않다. 그럼에도 불구하고 마르크스에게서는 전자와 후자의 논리가 '선형적으로 linear, 線型的' 동일시되고 있다.

물론 사회학자로서의 마르크스는 학문적으로 큰 성공을 하였다. 왜냐하면, 사회과학social science은 당시 '새로운 과학new science'으로서 인문학과는 달리 자연과학의 방법을 그대로 응용할 수 있었기 때문이다. 즉 인간 대신 '사회'를 연구의 대상으로 하는 사회과학은 인식론적 방법을 통해서 학문적 객관성, 즉 과학성을 담보할 수 있었기 때문이다. 과학은 '조건의 학문'이다. (연구의) 조건에 따라서 결과도 달라진다. 마르크스의 사회과학에서는 '생산수단의 소유관계'가 바로 '조건'이었다. 따라서 마르크스는 '조건의 학문'으로서의 새로운 과학, 즉 사회라는 연구대상을 과학적 방법을 적용함으로써, 즉 '사회과학'을 확고히 수립함으로써 새로운 학문혁명의 장을 마련하였다. 그러나 그의 비판적 사유에서 비롯된 비판적 연구는 자연과학적 방법이 남겨 놓은 것과 똑같은 한계를 남겨 놓게 되었다. 심지어 조건이 달라지면 결과도 달라질 수 있다는 자연과학적 방법에 대한 원론적인 자기비판도 삭제되었다.

마르크스 이론의 또 다른 한계는 비판적 방법을 가능하게 한 변증법 자체의 오용과 남용이었다. 원칙적으로 변증법적 사유란 유물론적 사유와 달리 세계는 물질적인 것으로만 구성되어 있는 것이 아니라, 물질적인 것과 비非물질적인 것이 공존한다는 논리를 내포하고 있다. 따라서 변증법을 '물질만이 유일무이하다'는 유물론적으로 사유한다는 것 자체가 모순이다. 이렇게 본다면, 마르크스의 비판은 그 자체가 모순이다. 즉 변증법의 과정이 불가능한 영역으로 억지로 변증법을 끌어들임으로써 이는 오히려 헤겔의 관념론적 변증법보다도 훨씬 더 사변적이고 공상적인 변증법으로 끝나고 말았다. 이렇게 본다면, 마르크스에게서 역사상 최초의 '변증법적 남용'이 이루어졌었던 것이다. 따라서 이러한 토대 위에서 성립된 그의 비판적 방법은 많은 후학을 남겨 놓았음에도 불구하고 언제든지 무화無化될 수 있다. 실제로 1989년 동구공산권이 몰락한 근저에도 마르크스의 '공상적 변증법'이라는 기형의 논리가 영향을 미쳤다고 할 수 있다.

그러나 따지고 보면, 학문의 세계에서 가장 처음 '비판'의 개념을 보편화시키는데 공을 세운 사람은 독일의 계몽철학자인 칸트였다. 그는 자신의 대표적 저서인 '3대 비판서', 즉 『순수이성비판』, 『실천이성비판』, 『판단력비판』을 차례로 저술했다. 여기서 순수이성이란 무엇인가, 실천이성이란 무엇인가, 판단이성이란 무엇인가의 질문에 답하기 위해서 '이성'의 본질을 비판하는 방식으로 규명해 내고자 했다. 따라서 비판적 사유나 비판적 방법에 대한 역사적 추적은 그의 비판철학으로 돌아가야 한다. 그런데 여기서 우리가 주목해야 할 사실은 칸트가 순수이성, 실천이성, 판단이성의 '비판'에서 한 비판에는 훗날 마르크스식의 비판 개념이 아니라 내적 '반성과 성찰reflection'이 저변에 깔려 있었다는 사실이다. 이런 연유에서 에리카 호프만 Erika Hoffman은 칸트의 변증법적 사유를 '변증법적 반성dialektische Reflexion'이라고 해석했다. 즉 그의 변증법적 논리 속에는 반성과 성찰을 동반하는 비판이 핵심적인 역할을 하고 있다.[19] 특히 경험된 모순은 변증법적으로 반성될 수 있으며, 환류되고 반성 되고 성찰되어야 한다. 이는 칸트에게 일상적인 시행착오의 경험을 되풀이하지 않기 위한 최소한이었던 셈이다.

한편, 우리의 삶에서 판단을 주도하는 이성reason은 과연 '객관적'이라고 할 수 있으며 매사에 정당한 것인가? 다시 말하면, 이성의 정체도 모르고 개인마다 이성의 수준이 각기 다를 것인데, 어떻게 인간에게 이성이 존재한다고 해서 그러한 이성을 모두 믿을 수 있다는 것인가? 이성 자체를 비판한다고 하지만, 사실 이성을 가진 인간이 스스로 자신의 이성을 냉철하게 성찰하고 반성해야 한다는 것이다. 다시 말하면, 칸트의 비판 개념에는 '반성과 성찰'이 전제되고 있다. 이러한 내적 반성과 성찰의 개념이 헤겔에게 계승되었다. 즉 헤겔의 변증법적 도식 속에서는 끊임없는 '반성과 성찰'이 작용함으로써 스스로 모순을 지양하게 되는 것이다. 그러나 마르크스에게서 이러한 이성의 '반성적 성찰'의 개념은 사회과학으로 전용되면서 사라지게 되었다. 즉 자본주의가 연구의 대상이 되면서 마르크스는 자본주의의 문제점에 대해서 '인식론적 접근방식'을 선택하게 된다. 이렇게 되면 자본주

---

[19] 우리의 일상에서는 변증법과 다른 반성 형식이 얼마든지 존재한다. 이를테면 논리적인 반성 형식이나 주어진 진술로부터 결론을 직접 이끌어내는 반성형식, 혹은 설명이 주된 역할을 하는 반성 형식도 있을 수 있다.

사회는 스스로 자기모순을 반성과 성찰을 통해서 제거하는 주체가 될 수 없다.

나중에 마르크스는 칸트와 헤겔로 계승된 내적 반성과 성찰을 어떻게 할 것인지에 대해 질문을 받으면서, 고민한 끝에 내린 결론은 '자기비판' 또는 '자아비판self-critic'이었다. 즉 자본주의를 비판하여 수립된 공산주의에 만약 문제가 생긴다면 '자아비판'을 하면 된다는 논리였다. 여기서 마르크스는 '자아비판'으로 칸트와 헤겔에게서의 '반성과 성찰'의 역할을 대신할 수 있다고 믿었다. 그러나 칸트와 헤겔의 반성과 성찰이 가능해지려면 끊임없는 자아비판이 일어나야 하는데, 사회라는 인공적 시스템에서는 그것이 가능하지 않다. 무엇인가 문제가 발생하고 모순이 지적되면 그 때서야 자기비판을 할 수밖에 없는데, 바로 이러한 단속斷續적인 자기비판의 과정에서 칸트와 헤겔식의 '내적 반성과 성찰'의 개념을 대신할 수는 없는 것이다. 물론 사회라는 시스템과 변증법적 비판의 결합은 낙관적 차원에서 본다는 소위 '진보進步'로 귀결될 수 있다. 그러나 반대로 위험 요소 역시 존재한다. 즉 현실에 대한 조작, 통제, 정치적 억압 등이 정당화될 수 있다. 이를테면, 스탈린 공산치하에서 자행되었던 대량 추방, 자백 강요, 숙청 등은 부당한 일들로 간주되기는커녕 오히려 변증법적 사회발전 및 역사발전에 있어서 필연성으로 수용되기도 했다(Barion, 1966: 170).

결국, 칸트와 헤겔의 '관념론적 변증법'과 마르크스의 '유물론적 변증법' 간의 차이는, 전자는 철학적·형이상학적이며 존재론적 사유방식에서 비롯되었지만, 후자는 사회과학적·경험과학적이고 인식론적 사유방식에서 비롯되었다고 할 수 있다. 실제로 이러한 차이는 훗날 하버마스에 의해 정확히 지적된다. 하버마스는 '비판적 반성kritische Reflektion' 내지 '반성적 비판reflective Kritik'이라는 개념을 끌어들이면서, 자신의 '의사소통행위이론Theorie der kommunikativen Handlung'을 완성한다. 그러나 하버마스의 논리 역시 오로지 '사회과학적이고 인식론적'이라는 한계에 봉착하게 된다. 즉 그는 의사소통을 가능하게 하는 대화를 나와 또 다른 나와의 내적 대화보다는 사회적 대화, 즉 대화의 상대방을 전제한 대화만을 의사소통의 중요한 수단으로 차용한다. 그러나 내적 대화가 생략된 의사소통에서는 반성과 성찰의 기회가 삭제된다. 즉 그는 왜곡된 의사소통을 억제해야만 진정한 의사소통이 이루어진다고 주장하지만, 왜곡된 의사소통이 무엇인지에 대해서는 정확히 언급하지 않는다. 기껏해야 사회적 이데올로기를 언급하고 있는데, 이데올로기도 모두 잘못된 것은 아니다. 철학적으로 이데올로기는 이데아의 논리를 의미하는데, 사람이라면 누구든지 자신의 이데아를 가질 수 있는 것이다. 물론 사회적 이데올로기가 오염되었다고 하더라도, 개인에게조차 이데올로기를 허락하지 않는다면, 도대체 우리는 어떻게 꿈이나 이상 그리고 빈전을 가질 수 있는 것인가? 이데아의 논리에서 개인의 꿈도 나오고 비전도 나오는 것이다. 따라서 이렇게 본다면 이 역시 사회학적 관점의 한계라고 할 수 있다.

또한 보다 중요한 것은 칸트나 헤겔의 관념론적 변증법에서는 정-반-합의 과정에서 모든 변증적 과정들이 계속해서 '자동적으로autimatisch' 진행되는 잠정적 차원이라는 사실이다. 즉 부정으로서 변증법의 첫 단계나 종합으로서 두 번째 단계는 모두 역동적이고 자발적이며 자동적인 과정으로서 결코 종료되지 않는다. 또한, 관념론적 변증법에서의 '합'은 결코 종국이 아니다. 새로운 모순은 새로운 합으로 '지양-보존-지향되고' 이러한 과정은 끊임없이 계속된다. 결국, 정-반-합, 정-반-합, 정-반-합의 과정은 영원하다. 칸트가 제시한 누메나Numena의 세계나 헤겔이 제시한 절대정신 Absolute Geist은 이러한 변증법적 과정의 영원한 지향점으로 제시되었다. 다시 말하면, '합'은 단지 '참' 또는 절대진리로 영원히 향하는 여정에 서 있는 중간의 기착지에 불과한 것이다.

그러나 마르크스에게서 자본주의의 모순으로부터 발생한 반립은 결국 '합'으로 이어지는데, 여기서 '합'은, 즉 '공산주의'로 종결된다. 더 이상의 진전은 없다. 즉 '합으로서의 공산주의'는 유물론적 변증법에서의 종착역이다. 다만 자기비판 내지 자아비판으로 공산주의를 늘 갱신시킬 수 있다는 논리인데, 이는 이론적이며 사변적으로만 가능할 뿐이다. 실제로 자아비판이나 자기비판은 형식적으로 이루어질 수 있다. 이는 개인의 양심의 문제이기도 하다. 또한, 마르크스는 종착역으로서의 '공산주의'를 염두에 두고 있기 때문에 – 헤겔적 의미로 본다면, 마르크스에게는 공산주의가 절대정신이 된 다 – 공산주의를 기준으로 자본주의의 모순을 '표적으로 비판'한 셈이 된다.

결국, 이러한 모든 문제는 '관념론적이고 형이상학적이며 존재론적 차원'이 '사회학적 · 경험과학적이고 인식론적으로' 둔갑하면서 생긴 한 학자의 에피소드라고 할 수 있다. 그러나 이러한 학문적 에피소드의 후유증이 너무나 크다는 사실이다. 마르크스의 계열을 자칭하는 지식인들은 스스로 이러한 논리를 학문적 지식이데올로기로 체계화시키면서 지금까지 학계에서 엄청난 세력을 쌓아 왔다. 오늘날 사회현실에서 좀처럼 사라질 기미를 보이지 못하고 있는 이데올로기 논쟁 역시 이러한 차원을 그대로 답습하고 있다: "당신이 틀렸을 수도 있지만, 논쟁에서는 이길 수 있다."(이언 엥겔, 2001: 317) 이러한 사회학적 비판개념과 도무지 화학적 결합을 성취하지 못하고 있는 전통적 형이상학이 남겨준 '반성과 성찰reflection'의 개념은 말 그대로 고리타분한 유산으로 간주되어 구천과 허공을 떠돌고 있을 뿐이다.

결국, 삶에서 우선적인 것은 누군가를 비판하기 이전에 자기 스스로에 대한 '반성과 성찰'을 실천하는 것이다. 이미 고대 그리스가 우리 인류에게 남겨준 가장 커다란 유산 중의 하나는 '너 자신을 알라'라는 계명이었다. 즉 내적 '반성과 성찰'만이 인류에게 남겨진 마지막 유산이다. 따라서 역사적 변증법은 이러한 인류의 위대한 유산을 준수한다.

> "변증법은 모순을 반성과 성찰의 수준으로까지 끌고 올라간다. 이러한 반성과 성찰 행위는 변증법의 중요한 특성이다. 여기서 반성과 성찰은 언제나 사고의 과정이며, 진리에 대한 추이며, 대립쌍을 고차원으로 끌어 올리려는 인식하려는 노력이다. 따라서 변증법은 단순한 소여를 넘어서는 고차원의 **인식 과정**이다"(Heiss, 1959: 27, 147, 150, 157, 165; Diemer, 1977: 15, 17; Wuchterl, 1977: 112, 145).

그럼에도 불구하고 우리가 사회현상, 사회구조, 사회변동 등 사회를 연구한다는 핑계로 '사회 자체'를 대상화하고 이를 자신의 기준 잣대로 비판하고 평가하는 우를 범하고 있다. 사실 인식의 주제인 '나'는 '사회의 구성원'이기 때문에 - 즉 인간은 사회적 존재이기 때문에 - '사회'와 결코 분리될 수 없는데도 불구하고, 마치 인식주체인 내가 사회라는 대상을 비판할 수 있는 것으로 착각하고 있다. '인식론적 오류'를 그대로 재현하고 있는 것이다. 마치 이는 자연과학자가 자연을 대상으로 연구하면서 관찰하는 자신은 자연과 전혀 무관한 것으로 착각하고 있는 것과 마찬가지이다. 만약 진정 어떤 사회를 비판하고자 한다면, 사회가 사회를 비판하는 수밖에 없다. 그러나 사회는 비판의 주체가 될 수 없다.

심층생태학의 결론에 의하면, 인간은 자연의 일부a part of nature이다. 자연의 네트워크 속에서 인간(개인)도 존재한다. 따라서 자연과학은 '인식론적 오류'를 전제하고 시작한다. 왜냐하면, 연구의 주체인 '나'는 인식론적으로 본질적인 한계를 가지고 태어나기 때문이다. 또한, 인식론에서는 연구의 주체인 내가 자연을 연구의 대상으로 일단 분리해 놓고 시작한다. 물론 이는 연구의 편리성 때문이다. 그러나 바로 그것이 과학연구의 본질적 한계가 될 수밖에 없다. 즉 연구의 필요성 때문에 연구의 한계가 발생하는 것이다.

원칙적으로 아무리 학문적 연구라고 해도 연구의 주체인 나와 연구의 객체인 자연은 무 자르듯이 완전히 분리될 수는 없다. 따라서 우리는 자연과학으로 인간의 삶을 모두 설명할 수 없다는 사실에 공감하고 있다. 그럼에도 불구하고 후발주자로 생겨난 '사회과학social science'이 자연과학이 가지는 본질적인 한계, 즉 인식론의 한계를 그대로 답습하고 있다. 심지어 이로써 자신들이 마치 과학적 성취를 이룬 것처럼 환호성을 지르고 있다. 사회과학은 '과학'이라는 미명하에 이미 자연과학의 시녀가 된 것이다. 이러한 풍조가 이제 '인문학의 영역'까지 침범하고 있다. 이는 '인문학人文學, humanitas'을 '인문과학human science'으로 부르고자 하는 자들의 태도에서 쉽게 목격할 수 있는 사실이다.

반복하지만, 자연과학은 '조건의 학문'이다. 조건이 바뀌면 결과도 바뀐다. 즉 모든 과학적 연구의 결과는 'A라는 특정한 조건' 하에만 타당하다. 따라서 과학적 방법에서 등장하는 '조건'은 과학을 가능하게 하지만, 동시에 이는 학문으로서의 '한계'이다. 물론 이러한 한계 때문에 포퍼의 설명대로 자연과학은 계속 발전한다. 한계를 극복하기 위해서 새로운 과학지식이 탄생하는 것이다. 달리 말하면, 과학의 본질적인 한계에 대한 비판으로 인하여 새로운 과학적 지식이 탄생하면서 과학은 발전하게 된다. 이렇게 본다면 학문에서도 비판은 대단히 중요한 역할을 한다. 그러나 만약 '비판'의 개념이 사회학적으로 학문계이건 일상에서건 널리 유포된 것이 사실이라면, 학문 연구로서 또는 지식획득의 방법으로서의 비판적 방법은 새롭게 재고될 필요가 있다. 왜냐하면, 이미 '비판의 방법'조차도 반성과 성찰이 삭제된 인식론적 방법을 그대로 차용하고 있기 때문이다. 이러한 비판의 방법은 자연과학에서 연구의 편의상 수용한 방식이다. 그러나 우리는 이제 더 이상 '연구의 편의성' 때문에 삶의 전체를 연구하고 삶의 진실을 파악해 내는 것을 포기할 수는 없는 일이다. 자연과학도 늘 반성과 성찰에 기반한 비판을 통하여 과학발전을 도모해야 한다.

결국, 우리가 비판적 방법으로만 진리를 찾아낸다는 것에는 여전히 무리가 따른다. 이렇게 본다면 비판적 방법으로 탄생하는 지식은 불완전한 지식이다. 심지어는 위험하기까지 하다. 그럼에도 불구하고 비판적 방법은 인류가 지금까지 지식을 탄생시켜 온 하나의 지식추구의 방법이라는 사실은 부정될 수 없다. 이로써 비판적 방법은 지식의 성립 조건으로서의 방법 조건 중 일부분이 될 뿐이다.

3. 응용조건: 실용적 방법

'실용적 방법'은 20세기 초 시작된 미국의 실용주의實用主義, pragmatism에서 비롯된다. 19세기 말에 미국을 중심으로 일어난 사상으로서 행동을 중시하며, 실생활에 효과가 있는 지식을 진리라고 주장하였다. 즉 실용주의에서는 '유용성utility'이 진리의 개념을 대치했다. 또한, 사고나 관념의 진리성은 실험적인 검증을 통하여 객관적으로 타당한 것이어야 함을 강조하였다.

학문적 차원에서는 실용주의의 창시자로서 심리학적으로 접근했던 퍼스 (1839~1914), 제임스William James(1842~1920) 그리고 실용주의를 (교육)철학적으로 접근했던 존 듀이John Dewey(1859~1952) 등이 대표자라고 할 수 있다. 특히 존 듀이는 "실용주의는 사상이며 철학이며 실천이지만, 연구의 방법이며 더 나아가 지식창출 및 지식획득의 방법"이라고 주장하였다. 실용주의의 뿌리는 17세기 유럽의 실학주의realism라고 할 수 있다. 우리나라에서 19세기 말 '실사구시實事求是'와 '경세치용經世致用'을 원칙으로 하는 '실학(사상)운동'이 전개된 바 있다. 한마디로 실학주의나 실용주의나 삶에 유용한 지식을 가르치고 배우자는 것이다. 결국, 지식의 창출 및 획득에서 실용주의의 방법을 따르자는 것이다.

그런데 엄밀히 말하면 실학주의와 실용주의는 동일한 개념이 아니다. 그럼에도 불구하고 '유용한 지식' 또는 '지식의 유용성有用性, utilitarianism'이라는 면에서 둘은 통한다. 그러나 유용한 지식을 창조하고 획득하는 방식에서는 많이 다르다. 즉 17~18세기 유럽은 계몽주의가 시작되던 시기로서, 과학의 세기이기도 하다. 한마디로 당시에는 과학적 지식이 바로 유용한 지식이었다. 즉 그때까지 전통적인 철학적·형이상학적 지식은 '무용한 지식' 또는 상아탑에 갇힌 지식이 되고, 대신 과학적으로 입증되고 검증된 지식만이 진정한 지식이고 심지어 진리로 둔갑했다. 따라서 당시에는 '과학적'이라는 수식어가 붙어야만 지식으로 간주될 수 있었다. 그전까지는 '철학적'이라는 수식어가 붙어야만 '지식'으로 취급되었던 것을 감안한다면 격세지감이 아닐 수 없다. 즉 철학이 세상을 지배할 때에는 '철학자philosopher'라는 칭호가 가장 권위 있는 지위였지만, 과학의 세기에 들어서는 '과학자'라는 칭호가 온 세상을 지배했다. 과학자 A가 추천한 일은 A를 잘 몰라도 그들이 세운 지식은 믿음과 신뢰를 얻을 수 있었다. 과거 철학자 A가 추천한 일이 세상에서 최고의 권위를 얻었던 사실과 다르지 않았다.

결국, 실학사상, 실학적 지식이란 당시 가장 쓸모있는 지식이 된 것이다. 그런데 중요한 것은 지식의 취득방법은 주로 교리문답Katechismus의 방식으로 이루어졌다는 사실이다. 즉 누군가가 묻고 누군가는 답하고 하면서 지식이 전달되고 취득되었던 것이다. 이러한 지식취득의 방식은 오늘날 소위 주입식 교육cramming eduction, Paukerei의 방식으로까지 발전한다. 이렇게 본다면, 실용주의의 교육방식은 실학주의에서의 그것과 전혀 다르다. 아울러 실용주의에서 지식창출 및 지식획득의 방식은 전혀 다르다. 따라서 연구의 방법도 전혀 다르다.

실용주의는 미국사회를 대표하는 사상으로서 미국사회에서 철학사상을 위시하여, 법, 교육, 정치, 사회이론, 그리고 더 나아가 예술 및 종교의 세계에까지 큰 영향을 미쳤다. 실용주의 사상의 기본 논점은 크게 다음과 같이 6가지로 요약될 수 있다. 첫째, 역동적이고 가변적인 '삶의 실재성'을 강조하고, 인간의 지식을 이러한 실재에 적용하고 그것을 통제하는 도구로 본다. 둘째, 유럽사상의 대표적인 전승인 비판적 경험론을 계승하여 연구 활동에서 고정된 원칙이나 선천적 추론보다는 현실 경험과 실재성과 유용성을 더 중시한다. 셋째, 생각이나 명제의 진정한 의미는 실용적으로 가치와 의미가 있을 때 가능하며, 이를 현실에 적용할 때 실제의 결과 속에서 드러난다. 넷째, 진리는 검증과정에 의해서 결정된다. 어떤 관념이나 생각 역시 만약 실제에서 쓸모 있고 유용하게 작용한다면 그것이 곧 진리이다. 다섯째, 관념은 외부 대상의 반영이나 모사가 아니라 행위의 도구이다. 즉 관념은 행동에서 생겨날 결과에 대한 가설이자 예측이며 세계 속에서 행위를 조직·규제하는 방편이다. 여섯째, 방법론의 측면에서 볼 때 실재에 관한 인간의 사고는 인간 자신의 이해관계와 필요에 의해 생겨나며 효율성과 효용성의 여부에 의해서 정당화된다.

여기서 중요한 것은 지식창출 및 지식획득을 위해서는 모든 것이 '도구화'될 수 있다는 사실이다. 특히 우리가 실용주의에 대해서 매우 잘못 알고 있는 것 중에서 가장 대표적인 오류는 실용주의는 전통적인 형이상학과 철학적 사유를 상아탑으로 몰아넣고 소위 실제로 써먹을 수 있는 지식만을 지식으로 간주한다고 착각하고 있다는 것이다.

역사적으로 실용주의pragmatism라는 말은 '행동'·'사건' 등을 뜻하는 그리스어 πραγμα에서 유래했다.[20] 그러나 이 말을 처음 사용한 퍼스Charles

Sanders Peirce(1839~1914)는 칸트의 개념을 따르고 있다. 즉 칸트는 자신의 『인간학Anthropologie』이라는 저서에서 부제로 실용적pragmatisch라는 개념을 차용하고 있다.[21] 이는 그가 인간학의 연구에서 실험적이며 경험적 성격을 강조한다는 의미로 사용한 것이다. 결국, 미국의 실용주의는 칸트의 선험철학transzendentalphilosophie적 사유의 그늘 하에서 성숙되었다. 실제로 대표적인 실용주의자인 듀이는 철학과 교육학을 동일시하면서 "교육철학"을 유일한 학문의 우산개념umbrella concept으로 보았다. 그런데 듀이는 "칸트의 선험철학"에 대해서 박사학위 논문을 제출했다.[22] 이러한 연유로 실용주의의 창시자인 퍼스는 제임스 등과 <형이상학클럽>을 조직하여 운영하였다. 이때 간사가 바로 듀이였으며 나중에 <형이상학클럽>이 해체되고 그의 후신격인 <헤겔클럽>의 회장을 역임하면서 본격적으로 자신의 실용주의철학을 연구방법론으로까지 승화시켰던 것이다. 다시 말하면, 듀이는 실용주의를 연구하기 위해서 철학적 연구방법으로서의 '실용적 방법pragmatic method'을 새롭게 창안했던 것이다.

특히 듀이에게 교육철학의 마지막 목표는 "성장growing, 成長"이다. 즉 모든 교육은 아동(학생)의 지속적인 성장을 목표한다. 왜냐하면, 인간은 미완성으로 태어나서 미완성으로 죽는다. 따라서 교육은 인간의 성장과정을 도와주어야 한다. 아울러 인간의 성장을 도울 수 있는 것이라면 모든 것이

---

20 그러나 실용주의에서 행동은 반드시 반성을 동반한다. 왜냐하면, 실천이 없는 이론은 공허한 관념론으로 나아갈 뿐이며, 철학적 반성이 없는 행동은 무의미한 행동주의를 초래할 뿐이기 때문이다(Elias, John L. & Merriam, Sharan, 1998: 22).

21 정확한 칸트의 저서명은 『Anthropologie in pragmatischer Hinsicht, 1796/1797』이다. 1798년 영어로 번역된 책의 제목은 『Anthropology from a pragmatic point of view』이다.

22 일예로 듀이는 '상호작용'의 의미를 Interaction이라는 용어 대신 'Transaction' 이라는 용어를 사용한다. 사실 상호작용Interaction이란 용어는 자신의 동서이며 문화인류학자였던 미드Georg Mead(1863~1931)가 처음 사용하였다. 그러나 듀이는 자신이 의미하는 상호작용은 사회학이나 인류학 같은 경험주의자들이 사용하는 상호작용이라기 보다는 칸트의 선험성에 근거한 상호작용이라는 의미에 더 가깝다. 따라서 그는 상호작용이라는 용어 대신이 트랜스액션이라는 용어를 사용한 것이다.

'도구道具, instrument'가 될 수 있다. 즉 모든 것은 '성장의 도구'로 활용될 수 있다. 교육이 바로 이러한 일을 도맡게 되는 것이다. 이러한 의미에서 듀이의 사상은 '도구주의instrumentalism'라고 한다. 그런데 가장 중요한 성장의 도구가 바로 '관념idea'이라는 사실이다. 한마디로 관념이 성장의 도구가 될 수 있을 때 가장 좋은 교육이 될 수 있다. 이를테면, 꿈dream은 일종의 관념이다.

듀이는 아동의 성장을 위한 교육적 개입을 위해 우선 '경험'을 선택했다. 즉 '경험을 통한 학습learning by doing'이 요청되는 것이다. 그러나 서구를 오랫동안 지배해온 이성주의의 주지주의 사상은 듀이에 의해 부각된 경험을 사실상 외면해 왔다. 왜냐하면, 아이들이 하는 경험보다는 기성 성인들이 겪은 경험들이 보다 중요하기 때문이다. 따라서 선조들의 경험을 책에다 정리하여 이를 아이들에게 전달시키는 것이 중요하였다. 이렇게 하여 교육의 범주는 결정되었다. 듀이는 이러한 전통적인 교육방법에 반기를 들고 아이들로 하여금 직접 경험하고 체험할 수 있도록 하는 것이 진정한 교육이며 그것이 바로 실용주의 교육의 핵심임을 공포하였다.

원칙적으로 우리의 삶에서 '경험experience'이란 크게 두 가지로 대별된다. 하나는 '직접 경험'이고. 다른 하나는 '간접경험'이다. 전통적인 교육은 후자, 즉 선조들이나 기성 성인들의 경험을 교과서에 모아 놓고 이를 답습함으로써 아동들은 경험을 익힐 수 있다. 우리가 경험을 익힌다는 것은 삶에서 시행착오를 덜 한다는 의미가 있다. 따라서 아동들은 학교에서 교과서를 중심으로 남의 경험을 터득하면 된다. 이른바 객관주의이다. 객관적 지식이 존재한다는 생각이다. 따라서 객관적 지식을 터득하는 일반화된 방법은 '암기暗記'이다. 바로 이것이 지식을 습득하는 방법이다. 남의 경험에서 비롯된 객관적 지식을 '암기하고 이를 기억memorizing'함으로써 아동들은 시행착오가 줄어드는 미래를 준비할 수 있다.

어른들이 경험을 해 보았더니 이런 것들은 목숨을 빼앗아 갈 수 있고, 이런 것들은 삶을 용이하고 풍요롭게 한다. 말하자면, 이들은 시행착오를 줄일 수 있는 지식들이다. 대체로 교과서에 선정되어 아동들에게 교육이라는 수단과 절차를 통하여 전수된다. 이로써 문화가 전수되는 것이다. 여기서 문화의 전수 및 전달이 바로 교육이다. 왜냐하면, 교과란 '선택된 문화'로서 교과서는 선택된 문화, 즉 선택된 경험을 정리해 놓은 것이기 때문이다. 특히 남들의 경험을 암기시키고 암기하지 못하면 성적평가라는 미명하에 벌을 줌으로써 경쟁의 목표에 도달하도록 독려한다. 결국, 우리의 교육은 오랜 시간 동안 주입식 암기교육의 방식을 '교육 또는 지식습득의 방법'으로 활용하게 된 것이다.

그러나 듀이는 이러한 교육방식, 즉 지식습득의 방법을 거부하였다. 또한, 그는 남의 경험, 선조들의 경험을 간접적으로 획득하는 것보다 더 중요한 교육은 바로 아동이 직접 스스로 산living 경험을 해보고 체험해 보면서 스스로 느껴보는 것이었다. 그는 시카고 대학교의 교수로 부임하면서 시카고 대학교의 부설 초등학교를 설립하였다. 일명 '실험학교experimental school'로서 출발한 '듀이 학교'에서는 특정한 '교과서'가 없었다. 이 학교에서는 아동들이 직접 스스로 경험해 보고 실험해 보고 실천해 봄으로써 얻는 지식을 목표한다. 자신이 스스로 해 봄으로써 지식을 학습하게 되는 것이다. 이러한 의미에서 지식과 경험 그리고 학습의 관계 파악은 철학적 과제에 해당된다.

"지식이 어떻게 경험에 관련되는가 하는 질문은 분명히 철학적인 질문이다. 그와 동시에 경험으로부터 지식이 나오는 과정을 어떻게 이해해야 하는가 하는 질문도 철학적인 질문이다. 아닌게 아니라, 지식과 경험과 관계라는 문제는 원칙적으로, 학습이 원만히 일어나는 데에 필요한 조건 등등을 알아내기 이전에 철학적으로 해답 되어야 하는 질문인 것이다. 어떤 조건에서 학습이 가장 잘 일어나는가 하는 질문은 분명히 심리학적 질문이며, 그 밖에도 개인지 실지로 어떻게 학습하는가, 특정한 부류의 사람들이 어떻게 학습하는가, 또 어떤 조건에서 학습이 일어나는가 하는 것과 같은 여러 가지 심리학적인 질문들이 있다. 그러나 이러한 질문에는 '학습이 무엇인가'하는 질문에 대한 해답이 논리적으로 가정되어 있으며, 이 나중의 질문은 그것을 묻고 대답하는 사람의 전공분야에 관계없이 철학적인 질문이다."(D. W. 함린, 1978/ 이홍우 역, 2010: 37~38)

결국 듀이의 실용주의에서 비롯된 '실용적 방법'이란 살아있는 경험을 통하여 스스로 느껴봄으로써 지식을 획득하기 위한 방법이었다. 물론 이러한 직접 경험을 통하여 획득한 지식은 유용하게 써먹을 수 있을 수도 있다. 이때 지식은 삶에 유용하게 적용 가능하고 쓸모 있게 응용될 수 있기 때문에 실용지식이라고 할 수 있다. 그러나 듀이에게 이러한 실용지식을 얻은 것은 별로 큰 관심이 아니었다. 그럼에도 불구하고 우리는 실용주의를 마치 써먹을 수 있는 지식을 얻으면 그만인 것으로 착각하고 있다. 그러나 듀이의 실용주의교육은 쓸모 있는 지식을 획득하는 것에 국한되지 않는다. 실제로 산 경험과 체험을 하다 보면 물론 실용적인 지식을 획득할 수 있다. 그러나 이미 언급한대로 듀이 실용주의 교육의 마지막 목표는 '성장'이었다. 실용적 지식 몇 개 얻었다고 그가 성장한 것은 아니다. 특히 듀이의 성장개념은 '내적·심정적 성장'을 의미한다. 그것이 바로 '반성적 사고reflective thinking'를 통한 성장이었다. 즉 경험을 하다 보면 아이들은 성공하기도 하고 실패하기도 한다. 이러한 성공경험과 실패경험의 과정을 반복하면서 아이들은 반성적 사고를 할 수 있게 된다. 지속적으로 반성적 사고를 하면서 아이들은 내적으로 성장하게 되는 것이다. 이렇게 본다면, 듀이의 성장, 즉 끊임없는 내적 성장은 몇 개의 유용한 실용적 지식의 획득을 넘어선다.

결국, 지식의 조건에 대한 현대적 수정으로서 지식의 성립 조건의 하나로 제시된 응용조건은 실용주의적 접근을 통하여 지식의 새로운 조건이 된다. 이는 합리성에 근거한 지식의 정당성조건의 구체화, 방법론적 다수주의에 근거하여 지식을 탐구하는 방법조건과 함께 새로운 지식의 성립조건으로 제시될 수 있다. 특히 실용주의적 접근을 통한 '반성적 사고' 과정의 연속상에서 획득되는 지식은 지식의 성립조건을 충족시킨다. 다만 실용주의적 접근을 통한 지식의 획득과정은 분석철학자이며 수학자로서 논리실증주의를 대표한 러셀의 지적처럼 명확하지가 않다는 한계를 가지고 있다. 이를테면 실용주의의 핵심인 유용성이라는 개념은 어떻게 입증될 수 있으며, 유용한 지식이란 과연 누구에게 무엇 때문에 유용하다고 하는 것일까? 또한, 특히 듀이가 실용주의적 지식창출의 방법으로 제시한 '반성적 사고'란 어떻게 진행되는 것이며, 이를 통해서 얻어지는 지식을 과연 우리는 진정한 지식이라고 할 수 있을까? 과연 어떻게 그러한 지식이 객관성과 보편성을 담보할 수 있을까? 이러한 차원에서 본다면 응용조건으로서의 실용주의적 접근은 분명 지식의 성립조건의 일환일 수 있다.

그러나 여전히 응용조건에서 이루어지는 지식의 탄생 역시 불안하다고 할 수 있다. 그럼에도 불구하고 지식의 조건 내지 지식의 성립조건은 지식의 구조를 구성하는 중요한 요소가 된다. 아래(III장)에서 전개되는 지식의 구조는 이러한 지식의 조건을 충족한 셈이다.

Ⅲ

지식의 구조

01 선형적 구조

 지식의 선형적 구조는 '발달단계적'이다. 이는 콩트August Comte(1798~1857)의 학문발달의 분류에서 잘 설명된다. 19세기 프랑스의 철학자·사회학자인 콩트는 자신의 저서 『실증철학 강의Cours de philosophie positive』에서 모든 사고는 세 가지 단계를 거쳐서 발전한다고 주장했다. 그에 의하면, 우리 인류에게 지식의 진보는 3단계의 과정을 거쳐서 이루어졌다. 즉 지식은 신화적 단계, 형이상학적 단계 그리고 실증적 단계를 거쳐 발전하였으며, 마지막 단계가 바로 과학적 지식의 단계이다. 즉 인간은 초자연적인 섭리에 의한 산물로서 자연을 나타낼 때인 신학적인 단계에서 최초의 사고능력이 발달하며, 그다음으로 초자연적인 자연의 섭리가 추상적인 힘으로 대체된 형이상학적인 단계에서 발달하며, 마지막으로는 인간이 내적인 본성과 본질적인 원인에 대한 연구를 피하고 이성과 관찰의 힘을 이용해서 현상의 불변적인 모습을 분간하여 그들에 대한 기술적 지배를 한다는 실증적 단계에서 사고를 발달시킨다. 따라서 인간의 인식 역시 신화적 단계에서 형이상학적 단계를 거쳐 실증적 단계로 발전하여 왔다. 다시 말해서, 인간에게 있어서는 세 번째 단계인 실증적 단계가 궁극적으로 지향하여야 할 단계이며, 이 단계는 추상적 실체의 가정 없이 현상을 그 자체로서 설명하고 파악하려 노력하는 사유 방법이 지배하는 단계가 된다. 결국, 이러한 단계적 발달과 함께 인간에게 온전한 지식탄생도 가능하다. 왜냐하면, 지식은 삶을 예측하기 위해서 필요하고 실행하기 위해서 예측하여야 하기 때문이다. 이로써 콩트는 신학적 단계와 형이상학적 단계를 거쳐 실증적 단계에 이르면서 오늘날의 지식이 탄생하고 있다고 설명하면서, 실증적 지식이야말로 완성된 지식이며 이로써 진정한 지식의 탄생이 이루어지고 있다는 암시를 하고 있다.

우선 지식은 신화적 종교적 차원 또는 신학적 차원에서 비롯된다. 왜냐하면, 신화는 애초부터 우리가 당면하는 근본적 질문에 대해 초월적 힘과 존재를 끌어들여 설명하고자 했기 때문이다. 사계절의 변화를 비롯한 자연현상과 그로 인한 재해, 곧 폭우나 번개, 화산, 지진 같은 자연의 위력적인 모습은 우리 조상들이 결코 외면할 수 없는, 생존과 직결된 사건이었다. 그렇기에 자연을 이해하고 그 엄청난 힘을 이용하거나 극복할 수 있는 능력이 무엇보다 중요했다. 인간은 이렇게 자연현상과 그 사건을 이해하고 설명하고자 하는 근본적인 욕망을 지닌다. 그와 함께 자연을 넘어서는 역사적 사건이나 존재의 문제, 예를 들어 태어나고 죽어가는 것, 벗어날 수 없는 운명이나 사람 사이의 관계, 인간의 실존적 한계 등에 대해서도 그 원인을 이해하고 싶어 한다. 신화와 신화적 세계관은 이런 배경에서 자연스럽게 생겨났을 것이다. 모든 민족과 국가, 공동체는 그들만의 역사와 함께 자연과 세계, 인간에 대한 이해와 해석을 담은 신화를 가진다. 즉 신화는 문명의 싹이 트던 그 시기에 이러한 근본적인 질문에 대해 나름대로 이해하고 해석하려던 시도였으며, 그것을 이야기로 풀어 놓은 귀중한 기록인 것이다(신승환, 2012: 155~156).

그러나 심리학자들은 신화가 '무의식'에서 비롯되었다고 생각한다. 특히 프로이트Sigmund Freud는 신화란 유아기의 억제된 소망과 두려움이 투사投射되어 만들어진 이야기라고 보았다. 그는 신화를 '초기 인류의 꿈'이라고도 불렀다. 그의 제자 카를 아브라함은 신화 형식을 꿈의 형식으로 바꾸어서 신화를 개인적 차원으로 축소시켰다. 그러나 융Karl Jung은 신화의 원천으로서 개인적 무의식 대신 집단적 무의식으로 보았다. 그에게서 집단무의식의 원천은 우주에너지이다. 즉 융에게서 신화의 원천은 우주에너지가 된다(낸시 헤더웨이, 2001/ 신현승 옮김, 2004: 12).

한편, 프랑스 사회학자 뒤르켐Emile Durkeim은 신화가 '집단의식'에서 기인하다고 주장한다. 또한, 철학자 바르트Rolan Barte는 신화가 심리학적 맥락이 아니라 역사적 맥락에서 생성된다고 주장하면서 그것이 비록 만들어진 허구라고 하더라도 신화가 내포한 '상징체계'를 이해하는 것은 인류역사를 이해하는 첩경이라고 보았다.

> "비록 일반적으로 '신화'라는 단어는 폭넓은 지시를 받는 허구의 믿음을 암시하지만, 신화들은 대게 더 큰 진실을 나타내려는 상징으로 여겨지고 있다. 그렇다면 이런 진실들은 자연현상, 역사적 사건, 종교적 의식 또는 믿음, 사고방식, 심리학적 과정, 정신적 욕구와 관련이 있는 걸까?…. 지난 2천 년 동안 그 이론들은 줄곧 분분했다."(낸시 헤더웨이, 2001/ 신현승 옮김, 2004: 12~13)

기능주의 인류학자 말리노브스키는 신화의 주요 기능이 사회의 문화적 구조를 강화시키는 것이라고 주장하였다. 즉 신화는 사회적이고 공리적인 목적에 기여하지는 않지만, 사회를 구성하는 데 문화적 구조에 기여한다. 인류학자 레비스트로스는 신화란 고도의 지적 시도라고 하면서, 원시적 차원에서 설명하는 것에 부정적이었다. 특히 그는 신화의 구조를 분석하면서, 신화가 언어나 음악과 같은 논리 체계라고 주장하였다(낸시 헤더웨이, 2001/ 신현승 옮김, 2004: 14)

역사적으로 신화학자들은 공통적으로 인간이 신들을 숭배하는 방식에 주목했다. 그만큼 신화 속에 등장하는 신들은 때로는 인간의 정서를 반영하기도 하지만 때로는 전능한 신의 모습으로 인간의 능력을 압도한다. 중세기독교시대에도 신화는 여전히 신의 계보에서 상징적으로 해석되곤 했다. 1350년 보카치오의 저술인 『이교도 신들의 계보에 관하여On the Genealogy of the Gods of the Gentiles』는 대표적이다. 이후 신화를 기독교적 추론으로 소개한 책자는 적어도 200년 이상 지속되어 간행되기도 했다. 물론 신화는 이교도의 신들의 소재였다. 그럼에도 불구하고 기독교 유일신과 이에 얽힌 사건들은 신화에 등장하는 신들과 상징적으로 연결될 수 있었다. 특히 켈수스는 예수의 탄생 이야기를 신화적으로 해석했으며, 동정녀 마리아를 제우스에 의해 처녀의 몸으로 임신한 다나에와 유사하게 설명했다(낸시 헤더웨이, 2001/ 신현승 옮김, 2004: 14).

오늘날 신화를 연구하는 데에는 크게 두 가지 접근법이 적용되고 있다. 그 하나는 융에 기반을 둔 심리학적 접근법이다. 이 접근법은 인간 영혼 내부의 심오하고 영속적인 무언가의 표현으로 신화를 보는 것이다. 다른 하나는 주로 페미니스트 학자들이 추구하는 상대적 접근법이다. 이 접근법은 신화에서 상대적으로 무시되곤 했던 고대의 여신들을 소생시키고 주변적 역할을 맡아 하고 있는 신들에게 사회심리학적으로 접근하는 방식이다. 즉 억압받는 계급에 대한 마르크스적 접근법으로 간주되는 이 접근법은 심리학적, 사회학적, 역사학적 차원이라고 할 수 있다.

한편, 신화적 세계관에서 이야기의 허구성이 고발되기 시작하면서 지식의 세계는 점차 철학적 · 형이상학적 세계로 넘어간다.

> "사실과 부합하지 않는 요소로 점철된 신화 속 이야기는 역사와 경험을 공유하지 않는 이들에게는 결코 설득력 있게 들리지 않는다. 그들에게 사실을 말하지 않고 의미를 해석하는 신화는 재미있지만 기괴한 이야기에 불과할 뿐이다. 이런 한계와 모호함을 넘어, 인간의 근본적 물음과 그에 대한 자신들의 이해를 체계적이며 합리적으로 설명하려는 시도가 생겨났다. 이는 인간의 내적인 능력, 즉 생각하고 설명하는 지적 능력으로써 신화적 세계관을 대체하려는 노력이다. 역사적으로 보면 기원전 6~7세기경에 이런 시도가 분명하게 나타난다. 이러한 지성적 작업을 일컬어 철학이라 칭한다."(신승환, 2012: 156~157)

이로써 철학적 · 형이상학적 차원, 즉 이성적 · 합리적 차원에서 지식이 탄생하게 된다. 반대로 지식은 사변적으로만 획득되는 것이 아니라 직접적인 경험을 통해서도 획득될 수 있다는 사실이 알려지게 된다. 그러나 지식이 어떻게 탄생하고 어떻게 획득되든 문제는 지식이 지식으로서 인정될 수 있는 객관성이었다. 즉 우리가 획득한 지식은 어떻게 정당성을 얻게 되는가?

"자연을 관찰하여 그 안에서 지식을 찾는 과학으로 체계화된 학문이 그 의미를 이해하고 해명하려는 철학적 학문을 대신하게 된다. 과학적 원리를 응용한 기술문명은 인간 세계와 역사를 바꾸어 놓았다. 이제 철학은 과학의 원리를 설명하거나 언어에 내재한 논리를 설명하는 학문, 또는 실증적 세계관을 뒷받침하는 학적 체계 정도로 존재한다."(신승환, 2012: 159)

　　이러한 연유에서 우리는 경험적·실증적 차원에서 획득되는 지식이야말로 객관적이고 정당한 지식이 된다고 믿게 된다. 결국, 콩트에게는 실증적 지식만이 지식이다. 그가 주창한 실증주의positivism는 실증적 지식의 산실이었다. 이로써 지식은 형이상적 단계에서 실증적 단계로 진화한다. 실제로 실증주의는 프랑스 혁명을 기화로 탄생한 새로운 철학의 일환으로서 특히 자연과학의 발달과 산업사회의 성립을 배경으로 발달한 사상적 사조라고 할 수 있다. 이는 전통적인 경험론과 계몽주의에 뿌리를 두고 있지만, 근대 이후에 실증주의는 서구의 자연과학에 합리적 기반을 제공하는 기틀을 마련해 줄 수 있었다. 역사적으로 실증적 지식을 탄생시킨 실증주의는 갈릴레이부터 뉴턴까지 소의 '과학의 세기'를 지나면서 급격하게 발전한다. 이는 (자연)과학의 세계에 대한 경탄을 그대로 반영하는 것이기도 하다. 결국, 실증주의의 관점에서 보면 우리에게 필요한 지식 중에서 과학적 지식이 가장 믿을만한 셈이다.

　　사실 실증주의는 인간의 삶에서 애초부터 시작되었으며 문명의 발달과도 직접적으로 연관되어 있다. 돌멩이를 갈아서 잡아온 동물의 껍질을 벗기면 보다 성과가 크다는 사실이 입증되면서 구석기시대가 신석기시대로 이어진다. 사상적으로는 플라톤의 관념론에 대한 아리스토텔레스의 이의제기는 실증주의를 잉태시키기에 충분했다. 즉 아리스토텔레스로 대변되는 실재주의는 실증주의의 먼 뿌리가 된다.

　　실증주의 사상은 중세에도 이어지는데, 대표적인 사상가로서는 오캄William Ockham(약 1261~1626)과 베이컨Francis Bacon(1561~1626)을 들 수 있다. 이들의 사상은 아리스토텔레스의 실재론을 경험주의로 옮겨 가게 하는 길목을 지켰다. 로크와 흄Hume(1711~1766)에 의해 영국에서 활성화된 경험주의는 시몬Saint-Simon(1760~1825)에 의해 경험주의적 실증주의를 낳게 한다. 즉 실증주의는 로크J. Locke나 흄D. Hume 등에 의한 영국의 경험론經驗論과 프랑스의 계몽주의啓蒙主義 유물론唯物論에 그 연원을 두고 있고, 당시 급속하게 발달하던 자연과학과 산업사회의 성립이 배경이 되어 등장한 철학사조이다. 이러한 사상적 조류는 마침내 콩트August Comte(1798~1857)에 의해서 이론적으로 체계화된 셈이다. 그에 의하면 현상이란 반드시 현실에 실재해야 하고 유용해야 하며 확실하고 정확해야 한다.

실증주의는 말 그대로 '실제로 증거'가 있는 것만을 지식으로 간주한다. 이는 초월적이고 형이상학적인 사변思辨을 배격하고, 관찰, 측정, 실험 등으로 입증과 검증 가능한 지식만을 인정하는 인식론적 방법론의 입장을 취한다. '실증주의'라는 말을 맨 처음 사용한 사람은 프랑스의 공상적 사회주의 사상가 생시몽Comte de Saint-Simon(1760~1825)이다. 그러나 실증주의를 새로운 철학의 일환으로 자리 잡게 한 것은 콩트의 공적이다. 그는 자신의 『실증철학강의』 등의 저작을 통해서 실증주의의 핵심 내용들을 제시하였다. 따라서 가장 고유한 의미에서 실증주의는 바로 콩트의 사상에서 비롯된다. 그에 의하면, 철학의 임무란 과학적 지식을 분석하고 요약하는데 있다. 그러나 실증주의는 사실이나 현상의 배후에 초월적인 존재나 형이상학적인 원인이 있다는 전통적 철학적 사유를 거부하고, 오로지 경험적으로 주어진 사실에 인식의 대상을 제한한다. 그리고 사실들 간에 성립하는 자연적 관계들을 있는 그대로 관찰하여 그 자체로 해명하려고 한다. 한마디로 실증주의는 초경험적超經驗的인 실재를 인정하지 않고 검증이 가능한 경험적經驗的 사실만을 다루는 지식철학으로, 형이상학形而上學적인 관념과는 반대되는 근대철학의 한 사조이다.

이러한 실증주의는 당시 비약적으로 성장하던 자연과학의 지배력과 맥을 같이하면서 그의 적용 범위를 확대해 나갈 수 있었다. 이렇게 하여 실증주의는 일종의 경험주의로서 과학이론에 대해서 환원주의적 입장을 가지고 과학법칙의 연역적인 개념으로 그리고 과학실험에 대한 현상론자적 해석을 한다. 그러나 실증주의는 근대 자연과학의 방법과 성과에 기초하여 물리적 세계만이 아니라 사회적 정신적 현상들까지 통일적으로 설명하려는 지적 태도로 성장하게 된다.

콩트는 관찰과 실험을 통하여 가설의 입증과 검증을 목표하는 자연과학에서 활용되는 실증적 연구 방법이 인간과 사회 현상을 탐구하는 데에 있어서도 그대로 적용될 수 있다고 믿었다. 즉 그는 과학적인 태도를 단지 자연과학뿐만 아니라 인간사와 일상에도 그대로 적용할 것을 주장하며 '실증적'이라는 용어를 애용했다. 그는 올바른 지식을 얻기 위해서 우리는 더 이상 '형이상학적이며 오직 사물의 본질에만 주의를 기울이는' 전통적인 철학적 방법 대신 실증적 과학에 의존해야 한다고 주장했다. 다시 말하면, 실증주의는 현실적으로 주어진 것과 경험적인 것만을 지식의 대상으로 삼고, 정신이나 신과 같은 추상적인 존재의 실체나 원인 등은 연구하려 하지 않으며, 초월 의지를 통해 드러나는 절대적인 진리를 추구하려 하지 않는다. 따라서 실증주의는 사물의 본질에 관한 논의가 아니라 있는 그대로의 사물에 대한 관찰과 지극히 사실적인 법칙들에 관한 논의를 지향한다. 결국, 실증주의에서는 참된 지식이란 오로지 과학으로 얻어지는 지식의 총체뿐이라고 주장한다.

사실 실증주의를 의미하는 Positivism이라는 원어는 '긍정주의'를 말한다. 그렇다면 이를 우리는 왜 긍정주의라고 하지 않고 실증주의라고 번역하고 있는가? 여기에는 입증되지 않는 것은 모두 버리고 오로지 실증되는 것만을 지식으로 취급하는 자연과학이 당시 대세라는 사실을 우리는 모두 '긍정해야 한다'는 의미가 숨어 있다. 따라서 실증주의는 과학의 방법을 인간 지식의 원천으로 인정하는 태도를 긍정주의로 간주했던 셈이다. 왜냐하면, 이들에게 과학적 지식의 성장은 인간 역사의 진보와 동일시되었기 때문이다. 여기서 과학적 지식이란 관측 가능한 현상을 시공간상에서 불변의 패턴으로 기술記述함으로서 구성되는 지식을 말한다.

한편, 철학에서 콩트의 사상은 이른바 '빈 학파Wiener Kreis'라고 불리는 독일 실증주의 학파의 발달에 영향을 끼쳤다. 1920년대에 나타난 이들의 사상을 '신실증주의neo-positivism' 혹은 '논리실증주의logical positivism'라고 부른다. 이들은 형이상학을 거부하고 과학을 주창한 콩트의 입장을 계승한다. 구체적으로 이들은 철학이라는 학문연구에서의 엄밀한 과학적 태도를 강조한다. 대표적인 빈 학파의 사상가들로는 슐리크M. Schlick(1882~1936), 카르납R. Carnap(1891~1970), 뉴라스O. Neurath(1882~1945), 바이즈만F. Waismann(1896~1959) 등을 꼽을 수 있으며, 라이첸바하H. Reichenbach(1891~1953), 헴펠C. G. Hempel(1905), 나겔E. Nagel(1901)과 아이어A. J. Ayer(1910) 등은 실증주의의 지지자들이다. 이러한 실증주의 사상은 분석철학analytic philosophy의 발달과 왜곡에 지대한 영향을 미쳤다고 할 수 있다.[1]

그러나 이렇게 자연과학이 실증적 단계의 대표주자로 부각되고, 그 이전의 단계, 즉 형이상학적 단계와 신화적·신학적 단계가 상대적으로 입증될 수 없는 미완성의 지식으로 간주되면서 형이상학적 단계의 지식과 신화

---

[1] 특히 분석철학은 영미 지역에서 가장 커다란 발전을 이룩했는데, 20세기 영미 철학은 헤겔의 관념론에 대한 반동으로부터 시작되었다고 할 수 있다. 19세기 말 영국의 강단 철학은 헤겔주의자였던 브래들리F. H. Bradley의 관념론에 의해 지배되고 있었다. 그러나 이러한 경향에 반대하여 무어G. E. Moore와 러셀B. Russell은 논리적 원자론 등을 내세우며 영국의 경험주의 전통을 되살리려 했다. 1912년 오스트리아 출신의 공학도였던 비트겐슈타인L. Wittgenstein은 영국에서 러셀과 조우하면서 영미 분석철학의 기반이 굳건해지게 된다. 비트겐슈타인의 대표적인 작품인 『논리철학논고』와 『철학탐구』는 20세기 영미분석철학의 방향을 결정한 중요한 저서였다. 비트겐슈타인은 오스트리아로 돌아와 1930년대 초 카르납R. Carnap 등과 같은 비인학파의 학자들과 교류하였고, 그들은 프레게F. Frege 및 비트겐슈타인 전기철학의 영향을 받아 논리실증주의를 수립하게 된다. 나치의 등장으로 미국으로 건너온 카르납은 20세기 미국 철학의 주류를 이루는 분석철학의 기틀을 마련하였다. 언어분석철학, 혹은 간단히 분석철학이라고 일컬어지는 오늘날 영미 철학의 사상적 기반은 프레게의 논리주의, 러셀의 논리적 원자론, 전기 비트겐슈타인의 언어철학(후기 비트겐슈타인의 철학은 전혀 다름), 논리실증주의의 과학적 철학 등에 있다고 할 수 있다. 이들의 철학의 공통적 특징은 반형이상학적인 경험론, 논리주의, 실증주의 등으로 요약될 수 있다. 이들은 세계에 대한 우리 지식의 경험적 기초를 찾으려고 노력했다. 또한, 이들은 세계를 서술하는 우리의 언어를 논리적으로 분석함으로써 철학의 언어가 세계의 진리를 표상한다는 믿음을 확인시키고자 했다. 그러나 이러한 이들의 작업은 철학과 논리학의 경계를 모호하게 만들었다. 따라서 한 예로 기호논리학에 숙달되지 않은 사람은 철학 논문을 읽는 것이 불가능할 정도로 전문화되고 분업화되어 갔다. 이러한 분위기 속에서 간혹 인식론 중심의 분석철학적 작업의 성과에 대해 회의하는 철학자들이 있기는 했으나, 이들은 주류에 저항할 만한 큰 힘을 얻지는 못했다.<Diggins, 1994>

적 · 신학적 단계의 지식은 실증주의자들에게는 인정될 수 없는 지식이 되고 말았다. 한마디로 과학의 시대에 이러한 지식들은 쓸모없는 지식이 되어버리고 만 것이다.

사실 콩트는 엄밀히 말하면 자연과학자가 아니었으며 철학자 내지 사회사상가(또는 사회과학자)였다고 할 수 있다. 그러나 실증주의는 지식이 자연과학적 방법으로 탄생하는 것을 가장 완성된 수준으로 간주하였다. 따라서 실증주의는 자신의 모태인 철학에서는 죽고, 자연과학에서 살아남았다고 할 수 있다. 그러나 실증주의는 오히려 여기서 멈추지 않고 자연과학의 지식창출방법을 인간과 사회를 연구의 대상으로 하는 철학 내지 인문학 연구에 이식하고자 했다. 왜냐하면, 이들은 자연과학적 방법이 최종 단계에서 최고의 지식을 탐구할 수 있도록 하는 완전한 방법으로 여겼기 때문이다. 즉 이들에게 형이상학적 방법이나 신화적 방법은 지식창출에서 실증적 방법에 미치지 못한다. 한마디로 실증적 단계 이전의 방법은 원시적 - 주먹구구식의 지식창출의 방법인 것이며, 이는 신뢰할 수 없는 것, 즉 미신迷信을 낳고 만다.

지식은 플라톤 이래로 '자고로 믿어질 수' 있어야 한다. 미신과 같이 믿을 수 없는 지식은 지식이 아닌 것이다. 따라서 이제 철학도 온전한 지식을 창출하기 위해서는 자연과학적 방법으로 해야 한다는 논리가 발생한다. 그러나 당시 이에 대한 저항은 거세었다. 이미 여러 번 언급한 것처럼 현상학을 창시한 후설이 가장 크게 반발했다. 그는 '실증주의가 형이상학의 목을 베었다'는 강력한 반항을 하면서 거세게 밀려오는 실증주의와 마지막 일전을 치르고자 했다. 즉 실증주의는 자연주의 내지 과학주의와 동떨어진 일체의 지식에 대하여는 과학적인 부정을 통하여 특히 형이상학을 거부함으로써 과학지상주의와 과학적 통일론에 긍정적인 입장을 띠고 있었다. 이런 상황에서 사회현상을 연구의 대상으로 하는 '사회과학social science'이 과학의 세계에 자신의 위상을 급격하게 드러내기 시작했다. 그런데 주목할 점은 철학과 인문학에 비해서 사회과학은 별 저항 없이 이러한 실증주의의 논리를 그대로 수용하게 되었다는 사실이다. 실제로 콩트는 과학이 수학에 기초한다고 보고, 천문학, 물리학, 화학 그리고 생물학으로 발전이 이루어지며 종국에는 사회과학으로 귀결된다고 한 바 있다. 결국, 사회과학은 자연과학적 방법에 편승하면서 본격적으로 '과학scienc'의 길로 들어서게 된다. 반면 인문학과 철학은 소위 과학에 대해서 저항을 하면서 간극을 보다 심화시켜 가게 된다. 이로써 19~20세기 과학과 인문학(철학)은 점점 더 서로 해후할 수 없는 현해탄을 건너가게 된 셈이다.

그럼에서 불구하고 오늘날 우리는 과학의 시대에 살고 있다. 주변을 돌아 보면 과학 아닌 것이 없으며, 과학이라는 말이 붙지 않으면 물건 하나 팔기도 힘들다. "침대는 가구가 아닙니다. 과학입니다."라는 광고 카피가 인구에 회자되더니, 세재과학, 발효과학, 인체과학 등 과학만능주의가 대세 중의 대세다. 과학 아닌 것은 모두 미신이며 신뢰가 없다. 이러한 추세에서 학문 영역도 마찬가지이다. 그렇게 저항하던 '인문학humanities'도 때로는 인문과 학human society이라는 용어를 더 선호할 정도이다. 과학적이지 못하면 무시되는 세상에서 지식 역시 과학적 지식만이 지식으로 칭송된다. 이러한 의미에서 이미 오래전에 우리는 인문학의 상실 속에 살고 있은 셈이다.

사회과학은 이미 오래전에 과학의 대열에 끼어서 권세를 누리고 있다. 연구방법 역시 사회과학은 이미 오래전에 자연과학적 방법론을 그대로 추종하고 있다. 특히 사회조사방법론은 관찰, 측정, 조사(실험), 분석 등 주로 양적 연구로 발전하고 있는데, 이는 본질적으로 자연과학, 경험과학의 연구 방법론과 결코 다르지 않다. 이러한 추세는 이미 철학의 분야에서도 언어분석철학을 기점으로 시작되었다고 할 수 있으며 논리실증주의에서 극치를 이루고 있다. 기호학과 의미론semantic 역시 이러한 추세에 편승하여 발전하고 있다. 또한, 언어를 매개로 하는 인문학에서 조차도 이러한 조짐은 날이 갈수록 거세지고 있다. 한 예로, 실증주의적 문학 연구는 텍스트와 그 텍스트를 둘러싼 검증 가능한 역사적 원인을 관련지어 연구하는 발생학적發生學的 방법을 사용하고 있다. 결국, 자연과학의 득세 속에서 철학과 인문학도 자연과학적 방법의 노예가 되고 있는 것이다. 모든 학문이 실증주의적 자연 과학 내지 과학적 실증주의의 품속으로 들어가게 된 셈이다.

그런데 문제는 실증적 단계에서 지식의 탄생을 주도하는 과학적 지식도 항상 불안하다는 사실이다. 즉 과학적 지식 역시 언젠가는 바뀐다는 사실이다. 이미 언급한 것처럼 과학은 '조건의 학문'이다. 조건이 바뀌면 결과도 달라진다. 따라서 과학은 진보하는 것이다. 이러한 연유로 쿤Thomas Kuhn은 과학은 혁명을 통하여 정상과학을 추구한다고 외쳤고, 포퍼Popper(1902~1994)는 과학적 지식이란 반증이 없을 때까지만 지식이라고 선언한 바 있다. 과학 또는 과학적 지식은 늘 고정적이지 않다. 아리스토텔레스 시대의 과학은 천동설을 주장하였지만, 코페르니쿠스에 의해서 지동설로 둔갑했다. 세상이 변한 것이 아니라, 과학과 과학적 지식이 바뀐 것이다. 과학적 지식은 결코 고정된 지식이 아니다. 따라서 과학적 지식이 지식 중의 지식이라고 할 수 없으며 지식의 최고 위치에 있지도 않다. 오늘날 지동설이 정설이된 이상 같은 과학적 지식이었던 천동설은 한순간에 미신迷信이 된다. 결국, 과학적 지식 역시 미신과 구분하기 어렵다. 이렇게 본다면 신화적 지식이나 형이상학적 지식은 과학적 지식에 비해서 아직 완전한 지식이 아니며 상대적으로 미신이라고 구박받을 이유도 전혀 없다.

결국, 이것이 지금까지 우리에게 알려진 지식의 선형적·단계적 구조이다. 그러나 지식의 구조는 이렇게 단순하지가 않다. 즉 지식의 구조가 단계적으로 발달하는 과정에서도 수많은 매개요인들이 작용하기 때문에 실제로는 복잡한 구조로 설명된다. 우리가 지식의 구조를 선형적 차원에서 언급하는 것은 순전히 편리성 때문이다. 그러나 인간세계의 지식은 그렇지 단순하게 선형적으로 탄생하지 않는다. 왜냐하면, 우리 인간의 삶을 역동적이며 복합적이기 때문이다. 즉 지식을 탄생시키고 지식을 획득하는 인간의 역동성은 인간에 의해 수립되는 지식의 구조가 형성되는 데에 있어서도 다분히 역동적이고 복합적일 수밖에 없기 때문이다. 한마디로 지식은 선형적이면서 동시에 비선형적으로 탄생한다.

02 비선형적 구조

지식은 선형적·단계별로 발전하여 구조를 형성하기도 하지만, 사실 이는 형식적·외형적 차원이다. 그러나 내용적으로 본다면, 보다 복합적이고 다양하여 상호 순환적인 역동적 관계 속에서 '비선형적non-linear'으로 형성된다. 이러한 비선형적인 지식의 구조가 파악되지 못한다면 우리에게 알려지는 지식은 살아 움직이는 지식이 아닌 박제된 죽은 지식일 뿐이다. 따라서 진정한 지식 생성의 본질을 규명하기 위해서는 선형적 지식구조의 이면에서 늘 함께 작용하여 온 비선형적·순환적 지식의 구조를 파악할 수 있어야 한다. 비선형적·순환적 지식구조는 4가지 차원, 즉 변증법적 차원, 현상학적 차원, 해석학적 차원 그리고 실용학적 차원으로 구성된다. 즉 지식은 신화적 단계에서 이성적·합리적 단계로 그리고 마지막에는 경험적·실증적 단계로 진행되었다고 할지라도, 그 이면에서는 변증법적 차원, 해석학적 차원, 현상학적 차원 그리고 실용학적 차원이 항상 동반되어 왔다는 사실이다.

1. 변증법적 차원

서구에서 지식의 탄생은 처음부터 '변증(법)적辨證的'이었다. 이때 '변증적'이라는 것은 상호 '문답問答'을 통하여 지식을 얻고 궁극적으로는 진리에 도달해 가는 방법을 말한다. 이러한 문답법을 통한 지식추구의 과정은 플라톤의 『대화집』이 잘 보여주고 있다. 물론 플라톤은 자신이 쓴 『대화집』에서 스승이었던 소크라테스가 다른 사람들 특히 당시 스스로 자신들이 최고의 지식인이며 교육자라고 자부하고 다녔던 소피스트들과의 대화를 소개한다. 여기서 대부분의 대화는 '일문일답의 방식', 즉 '문답법問答法'으로 이루어진다. 소크라테스가 질문하고 다른 소피스트들이 대답하기도 하고, 반대로 소피스트들이 묻고 소크라테스가 대답한다.

그런데 이때 사용된 변증의 방법은 단순한 '문답법'으로 끝나지 않는다. 서로 묻고 대답하는 과정에서 발생하는 사유의 내용은 비약적으로 확대된다. 왜냐하면, 인간은 서로 묻고 대답하면서 단편적으로 정보와 지식을 획득하기도 하지만, 이러한 문답의 과정에서 스스로 '많은 생각'을 하기도 하기 때문이다. 이를 우리는 '반성과 성찰'이라고도 한다. 당시 소크라테스의 언어를 빌리면, '각성覺性'이다. 단순한 지식과 정보를 넘어서서 사람들은 무엇인가를 '깨닫게 되는' 경지까지 승화될 수 있다. 이렇게 하여 우리의 일상에서 벌어지는 대화는 '문답'의 형식을 넘어서 지식발견의 '변증적 방식'으로 발전하게 된다. 이른바 '변증법Dialetik'의 탄생이다. 즉 단순한 대화 Dialogue에서 시작된 지식추구의 방식이 변증법을 통하여 보다 확실해지는 것이다. 급기야 변증법은 학문 연구의 방법이 된다. 왜냐하면, 변증법을 통하여 우리는 보다 보편적이고 객관적인 지식을 발견할 수 있다는 확신 때문이다.

사전적으로 변증법은 사물이 운동하는 과정에서 내부에 존재하는 '모순'으로 인해 자신을 부정하게 되고, 다시 이러한 모순이 '지양'됨으로써 다음 단계로 발전해가는 논리적 사고법思考法을 말한다. 왜냐하면, 변증법에서는 대립의 계기들이 상호 관련되면서 보다 고차원을 위해서 지양되기 때문이다. 이것이 '지양Hebung'을 통한 '지향Aufhebung'이다. 위에서 언급한 것처럼 특히 헤겔의 변증법에서는 Aufhebung, 즉 '지양'은 '부정否定'으로 이는 '보존'을 통해서 '지향指向'으로 완성된다. 결국, 우리는 대화하는 가운데에서 발생하는 모순을 인식되고 이것이 스스로 제거되면서 새로운 지식이 탄생한다. 즉 우리는 지식을 얻는 과정에서 의미를 체험하게 되면서, 궁극적으로는 무엇인가를 깨우칠 수 있게 되는 것이다. 그러한 깨우침을 통해서 발견되는 지식이 바로 (참) 지식, 즉 의미로운 지식인 것이다.

오랜 시간 동안 변증법은 전통 철학의 연구에서 중요한 원리이자 동시에 철학 하는 방식으로 발전하여 왔다. 고대 그리스의 소크라테스의 '논박법'(엘렌코스, elenchoss)을 시작으로 플라톤의 대화법(변증술), 칸트, 헤겔, 슐라이어마허², 마르크스, 키에르케고르 등의 변증법은 가장 많이 인용된다. 각각의 변증법들은 저마다 특징을 가지고 있다. 이를테면, '이율배반二律背反'의 논리를 중심으로 전개되는 칸트는 변증법을 비판적이고 부정적 도구로 사용하였다.³ 반면 헤겔에서의 변증법은 조직적·구성적이며 긍정적 차원이었다고 할 수 있다. 이러한 면에서 볼 때 헤겔의 변증법은 보수적이라고 평가되기도 한다.

한편, 키에르케고르와 마르크스는 변증법을 헤겔의 변증법과는 다른 차원으로 발전시켰다(Diemer, 위의 책, 52, 63). 즉 절대자(하나님)와의 만남이라는 '실존적 경험'을 통하여 '정正, these'과 '반反, antithese'을 명백하게 구분하는 키에르케고르의 변증논리와 자본주의체제와 사회주의체제의 실상을 정과 반의 대립관계로 상정함으로써 명백한 변증논리를 파악하는 마르크스의 변증법적 사유는 '내적 자기과정', '자기성찰'로서 '절대정신Absolute Geist'

---

2   슐라이어마허는 제2의 플라톤이라고 불린다. 왜냐하면, 그가 플라톤의 변증법, 즉 '대화의 변증법'을 계승하고 있기 때문이다. 슐라이어마허의 변증법의 핵심적인 특징은, 그것이 해석학과 반대쪽 극점에 위치해 있다는 점이다(Schleiermacher, 1986: 13과 II, 2, IV, 2, 3을 참조). 진정한 의미에서 그의 변증법은 대화의 변증법의 유형에 해당된다. 즉 "변증법이란 순수 사고의 영역에서 기교적인 대화 수행을 위한 문장 기술이다."(같은 책, 47) 여기서 변증법적 대립은 언제나 종합으로 지양되지 않고 오히려 양쪽으로 진자 운동을 한다(Scheuerl, 1975: 48). 말하자면 언제나 긴장상태에 놓여 있다. 따라서 변증법적 대립은 양극을 의미하여 극極 - 변증법의 특성을 띤다(Kulbach, 1968: 239; Linke, 1966: 42, 76).

3   칸트에 따르면, 우리는 현실을 그 자체로는 인식할 수 없다. 즉 칸트에게 물 자체Ding an sich는 오로지 가정일 뿐이다. 이렇게 본다면 우리가 살고 있는 현실Wirklichkeit 역시 단지 현상Erscheinung일 뿐이다. 즉 그것은 그 자체로 인식되지 않고 (유한자인) 우리 인간의 사고능력을 통해서만 우리에게 인식되는 것이다. 따라서 이러한 과정에서 초래되는 모순은 순수이성의 이율배반Antinomien으로 나타난다(Kant, 1966: 401).

을 전제하고 있는 헤겔의 변증법과는 다른 차원이다. 따라서 세상에는 변증법이 하나만 존재한 것도 아니고, 모두 동일한 방식으로 전개되는 것도 아니다. 즉 지식을 추구하고 발견하려는 의도로 시작된 변증법적 논리는 원칙에서는 동일할 수 있지만, 방법 면에서는 차이가 난다. 그럼에도 불구하고 지식의 구조는 명백히 변증법적 차원에서 성립되어 있다는 사실 인식은 부인될 수 없다.

어의적으로 '변증법辨證法, Dialektik'은 그리스어 τέχνη διαλεχτιχή téchhne dialektiké에서 나왔다. 이는 '대화를 수행하는 기술'이라는 뜻이다. 즉 나는 타인과의 대화를 어떻게 이끌어 나가야 할 것인가? 어떻게 하면 나의 의견을 가장 잘 전달할 수 있을까? 등의 고민으로부터 대화술은 발전했다. 그러다가 대화는 논쟁論爭으로 전개되기도 한다. 즉 일상의 대화가 때로는 논리적 대결, 즉 논쟁이 되는 것이다. 따라서 좁은 의미에서 변증법은 변증술téchhne dialektiké이라고 하는데, 이는 '논쟁을 이끄는 기술'을 말한다. 그러나 공통점은 대화나 논쟁이나 결국은 상대방의 의견과 자신의 의견 사이에 어쩔 수 없이 나타나는 '간극', 즉 차이差異를 메우기 위해서 시도된다는 점이다. 물론 이러한 간극은 대화나 논쟁을 통해서 해결되고 극복될 수도 있지만, 영원한 봉합되지 못할 수도 있다. 왜냐하면, 여전히 '진리眞理'의 문제가 남아 있기 때문이다. 즉 현재 자신이 알고 있는 지식이 자신의 의견이 되고 견해가 되며 자신의 논리가 되지만, 이러한 지식이 상대방의 지식과는 다를 수 있다. 이때 대화는 논리적 대립이나 논쟁으로 비화될 수 있다. 결국, 우리가 지식을 공유할 수 있다면 그것은 진리의 영역일 수밖에 없는 것이다. 따라서 우리는 우리가 가지고 있는 선先지식을 가지고 이를 상호 검토하면서 공유지식 내지 진리의 세계로 함께 나아가고자 하는 방법을 사용하게 된다. 이때 변증법은 지식(또는 진리) 발견을 위한 하나의 방법이 된다.[4]

---

[4] 물론 가다머는 이러한 논리를 전면 부정한다. 즉 진리란 방법적으로 찾아질 수 없다는 것이 그의 지론이다. 그러나 여기서 그가 말하는 방법이란 당시 세상을 지배하던 '자연과학적 방법'을 염두에 두고 있다. 다시 말하면 자연과학적 방법으

한편, 지식발견의 차원에서 변증법의 구체적인 목표에는 타인의 지식에 대한 이해이다.

> "사실에 관한 지식은 관념에 관한 이해를 논리적으로 가정한다는 식의 말을 할 수 있지만, 또 한편으로 보면, 어떤 것에 관한 지식이 바로 그것에 관한 이해와 동일한 것은 아니라고 하더라도 어떤 것을 이해한다는 말을 설명할 때 그것을 지식의 한 형식으로 설명해도 무방할 것이다. 그러므로 이해의 성장은 결국 일종의 지식이 성장하는 것을 뜻한다."(D. W. 함린, 1978/ 이홍우 역, 2010: 48)

물론 변증법은 '자기이해'도 포함한다. 즉 변증법은 자신이 가지고 있는 지식에 대한 검토를 내포한다는 것이다. 고대 그리스 시대에 소크라테스와 플라톤은 현실에서의 문제인식 및 상호이해를 위해서 토론을 실용화했다. 플라톤의 『대화편』이 대표적이다. 특히 소크라테스가 목표했던 '각성 Erweckung', 즉 '깨우침'을 위한 엘렌코스elenchos, 논박법는 대표적인 '자기이해'의 방법으로서의 변증술이다.

일반적으로 변증법은 단계적인 진술, 논박, 재再논박의 과정을 거치면서 '정립'과 '반정립'을 통하여 '종합'에 도달한다. 변증법의 과정 동안에는 상호 긴장이 흐르면서 수많은 찬성과 반대가 노정되기도 한다. 변증법은 우선 '정립thesis'이 선택되면서 시작된다. 어원적으로 정립thésis은 설정, 세움, 주장 등을 뜻한다. 이때 정립 자체에 간극이 발견되면서 반정립이 생성된다. 그리고 정립과 반정립 사이의 관계는 모순 속에 들어 있다는 사실이 드러난

로 진리를 탐할 수 없다는 것은 진리의 영역은 철학의 영역이라는 점을 강조하는 것이다. 따라서 그는 철학에는 방법이 없다고 주장한다. 그의 대표 저서인『진리와 방법』(1960)은 원래 제목이 Wahrheit 'ohne' Methde, 즉『방법 '없는' 진리』였다. 그러나 책이 발간되어도 제목을 보면 잘 팔릴 것 같지 않다고 여긴 출판사의 편집장이 제목을 바꾸자고 하여 진리와 방법이 되었다고 한다. 결국, 자연과학적 방법에 경도된 방법으로는 진리탐구를 할 수 없다는 가다머의 주장은 철학 하는 데에는 방법이 없다는 것으로 오해될 수 있었다. 그러나 분명한 것은 가다머에도 철학 하는 방법은 있었다. 그것은 바로 대화였다. 그는 대화를 통하여 지평 융합을 해야만 삶은 이해된다고 주장한다.

다. 이것이 바로 첫 번째 변증법적 단계의 내용과 절차이다. 일반적으로 '모순'은 두 가지 의미를 가진다. 첫째, '논리적 의미에서의 모순Kontradiktion'이다. 둘째, '정립과 정반대의 의미에서의 모순Konträrem'이다. 여기서 변증법적 모순이란 사실상 후자를 말한다. 이를테면, 흰색과 검은색은 둘 다 색色이라는 차원에서 본다면 모순은 아니다. 그러나 흰색과 검은색을 대립관계로 본다는 이는 반립이다.

칸트에게서 자유自由와 속박束縛은 정립과 반립으로 서로 반대되는 쌍으로서 서로 모순관계이다(Linke, 1966: 25, 92, 108; Diemer, 1977: 25~27; Wuchterl, 1977: 113~116). 여기서 정립은 반정립에 의해서 부정된다. 왜냐하면, 서로 모순이기 때문이다. 이는 A와 비非A의 관계와 마찬가지이다. 그러나 '자유와 속박'의 관계가 변증법적 관계에 들어서면 '자율自律'의 개념을 통하여 합synthesis이 된다. 인간에게 '자유'는 스스로의 속박(규제)을 통하여 방종이 아닌 '자율'이 된다. 사회와 개인의 관계 역시 마찬가지이다. 개인의 자유는 사회적 통제나 규제에 의해서 자율이 될 수 있다. 이러한 논리를 칸트는 '이율배반의 변증법'이라고 한다. 즉 칸트는 변증법에서 한계상황을 제외하고 지양될 수 없는 이율배반은 존재하지 않는다고 본 것이다(Klafki, 1995: 60, 67).

따라서 거시적 차원에서 지식(진리)을 발견하려는 의도를 가진 모든 연구는 '변증법적 차원'의 지식구조를 전제하고 있다고 할 수 있다. 이를테면, 계몽주의 시대의 대표적인 사상가인 루소Jean Jacques Rousseau(1712~1778)가 『에밀』을 집필했을 때, '자연'의 개념을 '사회'(또는 문명)의 반립 개념으로 규정했다. 따라서 그는 『에밀』에서 '타락한 사회'에서 교육하는 것을 거부하고, 대신 '자연에 따르는', 즉 '자연법自然法'에 입각한 교육으로 탈바꿈할 것을 주장한다. 자연으로 돌아가라. 물론 루소가 직접 언급한 말을 아니지만, 자연은 지금까지 교육의 장이었던 '사회'(문화, 문명)라는 기준을 거부한다. 그러나 루소는 자연법에 따르는 자연상태의 교육이 무엇인지를 정확하게 제시하지는 않는다. 다만 그가 주장하는 '자연적 교육'은 당시 사회적으로 강요하고 강제하는 교육, 즉 인위적이고 자연스럽지 못한 교육 현실을 거부한다. 왜냐하면, 루소가 보기에 당시 기존의 사회는 이미 타락했기 때문이다.

대표적인 루소 연구가인 호프만E. Hoffmann에 의하면, "루소는 자신의 사고구조에 따라 계몽주의 이론을 변증법적으로 기술하지는 않았다."(Hoffmann, 1929: 8). 물론 지엽적으로 본다면, 루소가 『에밀』에서 굳이 자연과 사회 또는 자연적 지식과 사회적 지식 간의 변증법적 발전에 대해서는 다루지 않았다고 할 수 있다. 그러나 전체적으로 본다면 루소의 『에밀』은 지식발견의 '변증법적 차원'을 전제하고 있었다. 즉 자연을 사회 (또는 문명)의 대립으로 정립하면서 양자는 서로 대립쌍(정 - 반)이 된 것이다. 이렇게 본다면, 변증법적 기술記述, description은 루소의 사상을 해석하는 데에 유익한 분석적 도구가 된다(Späman, 1961: 28). 이러한 변증적 논리를 계승한 마르크스의 변증법에서도 비슷한 상황이 연출된다. 즉 마르크스에게서 프롤레타리아 계급은 부르주아 사회를 해체한다. 왜냐하면, 부르주아 사회는 내부적으로 모순이 존재하기 때문이다.

실제로 우리 인간의 삶은 알고 보면 모두 '변증법적 차원'이다. 즉 변증법적으로 상호 모순이 스스로 지양되고 스스로 교정(수정)되고 개선될 것을 추구한다. 만약 우리가 이러한 모순지양, 수정, 보완, 개선, 발전을 바라지 않는다면, 굳이 대화를 할 필요도 없으며 심지어 목숨까지 담보하는 논쟁을 할 필요가 없다. 물론 대화는 자신을 표현하고 지식을 발견하려는 인간의 '욕망'의 분출일 수도 있다. 조물주는 선천적으로 인간에게 말을 할 수 있는 능력을 부여했다. 그러나 인간의 '말語'에는 늘 그림자처럼 '어폐語弊'가 동반되고 있어서, 자칫하면 대화를 통한 '이해understand'는커녕 '오해misunderstand'의 소지가 다분하다. 따라서 '대화를 하는 특별한 기술'이 필요한 것이다. '말만 잘하면 천 냥 빚도 갚는다'는 우리의 옛말이 있다. '아' 다르고 '어' 다르다는 말도 있다. 결국 말(대화)은 변증적으로 상호이해를 추구한다. 지식의 차원에서 본다면, 변증적 상호이해란 '지식의 공유共有', 즉 '공유지식'을 향한 동반 여행이라고 할 수 있다.

한편, "이것은 크다"라고 말과 "이것은 작다"는 진술이 동시적으로 성립될 수는 없다. 따라서 논리학자에게 이러한 진술은 논리적으로 - 엄밀히 말하면 논리 분석적으로 본다면 – '모순'이다. 어떻게 '크다'고 표현된 것이 다시 그 반대인 '작다'고 표현될 수 있을까? 그러나 우리는 일상에서는 '이것이 크다' 아니면 '작다'라는 말이 너무나 자연스럽다. 사실 이 말에는 전제 조건이 삭제되어 있는 것이다. 이것은 '저것보다는' 크지만, '이것보다는' 작다는 표현이 정확하다. 그러나 우리는 습관적으로 자신의 기준에서 '크다' 또는 '작다'고 말한다. 물론 토를 달 경우도 있다. 엄밀히 말하면, 이는 말하는 사람의 기준에 대한 이의異意일 것이다. 그러나 매우 신기한 것은 듣는 사람 역시 이러한 표현에 별다른 토를 달지 않고 그냥 수긍하는 경우가 많다. 이때는 듣는 사람이 말하는 사람의 기준을 무의식적으로 수용하고 인정하는 셈이다.

또한, 이는 말하는 사람과 듣는 자신과의 사이에 존재하는 '사회적 신분social status' 상의 '위계관계hierarchy'를 전재할 때 가능하다. 아니면 그렇게 말하는 것을 굳이 따지고 든다면 말꼬리를 잡는 처사가 되어, 쓸데없이 시간만 낭비하는 논쟁으로 비화할 것을 두려워하기 때문일지도 모른다. 하여간 일상 언어의 사용에서 나타나는 논리적 모순이 그냥 묻히고 마는 경우에는, 나중에 상호 오해의 소지를 남길 가능성이 높다. 그럼에도 불구하고 우리는 이러한 상황에서 소위 대충 넘어가는 것이 다반사이다. 바로 이러한 상황에서는 제대로 된 지식의 발견은 불가능하다. 엄밀히 말하면 이러한 상황에서는 지식의 구조를 파악하는 것도 어렵다. 따라서 우리가 제대로 된 지식을 발견하기 위해서는 변증법적 차원에서 지식의 구조를 탐구해야 한다는 사실을 알게 된다.

세상에서 변증법을 다루는 철학적 사유 방식은 크게 두 가지로 대별된다. 하나는 인간의 '내적 사고과정'에서 이루어지는 변증법이다. 주로 동양의 변증법적 사유방식이 이에 해당되며, 서구에서는 소크라테스의 엘렌코스와 칸트의 이율배반의 변증법이 대표적이다. 반면 다른 하나는 현실과의 관계에서 파악되는 변증법적 사유이다. 인간의 사고가 결국은 현실과 관계해야 하는 헤겔의 변증법이 대표적이다. 헤겔에 의하면, 이성적인 것이 현실적인 것이며 현실적인 것이 이성적이다. 또한, 그에게는 사유의 목표이며 지향Direktion으로서의 절대정신이 전제된다. 즉 헤겔에게서 절대정신은 먼저 자기 속에 내재하다가 역사의 진행 과정에서 마지막에는 밖으로 드러나게 된다. 이렇게 본다면, 인간의 사유로부터 발생하는 개념과 현실은 동일한 것이다. 따라서 헤겔에게는 인간의 이성적·논리적 사고에서 비롯되는 논리학論理學과, 이성적인 것에서 출발하여 현실적 모순(문제)까지 극복해야 하는 '형이상학metaphysics'은 동일한 학문이 된다.

한편, 칸트의 경우 변증법은 진술이 가지는 다양한 의미와 이를 통해 심화된 인식을 달성하는 내적 역동성에까지 주목한다(Heiss, 1959: 104). 일반적으로 우리 인간의 사고는 일단 비판과 반성, 자신이 처해진 상황 그리고 자신의 가치관이나 편견 그리고 선입견 등으로부터 자유롭다. 따라서 자신의 사고를 언어로 표현하면서 대화한다면 별 무리가 없다고 판단한다. 그러나 삶의 현실은 보다 '복합적'이다.

"결혼은 해도 후회하고 안 해도 후회한다"(Heiss, 1959: 65)라는 말이 있다. 엄밀히 이 '말'은 자체적으로는 모순이다. 논리적 모순이다. 그러나 이는 일상에서 결코 모순이 아니다. 왜냐하면, 우리 인간의 삶의 실상이 그럴 수 있기 때문이다. 즉 얼마든지 우리는 결혼을 후회할 수 있다. 그러나 혹자는 결혼을 안 한 것 때문에 후회할 수도 있다. 결국 '이래도 후회, 저래도 후회, 그러니까 모두 다 후회할 것이니까 이왕이면 결혼을 해 보고 후회하는 것이 맞다'는 논리로 귀결된다. 논리학적 사유가 무색해지는 순간이기도 하다.

그렇다면 여기서 문제는 무엇이고, 우리는 삶이라는 현실에서 과연 어떻게 해야 하는 것인가. 한마디로 여기서는 '논리적 체계'만 존재하지, '실존적 체계'가 부재하기 때문이다. 즉 우리의 삶은 실존實存, existence이다. 프랑스의 대표적인 실존주의자이며 1957년 노벨 문학상 수상자인 까뮈Albert Camus(1913~1960)에 의하면, "실존이란 변증법적으로 모순 속에 산다"는 것이다. 인생은 '부조리 사회'에 던져진 연기자들이다. 그는 자신의 작품 『이방인』(1942)에서 일상에서 '부조리不條理' 내지 '모순'의 경험을 통해서 살아가는 우리 인간의 무의미성을 고발하고 있다. 그럼에도 불구하고 그는 우리 인간이 사회와 '물과 기름' 간의 관계처럼 유리遊離되어 살아갈 수는 없다는 입장이다.

정리하자면, 오늘날까지 계승되어 온 변증법은, 첫째, 결론을 내고가 하는 목표를 가지고 변증법적 논쟁을 전제하고 시작하는 대화(소크라테스, 플라톤), 둘째, 사태와 상황에 대하여 정확히 말과 논리를 분석하고 이를 객관적으로 서술敍述해 내는 변증의 기술(슐라이어마허), 셋째, 전적으로 인식의 차원에서 모순을 파악해 내는 사고로서의 변증법(칸트), 넷째, 변증법적 사건을 현실적인 것에서 출발시키는 '체계system와 사고'(헤겔, 마르크스), 마지막으로 실존적 경험에서 그 기초를 찾는 변증법(키에르케고르) 등으로 대별된다. 간단히 말하면, 대화의 변증법, 기술 방법으로서 변증법, 사고구조에 기초한 변증법[5], 현실의 변증법, 실존적 경험에 기초한 변증법[6] 등이 그것들이다.

그러나 지식의 구조로서의 변증법적 차원으로만 우리는 지식의 모든 구조를 섭렵하지 못한다. 즉 변증법이 언제까지 진행되어야만 절대지식에 도달할 수 있는 것인지? 현재 드러난 모순은 변증법적 도식 속에서 정말 해소될 수 있는 것인지? 만약 해소가 된다면 그것은 언제나 가능한 것인지? 모순이 해소되었다는 사실을 어떻게 판단할 수 있는 것인지? 설령 모순이 해소된다고 해도 다양한 차원에서 발생하는 모순들은 통일적 모습으로 드러날 수 있는 것인지? 변증법적 도식 속에서도 지식은 여전히 불안하다.

따라서 오늘날 우리에게 지식의 발견에서 원리를 제공해 줄 수 있는 지식의 구조는 '현상학적 차원'과 '해석학적 차원' 그리고 '실용학적 차원'이라는 다차원적 관점에서 상호작용적이며 상호순환적인 '입체의 구조' 속에서

---

[5] 일반적으로 사고구조와 현실에 기초해 있는 변증법은 특정한 인식론적, 형이상학적 선결 조건을 전제로 한다.

[6] '실존적 경험'으로부터의 변증법은 호프만Erika Hoffmann의 입장을 대표적인 것으로 볼 수 있다. 즉 그에 의하면, '예'나 '아니오'로 표현되는 최종적인 결정은 실존적인 행위이며, 이는 어떠한 논리적인 과정도 아니라는 것이다. 그녀의 저서인 『교육학에서의 변증법적 사고』는 1929년 출간되어 오늘날까지 정신과학적 교육학에서의 변증법적인 연구로서 중요한 연구로 받아들여진다. "우리 작업의 비판적인 시도는 단지 삶 속에 있는 모순인 사실에서 온다. 이미 보았듯이, 모순은 시종일관 (예견하는) 이해와 긴밀하게 연결된 '변증법적 반성'을 통하지 않고서는 획득되지 않는다." 사실 호프만에게 반성적 측면은 관심이 덜하다. 오히려 그녀에게는 결정을 필요로 하는 실존적 요청이 문제이다.

파악되어야 한다. 왜냐하면, 변증법적 차원이 기술되고 이해된 대상을 계속 반성함으로써 지식의 구조를 형성해 낸다면, 기술된 대상을 그대로 받아들이는 현상학적 차원, 기술된 대상을 이해하고 해석하는 '해석학적 차원'[7] 그리고 세 가지 차원이 실제의 경험을 통해서 지식의 구조를 발견하게 하는 실용학적 차원이 상호순환의 관계 속에서 다차원적으로 파악되어야 하기 때문이다. 실제로 변증법적으로 지식이 형성되는 과정에서 지식에 대한 현상학적이고 해석학적 이해가 함께 수반되어 왔다. 또한, 지식은 유용성에 의해서 내용과 형식이 결정되어 왔다. 특히 지식의 형성에서 '반성과 성찰 reflection'의 개념은 지식의 탄생에 결정적이다. 따라서 반성과 성찰의 개념은 지식의 방법적 차원에서 상호순환적 관계로부터 다차원적으로 파악될 때 지식은 실천적이다. 왜냐하면, 사실상 '반성과 성찰'은 변증법적으로 진행 되면서도 현상학적으로, 해석학적 그리고 실용학적으로 주어진 내용을 계속해서 충족시킬 수 있기 때문이다.

2. 현상학적 차원

현상학Phänomenologie이란 '현상Phanomenon'에 관한 '학學, Logik'으로서 현상 Erscheinungen에 대한 이론Theorie이다. 여기서 '현상'이란 '물 자체'를 말하는 것이 아니라 '물 자체를 나타내는 것'을 말한다. 현상학의 탄생에 최적의 길을 내준 칸트는 이미 '물 자체Ding an Sich는 알 수 없다'고 선언했다. 이는 우리가 사물과 사건의 본질은 우리의 인식능력으로서는 도무지 알아낼 수가 없다는 의미이다. 즉 유한자로 태어난 인간에게 '물 자체'는 도저히 접근할 수 없는 영역이다. 한마디로 우리의 능력으로 존재 본질은 알아낼 수 없다. 그럼에도 불구하고 우리는 '물 자체'를 알 수 있어야 한다. 왜냐하면,

---

[7] 이를테면, 변증법에서는 정립과 반립 사이에서의 '의미연관'에 대한 이해도 중요하다. 따라서 변증법은 필연적으로 이해의 변증법이 될 수밖에 없다(Schurr, 1975: 129~170).

'물 자체'를 알지 못하고서 우리가 진리를 알아낸다거나 본질을 파악하는 것은 불가능하기 때문이다.

그러면 여기서 우리의 질문은 진리나 본질을 우리가 꼭 알아야만 하는 것인가? 진리나 본질을 모르면 삶에 문제가 발생하는가? 그렇다. 진리나 본질을 알지 못하면 일단 우리는 심리적으로 두렵고 무섭다. 마치 앞이 안 보이는 밤길을 걷는 것과 같다. 저것이 뱀인지 노끈인지? 독사인지 구렁인지? 이것이 독초인지, 먹는 풀인지? 불에 손을 대도 괜찮은 것인지? 물에 빠져도 살 수 있는 것인지? 한마디로 물 자체를 알지 못하면, 우리는 생명보존의 차원에서도 위험하다. 호랑이를 모르면 같이 놀자고 할 것이며, 독버섯을 모르면 먹고 죽고 말 것이다.

오스트리아 태생의 독일 철학자인 후설Edmund Husserl(1859~1938)이 창시한 현상학Phänomenologie은 칸트의 인식론을 가장 충실히 계승한 산물이었다. 후설의 고민은, 우리가 물 자체를 모른다면 결국 사물의 본질을 알 수 없을 것인데, 그렇다면 과연 우리는 어떻게 제대로 알고 살아갈 수 있다는 말인가? 그렇다고 우리가 모두 다 알 수 있는 것은 아니지 않은가? 그래서 이미 칸트가 물 자체를 포기한 것인데, 그럼 어쩌란 말인가? 결국, 후설은 설령 가능하지 않더라도 우리가 '물 자체Ding an Sich'를 완전히 포기할 수는 없다는 입장이었다.

따라서 후설에 의해 창시된 '현상학'의 근본적인 질문은, '지금 내 눈앞에 펼쳐져 있는 현상이 본질이 아니라면, 우리는 일단 이를 바라보는 나의 관찰능력 내지 인식능력을 의심해 볼 필요가 있지 않을까?, 즉 '현상을 관찰하고 있는 나의 인식(능력)은 과연 정확한 것인가?' 한마디로 후설의 현상학은 현상을 관찰하고 인식하는 주체의 인식능력에 대한 질문에서 비롯된다. 이를 위해서 우리의 인식은 '순수한 인식'이어야 한다. 그런데 '인식하는 주체'로서의 '나'는 이미 선천적으로 인식의 한계를 가지고 태어난다. 또한, 살아가면서 인식주체가 되는 '나'는 많이 '오염'汚染되어 있는 상태이다. 물론 여기서의 오염이 반드시 나쁜 의미는 아니다. 그럼에도 불구하고 이러한 오염은 인식주체인 나에게 알게 모르게 주관적 편견과 선입견을 만들어 준 장본인들이라는 사실이다. 따라서 이러한 주관적 편견과 선입견으로 오염된 나의 인식능력이 '순수하다'고 인정될 수 없다. 심지어 오염의 내용과 정도는 인식주체마다 판이하다. 왜냐하면, 저마다 살아온 배경이 다르고 역사가 다르기 때문이다. 따라서 이들이 가지고 있는 선입견과 편견 역시 천차만별이다. 이렇게 인식주체들이 모두 저마다 다른 선입견과 편견으로 물 자체에 접근한다면, '물 자체'에 대한 인식은 언제 통합될 수 있을 것인가?, 즉 순수인식은 과연 언제나 가능해질 것인가?

결국, 후설은 생각한다. 칸트가 우리 인간은 인식의 태생적 한계로 인하여 '물 자체'를 볼 수도 알 수도 없다고 하니, 그렇다면 우리는 물 자체를 우리의 '마음'(의식)으로 가지는 것은 아닐까? 눈으로 볼 수 없는 것은 마음으로 본다. 이것이 후설의 가설이다. 즉 '우리가 볼 수 없는 것은 결국 마음으로 접근할 수밖에 없다'는 존재론적 사유로부터 후설의 가설이 생겨났다고 할 수 있다. 이로써 후설에게서 현상학의 연구목표는 '물 자체'가 아닌 '물 자체로Zu den Sachen selbst'가 된다(Danner, 1998: 117). 한마디로 "지향성指向性, intention"의 문제가 발생하는 셈이다.

일반적으로 우리는 자연과학이 순수인식으로 관찰된 것만을 연구의 대상으로 하는 학문으로 알고 있다. 그러나 현상학은 이러한 자연과학과도 다르다. 왜냐하면, 현상학은 구체적으로 파악될 수 있는 사물이나 현상과는 관계가 없으며 오로지 '의식의 소여Bewusstseins-Gegebenheiten'하고만 관계하기 때문이다. 학문적으로 말하자면, '선험적 의식의 지향적 대상intentionalen Gegenständen des transzendentalen Bewusstsein'하고만 관련이 있다. 이를 후설은 '지향성Intentionalität'이라고 하는데, 이는 어떤 대상을 향하는 것Gerichtet-sein-auf-etwas으로서, 즉 소여에 대한 지향으로 이는 소여 현상의 본질 규명을 목표한다. 따라서 현상학에서 말하는 현상은 (의식이 대상을 지향한다는 의미에서) '지향적 대상'이다. 또한, 후설에게 지향적 대상들은 지향적 의식행위가 된다. 왜냐하면, 우리의 의식이 향하고 있는 대상들은 바로 그 의식 속에 주어지기 때문이다.

간단히 말하면, 인식주체인 나의 인식이 지향하는 곳은 '현상'(대상)이지만, 현상을 지향하는 나는 '또 다른 나'가 지향하는 현상(의식)이 된다.

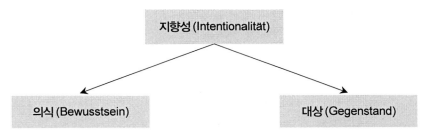

<출처: Danner, 1998: 125>

결국, 후설은 우리가 이미 편견과 선입견으로 얼룩진 의미 영역을 제거해 나가면서 물 자체를 놓치지 않고 계속 추구할 수 있기를 원한다. 이로써 그는 물 자체에 접근할 수 있다고 생각했던 것이다. 또한, 이로써 우리에게 실상Sachverhalt이 알려지게 된다. 다시 말하면 '사태事態'가 파악되는 것이다. 사실 이것은 '이해'의 초석이기도 하다. 따라서 후설은 실상(또는 사태)을 이해할 수 있다는 것이 바로 물 자체를 놓치지 않고 '의식적으로 지향'하고 있는 것을 뜻한다고 보았다.

그러나 후설은 '의식의 소여'에 대한 고찰을 목표하였지만, 그러한 '소여가 어떻게 가능한지'에 대해서는 말하지 않았다. 그는 오로지 '선험적 환원transzendentale Reduction'을 통해서 세계가 어떻게 (재)구성되는지를 보여주려고 했다. 후설에 의하면, 이는 우리가 심리적 경험 이전의 세계, 즉 '선험적 자아transzendentales Ich oder Ego'의 상태로 돌아갈 때 비로소 가능하다. 간단히 말해서, 이는 세계가 우리의 의식 속에서 어떻게 생성되며 아울러 어떻게 그것이 우리에게 존재(소여)하는지에 대한 질문이다. 그러나 현상학은 개별적인 소여에 머물러 있지 않고 '소여의 본질'을 지향한다. 이렇게 본다면, 현상학은 본질학Wesenswissenschaft 또는 본질론Wesenslehre이라고 할 수 있다.[8] 본질학으로서 후설의 현상학적 명제는 데카르트의 '코기토 명제Cogito

---

[8] 한편, 메를로 퐁티Merleau-Ponty는 후설과는 좀 다른 길을 간다. 그는 기술적 현상학 deskriptive Phänomenologie과 본질적 현상학Wesensphänomenologie을 나누고, 자신이 추구하는 기술적 현상학을 '생활세계의 철학philosophie der Lebenswelt'라고 불렀다.

Ergo Sum'에 뿌리를 두고 있다. 실제로 후설은 우리의 의식에 확실히 주어져 있다는 것을 데카르트의 의미로 '명증성Evidenz'이라고 불렀다. 그런데 여기서 여전히 의문은 '선험적 자아'가 과연 무엇이며 그것이 현실에서 어떻게 가능한가 하는 질문이다. 이에 대해서 후설은 선험적 자아를 '선험적 주관성'이라고 설명한다. 그러면 도대체 이러한 주관은 무엇이며 또한 어떻게 주관이 선험적으로 가능하다는 것인가? 이에 대해서 후설은 주관이 가능한 것은 인간에게는 '체험Erlebnis'이 가능하기 때문이라고 한다. 여기서 '체험'은 바로 딜타이Diltehy의 '체험개념'과 다르지 않다. 즉 후설의 현상학은 그의 스승이었던 딜타이의 '체험Erlebnis' 개념으로 시작한 셈이다. 이런 의미에서 후설의 현상학과 딜타이의 해석학은 같은 뿌리를 두고 있다고 할 수 있다.

실제로 후설은 현상학을 위해서는 해석학의 절대적인 도움이 필요하다고 보았다. 왜냐하면, 인식은 마침내 이해되어야 하기 때문이다. 따라서 '이해'는 해석학뿐만 아니라 현상학의 과제가 된다(Kuypers, 1971). 물론 현상학적 이해는 해석학적 이해와 달리 칸트의 영향으로 '선험적 의식'에서 시작된다. 즉 의식이 실상에서 멀어지지 않는 한 이러한 의식은 선험적으로 작용한다. 그런데 이러한 선험적 의식의 작용은 '소여된 실상'으로 지향됨으로써 가능하다. 즉 소여된 모든 것은 현상학적으로 연구가 가능하다.

그러나 딜타이에게 체험은 역사적이고 개별적인 체험이지만, 후설에게는 체험은 선험적 주관에 의한 체험이다. 결국, 두 사상의 차이는 '역사성과 선험성'의 차이인 셈이다. 이렇게 본다면, 후설의 선험적 자아, 즉 선험적 주관에 의한 체험은 있는 그대로, 즉 소여된 상태 그대로를 체험하는 것이다. 그러나 딜타이에게서 중요한 역사성, 즉 '전통傳統'의 문제가 후설에게서는 의식의 소여를 파악하는 데에 있어서 결정적인 장애障碍가 된다. 왜냐하면, 역사와 전통은 늘 선입견과 편견을 가지고 출발하기 때문이다. 따라서 이러한 역사와 전통을 가진 자아는 '경험적 자아'[9]로 종결될 수밖에 없다.

---

9 원칙적으로 '자아ego, ich', self는 외적 세계와의 상호작용으로부터 나온 개념이다 (De Waal 2005, pp. 7~10). 그런데 내적 성찰introspection과 직관intuition 등은 적어도 데카르트 이후 중요한 철학적 도구들이었다. 따라서 경험주의자들에게도 마찬가

그러나 우리가 본질을 추구하기 위해서는 경험적 자아를 넘어서 모든 경험을 포괄하는 '선험적 자아'가 되어야 하는 것이다. 그것이 바로 '현상학적 자아'이다. 그리고 선험적 자아, 즉 현상학적 자아가 체험의 주체가 될 때 비로소 우리는 역사와 전통이라는 경험적 주관을 초월하여 모두가 공감할 수 있는 궁극적인 '본질'을 얻어 낼 수 있다. 따라서 후설은 선험적 자아로의 회귀를 요청하여 궁극에는 자아가 현상학적 자아가 되는 것을 요청하는 것이다. 왜냐하면, 현상학적 자아는 다양한 방식으로 대상을 지양하고 있기 때문이다.

그러나 엄밀히 말하면 현상학이 추구하는 것은 선험적 주관성의 문제에 국한되는 것은 아니다. 왜냐하면, 현상학의 연구 대상인 '현상'은 우리가 살고 있는 현실이 아니기 때문이다. 즉 주어진 소여로서의 현상이란 현실을 살아가는 주관의 문제만이 아니다. 오히려 현상학의 핵심은 선험적 주관성이 구성하는 '세계형성'일 것이다(Fink, 1938: 370) 아니면 선험적 간間주관성이다. 다시 말하면, 대상 그 자체가 절대적으로 존재하는 것인지 아닌지에 대해서는 별 관심이 없다(Diemer, 1956: 25). 문제는 현상이다.

이렇게 본다면, 현상학은 이중적 성격의 탐구 주제를 가지게 된다. 즉 그하나는 '대상적 측면'이고 다른 하나는 '의식적 측면'이다. 따라서 어떤 측면을 강조하는가에 따라서 현상학의 주제는 서로 달라질 수 있지만, 궁극적인 과제는 '대상과 의식의 합일合一'을 위한 '본질직관'이다. 간단히 말하면, 내가 지금 대상을 인식하고 있지만, 과연 대상을 인식하는 나는 정말 제대로 인식하고 있는 것인가? 이렇게 본다면, 후설의 현상학은 '선험적 현상학'이다. 왜냐하면, 본질과 의식은 이미 선험적으로 존재(발생)하기 때문이다. 그럼에도 불구하고 현상으로서의 세계는 단지 의식되고 체험된 관계 속에서만 현상학의 내용이 된다. 이때 체험하는 주체는 어떤 것을 '지향적으로' 체험한다는 의미에서의 주체이다(Janssen, 11).

후설은 선험적 주관성의 방향으로의 소급을 '판단중지 내지 괄호 넣기

지이다. 이렇게 본다면 경험적 자아 역시 내적 성찰과 외적 경험을 통해 이루어진 나와 또 다른 나와의 상호작용 내지 나와 타인과의 상호작용에서 형성된다.

Epoché'라고 불렀다. 여기서 판단중지란 무엇인가를 괄호에 넣고 보류Anhalten 하는 것을 말한다(Danner, 1998: 126). 즉 이는 '실행을 하지 않고 그대로 두는 것Ausser-Vollzung-Setzen'을 의미한다. 그런데 판단중지는 반드시 환원 Reduktionen의 과정에서 발생하는 반성 또는 반추Reflection를 수반한다. 즉 우리가 현상에 대하여 어떤 판단을 하기 전에 일단 반성反省과 성찰省察을 하게 된다. 이 경우에 '판단 중지'가 이루어지는 것이다. 결국, 판단중지는 '반성reflection'을 전제하는 것이다. 결국, 판단중지를 통하여 우리는 궁극적으로 현상파악 본질직관Wesensschau에 도달할 수 있게 된다.[10] 이로써 현상학은 '본질을 직관하는 엄밀한 학學'이 된다. 여기서 후설에게 본질은 아리스토텔레스의 의미와 같은 형상eidos을 말한다.[11] 따라서 본질직관이란 '형상을 직관하는 것'이 된다.[12]

구체적으로 말하면, 우리는 우선 자신의 머릿속에 그려져 있는 '이론적 세계Theoretische Welt'를 통하여 현상을 목도한다. 다시 말하면, 우리가 세상에 살면서 겪는 수많은 경험, 교육, 학습, 훈련, 습관 등을 통하여 얻은 지식과 정보들이 알게 모르게 자신만의 이론 내지 이론적 관점이 된다. 그러나 이러한 이론적 세계는 매우 자의적이며 주관적이다. 그럼에도 불구하고 우리는 이러한 이론적 틀을 가지고 현상을 바라보게 된다. 따라서 이러한 이론적 세계의 주관성은 객관적으로 거듭날 필요가 있다. 왜냐하면, 현상을 제대로 파악하기 위해서는 객관적일 필요가 있기 때문이다. 따라서 이론적 세계는 '자연적 입장natürliche Einstellung' 또는 '자연적 관점'으로 변화될 필요가 있다. 왜냐하면, 자신이 가지고 있는 선입견이나 편견은 인위적·자의적으

---

[10] 본질직관은 창조적이고 능동적인 반성활동을 포함한다(Husserl, 1972: 419; Janssen, 위의 책, 97; Diemer, 위의 책, 13).

[11] 본질이란 수많은 다양한 변화들이 산출되고 이러한 변화들이 통일되고 결합됨으로써 결국 그 차이들이 수렴함으로써 확인되는 항상인 것으로서 이는 지향적 대상의 보편성이다(Husserl, 1972: 419).

[12] 본질직관은 다양한 지향적 활동을 통해서 마침내 동일한 것으로 남는 보편자 Allgemeines를 말한다(Husserl, 위의 책, 435; Janssen, 위의 책, 13). 그러나 현상학적으로는 개별자Individuelle 역시 얼마든지 본질을 내포할 수 있다. 이를테면 선험적 자아가 이에 해당된다.

로 형성된 것들로서 결코 자연스럽지 못하기 때문이다. 이때 이론적 세계를 자연적 관점으로 변화시키기 위해서 우리에게는 '판단중지Epoché'가 요청되는 것이다. 모든 판단은 자의적이며 인위적이다.

우리는 어떤 현상을 목도하면 일단 무엇인가 판단을 할 것이다. 그러나 그러한 판단을 애써 중지해야 한다는 것이다. 자신만의 고유한 관점, 즉 이론이 자연적 입장으로 변화된 것은 관점의 전환이다. 자연스럽게 한다는 것은 인위적인 판단을 보류함으로써 가능하다. 그러나 이러한 자연적 태도 역시 현상을 객관적으로 파악하여 본질을 직관하게 하지는 못한다. 왜냐하면, 자연현상은 늘 유동적이며 자연을 관찰하는 우리들에게 그때그때 다르게 나타날 수 있기 때문이다. 따라서 현상을 그대로 파악하기 위해서 자연적 태도는 '현상학적 입장Phanomenologie Einstellung' 또는 '현상학적 관점'으로 전환될 필요가 있다. 이러한 과정을 후설은 '현상학적 환원'이라고 하였다. 즉 객관적인 현상 파악, 즉 본질직관을 위해서 우리는 현상학적 환원의 과정을 경험해야 한다.

그러나 어떻게 현상학적 환원이 가능하며, 이로써 어떻게 판단중지 내지 판단보류가 가능하다는 것인가? 후설의 해법은 의외로 간단하다. 즉 자신의 임의적이고 자의적인 판단을 일단 유보하고 대신 '반성과 성찰'의 시간을 잠시 가지라는 주문이다. 여기서 후설은 현상학적 환원과 선험적 환원을 동일시하였다. 왜냐하면, 현상학적 환원은 현상학을 위한 반성과 성찰의 과정이며 이는 선험적 환원을 통해서만 가능하기 때문이다. 즉 현상 파악 내지 본질직관은 주관에 의해 이루어지지만, 선험적 주관만이 현상학적 환원을 가능하게 한다. 다시 말하면, 본질직관은 선험적 주관에 의해 선험적으로 환원됨으로써만 가능하다. 그런데 후설에게서 현상학적 환원인 선험적 환원은 결국 '형상적 환원eidetische Reduktion'을 의미한다. 여기서 후설은 플라톤과 아리스토텔레스의 이데아와 형상의 개념을 도입하고 있다.

그런데 이때 주목할 것은 이론적 세계에서 자연적 관점으로 그리고 자연적 관점에서 현상학적 관점으로 전환되는 과정에서 그리고 현상학적 관점에서 본질직관이 이루어지는 과정에서도 반드시 반성과 성찰이 항상 수반되고 있다는 사실이다. 왜냐하면, 선험적 주관성은 말 그대로 선험적으로 존재하는, 즉 선先존재하는 '주관 - 주관' 또는 간間주관의 관계 속에서 객관화를 추구하고 있기 때문이다. 이는 플라톤이 설명한 '목수의 이데아' 또는 '책상의 이데아'의 논리와 결코 다르지 않다.

어느 날 목수는 동네 사람한테 '책상'을 만들어 달라는 주문을 받는다. 주문을 받은 목수는 열심히 책상을 만든다. 그런데 만들고 나면 자신의 맘에 들지 않는다. 그래서 계속 수정한다. 대패질했지만 자신이 생각했던 것과 다른 것 같아서 자꾸 깎아 댄다. 이렇게 해서 완성한 책상은 그에게 영 마음에 들지 않는다. 동네 사람이 '책상 하나 만들어 주세요'라고 말할 때 목수에게 순간적으로 떠올랐던 것이 바로 이미지image, 像인데, 그것이 바로 책상의 이데아인 것이다. '예 알겠습니다'라고 대답한 목수는 순간적으로 자신의 머릿속에 '책상은 이래야 돼'라는 상이 맺힌다. 즉 책상이라는 개념에 따른 이데아가 머릿속에 떠오른 것이다. 그러나 아무리 노력해도 자신이 처음에 생각했던 이미지로서의 책상은 현실적으로 만들어지지 않는다. 그래서 그는 만들어진 책상을 파기하고 다시 만든다. 아니면 다시 고치고 수정하고 보완한다. 그러나 먼저 그의 머릿속에 그려진 이미지로서의 이데아는 영 만들어지지 않는다.

도기陶器를 만드는 도기장수가 화로에서 도기를 꺼내는 순간 부수어 버리는 꼴과 같다. 그림을 그려내다 말고 예술가가 모두 찢어버리는 꼴과 같다. 자신의 머리에 그리고 마음에 그려졌던 이데아를 그려낼 수 없는 것이다. 누군가가 '강아지'라고 외치면 '아 그거'라고 하면서 순간적으로 우리의 머릿속에 강아지라는 이미지, 즉 강아지의 이데아가 떠오르지만, 막상 강아지를 보면 자신이 생각했던 그런 강아지가 아니다. '강아지는 이래야 한다'는 자신만의 이미지가 있는데(그것이 고정관념이라고도 할 수 있지만, 실제로 친구가 말하는 강아지는 다르다. 사람들은 '아, 이게 맞는가, 아닌가' 하는 생각을 되풀이하면서 결국 자신의 마음속에 이미 그려져 있는 이데아idea, image와 현상을 맞추어 간다. 이 과정에서 반성과 반추가 되풀이되는 것이다.

이러한 과정은 훗날 인지심리학을 창시한 피아제의 '스키마이론'에서 합일한다.[13] 스키마Schema, 즉 도식圖式은 부단한 반성의 과정을 통하여 우리의 마음에 상을 맺게 한다. 그 상이 바로 관념이 되는데, 이러한 과정은 '맞나, 안 맞나'의 사고과정을 되풀이하면서 얻어진다. 저 멀리 보이는 곳이 영화관인가 아니면 비디오방인가? 저게 연필인가 만년필인가? 이게 버섯인가 나무인가? 등등 우리의 스키마는 쉬지 않고 늘 요동한다. '사실인가, 아닌가?'의 부단히 움직이는 사고 과정 속에서 상이 맺히는 것인데, 이는 이데아를 찾고자 하는 심리작용의 본질이기 때문이다.

이렇게 본다면, 현상학적 환원을 목표하는 현상학의 과제는 A라는 반성의 단계에서 B라는 반성의 단계로 가는 길을 계속 지시해 주는 것과 다르지 않다고 할 수 있다. 즉 선험적 환원으로서의 현상학적 환원은 최종의 반성과 성찰의 과정을 동반함으로써 현상에 숨은 본질을 직관할 수 있게 한다 (Danner, 1998: 126). 이로써 현상의 의미가 온전히 파악되는 것이다. 이것이 현상학적 자아에 의한 본질직관이다.

결국, 이렇게 하여 현상학적 환원이란 궁극적으로는 '형상적 환원eidetische Reduktion'이 된다. 그러나 현상학적 환원을 통하여 파악되는 본질은 플라톤적·아리스토텔레스적 의미에서의 형이상학적 이데아를 통한 본질이 아니며 논리적인 상위개념에서의 보편자를 의미하지도 않는다. 오로지 본질은 현상학적 환원, 즉 형상적 환원을 통한 직관에 의해서 파악될 수 있을 뿐이다.

일반적으로 본질을 밝혀내기 위한 현상학의 목적은 본질구조를 드러내는

---

13 피아제의 스키마이론은 칸트가 『순수이성비판』의 범주론Kategorie Theorie에서 다룬 스키마원리이론의 심리학적 해석이었다. 따라서 칸트의 인식론을 '현상학'으로 발전시킨 후설과 피아제의 스키마 이론은 같은 맥락에 들어 있다고 할 수 있다. "『순수이성비판』에서 이른바 스키마의 원리를 다룰 때 칸트는 여기에서 인간 영혼의 깊은 곳에 어떤 힘이 숨어 있다고 말하고 있다. 이 힘은 어떤 면에서 보면 상상의 능력으로서, 추상적 원리나 개념을 경험에서 구체적으로 예시하는 힘이다. 이 일을 하기 위해서는 칸트의 용어로 스키마라고 하는 것이 필요하다. 이 스키마는 형식적 도는 추상적 원리와 개념을 구체적인 사례에 적용하는 데에 규칙이 되는 것으로서, 경험적 원리와 개념의 경우에 심상이 수행하는 것과 동일한 역할을 하며, 심상을 활용하는 것이 상상력인 만큼 이것은 상상의 능력이라고 말할 수 있다."(D.W. 함린, 1978/ 이홍우 역, 2010: 75)

것이다. 그러나 후설의 현상학은 선험적 주관성이 가지는 본질구조를 되묻는 선험적 실마리들transzendentale Leitfäden에 도달하는 것까지 목표한다 (Diemer, 1956: 32). 왜냐하면, 세계는 내가 태어나기 이전에 이미 선재先在, vorgegeben하고 있으며, 그러한 선재성先在性, Vorgegebenheit으로부터 세계는 자신의 존재를 드러낼 수 있기 때문이다. 후설은 이를 '소여된 지향성'이라는 의미로 풀어냈다. 따라서 현상학적 환원을 통하여서만 소여의 주관적 측면과 객관적 측면이 일치할 수 있다. 한마디로 현상학적 환원을 통해서만 비로소 소여하는 것과 주체의 존재방식은 일치한다. 그러나 오로지 주체에 소여되어 있다는 사실만을 근거로 세계가 존재의 의미를 가진다면, 주체 자체가 곧 세계 존재를 의미하는 것인데 이는 어불성설이다. 왜냐하면, 그렇게 되면 주체의 수만큼 세계도 존재해야 하기 때문이다. 심지어 모든 세계 존재는 주체에 따라서 다른 방식으로 존재하게 된다.

결국, 현상학적 환원을 통해서만 주체는 세계의 선험적 존재로서 선험적 삶을 실행한다."(Janssen, 위의 책, 149, 152) 이러한 맥락에서 핑크(Fink, 1938: 35)는 자아ich를 3중으로 구분한다. 첫째, 세계 구속적weltbefangen인 물리적 자아, 둘째, 보편적 세계를 통하여 세계를 타당하게 하는 선험적 자아, 셋째, 판단 중지를 수행하는 관조자로서의 자아가 그것이다. 따라서 물리적이고 육체적인 자아는 세계와 불가분의 관계에 들어 있으며, 이는 보편적 세계를 통하여 다른 세계 역시 타당하게 해 줄 수 있는 자아가 되어야만 자아는 선험적 자아가 된다. 이때 자아는 판단중지를 할 수 있는 관조자로서의 자아로 거듭나야 하는데, 이때 필요한 것이 바로 '반성작용reflection'이다. 이렇게 하여 자아는 선험적 환원이 가능해지며, 이러한 선험적 환원을 통하여 이루어지는 선험적 삶 또는 선험적 주관성은 마침내 세계를 그대로 드러나게 한다. 이렇게 본다면, 후기 후설의 현상학은 단순히 철학적 방법론을 넘어서 형이상학, 즉 보편적 존재론universale Ontologie으로 발전하였다고 할 수 있다.

이는 그가 마침내 주체에 의한 선험적 환원을 가능하도록 하기 위함이기도 하다. 즉 후기 후설의 현상학은 세계 전체를 그 대상으로 하고 이에 '지향적 의식 - 체험'을 거쳐 접근함으로써 궁극적으로 본질 구조에 도달한다는 것을 목표한다. 이때 현상은 지향적 대상과 지향적 의식행위를 포함한다. 한마디로 소여된 현상들이다. 그런데 이렇게 소여된 현상들은 실제로 선험적 환원이 이루어질 때까지 판단 중지Epoché, Enthaltung될 필요가 있다. 이러한 의미에서 후설은 이를 '방법적 소급'이라고 불렀다.

그러나 그는 자신의 현상학을 방법론으로써 활용하지는 않았다. 물론 방법론적으로 가능성에 대해서는 긍정적인 입장이었다. 그럼에도 불구하고 그가 이를 토대로 방법론을 수립하지 않은 이유는, 철학에는 굳이 방법론이 필요 없다고 생각했기 때문이다. 즉 철학은 그 자체가 '생각하는 방법'이다. 대신 후설은 '현상학적 환원'에 주목하였다. 왜냐하면, 현상학에서 현상학적 환원은 본질직관을 위한 '지향적 의식'의 개념을 파악하기 위해서 중요하기 때문이다.

한편, 지향적 의식보다는 현상학적 환원이라는 방법적 차원에서 후설을 계승한 대표적인 사람은 메를로퐁티Maurice Merleau-Ponty(1908~1961)였다. 그는 의식, 대상, 지향성의 개념 대신 '삶의 세계Lebenswelt'로부터 시작한다. 물론 생활세계에 대한 인식 역시 후설의 공헌이다. 그러나 후설은 더 이상 깊게 나가지 않았다. 다만 후설은 지향적 의식에서 세계와 의미의 구성을 발견해 내고 이를 설명해 내고자 했을 뿐이다. 즉 후설은 다분히 순수 철학적이었으며 형이상학적이었다고 할 수 있다.

이렇게 본다면, 퐁티는 오히려 응용철학적이었다고 해야 할지도 모른다. 즉 그는 현대 학문의 위기 역시 '삶의 세계'라는 삶의 기초를 망각했다는 데에서 출발한다고 보았을 정도로 생활세계를 그의 현상학의 출발점으로 삼았다. 따라서 퐁티에게 '삶의 세계'는 모든 학문의 기초이며 철학의 시발점이다. 그런데 주목할 점은 '삶의 세계'란 일상생활로서 인간의 이성보다는 감성, 정신보다는 육체 그리고 경험세계와 깊은 관련을 맺고 있는 실제적 삶의 환경을 말한다. 이렇게 본다면 퐁티의 생각은 언뜻 후설과 반대 입장을 띄고 있다고 할 수 있다. 왜냐하면, 퐁티는 후설과 달리 '삶의 세계'에 살고 있는 인간의 경험을 그대로 인정하면서 시작하기 때문에 이는 그 사람이 살아온 역사와 전통을 인정하는 셈이다.

실제로 퐁티는 '삶의 세계란 곧 역사적'(Janssen, 1980: 153)이라고 선언하기도 했다. 따라서 그는 사실상 우리가 한 인간의 삶을 이해하기 위해서는 그의 역사와 전통이라는 지평Horizont에서 이해해야 한다고 보았던 것이다. 이렇게 본다면 퐁티의 입장은 후설의 입장과 다르다. 오히려 '삶은 역사'라고 선언한 딜타이의 입장이다. 즉 후설에 의하면, 역사와 전통은 선입견과 편견의 온상이다. 따라서 후설은 본질을 직관하기 위해서 우리는 역사와 전통을 배제하고 시작해야 한다고 가르쳤다. 그렇다면 과연 우리는 역사와 전통의 지평을 인정한 퐁티의 철학적 사유를 현상학의 일종이라고 할 수 있을까? 우리의 의문은 과연 퐁티의 철학은 무슨 근거로 현상학의 부류에 들어갈 수 있는 것일까? 심지어 후설은 '삶의 세계'를 학문의 기초라는 점은 인정하지만 동시에 '순수한 선험적인 현상'(Janssen, 1980: 154)으로 보았다. 그러나 메를로-퐁티는 삶의 세계를 이해하기 위해서는 후설이 주장한 '선험적 관심'이 더 이상 필요 없다는 입장이다. 왜냐하면, 퐁티에게는 객관성이나 보편성이란 세상에 존재하는 것도 아니며, 과학이라는 학문은 과학 그 자체만으로 결코 정당화될 수 없다고 믿었기 때문이다. 즉 객관성에의 요구는 어떤 경우에도 절대적일 수 없다. 따라서 '선험적 주관성'이라는 개념 대신 퐁티는 '간間주관성'inter-subjectivity의 개념을 사용했다. 이러한 간주관성의 개념은 나중에 해석학의 영역에서 보다 활성화된다. 이러한 점에서 퐁티의 철학은 현상학과 해석학 간의 가교의 역할을 했다고 할 수 있다. 이는 현상학과 해석학의 뿌리가 합일될 수 있다는 증거이기도 하다. 실제로 퐁티의 '삶의 세계'란 하이데거와 가다머에게 '세계-내-존재'의 개념과도 일맥상통한다.

"하이데거의 후기사상과 가다머에게서 '이해'란 '세계-내-존재'의 근원적인 양태로서, 더 이상 삶을 구성하는 여러 기능들과 대조를 이루거나 그 뒤를 이어 부수적으로 발생하는 어떤 기능이 아니라, 인간 삶 자체의 근원적인 존재 방식이라고 할 수 있다. 우리 인간은 이해하고 해석하는 존재자로서 세계 속에 '내 던져져' 있다."(최신일, 1999: 18)

심지어 후설 역시 만년에 "모든 현상학적인 직관과 성찰은 역사에 의존한다"고 선언했다(Noak, 1973: VIII)

사실 후설은 의미 구성에 대한 이해를 통하여 삶의 본질을 직관하고자했다. 그러나 퐁티는 의미 구성적 활동으로서 의식에는 별로 관심이 없었고 오히려 의식의 토대로 작용하는 '삶의 세계'에 보다 주목했다. 결국, 메를로 - 퐁티는 의미 구성을 위한 의식구조를 밝히려는 후설에 영향을 받았지만, 퐁티는 '실존철학의 관점'에서 이를 새롭게 해석한 셈이다. 이렇게 본다면 후설의 선험철학이 퐁티에게서 실존철학으로 전환된 것이다. 즉 현상학에서 하늘에 있는 '선험성'이라는 영역이 땅이라는 실존적 차원으로 끌어내려진 것이다. 사실 퐁티에게 선험성의 세계는 우리가 간파할 수 있는 세계가 아니며 완전히 해명될 수도 없었다. 이러한 세계는 이미 우리가 의식하기 이전부터 존재해 왔으며 앞으로도 존재할 것이다. 따라서 퐁티에게는 후설에서처럼 의식이 먼저가 아니다. 실제로 우리가 살아가는 '삶의 세계'가 먼저다. 결국, 인간은 '세계를 향한 존재Sein-zur-Welt'인 것이다(메를로 퐁티 1966, 491쪽). 즉 모든 인간은 '세계를 향해서' 존재한다. 데카르트가 '나는 생각한다. 그러므로 존재한다'(cogito ergo sum)라고 선언했다면, 퐁티의 명제는 '나는 존재한다. 그러므로 생각한다'(sum ergo cogito)로 바뀐다. 즉 의식보다는 존재가 먼저인 셈이다. 따라서 내가 존재하는 삶의 세계가 먼저이고 의식은 그다음이다. 다시 말하면, 나의 의식이 사고에 의해 기초되는 것이 아니라, 나의 존재방식이 나의 사고를 규정한다. 결국, 나는 내가 태어나고 살아가는 세계에서 우선 육체적·감각적·역사적으로 존재하며, 이러한 존재의 의미에 대해서 비로소 나중에 의식하게 된다.

원칙적으로 현상학은 '본질essence'에 대한 연구이다. 즉 삶에서 모든 문제는 본질을 규정함으로써 해결된다. 그러나 현상학은 모든 존재를 실존Existenz, ex-istence으로 상정하고 인간과 세계의 사실성에 대해서 이해를 구하는 철학적 사유방식이다. 결국, 현상학은 자연적 관점을 현상학적 관점으로 전환시켜서 선험적 주관성을 끌어들임으로써 본질직관하도록 이끄는 철학이면서 동시에 모든 사고행위 이전에 이미 우리는 세계 속에 존재한다는 것을 자각하게 하는 철학으로서 소박한 '나 - 세계' 관련 속에 철학적 원리를 부여함으로써 삶의 본질을 규명해 내는 것을 목표한다.

이로써 후설이 정의한 '엄밀한 학으로서의 현상학'은 퐁티에게서 공간과 시간 그리고 삶의 현실, 즉 '세계'로까지 확장되었다. 초기 후설은 현상학이 있는 그대로의 모든 경험을 그대로 기술하는 것으로 시작하였지만, 만년의 작품에서 그는 '발생적 현상학genetischer Phänomenologie' 내지 '구성적 현상학 konstruktiver Phänomenologie'의 영역으로 연구의 범위를 확장하고자 했다. 이러한 사실은 이미 퐁티가 '삶의 세계'를 현상학 연구의 기점으로 삼을 수 있는 기반을 쌓아 주었다. 이제 현상학이 '엄밀한 학'이 되고자 한다면, 공간, 시간, 삶의 세계를 연구 대상으로 추가해야 한다. 이로써 현상학의 엄밀성은 모든 '선입견'으로부터 자유로운 순수성에 있는 것이 아니라, '선입견에 대한 반성reflection'에 있다. 이때의 반성은 '선험적인 것'으로서 후설의 선험성은 퐁티에게서 '선험성으로서의 반성' 또는 '선先반성적인 것Prä-reflexive'이 된다(Danner, 1998: 138). 따라서 선입견은 여기서 신체적이고 생활세계적인 인간의 대對세계 - 존재가 된다. 이러한 맥락에서 신체성身體性, Leiblichkeit 의 개념은 메를로 - 퐁티의 현상학에서 매우 중요한 의미를 가진다. 다시 말하면, 나의 신체를 통해서 대상들은 비로소 대상이 된다. 즉 의식을 통해서 대상이 알려지는 것이 아니며 신체적 경험을 통하여 나는 실지로 존재한다. 그리고 나는 나의 신체를 통하여 세계를 소유한다. 이를테면 우리가 장미를 알게 되는 것은 냄새, 색깔 등 감각적으로 지각하면서 알게 되는 것이다. 이것이 장미라는 사실을 오성으로만 안 다면 우리는 장미에 대해서 잘 모르는 것이다. 왜냐하면, 장미향을 오성으로 지각하는 것은 불가능하기 때문이다. 즉 우리는 오성을 통해서는 장미의 본질을 직관하지 못하며, 나의 삶에 부여되는 장미의 의미에 대해서도 전혀 이해하지 못한다.

결국, 우리가 경험하는 모든 세계는 우선 우리의 신체감각에 의해서 해석된 것이다. 그러고 나서 우리의 신체감각은 세계의 의미를 드러나게 하고 이를 이해하는 기능을 실천하게 된다. 실제로 우리는 신체로부터 단 한 순간도 벗어날 수 없는 존재인 것이다. 우리의 신체가 실존으로부터 벗어날 수 없듯이, 우리의 실존은 세계 없이 가능하지 않다. 이렇게 본다면, 우리의 신체적 실존은 대對 - 세계 존재이다(Danner, 1998: 140).

한편, 슈트라써Strasser는 현상학이 완성되기 위해서는 변증법의 도움을 받아야 한다는 입장이다(Strasser, 1964: 223). 즉 일단 기술된 현상의 드러남은 '대화'를 통하여 정확히 기술되었는가가 점검되어야 한다는 것이다. 왜냐하면, 사물로의 돌아감이란 '맥락의 구속성'으로부터 완전히 자유롭지 않기 때문이다. 특히 이때 언어의 선재성Vorgegebenheit der Sprache 역시 중요한 변수가 된다(Danner, 1998: 159). 이렇게 본다면, 슈트라써의 현상학적 관점은 변증법의 도움뿐만 아니라 해석학의 도움도 받아야 하는 셈이 된다. 왜냐하면, 현상학은 현상에 대한 선입견 없는 기술description, 記述을 제1차적인 목표로 하지만, 궁극적으로는 설명으로서의 기술에서 그치는 것이 아니고 기술된 언어의 의미를 '이해understand'해야 하는 상황까지 이어진다. 물론 이러한 작업은 물의 본질을 규명하기 위함이다. 이를 위해서 현상학은 해석학적 방법을 요구하게 된다. 물론 이러한 노력들은 궁극적으로 "드러나는 바를 있는 그대로 보이게 하는 것"(Heiddeger)으로서 이는 '선입견이 배제된 태도로의 환원'이라는 '현상학적 원칙'을 성취하게 한다.

그러나 본질을 직관하는 과제는 현상학의 전유물이 아니다. 왜냐하면, 본질을 직관한다는 것은 진리를 규명하는 것과 결코 다르지 않기 때문이다. 그런데 진리를 규명하는 일은 철학의 본래 과업이다. 다만 철학에는 진리에 접근하는 방법이 다를 수 있을 뿐이다. 따라서 현상학 역시 다양한 방법 중의 하나를 제시할 뿐이다. 즉 현상학이 진리를 규명하기 위해서는 현상학의 방법으로서의 '기술description'이 해석학적 방법이나 추후적 반성 그리고 변증법적 방법 내지 규범적 반성 그리고 특히 현상학적 조사연구를 위해서는 경험통계적 방법을 통해서 보완될 필요가 있다(Danner, 1998: 167~168). 특히 본질 파악에서 해석학적 인식방법은 결정적이다(Kiel, 1966: 531; Langewelt, 1973: 26). 왜냐하면, 현상학적 방법, 즉 '기술'에는 '선입견 배제'가 전제되지만, 인간의 삶에서 '완전한 선입견 배제'란 현실적으로 불가능하기 때문이다. 따라서 현상학은 철학 하는 다양한 방법으로 보완될 필요가 있다. 다시 말하면, 애초에 후설의 주장처럼 완전히 '무전제적인' 현상학이라는 학문은 존재할 수 없다. 이렇게 본다면, 현상학은 학문의 본질적인 한계로 인하여 '방법론적 개방성'(Danner, 1998: 166)을 가질 수밖에 없다고할 수 있다. 구체적으로 '현상학적 기술'은 현상, 명증성, 본질과 같은 개념의 의미에 대해서 끊임없이 검토되어야 한다. 왜냐하면, 모든 기술記述에는 자의적 진술이 될 가능성은 항상 남아 있기 때문이다. 또한, 기술에 사용되는 '언어의 다의성多義性' 문제는 언어(의미) 분석에서 그치지 않고 언어(의미) 해석의 과정을 거칠 때 비로소 본질이 제대로 드러날 수 있기 때문이다.

결국, 이렇게 본다면 지식을 규명하는 철학적 원리이자 방법이 될 수 있을 뿐이다. 즉 지식은 '현상학적 환원'을 통하여 본질직관이 일어날 때, 비로소 온전히 이해될 수 있다는 전제이다. 따라서 지식의 구조는 '현상학적 차원'을 가지고 있다고 할 수 있다. 다만 현상학적 환원을 통해서 지식의 탄생이 이루어진다고 할 때, 과연 현상학적 환원의 종착역은 어디이며 현상학적 환원의 과정에서 발생하는 지식이 과연 보편성과 객관성을 획득할 수 있을까? 하는 의문은 여전히 항구적인 과제로 남는다.

3. 해석학적 차원 [14]

3.1 해석학의 근원

해석학의 어원은 그리스어 ἑρμηνεύειν 이다. 이 단어는 플라톤의 저서 『에피노미스 Epinomis』에 처음 나오는데, 신의 뜻을 헤아려 부연 설명하는 것을 의미한다. 아리스토텔레스의 『오르가논 Organon』에서도 이와 비슷한 ἑρμηνείας 라는 용어가 나오는데, 이는 논리적 문법의 기술을 뜻한다.

오늘날의 의미에서 해석학이라는 단어의 기원은 일반적으로 "해석하다"

---

[14] 이 부분은 본인의 글 "해석학적 연구의 논리"(교육학 연구의 논리, 오춘희 김진숙 박보영 저, 2006) 중 일부(45~62)를 발췌하여 본 저술의 취지에 맞게끔 수정, 삭제, 보완, 재편집하여 실었음.

로 번역되는 그리스어의 동사형인 헤르메네웨인hermeneuein과 "해석"이라는 명사형인 헤르메네이아hermenneia이다(Palmer, 1969: 12). 여기서 헤르메네웨인은, 첫째, 말하다to say, 표현하다to express, 진술하다to assert, 즉 공표하다 announcing, 둘째, 설명하다to exprain, 셋째, 번역하다translate라는 의미를 가진다 (Palmer, 1969: 14~32). '헤르메네웨인'과 '헤르메네이아'라는 단어는 고대 플라톤, 아리스토텔레스를 위시하여, 크세노폰, 플루타르크, 에우리피데스, 에피쿠로스, 루크레티우스 등 당시 많은 작가들의 글에서도 나타나고 있다.

고대의 해석학은 문예해석literary interpretation과 문헌학(또는 古文書學)으로 시작되었다. 문예해석은 호머와 같은 시인들의 글귀를 "암송하고"[15] 이에 대한 주석(註釋, 부연설명 또는 해설)과 비평으로 이루어졌다. 이러한 주석이 한편으로는 수사학rhetoric으로, 다른 한편으로는 시학poetics으로 발전되었다. 그러나 이러한 주석과 해설은 대부분 자의적·주관적으로 이루어졌기 때문에, 청중들에게는 객관적 공감대를 형성하기 어려웠다. 심지어 수사학과 시학은 청중들을 감동시켜 마음을 움직이려는 의도에 너무 집착되는 바람에, 오히려 참-거짓의 문제마저 도외시하고 말았다(Palmer, 1969: 21).[16] 따라서 사람들은 문헌을 보다 객관적으로 해석하고 싶은 욕망에 따라서 '원전대로의 검증'을 주장하기 시작했다. 이렇게 하여 지식의 획득은 "원전검증textual verification"(Bleicher, 1980: 11)을 통해 이루어지기 시작했다. 이

---

[15] 당시 사람들은 시인 호모를 신들에 의해 영감을 받은 자로 간주했다. 따라서 호모는 헤르메스 신과 마찬가지로 신의 메시지를 전달해 주는 매개자의 역할을 하기도 했다. 밀턴에 의하면, 호머는 신이 인간에게로 향하는 여러 가지 길을 정당화해 주는 해석자였다. 플라톤의 대화편 『이온Ion』에서 어떤 젊은 해석가가 호모를 암송하고 그는 억양의 변화를 통하여 호모를 표현하고 심지어는 미묘한 부분까지 설명하면서 해석하고 있는데, 이는 호모 자신이 이해하고 깨닫고 있었던 것보다 더 잘 의미를 전달하고 있다(Palmer, 1969: 15).

[16] 이러한 의미에서 특히 아리스토텔레스는 자신의 저서 『해석에 관하여Peri hermeneias - De interpretatione』에서 수사학과 시학을 해석론의 범주에서 제외시켰다(Palmer, 1969: 20~21). 그는 여기서 해석을 언명enuciation으로 간주하였다. 이러한 언명은 사물과 사실로 다가가서 진리를 구체적으로 진술하는 것이기 때문에, 이러한 과정에서 목적telos이 정서를 동요시키고(시학), 정치적 행위를 이야기하는 것(수사학)이 아니라 사실에 대한 이해를 진술하는 것이다(Palmer, 1969: 22).

는 지식의 탄생으로 이어지기도 했다. 지식의 해석학적 구조를 이해하는 것이 바로 지식의 획득이며 아울러 지식의 탄생이었던 셈이다.

일반적으로 당시의 원전검증은 주로 원전原典에 사용된 '언어들', 즉 어휘, 문장, 문법 등에 대한 논의와 검토로 이루어졌다. 원전검증의 과정에서 원전text의 본래 의미는 스스로를 명확하게 하기 위해서 주석 같은 부연 설명을 필요로 했다. 반대로 어떤 구절은 심하게 논박당하거나 삭제되기도 했다. 특히 문예해석에서 집중적으로 다룬 원전검증은 나중에 문헌학文獻學을 탄생시키는 계기를 준다. 이러한 과정에서 문헌학은 권위 있는 고전 및 문학작품을 번역하는 데에서 나타나는 해석상의 문제에 보다 체계적으로 관여하게 되었다.

고대 그리스 시대부터 시작된 이러한 문예해석과 문헌학적 주석기법들은 '고전문헌으로 돌아가려던' 르네상스와 인문주의자들에게 계승되면서, 서서히 '원전의 해석을 위한 방법론'으로 자리매김을 해 나갔다. 특히 고전문학을 재해석함으로써 인문학을 완성하고자 했던 르네상스시대의 인문주의자들에게 객관적인 고전(원전)해석의 방법은 절실했다. 물론 이는 지식추구의 방법이자 동시에 지식창출의 원리이며 동시에 방법이었다. 즉 이들은 전체적 맥락으로부터 문헌의 한 구절구절을 해석해 보는 원전검증의 방식을 문헌해석의 원칙으로 채택했던 것이다. 이로써 개별적인 부분들(어휘, 문장, 문법 등)은 반드시 '전체(텍스트)와의 맥락(의미 관련)으로부터' (재)검토되어야 한다는 '해석학의 원리'가 성립되기 시작했다. 바로 이러한 문헌학적 해석의 전통이 뵈크A. Boeckh에 의해 '문헌학적 해석학'으로 계승될 수 있었다.

문헌 해석에 대한 인간의 욕구가 보다 구체적으로 적용된 시기는 종교개혁과 함께 비롯되었다. 이로써 성서해석학biblical hermeneutics이 출현하게 된다. 당시 사람들에게는 하나님의 말씀을 담고 있는 성경의 구절을 어떻게 해석하느냐에 따라서 신앙의 방향과 목표가 달라졌다. 심지어 해석상의 차이로 인하여 종교적 운명까지도 달라졌다. 당시 종교개혁의 선봉인 루터 목사의 충실한 추종자였던 플라시우스Matthias Flacius(1520~1575)는 성서聖書

에서 두드러지게 눈에 뜨이는 애매모호한 부분들을 해석함으로써 구교舊敎의 교리에 맞서게 된다. 즉 그는 또 다른 해석(학)의 가능성을 열어 놓음으로써, 구교의 전통을 고수하고자 하는 트리덴타인 교회Tridentine Church의 도그마적 입장에 반대하는 결과를 초래하게 되었다(Bleicer, 1980: 12).

초기 개신교도들은 구교에서 숨기고 있었던 성서의 실체를 '전체적으로' 파악하는 일에 관심을 가지게 된다. 숨겨진 교리, 즉 지식을 파헤치기 위해 이들은 성서聖書의 모든 구절에 정확한 주석을 다는 작업부터 시작하였다. 그런데 이러한 성서 주석의 과정에서도 '전체 속에서 부분을 이해' 한다는 해석학적 원리가 차용된 것이다. 즉 해석학은 신성의 해석에서 시작하고 신성의 복원에서 완성되어야 한다(김상환, 2000: 161). 이로써 성서해석학의 전통이 수립되기 시작했다. 하나님의 말씀에 대한 제대로 '해석解釋하는 일'은 하나님의 말씀을 '전체적으로 이해' 하는 것이다. 즉 고대 그리스 신화에서 전령의 신이었던 헤르메스의 눈과 입을 가지고 사람들은 기독교의 유일신인 하나님의 말씀을 "성경(신약)"이라는 전체, 즉 텍스트 속에서 새롭게 이해하려고 했다.[17]

플라시우스가 제시한 성서 해석의 절차는 구체적으로 다음과 같다 (Bleicher, 1980: 12):

첫째, 문법적으로 해석해야 하고,
둘째, 기독성Christentum에 대한 실제적인 생생한 체험에 의해 형성된 맥락에 대하여 참고해야 하며,
셋째, 무엇보다도 전체의 의도와 형식의 빛 속에서 한 구절구절을 숙고해야 한다.

성서 주석의 작업이 '기독성基督性'이라는 전체성의 맥락에서 해석될 수 있다는 사실은 삶을 오로지 성전聖典, sacred texts에 의지하고 있었던 당시의

---

[17] 가톨릭의 입장에서 보면, 이는 반反교리적인 행동이며 동시에 반反교회적인 사건이라고 할 수 있다.

모든 사람들에게 매력적인 일이 아닐 수 없었다. 특히 윤리적·교육적 관심은 이러한 성서 주석 및 해석을 통하여 보다 명확한 목표 과제로 수용되었다. 당시의 추세는 각 교파가 나름대로 해석의 규칙체계를 적극적으로 발전시키는 것이었다. 따라서 가톨릭교회도 예외가 될 수는 없었다. 즉 어떤 종교와 교파라도 하나님의 말씀 전체로부터 말씀한 구절구절을 파악하는 방식, 즉 "전체 속에서 부분을 이해한다"는 해석학의 원리를 피해 나갈 수는 없었던 것이다.

결국, 교회와 해석학자들이 성서해석학에 커다란 관심을 가지면서 해석학의 전통은 보다 굳건해지기 시작했다. 1654년 단하우어J. C. Dannhauer(1603~1666)에 의해 쓰여진 『성서 주석의 방법으로서의 성서해석학Hermeneutica sacra sive methodus exponendarun sacrarum litterarum』[18]이라는 책은 "해석학"이라는 제목을 가진 세계 최초의 문헌으로 기록되어 있다(Ebeling, 1959: 243). 여기서는 해석학이 '해설로서의 주석'과 구별되고 있는데, 이 책이 나온 이후로 이 용어는 점점 더 빈번하게 사용되었다. 특히 독일에서는 지금까지 성서해석의 문제를 결정했던 구교가 권위를 상실하면서 프로테스탄트 계파의 목사들에게 새로운 성서 주석과 해석의 매뉴얼들은 커다란 도움을 줄 수 있었다(Palmer, 1969: 34). 그런데 여기서 중요한 사실은 이미 성서해석학의 전통은 처음부터 실제적 해설actual commentary인 주석exegesis과, 주석을 지배하는 규칙, 방법 및 이론으로서의 해석학이 구분되어 있었다는 사실이다(Palmer, 1969: 34). 물론 이렇게 '해석학'이란 용어와 개념적 의미는 비록 17세기부터 본격적으로 사용되어 왔지만, 실질적으로 내용 면으로 본다면 원본주석의 기능과 해석의 제반이론들은 종교적, 문학적, 법률적이든 고대 심지어 구약성서의 시대까지

---

[18] 1645년 단하우어Dannhauer는 그의 책 『Hermeneutica sacra sive methodus exponendarum sacrarum litterarum』에서 "해석학"의 개념을 처음으로 사용했다. 여기서 그는 해석학을 세 가지 조류로 분류하고 있다. 이는 오늘날 고전적 해석학으로 불린다: 첫째, 좁은 의미에서 텍스트 해석과 관계하는 문헌사적 해석학(Homer의 Odyssee가 어떻게 이해되는가?), 둘째, 신학적 - 성서 해석학(구약과 신약이 어떻게 해석되어야 하는가?), 그리고 셋째, 법률적 해석학(구체적 사례에서 법률의 해석과 적용은 어떻게 이루어지는가?)이 그것들이다(H, G, Gadamer, Hermeneutik, Sp. 1062).

거슬러 올라갈 수 있다(Palmer, 1969: 35). 예를 들어, 에벨링Ebeling의 논문들에서 보면, 모세의 율법을 해석하기 위한 규준들이 당시에도 널리 알려져 있었음을 알 수 있다(Palmer, 1969: 35).

> "(에벨링에 의하면) 최초의 이해의 현상은 언어에 대한 이해가 아니라, 언어를 통한 이해이다. 그러므로 말이란 것은 이해의 대상이 아니라 이해를 가능하게 하고 중재하는 무엇이다. 따라서 말 자체는 개인의 단순한 표현이라기보다는 두 사람을 필요로 하는 어떤 메시지로서, 자기의 본질을 통하여 경험에 호소하고 경험에 이르게 되는 상호교섭으로서의 해석학적 기능을 가지게 된다. 이런 관점에서 본다면, 해석학의 대상은 말 사건word event이라고 할 수 있다. 왜냐하면, 이해는 상호교섭이 어떤 것을 기반으로 하여 일어날 때 가능하기 때문이다. 이해의 매개로서 해석학은 이해 가능성의 조건들, 즉 말의 본질을 사유해 내고자 애써야 한다. 이해 이론으로서 해석학은 말의 이론이어야 한다… 희랍어에 의거하여 에벨링은 해석학을 로고스의 이론으로 본다. 왜냐하면, 사물과 인식하는 주체 안에서 살고 있는 로고스는 이해 가능성의 조건이기 때문이다. 따라서 그의 신학적 해석학은 '신의 말씀의 이론'으로 정의된다."(Betti, 1972: 36~37)

이러한 해석학의 확대 과정은 점차 문헌학자 아스트와 볼프Friedrich August Wolf(1759~1824)의 문헌해석에 이어서 신학자 슐라이어마허Friedrich Schleiermacher(1768~1834)의 '텍스트 해석학'으로 계승되면서, 결국 '일반(문헌)해석학'과 '특수(성서)해석학'은 하나의 해석학 체계로 병합되기 시작한다. 이로써 고전적 해석학의 전통은 보다 체계적 틀로 접근될 수 있는 계기를 얻게 된다.

한편, 역사적 흐름 속에서 인간에 대한 신과 하늘의 통치가 인간의 손으로 위임되면서, 재판권Jurisdiction도 이양되었다. 애초에 하늘의 섭리로 대변되던 규율, 규칙, 윤리, 도덕, 규범 등이 하늘(신)의 섭리로 수용되었지만, 차츰 인간들이 신에 의한 재판권의 위임으로 제정되는 "법"이라는 통합된 질서 규범으로 확립되기 시작했다. 법에 대한 관심은 특히 재판의 과정에서 사건이 법리해석法理解釋에 근거하여 처리되도록 하였다. 과연 이 재판은 어떠한 법적 근거에서 이루어지고 있는가? 정의로운 재판은 어떠한 법적 규정이 적용될 때 가능한가? 한마디로, 재판의 모든 절차와 재판권의 행사는 모두 법리해석에 근거하여야 했다.

이제 법의 규정과 재판권의 행사는 유일신 사상의 중세 기독교에서 보다 확실한 근거가 된다. 교회들은 교구敎區 단위로 성서에 나타난 하나님의 법, 즉 교리敎理에 근거하여 성서를 해석하는 일에 앞을 다투었다. 아울러 교회는 이를 근거로 통치하고 재판할 수 있는 제도적 기반을 갖추어 나가게 된다. 다시 말하면, 하나님의 법을 교회의 법으로 일반화(전환)하는 과정이 교리에 입각하여 이루어진 것이다. 즉 법률의 일반성을 가진 특정한 경우를 조정하는 작업은 필연적으로 교리적인 전제 하에서 진행된다(Bleicher, 1980: 13). 지식의 획득이나 (새로운) 지식의 탄생도 이러한 차원에서 이루어진다. 하늘과 하나님의 교리는 일정한 해석의 기준에 따라 법률(적 지식)로 제정된다. 결국, 정의로운 재판과정에 대한 시민들의 관심은 시민법市民法의 제정까지 강요했다. 역사적으로 볼 때, 중세 이후 유럽에서 시도된 각종 시민혁명들의 결과로 제정된 시민법들의 제정과 적용은 법률해석의 논리에 가장 유효한 해석의 규준을 제시해 준 사건이라고 할 수 있었다.

그런데 법률 해석에서 가장 중요한 것은 '이해의 현실성'과 '해석의 실천성'이었다. 이해의 현실성이라는 규준은 해석자가 사상과 법 등의 발생을 재구성하여 변화된 상황에도 적합한 형식으로 적응시켜야 하는 필요성을 강조하며, 해석의 실천성은 해석의 과제에서 일어나는 문제들이 다시 그 결과들의 적용과 밀접하게 연결되어야 한다는 것을 의미한다(Bleicher, 1980: 13). 다시 말해서, 법률은 한번 해석되고 제정되었다고 그것으로 모든 것이 끝나는 것은 아니다. 오히려 법률의 제정과 적용에서 모든 당사자들이 현실적으로 이해할 수 있어야 하며, 해석 결과가 현장에 적용되어 타당한 결과를 낼 수 있어야 한다. 결국, 합리적인 법률의 제정과 적용을 위해서 '법리의 해석'은 계속 순환적으로 보충되고 보완되어야 하는 것이다. 여기서 법률 해석학은 서서히 '해석학적 순환hermeneutische Zirkel'의 과제를 처음으로 인식할 수 있게 했다.[19]

3.2 일반 해석학의 성립

역사적으로 일반 해석학의 성립은 낭만주의 신학자 슐라이어마허Friedrich Erst Daniel Schleiermacher(1768~1834)의 공적이다. 그의 해석학은 칸트의 선험철학과 레싱Lessing, 헤르더Herder, 쉘링Schelling, 슐레겔Schlegel 등에 의해 주도된 낭만주의(또는 역사주의)에 근거하고 있다. 그는 칸트의 선험철학으로부터 '법칙성'의 개념을 배웠다. 아울러 그는 역사주의로부터 역사의 과정에서 발생하는 모든 개체성과 전체성 사이의 관계에 대하여 보다 명확히 개입하게 되었다.[20] 즉 그는 먼저 칸트에게서는 윤리시스템과 확고한 선험적 원리들을, 반대로 헤르더에게서는 개별적 표현 속에 있는 실제적 역사 세계를 이성적으로 보았다(Scholtz, 1995: 69). 그러나 그는 칸트와 헤르더에게서 첨예하게 대립하는 특징적 입장을 조정하고 결합할 수 있는 이론을 구축하고자 했다.[21] 이러한 고민 속에서 드디어 그는 피히테Johann Gottlieb Fichte(1762~1814)의 '활동적 자아' 개념에 크게 자극을 받게 된다. 결국, 그는 우리의 모든 사유가 활동적이며 유기적으로 발전하고 있는 주체의 통일성에 관련되어야 한다는 '해석학적 법칙'을 발견하였다. 이로써 그는 낭만주의 해석학의 초안자가 된다.[22]

슐라이어마허에 의하면, 해석학에 있어서 전제되어야 할 것은 '언어'이며, 모든 것은 '언어' 속에서 최초로 발견된다(Schleiermacher, Manuskript 1: 8). 왜냐하면, 이해될 수 있는 것은 언어이며, 세계에 대한 인간의 관계는 본래 절대적으로 그리고 근본적으로 언어적이기 때문이다(Gadamer, 1975:

---

[19] 해석은 구조적으로 닫혀질 수 없고 종결될 수 없다(김상환, 2000: 171).

[20] 슐라이어마허는 해석학에서 의미 관련, 즉 전체성에 대한 요구를 처음 제시한 바 있다. 그에 의하면, 한 작품의 개별적인 요소들과 전체의 통일성 사이의 해석학적 상호관계를 강조했는데, 이 상호관계는 작품이 개별적인 부분들의 총화에서 생겨나는 통일성이나 개개의 부분이 전체에 대해서 획득하는 의미에 따라서 명료하게 해명되는 것처럼 해석할 수 있도록 해 준다(Betti, 1972: 15~16).

[21] 그러나 칸트도 이성과 역사 사이에 다리를 놓으려고 노력한 흔적이 역력한데, 그의 종교철학은 이러한 중재노력의 결과였다고 할 수 있다(Scholtz, 1995: 69).

[22] 슐라이어마허에 의해 시작된 낭만주의 해석학은 '개체성과 전체성 사이의 관계에 대하여 초점'을 두고 있다(Bleicher, 1980: 14).

423). 따라서 슐라이어마허 해석학의 과제는 언어의 해석이었다(이규호, 1979: 246). 그렇다면 해석학은 왜 언어해석으로 시작하는 것일까? 한마디로 텍스트에 기록된 전통적 지식의 형성과정이나 결과를 믿을 수 없었기 때문이었다.

> "전통주의자들의 주장대로 지식을 정신의 표상으로 볼 때 지식은 초월성을 띤다. 즉 어떤 사건을 자세히 기록하는 것은 단지 시작에 불과하다. 지식은 특정성을 뛰어넘어 일반성을 파악할 때, 구체적인 것을 추상화하여 일반이론으로 표현될 때 얻어진다. 이런 의미에서 논리규칙과 같은 세상에 대한 지식적 표현은 역사와 문화의 한계를 초월하는 형태를 취한다. 따라서 생물학이나 화학의 법칙이나 논리나 수학공식 혹은 유명한 사상가나 작가의 통찰력은 널리 전파된다. 여기서 진리란 '맥락'을 전혀 알지 못한다. 그러나 지식의 위치를 정신에서 언어로 옮기면서 전통주의적 시각에는 더 이상 설득력이 없어진다. 오히려 언어와 대상의 관계는 사회역사적 상황에 국한된다."(Steffe & Gale 편저, 1995/ 이명근 옮김, 2005: 47)

한마디로, 언어의 의미는 '상황의존적'이다. 따라서 텍스트로부터 진정한 지식을 구하기 위해서는 상황의 '해석'을 통한 언어의 '의미해석'이 필요하게 되는 것이다.

구체적으로 슐라이어마허의 언어해석은 문법적 해석grammatical interpretation과 심리적 해석psychological interpretation으로 구성된다(Bleicher, 1980: 14). 문법적 해석을 위하여 그는 모든 것이 저자와 독자 간에 공유하는 언어를 해석해야 하며, 아울러 모든 언어(또는 단어)의 의미는 주변의 언어들과 직접 연관되어 의미 해석되어야 한다는 원칙을 기반으로 44개의 해석 기준을 마련하였다. 또한, 그는 심리적 해석을 위해서는 저자의 전체적 삶 안에서 발생하는 사상적 발현을 중시하면서 언어 사용을 해석하도록 주문했다. 다시 말하면, 그는 해석학이 사유의 내적 형성과정, 즉 심리적 과정까지 다루어야 한다는 것이었다. 왜냐하면, 그에게 "언어는 사유의 통로"였기 때문이다. 슐라이어마허는 이 사유의 내적 형성과정을 다음과 같은 순서로 설명한다.

"첫째로 핵심판단Keimentschluss의 발견 곧 사유의 방향과 핵심의 성립이다. 그다음이 그 핵심판단의 객관적 실현으로서의 구성의 이해, 마지막으로 이 구성의 과정적 실현으로서의 성찰Meditation의 이해이다. 사유는 이렇게 내적으로 형성된다. 이렇게 형성된 사유는 다시 후속적인 발전을 위해서 다른 사유와 결합된다. 이해의 이러한 분석을 그는 심리적 해석Psychologische Auslegung이라고 한다."(이규호, 1979: 248)

이러한 의미에서 우리는 슐라이어마허의 해석학을 '체계적 해석학 systematische Hermeneutik'이라고 부른다. 이로써 그는 이해의 프로세스를 처음으로 구체적인 일상 언어의 해석과 결부시켰다. 이것은 그의 해석학적 성과를 탁월한 학문으로 인정받게 한 근거이기도 하다.

그는 이렇게 자신이 체계화한 규준들을 적용함으로써 텍스트에 대한 보다 체계적인 이해가 가능할 것으로 확신했다. 이는 "이해의 언어성"의 강조한 낭만주의자였던 헤르더Johann Gottfried von Herder(1744~1803)의 영향이었다고 할 수 있다.[23] 아울러 그는 이러한 체계적 해석을 통하여 '해석자는 저자가 스스로를 이해하는 것보다 그를 더 잘 이해할 수 있다'고 주장한다(Bollnow, 1968: 250). 왜냐하면, 해석자는 해석하기 이전에 이미 자신만이 경험한 역사적 지식과 언어적 지식을 가지고 있기 때문이다.

슐라이어마허가 "독자가 저자보다 더 잘 이해할 수 있다"는 주장을 하게 된 것은 피히테의 "영혼Seele" 개념을 이해하면서 가능했다. 피히테에게 영혼은 무의식의 세계를 의미하는데, 무의식의 영혼이 의식이 되어 바깥으로 빠져나올 때 우리는 잠재의식마저 이해할 수 있다. 한마디로, 저자의 영혼, 즉 저자의 무의식無意識은 독자들의 해석에 의해서 의식意識의 세계로 나온다. 바로 이러한 과정에서, 즉 저자의 무의식이 의식으로 드러날 때, 독자는 저자보다 더 잘 이해할 수 있는 것이다(Dilthey, XIV: 707). 일반적으로 낭만

---

23 역사학파historical school는 목적론적 역사에 대한 헤겔식의 선험적 구성을 거부하면서 등장했으며(Gadamer, 1960: 188), 이의 대지주는 헤르더였다. 헤르더는 진리와 사실의 가치와 의미를 각 시대의 역사에 귀속시켰다. 이러한 헤르더의 역사관은 나중에 딜타이의 "신 앞에서는 모든 것이 동일하다"는 언어로 표현될 수 있었다.

주의자들은 무의식을 직관으로 가능한 그리고 전혀 오류가 없는 세계로 보았다. 이러한 의미에서 슐라이어마허는 만약 우리가 해석을 통하여 무의식(영혼)의 세계를 의식의 세계로 드러나게 할 수 있다면 해석이 완성된 삶의 이해를 위한 기술이 될 수 있다고 확신하였다. 결국, 이렇게 하여 슐라이어마허는 그가 예감적인 것이라고 보았던 심리적 해석으로서 문법적 주석을 보완했던 것이다(Bleicher, 1980: 15).

여기서 간과할 수 없는 사실은 해석학의 역사에서 '인식론적인 고찰'을 처음으로 방법론적 논의 가운데로 포함시키고자 했던 사람이 바로 슐라이어마허이다(Bleicher, 1980: 13). 그는 먼저 해석학을 해석법Auslegungslehre이라고 하면서, 성서나 기타 고전들의 가장 정당한 이해를 위한 방법을 연구하는 것이라고 생각했다(이규호, 1979: 245). 물론 슐라이어마허의 작품에서 나타난 해석의 기술은 고대 희랍적 사유에 근원을 두고 있다(Bleicher, 1980: 2). 그러나 고전적 해석학은 말 그대로 해석학의 뿌리지만 해석학적 절차의 한계와 타당성이 입증되는 이론적 틀을 충분히 규명할 수는 없었다. 결국, 해석학은 슐라이어마허를 기점으로 '방법론으로서 새로운 차원'의 형태를 갖추게 되었다고 할 수 있다. 이는 지식획득의 방법이면서 동시에 지식탄생의 방식이라고 할 수 있다.

슐라이어마허는 방법론으로서의 해석학을 성서교리해석에 토대를 두었다. 그러나 해석학의 실제 적용에 대한 그의 관심은 차츰 '일반 해석학allgemeine Hermeneutik'의 근거마련에 집중되었다. 이로써 그는 일반 해석학의 초안자가 되는데, 이는 그의 해석학이 신학이 아닌 철학적 관심의 대상이 되는 중요한 이유이기도 하다(Scholtz, 1995: 198). 일반 해석학은 성서와 같은 특정한 권위를 부여받은 책에다 적용하는 특수한 방법론의 사용을 허락하지 않는다(Bleicher, 1980: 15). 이는 일반 해석학이 특수해석학의 영역을 대신하거나 아니면 불필요한 것으로 제외한다고 이해해서는 안 되며, 오히려 일반 해석학이 '과학적 기초'를 획득하는 것을 의미한다(Scholtz, 1995: 198). 결국, 그는 일반 해석학의 추구를 통하여 해석의 방법들을 객관화하고 체계화함으로써 현대 해석학의 기초를 세워나갔다. 그러나 물론 그의 일반 해석학 속에는 신학적 특수해석학의 근본모습들도 정주 되어 있다 (Scholtz, 1995: 198). 따라서 그의 일반 해석학은 특수를 포괄하는 '일반성' 내지 '보편성'을 지향한다.

따라서 슐라이어마허는 이해의 과정을 과학적으로 분석하고 그 가능성과 한계를 탐구한 최초의 해석학자라고 할 수 있다. 해석학을 과학으로 정초하고자 했던 노력은 이미 문헌학자 아스트와 볼프에 의해 시도된 바 있다 (Bleicher, 1980: 13). 특히 볼프는 해석학을 "기호들의 의미를 알려주는 규칙들에 관한 과학"(Bleicher, 1980: 260)으로 정의했다. 그러나 슐라이어마허에게서 이해는 '창조적 재구성'이다. 따라서 해석학은 과학인 동시에 창작 예술이며, 본래의 창조행위, 즉 '어떻게 그것이 실제로 그럴 수 있었는가' 하는 문제를 재구성하려는 열망이다(Bleicher, 1980: 15).

그에 의하면, 해석자는 가능한 한 저자의 정신적·영혼적 수준을 포괄하는 지적 수준에 접근해야 한다(Bleicher, 1980: 15). 또한, 그는 시대와 지역에 따라 떨어져 있는 사람들 사이에서도 해석의 질적 수준이 유지되어야 한다고 생각했다. 이는 성공적인 상호작용interaction을 통하여 우리가 일반적인 인간 본성을 이해할 수 있다는 그의 확신으로부터 비롯된다. 즉 다른 사람의 관점에서 사물을 바라봄으로써 다른 사람을 이해하는 것은 자신의 내부에서 정신적 프로세스를 강화시키고 강조하는 것이다(Bleicher, 1980: 16). 이렇게 본다면 그에게 지식은 이미 '구성적 성격'을 가지고 있었다고 할 수 있다. 이러한 의미에서 슐라이어마허의 지식관은 '구성주의 지식관' 의 모태가 된다.

그러나 슐라이어마허의 '해석학적 순환'의 요청은 언어적 의미의 통일성을 추구하는 프로세스를 통하여 나타난다.[24] 이에 대하여 키머레H. Kimmerle 는 다음과 같이 언급하고 있다.

"모든 낱말은 하나의 보편적인 의미영역을 가지고 있다. 그런데 이 의미영

---

[24] 슐라이어마허는 하나의 텍스트 또는 여러 상이한 텍스트 해석의 상호교호적인 경과로 드러나는 순환의 측면을 해석학적 순환이라고 파악하면서, 텍스트 전체의 단일성과 개체 부분의 구성요소 간에 이루어지는 교호관계에 주목하였다(오인탁, 1990: 269~270).

역은 그대로 발견되는 것이 아니고 그 낱말의 여러 가지 사용 경우들에 의해서 나타나게 된다…. 이러한 낱말의 의미영역은 낱말의 본질적인 통일성이다. 이러한 본질적인 통일성이 합리적으로 파악되지 않는 것 때문에 구체적인 해석의 과정에 있어서 해석자는 어려운 순환Zirkel에 빠지게 된다. 말하자면 언어의 의미는 하나하나의 경우들에 의해서 그 전체적인 의미영역을 이해하게 된다. 또한, 그 언어가 구체적으로 사용된 하나하나의 경우의 의미는 다시 그 전체적인 의미영역을 통해서 비로소 이해되는 것이다. 그런데 슐라이어마허에 의하면 우리는 이러한 순환을 다음과 같이 극복할 수 있다는 것이다. 하나의 낱말이 구체적으로 사용되어 있을 때, 그 낱말이 들어 있는 문장 전체에서 그리고 그 낱말이 사용된 알려져 있는 다른 경우들과의 비교를 통해서 우선 그의 보편적인 의미영역을 획정해 보는 것이다. 이렇게 해서 획정된 의미영역을 해석의 출발점으로 해서 이를 통해서 특수한 경우들이 파악되어야 한다는 것이다. 모든 언어의 의미에 있어서 언제나 그 언어의 보편적인 의미와 특수한 의미가 상호의존하게 되는데, 이것을 슐라이어마허는 의미개별성Bedeutungsindividualitaet이라고 한다. 그에 의하면, 이러한 보편적 의미와 특수한 의미의 상호의존을 변증법의 원리에 의해서 정리, 혹은 그의 말대로 구성Konstruieren 하는 것, 그것이 이해라는 것이다…. 그런 근거에서 슐라이어마허는 내가 구성할 수 없는 것은 아무것도 나는 이해하지 못한다고 했다. 따라서 이해한다는 것은 스스로 구성한다는 것이다."(이규호, 1979: 246~247)

결국 슐라이어마허에게 언어의 이해는 보편성과 특수성의 통일을 (재)구성하는 것이다. 그런데 우리의 삶에서 이해는 항상 동시에 오해를 의미한다(백승영, 2000: 122). 왜냐하면, 일반성의 추구라는 성향 때문에 언어는 개별적 인간의 체험의 다양함과 차이를 표현할 수 없기 때문이다. 따라서 '해석학적 순환'은 이해를 위한 필수적 과정이 된다.[25] 이로써 슐라이어마허의

---

[25] "즉 언어를 통해서 우리는 대상 세계를 잘못 그려내고 있는 것이다. 그러므로 언어는 더 이상 실재 세계에 대한 적합한 표현수단도 아니고, 이해와 의사소통을 위해 보편적이고 타당한 수단도 아니다. 그렇지만 그 유용성 때문에 우리 인간은 그것을 스스로 만들어 내고 또 사용할 수밖에 없다. 인간은 어떤 오류 없는 이상언어를 만들어 낼 필요도 없고, 또 만들 수도 없다. 왜냐하면, 일상 언어의 오류성은

해석학은 고전적 해석학에서와는 달리 객관성과 보편성을 담보하는 '과학'으로서 가능성을 만들었다고 할 수 있다. 그럼에도 불구하고 그의 해석학은 처음부터 한계를 안고 출발하고 있다. 이에 대하여 키멀레H. Kimmerle는 자신의 저서 『슐라이어마허의 해석학FR. D. E. Schleiermacher Hermeneutik』(1958)에서 다음과 같이 지적하고 있다.

"그러나 슐라이어마허의 해석학에 대한 기본사상에 의하면, 해석학적인 방법들은 결코 이해해야 할 대상의 '역사적 특수성'을 다룰 수는 없다는 것이다. 그는 보편적으로 파악한 이해의 프로세스는 그 대상의 특수한 역사적인 제약에서 자유로워야 한다는 것이다. 슐라이어마허는 말하기를 '우리는 항상 직접적인 독자가 되어서 그 뜻을 이해해야 한다'(Manuskript 1: 4)고 주장한다. 이해해야 할 대상에 대한 역사적 지식들은 그에 의하면 직접 이해과정과는 상관이 없다. 그는 이해의 대상은 하나의 자율적인 과정으로서 그 자체의 보편적인 법칙을 갖고 있다고 생각했다. 그는 대상의 역사적인 관련들에 대한 지식이 바로 이해의 프로세스 자체에 속한다는 것을 인정하지 않았으며 그러한 역사적인 지식들이 이해를 위해서 결정적인 역할을 한다는 것을 알지 못했다. 또한, 슐라이어마허의 해석학을 위해서 특징적인 것은 그는 이해의 현상만을 주목하고 그 이해된 것의 표현Darstellung은 문제 삼지 않았다는 것이다. 그는 이해를 하나의 자율적인 현상으로 파악하려고 함으로써 이해와 표현의 관계를 분리시켰다. 그런 연유로 여기서는 역사적인 거리가 무시되고 과거의 사실에 전적으로 몰두하게 된다. 따라서 참다운 이해의 본질적 사실, 인간은 그의 상황에서 결코 분리될 수 없다는 사실, 인간은 그의 상황 속에서만 이해하려는 대상에 접근할 수 있다는 사실이 망각되었다."(이규호, 1979: 245~246에서 재인용)

인간의 필요 때문에 요청되고, 인간은 자신이 필연적으로 갖는 관점성으로 인해 실제적인 관심을 배제한 이상언어를 만들 수 없기 때문이다."(백승영, 2000: 122) 따라서 언어가 있는 곳에서는 반드시 해석이 필요하다. 왜냐하면, 해석이란 "언어를 의심하는 방법"(김상환, 2000: 163)이기 때문이다. 이렇게 본다면, 해석학적 순환은 사용된 언어를 계속해서 의심하게 함으로써 궁극적으로는 진정한 이해로 도달하게 하는 해석의 필수 과정이자 방법이 된다.

한마디로 슐라이어마허의 해석학은 역사와 역사성에 대한 인식은 충분했지만, 역사적 차원의 정신Geist보다는 이성Vernuft에 비중을 둔 체계철학(체계적 인식론 또는 윤리학)으로의 경향성을 보다 더 견지했다고 할 수 있다.[26] 구체적으로 보면, 그는 역사적인 삶의 '체험'이 '표현'으로 이어지는 과정에서 역사성보다는 전체성에 보다 중점을 두었다. 아울러 그럼에도 불구하고 이러한 역사적 개체성과 전체성과의 의미 관련에 개입되는 정신의 객관성 또는 '객관 정신'의 문제가 소홀하게 다루어졌다. 바로 이러한 문제에 관심을 갖고 '정신의 과학성'을 파악함으로써 이해를 완성하려고 했던 사람이 딜타이였던 것이다. 딜타이는 주관적·역사적 체험이 (객관적) 표현으로 이어지는 과정에서 '전체성'이라는 우산개념 하에서 드러나는 '정신의 객관성'이야말로 '정신의 과학성'(정신과학)에 정당성을 부여할 수 있을 것으로 보았다. 이로써 지식은 '객관화Objektivierung'되며 결국 '객관지식'이 탄생하는 것이다.

3.3 정신과학으로서의 해석학

딜타이는 보편타당한 지식이 정신(삶)의 영역에서 개념화된 현상들과 내적 체험으로부터 과학이라는 경로를 통하여 도출될 수 있다고 생각했다. 즉 체험이란 원칙적으로 극히 주관적이며 협소하지만, 그러한 체험을 – 표현이라는 매개를 통하여 – 객관적으로 이해함으로써 우리는 삶(정신)을 이해할 수 있게 된다. 딜타이는 말한다: "이해는 체험을 전제한다. 그러나 이해는 체험의 협소함과 주관성으로부터 전체와 일반의 영역 안으로 들어갈

---

[26] 슐라이어마허는 <정신>이라는 개념 사용 대신에 대부분 <이성>이라는 개념을 사용했다(Scholtz, 1995: 68). 그에게서 아직 '정신과학'이란 용어 사용은 없으며, 윤리학을 "정신의 과학Wissenschaft der Geist" 또는 이성과학Vernunftwissenschaft으로 전용하고, 또 다른 곳에서는("Ueber den Begriff des hoechsten Guts. 1. Abb," 1827) "정신의 생동성에 관한 과학Wissenschaft von den Lebensthasetigkeiten des Geistes"이라는 개념을 사용하고 있다. 그는 자신의 논문 "Ueber den Umfang des Begriffs der Kunst in Bezug auf die Theorie derselben(1831)"에서 "정신에 관한 과학"을 "이성과학"으로 동일시했다(Schleiermacher, 1831: 183).

때 비로소 삶의 경험이 된다."(Dilthey, GS VII, 1968: 143) 달리 말하면, 주관적 체험이 '객관적으로 표현되고 이해될 때' 진정한(객관적) 경험이 된다. 삶은 이미 과거가 체험된 삶이다. 따라서 우리는 일단 (주관적으로) 체험된 삶에 의존해서, 즉 객관적 표현을 통하여 이해한다. 이러한 근거에서 딜타이에게는 '체험Erlebnis'이 삶의 최소단위가 된다.[27] 결국, 주관적 체험을 (객관적으로) 이해하는 학문이 바로 정신과학인 것이다. 한마디로 이는 체험을 통한 지식의 추구이며 지식의 창출 원리이자 방법이다. 따라서 정신과학은 인간의 체험을 해석하는 과제를 떠맡게 된다. 왜냐하면, 인간의 '주관적 체험'이 궁극적으로는 '객관적으로 이해'되어야 하기 때문이다.

한편, 딜타이는 자신의 삶의 철학Lebensphilosophie을 구상하는 과정에서 '자연과학'으로부터 '인간의 과학', 즉 '정신과학'을 구별해야 하는 단서를 제공했다.[28] 왜냐하면, 인간의 삶을 구성하는 정신세계는 자연의 질서와는 다

---

[27] 딜타이의 체험 개념은 드로이젠의 해석학 이론으로부터 나온다. 드로이젠의 해석학은 "체험의 이론"과 "재구성의 이론"으로 구성된다(Bleicher, 1980: 18). 우선 헤겔에게서 작용을 받은 체험의 이론에서 드로이젠은 "내적 체험의 과정들을 표현해 보려는 인간의 욕구"에 대하여 논하고 있다. 어떤 사람이 자신의 내적 체험 과정을 표현할 때, 이는 이를 지각하는 다른 사람의 마음에 투사된다. 이때 표현하는 사람과 지각하는 사람 사이에서는 공유하는 감정이 형성될 수 있으며, 이러한 과정은 계속해서 반복될 수도 있다. 궁극적으로 체험자와 체험자의 표현을 지각하는 사람은 서로 무엇인가를 공유함으로써 마침내 '절대적 전체성'이라는 개념에 도달하게 된다. 한편 재구성이론에서는 표현을 지각함으로써 자신의 내적 재생산을 이루어 낼 수 있는 방법을 다루고 있다. 이러한 드로이젠의 구상을 구체화시킨 사람이 바로 딜타이였다. 딜타이는 "역사과학"(또는 문화과학: 빈델반트, 리커르트)이라는 용어 대신 "정신과학Geisteswissenschaften"이라는 용어를 대체시켰다. 이로써 딜타이는 정신과학의 창시자가 된다.

[28] 16~17세기부터 갈릴레이, 케플러 등은 수학적 방법을 동원함으로써 자연과학에서 객관적 타당성을 입증하고 검증하는 체계를 세웠다. 이로써 근대 자연과학의 틀이 형성되는데, 이러한 자연과학의 방법론은 그 후 모든 학문의 방법론으로 군림하면서 학문 세계를 지배하게 되었다. 이러한 상황에서 데카르트와 스피노자의 철학적 사유도 영향을 받게 됨으로써 인간의 정신세계에 대한 분석 역시 자연과학적 방법에 주도될 수밖에 없었다. 이러한 경향은 결국 칸트의 철학적 집대성에서도 계속적으로 작용하게 되는데, 바로 이러한 문제의식으로부터 딜타이는 인간, 역사, 사회를 다루는 정신과학의 복원작업 또는 정신과학의 체계화 작업을 자연과학의 그것과는 다른 방법으로 시도할 계획을 하게 되었다.

른 인과 목적론적 관련을 형성하고 있기 때문이다(Dilthey, GS IX: 179).

딜타이의 정신과학은 접근방법에 따라서 체계론system theory과 구조론structure theory으로 양분된다. 전자는 사회의 외적 조직에 관한 이론으로서 문화체계와 사회조직체계 사이에 존재하는 객관 정신의 영역을 다루고 있으며,[29] 후자는 개인의 내적인 삶에서 의미를 포함하고 있는 정신 구조 Struktur des Geistes의 중요성을 강조한다.[30] 또한, 그의 정신과학은 '체계적 정신과학'과 '역사적 정신과학'으로 구분된다. 전자는 객관화의 지속을 위한 어떤 형식Formen을 취하도록 요청되는 삶의 과정에 중점을 두며, 후자는 역동적인 인간의 행위 또는 그러한 행동의 구조에 대한 이해Verstehen에 관련된다. 왜냐하면, '역사적 존재'"(Dilthey, GS VII: 351)로 태어나는 인간의 삶은 역사 속에서 쉴 사이 없이 흐르는 가운데에서 자신을 표현함으로써 '형식' (체계)으로 객관화되기 때문이다.

이러한 객관화의 형식을 지속적으로 파괴하면서 삶은 확대된다. 한마디로, 인간의 삶은 끊임없이 흐르는 가운데 지속적으로 자신을 표현함으로써 형식으로 객관화되고 아울러 이를 넘어서 형식을 깨고 점점 더 확대해 가는 '역사적 존재'이다(Dilthey, GS VII: 351). 따라서 딜타이에게 "삶은 곧 역사"이다(Dilthey, GS VII: 291). 달리 말하면, 인간은 역사 속에서만 존재하고, 역사 속에서만 인식한다(Dilthey, GS V: 279). 이러한 과정은 주관적 체험이 객관 정신의 도움으로 객관적으로 표현되었다가 다시 그것이 주관적으로 (추)체험되는 경로와 일치한다. 결국, 삶은 부단한 자기 형성을 계속하기 위하여 '주관화·객관화의 관계'의 지속적인 긴장관계로 존재한다. 그러나 여기서 형식은 삶을 단순히 설명하는 도식이라기보다는 삶 자체의 형식이다.[31]

---

[29] 균형, 기능, 적응과 같은 개념으로 특징지어진 사회체계에 관한 딜타이의 언어들은 대표적인 기능주의 사회학자 탈코트 파슨즈T. Parsons로 계승된다.

[30] 딜타이는 자신의 "정신과학적 심리학Geisteswissensschaftliche Psychologie"에서 구조주의 심리이론을 정초했는데, 이는 슈프랑어E. Spranger에 의해 비록 관점의 차이는 인정되지만 계승되었다.

[31] 이미 딜타이는 실제적인 이해 과정과의 관련을 통하여 해석학적 지식의 가능성을

다시 말하면 형식Form은 삶을 해석하는 기준이 아니라 삶으로부터 형성되면서 동시에 삶을 파악하도록 하는 소위 '구조 관련의 개념'이다. 이러한 맥락에서 딜타이는 '삶은 삶 자체에서 스스로 파악되고 이해된다'(Dilthey, GS VII: 136)고 한다. 왜냐하면, 삶은 역사적이기 때문이다(Dilthey, GS VII: 291). 이러한 의미에서 삶은 역사이다. 즉 삶은 역사 속에서 성장하기도 하고 파멸하기도 하면서 끝없이 역사 속에서 삶은 스스로 전개된다. 지식 역시 마찬가지이다. 결국, 지식획득이나 지식의 탄생은 다분히 '역사적'인 것이다.

삶이 역사라는 것은 '삶의 범주가 곧 역사의 범주'(Dilthey, GS VII: 362)라는 뜻이다.[32] 따라서 우리는 역사의 범주를 해석함으로써 삶을 이해할 수 있게 된다. 딜타이는 말한다: "인간은 역사 안에서만 인식될 수 있다. 인간은 결코 성찰을 통해 인식될 수 없다."(Dilthey, GS V: 279) 달리 말하면, 역사의 이해에서 인간은 스스로를 이해한다(Bultmann, 1958: 139). 한마디로 인간은 오로지 역사해석을 통해서만 자기인식이 도달할 수 있다. 이로써 딜타이는 이해의 목표에 도달하기 위해 '해석학'에 의존하게 되는 것이다.[33]

전제하고 인식론에 해석학적 통찰을 적용함으로써 메타과학을 실현하고자 했다. 이로써 '정신과학의 인식론적·논리적·방법론적 토대'(Johach, 1987: 182)가 계획된다. 이를 위해 딜타이는 우선 "삶의 범주"를 해석의 틀로 사용했다. 딜타이를 계승한 슈프랑어는 해석의 틀로 작용하는 삶의 범주를 구체적인 삶의 형식들 Lebensformen로 범주화시키고 이를 "객관적인" 이해를 가능하게 하는 사고의 틀로 전용한다. 형식이란 수많은 지각 가능한 요소들이 상호 관련되어 있는 동질적인 구조, 그리고 자기가 만들어 낸 또는 자기 안에 구현된 정신의 특성을 보유하는데 적합한 동질적인 구조라는 넓은 의미에서 이해되어야 한다(Betti, 1972: 8).

32 비코G. B. Vico에 의하면, 인간이 스스로 역사를 만들기 때문에 역사를 이해할 수 있다(Bleicher, 1980: 16). 즉 자연에는 역사가 없다. 역사는 오로지 자유롭게 선택하고 결단하여 책임질 수 있는 인간에 의해서만 가능하다. 따라서 어떤 사건이 역사적이려면, 그 사건은 인간과 관련되어 있어야 한다(오인탁, 1990: 48). 이러한 의미에서 딜타이는 "인간의 삶을 역사"(Dilthey, GS VII: 291)로 보았다.

33 딜타이는 우리의 모든 정신활동에는 주석註釋이 필요하다고 보았다. 왜냐하면, 정신 행위 및 활동은 매우 복잡하여 쉽게 이해하기가 어렵기 때문이다. 이는 희랍 신화에 나오는 헤르메스 신들이 신의 메시지를 전달할 때 오해와 전달자의 자의성을 피하기 위해서 꼭 주석을 달았던 사실과 맥락을 같이한다. 이때 헤르메스 신들은 신의 언어를 아마 나중에 명료화나 아니면 나중에 부가적인 주석을 필요

지식의 이해에서도 마찬가지이다. 따라서 지식은 해석학적 차원일 수밖에 없다. 이러한 의미에서 딜타이의 정신과학은 "역사적 정신과학historische Geisteswissenschaften"이 되며, 해석학은 정신과학의 방법론이 된다.

　　"딜타이가 해석학을 정신과학의 방법론적 기초라고 보았으며, 이해를 정신과학의 구성적인 방법으로 파악하였다. 그리하여 슐라이어마허가 '이해의 예술론'으로 구상한 해석학이 딜타이의 노력을 통하여 정신과학의 방법론으로 발전하였다."(오인탁, 1990: 144)

　　19세기 말 "정신과학들Geisteswissenschaften"[34]이라는 용어와 개념을 "학문적으로 재창조하고 재구성한"[35] 딜타이는 "해석학적 방법"의 도움으로 "정

로 하더라도 하여간 일단 이해하기 쉽고 의미 있는 것으로 바꾸어 놓는 해석자로 행동한다(Bleicher, 1980: 11). 따라서 딜타이가 추구했던 주석작업은 해석학이 된다. 해석의 과정이 점점 자체적으로 해석의 규칙들과 법칙들을 갖추게 되면서 효율적인 해석이 이루어 질 뿐만 아니라, 해석의 결과들은 자의성과 주관적인 요소들로부터 일반적인 타당성을 획득할 수 있게 된다. 여기서 이해를 도와주기 위한 지식의 명증성을 위해서 체계화된 해석의 기법Kunst이 요청된다. 이러한 해석기법이 바로 해석의 방법이며, 이러한 기술에 대한 이론Kunstlehre이 바로 '해석학 이론'으로 발전된다. 즉 해석학은 처음부터 인식론적 입장에서 논하여진 것이 아니고 방법론의 문제로 나타났던 것이다(이규호, 1979: 241~242).

[34] A. Diemer는 "정신과학"이라는 용어는 1789년 "누가 계몽가인가?(Wer sind die Aufklaerer?, 작자 미상)"라는 논문에서 처음으로 나타났다고 한다. 또한, 이 용어는 Schelling 학파에 속하는 W. J. A, Werber의 논문인 "Der Parallelismus zwischen Natur und Kultur, Ein System der Natur und Geistesphilosophie(1824)"에서도 등장하고 있다. 특히 1847년 E.A.E. Calinich는 자신의 논문 "Philosophische Propaedeutik fuer Gymnasien. Realschlen und hoehere Bildungsanstalten sowie zum Selbstunterricht"에서 자연과학적 방법과 정신과학적 방법을 구분하고 있으며, Schiel은 J. St. Mill의 『논리학』에 나오는 "moral science"를 정신과학으로 번역하고 있다.<오인탁, 1990: 143쪽에서 발췌 인용함> 그러나 이러한 논문들에서 나타난 "정신과학"은 아직 학문적으로 다듬어진 개념은 아니었다.

[35] 19세기 말경 독일에서는 정신과학의 방법적 특이성, 즉 자연과학들의 방법과는 다른 독자적인 것을 찾아내려고 하는 움직임이 일어났다. 빈델반트Windelband는 1894년 그의 하이델베르크Heidelberg 대학 총장 취임연설에서 아주 인상적인 표현으로 모든 과학들은 법칙적 과학die nomothetische Wissenschat과 개성적 과학die idiograohische Wissenschaft으로 나누었다. 자연과학이 보편적인 법칙을 발견하려고 하

신과학'을 완성할 수 있을 것이라는 확신을 가지고 있었던 것이다.[36] 왜냐하면, 과학이란 자연과학이건 정신과학이건 반드시 가설을 입증하기 위한 적절한 '방법Methode'을 가지고 있어야 하기 때문이다. 해석학 역시 과학인 동시에 기술art이다(Bleicher, 1980: 15).

한편, 딜타이에게 자연과학적 방법인 '설명explanation'과 정신과학적 방법인 '이해understand'는 대립관계로 나타난다.[37] 즉 그는 자연과학에 대한 정신과학의 독자성을 증명하려는 의도를 가지고 두 과학을 현저하게 대립시키며 (『정신과학서설Einleitung in die Geisteswissenschaften』(1883)), 이것들의 대상과 방법을 원칙적으로 구분했다(한국철학사상연구회편, 1989: 300).

> "'"자연'은 항상 우리와는 낯선 것으로 인간과 간격을 두고 마주 서 있다. 우리는 그러한 자연에 대해서 한 눈으로 개괄할 수 있도록 그리고 지배가 가능하도록 하기 위해서 보편타당한 (인과)법칙을 확립하려고 한다. 그 법칙의 도움으로 아직 알려지지 않은 모든 현상을 우리는 그 법칙의 기초 위로 환원함으로써 '설명'하려고 한다. 반면 '정신'은 인간에 의해 만들어진 세계로서 우리와 마주 서 있는 것이 아니라 인간의 내부로부터 완전히 투영된다. 우리는 그것의 모든 지체肢體들의 내적 관계를 '의미 관련의 구조' 안에서 '이해'한다.'"(Bollnow, 1981: 121)

는데 대하여 역사과학은 일회적인 것the Einmalige의 특수성을 표현하려고 한다. 빈델반트와 함께 신칸트주의의 서남학파에 속하는 리케르트Rickert는 이와 같은 빈델반트의 사상을 이어받아 인문과학의 이름을 문화과학文化科學이라고 부를 것을 제안했다. 이러한 문화과학이라는 이름은 곧 딜타이로 말미암아 정신과학이라는 이름으로 대체되었다.<이규호, 1979: 240~241 참고>

[36] 딜타이는 자신의 논문 "Einleitung in die Geisteswissenschaften"(1888)에서 자연과학과 달리 정신과학은 사적·사회적 현상을 대상으로 하는 모든 과학들을 의미한다고 했다. 또한, 여기서 그는 해석학을 정신과학의 방법론적 기초라고 보았으며, 이해를 정신과학의 구성적인 방법으로 파악했다. 그리하여 슐라이어마허가 "이해의 예술론"으로 구상한 해석학이 딜타이의 노력을 통하여 정신과학의 방법론으로 발전했다(오인탁, 1990: 144).

[37] 딜타이에 의해서 '정신과학적 방법'으로 수용된 해석학은 자신의 방법적인 고유성에 대한 주장과 함께 정신과학적 방법의 정당성을 회복하기 위하여, 당시 자연과학적 연구방법의 차용으로 정신과학의 영역에서도 득세하고 있었던 영국의 경험주의와 프랑스의 실증주의에 대해서 비판의 끈을 놓지 않았다(Bollow, 1982: 117).

한마디로 자연은 인과법칙 속에서 우리에게 나타나고, 인간의 삶과 정신 현상은 주로 역사와 문화 속에 투영되어 있지만 '의미 관련Sinnzusammenhang' 을 통하여 우리에게 다가온다(Danner, 1994: 27). 즉 이해란 외부에서 감각 적으로 주어진 기호로부터 하나의 내면적인 것, 즉 의미를 인식하는 과정 이다(Dilthey, GS V: 318). 결국, 해석학적 관점에서 본다면, 우리가 지식 을 추구하고 지식을 창출한다는 것은 의미를 추구하고 의미를 창출하는 것 이다.

한편, 위에서 잠시 언급한 것처럼 딜타이에게서 삶의 최소단위는 개별적 (주관적) 체험Erlebnis이 된다. 이러한 개별(적) 체험은 이미 소여된 대상들과 주관과의 구조적 통일에서 비롯된다. 심리학적으로 말하면 체험은 내적 지 각과 외적 지각의 통일을 말한다(Dilthey, GS V: 211). 따라서 딜타이의 해 석학에서는 어떠한 소여도 체험되지 못하면 존재하지 않는 것이다. 달리 말하면, 체험은 현실을 소유하는 방법이다. 즉 체험은 나에게 모든 현실이 알려지는 결정적인 방식이다(Dilthey, GS VI: 21). 이러한 의미에서 딜타이 에게 체험은 삶에 접근하는 유일한 인식방법이다(Dilthey, GS VI: 313). 즉 체험을 통해서 지식은 탄생한다. 그러나 이러한 개별체험은 전체와 분리되 거나 파편적인 것이 아니라 항상 전체와 관련되어 있다. 왜냐하면, 역사성 속에서 모든 개별적 체험은 전체와 의미 관련으로 구조 관련 되어 있기 때 문이다. 이러한 구조 관련 속에서 개별체험은 부분으로부터 전체로 확장될 수 있다.

결국, 딜타이의 해석학에서는 (주관적) 체험이 해석되는 것이다. 따라서 그에게서 궁극적인 삶에 대한 이해는 체험에 근거한다. 즉 체험의 해석을 통해서 지식은 창출된다. 또한, 체험은 삶을 이해하는 수단이며 삶의 범주 중 하나이다(이규호, 1979: 249). 이런 의미에서 '체험'은 이해의 중요한 전 제조건이 된다.

"체험으로 이루어지는 삶은 수수께끼이며, 어떤 필연성이나 법칙성도 가지지 않는 탐구 불가능한 비합리적 사건의 흐름이다. 삶에서는 모든 것이 절대적으로 일회적이며 반복될 수 없기 때문에, 오성에 의해서는 파악되지 않으며 직관적으로 '이해'될 수 있을 뿐이다."(한국철학사상연구회편, 1989: 300)

딜타이는 우리가 경험하거나 체험할 수 있는 것만 알 수 있다고 한다. 따라서 삶을 초월하는 것은 체험의 대상이 아니기 때문에 이해의 대상에서 제외된다. 이렇게 본다면 딜타이의 삶은 형이상학적 삶과 무관하며 극히 현실적이며 실용적이기까지 하다. 물론 형이상학적 차원이라고 하더라도 체험이 가능하면 이는 삶이 되며 이해의 대상이 된다. 예를 들어, 신은 존재하는가? 혹은 아닌가? 하는 의구심은 형이상학적 문제일 수 있다. 그러나 우리가 살면서 신을 체험하면 신은 우리와 함께 있는 것이다. 반대로 신을 체험하지 못하면 없는 것이다. 따라서 우리가 체험하는 정도에 따라서 신의 존재도 제한된다.

그러나 제한된 체험은 딜타이에 의하면 분절되고 단속斷續되어 나타난다고 하더라도 그것이 파편이나 부분으로 남는 것이 아니라 항상 전체와 관련되어 있다(Dilthey, GS VII: 140). 따라서 이러한 체험은 다양성으로 나타나지만 결국은 전체적으로 통일적 의미구조 속에서 의미구조 관련으로 나타나게 되는 것이다. 한마디로, 개별체험 또는 개별적 부분들은 전체와의 관련 속에서만 발생하며 전체적 관련 속에서만 이해가 가능해진다.[38] 그리고 딜타이는 부분으로부터 전체로 확장되는 정신과학의 과제를 작용관련 Wirkungszusammenhang의 이해라는 해석학적 방법으로 전개하여 나갔다. 왜냐하면, 전체와 부분의 관계는 통합된 의미에 구속된 상호작용의 관련이기

---

[38] 이로써 해석학에서는 전체 - 부분의 관계를 해석하고 이해하는 것이 명백해진다. 여기서 전체는 시공을 초월한 가상이나 형이상학의 세계가 아니고 인간이 그 안에서 실제로 서로서로 관련이 되고 의미로운 관계를 맺고 있는 하나의 단일한 세계einheitliche Welt, 즉 삶의 전체가 된다. 에밀리오 베티에 의하면, 개별적인 요소들로부터 전체의 의미를 얻어낼 수 있고, 그 개별적인 요소 자체가 하나의 부분으로서 구성하고 있는 포괄적이며 철저한 전체와 관련하여 이해될 수 있다(Betti, 1972: 16). 한 단어의 의미·강도·뉘앙스는 그 단어가 언급된 의미연관과 관련하여 파악될 수 있듯이, 즉 말의 유기적인 구성과 확증성의 상호적인 연관성에 관련됨으로써만 이해될 수 있는 것이다(Betti, 1972: 16).

때문이다. 딜타이는 이러한 전체와 부분 간의 상호작용을 "인간의 항존적 관계양식"(Dilthey, GS V: 60)이라고 부른다. 이렇게 해석학은 부분(주관)과 전체(객관)와의 분리되지 않는 관계를 다룬다.

한편, 체험은 '표현'으로 이어진다. 즉 체험이 표현이 되고 그러한 표현이 이해로 되는 것이다. 예를 들면, 우리에게 과거는 체험된 삶이다. 그리고 역사의 과정으로서 현상하는 삶은 과거라는 시간적 정체성으로부터 벗어나서 과거의 의미를 현재라는 기점에서 되새길 수 있는 기회를 마련하게 된다. 아울러 현재의 의미는 또다시 미래를 향해 나아간다.[39] 이러한 과정에서 해석이 요청된다. 여기서 해석의 매개체Mittelglied가 바로 표현인 것이다. 그러나 딜타이에 의하면, 체험은 표현되고 표현은 새롭게 체험되어 결국 체험과 표현은 완전히 하나가 된다(Dilthey, 1919: 236). 그리고 독자는 텍스트에 대한 자신의 "이해"에 맞추어 "표현"을 보충한다(Palmer, 1969: 17).

딜타이에 의하면, 표현과 이해의 관계는 표현이 먼저 있고, 이해가 뒤따르는 것이 아니고 표현과 이해는 동시적이고 직접적이다(이규호, 1979: 254). 한마디로 딜타이 해석학의 본질은 표현과 이해 그리고 체험은 직접적인 관계에 들어 있는 것이다. 체험은 일단 이해의 조건으로서 그것만으로도 충분할 수 있다. 그러나 개별체험이 보다 완숙한 이해로 가기 위해서 우리는 그러한 체험이 표현되는 순간을 포착할 필요가 있다. 왜냐하면, 끊임없이 흘러가는 역사 과정을 체험만 하는 것으로는 우리가 결코 이해의 기회를 만들기는 곤란하다. 따라서 표현은 순간적이겠지만 – 아니면 이를 가상이라고 하여도 – 애써 표현된 것을 잡아 놓고 이를 해석의 대상으로 설정하는 것이다. 그 순간이 시간적 흐름으로 본다면 바로 오늘이다. 과거의 의미가 오늘이라는 시점에서 표현된다고 가정하지만, 과거 - 현재 - 미래는 의미의 흐름이며 표현된 어떤 의미가 이해되는가 하는 것은 전적으로 해석자에게 달려 있다. 즉 해석자가 해석함으로써 비로소 이해의 기회가 열리게 되는 셈이다. 만약 해석의 기회가 주어지지 않는다면, 이해의 기회도 영원히 없는 것이다.

---

[39] 푸코에 의하면, 해석이란 역사적 미래를 개방하는 것이다(김상환, 2000: 199)

또한, 표현을 대상화하는 해석을 통하여 이해는 객관으로 될 수 있는 기회를 얻는다. 왜냐하면, 체험의 표현 자체가 우선 주관을 떠나 이미 (잠정적) '객관'으로 – 비록 잠정적 객관이지만 – 현시되기 때문이다. 예를 들어, 문학작품은 작가의 체험이 표현된 것이다. 그런데 문학작품을 이해하는 것은 그 작가를 (추)체험하는 것이다. 왜냐하면, 작가의 체험이 문학작품(객관)으로 표현되었기 때문이다. 작가는 삶의 심연 속에 감추어졌던 것을 형상화함으로써 자신의 체험을 '형식화'(체계화)한 것이며, 이는 표현으로서 임시로라도 '객관성'[40]을 가지게 된다. 이러한 객관성을 독자는 다시 체험함으로써, 즉 '추체험'함으로써 우리는 작가가 표현했던 것을 보다 객관적으로 해석할 수 있게 된다. 이렇게 하여 얻어지는 해석은 보다 새로운 객관화 속에서 보다 생산적이며 창조적으로 발전하게 된다. 즉 해석을 통하여 지식은 새롭게 창출된다.

더 나아가 표현과 이해는 또다시 추체험Nacherleben의 가능성 때문에 (재)구성적이며 생산적이며 마침내 창조적인 이해로까지 개방된다. 즉 체험 - 표현 - 이해라는 해석학적 도식은 영원히 순환하는 것으로서, 체험이 이해되고 또다시 체험되고 그것이 또다시 이해됨으로써 이해는 점점 더 선명해진다. 이는 '전前이해Vorverstaendnis'가 이해로 가는 과정과 그대로 일치한다.[41] 즉 체험 - 표현 - 이해의 해석학적 도식은 순환과정을 통하여 처음에

---

[40] 작가는 자신의 작품을 언어로 기록함으로써 '객관'을 내놓지만, 해석자에게는 아직 잠정적 객관이다. 이러한 객관이 완전한 객관이 되고 이러한 객관을 매개로 작품을 완전히 이해하기 위해서는 작품에 대한 지속적인 추체험이 요청되는 것이다. 이러한 근거에서 (완전한)이해를 위한 지속적인 해석학적 순환의 과정은 정당하다.

[41] 해석이란 이해에 도달하려는 목적을 지닌 활동이다. 또한, 이해는 해석의 과정에서 성취된다. 그러나 해석하기 전에 이미 우리는 무엇인가를 미리 선취하고先取, Vorgriff, 선시하고先視, Vorsicht, 선소유하고先所有, Vorhabe 있다. 이를 불트만은 전이해全理解, Vorbegriff라고 불렀다. 슐라이어마허 이래로 지금까지 의미의 이해의 과정에서 개인적이고 주체적인 동기는 결코 배제되어서는 안 된다는 인식이 해석학적 인식의 논리에서 지극히 자명한 것으로 인정되고 있다(오인탁, 1990: 222). 즉 모든 해석학자들은 대상에 접근할 때 이미 그 대상에 관한 전이해preunderstanding를 가지고 있기 때문에 중립적인 마음의 자세에서 출발할 수 없다. 따라서 이해의 실존성을 토대로 하는 해석학적 순환은 "전이해"로부터 시작될 수밖에 없다. 따라

뿌옇던(덜 객관적이던) 이해(전이해)를 보다 명확한(보다 객관적인) 이해(이해)로 나아가도록 하는 것이다.[42]

"텍스트 해석의 경우 해석자는 언제나 일정한 전이해Vorverstaendnis로부터 출발하기 때문에, 저자의 전이해, 저자와 텍스트에 대한 해석자의 전이해를 해석자는 방법적인 통로 자체로 삼지 않으면 안 된다. 이러한 개별 해석자에 있어서 텍스트와 전이해의 순환이 개인적 무의미성에 머물러 있지 않기 위해서는 다시금 부분과 전체의 해석학적 순환이 요청된다. 부분에서 전체로 접근해 들어가고 여기서 얻은 전체의 이해를 통하여 부분을 다시 새롭게 이해하며 이렇게 하여 부분과 전체를 통합하고 체계화하는 정신으로 검토하고 확인하는 방법이다."(오인탁, 1990: 63)

이러한 의미에서 우리는 작가보다 더 잘 이해할 수 있게 되는 것이다.[43] 딜타이는 말한다:

"해석학은 저자와 독자 사이를 매개하는 작품 속에 표현된 삶의 창조적 에너지를 '객관화'하는 것으로부터 시작된다. 이 창조적 에너지는 의미와 가치들에 의한 중재를 요구한다. 따라서 해석은 그 중재를 통한 추체험이며 재구성Nachbildung이다."(Dilthey, GS VII: 215)

서 인식의 논리에서 인식하는 주체의 고유한 인식 관심과 전이해는 바른 인식의 장애물이 아니라 필연적 조건이 된다는 말이다(오인탁, 1990: 222).

[42] 이러한 의미에서 하이데거는 이해의 역사성, 즉 해석과정의 역사적 제약성을 해석학의 원리로 끌어올리기 위해 이해의 전구조를 사용하며, 이 사실을 통하여 그는 선입견을 '이해의 조건'으로 보아야 하는 역설을 낳게 된다(Betti, 1972: 39). 이렇게 본다면, 해석자는 항상 선입견을 가지게 마련인데, 참된 선입견과 그릇된 선입견을 가르는 것이 해석학의 과제이다(Betti, 1972: 40). 가다머는 선입견이 밖으로 드러나도록 부추기는 것을 전통과의 만남이라고 표현하였다(Gadamer, 1960: 33).

[43] 본래 의미란 저서 속으로 들어가서 해석할 수 있는 것이 아니라 저서에서 이끌어낼 수 있는 것을 말한다(Betti, 1972: 14). 따라서 의미란 자의적인 행위로 또한 어느 정도 부정한 방식으로 의미충족형식에서 추론되는 것이 아니라, 오히려 그 의미는 마땅히 그 형식에서 유래되어 나와야 하는 것이다(Ebenda).

그러나 딜타이에겐 삶의 표현에서 추후적으로 체험하는 '감정이입'이 항상 문제였다(오인탁, 1990: 224). 왜냐하면, 경험적 차원에서 이루어지는 모든 체험들은 객관적 의식과 표현으로 재구성되고 재생산될 때 비로소 주관성을 벗어날 수 있기 때문이다.[44] 결국, 경험이 주관성(부분)을 벗어난다는 사실은 객관성(전체)의 취득을 향해 일보 전진하는 것을 의미하며, 이는 − 특히 해석학적 순환을 통하여 − 지속적으로 객관성에 가깝게 다가가는 조건이다.

그러나 여기서 딜타이의 체험을 가능하게 하는 '경험'과 실증주의와 경험주의에서의 '경험'은 차원이 다르다. 실증주의는 하나의 절단된 그리고 처음부터 인간의 정신생활에 대한 생물학적이고 물리적인 이해를 통해 변조된 경험을 토대로 하고 있다(이규호, 1980: 80). 그러나 이러한 경험은 '특수한 조건의 경험'일 뿐이다. 따라서 이로써 삶의 경험을 모두 대변하기는 어렵다. 어떠한 특수한 조건 하에서의 경험으로 모든 경험을 일반화시킬 수는 없는 노릇이다. 결국, 삶의 경험은 단속적인 것이 아니라 끊임없이 지속되는 역사적 경험이다. 바로 이러한 경험이 딜타이에게 중요하다. 따라서 딜타이는 자연과학, 실증주의 그리고 경험주의에서 말하는 경험의 한계성에 대하여 지적하면서 정신과학적으로 경험을 해명할 수 있어야 한다는 주장을 하게 되는 것이다. 이러한 차원에서의 경험이 바로 딜타이에게는 '체험Erlebnis'이라는 삶의 최소단위로부터 연유하게 되는 것이다. 체험은 역사적으로 지속되는 경험이다. 즉 체험은 역사적으로 생성되는 '의미의 경험'이 된다. 따라서 체험은 해석의 대상이 된다. 왜냐하면, 체험은 역사적 의미의 경험이기 때문이다. 아울러 이러한 체험이 객관화될 때 표현이 되는 것이고 이러한 (객관적) 표현을 통하여 우리는 궁극적으로 삶을 전체적으로 이해하게 된다.

정리하자면, 해석학解釋學, 즉 '헤르메노이틱Hermeneutik'의 어원을 알려주는 헤르메스Hermes는 희랍 신화에 나오는 신으로서, 다른 신들의 메시지를

---

[44] 바로 이러한 추체험의 구조에 주관과 객관 사이를 매개하는 해석학적 순환의 의미가 있으며, 해석학적 개념 형성의 방법론이 근거하고 있다(오인탁, 1990: 224).

인간에게 전해주는 소위 전령傳令이었다(Ebeling, 1959: 244). 여기서 헤르메스는 신의 메시지에 특별히 주석을 달아야 할 경우에는 이를 쉬운 의미로 바꾸어 주는 해석자로 활약하였다(Bleicher, 1980: 11). 한마디로 헤르메스 신의 사명은 해석하는 일hermeneùein이었다. 따라서 그는 해석의 과정에 개입하게 된다(Danner, 1998: 33). 결국, 이렇게 본다면 해석학은 헤르메스의 해석행위에 대한 이론화 작업이라고 할 수 있다.

헤르메스의 구체적 역할은 신의 말씀이 품고 있는 '의미Sinn, 意味에 대한 해석'이다. 이러한 해석은 인간과 인간 간의 언어가 가지는 의미에 대한 해석으로 전이된다. 의미를 이해하지 못하면 오해가 뒤따른다. 이러한 오해를 피하기 위해 우리는 서로의 언어(또는 기록)를 잘 해석해 내야 한다(Ebeling, 1959: 243). 왜냐하면, 언어 역시 의미를 내포하기 때문이다. 즉 언어의 다의성多義性 때문에 의미는 반드시 해석되어야만 이해가 가능하다. 이제 언어는 해석의 매개체가 된다.[45] 이러한 의미에서 H.-G. 가다머(1960)는 '언어는 해석이 그 안에서 완성되는 일반적인 매개물이며 해석의 성취방식은 해석'이라고 정의했다(Gadamer, 1960: 366).

그러나 일상에서 우리 인간은 실제로 언어를 통하여 상대가 의도하고 의미하는 것을 완전히 이해할 수는 없다. 그 이유는 무엇일까?

> "그것은 두 가지 이유 때문이다. 첫째, 언어는 알레고리아allegoria, 즉 다른 의미를 지시하는(풍유하는) 알레고리일 수 있다. 언어는 그 스스로 말하는 것과 다른 것을 말할 수 있다. 둘째, 인간의 언어는 상징적 기호semainon의 일부일 수 있다."(김상환, 2000: 163)

이해의 문제는 행동에 있어서도 대동소이하다. 행동의 상징과 의미가 불분명하기 때문이다. 그 이유는 무엇일까? 바로 인간은 역사적 존재이기 때문이다. 역사적 존재라는 뜻은 서로 살아온 역사가 다르기 때문에, 내가 완

---

[45] 이해란 자기의 객관화 형식을 통해서 인식될 수 있는 정신의 의미에 대한 재인식 Wiedererkennen이자 재구성Nachkonstruieren이다(Betti, 1972: 12).

전하게 남을 알 수는 없다는 말이다. 즉 나의 개성 있는 인식주체는 언제나 이미 나와 상이한 역사적 경험과 인식의 작품인 너와 나의 삶의 표현을 잘 못 이해할 수 있다(오인탁, 1990: 222). 인류의 역사는 자신의 존재를 이해하고 해석해 온 과정 자체라고 할 수 있다(신승환, 2012: 163). 따라서 인간에 대한 존재론은 해석학적이다(Steffe & Gale 편저, 1995/ 이명근 옮김, 2005: 307).

반대로 해석학에서의 이해는 단순히 객관적 대상에 대한 지식을 가지는 인식론을 넘어서 존재론적 입장을 견지하고 있다(최신일, 1999: 17). 달리 말하면, 인간은 자신의 역사와 전통을 이해하고 해석함으로써 존재를 인식한다. 바로 이러한 역사와 전통을 이해하기 위해서 우리는 우선적으로 언어와 행동을 이해할 필요가 있다. 만약 이해하지 않고 오해를 방치한다면 우리의 삶은 항상 위험할 수 있기 때문이다. 이렇게 본다면, 이해가 곧 삶이다.[46] 이런 의미에서 이해의 해석학은 '존재론적 의미'를 가지고 있다고 할 수 있다(최신일, 1999: 18).

그런데 이해는 온전한 해석으로부터만 가능하다. 반대로 해석은 원칙적으로 이해를 목적으로 하며, 이해로 귀착되는 과정이다(Betti, 1972: 11). 이렇게 본다면 해석학Hermeneutik은 "이해Verstehen, understand"에 대한 연구이며, 특히 텍스트에 대한 이해의 과업이다(Palmer, 1962: 8). 또한, 해석학은 "해석의 기술$τέχνη$ $έρμηνευτικη$: téchne hermeneutiké"이다(Danner 1998: 57). 결국, 이해의 기술Kunst des Verstehens이 해석Auslegung인 셈이다. 아울러 해석학은 '의미의 해석'에 관한 이론 또는 철학으로 정의된다(Bleicher, 1980: 1). 예를 들면, '그 말의 의미가 무엇일까?'하는 질문은 해석학적 물음이다(Klafki, 1971: 142). 마지막으로 해석학은 '비판의 기능'도 충실히 수행할 수 있어야 한다. 왜냐하면, 해석을 하다 보면 비판이 요구될 때도 있기 때문이다. 결국, 해석학이란 이해의 현상, 그 요소, 구조, 유형 및 그 가정 등을 연구하는 이론적·철학적 학문이며, 또한 이의 방법과 방법적 적용이 가능한 응용해

---

[46] 인간의 삶과 이해는 분리될 수 없다(윤평중, 2000: 334). 해석의 완성은 인간의 완성, 성숙의 끝이다(김상환, 2000: 343).

석학의 모든 영역을 포괄한다(Diemer, 1977: 15).

결론적으로, 해석학은 "방법"이면서 동시에 "철학" 그리고 "비판"의 역할과 기능을 발전시켜 왔다. 특히 해석학을 방법론으로 발전시킨 학자는 정신과학의 창시자인 딜타이다. 그러나 하이데거Martin Heidegger(1889~1976)와 가다머는 정신과학적 방법론으로서 해석학의 범주를 축소시킨 딜타이를 비판했다. 특히 가다머는 딜타이의 대리인 격인 베티Emilio Betti(1890~1968)[47]와의 논쟁을 통하여 '철학으로서의 해석학'으로 해석학을 복권시키고자 했다.[48] 그러나 이러한 가다머의 관점은 하버마스Jurgen Habermas와 아펠Karl-Otto Apel 등에 의해서 또다시 비판을 받게 된다. 특히 하버마스에 의하면 가다머의 해석학적 철학은 이데올로기 비판을 간과하고 있다는 주장이다.[49] 그러나 이러한 상호 비판과 논쟁은 해결의 실마리나 대안을 찾지 못하고 지금까지 열린 논쟁으로서의 평행선을 그리고 있다.

---

[47] 딜타이에 충실하면서 오로지 해석학을 "정신과학의 일반방법론"으로만 규정한 대표적인 학자는 이탈리아의 법학자 에밀리오 베티Emilio Betti이다. 이에 대한 그의 대표적인 저서는 『Die Hermeneutik als Allgemeine Methodik der Geisteswissenschaften』(1962, Tuebingen)로서, 여기서 그는 해석학적 유산이 유럽은 물론이고 발상지인 독일 땅에서조차도 점차 사라지고 있는 사실과 낭만주의 전통과의 연속성도 붕괴되고 있는 현실에 대하여 안타까움을 토로했다(Betti, 1967).

[48] 이 논쟁의 과정은 Betti(1954) - Gadamer(1960) - Betti(1962) - Gadamer의 과정으로 진행되었다(Bleicher, 1980: 260). 여기에서는 이들 논쟁을 더 이상 다루지 않는다. 왜냐하면, 가다머는 정신과학이라는 용어 자체부터 문제시함으로써 해석학과 정신과학을 연계시키는 것 자체에 무리가 따른다는 입장이었다. 이는 딜타이와 베티, 미슈 등이 해석학을 인식론적 차원에서 차용한 것과는 대조적으로 하이데거는 현상학에서 그리고 가다머는 존재론의 관점에서 보고 있기 때문이다. 특히 가다머는 해석학을 철학(존재론적 해석학, 해석학적 철학, 철학적 해석학)으로서 다시 복권시키는 데에 앞장섰다. 이를 위해서는 딜타이의 인식론적 차원이 장애가 될 수밖에 없었다. 본 연구는 주제로서 '정신과학적 해석학'에 그 범위가 제한된다.

[49] 이 논쟁은 Gadamer(1960) - Habermas(1970) - Gadamer(1971) - Habermas(1971) - Gadamer(1971) - Habermas(1971) - Gadamer(1975)의 과정으로 진행되었다(Bleicher, 1980: 260) 본 연구에서는 이들 간의 논쟁에 대해서도 더 이상 다루지 않는다. 왜냐하면, 이 절에서는 해석학적 논쟁이나 해석학적 사유의 종류나 내용을 소개하는 것이 아니라, 새로운 지식의 창출을 위한 역동적 지식구조로서의 해석학적 차원을 밝히는 것이 목표이기 때문이다.

결국, 이렇게 본다면 지식은 그 의미가 끊임없는 해석을 통하여 규명될 수 있을 뿐이다. 즉 지식은 '해석학적 순환'을 통하여 그 '의미意味'를 드러낼 때 비로소 지식은 온전히 이해될 수 있다. 따라서 세상의 모든 지식의 구조는 '해석학적 차원'을 가지고 있다고 할 수 있다. 다만 해석학적 순환을 통해서 지식의 탄생이 이루어진다고 할 때, 과연 해석학적 순환의 종착역은 어디이며 해석학적 순환의 과정에서 탄생하는 지식이 과연 보편성과 객관성을 획득할 수 있을까? 하는 의문은 여전히 항구적인 과제로 남는다.

3.4 존재론적 해석학

아리스토텔레스의 의하면, 인간은 주변의 다른 "존재ousia"에 대한 인식과 함께 살아왔다. 왜냐하면, 존재가 두렵기도 하고 경외롭기도 하였기 때문이다. 인간에게 '인식'은 '존재'에 대한 사유의 시작이다. 이렇게 본다면, 인간의 사유는 인식론적이며 동시에 존재론적이다. "왜(어떻게) 존재하는가?" 존재를 존재하게 하는 원인과 이유, 즉 '존재의 근거'에 대해서 의문을 가지면서부터, 인간 사유의 인식론적 차원이 급격하게 발전하게 된다. 그러나 인식론은 존재근거에 대한 규명을 목표한다.

플라톤의 "이성logos"은 계몽주의의 역사를 시작하는 데카르트에게서 새롭게 검증되고 계승된다. 과연 '이성'이란 무엇인가? 이성은 정말 실재하는 것인가? 깊은 회의 끝에 그는 우리의 삶에 가장 최후의 단위가 이성이라는 사실을 공표하게 된다. "Cogito Ergo Sum" 나는 생각한다. 그러므로 존재한다. 과거 플라톤은 이성을 통해서 존재 본질에 직접 접근하고자 했지만, 데카르트는 이성을 통해서만 (명증적인) 인식이 가능하다는 논리를 전개한다. 그러나 똑같은 이성의 문제를 다루면서 플라톤에게서는 '존재본질을 직접 관조하는 이성'이었던 반면, 데카르트에게서 이성은 '인식하는 주체로서의 이성'으로 탈바꿈하게 된다. 아울러 존재 본질을 추구하는 로고스의 문제 역시 인간 인식의 주체인 이성으로 탈바꿈되면서, 존재 본질을 추구하는 직간접적 시도는 소멸되고 말았다. 오히려 인간 인식이 로고스와 이성 영역을 모두 관장하는 주체가 되어 버린 것이다. 이제 실제적·현실적 사유의 영역에서는 인식론이 중심이 된다.[50] 인식을 통해서 우리는 '지식'을 얻는다. 아울러 자연을 관찰할 수 있는 인식능력에 의해 시작되는 자연과학의 발달로 인하여 인간 인식도 '객관성'과 '보편성'을 확보할 수 있다는 믿음이 생기면서, 인간의 인식능력은 지식획득의 유일한 방식으로 신뢰 되기 시작했다. 이렇게 하여 계몽주의 시대는 인식론적 사유의 온상이 된다.

사실 데카르트 이전 중세기는 '존재론'을 확고히 하려고 했던 시기라고 할 수 있다. 물론 이들이 추구한 존재론은 '보편적 존재(보편자)'로서 기독교 신의 존재문제를 해결하기 위한 소위 '신존재증명神存在證明'을 위한 특별한 논쟁으로 진행되었다. 그럼에도 불구하고 이 시기는 존재론에 대한 사유를 보다 확고히 할 수 있는 계기를 마련해 주었다고 할 수 있다.

> "기독교가 세계종교로 발전하면서 서양의 중세는 신 중심적 사고로 물들었다. 중세의 철학은 자연 존재의 궁극적 원인에 대한 관심이 주도하였으며, 모든 것은 바로 그것으로서 존재하게 하는 존재의 제1원인에 대한 탐색이 주류를 이루었다. 보편 존재(보편자)에 대한 존재론적 사유는 신학의 중심주제이기도 하다."(김진, 2003: 12)

천 년의 중세철학(또는 신학)을 양분했던 형이상학, 즉 신플라톤주의를 토대로 하는 성 아우구스티누스와 아리스토텔레스주의를 기반으로 하는 토마스 아퀴나스의 스콜라 철학은 접근 양식의 차이에도 불구하고 둘 다 신존재 증명을 통하여 진리로서의 삶의 보편성을 추구하는 존재론적 사유를 정련하는 논리대결의 장이었다. 그러나 이러한 노력에도 불구하고 신플라톤주의자

---

[50] '인식론'이라는 개념이 처음 사용된 것은 페리어의 『형이상학원론』(1754)에서이다. 물론 인식에 대한 철학적 고찰은 고대나 중세에서도 '신의 인식'이라는 차원에서 나타났으나, 인식의 주체로서의 인간의 인식 문제가 철학의 중심을 차지하게 된 것은 근세에 이르러서이다. 이는 '존재론'이란 개념보다 상대적으로 늦게 사용된 것으로서, 특히 인식론의 근대적 성격은 로크의 『인간오성론人間悟性論』, D. 흄 등 주로 영국의 경험론자들에 의하여 명확해졌으며 칸트에서 집대성되었다. 원칙적으로 인식론의 근본문제는 지각과 감각의 상대성으로부터 기인한다. 칸트는 감각과 경험을 인식의 발생과 성립의 근거라고 하면서도 직관直觀·오성의 선천적 형식으로부터 학문적 인식의 보편타당성의 근거를 추구했다.

들에 의해 구준히 진전된 실재론(또는 관념실재론)과 "우주의 근본원리를 물질성에 있다는 신념을 가진 아랍 철학자"(김진, 2003: 12)들의 영향권에 있는 오캄에 의해 주창된 유명론의 커다란 대립 구도 속에서 결국 에크하르트 Meister Johannes Eckhart, Eckhart von Hochheim(1260~1328)의 신비주의적 입장의 등장과 함께 존재론적 보편자 논쟁은 결론 없는 소강상태로 종결된다.[51] 존재론적 보편적 논쟁이 이렇게 흐르게 된 이면에는 토마스 아퀴나스에서 절정을 이룬 스콜라 철학이 결정적이었다. 스콜라 철학이란 한마디로 '아리스토텔레스논쟁'이라고 할 수 있는데, 즉 아리스토텔레스를 어떻게 해석하느냐에 따라서 존재론의 명암은 엇갈릴 수 있다(마우러, 조흥만 옮김, 2007). 형상과 질료의 관계를 존재론적 테두리에서 설명하는 아리스토텔레스에게는 이성 못지 않게 중요한 것이 '감각'이며 '경험'이다. 일반적으로 인간의 감각과 경험은 인식론의 단초가 된다.

스콜라 철학의 시대에는 이미 아리스토텔레스가 '자연학physis'에서 허용한 감각과 경험의 논리를 대폭 '수용하는 분위기'가 되었다. 이러한 틈을 비집고 들어 온 대표적인 철학이 바로 스페인 출신의 이슬람학자인 아베로에즈Averroës, Ibn Rushd(1126~1198)에 의해 대표되는 아랍권의 아리스토텔레스주의자들이었다. 이러한 이슬람 계통의 자연과학철학에 영향을 받은 윌리엄 오캄 등의 유명론자들에 의해서 사유의 존재론적 차원은 서서히 흠집을 얻게 된다.

이로써 '고대 그리스로 돌아가자'는 르네상스의 시작은 애매모호하게 결론이 난 중세의 존재론논쟁의 자리에 인식론적 사유를 대신하고자 하는 본격적인 움직임이었다고 할 수 있다. 이는 인간의 '이성'에 대한 강렬한 믿음

---

[51] 중세 스콜라 철학자들은 존재 개념에 단일한 의미를 부여했다. 과연 보편자가 실재로 '존재'하는가? 에 대한 대답은 결국 실재론자와 유명론자 간의 논쟁으로 비화되었다. 한마디로 논쟁의 이슈는 '존재'의 문제였다. '존재'는 물리적 대상인가? 아니면 대상의 속성인가? 유명론자들에 의하면, 실재하는 것은 개체, 즉 개별뿐이고, 속성은 대상들의 집합적 이름일 뿐이다. 따라서 이들에게는 '존재'도 이름(유명)에 불과하다. 반면, 실재론자에 따르면 실재로 존재하는 것은 속성이고 개체는 우연하게 생겨난 것일 뿐이다. 한마디로 존재는 '속성'만을 의미한다.

때문이었다. 물론 중세에도 보편자로서의 신존재증명에 접근했던 존재론적 통로 역시 엄밀하게 말하면 '이성'이었다. 특히 아우구스티누스의 신존재증명은 플라톤의 '이성'을 통한 이데아론을 기독교 유일신 사상에 그대로 이식해 놓은 것이나 다름이 없었다(슈퇴릭히, 임석진 역, 1981). 그럼에도 불구하고 중세 천 년 동안 지배했던 이성은 '신적 이성'이었다. 이에 반해 르네상스로부터 시작된 새로운 이성은 '인간의 이성'이었던 것이다. 르네상스와 이를 계승한 계몽주의에서 인간의 이성은 이제 '인식의 주체'가 된다. 이로써 인식의 주체와 인식의 대상(객체)이 구별되기 시작하면서 급기야 자연과학이 발전하게 된다. 결국, 계몽주의 시대 그리고 과학의 세기에 들면서 과거 플라톤의 철학적 이성은 이제 (자연)과학적 이성이 된다.

주지하는 대로 데카르트는 절대진리를 찾기 위해서 인간은 이성의 능력을 최대한 발휘하여 기존의 지식에 대하여 철저하게 회의해야 한다고 생각하였다. 그는 전혀 의심할 나위 없이 확실하고 분명하게 자신의 머릿속에 비쳐진 생각 외에는 아무것도 받아들이지 않으려고 했다(김영식·임경순, 2002: 116). 그는 조금이라도 의심스러운 것은 하나하나를 차례로 부정해 나갔으며, 결국 마지막에 남는 의심할 여지가 없는 지식을 진정한 지식으로 간주하고자 했다. 이렇게 모든 것을 부정한 후에 남게 된 것은 바로 자신이 "생각한다cogito"는 사실뿐이었다(Mainzer, 1997: 116). 즉 아무리 모든 사실을 부정할 수 있다고 해도 자신이 '생각하고 있다는 사실'만은 더 이상 의심할 수가 없었던 것이다(김영식·임경순, 2002: 117).

특히 '명료성明瞭性'을 가진 지식을 찾아내고자 모든 것을 회의하면서 학문을 시작한 데카르트는 우주의 모든 현상의 근원이 무엇인지에 대해서 궁금했다. 즉 모든 자연세계가 현상하는 뿌리, 즉 원인을 찾아내는 일이다. 데카르트가 이렇게 찾아낸 절대 확실한 실재가 바로 물질matter과 운동motion이었다. 우주만물이 현상하는 배후에는 물질과 운동만이 존재하며 그것만이 자연현상의 원인이다. 결국, 물질과 운동은 데카르트의 "기계주의 철학"52이 성립하는 데 근본요소가 되고 말았다. 물론 이는 데카르트 사상과

---

52 기계적 철학의 기원은 기원전 5세기 후반의 레우키포스와 데모크리토스에서 유래

과학관의 기초가 된다. 그런데 여기서 중요한 것은 데카르트가 우주현상의 원인으로 규명한 물질과 운동은 "분석적 사고의 방법"(프리쵸프 카프라, 1996/ 김용정·김동광역, 1999: 36)으로 찾아낸 명료한 지식이었다. 분석의 방법은 복잡한 현상들을 작은 조각으로 잘게 나누어 그 부분의 특성들을 통해 전체의 움직임을 이해하려는 시도이다(프리쵸프 카프라, 1996/ 김용정·김동광역, 1999: 37). 이러한 분석 작업을 통해서 모든 것은 기계를 분해하는 것처럼 하나하나 해부 된다. 그는 자연에 있는 모든 시스템들은 시계의 톱니바퀴처럼 분리된 성분으로 구성된다고 가르쳤다(Mainzer, 1997: 82). 기계의 톱니바퀴가 돌아가는 것처럼 자연현상도 오차 없이 돌아간다. 심지어 그에게서는 인간의 육체도 기계와 기하학의 법칙에 따라 구조화된 물질적 기계로 환원된다(Mainzer, 1997: 116). 이로써 계몽주의적·자연과학적으로 변용된 인식론에 기초한 데카르트의 환원주의 철학이 완성된다.

당시 데카르트의 철학이 대륙의 합리론을 대표했다면, 베이컨은 경험주의 철학의 시작을 알린다. 아리스토텔레스를 이어받은 감각과 경험의 문제는 베이컨의 철학적 사유를 자연과학적 실천으로 이어놓는 결정적 역할을 한다. 결국, 이때부터 합리론이나 경험론이나 인식의 주체인 인간의 주도적 역할을 설정해 놓음으로써, 특히 인식론적 사유는 인간의 구체적 또는 실증적 사유와 동일시되기에 이르렀다. 이제 인간은 이성뿐만 아니라 감각에 의한 인식을 통해서도 얼마든지 객관성과 보편성을 확보할 수 있다고 믿게 된다. 특히 자연과학의 영역에서 이러한 신념은 보다 확고해진다.

결국, 자연과학이 유일무이한 '학문'의 대표가 되었으며, 사고 역시 자연과학적이어야만 인정되었다. 존재론에 대한 인식론의 우위를 비록 변형되고 왜곡되기 시작하는 인식론적 차원이었지만 확인하였다고 할 수 있다. 자연과학에서 시작된 인식론의 우위는 인문사회학의 영역에서도 실증주의, 경험주의와의 만나게 되면서 자연과학적·인식론적 사유는 우리의 사유방식을 지배하게 된다. 즉 인식의 주체와 대상(객체)을 구분하는 인식론적 변용의 역사가 시작된 것이다. 반대로 이때부터 우리의 삶과 사고양식에서는

하는 고대의 원자론atomism으로 거슬러 올라간다(김영식·임경순, 2002: 122).

존재론적 차원이 망각되는 운명을 맞게 된다.[53]

계몽주의의 발달은 급기야 산업혁명을 낳았다. 산업혁명은 인류에게 커다란 부와 욕구충족의 기쁨을 안겨주었다. 테크놀로지의 발달도 순식간에 이루어지면서 지식의 성장 속도도 배가 되었다. 또한, 계몽주의 산업사회는 자신이 대중조작을 통한 대중사회의 원흉이 되는지도 모르고 무한질주를 시작했다. 그러나 오늘날 탈산업사회에서 구시대의 유물들은 하나하나 비판의 도마 위에 오르면서, 계몽주의 시대의 유산들이 고발되고 있다. 특히 계몽주의 시대에 과학의 세기를 마무리한 뉴턴의 기계주의적 사유는 오늘날의 과학기술문명과 과학만능주의를 수립하는데 일등공신이었다.

> "새로운 '과학'이라는 분야가 그 분야 자체의 문제 해결에 크게 성공을 거두었고 다른 분야의 문제 해결에 본보기를 제시해 주었다는 점에서, 문화 전반과 사회에서의 중요성이 크게 증대되어 인식되게 되었다. 그동안 사회와 문화의 여러 분야들의 변두리에서 보잘것없이 존재하던 자연세계에 대한 여러 형태의 지식들이 이제는 '뉴턴 과학'이라는 기치 아래 하나의 단일한 분야가 되었다는 인식이 생겨난 것이다. 현대사회에서 막대한 중요성을 차지하게 된 과학의 단일화된 이미지는 이렇게 형성되었다."(김영식 · 임경순, 2002: 155)

그러나 이러한 과학만능주의는 이미 예상된 인간소외의 문제를 치유할 수 없게 하였으며, 이와 병행되어 온 이분법적 사유는 사회적으로도 흑백논

---

[53] 고대 그리스 특히 플라톤 이후 정신과 육체의 분리로 시작해서 데카르트를 거치면서 주관과 객관의 완전한 분리로 이어진다(Volkamer/ Streicher/ Walton, 1996: 13). 데카르트에게서 물질은 죽은 것이고 인간과는 별개의 대상일 뿐이다. 또한, 그에게 물질 세계는 하나의 거대한 기계에 불과하였다. 데카르트의 분할론적 사고는 후에 아이작 뉴턴에게 영향을 미친다. 즉 뉴턴이 완성한 기계론적 역학은 고전 물리학의 기반으로 성립되는데, 데카르트의 분할론이 바로 그 가교의 역할을 한 것이다. 한편, 아리스토텔레스의 역학에 의하면, 모든 운동은 운동원인mover을 가지고 있으며 운동원인이 없으면 정지한다. 데카르트의 역학 체계는 아리스토텔레스를 완전히 벗어난다. 이로써 데카르트의 카테시안 역학 체계는 아리스토텔레스의 전일론holism과 대립적 입장에 든다(Mainzer, 1997: 82).

리를 낳게 하였다. 또한, 자연지배와 자연정복을 당연시하는 사유의 인식론적 변용, 즉 주체와 객체의 이분법적 사고는 인간이 인간을 지배하고 살상하는 1~2차 세계대전마저 낳고 말았다. 아울러 동시 발생적으로 들이닥친 자연환경파괴의 문제와 생태계의 위기는 결국 인식론적 왜곡 또는 인식론적 오류에 대한 반성을 야기하게 되었다. 이러한 문제 상황으로 '반성적 인식'의 개념이 급부상하는 계기가 되었으며 아울러 다른 한편에서는 존재론적 사유의 복권이 조심스럽게 타진될 수 있었다.

계몽주의적 · 자연과학적 사유를 열어 놓음으로써 결과적으로는 사유의 인식론적 변용을 주도하게 된 데카르트의 "Cogito 명제"는 사실 따지고 보면 신을 닮은 이성 능력에 대한 인정이었다고 할 수 있다(Scholts, 1995: 299). 인간이 사물을 의심하고 의심하다 보면 최후의 순간에 남는 것이 이성이다. 이러한 이성에 대해 플라톤 이후 많은 언급이 있었음에도 불구하고 이성이란 실제로 보이지도 않고 알 수도 없는 영역이었기에, 데카르트는 바로 이성이 존재한다는 사실을 분명히 하고자 했던 것이다. 즉 데카르트에게서는 내가 존재할 수 있는 근거는 이성 때문이며 이성의 '존재성'은 자명하다(Volker/ Streicher/ Walton, 1996: 19). 결국, 인간의 인식능력은 이성의 능력이 결정하지만, 나에게 속하는 이성 역시 엄연히 하나의 '존재'일 수밖에 없다. 존재는 인식으로도 접근은 가능하겠지만, 원칙적으로 존재는 인식 그 이상이다.[54] 왜냐하면, 첫째, 존재는 의미를 다양성을 내포하고 있으며 무한한 가능성의 영역이며, 둘째, 인간의 인식은 개인 간에도 인식능력의 차이가 명백하며 또한 백인백색으로서 개인의 인식은 그 자체가 불안하기 이를 데 없기 때문이다. 니체Friedrich Nietsche(1844~1900)에 의하면, 본질에 대한 인간 개개인의 인식은 그가 가지고 있는 하나의 '관점perspective'일 뿐이다(데이브 로빈슨, 박미선 옮김, 2002). 존재론적 해석학을 정상 반열에 올려놓은 가다머는 '인간은 유한자'라는 개념을 통하여 인간의 인식은 극도로 불안하다고 주장한다.

---

[54] 물론 이러한 논리는 하이데거, 가다머 등 현대 존재론의 성립과 함께 보다 확고해진다.

어원적으로 인식론은 '지식' 또는 '참된 앎'을 뜻하는 epistēmē와 이론을 의미하는 logos(이론)의 합성어이다. 따라서 인식론은 인간의 인식의 기원과 본질 그리고 이의 한계 등을 연구하는 철학의 분야로서 "지식론"이라고 하기도 한다. 달리 말하면, 인식론은 절대 불변의 진리와 우주 그리고 인생의 본질을 설명하는 지식의 근거, 성격, 구조, 방법 등을 탐구의 대상으로 하는 '앎의 과학' 또는 '지식에 관한 과학'이라고 할 수 있다. 구체적으로 인식론은 "우리는 무엇을 알고 무엇을 알 수 있는가?" "지식이란 과연 무엇인가?", "지식은 어떻게 획득되는가?", "인간은 어떻게 알 수 있는가", "인식한다는 것은 구체적으로 무엇을 안다는 것인가", "안다는 것은 과연 무슨 뜻인가? 등등 이러한 질문에 대한 대답을 목표한다.

태생적으로 우리 인간은 항상 무엇을 알고자 하는 욕망을 가지고 있다. 무엇인가를 알고자 하는 인간의 욕망은 단순한 호기심으로 시작되지만, 궁극적으로는 사물의 본질을 인식함으로써 결국 진리의 세계까지 밝혀내기 위함이다. 특히 우리 인간은 무엇인가를 앎으로써 삶의 불안으로부터 해방된다. 알지 못하면 불안하다. 또한, 안다는 것은 산다는 것과 통한다. 알지 못하면 심지어 죽을 수도 있다. 따라서 삶의 근저를 탐하는 인간의 모든 철학적 사유는 인식론적으로 시작된다.

그러나 갈릴레이부터 뉴턴으로 이어지는 근대 과학의 성립과 대륙의 합리론과 영국의 경험론의 사유 방법론적 대립은 전통적인 인식론적 사유를 변형시키기 시작했다. 특히 실험과학의 발달은 인식하는 주체와 인식되는 객체를 분리하기 시작하였다. 이로써 인식론적 변용과 왜곡이 극대화된다. 결국, 근세부터 발생하기 시작한 인식론적 문제 내지 인식론적 오류는 철학과 과학 사이의 긴장관계에서 발생하였다. 그러나 인간의 삶에서 인식의 주체와 객체(대상)는 원칙적으로 분리될 수 없다. 인식하는 순간 인식의 주체인 '나'는 인식의 대상(객관)이 되고, 인식대상(객관)은 다시 인식주체로서의 '나'가 된다. 즉 사물과 현상에 대한 철학적·인식론적 접근은 외적 인식과 내적 인식의 결합, 즉 '반성적 인식'을 통해 완성된다.

이미 언급한대로 계몽주의 과학의 세기에 일상에서 과학적 사유로부터 유발된 인식론적 변용은 전통적인 실증적·경험적 사유와 조우하면서 선명해진다. 특히 19세기 실증주의의 등장은 과학으로 철학을 증명하려는 처사로서, 이는 과학적 사유가 철학적·인식론적 영역을 점유하는 결정적 계기를 마련한다. 전통적인 철학적 인식론이 '과학적 인식'에 자리를 내주면서, 인식론은 이제 '앎의 과학'이 아니라 '과학적 앎'으로 대치된다. 그러나 실제로 이는 잠재된 인식론적 한계의 노정이었으며 인식론적 편견의 결과였다. 왜냐하면, 우리 인간의 삶에서는 실증되고 검증되지 않는 것도 얼마든지 존재하기 때문이다.

우리 인간은 본래 인식능력의 한계를 가지고 태어난 유한자로서 인식론적 접근을 통한 본질규명과 진리탐구는 늘 형이상학적 과제로 남는다. 그러나 근세부터 이러한 형이상학적 사유와 삶의 현실 사이에 과학적·실증주의적 사유가 인식론적 사유를 대신하면서, 인식론적 변용, 인식론적 한계 그리고 인식론적 편견과 오류는 계속 심화되어 왔다. 이로써 진정한 지식을 구하기 위한 인식론적·철학적 접근은 항구적인 미해결 과제로 남게 되었다.

현상학은 19~20세기 실증적·경험적 자연과학에 점령된 학문의 세계에서 특히 "철학의 위기"를 구하려는 후설Edmund Husserl(1859~1938)의 노력으로 탄생했다. 당시 철학이 왜곡된 인식론적 사유의 그늘에 들어감으로써, 과학과 철학을 분리해야 한다는 목소리가 여기저기서 나오자(리케르트, 딜타이 등 신칸트학파), 이에 대해서 후설은 차라리 '존재론적으로 철학의 위상'을 복권시키고자 했던 대표적인 학자라고 할 수 있다.[55] 후설의 현상학은 당시 학문과 삶의 사유형식에서 대세를 이루던 실증주의에 대한 철학적 비판으로부터 출발한다. 그는 실증주의가 의식과 대상을 실체적으로 분리시

---

[55] 물론 후설의 현상학은 존재론적 차원을 추구했지만, 오히려 칸트의 선험적 이성철학에 보다 가까웠기 때문에 인식주체와 인식대상이 완전히 합일되는 경지에는 오르지 못했다. 철학의 존재론적 복권은 나중에 그의 계승자인 하이데거와 가다머에게서 이루어지게 된다. 이를테면, 후설의 현상학이 인식론적이냐 존재론적이냐의 논쟁은 아직 진행 중이다. 그러나 후설의 현상학은 '인식론적·존재론적 철학'의 전통을 그대로 유지하고 있다는 논리가 가장 유효하다.

켜 사고하는 것이 철학적 오류라 비판하면서 "실증주의가 철학의 목을 잘랐다" (Husserl, 1965)고 주장했다. 이렇게 본다면, 인식론적 변용의 과정을 통해 발생한 인식론적 문제, 한계, 오류 등은 존재론적 차원에서 해소될 수 있는 단서가 마련된다.

근대 이후 철학사에서 인식론적 전환이 일어난다. 즉 인간 사유의 방향이 이전까지는 인간 인식의 바깥에 존재하는 대상, 즉 '존재ousia'를 향하여 이루어지던 것으로부터 그 사유의 화살표 방향이 그 존재를 인식하는 인간 정신의 인식으로 향하게 된 '자기반성reflection'으로 급선회한다. 이는 '인식론적 오류'를 극복하기 위함이었다. 특히 데카르트와 칸트(또는 후설)의 근대철학 이후 존재를 존재하게 하는 소위 '존재근거'에 대한 규명이 자기인식에 대한 '반성적 차원' 또는 '반성적 인식'으로 전개되면서, 사유의 인식론적 차원은 철학적 사유의 중심에 서게 된다. 이로써 애초에 인간의 인식은 '존재외면'으로부터 '존재이면'으로, 더 나아가서는 인식하는 주체에 대한 '반성' 내지 '반성적 성찰'로 전개되면서 인식론은 존재를 규명하는 대표적인 접근방법이 된다.

'인식론적 해석학'[56]을 정신과학적 방법론으로 차용한 딜타이가 대표적이다. 다시 말하면, 인간은 외부 대상을 인식하지만 동시에 인식하는 주체를 스스로 반성적으로 인식한다. 이는 인간의 인식을 보다 명백하기 하기 위함이다. 그러나 모든 존재(물체 및 현상)는 인간의 인식행위와 무관하게 '자기 스스로 존재'하는 것도 사실이다. 따라서 인식론적 차원과 존재론적 차원의 상호의존적 관계 속에서 우리의 인식은 보다 명석해진다.

오늘날 시간의 흐름 속에서 인식론적 사유가 우리 인간의 삶 전반에서 '유일한 사유방식으로' 자리매김을 하고 있다. 계몽주의의 성립과 자연과학의 득세 그리고 실증주의의 등장은 근대성modern의 한계로도 지적된다. 그럼에도 불구하고 오늘날 우리는 '과학의 시대'에 살고 있다. 이미 우리 사회에서 '과학성'은 '신뢰'의 대명사가 되었으며, 심지어 '과학'이라는 글자가 붙

---

[56] 해석학을 정신과학적 방법으로 차용한 딜타이의 사유방식은 가다머에 의해 인식론적 차원으로서 비판되었다.

지 않은 제품은 팔려 나가지도 않는다. (자연)과학은 인간에게 문명의 이기를 충족시키는 데 결정적인 기여를 했다. 그러나 과학은 그에 못지않은 부작용도 초래하고 있다. 대량살상의 무기개발과 자연생태환경의 파괴가 대표적이다. 지금까지 과학은 자신만의 특정한 연구방법을 성공적으로 수립하여 왔다. 이러한 면에서 '과학적 사실'은 객관으로서 '신뢰'를 얻을 수 있었다. 그러나 과학적 (연구)방법이 인간의 모든 사유방식까지 일방적으로 결정하게 되었다는 사실은 생각해 보아야 할 일이다.

이러한 현상을 목도한 하이데거Martin Heidegger(1889~1976)는 인식론적 문제접근 대신에 오히려 극도로 왜소해진 (전통적) 존재론적 사유에 대하여 비판의 칼날을 대기 시작한다. 그에게 전통적인 존재론적 사유의 비판은 '새로운 존재론new ontology'의 탄생이었다. 구체적으로 그는 전통적인 존재론의 한계를 극복하기 위해서 우선 존재Sein와 존재자Seiende를 구분하고 현존 Dasein의 개념을 매개로 새로운 존재론적 사유의 개념을 정립하고자 했다. 그의 '해석학적 현상학hermeneutische Phänomenologie'은 해석학적 접근을 통하여 현상을 존재론적으로 이해하려는 시도였다. 이는 인간의 현존재를 존재의 현상으로 보고 현존재의 해석을 통하여 존재를 이해하고자 하는 철학적 방법이기도 하다. 그에 의하면, 만약 우리 인간에게 존재론적 사유의 복권이 없다면, 우리는 왜곡되고 굴곡된 인식론적 사유의 파시즘으로 등장하는 자연과학적 사유 내지 실증주의적 사유의 세계에 영원히 농락당할 수밖에 없다.

오늘날 우리는 철학의 부재를 외치고 있다. 이는 철학(함) 자체의 부재를 의미한다기보다는, 철학의 영역에서조차도 사유의 존재론적 차원이 망각되고 있다고 해석하는 것이 오히려 자연스럽다. 왜냐하면, 그것이 철학이든 자연과학이든 우리는 일상에서 주변(존재, 사물, 현상 등)을 인식함에 있어서 그 대상인 객체object를 인식 주체와 동등한 존재로 간주하지 않는 — 물론 인식론적 사유의 지극히 다양한 방향들 중 '하나의' 특수한specific 사유방식이라고 할 수 있지만 — '서구 근대의 자연과학적 사유, 혹은 실증주의적 사유'의 지배하에서 무기력해지고 있기 때문이다.

정리하자면, 데카르트 이후 지금까지 학문연구는 인식론적 차원에 크게 의존되어 왔다. 자연과학이나 경험과학 그리고 실증과학에서는 물론이지만, 철학이나 인문학의 영역에서도 비판을 피해갈 수 없다. 학문연구를 존재론적 차원으로 회귀해야 한다는 주장은 20세기 초 실존주의 철학existenzielle Philosophie이 나오면서부터 불거졌다. 인식론적 학문연구의 태생적 한계 때문이다. 특히 이는 하이데거에 의해 본격화되었으며, 가다머에게서 그 정점에 오른다.

인식론의 특징은 (인식)주체와 (인식)대상을 명백히 대립시키고 연구한다는 사실이다. 대상을 보다 잘 인식함으로써 본질을 명확하게 이해하고자 함이다. 이를 위해서는 특정한 '방법'이 요청되는데, 자연과학에서 이를 가장 잘 발전시켜 왔다. 관찰과 실험 그리고 조작(실험)의 방법 등이 대표적이다. 즉 인식 대상으로서 자연을 관찰하고 이것이 불확실하면 변인을 통제하여 실험한다. 이들은 입증과 검증이라는 실험의 절차를 거쳐서 자연현상의 (인과)법칙을 파악해 냄으로써 궁극적으로 자연(의 본질)을 알아내는데 기여한다. 더 나아가 이들은 자연을 가공하여 "제2의 자연"(A. Gehlen)으로 만들어 낼 수 있도록 변인을 조작하기도 한다. 이렇게 관찰, 실험 그리고 조작실험까지가 자연과학에서는 연구방법이 되는데, 바로 이것이 인식론적 방법의 뿌리가 되었다(Dilthey, 1971: 199). 이러한 자연과학의 인식론적 방법은 경험과학, 실증과학에 그대로 차용되었다. 그 이유는 학문연구의 '객관성과 보편성 또는 절대성'을 확보한다는 이유 때문이었다.

한편, 거의 동시적으로 철학의 영역에서도 경험론과 이성론(합리론)이 발전하였다. 이때가 바로 철학 하는 방식도 존재론Ontologie으로부터 인식론으로 분기되는 시점이기도 하다. 특히 계몽주의 시대를 주도한 경험론자인 로크와 합리론자인 데카르트가 바로 이러한 전환에 결정적인 기여를 하게 되었으며, 칸트 철학에서 인식론은 최고봉을 쌓게 된다. 이렇게 인식론은 (인식)대상을 보다 명백하게 파악할 수 있도록 함으로써, 지금까지 신비롭고 불명확한 베일에 싸여 있던 존재(본질)에 보다 객관적으로 접근할 수 있는 계기를 만들어 주었다. 그러나 모든 것을 대상화하고 객관화함으로써 존재의 본질성이 '직접적이고 전체적으로' 알려질 수 있는 기회는 오히려 점점 축소되었다고 할 수 있다.

태고에 자연학적·철학적 사유가 발생했을 당시 "존재" 또는 "존재자"는 신비로운 영역으로서 '나는 존재한다Ego sum qui sum'는 신의 자기선언과 직결되었다. 그러나 점차 인간은 대상의 신비로운 "존재"의 베일을 벗겨보기 위해서 '보다 정확히 인식하는 방법'을 고안해 내기 시작했다. 즉 모든 존재를 대상화하고 이를 객관적으로 접근함으로써 일반적·보편적 사실과 법칙을 밝혀내는데 성공했다. 그러나 이러한 객관주의Objektivismus 때문에 인간은 전체로서의 본질 접근에 오히려 실패하고 말았다. 왜냐하면, 인식하는 주체는 '오직 자신의 눈으로만' 다시 말하면 자신의 '관점'으로만 대상을 인식할 뿐이다. 하이데거나 가다머는 이를 '유한성의 개념'을 가지고 비판한다: "경험은 모두 인간의 유한성menschliche Endlichkeit의 경험이다."(Gadamer, 1960: 339) 유한자로서의 인간은 처음부터 대상을 온전히 인식할 수 있는 관찰능력이 없다. 그럼에도 불구하고 인간은 자신의 인식능력에 자만하고 있다. 사실 백인백색百人百色, 즉 모든 사람의 '관점'은 제각각 다르다.

인간 개개인에게 이렇게 태생적인 인식의 한계가 주어져 있다는 사실은 살아 있는 인간을 연구의 대상으로 다루고 있는 교육연구에서 가장 심각하게 나타난다. 누군가의 제한된 관점에 의해서 인간이 인식의 대상으로만 전락한다면, 전체로서의 인간존재의 본질접근은 극히 불안하다. 아울러 우리의 삶에서는 '나도 인식의 주체가 될 수 있지만, 인식의 대상으로 간주되는 상대방도 인식의 주체가 될 수 있다'.[57] 인간의 인식이란 가다머에 의하면 다른 사람의 인식과 이미 선험적으로 연계되어 있다. 이렇게 된다면, 문제는 보다 심각하지 않을 수 없다. 결국, 가다머는 자신만의 '존재론적 해석학'(ontologische Hermenneutik/ Gadamer, 1960: 361)을 철학으로 수립했

---

[57] 자연을 대상으로 다루는 자연과학에서는 이러한 사실이 그리 큰 문제가 아닐지 모른다. 왜냐하면, 인식대상으로서의 자연은 인식의 주체가 될 수 없기 때문이다. 그러나 따지고 보면 자연과학에서도 인식론적 차원은 여전히 한계에 봉착한다. 왜냐하면, 인식대상인 자연도 사실은 인식대상으로서 한 시점에 고정되어 있는 것이 아니라, 끊임없이 움직이는 생명현상이기 때문이다. 동적인 생명현상은 결코 인식대상으로서의 특정한 관점에 포착될 수 없다.

다.[58] 그의 학문적 관심은 처음부터 해석학이었으며 해석학적 사유로 모든 삶을 살았다고 할 수 있다.

지금까지 우리는 어쩔 수 없는 유한자로서의 인간의 인식능력의 한계 때문에 발생할 수 있는 인식론적 변용 및 인식론적 오류 그리고 이에 의한 사실(진실)왜곡의 가능성을 존재론적 차원의 (재)요청을 통해서 재검토해 왔다.

> "근세에 와서야 비로소 사유와 존재 사이의 이상적 일치가 의문시기 시작했다. 그래서 철학자들은 존재론을 시작하기에 앞서, 다시 말해 존재자 자체를 탐구하기에 앞서, 존재자에 이르는 가능조건 자체를 문제시해야 할 필요성을 느끼기 시작했다. 왜냐하면, 존재자에의 접근은 우리의 인식능력에 달려 있기 때문이다."(이기상, 1991: 20)

존재는 우리 인간의 인식에 언제나 실재reality로서 나타난다. 즉 유한자로서의 우리 인간은 어쩔 수 없이 실재를 인식하는 것으로부터만 존재에 대한 지식을 얻게 된다. 그러나 실재 또는 실재에 대한 단순한 인식은 진리를 말해주지는 않는다. 또한, 우리는 '실재'를 온전히 이해할 수도 없다. 바로 이러한 이유에서 존재와 인식은 표면상 분리될 수밖에 없다. 그러나 존재론적 사유와 인식론적 사유는 본질적으로 뗄 수 없는 한 몸이다. 즉 인식이 있는 곳에 존재가 있으며, 존재가 있는 곳에 인식이 있다(질송, 정은해 옮김, 1992: 56). 특히 존재를 존재하게 하는 배후에 대한 인식은 존재를 존재하게끔 하는 확실한 단서이기도 하다.

---

[58] 존재론적 해석학 또는 해석학적 철학자로 알려져 있는 Gadamer는 결코 교육학자라고 할 수 없다. 그렇다고 그는 교육에 대한 저명한 학술논문도 남긴 적이 없다. 다만 그는 삶의 만년인 1995년 5월 19일 에펠하임 있는 디트리히 - 본회퍼 - 김나지움에서 "교육은 자기교육이다"(Erziehung ist sich erziehen)라는 제목을 가지고 한 차례 강연을 한 바 있다. 이는 Gadamer라는 순수 철학자에 의한 거의 유일무이한 자신의 교육지론이라고 할 수 있다. 이렇게 본다면, 그의 교육론 역시 그만의 고유한 해석학적 사유에 토대를 두고 있다는 해석이 가능하다. 그것도 만년에 이러한 교육 강연을 한 것은 아마도 그의 마지막 관심은 교육이 아니었을까? 하는 조심스러운 억측도 가능하게 한다.

가다머의 존재론적 사유는 실존적이며 동시에 해석학적 차원으로서 '인식함'을 '해석함'으로 대치시켰다. 유한자로서의 인간에게 피할 수 없는 '인식론적 오류'를 '반성적 인식'을 통해 극복하고자 하는 인식론자들의 노력 대신 '존재'를 직접 해석해 냄으로써 존재본질에 접근하고자 하는 것이다. 구체적으로 그의 철학적 처방은 상호대화에 의한 지평 융합의 과정을 통해서 '존재'를 '존재로서' 스스로 드러나도록 한다. 존재와 존재 간의 만남과 대화는 존재가 존재로서 스스로 드러날 수 있는 기회를 준다. 여기서 가다머의 해석학은 '(모순)지양Aufhebung의 방법', 즉 헤겔식 변증법의 차용을 통해서 존재론적 사유의 완성을 촉진시켜 준다. 존재가 전체적으로 생기할 수 있도록 끊임없는 '해석학적 대화' 속에서 지평 융합의 기회가 주어질 때 우리는 비로소 존재 찾기에 도달할 수 있다.

가다머에게는 본질적으로 '이해'가 인간 삶의 기본상황이다(Hammermeister, 임호일 옮김, 2001: 48). 따라서 인간의 '경험'은 반드시 이해되어야만 경험으로 인정될 수밖에 없다. 결국, 가다머에게서 경험은 모두 "해석학적 경험" (hermeneutische Erfahrung/ Gadamer, 1960: 329)일 수밖에 없다. 왜냐하면, 그에게서 이해는 해석을 통해서만 가능하기 때문이다. 즉 인간의 경험은 그대로 수용되는 것이 아니라, 모두 '해석될 수밖에 없는 운명'을 가졌다. 왜냐하면, 경험으로부터 획득되는 지식은 늘 불안하기 때문이다. 따라서 경험적 지식은 해석의 대상이 될 필요가 있다. 그런데 가다머의 '해석학적 경험'은 해석학적 과정을 통한 '역사적 반성'을 요구한다. 왜냐하면, 인간의 모든 경험은 '역사적 전승' 속에서 이루어지기 때문에, 이러한 경험에 대한 이해는 '해석학적 반성의 과정'을 거칠 때 비로소 온전하게 이해될 수 있기 때문이다. 하이데거에게 역사란 '미리 주어져 있는 것schon Gegebenes'이 아니라 '일어남Geschehen'의 시간이다(최윤식 외, 1992: 1). 따라서 역사는 일어남, 즉 계속해서 드러나는 것이다. 가다머에게서 역사는 '전통tradition, 傳統'이다. 또한, 역사는 지평Horizont, 地坪이다. 따라서 가다머에게서는 역사와 역사가 만나서 서로 대화하고 지평과 지평이 만나서 수위를 조절하면서 마침내 지평 융합을 이룰 때 비로소 이해의 사명은 완수된다. 즉 역사 또는 전통(지평)과 전통(지평)이 서로 만나고 충돌하는 과정에서 상호 모순이 스스로 지양Aufhebung되면서 지평 융합이 이루어진다. 결국, 그의 존재론적 해석 작업은 이러한 지평 융합의 과정을 해석解釋하고 이해理解하는 것을 목표로 한다.

한편, 가다머는 "왜 우리는 경험을 방법론적으로 추적하고자 하는가?" 하면서 지금까지의 '방법론적 경험 이해'에 대하여 강한 의문을 제기한다. 그는 경험의 이해를 위해서 방법론에 철저하게 의존하고 있는 근대과학-자연과학이나 딜타이식의 정신과학 모두- 의 경험개념부터 비판한다. 특히 그는 경험과학에서도 방법론적으로 접근하는 자연과학의 논리를 추종하는 것은 근본부터 잘못된 것이라고 지적한다. 심지어 그는 정신과학적 해석학에서도 경험문제를 딜타이의 방식처럼 '방법론적으로' 접근하는 것도 심각한 문제라고 비판한다.[59] 가다머에 의하면, 해석학에서도 해석학적 '방법methode'이란 존재하지 않는다(Gadamer, 1960: 5). 오히려 '진리'로부터 방법적 숙고가 이루어진다고 해야 한다(Hammermeister, 임호일 옮김, 2001: 118).

가다머에 의하면, 자연과학이나 경험과학은 방법적 과정을 통해서 인간의 경험을 억지로- 인위적으로- 객관화시키려고 한다.[60] 그러나 인간의 경험 영역은 결코 객관화될 수 있는 삶의 영역이 아니다(Gadamer, 1960: 231). 과연 객관적 경험이 가능한가? 경험의 주체는 항상 (자의적) 주관인데, 그것이 어떻게 객관적이고 보편적인 경험이 될 수 있나? 인간의 경험은 누군가

---

[59] 가다머에게 해석학적 문제는 근대의 학문에서 좁게 파악한 '방법적 사고'의 한계를 넘어선 인간 경험의 전체에 해당되는 것이다(Gadamer, 1999/ 손승남 옮김, 2000: 51).

[60] 가다머는 자연과학과 실증과학에서 남겨 놓은 '방법지상주의'와 '근대 이성의 절대화 경향'을 모두 거부한다(Gadamer, 1999/ 손승남 옮김, 2000: 45). 이는 인식의 주체를 절대적 중심 또는 절대정신Hegel으로 상정하는 것과 내가 아닌 타他를 모두 대상화하는 데카르트와 베이컨식의 절대이성에 대한 거부이다. 가다머에 의하면, 인식의 과정이 인식 주체와 대상의 엄격한 분리 속에서 이루어지는 것이 아니다 (Gadamer, 1999/ 손승남 옮김, 2000: 68). Gadamer의 '전통'(Gadamer, 1960: 261f.) 개념은 이를 잘 설명해 주고 있다. 즉 전통에서는 인식주체와 인식대상이 구분되지 않는다. 이로써 후설, 하이데거와 마찬가지로 가다머는 대상의 이해에서 과학적 이성에 대립되는 존재론적 해명을 시도한다.

에 의해서 인식될 수 있는 고정된 대상(객체), 즉 인식대상이 될 수 없다. 오히려 경험은 우리가 이에 직접 '참여'(Engagement, Teilhabe/ Gadamer, 1960: 118)할 때 자연스럽게 드러날 뿐이다.[61] 바로 이때 이해가 생성된다. 왜냐하면, 삶은 끊임없이 '생성生成, Geschehen'의 과정에 들어 있기 때문이다. 따라서 우리가 추구하는 경험(중심)교육은 이러한 차원에 주목해야 한다.

딜타이에 의하면, 인간의 '삶은 역사적'이다(Dilthey, 1979: 291). 따라서 인간이 경험하는 경험도 역사적이다. 그렇다면 경험은 반드시 역사적으로 해석되고 이해될 수밖에 없다. 그러나 '역사적'이라는 말은 우리가 모든 경험을 모두 다 인식할 수 없다는 뜻도 된다. 다시 말하면, 끊임없이 역사적으로 생성되고 소멸되는 과정에서 우리가 모든 경험을 인식할 수는 없다. 인식하는 순간 경험(의 생성)은 저만치 달아난다. 이는 마치 자연과학에서 양자론量子論, quantum theory에 비유된다. 양자quantum를 인식하는 순간 우리 눈에 들어온 양자는 이미 그 물체의 양자를 밀쳐 버린다. 따라서 내가 인식한 양자는 이미 허상이다. 이는 불교의 색즉시공, 공즉시색色卽是空, 空卽是色의 논리와도 통한다. 물체色를 인식하는 순간 이미 내가 인식한 물체는 시야에서 사라져 공空이 된다. 시간의 흐름 속에서 공은 다시 색이 된다. 결국, 생성하는 만물에서 누가 누군가를 인식한다는 것은 불가능하며, 오로지 끊임없는 '생성'만이 존재할 뿐이다. 이러한 의미에서 니체의 말대로 모든 '존재'는 생성이며, 생성만이 존재이다. 물론 여기서도 인식은 피할 수 없을지 모른다. 왜냐하면, 인식하는 주체는 반드시 존재할 수 있기 때문이다. 문제는 나도 인식주체가 될 수 있지만, 상대방도 나에 대한 인식주체라는 사실이다. 자연과학에서는 인식주체와 인식대상이 명백하게 구별된다. 그러나 인간의 삶을 다루는 정신과학에서는 인식주체와 인식대상이 양분될 수 없다. 인식주체는 이미 인식대상과 모종의 '관계'로 연결되어 있다. 즉 나의 인식에 따라서 상대방도 나의 인식에 대응한다. 예를 들면, 교사가 학생의

---

[61] 가다머는 "실천적 현실 자체가 이미 이해의 역사 안에 있다"(Gadamer, 1960: 250)는 생각을 가지고, 삶의 어떠한 행위에서도 항상 '참여Teilhabe'가 작용하고 있다는 사실을 주장한다(Gadamer, 1960: 199).

경험을 나쁘게 인식했다고 할 때, 학생은 나쁘게 평가받은 경험(세계)을 고치는 것이 아니라 오히려 교사의 인식태도에 저항할 수도 있다. 이는 교사의 인식에 대해서 반응하는 학생이 오히려 또 다른 인식주체가 된 것이다. 결국, 인간의 삶에서는 인식주체와 또 다른 인식주체만이 존재하는 것이지, 인식주체와 대상이 격리되고 양분되는 것이 아니다. 교사도 학생도 모두 다 인식의 주체이며 동시에 대상이다. 따라서 한쪽에서의 인식이 아무리 그것이 정교하다고 해도 객관적이라고 할 수는 없다. 두 인식주체가 일치할 수 있는 인식이어야만 그것이 객관적이라고 할 수 있다. 그러나 교사와 학생, 아버지와 아들 또는 나와 너가 완전히 일치할 수 있는 경험적 인식이 정말 가능할까?

인간은－가다머에 의하면－선험적으로 주어진 상호관계 속에서 같은 경험의 영역 속에서 서로의 경험을 서로 '다르게' 인식하고 해석할 수 있을 뿐이다. 이렇게 본다면, 가다머에게 '이해'란 "Schleiermacher나 Dilthey 같은 인식론적 해석학자들"(Bleicher, 1980: 22)이 말하는 "해석학적 순환"(hermeneutischer Zirkel oder hermeneutische Spirale/ Gadamer, 1960: 250; 오인탁, 1990: 63)을 통해서 더 나은 이해로 가는 어떤 평가 기준이나 지식의 매개를 통해 보다 확실히 검증될 수 있는 것이 아니다. 이러한 의미에서 가다머는 말한다: "이해는 구별이 되는 것이 아니라 오로지 '다르게' 이해될 뿐이다."(Gadamer, 1960: 280) 가다머는 이렇게 하여 '(인식)대상 경험'을 넘어서 '존재경험'으로 전환하게 된다. 결국, 가다머에게 중요한 것은 대상 인식이 아니라, 너를 (나처럼 인식하고 있는 주체로서의) 인간 전체로 또는 인격적으로 경험하는 것이다(Gadamer, 1960: 340f.). 아니면 오히려 인식주체들에게 존재를 서로 다르게 경험하는 것을 허용함으로써 '스스로 드러나는 존재'를 만나게 해야 한다.

한편, 서로 다른 인식주체로서 이미 공통의 지반을 가지고 있는 같은 경험영역에서 서로 제각각의 '관점'으로 다르게 인식할 수밖에 없는 인간은 결국 "유한자"로서의 한계를 가지고 있다(Gadamer, 1960: 219). 이렇게 본다면, 가다머에게 인간의 경험은 모두 "유한성의 경험"이다(Gadamer, 1960:

339). 유한성의 경험이란 경험이 파편적이고 불완전하다는 것이거나 아니면 경험에서 나오는 지식이 한계를 가지고 있다는 것이 아니다. 그것은 '지금 여기서'라는 특정한 상황에서 '적용'[62]이 되는 경험을 말한다. 즉 이러한 경험은 '지금 여기서'가 아니라면 항상 '다르게' 현상할 수밖에 없다.[63]

실제로 우리 인간의 삶에서 절대경험 내지 절대적 객관경험은 불가능하다. 우리에게 가능한 것은 오로지 인간의 유한성을 의식하는 능력뿐이다. 인간의 유한성을 의식한다는 것은 어딘가에 무한성, 즉 절대성이 있다는 사실을 전제하고 있다. 한마디로, 가다머의 경험에는 유한성과 절대성 또는 완전함이 이미 함께 있다(Gadamer, 1960: 340). 인간은 유한자로서 (특정 상황에서의) 경험을 하지만, 언젠가는 무한한 (상황)에서의 절대경험에 도달할 수 있다. 이때문에 가다머의 경험은 '해석학적 경험'이 될 수밖에 없다. 전체적 상황 속에서의 (절대)경험 안에서 부분으로서의 (특정)경험이 스스로 지속적으로 '해석'될 수 있을 때, 바로 우리는 진정한 무엇인가를 또는 대상을 경험한다고 할 수 있다. 즉 모든 경험은 스스로 "(해석학적) 상황"(Gadamer, 1960: 285)속에서 서로 만나게 되고, 이러한 경험 간의 만남이 진정한 만남을 통해서 스스로 해석될 때 – 가다머의 의미에서는 "지평 융합"(Horizontverschmelzung/ Gadamer, 1960: 375)이 이루어질 때 – 우리는 진정한 경험에 도달하게 된다. 가다머는 이러한 과정에서 얻어지는 경험을 '해석학적 경험'이라고 한다.

사실 자연과학에서 밝혀지는 지식은 '조건의 지식'일 뿐이다. 즉 조건이 변하면 지식도 변한다. 예를 들어, Na와 Cl을 각각 25g씩 합해 놓는다고 해서, 소금Nacl 50g을 얻을 수 있는 것이 아니다. 소금은 적합한 실험 '조건'

---

[62] 가다머 철학의 핵심은 대상성을 넘어서는 '적용Anwendung/ Applikation'의 문제에 있다(Gadamer, 1960: 290ff.). 여기서 '적용'은 구체적 만남(의 경험)을 의미한다. 이로써 가다머의 해석학적 경험은 인식론적 차원이 아닌 존재론적 차원에서만 수행될 수 있게 된다. 왜냐하면, 가다머에게 "대상"이나 "객관" 또는 "객관화"라는 개념은 허상이기 때문이다(Gadamer, 1960: 244).

[63] 가다머 철학의 관심은 "과연 우리에게 '지금 여기서' 무엇이 현상하고 있는가"에 주목한다.

에 충실했을 때에만 비로소 만들어진다. 모든 자연과학에서 밝혀지는 지식은 결국 '조건'이 결정한다. 즉 조건을 바꾸어 놓으면, 의도된 실험 결과가 나오지 않거나 엉뚱한 결과가 나온다. 즉 A라는 조건에서는 A라는 결과만 나온다. 이러한 조건이 경험과학에서는 '상황'이다. 즉 A라는 상황에서는 A라는 결과만 나온다. 상황이 달라지면 결과도 달라진다. 이를테면, 청소년 때 한참 방황하던 문제아도 성인이 되어서 '상황'이 바뀌면 얼마든지 달라질 수 있다. 물론 더 나빠질 수도 있지만, 반대로 개과천선하여 새로워질 수도 있다. '상황'이 모든 것을 결정하는 셈이다.

자연과학에서는 실험 조작이 비교적 용이한 편이다. 경험과학에서도 같은 논리를 가지고 있다. 물론 아직은 모든 것이 완벽하게 가능한 것은 아니다. 그럼에도 불구하고 변인조작으로 알이 굵고 맛이 좋은 벼를 생산해 낼 수 있으며, 심지어 유전자 조작을 통하여 생명복제의 길도 터놓고 있다. 의도한 실험 결과를 내기 위해서 '조건을 조작'한 셈이다. 그러나 인간의 경험세계를 조작하여 원하는 대로 인간행동을 (고등차원까지) 조작해 내는 것은 행동주의자들이 말하는 것처럼 결코 쉬운 일이 아니다. 이를 위해서는 경험과학에서는 자연과학이 조건을 변화시키고 조작해 내는 것처럼, 상황을 변화시키고 조작해야 한다고 생각한다. 그런데 상황을 변화시키고 조작해서 학생에게 바람직한 경험을 할 수 있도록 중재(개입)하는 일은 결코 가능한 일이 아니다. 어떻게 삶의 모든 조건과 상황을 조작한다고 해서 결과를 장담할 수 있나? 결국, 우리는 여기서도 가다머의 '해석학적 경험'의 의미를 되새길 필요가 있게 된다.

정리하자면, 현대철학의 존재론은 딜타이의 해석학을 비판하면서 본격화되었다. 우선 딜타이를 비판한 후설의 현상학이 현대 존재론의 토대라면, 하이데거의 '해석학적 현상학'[64]은 존재론의 이정표를 쌓았다고 할 수 있으

---

[64] 하이데거에서 존재론과 현상학은 두 가지 상이한 분과들이 아니다(이기상, 1991: 219). 하이데거는 말한다: "존재론은 현상학으로서만 가능하다"(Heidegger, 1927/1953: 35) 사실 '해석학적 현상학'이라는 표현은 하이데거의 『존재와 시간』을 해석한 오토 푀겔러Otto Pöggeler의 표현이다(Pöggeler, 1983: 271).

며,[65] 가다머의 '존재론적 해석학'에게서 존재론은 그 정상을 취하게 되었다고 할 수 있다.[66] 가다머의 해석학은 순전히 존재론적 차원의 철학이다: "진리aletheia, 즉 존재는 인식되는 것이 아니라 스스로 드러나는 것이다."[67] 존재 그 속에 인식하는 주체와 인식대상이 이미 함께 있으며, 그 자체가 파헤침, 즉 (지속적인) 해석을 통하여 비로소 그대로 드러나는 것이다. 구체적으로─가다머에 의하면─존재 안의 인식주체와 대상은 서로 제각각의 지평을 가지고 있지만 상호 만남과 대화對話를 통하여 궁극적으로 지평 융합을 이루게 된다(Gadamer, 1986). 즉 각자가 가지고 있는 선입견과 전통의 지평들이 대화를 통하여 자율적으로 '지양(Aufhebung/ Hegel)'되면서, 즉 상호 만남 속에서 모순이 스스로 정화됨으로써 "전체로서의 존재"가 진리로서 스스로 모습(본질)을 서서히 드러내는生起 것이다.

이렇게 본다면, 경험과학의 연구 역시 자연과학적 방법에 전적으로 의존하고 있는 인식론적 접근을 통하여서는 얻을 수 있는 경험세계가 제한될 수밖에 없다는 논리가 성립된다. 따라서 인식론적 차원에서 관찰, 실험 또는

---

[65] 『존재와 시간』에서 하이데거는 현상학을, 우리를 존재자의 존재로 이끌고 가야 할 유일한 합당한 방법으로 설명하고 있다: "존재론은 현상학으로만 가능하다(SZ, 35)."(이기상, 1991: 219). 존재론적 사유에 기초한 현상학의 창시자인 지그문트 후설S. Husserl은 '선입견을 배제'하라고 가르친다. 그에 의하면, '판단을 중지하고 괄호 넣기Epoche'를 시도한다면 선입견의 배제가 가능해진다. 그러나 이러한 현상학적 사유를 해석학적 영역으로 끌어들인 하이데거Martin Heidegger는 선입견을 배제하기보다는 오히려 선입견의 원천인 선판단Vorurteil을 있는 그대로 두고 이를 해석하고 재해석해 내는 꾸준한 해석 작업이 결정적이라고 한다. 즉 선입견의 제거가 아니라 선입견으로 될 수 있는 선판단, 전이해를 오히려 해석의 유일한 단서로 삼아야 한다고 주장한다. 가다머 역사를 '전통tradition'으로 간주함으로써, 선입견과 편견을 오히려 긍정적으로 활용했다.

[66] 근세철학의 인식론적·관념론적 성향은 '존재의 문제'를 철학의 주제로부터 멀어지도록 했다. 이러한 경향은 20세기 초 이래 실존론적·형이상학적인 철학에 의해서 시정되기 시작하였으나, 마르틴 하이데거가 이러한 편향성을 비판하고 존재 문제를 다시 철학의 주요이슈로 복권시켰다.

[67] 그리스어로 '진리'는 아레떼이아ἀληθεια로서 이는 '파헤침Enthebung'을 뜻한다(이기상, 1991: 223). 따라서 진리는 파헤쳐질 때, 즉 해석될 때 그 본질(존재)을 스스로 드러내는 것이다. 하이데거에 의하면, 해석은 "모든 인식의 근본형태"이다(GZ 359, 이기상, 1991: 224에서 재인용).

실험 조작의 자연과학적 방법론을 그대로 차용하고 있는 경험과학의 연구 법론적 적용은 재고될 필요성이 있다.

4. 실(용)학적 차원

지식의 추구와 창출은 실용학적 차원에서도 이루어진다. 즉 실용적이고 실학實學적인 것이 새로운 지식이 되는 것이다. 따라서 실용적이지 못하고 실학적이지 못한 지식은 지식의 대열에서 사라지며 지식추구 및 지식창출의 범주에서 벗어난다. 유럽에서 17세기 실학의 탄생과 구한말 우리 실학의 탄생 그리고 미국의 실용주의 학문의 융성은 지식구조의 실(용)학적 차원을 이루는데 중요한 기반이 된다.

4.1 실학의 탄생[68]

17세기 유럽에서는 전통적인 '언어주의'에 대한 비판으로서 현실주의 Realismus가 등장하기 시작했다(Blankertz, 1982: 31). 즉 기록된 문서나 구전되는 말과 같은 언어에 대한 탐구를 지식추구와 지식창출의 방법으로 해오전 전통은 이제 '현실로의 전환'을 이루어야 했다. 한 예로 학교에서 가르치고 배우는 라틴어는 현실에서 쓰임새가 대폭 줄어들게 되었으며, 자연과학이 급격하게 번창하는 계몽의 시대를 맞아서 지식산출의 양상은 전과 다른 방식으로 전개되었다. 지식창출의 현실주의가 요청된 셈이다. 현실주의는 크게 두 가지 형태로 전개되었는데, 그 하나는 '방법적 현실주의'였고,[69] 다른 하나는 '내용적 현실주의'였다. 바로 이러한 두 가지 형태의 현실주의는 계몽시대의 지식형성에 중요한 기여를 하게 된다.

---

[68] 이 부분은 본인의 저서 『계몽주의 교육 – 이론과 실재(이상오, 2005)』 153~162쪽의 내용을 테마에 맞게 보완 확장하여 실었다.

[69] 특히 지식탐구의 방법적 현실주의는 1628년 코메니우스의 『대교수학Didactica Magna』의 탄생을 빌미로 이루어지게 된다.

정치·경제적으로는 교회의 지배권이 약화되고 절대국가가 형성되던 시기로서, 종교 신념적이며 내세를 중심으로 하는 신의 세계 대신 현실적인 삶과 직결되는 국가사회적 요구가 지식 세계 역시 현실적으로 써먹을 수 있는 차원에서 형성되기 시작했다. 특히 계몽의 시대를 여는 데 결정적인 역할을 한 자연과학의 비약적인 발전은 자연을 관찰하는 것을 넘어서 자연을 정복하고 자연을 활용할 수 있는 실용적 지식을 요구했다. 국민의 경제권을 직접 지배하고 있었던 수공업자들과 신흥상공시민계층에게 쓸모있는 지식의 창출은 너무 현실적이고 당연한 일이기도 했다.

한편, 16세기 말 17세기 초 절대국가가 형성되는 과정에서 대부분의 유럽 국가들은 기독교적 판소피Pansophie, 汎知學를 근간으로 하는 교육관을 가지고 있었다. 즉 국가는 기독교적 판소피와 계몽의 시대조류적 흐름들을 결합시키면서 국가교육도 실현시키고자 했던 것이다. 왜냐하면, 당시 국가들은 독자적인 절대 권력을 가질 수 없었으며, 아직 신권神權에서 크게 자유롭지 못했기 때문이었다. 따라서 한편으로는 신의 영역에도 눈치를 보아야 했고, 다른 한편으로는 실생활의 현실적 요청인 계몽도 외면할 수 없었던 것이다. 이러한 판소피의 사상과 판소피의 지식관을 정초한 사람이 코메니우스 Johann Amos Comenius(1592~1670)였다. 이는 18세기 절대국가의 성립과 함께 더욱 강화된다. 이렇게 본다면, 계몽주의 시대에 유럽의 대부분의 국가들이 채택한 지식관은 코메니우스의 판소피 사상에 의해 기초되고 발전되었다고 할 수 있다.

코메니우스는 당시의 대표적인 사상가로서 1628년 자신의 모국어인 체코어로 『대교수학Didactica Magna』을 출간해 냈다. 이 책은 1638년에 라틴어 판으로 나왔으며 1657년에 재판된 바 있다. 이는 코메니우스가 신앙적 차원에서 집필한 것으로서 지식탐구의 원칙과 합리적 방법을 제시하고 있다. 따라서 그의 교수학은 지식탐구를 위한 교수의 기술과 방법을 언급하고 있다고 할 수 있다. 우선 코메니우스는 "자연 속의 사실"을 추구하는 것이 바로 진정한 지식을 추구하는 것으로 간주했다. 그런데 코메니우스는 창조주 하나님이 창조하신 것은 다름 아닌 '자연'이었다는 사실에 주목한다. 우리 인간들은 신의 대리인으로서 자연을 보호하고 지켜 낼 의무와 권리가 있다. 따라서 자연의 근거와 이치를 잘 아는 것이 곧 하나님을 아는 것이다.

이렇게 본다면, 그에게서 당시 득세하기 시작한 자연과학적 지식은 곧 신의 지식과 다름없었던 것이다. 이로써 그는 우리 인간에게 주어진 모든 감각感覺을 통한 자연탐구야말로 진정한 지식, 즉 신의 지식을 알 수 있는 기회를 제공한다는 것이라는 주장을 하게 된다. 따라서 코메니우스에게는 실물교육實物敎育이 이러한 지식에 접근하는 대표적인 방법이다.[70] 이러한 실물교육에 따라서 실학實學도 가능하다. 한마디로 세상에 쓸모있는 지식을 탐구하는 것이 실제로 필요한 학문인 것이다.

지식의 전당인 학교에서는 아동이 자신의 신체적 감각과 감성을 통해서 자연을 인식하고 직접 경험할 수 있어야 한다. 아울러 교사는 직접 자연에서 나온 실물들을 만져보고 만들어 보면서 교육을 해야 한다. 이로써 코메니우스는 소박한 감각주의에 빠진 것이다(윌리엄 보이드, 1921/ 이홍우 외 역, 1996: 372). 즉 교육은 교과서나 몇몇 글자 속에서가 아닌, 자연 속에서 감각을 통하여 밝혀지는 진리의 사례들을 감각적으로 익혀야 하며 이는 어떠한 교과서적 진리나 사실보다 훨씬 상회한다. 그러나 이렇게 자연의 진리가 아동들에게 감각적 경험을 통하여 밝혀지기 위해서는 단계적 과정이 요청된다. 따라서 교육커리큘럼에서는 시간표가 중요한 것이다. 구체적으로 년, 월, 날짜 등 단계별로 시간별로 계획이 세워지는 가운데에서 교육의 과정은 안전한 길로 나타난다. 또한, 교육에서 탐구는 원래 신에 의해 시작된 창조행위의 원형이다. 이러한 확신은 그로 하여금 지식탐구를 합리적으로 설명할 수 있도록 했다. 따라서 그의 교육에서의 핵심은 '탐구수업'이다. 결국, 교과서 대신 실물을 직접 보고, 듣고, 느끼고, 경험함으로써 지식탐구는 완성되는 것이며, 아동은 수업을 통하여 지식탐구의 능력을 배양하는 것이다.

---

[70] 코메니우스가 자신의 실물교육을 위해 만든 『세계도회世界圖繪』는 괴테가 어렸을 때부터 끼고 살았던 지식탐구의 교재였다. 또한, 그는 그림책 교과서인 『janua linguarum』, 『Orbis pictus』을 남겼다. 그는 이러한 실물교육을 통하여 감각적으로 얻는 지식이야말로 진정한 지식이라고 보았던 것이다.

코메니우스는 "교사는 덜 가르칠 필요가 있으며, 학생들은 더 많이 배울 필요가 있다. 바로 우리는 이러한 수업양식을 검토할 필요가 있다"(Comenius, 1959)고 주장하면서 자신의 교수학을 시작하고 있다. 그는 수업을 아동에게 맞추어져야 하며 아동을 수업에 맞추려고 해서는 안 된다고 주장했다(윌리암 보이드, 1921/ 이홍우 외 역, 1996: 370). 다시 말하면, 교육에서도 중요한 것은 기존의 지식을 단순히 전달하는 것이 아니라, 아동 스스로 실물경험을 통하여 지식을 탐구할 수 있도록 해 주어야 한다. 이는 아동중심의 교육으로서 교수자 보다는 학습자의 자율성을 중시하는 대목이기도 하다.

한편, 코메니우스는 자연과학적 지식의 획득에 커다란 의미를 부여했다. 왜냐하면, 그가 살았던 과학의 세기와 함께 시작된 계몽의 시대는 하나님의 세계와 세속적 세계가 만나는 분기점이었기 때문이었다. 그러나 그는 모든 자연과학적 지식 역시 신의 자기개방성으로 이해했다. 즉 신이 창조한 자연에는 신의 지식이 모두 분유participation되어 있다. 따라서 코메니우스는 백과사전적 지식, 즉 범지식汎知識으로서의 판소피Pansophie를 자연과학을 통해 산출된 인간의 지식이면서 동시에 신의 지식으로 간주했다. 한마디로 그는 자신의 판소피 이론을 통하여 인간의 지식과 신의 지식을 통합시킨 것이다. 또한, 그에게는 세계인식이 곧 신인식이었다. 바로 이러한 신과 인간의 합일논리가 코메니우스가 정립한 판소피의 근본 동기가 된다(Blankertz, 1982: 34).

판소피Pansophie는 말 그대로 '범 지식凡知識', 즉 모든 지식의 총합이다. 그러나 그는 이를 자연과학적 지식의 총아인 백과사전식 지식과 철저히 구분했다. 왜냐하면, 범지식으로서의 판소피는 언뜻 백과사전식의 잡다한 지식으로 간주될 수 있기 때문이다. 따라서 그는 백과사전식의 지식탐구만을 통하여서는 자신의 판소피를 완성할 수 없다고 보았다. 따라서 그는 백과사전식의 지식으로부터 유추가 가능한 다양한 조화의 원칙들을 수립하면서 늘 의문시되었던 지식과 지식 간의 구분을 도식화하였다. 이러한 근거로부터 그는 한편으로는 모든 사실과의 관련성을 통찰함으로써 진정한 지식을 추구하려고 했으며, 다른 한편으로는 모든 현학적 다문박식의 지식들 이면을 지배하는 인식의 중심 구조를 밝혀내고자 했다(Blankertz, 1982: 35). 이로써 그는 진정한 지식의 탐구를 위해서는 반드시 전통적인 '도야Bildung, 陶冶'의 개념이 매개되어야 함을 역설하게 된다. 왜냐하면, 세상에는 많이 배운 자가 가진 지식과 덜 배운 자가 가진 지식이 다르기 때문이다.

또한, 부자의 지식과 가난한 자의 지식이 다르며 행복한 사람의 지식과 불행한 사람의 지식이 다르다. 귀족의 지식은 천민의 지식과 다르며 주인의 지식과 노예의 지식은 다르다. 결국, 사물을 '인식하는 방법'의 차이에서 지식도 차별화되는 셈이다. 한마디로 전체로부터 부분적 지식이 추론될 수 있어야 하며, 진정한 지식탐구를 위해서는 이를 위한 인식의 방법이 정립될 필요가 있다. 이것이 바로 범지식, 즉 진정한 판소피를 가능하게 한다. 따라서 지식을 부분적으로 탐구하기 이전에 전체로서의 지식이 비록 그것이 어렴풋하게 밝혀지더라도 먼저 탐구되어야 한다. 처음에 뿌옇던 전체는 점차 시간의 흐름 속에서 점점 뚜렷해진다. 도야의 시간은 이렇게 온전한 지식이 탐색 되는 과정을 보장한다. 즉 도야는 단계별 또는 선형적이 아닌 비선형적이며 동적인 지식탐구의 과정 속에서 이루어진다. 특히 코메니우스는 자신의 독특한 도야의 과정을 그의 판소피Pansophie 철학을 토대로 하는 범교육汎敎育, 즉 팜페디아Pampaedia 이론으로 설명했다.

> "팜페디아Pampaedia는 전체 인류의 모든 사람들에게 관계된 교육을 의미한다. 팜페디아는 교육의 척도를 전체에 따라 정하여, 인간을 인간 본성의 완전성으로 인도해 들인다. 그리스인에게 파이데이아는 교수instituto와 훈련displina을 의미하였다. 파이데이아를 통하여 인간은 거친 불완전의 상태로부터 이끌어 내어진다. Pan은 전체로의 관계 universalitas를 의미한다. 그러므로 여기에서 모든 인류에게, 전체를 철저히 가르쳐 줌이 관계가 된다."(오인탁, 1980: 336)

코메니우스 범교육 사상의 근간인 판소피(범지학)는 신의 통합적 본질과 인간의 통합적 본질이 일치된다는 것이었다. 판소피의 원리에서 보면, 인간에게는 스스로 책임지고 실행할 수 있는 능력이 선천적으로 부여되어 있으며 자립성을 펼칠 수 있는 능력도 가지고 태어난다. 따라서 교육은 학생들로 하여금 이러한 삶의 원리와 원칙을 최대한 가능하게 도와주어야 한다. 즉 학생들이 가능한 한 교육을 통해서 자신의 삶을 결정하는 경험적 질료에 참여하면서, 스스로 삶의 법칙을 추출해 내고 삶에 대한 일반보편적 지식을 발견해 낼 수 있도록 해 주어야 한다.

또한, 학생들이 이러한 지식의 합법칙성을 성취할 수 있을 정도로 교육되어야 한다. 물론 교사는 이를 최대한 도와주어야 한다. 아울러 학생의 수준이 이러한 수준에 도달할 때 비로소 교사는 학생들에게 개인의 발달 과정에 합당한 과제를 부여하게 된다. 왜냐하면, 자연의 성장에는 적당한 시간이 요청되기 때문이다. 인간의 성장이나 자연의 성장은 모두 그에 적합한 시간이 필요하다. 즉 인간의 성숙은 자연의 성숙과 다르지 않기 때문에, 인간에 대한 교육도 자연의 법칙을 통한 합자연적 방법으로 이루어져야 하는 것이다. 한마디로 자연에는 어떠한 비약도 없다(Blankertz, 1982: 36). 따라서 그의 교수학에서도 이러한 원리가 적용되고 유지되는 것은 당연한 논리였다. 이는 코메니우스에게 진정한 지식탐구의 과정이며 지식창출의 과정이기도 하다. 이로써 코메니우스가 추구한 범지식Pansophie은 성립된다.

범지식에서는 인간의 유용성이란 신의 유용성에서 나오는 것이라는 원칙을 고수된다. 물론 당시는 신의 세계에서 인간의 세계로 모든 것이 이양되는 시대였다. 따라서 코메니우스는 그 중간에 서서 신의 세계와 인간의 세계를 중재한다. 비록 세속적이고 실제로 써먹을 수 있는 지식이 중요해졌지만, 이는 여전히 신의 창조물인 자연에서 비롯된다. 따라서 자연으로부터의 지식이 온전해지기 위해서는 창조주 하나님의 지식 세계를 모르고서는 온전해질 수 없다. 그럼에도 불구하고 하나님의 지식은 하나님의 품에만 남아 있어서는 안 된다. 실제로 자연현상에 대한 자연과학적 탐구는 실용적인 지식창출에 중요하다. 그러나 자연을 누가 창조했는가를 알면서 자연과학을 한다면 지식은 보다 온전해질 것이다. 그것이 바로 판소피의 지식탐구의 원리이자 방법이다.

한편, 실사구시實事求是, 이용후생利用厚生, 경세치용經世致用을 추구하는 동양의 실학사상實學思想은 한마디로 현실에 쓸모가 있는 지식을 탐구하는 학문의 필요성을 강변하였다. 실사구시란 "참된 일에서 옳은 것을 찾는다"는 뜻으로 출전은 후한서後漢書 하간허왕덕전河間虛王德傳으로 "학문을 닦아 옛것을 좋아하며 일을 참되게 해서 옳은 것을 찾는다"에서 비롯된 말이다. 실제로 실사구시 운동은 당시 실속 없는 이론만 일삼던 송명이학宋明理學을 배격하고 객관적인 사실적 근거를 통하여 올바른 판단과 해답을 얻는 것을 목표했던 지식인들의 사상적 운동이었다. 대표적인 학자는 황종희, 고염무, 대진 등으로 청나라 초기 고증학으로부터 시작되었는데, 현실과 동떨어진 공허한 이론 대신 실생활에 유익하게 활용할 수 있도록 객관적 태도로 학문을 하자는 의도로 시작되었다.

이용후생은 백성이 사용하는 기구, 제도, 기관 따위를 편리하게 하고 의식을 넉넉하게 하여 생활을 윤택하게 하는 것이다. 학문은 공리공론에 그치지 말고 이러한 일에 실제로 기여해야 한다. 마지막으로 경세치용이란 학문이 세상을 다스리는 데 실질적인 이득을 줄 수 있어야 한다는 유학의 한 주장이다.

이러한 실학사상은 조선 초기의 학풍을 만든 '격물치지格物致知'의 원칙을 토대로 하고 있다. 격물치지란 모든 사물의 이치를 끝까지 파고들어 앎에 이르는 것을 말한다. 즉 물의 격을 경험함으로써 궁극적으로는 진정한 지식을 알게 된다는 의미이다. 달리 말하면, 만물이 본질은 실제의 경험을 통하여 알려지고 경험을 통하여 아는 것이 진정한 앎이다. 따라서 앎에서 가장 중요한 것은 공리공담이 아니라, 직접 경험하고 체험해 봄으로써 아는 것으로 이는 실제의 삶을 통하여 획득된다. 또한, 이러한 지식은 실제 생활에 유용하게 적용될 수 있다. 즉 경험을 통해 얻어지는 지식이 쓸모있는 지식이 되는 셈이다. 바로 이러한 차원에서 동양에서도 실학사상은 후기 유교사상의 주류가 된다. 왜냐하면, 당시 동양세계도 서양세계 못지않게 지식이 양과 질이 늘어나고 세상이 바뀌는 속도가 점차 급격해졌기 때문이다. 이는 서구제국주의가 동양세계를 강압적으로 침략하면서 서구문화가 동양세계에 급격하게 유입된 점과 이로 인한 서구세계와의 교류가 활발해진 점에서 비롯되었다고 할 수 있다. 하여간 실학, 즉 실제로 필요한 것을 탐구함으로써 유용하게 써먹을 수 있는 지식을 얻는 것이 동서양을 막론하고 학문 세계 내지 지식 세계의 새로운 조류가 된 셈이다.

우리나라에서도 중국 유교의 영향으로 도입되어 17세기 후반부터 19세기 전반에 걸쳐 조선 후기의 지식 세계를 지배하였다. 이들은 성리학의 공리공론에 반대하여 새로운 방향을 모색한 사상이다. 근대 의식이 형성되면서 정치적, 경제적 문제와 과학, 기술, 역사, 문학, 풍습과 같은 우리 문화에 대한 광범위한 연구를 통하여 당시 조선의 변화와 개혁을 주장하면서 실생활에 유용한 지식 탐구방법을 새롭게 구축하고자 하였다. 우리나라의 대표적인 실학사상가로는 박지원, 정약용, 이익, 박제가, 김정희 등을 들 수 있다. 이로써 오늘날 지식의 실용학적 구조가 잉태되었다.

4.2 실용주의 지식관

(1) 실용주의의 근거: '유용성 지식'

17~18세기 실학의 역사적 배경을 거치면서 서구사회에서는 마침내 실용주의實用主義, 즉 프래그마티즘pragmatism이 탄생한다. 특히 미국에서 성숙된 실용주의사상은 오늘날 지식의 실용학적 구조를 만드는데 결정적인 역할을 한다. 실용주의란 1870년경부터 미국에서 새로운 철학운동에서 비롯된다. 이른바 실용주의 운동이 그것이다.

실용주의實用主義에서 '지식'이란 말 그대로 실생활에 유용한 '실용적 지식'을 뜻한다. 즉 지식의 '유용성utility'을 추구하는 것은 시대적 사명이었다. 당시 미국사회는 경제적 차원에서 산업화가, 정치적으로는 민주화가 무르익던 시대였다. 아울러 과학과 기술의 성장 발달의 추세에 따라 새로운 지식이 실험실에서 폭발적으로 탄생하였다. 그러나 이러한 지식이 실생활과 삶에 유용하게 쓰이지 못한다면, 이는 더 이상 지식으로서의 역할을 할 수 없었고 지식으로서의 권위도 상실할 수밖에 없었다.

철학으로서의 실용주의는 관념이나 이론보다는 '행동과 실천'을 중요시하는 사조로서, 진리의 판단 근거를 '실제의 결과'로 간주했다.[71] 구체적으로 이는 현실 생활에 있어서의 '유용성utilitiy, 有用性'에 따라서 사물의 가치를 결정하려는 사상으로서, 지식 역시 유용성의 여부로 결정된다는 입장이다. 즉 실용주의자들에게 있어서 중요한 물음은 어떤 지식이 '참이냐 아니냐' 하는 질문이 아니라, '어떤 지식이 어떤 상황에서 유용하냐 아니냐' 하는 것이다. 이는 전통철학의 사변성이나 관념성을 정면에서 거부하는 것이었다.

특히 실용주의는 사고의 기능이란 현실을 서술하거나 재현하거나 모사하는 것이라는 입장을 거부하고, 대신 사고의 기능을 예측, 행동, 문제 해결의 수단과 도구로 간주한다는 입장을 취한다. 아울러 실용주의자들에 의하면, 지식의 본질, 언어, 개념, 의미, 신념 그리고 과학 같은 대부분의 철학적 이슈들을 재현하는 정교성의 관점보다는 '실천적 적용과 성취'의 관점에서 지식이 가장 잘 밝혀진다는 입장을 가지고 있다.

역사적으로 실용주의는 '영국의 경험론적 전통'을 계승하고 있으며[72], 현실적인 사회생활의 발전에 도움을 주는 것을 선으로 보고 있다. 즉 영국 경험주의 철학과 공리주의功利主義의 전통 위에 '진화론'[73]을 기반으로 구성

---

[71] 실용주의에서는 다원주의적 접근과 실천성이 항상 허용된다.Cornish, F. & Gillespie, A. (2009). A pragmatist approach to the problem of knowledge in health psychology Journal of Health Psychology, 14(6), 1~10.

[72] 역사적으로 프래그마티즘에 매우 중요한 영감을 준 사상가는 프란시스 베이컨 Francis Bacon이라고 할 수 있다. 그는 "아는 것은 힘ipsa scientia potestas est-knowledge itself is power"이라는 주장을 하였다. 이는 유용한 지식만이 진정한 지식이며, 학문은 이에 기여해야 한다는 선언이었다. 이 밖에도 사상계에서의 경험주의적 역사는 프래그마티즘을 잉태시키기에 충분했다. 우선 지식과 행위의 자연주의적 설명을 한 데이비드 흄David Hume, 퍼스Peirce가 프래그마티즘이라는 명칭을 차용한 관념주의자 칸트, 일시적 현상을 철학으로 도입한 헤겔, 명목론자이며 경험론자인 밀J. S. Mill, 모든 불명료한 개념을 철학으로부터 제거하는 프로젝트를 수행한 버클리 George Berkeley, (Peirce 8: 33), 윌리엄 제임스로 하여금 지성주의와 논리적 방법을 포기하도록 영향을 준 앙리 베르그송이 대표적이다.

[73] "실용주의 철학자들은 모두 다윈의 영향을 강하게 받았다. 찰스 다윈의 진화생물학은 비단 생물학에 있어서 획기적인 의미를 갖는 학문적 업적일 뿐 아니라 사상사적인 면에서도 큰 영향을 미친 관점이라고 할 수 있다. 다윈의 진화론은 플라톤

되어, 사변적 관념론이 아닌 실제 생활과의 관련 속에서 사상을 관철시키려는 입장이다. 특히 진화進化란 우연성의 결과물이라는 점에서 인간의 존재 역시 우연한 산물이다. 또한, 모든 생물 종의 일차적인 목표가 생존에 있듯이 인간에게 있어서도 가장 큰 문제는 어떻게 하면 그런 불확실한 우주 속에서 살아남느냐 하는 것이다. 따라서 진화론에서 지식은 인간이 불확실하고 우연적인 환경에 적응하기 위한 수단이며 도구이다. 실용주의 지식관은 이러한 진화론에서의 지식의 의미를 수용하고 있다. 특히 미국의 실용주의의 정초자인 제임스William James(1842~1910)는 자신의 저서 『심리학』(1890)에서 다윈의 진화론적 입장을 옹호하면서, 인간의 두뇌도 살아남기 위해 구조화되는 것이지 추상적으로 생각하기 위해 구조화되어 있는 것이 아니라고 설명했다(Mainzer, 1997: 121).

결국, 실용주의는 지식의 가치를 '행동의 결과'로 판단하는 입장으로 19세기 말부터 20세기 전반까지 미국 철학사상의 주류가 된다. 또한, 실용주의는 미국 자본주의의 급격한 발전에 대항하는 사상이라고도 할 수 있다. 왜냐하면, 실용주의는 자본주의를 옹호하면서도 지나친 자본주의를 경계했기 때문이다. 대표적인 사상가로는 제임스, 퍼스, 듀이 등을 꼽을 수 있다. 구체적으로 철학에서는 1870년대에 미국의 철학자이자 과학자인 퍼스Pierce에 의해서 처음으로 제창되었다. 그 후 제임스James와 듀이Dewey 등에 의해서 계승 발전되었으며 20세기 전반 미국을 중심으로 세계적으로 강력한 영향력을 미친 철학적 입장 내지 운동을 말한다. 또한, 19세기의 진화론 사상을

이래 거의 도전 받아 본 적이 없는 인간에 대한 본질주의적인 관점에 대해 심각한 의문을 제기했다. 인간에게 있어서 초역사적인 보편적 본성이 존재한다고 주장하는 것은 진화론적인 관점에서 보면 인간을 신비화한 것이고, 과학적으로 설명할 수 없는 신적인 존재를 도입할 때에만 주장할 수 있는 관점이다. 다윈의 진화론은 인간이 신성한 존재라기보다는 지구 상에 존재하는 다양한 생물 종의 하나에 불과하다는 깨달음을 가져다주었다. 이것은 인간의 보편적 본성으로서의 이성능력에 대한 전통적인 철학적 주장을 새로운 관점에서 재서술하도록 했고, 그런 이성능력을 통해서 영원불변의 진리를 발견할 수 있다는 철학적 신념에 대해 심각한 회의를 불러일으켰다."(실용주의의 몇 가지 특징 (실용주의, 2008.4.25, ㈜살림출판사)

배경으로 하여 우리의 사고와 경험을 유기체의 자연환경에 대한 적응이라
는 동적 과정 내지 상호작용적 과정의 일환으로서 파악하고, 이로부터 전통
적 철학에 비판을 가하여 새로운 인식론 또는 윤리학을 수립하고자 했다.
이러한 실용주의는 제2차 세계대전 후 여러 예술 장르에도 도입되었다.

(2) 실용주의의 산실: <형이상학클럽>

역사적으로 실용주의는 19세기 말 미국의 몇몇 지식인들의 토론 모임에서
탄생하였다.[74] 즉 철학적 운동으로서의 실용주의는 1872년 조직된 <형이상학클
럽, The Metaphysical Club>[75]에서 실용주의의 아버지라 불리며 나중에 프래그마
티시즘pragmaticism[76]을 주창한 퍼스Charles Sanders Peirce(1839~1914)[77], 철학자, 심

---

[74] 물론 나중에 미국의 실용주의는 전통적인 형이상학의 본고장인 유럽 지역으로
역수입된다. 이를테면, 프랑스 실용주의는 라뚜르, 크로지어, 볼타스키 그리고 테
브노Bruno Latour, Michel Crozier, Luc Boltanski, and Laurent Thévenot 같은 이론가들과 함께
나타났다. 그러나 이는 브르디외Pierre Bourdieu 등 프랑스의 대표적인 문화비판이론
들과 관련된 구조적 문제의 반론에 부딪히면서 사회적으로 큰 반향을 얻지는 못
했다.

[75] 미국에서 <형이상학클럽>은 미국대법관이었던 홈름스Oliver Wendell Holmes,
Jr.(1841~1935), 퍼스 등에 의해 1871년 1월 메사츄세추 주의 케임브리지에 창설되
어 운영되다가 그해 12월 해산되었다. 꼭 1년 동안 운영되다가 실용주의의 아버지
격인 퍼스가 1879년 존 홉킨스대학교에 취임하면서 그곳에 다시 이 클럽을 부활
시켰는데, 아무도 이를 <형이상학클럽>이라고 부르지 않았지만, 퍼스와 실용주의
자 제임스William James의 동생이었던 당시 유명한 소설가였던 헨리 제임스Henry
James만이 그렇게 불렀다(Peirce, C. S. (1929), "The Founding of Pragmatism", The
Hound and Horn: A Harvard Miscellany v. II, n. 3, April~June, pp. 282~285 (see
283~284). Reprinted as "Historical Affinities and Genesis" in Collected Papers of
Charles Sanders Peirce, v. 5, paragraphs 11~13 (see 12~13), dated by the editors
as circa 1906. Also see Shook, John R. (undated), "The Metaphysical Club" at
the Pragmatism Cybrary). 따라서 형이상학클럽이 얼마나 지속되었는가에 대한
사가들의 주장은 엇갈린다. 혹자는 1872년 설립되고 흐지부지된 1년이라고 하는
반면, 혹자는 퍼스가 클럽의 이름을 다시 사용한 1879년까지로, 심지어 그의 존스
홉킨스 시절 끝까지로 보기도 한다. 하여간 이 클럽은 당시 무너져 가는 '(유럽)형
이상학의 잠식현상'을 걱정하면서, 이의 대안으로 새로운 미국철학과 이상적 개
념들을 형성하는 과정에 강력한 영향을 미치는 실용주의에 대한 관심을 가지고
연구하였다. 이 과정에서 '실용주의의 철학'이 탄생하였다.

[76] 이는 퍼스가 자신의 관점과 프래그마티즘 이론의 경향 사이에 좀 차이가 난다는

리학자, 물리학자였던 제임스William James(1842~1910), 철학자이며 수학자였던 라이트Chauncey Wright(1830~1875), 철학자이며 역사가였던 피스크John Fiske (1842~1901), 철학자이며 과학적 방법을 신용하는 신학자였던 아보트Francis Ellingwood Abbot(1836~1903), 철학자이며 법률가였던 그린Nicholas St. John Green (1830~1876), 와그너Joseph Bangs Wagner 사이에서 벌어진 토론과 논쟁에서 시작되었다(Menand, 2001: 201). 이들 지식인들은 정기적 토론 모임을 가졌는데,[78] 여기서 이들은 이 모임에 <형이상학클럽The Metaphysical Club>(1872)이라는 이름을 붙였던 것이며, 실용주의가 나아가야 할 방향이나 내용도 이 클럽에서 결정되었다고 할 수 있다.

결국, 바로 이 <형이상학클럽>이 미국 실용주의의 산실이었다고 할 수 있는데, 실제로 여기서 실용주의pragmatism라는 용어도 처음 제안되었다. 특히 철학으로서의 실용주의는 퍼스가 제안한 실용주의의 원칙이 여러 실용주의자들에 의해서 다양한 학문 분야와 인간관 및 세계관으로까지 확장되어 형성된 사조라고 할 수 있다. 또한, 퍼스는 실용주의를 '새로운 철학운동 new philosophical movement'으로 공표하였다.

그러나 실용주의라는 용어가 문헌상에 나타난 것은 훨씬 그 이후였다. 즉 제임스와 퍼스를 중심으로 1870년대 초부터 논의되기 시작하다가, 제임스가 1898년 발표한 논문 "Philosophical Conceptions and Practical Results (철학개념과 실천적 결과들)"에서 프래그마티즘이라는 용어가 처음으로 등

의미에서 차별화하기 위해서 프래그마티시즘을 주장하게 된다. 이는 <pragmatic +ism(maxim)>으로서 실용주의가 이론 그 자체보다는 '(기존의) 이론을 보다 명료화하는 방법적 원리'로 사용되는 것이 중요하다는 입장으로, 통계학을 창시한 학자 중의 한 사람인 그는 '통계학적 원리principles of statistics'를 중심으로 새로운 철학운동이 탐구되어야 한다고 주장하였다.

[77] 그는 철학자, 수학자, 논리학자, 과학자로서 출발하면서, 나중에 통계학statistic, 기호학semiotics, 과학철학philosophy of science의 창안자가 된다. 특히 그의 기호학 이론은 오늘날 디지털 컴퓨터Digital Computer의 원리에 크게 기여했다(Burks, 1978: 913).

[78] 사회학자 라이트Chauncey Wright, 교육철학자 존 듀이John Dewey(1859~1952), 사회학자 조지 미드George Herbert Mead(1863~1931) 등은 정식회원이라기보다는 오히려 클럽이 해산된 이후에 활동했다고 할 수 있다. 특히 존 듀이는 존스 홉킨스 대학 시절 박사과정 당시 <형이상학클럽>에서 간사의 역할을 맡은 바 있다.

장했다(James, 1898: 290). 당시 제임스는 퍼스의 "과학논리의 일러스트레이션 연재물"(1877~1878)을 프래그마티즘의 골격으로 간주하였다(James, 1897). 이 연재물의 주제는 1877년에는 "믿음의 확정The Fixation of Belief"이었고, 1878년에는 주제가 "우리의 아이디어를 명확하게 하는 방법How to Make Our Ideas Clear"으로 확장되었다. 그리고 제임스가 퍼스에게 『믿음의 의지Will to Believe』를 헌정하자, 1906년 퍼스는 답례로 "프래그마티즘의 토대The Founding of Pragmatism"라는 논문을 써 보낸다(The Hound & Horn, 1929: 234). 이로써 이들의 서간교환에서 이들의 실용적·실천적 관심사가 '프래그마티즘pragmatism'이라는 용어로 정착될 수 있었다.

당시 자본주의 산업사회로 급변하는 상황에서 미국의 지식인들에게 닥친 문제 가운데 하나는 전통적으로 미국 사회의 정신적 지주 역할을 했던 프로테스탄트 종교적 세계관과 새롭게 등장하는 과학적 세계관을 어떻게 조화시킬 수 있을 것인가 하는 질문이었다. 다시 말하면, 실용주의는 그들이 이해한 과학적 방법을 가지고 철학을 개혁하려고 했다. 그들은 '관념철학idealistic philosophy'과 실재철학realistic philosophy은 과학이 붙잡으려 했던 것을 넘어서는 무엇으로서의 인간 지식을 제시하는 경향을 가지고 있다고 주장했다. 이러한 철학들은 칸트에 의해 영감을 받은 형이상학으로 또는 지식과 진리truth를 일치시킨 이론으로 왜곡되었다. 실용주의자들은 전자를 '선험주의'라고 비판하고, 후자를 '비분석적 사실'이라고 비판했다. 대신 실용주의자들은 심리적이고 생리학적으로 아는 것knowing과 알려진 것the known 사이의 관계가 어떻게 세상에 작용하는가에 대해서 설명하고자 했다.

(3) '전통적 인식론'의 확장으로서의 실용주의

사실 실용주의라는 용어는 독일의 대표적인 관념철학자인 칸트에게서 처음 나왔다. 칸트는 자신의 저서 『인간학』에서 부제附題를 "실용주의적 관점에서in Hinblick der pragmatischen Ansicht"라고 붙였다. 이로부터 퍼스의 실용주의 개념이 유래한다. 사실 퍼스는 칸트철학의 전공자로서 특히 <범주론 Kathegorie Theorie, 範疇論>을 심리학적으로 해석하면서 철학의 실용적 차원을 부각시켰던 인물이다.[79] 실용주의에 대한 칸트의 영향력은 그가 영국의 경험론과 대륙의 합리론을 종합하여 자신의 인식론을 완성했다는 평가와도 무관하지 않다. 다시 말하면, 실용주의는 칸트의 인식론을 '유용성有用性'이라는 관점에서 재범주화시킴으로서 탄생할 수 있었던 '전통적인 인식론의 확장'이었다고 할 수 있다.

어원적으로 실용주의라는 단어는 그리스의 πρᾶγμα(pragma)로부터 나왔는데, 이는 '행위deed, act'를 의미한다(Henry George Liddell, Robert Scott, A Greek-English Lexicon), 그러나 오랜 철학적 사유 속의 내포되어 있는 전문기술용어의 일환이라고 할 수 있는 프래그마티즘의 개념은 20세기 후반에 생겨난 철학적 관점을 지향하고 있다. 당시 유럽의 관념론을 탄생시킨 전통적 형이상학에 대해서 연구하던 이들의 목적은 크게 두 가지 방향으로 갈라지게 된다. 그 하나는 전통적 형이상학의 한계에 대해서 객관적이고 학문적으로 비판해 보자는 것이었으며, 다른 하나는 과연 전통적 형이상학은 정말 머릿속에서만 사변적으로 일어나는 것으로서 실생활에는 전혀 쓸모가 없는 학문인가? 에 대한 의문을 풀어 보는 것이었다.

우선 수학과 논리학, 물리학, 지리학 등에 정통했던 퍼스의 경우에는 실재론적인 세계관을 가지고 있었음에도 불구하고, 객관적인 진리에 접근해 들어갈 수 있다는 생각을 포기하지 않은 '형이상학도'였다. 그는 '기호실재론semiotic realism'의 창시자로서 인간의 사고를 인간에게 주어진 또는 인간 안에 있는 어떤 능력이 아니라 오로지 '기호記號'로 간주했다. 왜냐하면, 우리의 사고는 의사소통을 전제로 하고 있고 의사소통은 사람과 사람 사이에서 기호로 이루어져 있기 때문이다. 또한, 인간의 사고는 의사소통을 하는 공동체와 분리할 수 없는 상관관계에 들어 있기 때문이다. 다시 말하면, 퍼스는 우리의 언어나 기호가 언어 바깥의 실재를 지시해 준다는 생각이며,

---

[79] 미국에서 실용주의를 초안한 퍼스, 제임스, 듀이 등은 공히 칸트와 헤겔에서 완성되는 독일의 관념주의에 대하여 연구한 사람들이다. 실제로 이들은 모두 당시 서구를 지배하던 헤겔의 관념론철학을 연구하다가 칸트까지 거슬러 올라가면서 칸트에 심취한 학자들이다.

기호를 통해서 우리는 우주의 실재를 이해할 수 있다는 것이었다.

이러한 이유에서 퍼스는 기호를 다루는 학문인 '논리학'을 통해서 과학과 삶의 문제까지를 통합하려고 했던 것이다. 특히 그는 '관계논리'에 대한 자신의 연구 관심을 토대로 실용주의를 '우리의 관념ideas을 명료하게 하는 방법'으로 파악함으로써 실용주의를 방법론적 대열에 올려놓았다. 즉 사변적으로 치닫는 전통적인 형이상학에서의 개념으로는 실제의 사용에 있어서 너무 현실성이 없을 정도로 희미하고 무디다는 판단 때문이었다. 그런데 문제는 "그럼 어떻게 우리가 '관념' 또는 '개념concepts'을 명료하게 할 수 있다는 것인가?" 그래서 바로 '탐구inquiry'가 필요하다는 것이었다. 퍼스는 실용주의를 무엇보다도 연구방법 내지 철학적 방법론으로써 사용했으며, 그것의 핵심이 바로 '탐구探究'였던 것이다. 탐구란 의심疑心이 나는 곳에서 시작하여 꼬리에 꼬리를 무는 의문을 계속해서 풀어가는 방식을 취한다.

물론 퍼스가 말하는 탐구는 다분히 자연과학적 방법으로서 실험적인 차원이었다. 즉 과학적 탐구를 말한다. 그러나 목적 달성에 관계한다는 의미에서 본다면 '실용적pragmatisch'이라는 개념을 처음 사용한 칸트철학의 용법을 따른 것이라고 할 수 있다(칸트 사전, 실용주의, 2009). 즉 과학적 탐구란 반드시 실험을 통해서 가능하지만, 궁극적으로는 실험의 목적에 부합되지 않는다면 이는 실용적 탐구라고 할 수 없는 것이다. 과학적 탐구의 의의는 모든 것을 실험과 실천을 통해 검증하고, 더 나은 가설을 찾아 나서게 하는 실제적인 효과에 있다(김용준 외, 2014: 28). 따라서 퍼스에게 실용주의는 일종의 의미론의 원리 내지 준칙이었다고 할 수 있다. 이러한 맥락에서 본다면 그의 관점은 데카르트의 이원론적 합리론과 경험론을 모두 배격했다고도 할 수 있다. 머피Murray Murphey와 아펠Karl Otto Apel은 퍼스 사상의 발전 단계를 4단계로 나누었는데, 제1기는 '지식의 비판에서 의미의 비판'을 지향하게 된 시기이며, 제2기는 '의미 - 비판적 프래그머티즘'의 시기이며, 제3기는 '프래그머티즘에서 진화의 형이상학으로' 발전된 시기이며, 제4기는 '프래그머티즘에서 프래그머티시즘으로' 전환한 시기로 간주될 수 있다.

이로써 실용주의를 대표하는 퍼스는 탐구inquiry가 현실적 의심 – 이러한 의심은 언어적이거나 과장된 의심이 아니라 - 에 의존한다는 생각을 발전시켰다(Peirce, 1877). 그는 유실한 방식으로 개념을 이해하기 위해서는 "당신이 사용하는 개념이 대상에 어떤 결과를 주는지에 대한 실천적 효과를 생각하라. 그러면 당신에게 이러한 효과의 개념이야말로 목표에 대한 온전한 개념"이라고 주장했다(Peirce, 1878). 훗날 그는 이를 '실용주의의 원칙'으로 간주했다. 그것은 알려진 실제를 위해 상상할 수 있는 효과를 개념과 동일시했는데, 그에게서 모든 목적의 개념과 목표의 효과는 동일한 개념이다. 결국, 효과를 볼 수 없는 목표는 목표도 아니며 개념도 아니다.

그것은 확실하고 확실하지 않은 환경의 관점에서 개념들에 도달하는 실험상의 정신적 성찰의 방법으로서의 실용주의의 핵심이다. 또한, 그것은 설명적 가설의 생성에 호의적인 방법이며 입증의 차용과 개선에 도움이 되는 방법이다. 퍼스는 '설명적 가설'에 추론을 더 하는 방식으로 자신의 '탐구철학'을 수행했다. 여기서 '설명적 가설'이란 환원적인 합리주의와 귀납적인 경험주의 사이에 외부에서 얻어지는 일상의 근본적인 대안으로서의 가설이다. 그러나 그는 '수학적 논리주의자'였으며 동시에 '통계학statistics'의 창시자였다. 특히 그는 자신의 논문 "Illustrations of the Logic of Science" 시리즈에서 실용주의와 통계의 원리를 과학적 방법 일반으로 규정했다. 이는 자연주의와 심리주의를 옹호하는 대부분의 다른 실용주의자들과 그의 차이점이다.

한마디로 퍼스는 급진적 경험주의와 온건한 합리주의의 결합으로서 실용주의를 발전시켰다. 이를 계승한 쉴러Ferdinand Canning Scott Schiller(1864~1937)는 기계론적 물질주의와 절대적 형이상학 사이의 중간 단계를 옹호한 실용주의를 펼쳤다. 쉴러에 의하면, 물질주의, 즉 기계적인 자연주의는 우리 세계의 보다 높은 측면을 - 이를테면 자유의지, 의식, 목표, 보편 또는 신 등을 - 이해하지 못하고, 반면 추상적인 형이상학은 우리 세계의 보다 낮은 측면들을 - 이를테면 불안, 변화, 육체성, 감정 등을 - 이해하지 못한다. 따라서 중간 정도에서 우리는 타협해야 한다.

그러나 우리가 물질주의에서나 형이상학에서나 삶에서 유용성을 찾아내기 위해서는 공히 '탐구inquiry'라는 개념에 익숙해야 한다. 즉 '탐구探求'는 실용주의자들이 새롭게 학문을 시작하는 '방법method'으로 도입되었다. 특히 '형이상학'은 이들에게도 '왜 우리가 탐구해야 하는지'에 대한 이유와 목적을 알려줄 수 있는 유일한 지침이 된다. 결국, 듀이, 제임스 그리고 퍼스의 고전적 실용주의는 공적 행적의 영역에서의 연구에 획기적인 영향을 미쳤다(Patricia M. Shields. 2008). 1890년 중반부터는 페미니스트 철학자들도 고전적 프래그마티즘을 페미니스트 이론의 원천으로 재발견하기도 했다(Seigfried, 2001) 비록 오랜 시간이 걸렸지만, 마침내 듀란과 윕스J. D. Whipps는 페미니즘과 프래그마티즘 사이의 철학적 연결고리를 발견하기도 했다(Seigfried, 1996: 21).

(4) '인식'에 대한 실용주의적 접근 방법: '탐구'

심리학적으로 퍼스는 '인지 과정'에 앞서는 '절대 인지' 내지 '순수인지'는 존재하지 않는다고 주장했다. 즉 우리의 인지 과정은 시작점을 가지고 있다는 것은 부인할 수 없겠지만, 그것을 세분화된 인지 단계로 해부하거나 분해할 수는 없다. 왜냐하면, 우리의 인지작용에서는 반드시 '내적 성찰inner reflection'이 동반되기 때문이다. 이를테면 '마음'에 관한 지식이 먼저 존재하는 것은 아니다. 즉 '마음'은 나와 환경 간의 심리과정을 통해서만 드러날 수 있을 뿐이다. 이것이 바로 실용주의의 착점이다. 따라서 퍼스는 실용주의에서 인지認知의 문제는 특수 과학에 속하는 일반심리학의 원칙으로부터 추론될 수 없다고 주장한다(Kasser, 1998). 그는 추론에 의해 무조건화되는 인지의 감각 속에는 직관intuition의 힘도 내성관찰introspection의 힘도 없으며, 세상에 대한 내적 인식은 오로지 외부세계로부터의 가설적 추론에 의거한다고 주장했다(Peirce, 1868).

그러나 퍼스에게도 '진리truth'의 개념은 결코 피해갈 수 없는 질문이었다. 왜냐하면, 진리란 전통적인 철학 내지 형이상학의 명제였기 때문이다. 또한, 퍼스는 지식을 실증적 차원의 과학적 지식의 세계를 넘어서는 그러한 지식으로 보았으며, 이것이 바로 참지식이라고 설명했다. 그는 이러한 지식을 획득하기 위해서 우리는 보다 더 근원적인 우주의 보편적 진리를 추구해야 한다고 생각하였다.

따라서 그는 우리가 진리도 '지성적 신념'으로 터득할 수 있는 것이 아니라, 오로지 의심을 계속해서 해소해 나가면서 궁극적으로는 문제 해결에 도달하는 '탐구inquiry'를 통하여만 획득할 수 있다고 주장한 것이다. 왜냐하면, 인간에게 모든 신념은 개개의 경험적 상황이 낳는 의문으로부터 출발하여 그것을 해명할 수 있는 가설을 거치게 되는데, 이러한 가설이 옳은지 그른지 하는 것은 '실천적 귀결'의 추론에 입각한 실험적 평가 과정을 통해서만 형성될 수 있기 때문이다. 결국, 퍼스에게는 계속해서 반복 가능한 '탐구'의 과정 외에는 어떠한 신념의 형성이나 정당화도 거부된다. 그러나 그에게 진리란 궁극적으로는 '탐구'의 과정이 '진리의 탐구'로 수렴된다고 볼 수 있기 때문에, 궁극적으로 그에게서 진리의 개념은 '관념적 믿음'과 결코 다르지 않게 된다.

퍼스와 달리 화학, 심리학, 생리학 등에 관심이 있었던 제임스William James(1842~1910)는 반反실재론적이며 반형이상학적인 성향이 강한 철학자였다.[80] 그는 실용주의를 하나의 진리관으로 정립하기 위해서 진리에 대한 개념을 자기 방식으로 새롭게 제시하였다. 그에 의하면 진리란 실재와 관념적 일치만으로 이루어지는 것은 아니었다. 진리를 따질 때는 반드시 결과적인 특성, 즉 실제적 의의를 따져봐야 한다. 다시 말하면, 결과적으로 좋은 것[善]이 유용한 것이며, 그것이 바로 진리의 기준이 된다. 따라서 진리란 절대적인 것이기보다는 다양한 여러 유형으로 구성된 복수의 것일 수도 있고 심지어 상대적일 수도 있다. 다시 말해 제임스에 의하면, 진리의 기준은 어떤 이론이나 명제의 작동가능성workability에 기초한 것이다. 이를테면 어떤 특정한 관념 A는 구체적인 경험적 사실들에 적용되어서 제대로 작동할 때 비로소 참된 관념이 되며, 작동하지 못하면 참된 관념일 수 없다. 즉 참된

---

[80] 철학자이며 심리학자로서 제임스는 의식의 유동적인 성질에 주목하여 의식을 정적이고, 요소적인 것으로 보는 사고방식을 개혁하였다. 또한, 그는 경험이 바로 실재이며 세계는 물질도 정신도 아닌 '순수경험純粹經驗'으로 이루어졌다고 주장하였으며, 대표적인 저서로는 ≪심리학 원리≫, ≪프래그머티즘≫, ≪근본적 경험론≫ 등이 있다.

관념은 실제적 가치를 가지지만 그릇된 관념은 그렇지 못하다. 따라서 진리에 관한 실용주의의 입장은 '무엇이 실생활에서 잘 작동하는가'의 여부에 따라 달라질 수 있다.

한편, 제임스의 가장 잘 인용되는 많은 구절 - 즉 "진리의 현금가치"(James, 1907: 200)와 "진리는 우리의 사고과정 속에 있는 유일한 탐험이다"(James, 1907: 222) - 은 맥락context의 개념에서 나왔으며, '실천적 유용성'을 가진 모든 아이디어가 진실이라는 관점을 대변한다.[81] 또한, 실용주의 고전언어철학자로서 실용주의적 사유에 가장 근접해 있는 쉴러는 "단어들은 오로지 '문맥context' 속에서 사용될 때에만 비로소 의미를 가진다고 주장하면서 형식논리의 문제를 지적했다(James, 1907: 90). 따라서 당시 실용주의에 가장 근접해 있는 언어철학은 '일상언어철학'이었다고 할 수 있다.

제임스는 현실에서 '이론理論'은 아리송한 것이지만 그러나 위대한 것이라고 주장한다. 오늘날 현실을 재현하는 것에 대한 '믿음의 역할'은 프래그마티즘에서 광범위하게 논쟁 되고 있다. 믿음은 그것이 실재를 재현할 때 비로소 유효한 것인가? 그러나 제임스에 의하면 우리의 삶에서 실재는 어디에도 존재하지 않으며 오로지 실제가 복사copying될 뿐이다(James, 1907: 91). 이렇게 본다면, 믿음은 탐구와 행위에서 우리에게 실제로 도움을 주는 것인가? 하는 의문이 생길 수 있다. 예를 들면, 나의 배우자가 내게 평소 충실했지만, 어느 날 부정을 저지른 것이 입증되었다고 한다면, 과연 우리는 어떤 것을 믿어야 하는가? 나의 배우자는 여전히 나에게 의미가 있는 것일까? 장기적 안목에서 본다면 배우자를 더 이상 믿는 것은 유용하지 못하다. 왜냐하면, 그것은 사실과 일치하지 않기 때문이다. 다시 말하면 그것은 진실이 아니다. 따라서 유용성이 지식을 판별하는 기준이 된다.

제임스는 신학의 관점에서도 실용주의 진리개념을 설명한 바 있다. 물론 그의 진리관은 절대주의적 진리관을 가지고 있지는 않다. 다만 우리가 신에

---

[81] 이러한 제임스의 입장은 쉴러와 듀이의 주장과 공유된다. 즉 쉴러는 실용주의에서 진리란 작동하는 것이라고 하고, 듀이는 만족을 주는 것이라고 보았다(James 1907: 90).

기도하면서 결과적으로 종교적 위안을 얻었다면, 결과적으로 우리는 진리를 얻은 것이다. 이러한 논리가 다분히 실용주의적이라는 것이다. 다시 말하면, 제임스에게 진리는 무시간적이며 영속적인 것이 아니라, 경험의 과정 속에서 만들어지는 것이며 심지어 상대적이기까지 하다. 즉 진리는 '과정'이며, 그 과정은 시간에 따라 그리고 검증의 정도에 따라 '상대적'이 된다. 마치 이는 과학이 발전하는 과정에서 시기나 수준에 따라 예전에는 미처 알지 못하였던 것들이 하나둘씩 과학적 지식으로 드러나는 과정과 흡사하다.

결국, 이렇게 파악된 진리의 의미나 개념은 당연히 다원성과 가변성을 내포하게 될 것이다. 또한, 그러한 진리관은 상대주의적인 것이 되지 않을 수 없다. 즉 진리는 총체적인 경험이 진행되는 과정에서 하나의 '사건event'으로 나타나며 그 스스로를 드러낸다는 것이다. 다시 말하면, 제임스에게는 진리 그 자체가 문제가 아니라 '관념의 진리성'이 사실로 나타나는 것이 중요하다. 이로써 진리가 되는 관념 역시 검증되는 과정에 있을 뿐이며 검증된 관념이 바로 실용주의적 진리인 셈이다. 이런 의미에서 실용주의는 '과정철학'이라고 할 수 있다. 따라서 실용주의는 서로 다른 관점에도 불구하고 '삶의 철학Lebnsphilosophie'을 대표하는 베르그손과 화이트헤트Alfred North Whitehead (1861~1947) 같은 과정철학자들과 만나고 있다(Douglas Browning et al. 1998; Rescher, SEP).

구체적으로 근면함과 검소함, 이웃에 대한 사랑 등과 같은 프로테스탄트적인 종교적 가치를 보존하면서 동시에 산업사회에서 요구되는 개척정신과 실험 정신 등을 담아냈다는 점에서 실용주의는 당시 미국인들의 시대정신을 반영한 철학적 관점이라고 할 수 있다. 제임스가 '종교적 믿음'에도 '현금가치'가 있다고 주장한 이유도 여기에 있다. 이러한 실용주의는 듀이John Dewey(1859~1952)가 미국의 <교육과 민주주의>의 문제를 관련적으로 다루면서 전성기를 맞게 된다.

듀이는 퍼스와 제임스의 이론을 종합하면서 자신의 실용주의 이론을 정립하였다. 그는 퍼스가 제시한 과학적 탐구의 방법을 '탐구의 논리학'으로서 정리하였으며, 탐구의 방법이 사고의 일반적 규범으로서 과학 이외의 영역, 특히 철학과 윤리적인 가치의 영역에도 적용 가능하다고 믿었다. 특히 듀이는 탐구의 방법을 '경험의 방법'으로 사용했다. 직접 해 보면서 경험을 통하여 얻는 지식이 바로 탐구의 지식이다. 또한, 그는 탐구를 문제 해결을 위한 노력으로 간주했다(김동식, 2005: 23). 더 나아가 듀이는 '지성적 사고 intellectus'의 틀을 우리의 경험 전체를 통합하여 환경에 대한 적응을 용이하게 만드는 '도구'로 파악함으로써 실용주의를 '도구주의instrumentalism'와 동일시했다. 간단히 말하면, 우리는 실용성을 위해서 모든 경험을 도구화해야 하며, 더 나아가 지성적 사고로 가능한 관념과 이론까지도 도구화해야 한다는 것이다. 그러나 여기서 중요한 점은 도구주의에서는 모든 것을 오로지 '탐구를 위한 수단'으로 활용한다는 것을 말한다. 특히 탐구의 논리는 도구를 활용하여 문제 해결의 능력을 증대시키는 것을 목표한다(김동식, 2005: 25). 또한, 상징적 상호주의Symbolic interactionism는 사회학적 또는 사회심리학의 영역에 속하는데, 이는 초기 20세기에 실용주의로부터 파생되었다. 특히 미드George Herbert Mead와 쿨리Charles Cooley의 작업은 퍼스와 제임스의 환경 - 심리 관계연구와 연구 과정이 유사하다(Stryker, 1980).

(5) 로티의 신실용주의와 지식의 문제

듀이가 사망한 1952년을 전후해서 실용주의는 미국의 강단에서 더 이상 주목받지 못하는 철학사상이 되고 말았다. 이후 미국의 강단철학은 '분석철학analytic philosophy, 分析哲學'에 의해 지배된다. 결국, 영국의 경험론 전통과 다윈의 진화론에 강하게 영향을 받아 태동한 실용주의는 미국의 고유한 철학이었음에도 불구하고 20세기 중후반 이후에는 미국의 대학에서 거의 잊혀진 철학이 된다. 그 이유는 당시 영국철학의 주류를 형성하고 있는 분석철학이 미국으로 건너와 자리를 굳건하게 하였기 때문이다. 물론 당시 득세하기 시작한 논리실증주의와의 협력연구가 이루어진 흔적도 다분하다.[82]

---

[82] 물론 실용주의자들 중에서도 분석철학 및 논리실증주의자들과 협업을 하면서 자신의 이론을 발전시킨 사람들도 많다. 대표적인 학자가 루이스C. I. Lewis(1883~

20세기를 과학기술의 시대라고 할 수 있다면, 아마도 과학적인 철학을 표방한 분석철학은 그런 시대의 요구를 반영했기 때문에 실용주의를 대체하는 철학이 될 수 있었다. 그러나 당시 분석철학은 인식론 중심의 철학적 물음에 한계상황을 경험한 데다가, 철학이 지나치게 전문화 분업화됨으로써 인간의 삶에 대한 전체적인 성찰을 담아내지 못하게 되었다는 인식이 싹트기도 하였다. 심지어 철학이 단순히 논리학으로 전락해 버리는 신세가 되는 것도 분석철학의 폐해라고까지 비판받기도 하고 있었던 참이다. 이러한 상황에서 실용주의를 새롭게 해석하는 사람이 바로 로티Richard Rorty(1931~2007)였다. 이로써 미국의 실용주의는 다시 새로운 전기를 맞게 된다.

로티는 영미의 분석철학 전통이 강한 프린스턴 대학에서 교수로 재직하면서 주목할 만한 분석철학 논문들을 발표했다. 그러나 그는 분석철학적 작업이 자신이 원하던 철학적 작업이 아니라는 판단 아래 '분석철학적 글쓰기의 중단'을 선언하면서 프린스턴 대학을 떠난다. 버지니아 대학으로 자리를 옮긴 로티는 제임스와 듀이의 실용주의에 바탕을 두고, 하이데거와 가다머, 그리고 비트겐슈타인과 데리다 등의 철학을 적극적으로 수용하면서 독창적인 철학적 관점을 제시했다. 그의 철학을 신新실용주의Neo-Pragmatism라고 하는데, 로티의 신실용주의를 통해서 미국의 실용주의는 다시 부활했다고 할 수 있을 것이다(Diggins, 1994)

로티는 실용주의를 '자연의 거울The Mirror of Nature'이라고 주장하면서, 세계 그 자체의 정확한 모사로서의 지식이라는 생각을 부정하였다.[83] 이는 결

1964)이다. 그는 자신의 저서 『마음과 세계질서Mind and the World Order』에서 지식의 이론은 오직 언어분석이라는 과학주의의 복사가 아니고, 실용적으로 선택되는 개념적 시스템과 함께 이루어진다고 주장하였다. 이런 의미에서 루이스는 "개념적 실용주의자"(Lewis 1929)라고 할 수 있다. 그의 개념적 실용주의의 인식론은 1929년 저서 『마음과 세계 질서: 지식이론의 윤곽Mind and the World Order: Outline of a Theory of Knowledge』에서 처음으로 완성되었다. 또한, 그는 모리스Charles W. Morris와 카르납Rudolf Carnap과 같은 논리실증주의와의 협력 작업을 통하여 실용주의적 인식론을 발전시켰다. 실제로 논리실증주의는 실용주의처럼 터무니없는 사변적 형이상학으로부터 우리가 자유로워질 수 있도록 의미의 다양한 기준을 제공한다.
[83] 리차드 로티는 『철학과 자연의 거울』에서 경험과학과 전혀 무관한 인식론을 전개하는 많은 과학철학자들의 시도들을 비판하였다. 콰인W.V. Quine(1908~2000) 역시

국 플라톤 이래로 인식론을 핵심으로 하여 계속해서 행해져 온 '철학'이라는 프로그램 그 자체를 파괴했다고 할 수 있다. 이 밖에도 콰인, 퍼트남 등도 신실용주의의 대표자로서 이들은 언명의 검증과 의미에 관한 전체론, 인식론상의 반정초주의, 이론에 관한 도구주의, 그리고 과학과 철학 또는 사실과 가치 사이의 연속성 등 고전적 실용주의의 중심적인 테마들을 보다 정교하게 다듬었다고 할 수 있다.[84] 그러나 로티에 의해 재현된 네오 프래그마티즘은 하크Susan Haak 같은 네오 고전적 실용주의자들과 분석철학자들에 의해 다시 상대주의적으로 비판되었다(Dennett 1998).

즉 로티의 신실용주의 지식은 상대주의 지식으로서 진리의 문제를 도외시하고 있다는 것이다(김용준 외, 2014: 150). 따라서 로티의 신실용주의 사상은 오늘날 문학文學에서 보다 더 연구되고 있다. 실제로 그는 예일대학교에서 25세 때에 철학박사학위를 받고 프린스턴 대학교에서는 철학을, 버지니아 대학에서는 인문학을 그리고 스탠퍼드 대학으로 옮겨서는 비교문학을

<자연화된 인식론Quine>(1969)이라는 자신의 에세이에서 전통적인 인식론과 절대적 확실성에 대한 이들의 카테시안적 드림Cartesian Dream을 비판했다. 그는 이러한 꿈이 현실에서도 전혀 불가능하지만, 심지어 이론형성에서도 불가능하다고 주장했다. 왜냐하면, 그것은 인식론을 '과학적 탐구scientific inquiry'와도 분리시키기 때문이다.

[84] 신실용주의, 즉 네오프래그마티즘의 철학자로는 Lewis(1883~1964), W. V. O. Quine(1908~2000), Donald Davidson, Hilary Putnam(1926 ~), 초기 Richard Rorty (1931~2007) 등이 대표적이며, 피쉬Stanley Fish(1938~), 웅거Roberto Unger(1947~) 그리고 하버마스Jürgen Habermas(1929~)도 여기에 가깝다. 그런데 이들은 서로 서로에 대해서 충돌하기도 한다. 이를테면 루이스는 듀이에 대해서 매우 비판적이었으며, 로티는 퍼스를 전반적으로 싫어했다. 물론 이들은 고전적 프라그마티즘의 통찰력을 공유하며 이를 현실에서 보다 구체화하려고 했다. 이를 위해서 이들은 철학적 연구방법에 주목하는데, 이른바 분석철학적 전통에 매우 충실하였다는 사실이다. 프래그마티즘과 네오프래그마티즘의 중간에 네오클래식 프래그마티즘의 조류가 있었다. 이들은 고전적 실용주의 프로젝트의 계승자를 자처한다. 훅크와 하크 Sidney Hook and Susan Haack가 대표적이다. 특히 이들은 퍼스를 계승하는데 목표는 "인식론의 결정론적 재구성"이었다. 또한, 레셔Nicholas Rescher는 '방법적 실용주의 methodical pragmatism'를 주창했다. 그의 연구는 진리를 위한 대안으로서가 아니라 그것의 근거화evidentiation를 위한 수단으로서 실용적 효력을 해석하는데 기여했다는 평가이다.

가르쳤다. 결국, 인생 역정만큼 그의 사상은 철학적이면서도 문학적인 차원을 넘나들었다고 할 수 있다. 그러나 로티는 스스로 실용주의에서 자신의 이름이 거론되는 것을 거부했다. 오히려 그는 분석철학을 자신만의 방법으로 독특하게 수행했다는 자평이다.

독일의 친구인 하버마스로부터 '자유로운 아이러니스트'라는 별명을 얻은 로티는 분석철학계에서는 '지적 이단자'로 낙인찍히기도 했다. 그러나 프린스턴 대학에서의 철학교수시절부터 몰두한 『철학과 자연의 거울 Philosophy and the Mirror of Nature』은 그의 대표작이자 신실용주의 체계를 발전시키고 분석철학과 형이상학 체계의 종말을 그리고 있다. 여기서 그는 진리가 더 이상 철학의 대상이 될 수 없다는 사실을 듀이보다 직접적으로 그러나 매우 체계적으로 공표한다. 결국, 그는 인식론적 행동주의자로서 그리고 자유주의 아이러니스트로서 그리고 신실용주의의 창시자로서 평가되고 있다. 따라서 실용주의나 신실용주의에서나 진리의 문제를 직접 다루지 않기 때문에 지식의 상대성은 분명히 목격될 수 있지만, 분석철학자들의 비판은 차원을 달리한다고 할 수 있다. 즉 지식의 판단기준으로서의 유용성의 문제는 분석철학의 영역이 아니고, 실용주의 내지 신실용주의의 관점에서 바라보는 지식의 독자적인 기준이라고 할 수 있다.

(6) 지식의 실용학적 구조

실용주의자들에게 인간의 지식은 역사적인 우연성의 산물이다. 이는 플라톤 이래로 모든 철학자들이 탐구의 목표로 삼았던 영원불변의 진리, 궁극적이며 필연적인 진리의 개념을 획득하는 것이 탐구의 일차적인 목표가 아니라는 주장이다. 실용주의자들에게 있어서 지식이 중요한 이유는 그것이 우리의 삶을 개선시키는 데 있어서 중요한 '도구의 역할'을 하기 때문이다. 그러나 과학적 지식은 우주의 진리를 담고 있기 때문에 언제나 옳은 것이고, 종교적 믿음은 시대에 뒤떨어진 미신에 불과하다고 보는 것은 실용주의적 태도가 아니다.

그렇다면 과연 어떻게 '관념론idealism'이 '실용주의pragmatism'로 탈바꿈될 수 있을까? 이는 아마 지금도 모든 사람들의 의문일 것이다. 그러나 이러한 의문은 듀이에게서 강조된 "실용주의는 곧 도구주의"라는 도식에서 해결될 수 있다. 실용주의에서는 우리의 경험, 지식을 모두 유용한 차원에서 사용하라는 메시지와 함께 관념, 즉 이데아까지도 모두 실용성을 위해서 도구화하라는 주문을 하고 있다. 도구주의에 따르면 유기체가 환경에 적용하기 위해 활용하는 모든 것들은 도구이다(김동식: 2005: 26).

서구 관념론의 시조격인 플라톤의 철학은 그의 대화집 『국가』에 나오는 "목수의 이데아"의 논리에서 함축된다. 책상을 주문받은 목수는 책상은 이렇게 만들어야 한다는 이데아를 마음속에 그린다. 목수는 책상의 이데아에 따라서 주문받은 책상을 실제로 만들어 낸다. 그러나 자신의 마음속에 그려진 이데아로서 책상의 이미지는 결코 현실에서 실제로 만들어지지는 않는다. 즉 이데아는 항상 실제와 괴리감을 갖게 되는 것이다. 그러나 목수는 어떻게든 자신이 마음속에 그리고 있는 이데아로서의 책상을 만들어 내려고 애를 쓸 것이다. 그것이 바로 관념idea을 도구화시키는 것이다. 즉 관념상에 그려진 책상의 이데아를 실재로 만들에 내기 위해서 마음속의 이미지까지도 도구화시켜야 한다는 것이다. 그것이 바로 실용實用이며 그러한 실용성이 실재의 삶에서 가장 유용한 것이 된다.

이들에 의하면, 실용주의란 사고의 기능이 실재reality를 그대로 묘사하거나 재현해 내는 것을 말하는 것은 아니다. 즉 말 그대로 학문이 현실을 설명한다고 해도 현실에 유용하게 활용될 수 없다면 의미가 없다는 논리이다. 왜냐하면, 어차피 현실응용이나 현실적용이 안 되는 이론은 연구할 근거가 명확하지 않기 때문이다. 다시 말하면, 학문 또는 연구는 '현실문제의 해결'에 기여할 수 있어야 한다는 것이다. 한마디로 이들에게 학문과 연구란 현실 문제 해결을 위한 객관적 검토의 이론적 준거를 마련하는 일이다. 따라서 실용주의자들은 종전의 상아탑 학문이 자신들의 관념을 거울에 비추어 본다는 입장을 완전히 거부한다. 대신 이들은 이론을 미래 예측 및 미래 행동 그리고 '문제 해결'을 위한 수단 또는 도구instrument라는 인식을 가지고 있었다.

구체적으로 전통적인 관념주의에서는 지금까지 인식론적 차원에서 '정당성Justification'에 대해서 연구를 계속 누적시켜 왔다. 즉 플라톤이 지식을 '정당화된 진실한 믿음justified true believe'이라고 규정했을 때부터, 정당성을 확보하지 못하는 믿음은 그것이 아무리 진실이라고 해도 지식이라고 할 수는 없다. 특히 인식론적 철학은 예나 지금이나 지식의 정당성에 대해 중요한 의미를 부여해 왔다. 이는 실용주의에서도 예외가 아니다. 즉 정당성을 보장하는 지식만이 삶의 실재에서도 유용한 것이다. 그러나 전통적인 관념주의가 이러한 문제접근을 위해서 근본주의foundationalism의 입장을 취하는 반면, 실용주의는 오히려 정합성 이론coherentist theory에 의존하고 있다. 다시 말하면, 전통적인 관념주의에서는 지식과 정당화된 믿음을 동일시한다.

그러나 실용주의에서 제시하는 정당성에 관한 정합성 이론은 지식과 정당화된 믿음은 상호 추론될 수 없는 지식이거나 아니면 지식이란 정당화된 믿음의 토대 위에 근거한다는 주장을 거부한다. 이런 의미에서 퍼스는 "믿음이란 인간이 행동할 준비가 되어 있는 상황에서만 가능하다"는 바인Alexander Bain의 주장을 인용하고 한다. 이런 맥락에서 사실 퍼스는 바인을 실용주의의 대부로 간주해 왔다. 다시 말해서, 정합주의자들에게는 '정당성'이란 오로지 믿음을 의미하는 것이 아니라, 믿음을 가능하게 하는 '관련성relation'에 주목한다. 다시 말하면, 실용주의에서의 정당성이란 주어진 상황이나 환경 내지 맥락 속에서 알려지는 것이지, 정당성이 본래부터 존재하는 것은 아니라는 것이다. 한마디로 정당성이라는 특정한 '상황coherence' 속에서의 정당성을 의미하는 것이며 그것이 바로 삶의 실제에 유용하다는 것이다. 따라서 근본주의자들이 말하는 것처럼 어떤 특정한 정당성이 원래부터 정당한 것으로 믿어질 이유는 없다는 것이다. 이러한 주장은 정당성에 대한 기능주의자들의 설명일 뿐이다. 특히 기능주의자들에게는 이미 기존 사회에서 기능하고 있는 정당성이 바로 정당한 것이다.

한편, 진리의 문제에서도 실용주의는 어떤 진술의 진실성을 단정하는 주장들이 있다면 그것을 거절하지 않고 오히려 그것은 삶의 실제에 유용하고 실용적이라고 여긴다. 결국, 실용주의는 인식론적 관점에서 방법론적 독단이 아닌 '방법론적 다원주의'를 따르고 있다. 이를 '실용주의적 인식론'이라고도 한다. 이를테면 실용주의에서는 전통적인 형이상학이 세상과 세상의 내용을 개념화하는 확실한 방법을 추종하는 대신 더 많은 다양한 연구방법이 존재한다고 본다. 이러한 실용주의 인식론의 등장과 함께 사회과학에서는 논쟁이 보다 치열해졌으며 사회과학은 분열의 조짐까지 발생하게 되었다(Baert, 2004).

실용주의는 경험주의의 다양한 형식들, 오류주의, 검증주의 그리고 콰인 Willard van Orman Quine(1908~2000)이 주도하는 '자연과학적 형이상학'을 공통요소로 하고 있다. 그런데 실제로 많은 실용주의자들은 인식론적 상대주의자들로 간주된다. 심지어 네오 프래그머티즘을 창시한 로티는 오히려 상대주의를 실용주의의 긍정적인 특성으로 옹호하고 있다. 그러나 또 다른 네오 - 프래그머티즘을 대표하는 퍼트남Hilary Putnam이나 하크Susan Haack 같은 실용주의자들은 상대주의를 실용주의의 결정적인 한계로 보았다.

퍼트남Hilary Putnam은 반회의주의antiskepticism와 오류주의fallibilism의 결합이 실용주의의 중심특성이라고 주장한다. 즉 그는 미국 실용주의의 중심 목표는 반회의주의와 오류주의의 화해Reconciliation라고 주장하였다. 모든 인간지식이 신의 안목을 따를 수 없기 때문에 부분적이라고 해도, 이는 세계화된 회의적 태도, 즉 과학적 회의주의로 불리는 것과는 다른 급진적인 철학적 회의주의를 필요로 하지는 않는다. 퍼스는 이성 속에는 명제가 존재한다는 것을 주장하며 최소한 진리와 실제는 조만간 알려질 수 있으며 알려질 것으로 희망한다(Peirce, 1902). 즉 매우 충분히 수용되는 조사에 의해서 여전히 피치 못하게 알려질 수 있다(Peirce, 1878). 이는 데카르트의 『첫 번째 철학에 대한 명상the Meditations on First Philosophy』 속에 있는 과학적 방법론, 즉 '회의하는 방법'과 대조된다. 물론 유실한 탐구를 자극하기 위해서 '의심疑心' 하고 회의를 하면 할수록 좋은데, 그 이유는 철학이란 원래 우주적 의심에서부터 시작될 수 있었기 때문이다(Peirce, 1868: 140) 그러나 무엇을, 어떻게 의심하는 것이 가능한 것인지에 대해서는 아무도 답할 수 없다.

언어적으로 '의심'은 '믿음'과 정반대의 개념이다. 그러나 의심 역시 믿음처럼 '정당화'를 요구한다. 진정한 의심은 누군가가 믿음에 근거하여 행동할 때 오히려 이를 방해하고 거부하는 속성을 지닌다(Peirce, 1878). 그것은 듀이가 '상황situation'이라고 말하는 어떤 특별한 저항적 사건과의 대치에서도 비롯된다. 설령 믿음에 대해서 의심이 큰 방해를 하지 못하더라도 의심은 우리의 신념을 어떤 특정한 명제에 대한 믿음으로 축소시킨다. 탐구란 사실에 대한 믿음이 불안한 상태에서 보다 안정된 상태로 돌아가도록 하기 위해서 이성적으로 간섭하는 자기 통제의 과정이다. 오늘날 과학주의는 비인간적이라는 비판을 받고 있다. 특히 믿음주의가 반反 회의주의를 주도하고 있다. 모든 것을 의심하지 않고 인간의 믿음을 앞세우는 반反 회의주의는 데카르트의 전통인 '과학적 회의주의에 대한 반작용'에서 나왔다. 그러나 '모든 지식은 임시적'이라는 실용주의자들의 주장은 오래된 회의주의 전통, 즉 과학주의적 전통에 가깝다고 할 수 있다.

결국, 실용주의에서의 지식은 '유용성'에서 발생한다. 그런데 여기서 유용성에 대한 실용주의자들의 관점과 해석은 제각각이다. 그럼에도 불구하고 유용한 지식은 '정합성coherence'을 충족시켜야 한다. 이를 위해서 '탐구inquiry'는 실용적으로 지식을 추구하는 방법이다. 이는 실용주의가 자연과학에 의존하면서 출발한 이유이기도 하다. 그러나 탐구의 방법은 전통적인 자연과학의 방법인 관찰, 실험, (실험)조작 등과 의미를 달리하고 있다. 탐구하는 동안 우리는 '반성적 사고reflective thinking'를 하게 된다. 즉 의심과 의심을 반복하고 의문을 풀어가면서 이루어지는 반성적 사고를 통해서만 우리는 지식의 정합성에 접근할 수 있다. 정합성이란 상황과 맥락에 적합한 실천성을 의미하는데, 실용주의에서의 지식은 이러한 정합성에서 탄생하는 것이다.

정리하자면, 지금까지 비선형적 차원을 구성하는 변증법적 차원, 현상학적 차원, 해석학적 차원 그리고 실용학적 또는 실용주의적 차원에서의 지식의 탄생은 공통적으로 '반성적 사고reflective thinking'에 기반을 두고 있다는 사실이다. 한마디로 '끊임없는 의심과 의심을 통한 반성적 사고'를 통하여 획득되는 지식이 (참) 지식인 셈이다. 그러나 우리는 오늘날 자연과학, 경험과학 그리고 실증주의에 경도된 인식론적 사고를 통하여 '비판적 사고'에 주력하면서 지식을 탄생시키고 있다. 반성적 사고가 자연발생적이라면, 비판적 사고는 다분히 인위적이다. 이렇게 본다면, 오늘날 우리의 지식은 삶의 순리 그리고 삶의 섭리에 따라 자연발생적으로 발생한다기보다는 인위적이고 강제적으로 지식을 자의적으로 탄생시키고 있다고 할 수 있다. 우리는 이러한 현실을 다음에 전개되는 지식과 사회시스템에서 극명하게 확인할 수 있다.

IV

지식과 사회시스템

01 원시공동체의 지식체계

　원시사회primitive society는 제정일치祭政一致의 시대로 시작한다. 하늘과 땅 그리고 자연에 대한 모든 의식을 주관하는 제사장이 사람도 통치한다. 종교와 정치가 한 몸이다. 그러나 원시사회에서는 재물財物, 즉 경제經濟 역시 '공유共有'하였기 때문에 제정경祭政經 일치의 혼합사회였다고 할 수 있다. 한마디로 종교, 정치, 경제가 하나인 셈이다. 그리고 원시사회는 '공동체 community'를 기반으로 하기 때문에 원시공동체라고 할 수 있다. 사전적 의미로, 원시공동체primitive community란 혈연적·지연적 유대를 토대로 성립되어 공동생산共産에 따른 공동분배, 공동소비, 공동재산, 공동관리가 이루어지는 군집(사회)을 의미한다. 이러한 의미에서 원시공동체는 '원시공산사회'라고도 한다.

　그러나 역사적으로 원시공동체의 존재를 입증하기는 쉽지 않다. 왜냐하면, 지금 원시공동체를 살았던 원시인들은 아무도 살아남아 있지 않기 때문이다. 그럼에도 불구하고 우리는 원시공동체를 상상하거나 가정할 수는 있다. 왜냐하면, 인류의 시조라고 할 수 있는 원시인들이 서로 모여서 지금처럼 군집 내지 군락을 이루며 살았을 것이기 때문이다. 물론 이는 개연성은 있지만, 추측일 뿐이다. 이를테면, 우리가 생각하는 것과 달리 원시인들은 공동체를 구성하여 살지 않고 매우 오랜 시간 동안 혼자 이리저리 정처 없이 떠돌면서 살았을지도 모른다. 이럴 경우 공동체는 갑자기 발생한 특수한 삶의 형태였다고 할 수 있다. 아니면 강제적이고 의도적이며 심지어는 인위적이고 전략적이었을지도 모른다. 그러나 지금 우리 현대인들이 공동체를 이루고 살고 있다는 사실을 근거로 본다면, 설령 최초의 인류가 아니더라도 언젠가부터 사람들은 지금 우리의 모습과 유사한 성격의 사회공동체를 구성하고 그 속에서 공동체의 구성원으로 살기 시작했을 것이다.

추측건대 원시인, 즉 원시인류가 공동체를 구성하게 된 결정적인 계기는 무엇보다도 적의 공격으로부터 벗어나고자 하는 원초적 '욕망' 때문이었을 것이다. 우선 동물과의 싸움에서 유리한 고지를 점하기 위해서 인간은 언젠가부터 서로 뭉쳐서 살아야만 했을 것이다. 즉 인간들은 맹수들의 공격에 서로 힘을 합쳐서 대항하고 뭉쳐서 동물을 사냥하는 것이 보다 유리하고 안전하다는 사실을 깨달았을 것이다. 이는 인간이 지구 상에서 육체적으로 아주 강한 무리로 태어나지 않았기 때문이었을 것이다. 동물 중에서도 최고 약자에 속하는 사슴이나 노루 그리고 얼룩말 같은 동물들도 무리를 이루며 뭉쳐서 살고 있다. 인간도 결코 다르지 않다. 뭉치면 살고 흩어지면 죽는다.

문헌상 인류 최초의 역사학자인 투키디데스에 의하면, "인간의 역사는 전쟁의 역사"이다. 전쟁은 공동체를 촉발시키며 공동체로 인해 전쟁은 가속화된다. 이렇게 본다면, 인간의 역사는 공동체의 역사로부터 시작되었다고 할 수도 있다. 결국, 인간에서 공동체의 삶은 피치 못할 운명이다. 혹자는 공동체 생활이 인간의 천성적 유전자라고 보는 견해도 있다. 아리스토텔레스가 정의한 "인간은 사회적 존재homo politikus"라는 말이 이에 해당될 것이다. 그러나 어원적으로 호모 폴리티쿠스는 '정치적 존재'를 의미한다. '정치적'이라는 말이 '사회적'이라는 말과 동일시된다. 그 이유는 당시 '사회'의 개념은 '정치'의 개념과 다르지 않았기 때문이다. 정치와 사회 그리고 공동체를 의미하는 고대 그리스 시대의 '폴리스polis'는 대표적이다. 제정일치의 시대에는 최고로 높은 권력을 가진 자가 하늘에 제사를 지내면서 통치를 했다. 자신이 하늘 신의 명을 받아서 이를 실천한다는 의미이다. 따라서 제사를 지내는 권한을 가진 사람이 다른 사람들을 다스리는 것이다. 물론 하늘 신의 명령을 받았다고는 하지만 어쨌건 이로써 지배와 통치가 시작되는 셈이다. 이로써 인간에게는 사회공동체가 발생하게 된다.

인간에게 사회공동체는 '문화' 내지 '문명文明'과 관련된다. 원시공동체는 원시문화와 원시문명의 탄생과 유기적인 관계 속에 있다. 즉 문화와 문명이 있었다는 것은 공동체가 존재했다는 것이며, 공동체가 존재하는 한 문화와 문명은 발생한다. 왜냐하면, "문화(문명)란 제2의 자연"(Arnold Gehlen)이기 때문이다. 즉 인간은 자신들이 살아남기에 유리하게 주변의 자연을 변형하고 가공하여 돌칼, 돌도끼 등 각종 '도구道具'들 만들어 내면서 문화(문명)를 창조해 내기 시작했기 때문이다.

그렇다면 인류 최초의 문화(문명 포함)는 오늘날의 문화와 비교하여 '원시적原始的, primitive'이라고 할 수 있다. '원시적'이란, 말 그대로 '미개하다'는 것을 의미하는 것은 아니다. 원시原始라는 용어는 말 그대로 '시초始初' 내지 '시작始作' 아니면 '최초最初'라는 의미가 강하다. 따라서 인류 최초의 문화는 원시문화라고 할 수 있으며, 이를 가능하게 한 것이 바로 원시공동체라고 할 수 있다. 이로써 공동체는 원시 '문화'와 관련된다. 이를테면 원시공동체가 존재하는 한, 원시문화가 발생한다. 오늘날 우리 인류에게 옛 문화가 전승되고 계승된 것으로 간주한다면, 원시공동체는 분명 존재했다고 추론될 수 있다.

대부분의 고고인류학자들은 애초에 원시인들에게는 언어다운 언어가 존재하지 않았다고 추정한다. 그냥 동물의 '외마디 소리'나 '짧은 괴성'을 지르면서 의사소통을 했을 것이라고 추정한다. 그러다가 점차 인간은 두뇌가 발달하면서 생각의 수준과 정도가 높아짐에 따라 언어를 사용하게 되었다는 것이다. 근대언어철학자이며 해석학자인 슐라이어마허Friedrich Ernst Daniel Schleiermacher(1768~1834)에 의하면, "언어는 사유의 통로"이다. 즉 인간은 생각한 것을 언어로 표출시키는 능력이 있다. 따라서 언어는 생각한 것이 그대로 말로 표현된 것이다. 결국, 인간에게는 생각과 언어가 분리되지 않는 것이다.

그렇다면 구체적으로 인간에게 지식은 어떻게 탄생하는 것일까? 특히 원시공동체를 구성하고 그 속에서 살면서 생각하고 이를 언어로 표현하는 원시인들에게 지식은 어떻게 탄생하는 것이며 이러한 지식이 어떤 경로와 과정을 통하여 거래되고 획득될 수 있는 것인가? 바로 의사소통에 의해서라고 할 수 있다. 우선 이들은 자신이 확인한 정보를 교환하기 시작했을 것이다. 적이 나타났으니 빨리 무장을 하라고 소리를 질렀을 것이다. 아니면 빨리 대피하라고 고함을 질렀을 것이다. 이때 그 사람이 뭐라고 소리를 지르면 이것은 전투준비를 하라는 것이고 저것은 도망가라는 '신호信號, sign'로 인식되면서 그것이 곧 '지식'이 된다.

만약 그 사람이 다음에도 똑같은 신호를 보내거나 소리를 지르면 그대로 해야 한다. 그렇지 않으면 죽음이다. 지식이 탄생하는 순간이다. 지식의 탄생은 지식의 획득으로 이어진다. 지식이 탄생하고 획득되고 유통되고 공유되면서 원시공동체 안에서는 지식체계가 발생하게 된다. 즉 일단 탄생한 지식은 그로써 종결되는 것이 아니라, 그 지식이 공동체 내에서 '공유'되고 활용됨으로써 지식은 탄생은 영속된다. 반대로 쓰이지 않는 지식, 즉 사용되지 않고 공유되지 않는 지식은 소멸되고 만다. 지식의 탄생과 소멸이 자연스럽게 이루어지는 것이다.

그렇다면 지식의 탄생을 가능하게 하는 지식의 공유는 과연 어떻게 이루어지는 것일까? 바로 그것은 의사소통意思疏通 때문에 가능하다. 즉 인간은 소통의 과정을 통하여 지식을 소유하게 되고 공유하게 됨으로써 지식의 탄생을 가능하게 한다. 이런 맥락에서 본다면, 공동체community와 의사소통 communication의 어원이 동일하다는 사실이 결코 이상하지 않다. 결국, 공동체는 의사소통을 통하여 이루어질 수밖에 없는 셈이다.

그러나 지식의 탄생은 구체적으로 이보다 훨씬 더 복잡하고 다양한 과정을 거치면서 이루어진다. 예를 들어, 이것을 빵이라고 하자. 이것은 하나의 '약속約束'이다. 약속되지 않은 정보는 지식으로 승화되기 어렵다. 약속은 '상대방'의 존재를 전제한다. 물론 자기 자신과의 약속도 가능하다. 그러나 그것은 공동체와 무관하다. 즉 상대방을 전제한다는 것은 '공동체'를 전제하는 것이다. 인간이 공동체의 일원, 즉 '사회적 존재'가 아니라면, 상호 의사소통할 이유도 없다.

빵은 분명 하나의 지식이다. "아. 이렇게 생긴 것이 빵이구나." 이제 인간들은 '빵이라는 지식'을 매개로 소통한다. 인간은 무엇인가를 보고 느끼고 생각하면서 그리고 약속을 통하여 지식을 만들어 내고 또 그 지식을 매개로 소통한다. 여기서 중요한 사실은 지식이 '공동체'를 전제하고 있다는 사실이다. 공동체는 지식을 탄생하게 한다. 날아가는 저것을 새bird라고 하자. 그 다음에 원시인들은 '저 새를 잡으러 가자'라고 말한다. 만약 '새'라는 지식이 공동체의 구성원들에게 약속되지 않았다면, 산으로 새를 잡으러 가자는 것인지 아니면 바다로 고기를 잡으러 가자는 것인지 알 수가 없다. 소통이 제대로 이루어지지 않으면 혼선이 일어난다. 바다로 갈 것인지, 산으로 갈 것인지. 배가 산으로 가는 이유도 소통이 잘못되었기 때문이다.

또한, 이로 인해서 오해나 의견충돌도 발생할 것이다. 심지어 싸움으로 목숨을 잃을 수도 있다. 이렇게 본다면, 지식의 부재는 우리의 생명마저 위협한다. 물론 잘못된 소통 때문이다. 아예 의사소통이 전혀 안 되는 경우도 허다하다. 외국인과 의사소통의 문제 때문에 발생하는 혼란과 혼선 그리고 오해 등은 온 천지에 부지기수다. 말이 달라서도 그렇지만 지식이 다른 것이다. 낯선 길에서 급하게 화장실을 가야 하는 데, 외국어를 몰라서 손짓 발짓을 다 해보지만 결국 이해가 되지 못하면 창피하게도 옷에다가 실례를 해야 한다. 어처구니없는 일이다.

역사적으로 네안데르탈인이 크로마뇽인들에 의해서 몰살을 당한 이유도 의사소통의 문제가 생겼기 때문일 것으로 추측한다. 끔찍한 사건이었다. 원시인들 사이에 의사소통의 문제나 부재로 발생한 사건들은 무척 많았을 것이다. 우리 현대인들도 너나 할 것 없이 여전히 의사소통에 애를 먹고 있다. 결국, 지식을 통한 소통은 우리의 목숨까지 담보한다. 따라서 사람들은 자신의 목숨을 지키기 위해서도 지식을 만들어 낼 수밖에 없었던 셈이다. 이렇게 본다면 공동체와 지식의 탄생은 불가분의 관계에 있다. 결국, 인류에게 원시공동체는 지식창출의 근원이라고 할 수 있다.

그런데 중요한 사실은 공동체 속에서 의사소통의 과정을 통해서 지식의 탄생이 가능하다는 사실이다. 즉 의사소통을 통하여 지식은 공동체 속에서 지속적으로 지식으로 공유되고, 반대로 의사소통을 통하여 공동체에 공유되지 않는 지식은 소멸된다. 공유지식이라는 말이 있다. 지식은 공유될 때 지식이며 공유되지 않을 때는 사멸된다. 이러한 사멸된 지식을 미래학자 토플러는 압솔리지obsoledeg라는 조어로 표현했다. 압솔리지란 삭제한다는 의미의 영어단어인 'obsolete'와 지식의 합성어다. 따라서 압솔리지란 '쓸모 없는 지식'을 의미하는 것으로 이는 더 이상 지식이라고 할 수 없는 이미 사용하지 않는 지식이기 때문에 지식의 반열에서 삭제해서 없애버려야 하는 지식이라는 뜻이다.[1]

결국, 인간은 살아 있는 한– 엄밀히 말하면 공동체를 구성하고 있는 한– 지식을 창출할 수밖에 없으며, 계속 창출되는 지식은 공동체를 계속 가능하게 한다. 이러한 과정에서 인간에게 사유의 능력은 보다 확장되며 제대로 된 의사소통의 가능성도 높아진다. 다시 말하면, 공동체, 의사소통의 능력, 사유능력 등의 순환관계 속에서 지식은 계속 창출되고, 역으로 지식을 매개로 공동체의 삶, 의사소통 그리고 사유의 능력은 보다 확장되고 발달된다. 한마디로 모든 지식의 탄생과정이 순환구조로 연결되어 있는 것이다. 보다 중요한 것은 이 모든 것은 공동체의 삶 속에서 계속 '공진화共進化, coevolution'를 한다는 사실이다.

한편, 이렇게 하여 지식을 탄생시킨 원시공동체는 문화와 문명을 창조하면서 하나의 공동사회체제 내지 '원시국가原始國家'의 체제로 발전하게 된다. 문헌상 우리는 이러한 원시(최초)의 국가체제를 '부족국가체제'로 기록하고 있다. 물론 애초에는 가족이나 혈연이 모여 공동체의 생활을 하는 씨족氏族의 형태였을 것이다. 그러나 씨족과 씨족 간의 싸움은 전쟁이 되고 이들 간의 전쟁의 결과는 한 씨족이 다른 씨족을 지배하게 된다. 씨족과 씨족이 전쟁을 통해서 부족部族으로 발전하면서 인류에게 최초로 국가國家라는 개념이 만들어진다.

---

[1] 번스타인Bernstein(1976)에 의하면, '쓸모없는 지식'이란 맥락적 이해가 결여된 지식을 말한다. 왜냐하면, 맥락적으로 구성되지 못한 지식은 그것이 현실세계에서 어떻게 적용될 수 있는지, 그것을 어떻게 다루어서 새로운 것으로 재구조화할 수 있는지를 가늠하기 어렵기 때문이다.

국가체제란 서로 다른 혈통과 혈통이 모여서 이루어진 사회공동체로서 인위적인 조직체계를 만들어 가지고 지배와 복종 간의 관계를 정립시켜야 한다는 막중한 사명을 가지고 있다. 왜냐하면, 국가체제에서는 지배자와 피지배자 간의 명백한 구분이 존재하며 사회구성원의 기능과 역할이 주어지기 때문이다. 결국, 이질적 혈통으로 이루어진 부족국가체제에서는 통치를 위한 위계질서를 통하여 공동체의 삶을 보다 조직화·체계화시키고, 그 안에서 지식의 탄생과정 역시 보다 체계화되고 조직화된다. 이렇게 본다면, 지구 상에 최초로 나타난 부족국가체제는 지식을 가장 체계화하고 조직화하는 최초의 공동체가 된다.

고대부족국가는 아프리카와 아시아 대륙의 물가에서 탄생했다고 알려져 있다. 고대부족국가는 인류문명의 발생지와 일치한다. 세계사 교과서에 보면, 이집트의 나일문명, 인도 갠지스 강의 인더스 문명, 유프라스와 티그리스 강가의 메소포타미아 문명 그리고 중국의 황하문명을 인류 4대 문명이라고 한다. 우선 나일 강가에서 탄생한 (고대)이집트는 BC 3000년경에 완성된 단일공동체국가로서 인류문명사에 기록된 최초의 고대부족국가라고 할 수 있다(찰스 반 도렌/ 오창호 옮김, 고려문화사, 1995: 35). 그런데 놀라운 것은 이들이 아직도 3000년 전 부족공동체의 생활에서 크게 벗어나지 않은 채 부족部族 중심의 전제군주체제로 국가 사회를 유지하고 있다는 사실이다. 물론 이들은 남들에 비해서 자신들의 전통(문화)을 사랑하고 이를 고수하는 정도가 심하다고 이해될 수도 있다. 특히 부녀자들의 히잡 착용이라든지 일부다처제의 전통은 수천 년 동안 거의 변함이 없는 전통이다. 그런데 중요한 점은 이러한 전통이 이들에게 지식으로 탄생했다는 사실이고 이렇게 탄생한 지식이 지금도 여전히 생명력을 지니고 있다는 사실이다. '히잡은 부녀자의 목숨과 같다'는 지식은 지구촌 사회에서 다른 문명과 충돌을 빚고 있다. 지식이 다르기 때문에 발생하는 충돌이다. 일부다처제의 전통은 결혼제도를 통하여 일부일처제를 공식화한 다른 문명세계와의 약속과도 위배된다. 그러나 그것이 그들에게는 엄연한 지식으로 되어 있다. 그럼에도 불구하고 지식의 충돌은 곧 문명의 충돌이다. 그러나 어떤 지식이 바람직한 것이고, 어떤 지식이 나쁜 것인가의 문제는 다분히 가치론적이고 의미론적 문제로 평가를 넘어선다. 다만 보다 신중한 과학적 논의와 검토가 요구될 뿐이다.

이를테면, 히잡의 경우는 남성중심사회에서 만들어진 전통으로서 무엇보다도 여성의 자유를 억압하는 기제로 비판받을 수 있다. 여성의 자유를 억압하면 할수록 남성의 권위는 높아질 수 있다는 계산이다. 물론 여성의 순결성 보전이라는 남성적 시각의 성적 해석도 가능하다. 그러나 왜 여성에게만 순결성의 영역을 문제시하는가? 남성도 이와 버금가는 것이 있는가? 혹자는 여성이라는 성적 생리와 남성의 그것과는 전혀 다르기 때문에 이 문제는 똑같은 선상에서 논의하면 안 된다는 논리를 펴기도 한다. 하여간 히잡 문화는 전통적인 가부장제에서 비롯된 유산이다. 따라서 가부장제의 전통을 죄악시하는 세계여성운동의 차원뿐만 아니라 그들 자신에게서도 점점 더 히잡 논쟁은 여성운동의 대표적인 비판 대상이 되고 있다. 그럼에도 불구하고 히잡은 이슬람문화의 대명사가 되고 있다. 심지어 여성들 사이에서도 오히려 히잡은 자신들의 은밀한 세계를 보호하는 차원에서 보다면 좋은 전통이라는 견해를 가지고 별 문제시하지 않는 경우도 적지 않다. 심지어 히잡은 오로지 여성들에게만 허락된 자유의 공간이라는 해석도 존재한다.

'일부다처제'의 경우도 마찬가지이다. 특히 이는 원시공동체의 유산으로 지금까지 여러 문화권에 전승되고 있다. 공동생산, 공동소유, 공동소비, 공동재산, 공동관리 등으로 대표되는 원시공산사회에서는 일부다처제가 당연하다는 논리이다. 왜냐하면, 일부다처제는 공동생산, 공동재산의 전통을 계승하는데 유리한 방식일 수 있기 때문이다. 그러나 여기서 질문은, 그렇다면 왜 하필이면 일부다처제인가? 일처다부제는 안 되는가? 오히려 일처다부제가 공동생산, 공동소유, 공동재산, 공동관리의 개념을 보다 잘 전승할 수 있지 않을까? 아니면 이와 무관하게 힘이 센 남성들이 약한 여성을 소유의 대상으로 삼았을 것이라는 일반적 비판이 오히려 맞는 것일까?

인류 최초의 원시사회는 모계사회母系社會로 추측되고 있다. 모계사회에는 일처다부제로서 남성이 아닌 여성이 주도하는 난교亂交 역시 당연한 시대로 여겨졌던 시대였다. 동물의 세계에서는 암컷이 수컷을 선택한다. 마찬가지로 원시사회에서는 아이를 낳을 수 있는 여성이 강인한 체력을 소유하고 남보다 두뇌 회전이 남보다 빠른 남성을 스스로 선택한다. 이러한 선택을 위해 여성은 여러 남성과 자유롭게 상대할 수 있다. 따라서 당시 남성은 여성의 간택을 받지 못하면 아예 성교性交의 권한조차 없었다.

결국, 당시 성교의 행위는 여성의 선택에 달려 있었을 것이다. 물론 당시에도 여성에 대한 강간强姦은 존재했을 것이다. 그러나 점차 시간이 흐르면서 족장은 강간을 엄격하게 통제하는 방안을 강구했을 것이다. 왜냐하면, 강인하고 현명한 종족의 보존만이 가장 중요한 과제였을 것이기 때문이다. 물론 처음부터 그랬을 것 같지는 않다. 즉 애초의 원시공동체에서는 별생각 없는 난교가 난무했을 것이다. 이러한 의미에서 『원시사회primitive society』의 저자인 바호펜Bahoffen(1815~1887)은 자신의 저서 『모권론』(1861)에서 원시사회는 '난교사회'로 출발했다고 쓰고 있다(A. 브론스키/ 나희선 역, 1980: 20). 이렇게 본다면, 아랍권의 전통이 되고 있는 일부다처제는 전통적인 가부장제도에서 비롯되었다고 할 수 있다. 따라서 일부다처제의 정당성을 주장하는 사람들의 지식은 가부장제의 전통에서 비롯된 지식이라고 할 수 있다.

오늘날은 오랜 전통을 가진 가부장제에 대하여 동서양을 막론하고 의심과 비판이 심화되는 시대라고 할 수 있다. 그렇다면 가부장제에서 비롯되어 오랜 시간 동안 정착되어 온 이들의 지식은 과연 '제대로 된' 지식이라고 할 수 있을까? 지식의 탄생과 소멸은 언제든지 '가치의 현실화'라는 기준에서 결정된다. 즉 가치의 현실화가 되는 지식은 계속해서 지식으로 살아남을 것이며, 그렇지 못한 지식은 자연스럽게 소멸할 것이다. 그러나 전통적인 가부장제는 시대와 국가 그리고 지역에 따라 그 정도와 내용이 조금씩 다르지만, 동서양 공히 인류 최대의 역사와 전통임이 분명하다. 어떤 지역에서는 이미 가부장제의 전통이 많이 사라졌지만, 여전히 가부장제의 전통이 막강한 경우도 허다하다.

국가적으로도 차이가 나지만, 같은 국가 내에서도 지역에 따라 가부장제의 수준과 정도는 천차만별이다. 심지어 전통적인 가부장제에 대한 비판과 비난의 목소리에도 불구하고 이러한 전통을 강제적으로 유지하려는 세력도 존재할 수 있다. 왜냐하면, 가부장제의 전통은 무엇보다도 여성에게 보다는 남성에게 유리하다는 판단이 우세하기 때문이다. 그렇다면 국가에 따라서 지역에 따라서 – 물론 역사적 발달에 따라서 – 가부장제에서 파생하는 '지식' 역시 서로 달라질 것이다. 위에서 먼저 언급한 히잡 문화 역시 가부장제의 전통과 무관하지 않다. 남성중심의 가부장제사회에서 남겨 놓은 지식의 탄생과 소멸은 국가체제의 정체성에 따라서 얼마든지 양상이 크게 달라질 수 있다.

> "왜 이집트인은 그렇게 보수적이고 전통에 얽매였을까? 왜 사회질서가 그 토록 중요하고 모든 변화와 진보가 그것 때문에 희생되어야만 했을까? 그 사회를 탄생시킨 강줄기가 변함없이 계속되었기 때문일까? 일찍이 그들의 역사에 끼어든 습관, 즉 그들이 결코 깨뜨릴 수 없었던 습관 때문이었을까? 아니면 이집트인들의 기질에 모든 인간이 찾는 불멸에 대한 불변의 길을 선택하도록 이 특이한 사람들을 이끈 무엇이 있었을까? 이런 물음에 답하는 것은 매우 어렵다."(찰스 반 도렌, 오창호 옮김, 1995: 37)

사실 이집트의 문명을 발생시킨 선조들이나 그의 후손들이나 모두 기질 상 이 세상에서 가장 변화를 두려워하는 민족으로 알려져 있다. 지정학적으로도 이집트는 삼면이 사막으로 둘러싸여 있어 외부세계와 단절되어 있었기 때문에 외부의 침략으로부터도 비교적 안전했다고 할 수 있다.[2] 역사상 고대 이집트가 3000년 이상 존속했던 놀라운 사실은 그곳이 지역적으로 고립되어 있어서 국가 간의 경쟁으로부터 비교적 자유로웠던 영향 때문으로 설명될 수 있다(찰스 반 도렌/ 오창호 옮김, 고려문화사, 1995: 35).

인류문화의 또 다른 최초 발상지인 인도India의 경우도 대동소이하다. BC 2000년경에 가장 융성했던 인더스 문명은 최대 제국으로 성장하면서 이집

---

[2] 역사상의 기록을 보더라도 이웃 국가들이 이집트를 침공하기 위해서는 수에즈 해협을 가로지르는 방법밖에 없었다.

트나 메소포타미아보다 더 큰 영토를 관할했다(찰스 반 도렌/ 오창호 옮김, 고려문화사, 1995: 38). 이들은 거대한 국토와 많은 사람들의 통제를 용이하게 하기 위해서 수직적 위계질서의 사회제도를 최초로 고안해 냈다. 카스트제도caste system가 바로 그것이다.

"수 세기 동안 카스트제도는 거대한 인도의 부와 권력, 특권을 강력하게 통제해 왔다… 이 제도는 다른 고대 국가의 신분제도와 크게 다르지 않다. 그러나 카스트제도의 천재성은 강력한 피드백 메커니즘feedback mechanism - 이를테면 윤회설輪回說 - 에 있다… 차별화의 체제는 몇몇 소수의 통치자뿐 아니라 모든 사람들이 믿었던 것으로 보인다. 이러한 카스트 제도의 보편적인 수용이 이 제도로 하여금 영구적으로 존재하게 한 것이다… 어떤 특정한 계급에 속해 있는 사람은 다른 계급의 사람들의 무리 속에서 자신을 발견할 때 매우 불편해한다. 상위 계급의 사람들이 종사하지 않는 직업이 있고 하위 계급의 사람들이 종사할 수 없는 직업도 있다. 계급에 따라 먹는 음식도 다르고 직업, 결혼 등에서도 서로 다른 관습을 가지고 있다."(찰스 반 도렌/ 오창호 옮김, 1995: 38~39)

카스트는 대체로 4개의 바르나(산스크리트로 '色'이라는 뜻), 즉 계급으로 분류된다. 계급의 최상층은 브라만(승려), 크샤트리아(귀족 또는 무사), 바이샤(평민 또는 상인), 최하층은 수드라(수공업자 또는 노동자)이다(브리테니커). 이러한 카스트제도는 오래전부터 인도 사회의 질서를 유지시키고 통합시키는데 결정적인 역할을 했다. 그런데 중요한 사실은 이러한 전통적인 카스트제도가 이들에게 명백한 지식체계로 확립되었다는 사실이다. 예나 지금이나 인도에서 카스트제도를 벗어나는 것은 신에 대한 모독으로서 이는 곧 죽음이었다. 이러한 카스트제도가 커다란 저항 없이 모든 사람들에게 수용된 이면에는 불교의 윤회설이 큰 몫을 했다. 즉 이승에서 최하층인 수드라로 태어났지만, 다음 세상에서는 반드시 브라만으로 탄생할 것이라는 믿음이 모든 민족에서 공유되었던 것이었다. 결국, 윤회설의 지식은 카스트제도를 강화시켜 주는 역할까지 한 셈이다. 즉 지식의 탄생은 국가체제 내지 공동체의 운명까지를 결정한다. 역사적으로 오랜 시간을 거치면서 카스트제도의 불합리성과 문제점이 지적되었지만, 인도인들은 사회개혁이나 사회혁신을 통하여 현재의 사회문제를 해결하려고 하지 않고 오히려 보다 확고한 카스트제도를 확립하여 이를 통하여 해결하려는 것이었다(찰스 반 도렌/ 오창호 옮김, 1995: 63).

오늘날 인도가 현대국가로 성장했음에도 불구하고 카스트제도의 전통은 여전히 계승되고 있다. 물론 그동안 많은 폐해가 지적되고 비판되면서 많은 부분이 소멸되었다고 한다. 이미 이렇게 많은 부분이 없어졌다고 하는 것은 '가치의 현실화'라는 차원에서 문제가 있다는 의미이다. 오늘날 인도는 세계에서 빈부 격차가 가장 심한 대표적인 국가이다. 이러한 오늘날의 현실이 오랜 전통으로 유지되고 있는 카스트제도에 뿌리를 두고 있다는 평가이다. 결국, 카스트제도에서 만들어 낸 지식 세계는 인도 국민에게 당연한 지식으로 군림해 온 셈이다. 물론 여기서 우리가 인도의 카스트제도는 모두 문제 투성이라는 것을 말하는 것은 아니다. 이 역시 가치의 문제이기 때문에 보다 신중한 논의와 검증이 요구된다. 그럼에도 불구하고 분명한 사실은 지식이란 동서고금을 막론하고 지역과 국가의 생존 및 발전과 직접적으로 관계를 가지고 탄생과 소멸을 반복하며, 역으로 지식의 탄생과 소멸은 국가공동체의 운명을 결정한다.

지역적으로 동양 문화의 경우라고 해도 지식의 문제는 결코 다르지 않다. 이를테면 진시황秦始皇(BC 259~BC 209)은 황하문명의 후예로서 중국 땅에서 최초의 고대의 부족공동체를 국가체제를 수립한 것으로 평가된다.

"기록에 의하면, BC 1750년에 중국 최초의 상왕조인 은殷 나라가 세워졌다. 그다음 왕조인 주周 나라까지 태평성대의 시간을 지나고 주나라의 세력이 약화되면서 200여 개의 제국이 난립하면서 한동안 춘추전국시대라는 혼란의 시대로 이어지다가 BC 221년 중국에 최초의 통일국가가 탄생한다. 그것이 시황제에 의해 건립된 진秦나라였다…. 이들은 왕을 '최초의 자주적인 황제'라는 의미를 가진 진시황秦始皇이라고 불렀다. 진시황이 만든 가장 중요한 변화는 사회조직화다. 그는 단번에 1000년 동안 중국 사회를 형성해 온 봉건제도(봉건제도)를 폐지하고 유교 원리에 근거한 복잡한 관료 국가를 대체했다."(찰스 반 도렌/ 오창오 옮김, 1995: 40)

진시황제는 중국의 춘추시대 최고의 지식인으로 추앙받는 공자의 유교사상을 토대로 새로운 관료주의를 수립했다.[3] 이는 출생혈통과 군사적 권력에 의한 신분제도인 과거의 봉건제도와는 전혀 다른 것이었다. 혈통 대신 남들보다 우월한 실력을 갖춘 인재가 새로운 관료로서 요청되었던 것이다.

"(그러나) 봉건 영주들은 진시황의 새로운 관료주의에 굴복하지 않았다. 특히 수많은 지식인들은 구체제를 옹호하여 진시황에 항거하였다. 진시황은 어떤 반대에도 용서하지 않았다. 460명의 항의하는 지식인들은 고문당했고 산채로 매장되었다. 이것은 매우 충격적인 사건이었다. 역사상 지식인들은 중국 군주의 분노로부터 비교적 안전한 편이었는데 진시황은 이를 무시했기 때문이다. 이보다 더 충격적인 일은 법과 원예, 그리고 본초서本草書를 제외한 모든 책은 불태우라는 명령이었다."(찰스 반 도렌/ 오창호 옮김, 1995: 41)

진시황의 분서갱유焚書坑儒는 역사상 제후가 행사한 가장 극단적인 처사 중의 하나로 기록된다. 분서갱유의 사건과 함께 '그때까지의 지식이 모두 인위적이고 강제적으로 소멸'된 것이다. 그럼에도 불구하고 진시황에게는 선대의 공자처럼 늘 배우고 익힘으로써 자신의 실력과 능력을 갈고 닦음으로써 자신의 우월성을 가질 수 있는 새로운 관료가 필요했다. 이를테면 '새로운 지식'이 필요했던 셈이다. 이러한 맥락에서 진시황은 쉽게 읽고 쓸 수 있도록 중국의 문자文字 체제를 정비하기도 했다.

"한자로 된 최초의 책은 상 왕조(BC 1800~BC 1200)까지 거슬러 올라간다.

---

3 "공자는 그 자신이 가난한 환경에서 성장했기 때문에, 사회적 신분이 출생에 의해 결정되는 당시의 봉건제도에 반대하여 반란을 꾀했다. 우월성만으로 사회나 국가의 높은 지위에 임명되고, 우월성은 배움을 통해 결정된다. 피상적으로 이 원칙을 중국의 여러 나라들이 채택하였다."(찰스 반 도렌/오창호 옮김, 1995: 66)

BC 1400년경 중국어는 2,500자가 넘었고 그 대부분은 오늘날에도 읽을 수 있다. 그 문자는 진시황의 통치 기간(BC 221~BC 206)에 이미 오늘날의 형태로 되었다"(찰스 반 도렌/ 오창호 옮김, 1995: 42)

진시황은 당시 타고난 가문과 혈통에만 안주하면서 현실을 낭비하고 사는 전통적 봉건귀족세력들을 못마땅하게 여겼으며, 그들에게 현실을 가르쳐 준 모든 책들과 그들이 소유하고 있는 '지식은 매우 위험하다'고 판단하여 이를 모두 소각 처분하라고 주문했던 것이다. 이러한 전통은 결국 훗날 '과거시험제도'를 낳았다. 즉 과거시험에 합격하는 것으로 자신의 우월성을 입증해야 관료로서 출세할 수 있는 것이다.

"중국인들은 새로운 방식으로 사회적 불평등을 정당화했다. 출생만으로 아무것도 보장받지 못했다. 자신이 삶의 진보를 이룰 수 있어 우월한 신분으로 태어나지 않았다 하더라도 노력에 의해 우월한 지위에 오를 수 있었다. 그러나 이 원칙은 모든 시간과 장소에서 준수될 수는 없다. 그것은 황제가 그의 가족과 함께 최상의 지위를 보존하는 근거가 되었다. 그러나 그밖에 신분이 높은 사람들은 자신들이 뛰어나기 때문에 그런 대접을 받는다는 생각이 광범위하게 수용되었다. 그 우월성이란 유교 경전에 대한 지식에 의해 평가되어야 한다는 생각이 이해되기 어렵겠지만, 우월성에 대한 어떤 객관적인 검증이 있어야만 했고, 유교 경전 시험은 그동안 사용되었던 많은 검증보다 나았다."(찰스 반 도렌/ 오창호 옮김, 1995: 64)

여기서도 과거제도가 바람직한 것인가, 그렇지 않은가?의 질문은 가치론적이며 의미론적인 논제이다. 따라서 이에 대한 평가는 보다 신중하게 접근될 필요가 있다. 그럼에도 불구하고 과거제도를 통해서 자원급제하고 입신양명해야 한다는 사실이 명문화되고 실시됨으로써 우리는 더 이상 혈통으로 출세하는 것은 불가능하며 오로지 공부를 통한 실력으로 출세할 수 있다는 지식을 얻게 되었다. 그러나 여기서 간과할 수 없이 중요한 사실은 이렇게 해서 '지식이 새롭게 탄생한다'는 사실이다. 즉 과거의 지식은 강제적으로 소멸되고 진시황이 의도하는 '그 지식'이 바로 '새로운 지식'으로 세상에 군림하게 되는 것이다. 지식의 탄생이 자연스럽지가 못하고 진시황의 의도에 따라 강제적이고 인위적으로 새롭게 탄생하는 것이다.

한편, 이렇게 태어나는 과거제도의 전통이 오늘날 적어도 아시아 각국의 교육시스템을 지배하고 있다. '공부를 잘해야 좋은 대학가고 좋은 대학을 가야 출세하는 데 유리하다'는 등식이 오늘날 아시아권을 지배하는 일상의 '지식'이 된 셈이다. 부모나 아이나 모두 이러한 지식에 이의를 제기하지는 않는다. 이쯤 되면 이제 전통(문화)이 지식을 탄생시킨다는 말에 동의하지 않을 수 없을 것이다. 여기서도 전통으로서 이어져 온 과거제도가 과연 바람직한 것이냐 아니냐에 대한 논쟁은 가치론적이고 의미론적으로까지 확대되어야 하기 때문에 보다 신중해질 필요가 있다. 다만 과거제도라는 오래전에 채택된 국가제도가 지식의 탄생에 직접적이라는 사실은 오늘날 국가적 차원의 문제와 직결되어 있다. 과거제도의 폐해에 대한 고발, 비난, 비판은 고스란히 국가교육제도의 문제와 맥을 같이하고 있다. 지식의 위력 역시 사회제도의 힘(권력)과 함께한다. 이렇게 본다면, 국가의 탄생, 문화전통의 계승 내지 변화가 지식의 판도를 바꾸어 놓을 수 있다는 사실이 주목된다. 즉 국가의 유형에 따라서, 사회의 형태에 따라, 문화의 수준에 따라서 지식은 서로 다르게 탄생할 수 있다는 사실이다. 반대로 매 순간 탄생과 소멸을 반복하는 지식은 언젠가 국가의 탄생과 소멸에도 영향을 미칠 수 있다는 전망도 할 수 있다. 결국, 우리의 지식은 '가치론적 문제'를 결코 피해갈 수 없는 노릇이다.

한편, 문자文字를 인류 최초로 발명하고 수數를 발명했다고 알려져 있는 메소포타미아 역시 인류문명의 최대 발생지였다.[4] 다른 문명에 비해서 지식과 직결된 문자와 수자의 발명과 함께 시작된 메소포타미아의 문명에서도 지식의 탄생은 훗날 국가체제의 탄생과 맥을 같이 하고 있다.

---

[4] "처음으로 알파벳이 나타난 곳은 BC 2000년 중반경에 메소포타미아 지역이었지만 처음으로 표준 알파벳을 만든 사람들은 페니키아인들이었다."(찰스 반 도렌, 지식의 역사<1>. 인류가 남긴 위대한 발자취, 오창호 옮김, 고려문화사, 1995: 67)

"문자를 처음으로 창조한 사람들은 BC 4000년에서 BC 3000년 동안 남부 메소포타미아 지역(지금의 이라크 남부)에 거주했던 수메르인들이다. 서아시아에 있는 티그리스 강과 유프라테스 강… 사이의 땅인 메소포타미아는 최초의 문명 발상지이다. 이 비옥한 땅에서 약 BC 8000년경에 원시적인 문자가 만들어졌다. BC 3500년경에 이 문자는 체계가 잡혔고, BC 3100년경에는 수메르 문자와 관계를 맺었다. 고대 수메르인의 설형문자는 숫자, 이름 그리고 직물이나 암소와 같은 대상을 나타내는 1200개의 서로 다른 문자들로 형성되었다. 따라서 인류 역사상 가장 오래된 기록 언어는 일반인들이 소유하고 있는 암소와 직물들을 기록하는 데에 사용되었다. 수메르 문자는 수 세기 동안 주로 셈을 위해 사용되었다."(찰스 반 도렌/ 오창호 옮김, 1995: 43)

그런데 인류에게 문자는 지배의 전략과도 통한다. 중국에서 진시황이 문자체계를 정비하고 문자를 통한 지식 세계를 장악하면서 통치력과 지배력을 확대시킬 수 있었던 것처럼 메소포타미아 문명에서도 유사한 양상이 나타난다.

"메소포타미아는 지역의 일부가 수메르인에 의해 처음으로 통일되던 때(BC 4000)부터 키루스Cyrus 대왕 치하에서 페르시아인이 마지막으로 정복(BC 529)했을 때까지 수많은 정치적 변화를 겪었다. 그러나 문자는 결코 사멸하지 않았다…. 읽고 쓰는 것을 배우는 것은 수메르인, 아카드인, 바빌로니아인, 아시리아인들 사이에서는 부와 권력을 얻는 수단이었다. 오늘날에도 읽고 쓰는 능력은 종종 출세에 이르는 열쇠가 되기도 한다."(찰스 반 도렌/ 오창호 옮김, 1995: 43~44)

문자를 통한 지식의 습득은 지배자에게뿐만 아니라 애초부터 학습자들에게도 매력적인 과업이 된 셈이다. 그러나 문자와 수를 통한 지식 발생의 역사를 가진 메소포타미아의 옛 영화는 오늘날 무엇이 어떻게 전승되고 있는 것일까?

"대부분의 고대 왕국과 제국은 늘 전쟁하는 가족, 마을, 종족들의 소동 속에서 성장했다. 그래서 이들 모두에게는 정치적, 사회적 질서를 확립하는 것이 무엇보다도 중요한 일이었다."(찰스 반 도렌/ 오창호 옮김, 1995: 63)

이렇게 본다면, - 중국의 경우도 마찬가지지만 - 메소포타미아 문명에서 문자의 발명과 문자체제의 정비는 이러한 국가지배와 통치에 중요한 기여였다고 할 수 있다. 본질적으로 사회질서와 국가통치체제는 대부분 무력으로 지켜진다. 그럼에도 불구하고 정신적·문화적 차원의 사회질서와 통치이념의 수립에 문자체제의 지배는 결정적이다. 왜냐하면, 인간은 언어로 생각하고 언어로 모든 삶을 표현하기 때문이다. 즉 문자를 장악한 자가 세상을 지배하는 것이다.

"메소포타미아 문명에서 문자가 개발된 이후로 각기 다른 우월성에 대한 검증방법들이 개발되었다. 읽고 쓰는 능력이 개인의 사회적, 정치적 지위를 결정하지는 않았으나 공적, 사적 영역에서 국가 활동의 대부분을 통제하는 강력한 소수 집단에 편입하는 수단이 되었다. 읽고 쓰는 능력을 사회생활을 해 나가는데 매우 중요한, 사회의 정보체제에 대한 통제권을 주었다."(찰스 반 도렌, 오창호 옮김, 1995: 65)

이로써 사회질서와 사회통합에 기여할 수 있는 소위 '(사회적) 지식'이 탄생한다. 그러나 이러한 지식은 문명, 문화, 사회의 성장발달의 추세와 생성과 소멸의 양상과 맥을 함께한다. 사회가 답보적이고 정체될수록 지식도 확장되지는 못한다. 애초에 문자와 숫자의 발명은 메소포타미아 지역에서 자연과학이 발전하는 데 크게 기여했다. 그러나 점차 문자와 숫자를 지배의 도구로 차용하기 시작하면서 지식은 권력의 중심이 되기 시작했다.

프랑스의 정신병리학자이며 철학자인 푸코Michael Foucault(1926~1984)에 의하면, "지식은 권력"이다. 이미 오래전부터 동서고금을 막론하고 '지식권력'은 늘 우리의 삶에 작용해 왔다. 지식은 곧 언젠가는 권력이 된다. '아는 것이 힘'(지식권력)이다. 계몽주의 시대에 베이컨의 언급은 이미 지식권력의 역사를 예고하였다. 실제로 베이컨은 자연에 관한 지식은 자연에 대한 힘만을 지닐 것을 목표로 해야 하며, 또한 사물에 대한 지식은 다른 사물을 얻어 낼 수 있도록 조작될 수 있는 지식이어야 한다고 주장했다(김영식·임경순, 2002: 110). 이런 맥락에서 계몽주의부터 인류의 역사는 자연정복의 역사를 허용하기 시작했다. 자연관찰에서 시작된 순수한 지식은 자연연구, 자연개발을 넘어서서 자연정복이라는 엄청난 사건을 주도하면서, 마침내 지식권력은 '인간에 의한 인간의 지배를 정당화시키는 데 결정적으로 기여해 왔다.

순수한 지식 발명으로 시작한 메소포타미아 문명 발달의 역사는 지식권력이 어떻게 가능한가에 대한 실증적 사례를 보여주는 것이라고 할 수 있다. 그러나 이러한 지식권력의 역사는 동서고금을 막론하고 대동소이하다. 이렇게 본다면, 본질상 지식은 곧 권력이 된다. 따라서 만약 우리가 지식의 탄생에 대해서 무관심하다면, 우리는 권력의 시녀가 되는 지식 앞에서도 속수무책일 수 있다. 그만큼 지식의 탄생은 보다 신중한 연구의 대상이 될 필요가 있는 셈이다. 물론 혹자는 지식 자체가 아닌 지식권력을 경계하면 된다고 주장할 수도 있다. 그럼에도 불구하고 '지식 자체가 속성상 권력이 될 수 있다는 사실'에 대해서 보다 신중한 태도가 요구된다. 왜냐하면, 지식권력이란 지식이 나중에 – 모종의 음모나 의도 등 힘에 의해서 – 권력이 되는 것을 의미하기도 하지만, 반대로 권력을 얻기 위해서 또는 권력을 합리화하고 합법화하기 위해서 이에 걸맞은 지식을 인위적으로 만들어 내기도 하기 때문이다.

02 경제적 차원

1. 자본주의와 지식체계

원시공동체사회 내지 부족국가는 오랜 시간 동안 원시공산사회의 형태, 즉 공동생산, 공동소비, 공동소유, 공동재산, 공동관리 등을 원칙으로 살아가다가 개인소유, 개인재산의 개념이 생기면서 급격하게 자본주의사회로 전이하게 된다. 루소는 인간이 자연으로 돌아가지 못하는 이유를 개인소유, 사유재산 때문으로 진단하고 개인소유의 권한, 즉 '사유재산권'을 폐지할 것으로 요구했다. 루소의 자연주의가 탄생한 근거이다.

그러나 나중에 애덤 스미스가 자신의 저서 『국부론』(1776)에서 전제하는 것처럼, 인간은 '이기적 동물'이다. 즉 인간은 이기적이기 때문에 재화도 끌어모은다. 그것이 자본이 된다. 이렇게 본다면, 공동소유, 공동재산, 공동생산 등을 삶의 원칙으로 하였던 원시공산사회가 오히려 인위적이다. 이기심은 인간의 본질인데 어떻게 이를 억제할 수 있을까? 그렇다면 두 가지 면에서 의문이 든다. 우선 역사적으로 우리 인류에게 원시공산사회는 정말 존재했었을까? 정말 원시공산사회가 최초의 사회공동체 형태였을까? 혹시 우리의 추측이 잘못된 것은 아닐까? 두 번째 의문은 원시공산사회는 우리가 추측하는 것처럼 자연발생적이었다기보다는 오히려 의도적이고 강제적 그리고 인위적으로 만들어졌던 것이 아닐까? 아무도 모른다. 왜냐하면, 원시공동체를 살았던 사람은 어디에도 없으니까 말이다. 그러나 대부분의 추론에 의하면 원시공산사회는 자연발생적이었으며 '공동체'의 형태였다는 것이다. 함께 모여서 살아남는 것이 보다 유리했다는 추측이다. 그렇다면 이러한 추론을 우리는 어떻게 설명해야 할까? 루소 역시 원시공동체의 실재를 상상하면서 '자연으로 돌아가라'[5]는 자연주의를 제창했다고 할 수 있다. 따라서 우리는 원시공산사회를 유추할 수 있을 뿐이다. 다만 루소가 사유재산의 문제를 거론하면서 사유재산, 즉 개인소유와 개인재산의 문제 때문에 오만가지 사회문제가 발생한다고 본 것이다. 이러한 루소의 사회고발은 당시 자라나는 자본주의의 천민성에 대한 지적이기도 했다.

결국, 원시공동체의 실체성과 무관하게, 인간사회에 '사유재산의 개념'이 발생하면서 자본주의가 탄생하기 시작했다고 할 수 있다. 그것이 인간의 본질인 이기심의 발로이건 아니면 욕심의 극치이건 관계없이 어쨌건 사유재산의 개념은 자본주의의 개념에 초석이 된다. 동서고금을 막론하고 자본주의 사회는 개인의 소유, 즉 사유재산을 전제한다.

사전적 의미로 보면, 오늘날 자본주의란 이윤추구를 목적으로 하는 자본이 지배하는 경제체제를 말한다. 이는 개인소유와 사유재산이라는 원시자본주의의 개념에서 훨씬 더 많이 진전된 개념이다. 그러나 자본주의란 말은 사람에 따라 여러 가지 뜻으로 쓰이고 있는데, 이를테면 이윤획득利潤獲得을 위한 상품생산이라는 정도의 뜻으로 사용되기도 하고, 단순히 화폐경제貨幣經濟와 동의어로도 쓰이기도 한다. 물론 사회주의 계획경제에 대하여 사유재산제私有財産制에 바탕을 둔 자유주의 경제라는 뜻으로 쓰이는 경우도 있다.

그러나 역사적으로 자본주의 경제체제는 16세기 무렵부터 점차로 봉건제도 속에서 싹트기 시작하였다. 그리고 18세기 중엽부터 영국과 프랑스 등을 중심으로 점차 발달하여 산업혁명에 의해서 절정을 이루게 되었으며, 19세기에 들어와 독일과 미국 등으로 파급되었다.

---

[5] 실제로 루소는 어디서도 직접 '자연으로 돌아가라'는 말을 한 적은 없다. 다만 그의 사상과 작품의 경향성을 분석해 본다면 그렇게 함축적으로 표현할 수 있다는 후학들의 해석이 알려졌을 뿐이다.

"12세기에 서방의 몇몇 항구는 정부국가Etate, State 형태를 갖추는데 실패한다. 상인들은 옆으로 빠지고, 노예들은 저항을 하고, 봉건 영주들이 자기 땅에서 축출되어 도시 노마드가 되어 이동의 횃불을 들고 다시 봉건제도를 붕괴시키면서 임금과 이윤의 노마디즘인 자본주의를 발명해낸다."(자크 아탈리/ 이효숙 옮김, 2005: 27)

'자본주의'라는 말은 처음에 마르크스Karl Heinrich Marx(1818~1883) 등 자본주의를 비판한 사회주의자들에 의해서 사용되기 시작하였다. 그러나 실제로 자본주의가 무엇인지에 대하여는 어느 누구도 정확히 정의定義 내린 바는 없다. 즉 많은 학자들이 이 자본주의에 대한 연구를 하여 그들대로의 자본주의에 대한 정의를 시도하였으나, 이것은 학자들이 그들의 연구과정에서 이론구성의 편의상 정의된 것으로서 다양한 측면에서 명확하고 논박의 여지가 없이 규명한 사람은 없다.

결국, 아이러니하게도 '자본주의capitalism'라는 개념은 자본주의를 최초로 비판한 마르크스의 저서『자본론』에서 처음 공식적으로 사용되었던 것이다. 그에 의하면, 자본주의의 특징은 '이윤획득을 위한 상품생산, 노동력의 상품화, 무계획적 생산' 등이다. 좀바르트Werner Sombart(1863~1941)에 의하면, 자본주의체제란 서로 다른 두 계층, 즉 생산수단의 소유자와 생산수단을 소유하지 않은 노동자가 시장에서 결합되어 함께 활동하는 조직체제로서 영리주의營利主義와 경제적 합리주의經濟的 合理主義를 목표한다. 결국, 자본주의라는 개념은 근대경제체제의 구조와 그 운동법칙을 밝히기 위하여 마르크스 등 사회주의 경제학자들에 의해서 만들어진 것으로서, 역사적으로는 16세기부터 시작하여 18세기 후기 이래 산업혁명을 계기로 서구사회에 일반화되어 아메리카 대륙에 파급된 개념이다. 한마디로 자본주의는 공산주의 내지 사회주의의 반립으로 들어서게 되었다. 그러나 중요한 점은 자본주의라는 개념이 만들어지고 사용되기 이전부터 자본주의적 삶의 양상은 늘 존재해 왔다는 사실이다.

언의상으로 자본주의의 반대 개념은 '공산주의共産主義, communism'이다. 공산주의는 말 그대로 '함께 생산하고 함께 나누어 가진다'는 원시공산사회 내지 원시공동체를 모델로 하고 있다. 그러나 이는 개인의 사유재산을 인정하는가 아닌가에 따른 기준일 뿐이다. 물론 개인의 사유재산을 완전히 인정하지 않는 공산주의는 세상에 존재하지 않을 것이다. 따라서 공산주의를 유토피아utopia, 즉 '이 세상에는 존재하지 않는 곳'으로 비판하기도 한다. 지난 한 세기 동안 지구촌에 나타났다 사라진 구소련 중심의 동구라파 공산주의체제는 일당독재체제 – 실제로는 대부분 일인독재체제 – 에 의해서 본질이 왜곡된 소위 '변종의 공산주의 사회체제'였다. 그럼에도 불구하고 이들 역시 자본주의에 대한 체제비판과 사회비판으로부터 비롯되었다.

자본주의란 말 그대로 '자본capital, 資本'이 중요한 무기로 삶의 수단이며 삶의 전략이 된다는 신념을 앞세우고 있다. 대표적인 자본은 물론 돈(화폐, 재화)이다. 화폐경제를 바로 자본주의경제와 동일시하는 이유도 여기에 있다. 하여간 화폐제도가 탄생하면서 자본주의제도도 급격하게 발달한다. 그런데 화폐경제의 전신은 '물물교환'이다. 그렇다면 오히려 물물교환으로부터 자본주의가 급속도로 발달하기 시작한 것은 아닐까? 여기서 의문은 원시 공산사회에서는 물물교환이 없었을까? 사회주의 계획경제체제 하에서는 물물교환이 전혀 이루어지지 않을까? 물물교환을 하기 위해서는 서로들 무엇인가를 만들어 냈을 것이고 이를, 즉 상품을 서로 서로의 다양한 쓰임새에 때라서 상호 교환했을 것이다.

우리가 물물교환의 역사를 자본주의의 역사와 동일한 관점에서 바라보고자 한다면 역사적으로 중요한 단서가 밝혀진다. 바로 동서양을 막론하고 발생했던 '관노官奴'의 탈출사건이었다.

애초부터 지구 상에 출현한 노예는 크게 두 종류였다. 하나는 사私노비이고 다른 하나는 공公노비 또는 관官노비이다. 물론 전자는 무엇인가를 만들거나 제작하고 개발하는 것과는 다소 거리가 멀다. 즉 사노비들은 그냥 단순한 집안의 종복從僕으로서 주인이나 귀족들을 보필하면 목숨을 연명하는 데는 지장이 없었다. 아침에 일어나서 마당을 쓰는 일이 전부였던 마당쇠나 '마님'하면서 졸졸 마님을 쫓아다니기만 하면 적어도 '밥'은 해결될 수 있는 소위 '방자'나 '향단이'의 역할만 잘하면 되었다. 그러나 '관노비'는 성격이 좀 다르다. 이들은 일반적으로 국가적 · 사회적 필요에 의해서 직능별로 할

당되는 만큼의 '도구제작'을 직접 책임져야 했다. 즉 관官에서 또는 왕이나 영주 내지 군주의 명령에 의해서 무엇인가를 만들어 내야 하는 것이다. 결국, 관노는 할당된 각종 도구제작을 위해서 테크놀로지를 익히게 된다. 이들은 청동이나 철을 녹여서 칼과 연장을 만드는 대장장이, 나무를 벌목하고 다듬어서 동량석재를 만드는 목수, 질그릇과 도자기를 구어 내야 하는 유기공 등 자신의 전문 영역에서 소위 '전문기술자들'이 된 것이다.

바로 이들이 '관官'의 통제권에서 탈출하면서 인류의 역사는 엄청난 변화를 초래하게 된다. 즉 이들에 의해서 최초로 '자본주의'가 탄생하는 것이다. 우여곡절 끝에 관官이나 궁宮에서 탈출에 성공한 이들은 우선 깊은 산중으로 숨어든다. 살아남기 위함이었다. 자유는 반드시 대가를 치르는 법이다. 포졸의 감시망을 피하여 아무도 접근하지 않는 깊은 산 속에서 움막을 짓거나 동굴에 숨어서 살던 이들은 먹을 것을 구하기 위해서 간간히 민가民家로 나온다. 도둑질하기도 하고 구걸도 한다. 그러나 점차 물물교환을 생각하게 된다. 이들은 아이디어를 내기 시작했다. '그래, 내가 관노로 있을 때 배운 나의 기술로 무엇인가를 만들어서 민간인들과 물물교환을 하는 거다. 칼과 낫 그리고 호미를 만들어서 쌀과 바꾸면 될 것 아닌가' 드디어 움막 옆에 작은 대장간을 만든다. 여기서 칼과 낫 그리고 호미 등을 만들어 민가에 나가서 밀과 감자 그리고 각종 반찬과 바꾼다. 여기저기서 이런 일들이 벌어지면서 결국 '시장'이 형성된다. 시장이 발달하면서 명실상부한 자본주의가 탄생하는 것이다."(이상오, 2014: 177~178)

결국 '관노의 탈출사건'을 계기로 무르익기 시작한 초기자본주의시대는 상업자본주의 경제체제에서 자본주의적 요소가 성장하기 시작한 16세기부터 산업혁명에 이르는 시기를 말한다. 상품의 유통과정에서 이윤을 추구하기 시작했던 상업자본주의는 15세기 말 지리상의 발견시대 이후 신항로의 개척, 신개척지로부터의 원료획득, 금과 은의 유입, 판로의 확대 등으로 활발하게 발전되었다. 이는 당시 절대왕조의 부국강병이라는 중상주의 경제정책의 하에서 더욱 비대해져 원료의 독점과 자금대부를 통해서 국내생산업자를 지배하면서, 자본주의 성립의 전제조건인 자본의 본원적 축적을 본격화하였던 시기라고 할 수 있다.

그러나 자본주의가 본격적으로 성숙하기 시작한 시기는 산업혁명을 거쳐서 산업자본이 확립된 산업자본주의시대, 즉 상업자본商業資本 대신에 산업자본產業資本이 주도권을 장악한 시기를 말한다. 이때부터 상업자본의 활발한 전개로 원시적 자본축적이 이루어져 가내家內 수공업의 형태에서 공장제 수공업manufacture으로 바뀌었으며, 이것은 다시 기술혁신에 따른 산업혁명으로 대량생산이 가능해졌다. 즉 종전의 주문생산 또는 제한된 수요를 목표로 한 한계생산에서 특정한 수요자를 위한 생산이 아니라, 국내외의 시장을 통하여 판매될 것을 예측하고 상품생산이 합리적 경영하에서 '대량생산체제'로 이루어지게 되었다. 이러한 것은 산업자본주의의 생산조직 및 경제체제를 자유주의 원칙에 입각하여 존재하게 한 것이다. 더 이상 어떠한 상품을 생산하든 국가나 기타 어떤 단체도 이를 간섭하지 못한다. 아울러 이 시대에는 중상주의 대신 자유주의가, 절대주의국가 대신 야경국가夜警國家와 값싼 정부cheap government가 시대적 요구로 등장함으로써 전형적인 자본주의의 특징을 띠게 되었다.

한편, 우리는 19세기 말 이후 20세기 초를 '독점자본주의시대'라고 한다. 자유주의에 입각한 자유경쟁은 군소약소기업을 도태시키고 대기업만이 생존경쟁에서 살아남았다. 그야말로 '독점자본獨占資本'이 등장하게 된 것이다. 그러나 이들 간의 경쟁이 시작되면서 독점은 '상호독점'으로 전환된다. 즉 자본은 서로 콘체른을 형성하면서 상호독점이 되는 것이다. 이와 같은 상호독점은 종전의 자유경쟁체제를 무너뜨렸다. 결과적으로 자본의 집중, 기업결합 등에 의한 독점기업의 출현, 독점자본과 결합한 은행자본은 마침내 자본주의 내의 사회적 문제점을 노출시키기 시작했다. 이미 가격의 자동조절작용 기능은 불가능해졌으며, 시장에 대한 국가의 간섭이 시장자유화 원칙에 대하여 통제로 작용하였다. 경제에 대한 국가통제는 자본주의 초기에는 예외적이었으나 자본주의가 발달됨에 따라 일반화되기 시작했다. 급기야 오늘날 국가와 경제는 '정경유착'政經癒着의 관계를 가지게 되었다. 따라서 20세기 후반부터 이러한 자본주의의 변질과 왜곡에 대한 반성과 성찰은 수정자본주의modified capitalism, 인민자본주의people's capitalism, 관리자본주의managed capitalism, 혼합경제mixed economy이론 등에 의해서 공격받기 시작했다. 그러나 이들 반론은 자본주의 자체 자체를 거부하는 것은 아니었다.

결국, 자본주의에서의 지식은 자본의 소유 여부와 자본의 이동 및 유통경로에 따라서 발생한다. 물론 현대적 의미의 자본주의는 원시자본주의, 즉 자연발생적인 자본주의에서 시작하였지만, 시간의 흐름 속에서 특히 부르주아Bourgeois, 즉 신흥 상공 자본가 세력이 확장되면서 성숙되기 시작했다. 부르주아란 용어는 '성城, castle 안에 사는 사람'을 의미한다. 성이란 용어는 브르그Bourg이다. 그 안에 사는 사람을 부르주아라고 한다.

11세기 이후 유럽 각 지역에서는 상인들과 수공업자들이 영주의 성城 주변으로 모여들었다. 이들은 다른 지역에서 가지고 온 물건들을 팔거나 스스로 작은 공방을 차려 놓고 가래, 써레, 곡괭이, 삽, 호미, 낫 등 크고 작은 공산품을 만들어 팔아서 생계를 유지할 수밖에 없었다. 이를 위해서는 전혀 아무도 살지 않는 곳에서 살 수는 없고 이미 형성되어 있는 '마을'이 어쩔 수 없는 선택이었다. 즉 이들에게 봉건 영주가 다스리는 마을이 탐탁한 조건은 아니었지만 호구지책으로 선택한 마을은 영주들에게도 환영거리가 아닐 수 없었다. 마을이 북적북적해지면서 영주는 더 많은 사람들을 지배할 수 있었다. 그러나 오래전부터 봉건 영주의 성을 호시탐탐 노리는 이민족들의 약탈은 여전했다. 결국 영주들은 특히 상인과 수공업자들을 보호한다면 명목으로 성을 더 짓게 되고 성곽을 더 넓히게 되면서 마을은 점차 도시의 모습을 갖추게 되었다. 이렇게 하여 성 안의 사람들과 성 밖의 사람들이 구분되게 되었다. 결국 성(부르그) 안에 사는 사람들은 스스로를 부르주아라고 불렀다.

그러나 부르주아의 탄생은 사회적 문제와 갈등 그리고 알력관계를 야기시키는 결과를 초래했다. 즉 유럽대륙에서 16세기 이후 끊임없이 발생했던 각종 시민혁명들이 그것들이었다. 한마디로 크고 작은 혁명들은 유산자 계급, 즉 자본가계급과 무산자계급 간의 갈등과 알력에서 비롯되었다. 결국 근대자본주의 사회의 형성은 이러한 크고 작은 혁명의 결과로 나타나게 된 셈이다. 이렇게 하여 16세기 이후 유럽사회는 근대국가의 형성과정에서 일대 혼란기에 접어들게 된다.

이러한 혼란상황을 개선, 개혁, 혁신하는 가운데서 대안적 자본주의시스템이 등장하게 되는데, 지식의 탄생 역시 이러한 전환과정에 의존한다. 즉 자본의 흐름 속에서 지식도 탄생하게 되는데, 문제는 이러한 자본의 흐름이 다분히 인위적으로 진행되었다는 사실이다. 이제 사회에서 유통되는 지식은 자본을 가진 자들의 지식이 모든 지식을 대신하였으며, 소위 '기득권문화'의 지식이 일반적이고 보편적인 지식으로 둔갑하게 된다. 특히 상업자본주의의 극치로 나타나는 제국주의자들이 주변 약소국을 침략하면서 기득권문화가 가진 지식만이 진정한 지식으로 군림하게 된다. 이렇게 본다면 자본주의사회에서의 지식은 인위적으로 심지어는 – 자본주의가 왜곡되는 만큼 – 왜곡해서 탄생하고 있다고 할 수 있다. 특히 계몽주의 이후부터는 지식을 매개하는 일을 도맡은 교육이 한 걸음 더 나아가서 기득권의 지식세계를 재생산하는 역할을 떠맡게 되면서 지식의 왜곡 속도는 급격하게 빨라진다.

2. 공산주의와 지식체계

공산주의사회communism , 共産主義의 특징은 사유재산제도의 부정이다. 이는 자본주의체제를 부정하는 것과 다름이 없다. 왜냐하면, 자본주의의 근간은 사유재산재도이기 때문이다. 대신 공산주의사회에서는 공동재산제도를 채택하고 있다. 즉 모든 사회구성원이 재산을 공동으로 소유하는 것이다. 공산共産이란 말 그대로 '공동생산'이다. 공동생산을 했으니 공동으로 소유하고 관리한다. 재화를 공동으로 생산하고 소유함으로써 재화는 '공유재산公有財産'이 된다. 따라서 공동생산, 공동소유, 공동재산, 공동관리 등 공동의 개념이 공산주의 사상의 핵심이 된다. 중요한 것은 여기서는 개인의 재산은 없고(무산계급), 분배의 정의만 필요하다.

그러나 공산주의 사상은 경제적 차원을 넘어서 정치적 차원의 이데올로기로 발전된다. 공산주의 사상을 정초한 마르크스Karl Marx(1818~1883)는 정치와 경제를 하나의 몸, 즉 "정치경제"(Polit-Oko)로 통합해서 생각했다. 그에 의하면, 정치와 경제는 결코 분리될 수 없다는 것이다. 과거 제정일치의 시대에는 제사(종교의식)와 정치가 한 몸이었다면, 근대사회에 들면서 정치와 경제가 한 몸이 되기 시작했다. 봉건영주시대에는 사회에서 경제에 큰 비중이 없었다. 왜냐하면, 왕, 귀족 그리고 양반들 대신 노예나 '농노農奴, serf'[6] 계층이 경제를 창출했기 때문이다. 따라서 상류계층에게는 경제개념도 없었다. 그러다가 부르주아지, 즉 신흥상공시민계층이 자본가 세력으로 급부상하고 봉건영주체제가 붕괴되면서 귀족과 양반들도 경제의 개념에 길들여지기 시작했다. 이로써 정치와 경제는 뗄 수 없이 한 몸이 된다. 마르크스의 생각은 바로 이러한 패러다임의 전환에 착안한 셈이다. 정치와 경제는 하나다.

마르크스에 의하면, 정치란 경제를 잘 돌아가게 하는 것이다. 그런데 자신이 구상하는 공산주의야말로 진정한 정치, 즉 경제의 정의로운 분배를 가장 잘할 수 있을 것이라는 생각이었다. 결국, 마르크스의 공산주의사상은 자본주의사회의 앞날을 크게 걱정하면서 본격화되었다고 할 수 있다. 물론 공산주의사상의 모델은 원시공산사회, 즉 원시공동체이다.[7] 구체적으로 고대 유대시대의 에세네 교도Essenes, 플라톤의 '이상국가', 원시기독교왕국들, 토마스 모어의 '유토피아Utopia', 캄파넬라의 '태양의 나라Civitassolis'로까지 소급될 수 있다.

영어로 공산주의는 '코뮤니즘communism'이다. 코뮤니즘은 본래 '공유재산'을 뜻하는 '코뮤네commune'라는 라틴어에서 만들어진 조어造語로서, 사회

---

[6] 농노란 세습농지와 영주에 예속되어 있던 중세 유럽의 소작농민신분을 말한다: 이들은 노예와 구분된다. 즉 농노는 농토와 관련이 있었지만 노예는 토지와 무관하게 매매되었다. 즉 농노는 당시 대부분의 농민이었으며 영주의 영토에 정착하여 살면서 영주에게 일종의 조공을 바치면서 살아가는 일반인의 신분이었다고 할 수 있다.

[7] 그러나 실제로 원시공동체의 이상은 당시 사회발전의 추세에 맞추어 보면 결코 근대사회에서는 구현될 수 없을 만큼 유토피아적이었다는 평가이다.

의 모든 구성원이 재산을 공동으로 소유하는 사회를 말한다. 공산주의사상은 사유재산제로부터 발생하는 자본주의사회의 각종 모순과 문제를 고발하면서 부각되었다. 특히 자본주의사회에서 피해 나갈 수 없는 빈부 격차貧富隔差의 문제는 공산주의가 예상한 최악의 시나리오였다. 오늘날 빈부 격차에 의한 사회양극화의 문제는 변명하지 못할 자본주의사회의 자화상이다.

한편, 공산주의는 개인의 욕심, 즉 사리사욕私利私慾으로부터 각종 사회문제가 발생하고 있다고 보았다. 이에 대한 루소의 비판은 당시에 가장 강력했다. 마르크스는 이러한 루소Jean Jacques Rousseau(1712~1778)의 지적이 크게 자극을 받았다. 루소는 자신의 대표적인 저서 『에밀』(1776)에서 인간의 사리사욕으로부터 개인소유의 개념이 발생한다는 주장을 했다. 그런데 사리사욕은 동서양을 막론하고 종교에서도 가장 근본적인 죄의 씨앗이다. 대표적으로 동양의 선불교나 서구의 청교도정신은 인간의 사리사욕으로부터 모든 악이 싹튼다고 보았다. 이렇게 본다면 마르크스의 사상은 이를 인간의 근본문제로 본 점에서 종교성과도 통한다. 오늘날 세계 최고의 갑부 200명이 지구 상의 부 중에서 거의 반(50%)을 가지고 있다는 보고서도 나온 바 있다. 사회양극화의 문제는 어제오늘의 일이 아니며 앞으로도 해결될 기미가 막막하다고 할 수 있다.

한편, 공산주의의 어원인 '코뮤네'는 '공동체community'의 의미도 가지고 있다. 이미 위에서 언급한 것처럼 원시인류에게 공동체는 처음에 혈연 및 지연공동체, 즉 씨족공동체나 부족공동체로 시작하였다. 공동체는 자신들의 생명 연장을 유리하게 전개하기 위한 인간의 고육지책이었다. 개인과 개인이 똘똘 모여서 하나의 군집, 즉 공동체를 이루고, 개인으로 보다는 공동의 힘으로 적에게 대항하고 대적함으로써 생명연장의 확률은 높아진다. 이제 공동체의 운명은 개인의 운명이다. 공동체가 사멸하면 개인도 죽는다. 뭉치면 살고 흩어지면 죽는다. 모든 개인은 공동체 속에서 모두 익명匿名이 되며, 여기서는 모두 함께 일을 하고 함께 먹고 함께 소유한다.

그러나 여기서 공산주의라고 하면 원시공산사회를 의미하는 것은 아니다. 특히 지난날의 공산주의사회는 경제적 불평등의 문제에서 파생된 사회문제를 정치활동을 통해서 다시 정상화시키는 것을 목표하였다. 공산주의체제의 붕괴 이후 이제 과거의 학술적 흔적으로 남게 된 공산주의 이론은 마르크스Karl Heinrich Marx(1818~1883)와 엥겔스Friedrich Engels(1820~1895)를 거쳐서 레닌Vladimir Ilich Lenin(1870~1924)에 의해 완성되었다고 할 수 있다. 이를 바탕으로 마르크스와 레닌에 의해서 정당政堂도 탄생하였다. 공산당共産黨이 그것이다. 이후 공산당은 소련을 위시하여 많은 동유럽과 중국대륙 그리고 인도차이나 반도, 쿠바, 북한 등지에서 정착하게 된다.

사실 마르크스주의는 영국과 프랑스의 시민혁명과 산업혁명産業革命 등 유럽의 정치, 경제 및 사회시스템이 격심한 동요를 하면서 등장하기 시작했다. 특히 1789년에 발발한 프랑스 대혁명은 자유, 평등, 박애라는 3대 새로운 이념理念을 목표로 내세운 풀뿌리 시민혁명이었다. 당시 앙시앙레짐 Ancien regime, 즉 구舊체제의 불합리성 하에서 신음하던 프랑스 시민들은 당시 세상을 지배하던 신분세습제도와 봉건전제군주제에 반기를 들고, 이를 전복하여 시민의 자유와 인권을 획득하고자 했던 역사적 사건이었다.

특히 프랑스의 생시몽Claude-Henri de Rouvroy, comte de Saint-Simon(1760~1825)[8]과 푸리에François Marie Charles Fourier(1772~1837)[9] 그리고 영국의 오언Robert Owen(1771~1858) 등 비폭력적인 '공상적 사회주의자'들과 프랑스의 바뵈프 Gracchus Babeuf(1760~1797)[10]와 블랑퀴Louis-Auguste Blanqui(1805~1881)[11] 그리고

---

[8] 프랑스의 사회개혁가로서, 기독교 사회주의의 바탕을 마련한 중심인물 가운데 한 사람이다. 그는 자신의 저서 『새로운 그리스도교Nouveau Christianisme』(1825)에서 인간의 형제애가 산업과 사회의 과학적 조직화와 함께 이루어져야 한다는 주장을 펴기도 했다.

[9] 프랑스의 사상가로서, 공상적 사회주의자이다. 그는 자본주의 사회의 모순을 날카롭게 지적하고, 자유로운 생산자의 협동조합인 팔랑지phalanxes를 실현할 것을 주장하였다. 대표적인 저서로 『4운동의 논리』, 『산업적 조합의 신세계』 따위가 있다.

[10] 프랑스 혁명시대의 정치선동가로서 칼 마르크스의 사상적 스승이라고 불린다. 그는 토지의 개인소유를 인정하지 말아야 한다는 주장을 했으며, 또한 백만 명의 호의호식을 위해서 2000만 명이 노동으로 혹사당하고 있다고 주장했다.

[11] 프랑스의 혁명적 사회주의자로서, 그의 주된 사상은 진정한 사회주의를 실현하려면 먼저 일시적인 독재정치가 불가피하다는 것이었다. 이 독재정부가 부르주아를

독일의 바이틀링Weitling, Wilhelm(1808~1871)[12] 등 '혁명적 공산주의자들'은 모두 프랑스혁명의 평등사상으로부터 영향을 크게 받은 사람들이었다. 마르크스와 엥겔스 역시 프랑스혁명의 자유와 평등이념에 절대적인 영향을 받았다. 이렇게 본다면 공산주의의 지식은 자본주의사회의 모순과 문제를 지적하고 비판하면서 탄생하였다고 할 수 있다. 여기서 중요한 사실은 '지식이란 기존의 사회체제를 비판하면서 탄생하기도 한다'는 점일 것이다. 한마디로 공산주의의 지식은 반反자본주의의 지식이다. 그렇다면 공산주의사회의 지식과 자본주의사회의 지식은 왜 이렇게 다른 것인가? 그렇다면 어떤 것이 진정한 지식인가? 아니면 공산주의의 지식과 자본주의의 지식은 본질적으로 동일성의 연장은 아닌가? 아니면 자본주의 지식의 수정이며 비판인지 또 아니면 전혀 다른 차원의 지식의 탄생인지? 그렇다면 왜 이러한 현상이 발생하는 것인지? 도대체 지식이란 무엇이란 말인가? 지금이 바로 이런 질문들에 대해서 우리가 답을 해야 할 시점일지 모른다.

사실 청년 마르크스는 반봉건적 절대주의국가였던 자신의 조국 독일 땅에서 프랑스식 민주혁명을 실행해 보고자 했다. 그러나 당시 독일의 상황은 프랑스와 달랐다. 왜냐하면, 독일은 소위 혁명을 주도해야 할 자본가 계급인 부르주아지Bourgeoise가 프랑스보다 훨씬 취약했기 때문이다. 구시대의 유산인 앙시앵레짐, 즉 왕과 영주가 세상을 지배하는 신분계급사회와 봉건영주사회를 철폐하고 계급이 없는 이상사회를 꿈꾸고 있었던 마르크스에게는 혁명을 주도할 강력한 세력이 필요했다. 고심 끝에 마르크스는 당시 인구의 절대다수를 차지하고 있었던 '노동자 계급'을 혁명주체로 만들기로 작정했다. 이른바 프롤레타리아Proletariat의 탄생이 바로 그것이었다.

무장해제시키고, 교회와 대지주들의 재산을 몰수하며, 이어 거대산업과 재벌을 정부통제하에 두게 한다는 것이다. 그다음 단계로서 산업과 농업 간의 연대를 형성하고 과감한 교육정책을 실시하여 인민들이 인민의 필요에 따라 국가경제를 재편할 수 있게 한다는 것이다.

[12] 그는 독일의 첫째 프롤레타리아트 작가 중의 한 사람으로서 블랑키와 공동으로 연구하였다. 독일 유토피아 평등주의 사회주의자로서 프롤레타리아 운동의 순회 활동가였다. 그러나 훗날 마르크스에 의해 비판을 받았다.

처음에 마르크스는 혁명주체를 부르주아계급으로 생각했었다. 왜냐하면, 상공업을 발달로 인해서 갑자기 돈(자본)을 벌기 시작하면서 사회의 중심세력으로 부각된 시민세력, 즉 부르주아계급은 한편으로는 자신들의 자기 성장 동력을 믿고 있었으며, 다른 한편으로는 자본주의의 문제점을 잘 파악하고 있다고 생각했기 때문이었다. 따라서 마르크스는 이들이 바로 사회혁명의 주체가 될 수 있을 것으로 굳게 믿게 되었다. 또한, 프랑스 대혁명이나 그 전에 있었던 영국의 명예혁명 그리고 미국의 독립전쟁 등도 자본가세력인 시민계층, 즉 부르주아계급들이 혁명의 주체였기 때문이다

그러나 마르크스는 부르주아가 주체가 되는 혁명으로는 무엇인가 불충분하다는 생각을 하게 된다. 즉 왕과 영주 등 귀족계층에 대한 불만은 부르주아 시민세력만이 가지고 있는 것이 아니라, 이들보다 더 밑바닥 계층에서 살아가는 사람들이 훨씬 더 많다는 사실을 인식하게 되었다. 마르크스에게 가장 필요한 것은 프랑스의 경우처럼 정치적 해방을 추구하는 부르주아 혁명만으로는 불충분하고 '인간적 해방'이 보다 절실했다. 결국 인간(성)해방은 마르크스 혁명에서 가장 커다란 이데올로기가 된다. 이러한 혁명의 주체세력은 하층계급으로서 당시 전체 인구의 대부분을 차지하던 '노동자(농노)계층'이 되는 것이 마땅하였다. 이들을 마르크스는 프롤레타리아라고 명명했다.

1840년대부터 헤겔의 변증법과 포이엘바흐Ludwig Feuerbach(1804~1872)의 유물론적 인간주의사상을 연구하던 마르크스는 이러한 이론적 배경 위에서 프롤레타리아에 의한 혁명의 필요성을 제한하기에 이른다. 그것이 바로 『도이치이데올로기Deutschideologie』(1845/46)의 출간이었다. 엥겔스와 함께 저술한 이 책에서 마르크스는 사회의 '물질적 생산관계와 생산력'이 역사발전의 원동력임을 규명하고, 이데올로기나 정치는 물질적 생산관계의 변화에 따라 결정된다는 역사적 유물론을 제시하였다. 이로써 마르크스와 엥겔스는 헤겔의 관념론觀念論적 변증법과 포이어바흐의 사회의식이 부재한 유물론적 휴머니즘을 극복하고 자신들의 고유한 유물론적 토대를 구축하였다. '유물론적 변증법'이 바로 그것이다. 결국, 이들이 주장하는 인간적 해방이란

공산주의혁명을 통한 모든 인간의 '자기소외自己疎外'[13]의 극복과 모든 계급으로부터의 해방을 의미하게 된다.

이들에게 인간은 '사회적 존재'이다. 이들의 사적史的 유물론에 의하면, 인간은 '생산관계生産關係'를 중심으로 상호 일정한 사회적 관계를 맺는다. 그런데 생산관계는 그 시대의 생산력에 의하여 결정된다. 결국, 이들의 유물론은 인간 삶의 '역사성'을 기반으로 형이상학적 유물론의 사변성과 기계적 유물론의 무생물적 한계를 극복한 '사회적-유기적 유물론'으로 구상되었다. 즉 생산력과 이에 따른 생산관계라는 경제적 요인은 사회구성의 토대로서 하부구조이며, 정치제도, 법률, 사상, 종교, 문화 등은 경제적 토대 위에 구축되는 상부구조上部構造가 된다.

따라서 만약 하부구조가 바뀌면 상부구조도 당연히 바뀔 수밖에 없다. 즉 사회를 바꾸는 혁명을 위해서는 하부구조를 바꾸어 주면 된다. 여기서 중요한 것은 경제요인으로서의 하부구조를 구성하는 핵심은 '생산력'인데, 생산력은 정해진 것도 아니고 고정된 것도 아니며 한계가 있는 것도 아니다. 즉 생산을 담당하는 인간의 지능이나 능력 그리고 과학기술의 발달에 따라서 생산력은 달라진다. 한마디로 하부구조는 '생산력의 여하'에 따라서 항상 역동적으로 달라질 수 있다. 그러나 생산력은 역동적인데 반하여 생산관계는 고답적이다. 생산력, 즉 과학과 기술, 즉 테크놀로지의 발달과 인간능력의 향상에도 불구하고 이미 만들어진 생산관계, 즉 사용주(자본계급)와 노동자(노동계급)의 관계는 요지부동이다. 왜냐하면, 지배하는 자는 항상 누군가를 지배하고 싶은 원초적 욕망을 가지고 있기 때문이다.

결국, 사회에서는 서로 양립할 수 없는 모순이 발생하게 된다. 이러한 모순이 계급관계로 전이되어 급기야 상호 간의 이데올로기 갈등으로까지 전개된다. 이로써 '지배계급'과 '피지배계급'이라는 두 개의 상이한 계급이 생겨나면서 모순과 갈등은 증폭된다. 이를 해소하기 위해서 사회에서 '계급투쟁'은 어쩔 수 없는 노릇이다. 다시 말하면, 낡은 생산관계를 유지함으로써 이득을 보게 되는 유산계급(지배계급)과 생산관계를 새롭게 바꿈으로써 이

---

[13] 사실 소외疎外의 개념은 헤겔과 포이엘바하의 개념이다.

득을 볼 수 있을 것으로 예측되는 무산계급(피지배계급) 간에는 투쟁이 일어날 수밖에 없게 된다.

만약 하부구조인 이러한 생산관계 내지 생산체제가 혁명을 통하여 새롭게 변화되거나 혁신된다면, 상부구조 역시 자동적으로 변화된다. 대표적인 상부구조가 바로 '정치체제'이다. 왜냐하면, 당시는 정치 또는 정치경제가 모든 것을 지배하던 핵심요인이었기 때문이다. 구체적으로 당시 노동자 계급의 해방은 곧 인간의 해방이다. 왜냐하면, 당시 산업혁명을 통하여 농민층(농노계급)은 대부분 노동자층으로 전환되었고 대부분의 사람들은 노동자 계급에 속했기 때문이다. 결국, 당시 인간해방을 외치고 왜곡된 인간성의 회복을 주장하는 시민정치혁명은 생산현장에서, 즉 생산관계의 혁명으로부터 이루어질 수밖에 없다. 전통적인 구시대적 정치상황, 즉 봉건계급사회를 개혁해 줄 정치혁명을 위해서는 먼저 노동현장에서 생산관계에서의 혁명을 완수해야 한다. 한마디로 정치(상부구조)혁명을 위해서는 경제(하부구조)혁명이 우선적으로 요청된다. 프롤레타리아 혁명이 필요한 이유가 바로 여기에 있었다. 이런 관점에서 마르크스와 엥겔스는 당시 인류역사에 나타난 원시공산사회, 고대노예사회, 중세봉건사회 그리고 근대자본주의사회 등 여러 역사적 사회제도의 출현과 붕괴를 오로지 생산력과 생산관계의 모순이라는 사회발전의 법칙에 의거하여 설명하였다. 결국, 이들은 자본주의사회가 바로 이러한 역사법칙에 따라서 결국은 붕괴하고 만다는 결론을 내렸다.

그러나 이들의 사적史的 유물론은 역사의 발전에 있어서 경제적 요인을 중요시할 뿐이다. 따라서 이러한 역사관은 일반적인 경제사관經濟史觀과는 다르다. 이들에 의해 주창된 사적 유물론의 핵심은 자본주의사회에서 상존하는 생산력과 생산관계의 모순은 반드시 프롤레타리아 혁명을 유발하게 되고, 프롤레타리아 혁명의 승리에 의하여 결국 자본주의적 생산관계는 와해되기 때문에 마침내 생산수단의 공유를 기초로 하는 공산주의사회에 도달한다는 것이었다. 이렇게 본다면 이들의 사적 유물론은 계급투쟁사관階級鬪爭史觀으로 행동강령에 방점이 옮겨지게 된 셈이다.

마르크스와 엥겔스가 계급투쟁사관을 구체적으로 제시한 것은 1848년 2월 혁명 직후에 발표한 <공산당선언共産黨宣言>에서였다. 여기서 이들은 우선 생산력의 발전에 따라서 자본주의가 이룩한 진보를 극찬하였다. 그러나 이들은 역사적으로 자본주의사회가 출현하기까지의 유럽의 역사를 계급투쟁의 관점에서 서술하면서, 자본주의자들이 이룩한 자본주의는 자체적인 모순을 가지고 성장했다고 주장하게 된다. 따라서 처음부터 모순을 안고 태어난 자본주의는 반드시 멸망할 것으로 예언한다. 이것이 바로 이들의 역사변증법적 사유였다. 그러나 이들은 우리가 역사적 운명인 자본주의의 멸망을 앉아서 기다릴 필요는 없다는 주장이다. 즉 인위적인 혁명이 필요한 것이다. 그것이 바로 프롤레타리아에 의한 혁명이었다. 이제 이들에게 혁명은 필수적 과업이 된다. 결국, 본질상 모순을 안고 태어난 자본주의는 프롤레타리아의 계급혁명에 의하여 붕괴될 수밖에 없는 것이다.

그러나 혁명은 실패로 돌아갔다. 마르크스는 2월 혁명이 좌절된 후 영국으로 망명하여 학문 - 특히 경제학 이론의 - 연구에 전념하였다. 그의 『자본론資本論』(1867)은 이렇게 집필되었다. 이는 자본주의가 왜 멸망할 수밖에 없는가에 대한 근거를 세상에 논리적으로 설명하기 위함이었다. 이 책에서 그는 우선 영국에서 발달한 '고전경제학'의 여러 범주들을 비판했다. 특히 노동가치설과 잉여가치剩餘價値에 대한 논박에서, 마르크스는 노동으로 인해 발생한 잉여가치가 정당하게 노동자들에게 분배되지 않고 생산수단을 소유한 자본가에게 '착취搾取'되면서 노동자는 단순한 임금노동자로 전락하게 된다는 주장을 하게 된다. 이때 '소외疎外, Entfremdung'의 현상이 발생한다. 즉 노동자들은 자신들의 생산력을 통해 획득해야 할 노동의 가치 대신 기계처럼 노동력을 매판 하게 되면서 인간소외의 경험을 하게 된다는 것이다. 다시 말하면 노동자들은 자신들의 생산력을 토대로 일구어낸 삶의 터전인 노동현장에서 단순한 기계로 전락하게 되어 일용노동자가 되면서 결국 자신이 만든 인간의 삶 터에서 스스로 쫓겨나는 신세가 된다. 한마디로 열심히 일한 자신들은 기계에게 자리를 내주면서 스스로 '소외'가 되는 것이다.

물론 공장에서 사용주(지배자)는 잉여소득을 재투자를 위해 비축해야 한다고 주장한다. 따라서 잉여가치는 이윤이 되어야 한다는 것이다. 다시 말하면, 미래의 재투자를 위해서 남는 이윤은 잉여로 착취되는 것이 아니라, 비축되는 것이 옳다는 주장이다. 그러나 노동자들이 필요 이상의 노동으로 현장에 동원되면서 자신들의 노동력은 착취의 대상이 된다고 주장한다. 다시 말하면 이윤과 재투자를 위해 비축되는 잉여가치는 생산력을 소유한 노동자들에게 돌려져서 오히려 노동자들의 복지나 휴식에 '(재)투자'되어야 한다는 것이다. 왜냐하면, 자본주의는 본질적으로 '생산력'의 작용에 의거하여 발전하여 왔기 때문이다.

여기서 부르주아지와 프롤레타리아는 근본적으로 대립하게 되며 급기야 이러한 대립은 계급투쟁으로 이어질 수밖에 없다는 것이다. 따라서 자본주의가 제대로 발전하기 위해서는 생산관계에서 발생하는 근본적인 모순을 제거해야 한다. 즉 자본주의의 핵심인 생산력은 생산관계나 생산수단의 개입으로 삭감되거나 삭제될 수 없다. 결국, 이들이 제시하는 해결책은 '생산관계를 정상화'하는 것인데, 이는 그동안 부르주아 계급이 독점적으로 소유했던 생산수단을 '사회 전체가 공유'해야 한다는 것이다. 심지어 공장에서는 노동생산력을 제공하는 노동자들이 직접 생산수단을 장악하고 운영할 때 비로소 노동현장은 정상화될 수 있다. 이것이 바로 자본론 1권의 핵심 내용들이다.

마르크스는 <자본론> 2권과 3권의 출간을 보지 못하고 죽었다. 엥겔스는 마르크스의 원고에 자신의 이론을 덧붙여서 <자본론> 2권과 3권을 출간했다. 여기서 엥겔스는 사적 유물론과 잉여가치론으로 이제 사회주의이론은 하나의 과학이 되었다고 자부하였다. 그러나 엄밀히 말하면, 마르크스의 사상은 '유물론적 변증법'이었다면, 엥겔스는 '변증법적 유물론'을 구상하였다고 할 수 있다. 즉 마르크스의 관점은 헤겔의 변증법의 학문의 연장 선상에 서 있었지만 물론 그의 변증법은 사회현상에 적용하고 있지만, 엥겔스는 변증법을 단지 자신의 '유물론'의 논리를 변호하기 위해서 '도구'로 사용했을 뿐이다. 하여간 이러한 연유로 우리는 마르크스주의를 '과학적 사회주의'라고 부르고 있다. 반면 마르크스보다 자신보다 먼저 사회주의이론을 세운 생시몽, 푸리에, 오언 등의 사회주의이론에는 과학성이 부재하다고 '공상적 사회주의'라고 한다.

19세기 중엽까지 사람들은 공산주의와 사회주의를 같은 개념을 사용하였다. 지금도 양상은 비슷하다. 마르크스는 '혁명적 사회주의'를 '개량주의적 사회주의'와 구별하기 위하여 전자를 '공산주의'라고 명명했다. 1875년『고타 강령 비판』에서 그는 계급 없는 공산주의의 비전을 제시하였는데, 여기서는 1단계의 공산주의와 2단계의 공산주의에 대해서 논하고 있다. 1단계 공산주의와 2단계 공산주의의 기준은 '완전 분배와 평등사회'이다. 레닌은 1단계 공산주의를 '사회주의'라고 명명했다.

한편, 공산주의는 '노동자가 개인의 능력에 따라 일하고 그의 생산력에 따라서 분배를 받는다'는 기본원칙을 가지고는 있다. 그러나 이로써 완전분배와 이에 따른 평등사회의 실현은 불완전하다. 왜냐하면, 인간의 욕심은 누군가에 의해서 완전히 통제될 수 없기 때문이다. 즉 완전분배와 평등사회의 실현이 공유된다고 해도 개인에 대한 사회적 통제는 필수적이다. 따라서 '개인은 능력에 따라 일하고 필요에 따라 분배를 받는다'는 공산주의의 원칙이 수립된다. 결국, 1단계를 거쳐서 2단계의 완전한 공산주의로 가기 위해서는 과도기의 전략으로서 '프롤레타리아의 독재'가 요청된다. 즉 특정한 사회가 아닌 프롤레타리아 모두가 '사회적 통제기구'가 되어야 한다. 물론 이를 위해서는 일차적으로 프롤레타리아 혁명이 필수다. 이렇게 본다면, 독재는 공산주의사회에서 과도기의 통치방법이며 전략이 된다. 특히 레닌은 사회주의 정권은 반드시 프롤레타리아의 독재정권이 되어야 한다고 주장했다. 왜냐하면, 사회주의 정권은 반드시 공산주의로 전환됨으로써 사회주의 혁명이 완성될 수 있기 때문이다. 따라서 프롤레타리아 독재는 헤게모니를 창출할 수 있는 가장 확실한 방법이며 궁극적으로 공산주의사회를 수립하기 위한 필수전제조건이다. 인공물人工物로서 탄생하는 프롤레타리아 독재정권의 창출로써 그의 유물론은 완성된다.

정리하자면, 마르크스의 진단에 의하면 당시의 노동자들에게는 '인간소외'의 고통이 가장 큰 문제였다. 노동계층에게 인간소외의 고통을 안겨주는 이유는 무엇일까? 일단 자본주가 잉여를 착취하기 때문이다. 노동자들은 자신이 일을 한 만큼만 대우를 받아도 사정은 좀 나아질 것이다. 그렇다면 무엇이 문제인가? 자본주資本主의 독선獨善 때문이다. 그렇다면 자본가의 독선은 왜 가능한가? 바로 '생산수단生産手段'을 지배하고 있기 때문이다. 결국, 생산수단을 소유한 자본주가 노동으로 파생된 잉여 자본을 착취하는 바람에 노동자계층은 인간 대우를 받지 못하는 형국이 되지 못하고 인간 이하의 대우를 받게 됨으로써 인간의 자기소외현상은 가중되고 만다. 여기서 인간의 자기소외란 인간의 노동의 산물이 사유재산이 되면서 오히려 그 것이 인간(노동자)을 지배하는 현상에서 비롯된다. 결국, 이러한 인간의 자기소외현상이 해결되지 않는 이상, 궁극적으로는 인간성 상실도 시간문제이다. 따라서 마르크스에게 공산주의는 단순히 재산을 공동으로 소유하는 것만이 아니라, 이를 통한 인간소외의 극복 및 인간성(인간의 본질)의 회복을 의미하였다. 이를 위해서는 사회혁명革命이 절실하였던 것이다.

이러한 자신감에 마르크스는 '실제의 행동과 실천'을 요구하는 공산당 선언에까지 가담하여 프롤레타리아혁명proletariat revolution의 역군이 된다. 그러나 이렇게 시작된 공산사회주의운동은 마르크스 사후 레닌Vladimir Lenin(1870~1920), 스탈린Joseph Vissarionovich Stalin(1879~1953) 등 행동파들에 의해 주도된 1917년 볼셰비키혁명Bolschevik Revolution[14]을 기점으로 역사를

---

[14] 1917년 3월 러시아 페테스그라에서 노동자들이 짜리즘 타도, 전쟁 반대 등의 구호를 내걸고 일어난 시위는 3월 11일(러시아력 2월 26일)에 자생적으로 혁명적인 동란으로 발전되었으며, 군대도 이에 동참하여 노동자, 병사 사이에 소피에트가 조직되었다. 이에 러시아는 혁명의 급진화를 막고 전쟁을 계속하기 위해 황제의 퇴위를 선언하고 임시정부를 수립하기에 이른다. 이리하여 약 300여 년의 역사를 지닌 로마노프 왕조는 사라지게 된다. 임시정부는 개혁을 약속함으로써 민중의 환심을 사서 전쟁을 속행하고자 한 데 비해서, 소비에트는 전쟁에 반대하고 무병합, 무배상의 원칙 강화를 신속히 성립시킬 것을 주장하였다. 소비에트 내에는 처음에는 사회혁명당, 멘셰비키 세력들이 강하였으나, 4월에 레닌, 5월에 트로츠키 등이 돌아온 뒤에 볼셰비키 세력이 강해졌다. 특히 레닌은 '자본주의 타도 없이 종전은 불가능하다'는 등 10개 항에 걸친 '4월 테마April Theses'를 발표하였다. 이것이 곧 볼셰비키 방침이 되어 '임정타도, 모든 권력은 소비에트로'라는 구호를 내걸고 임시정부에 대항했다.

소용돌이 속으로 몰아넣는다. 즉 소련지역에서 공산주의 정권이 수립되면서 자본주의사회와 정면으로 대치하는 '냉전의 시대cold war'가 시작된 것이다. 그러나 1989년 '베를린 장벽'의 붕괴와 함께 소비에트 공산주의 정권은 역사의 뒤안길로 사라지게 된다. 결국, 공산주의사회의 소멸은 공산주의 '지식'의 사멸을 의미한다. 즉 사회시스템의 탄생과 소멸은 지식의 탄생과 소멸과 운명을 같이 하고 있다는 사실이다. 물론 마르크스의 이론이 공산주의사회의 멸망과 함께 사멸한 것은 아니다. 지금도 여전히 마르크스의 이론을 연구하는 사람들이 존재할 것이고, 앞으로도 그럴 수 있다. 그럼에도 불구하고 현실적으로는 더 이상 우리 사회에서 지식으로서 구실을 할 수 있는 확률은 거의 없다고 할 수 있다. 즉 공산주의 사회 역시 이론과 실제 사이에는 분명히 차이가 있었다. 이를테면 계급 없는 평등사회를 지향하는 사회주의, 공산주의 사회에서 새로운 지배 계급이 등장하는 결정적 모순이 대표적이다. 결국, 현실과 이상 사이에 발생한 모순이 계속 이론적으로 밝혀지면서 공산주의사회의 실험은 실패로 종결되고 말았다. 따라서 이론과 실제, 현실과 이상 간의 괴리감이 밝혀지는 속도에 따라 공산주의사회의 지식은 진정한 지식의 대열에서 점점 더 멀어지고 있다.

그러나 중요한 것은 공산사회의 이론적 토대가 된 본래의 지식의 탄생은 영원하다. 이를테면 공산주의사회가 멸망했는데도 불구하고 마르크스의 공산주의 이론이 여전히 중요한 지식으로서 인용되는 이유는 분명히 존재한다. 그러나 모순과 모순으로 점철된 당대의 지식들은 그 사회의 소멸과 함께 소멸될 수 있다는 점은 공산주의사회의 지식도 결코 피해갈 수 없는 운명이다. 문제는 왜곡된 공산주의사회가 멸망하였는데도 불구하고 그때 탄생한 지식들이 여전히 행세하고 있다는 사실일 것이다. 오늘날 좌익과 우익으로 나뉘어서 실속도 없이 오로지 이데올로기 논쟁에 휩싸여서 논쟁을 위한 논쟁에서 벗어나지 못하는 이유 역시 왜곡된 지식의 탄생에 지나치게 의존하고 있는지도 모른다.

그러나 마르크스의 공산주의 이론 자체에도 이론으로서 또는 학문으로서의 한계가 엄연히 존재한다. 이를테면 이미 위에서 언급한 것처럼 마르크스의 공산주의 이론에서는 '생산관계'의 관점에서 사회과학의 논리를 세웠다는 사실이다. 주지하는 대로 '과학'은 '조건의 학문'이다. '조건의 학문'에 가장 충실한 자연과학적 방법을 차용하여 사회에 대한 연구를 '사회과학 social science'으로 정립하는 데 성공한 마르크스는 과학사에서 공적을 쌓은 것은 분명하다. 그러나 인간학Anthropologie으로서의 사회연구에서는 불충분하다. 비록 사회문제의 해결을 위해서 우선적으로 '인간의 소외문제'를 연구의 대상으로 한 마르크스의 사회과학은 분명히 '인간학의 범주'를 벗어날 수 없다. 그럼에도 불구하고 인간을 연구하는 인간학은 자연과학의 방법이나 관점에 만족할 수 없다. 왜냐하면, 자연과학은 하나의 조건에 따라 결과를 낼 수 있지만, 인간에 관한 과학은 하나의 조건이 아닌 '多조건'에서의 결과를 내야 하기 때문이다. 심지어 인간의 조건은 '역동적으로' 항상 움직이는 조건들로 구성된다. 다시 말하면, 과학이 조건의 학문이라고 한다면, 인간학은 다양하고 역동적인 조건을 만족할 수 있는 방법론에 의존해야 한다. 따라서 조건이 바뀌면 다른 결과가 나오는 자연과학의 논리와 항상 움직이는 역동적인 多조건을 모두 만족시켜야 하는 인간학의 연구방법은 결코 동일할 수가 없으며 동일해서도 안 된다.

설령 모든 학문(인문학 포함)이 자연과학의 방법론을 적용한다고 해도 '조건'이 바뀌면 결과도 달라진다. 마르크스는 '생산관계'라는 특정한 조건에서 인간의 소외문제를 풀어갔다. 자연과학적 방법론에 충실한 사회과학의 완성이었다. 그러나 만약 조건이 바뀐다면 마르크스가 도출한 결과는 달라진다. 마르크스를 추종하는 프랑크푸르트학파에 의해서 이러한 논리는 입증되었다. 마르크스는 생산관계라는 조건 하에서 논리를 전개하여 인간소외의 문제를 풀었지만, 프랑크푸르트학파는 '소비관계'라는 조건 하에서 사회문제를 풀었다. 결과는 다르게 나왔다. 소비관계라는 조건 하에서 인간에게는 소외의 문제와는 달리, 익명성의 대중사회에서 보이지 않는 손 - 이를테면 문화산업 등 - 에 의해서 개인이 대중(조작)으로 전락되는 것이 더 심각한 문제로 부각된다. 한마디로 과학에서는 조건이 달라지면 결과도 달라진다.

이렇게 본다면, 지식도 '조건의 지식'이다. 따라서 인간의 삶이 어떤 조건에 놓이는가에 따라서 인간의 지식도 달라진다. 분명한 것은 인간의 삶은 자연과학에서 전제하는 것처럼 단일한 조건에서 단일한 사실을 발견하는 것이 아니라, 인간의 삶은 '역동적인 다양한 복합적 조건'을 만족시켜야 한다. 따라서 인간의 지식 역시 이러한 조건, 즉 역동적이며 다양한 복합조건을 만족시킬 수 있는 지식이 창출되어야 한다. 다조건과 복합적으로 움직이는 조건을 만족시키는 지식, 그것이 바로 진정한 지식의 탄생이다.

결국, 공산주의사회에서는 공유재산과 공유소유 등의 개념과 함께 지식의 탄생도 이루어져 왔다. 물론 현대적 의미의 공산주의는 원시공동체, 즉 자연발생적인 공산사회에서 시작하였지만, 시간의 흐름 속에서 특히 무산계급無産階級인 프롤레타리아의 세력이 확장되면서 자본가계급인 부르주아와 대립관계가 형성되었다. 이들은 사회문제를 해결하여 궁극적으로 모든 인간이 '소외'에서 해방되어 이상적 사회에서 살아갈 것을 호소하면서 지식도 발전시켜 왔다.

그러나 마르크스주의 이론에 입각한 공산주의사회는 이미 기존적인 자본주의의 문제점과 한계를 비판하고 고발하는 것으로 범위가 제한되어 온 셈이다. 따라서 이들은 기존의 사회제도에 대한 비판적 지식으로만 무장되어 있다. 결국, 이들의 지식은 그것이 아무리 대의명분에 충실하다고 해도 하나의 비판대상을 정하고 시작하기 때문에 삶의 전체적 맥락에서 탄생한다고 할 수는 없다. 한마디로 '비판을 위한 비판으로만' 상황이 종료된 셈이다. 한 예로 이들은 프롤레타리아 독재가 불가피한 근거를 느슨한 사회주의에서 강력한 공산주의로 혁명하기 위해 필요하다는 주장한다. 그러나 사실 혁명을 위한 독재의 필요성은 오히려 우리 사회의 근본구조인 하이어라키hierarchy 사회구조의 문제에 있다. 즉 하이어라키 사회구조에서는 반드시 지배층과 피지배층이 존재한다. 누군가가 지배자로서 사회를 통치를 해야 하는데, 그 지배의 과정에서 발생하는 문제점들이 고발되어야 한다. 우리 사회가 누군가가 반드시 지배해야 하는 하이어라키 구조를 지속하는 한, 혁명을 통한다고 해도 사회는 변화될 것이 없다. 즉 프롤레타리아 혁명이 성공한다고 해도 결국은 프롤레타리아가 주인이 되고 과거의 지배계층은 종이 되는 것이기 때문에 주인과 종의 위치만 바뀌는 것이다. 아무것도 변화되는 것이 없다. 종전의 지배자와 피지배자 간의 위치만 바뀌었을 뿐이다. 왜냐하면, 지배자와 피지배자의 관계에서 인간성 훼손의 문제는 크게 변할 일이 없기 때문이다. 오히려 내용이 혁신될 수 있다면, 그것은 거의 지배자의 인격적 차원에 달려 있다고 할 수 있다. 이는 우리가 그 사람이 국회의원이 되면 좋을 것 같아 뽑아 주지만, 결국 그는 국회에 입성하는 순간 이내 기득권, 즉 지배권력이 되고 만다. 물론 인격자가 있을 수는 있다. 그러나 현재 우리 인류가 만들어 낸 하이어라키 지배 - 피지배의 사회구조 속에서는 피치 못할 한계가 존재할 뿐이다. 개구리가 올챙이 적 생각을 못 한다고 하지만, 그게 아니고 지배 - 피지배 구조의 하이어라키 사회에서는 어쩔 수 없는 한계이다. 왜냐하면, 자기도 하이어라카 조직에서 살아남아야 하기 때문이다. 설령 인민해방이 이루어진다고 해도 누군가가 누군가를 지배하고 통치해야 하는 구조는 바꿀 수 없다. 사자가 없는 굴에서는 토끼가 지배한다. 결국, 하이어라키 사회구조에서는 누군가가 누군가를 지배할 수밖에 없다. 마르크스주의는 이러한 점은 못 보고 있는 것이다. 오히려 혁명론자들은 하이어라키 hierarchy 사회구조를 근본적으로 제거하는 데 보다 주력했어야 했다. 이러한 일은 프롤레타리아가 혁명의 주체가 되고 심지어는 이들이 헤게모니를 얻어서 독재해야 한다는 논리보다 훨씬 근본적이다.

니체에 의하면, 모든 지식은 '관점의 지식'이다. 즉 관점에 따라서 지식도 달라질 수 있다는 말이다. 공산주의 이론도 하나의 관점이다. 이론은 모든 관점을 포용할 수 없다. 물론 하나의 관점이 사회에 영향력을 줄 수 있는 기여도 가능하다. 그러나 하나의 관점에서 만들어진 지식이 모든 사안을 일반화시키는 소위 '일반화의 오류'를 범해서는 안 된다. 특히 발생학적 관점에서 볼 때, 공산주의사회에서의 지식 역시 극히 인위적이고 제한적으로 탄생했다고 할 수 있다. 이렇게 본다면, 다른 이론과 마찬가지로 일반화의 오류를 범하고 있는 공산주의사회의 지식 역시 공산주의가 원시공산사회를 왜곡하는 만큼 지식의 탄생을 왜곡하고 있다고 할 수 있다.

03 정치적 차원

1. 독재주의와 지식체계

1.1 신권사회와 지식

신권사회神權社會란 말 그대로 신의 권한을 부여받은 자가 통치하던 시대를 말한다. 즉 신권사회는 지배자가 신 또는 신의 대리인으로 간주되고, 절대적인 권력으로써 인민을 지배하는 신권정치神權政治, Theocracy의 체제를 가진 사회이다. 예로부터 신적 권위를 가진 인간은 종교를 이끄는 사제, 목사, 스님 등 직업으로서의 종교지도자라고 할 수 있다. 따라서 일반적으로 신권정치란 '직업적 종교인에 의한 정치'라는 의미로 사용되기도 한다. 이 용어는 기원전 1세기의 유대인 사상가 요세푸스Josephus가 처음 사용했다.

여기서는 정치적 권력과 종교적 권력이 분리되지 않는다. 그러나 권력자의 명령은 곧 법이고, 피지배자의 외부적 행동뿐만 아니라 내면적 심정心情까지도 지배한다. 역사적으로 인류는 신권사회를 태동시키면서 사회적 존재가 되었다. 즉 일반적으로 고대사회에서 근대사회 초기까지는 동서양을 막론하고 신권정치가 널리 행하여졌다고 할 수 있다.

신권사회의 뿌리는 '제정일치祭政一致'의 시대로 거슬러 올라갈 수 있다. 이때 제사장은 사회통치를 겸했다고 알려져 있다. 두 개념 모두 신이 계신 하늘을 가장 경외하는 점이 동일하며, 주로 지역의 '원로元老'가 이의 직책을 수행했다. 다만 신권사회는 신의 권위와 권력을 위임받은 통치자가 신처럼 전지전능한 힘을 가지고 통치하고 지배했다는 사실에 강조점을 두고 있다. 반면에 제정일치시대에는 하늘과 땅에 널린 신들을 경배하고 예배하는 제례의식을 주재하는 제사장의 역할을 보다 강조했다는 점이 다르다.

역사적으로 유대인들의 신권정치는 크게 세 가지 형태로 전개되었다. 첫째, 카리스마적 신권정치이다. 이는 신으로부터 특별한 능력을 받은 자가 이스라엘 12부족 연합의 군사적 위기를 구하기 위함이었다. 둘째, 왕정王政적 신권정치이다. 이는 기원전 11세기경부터 이스라엘 민족을 신의 대리자로서 왕이 다스리는 도입된 왕정으로서 신의 계율을 왕이 준수하는 한 왕제는 태평성대를 가능하게 한다는 목표를 달성하기 위함이었다. 셋째, 제사장祭司長적 신권정치이다. 이를테면, 바빌론 포획에 의해서 왕정적 신권정치가 폐지된 후 포획 후기의 유대인은 대제사를 장長으로 하는 제사단에 의해 다스려졌다. 특히 세 번째의 제사장적 신권정치는 제정일치의 신권사회가 계승된 흔적이다. 그러나 이들 세 가지 신권정치체제에서는 전지전능한 신의 권한을 대리하여 통치자에게 전제주의의 독단적 리더십이 허용된다.

고대 오리엔트, 이슬람 세계, 인도, 중국, 일본 그리고 유럽에서도 각 문화의 원형과 관계하여 독자의 형태를 보인다. 고대 이집트에서는 왕(파라오)이 신이고, 고대 바빌로니아 지방에서는 왕은 신의 대변자가 되고, 제정기의 로마에서는 황제는 신의 아들로서 예배되었다. 근대의 전형으로서는 칼뱅Jean Calvin의 제네바 지배, 현대의 그것으로는 혁명 후의 '이란 정부'[15]가 이에 해당된다.

당시 사람들은 삶에서 '천재지변天災地變'을 가장 두려워했을 것이다. 살면서 주변의 맹수들의 공격은 어떻게든 갖은 수를 써가면서 피해낼 수 있었지만, 하늘에서 내리는 천재지변天災地變 앞에서는 속수무책이었다. 갑자기 길을 가다가 친구가 시커멓게 되어 쓰러진다. 벼락을 맞은 것이다. 계곡에

---

[15] 오늘날까지도 제사장적 신권정치가 남아 있는 곳이 있다. 중동아랍지역의 이슬람권이 대표적이다. 특히 이란은 1979년 이란혁명 후 성립된 호메이니Rūhollāh Khomeinī 대통령 통치하에서 다소 완화되었다고는 하지만 오늘날에도 여전히 제사장적 신권주의가 계속되고 있는 곳으로 유명하다.

갑자기 비가 내리더니 강가에서 천렵川獵을 하던 아들이 쏜살같이 떠내려간다. 하늘이 무섭고 두려운 이유들이다. 사람들은 하늘 어딘가에 신이 살고 있다고 믿었던 것이다. 또한, 갑자기 땅이 갈라지면서 가족과 친구들이 갈라진 틈새로 사라진다. 갑자기 지진이 발생한 것이다. 천둥과 번개가 일더니 산림이 불길에 휩싸이고, 산꼭대기에서 시뻘건 불덩이 강물이 쏜살같이 산 아래로 흘러내린다. 갑자기 모든 것이 불에 타 없어진다.

결국, 제사장에게 무섭고 두려운 존재로서의 신들에게 의식을 주재하면서 신들의 분노와 노여움을 달래 주는 것이 중요한 일상이 된다. 왜냐하면, 신들이 만물을 이랬다저랬다 하는 것을 보니까, 아마도 자연의 주인인 것 같고 인간도 그가 창조한 것 같다. 이때부터 창조주創造主로서의 신이 된다. 그러나 인간은 이를 주재하는 것을 자신들과는 전혀 다른 신이라고 불렀다. 이제 통치자에게 필요한 것은 신과 같은 초월적 능력을 가진 사람이다. 아니면 신과 대적할 수 있는 초超능력이 요청된다. 왜냐하면, 만물을 창조한 것으로 믿어지는 신의 존재는 '전지전능全知全能' 그 자체라고 믿어졌기 때문이다.

실제로 4대 문명의 발상지에서부터 신권정치의 흔적이 역력하다. 인류 최초의 신권정치의 흔적은 BC 3500년경 메소포타미아의 수메르 시대에 나타난다. 태양의 신을 모셨던 이집트에서 하늘의 신 호루스Horus의 화신化身이며, 태양신 라Ra의 아들로 여겼던 파라오pharaoh는 고대이집트의 왕의 칭호가 된다. 즉 통치를 하는 부족장이나 왕을 '파라오'라고 신격화시킴으로써 모두들 신권 앞에 복종하게 되었다. 따라서 고대 이집트에서는 파라오라는 지배자가 '살아 있는 신'으로 숭상되었던 셈이다. 또한, 중세유럽에서는 사제, 승려 등 '신의 대리인' 조직에 의한 지배를 교권정치敎權政治라 부르기도 했다.

결국, 이들에게는 신적으로 우월한 것 내지 초월적이고 영웅적인 것들은 모두 신권정치의 수단이 되었다. 만들어진 창조신화 내지 창조설화創造說話 그리고 영웅담英雄譚 조차도 신권정치의 훌륭한 기반이 된다. 따라서 주로 이때 지식이 탄생한다. 특히 창조신화에서 나오는 지식은 최고의 지식이다.

왜냐하면, 창조주에 대한 이야기는 최고의 사실이고 진리로 간주되었기 때문이다. 그러나 당시 '신권'을 의미하는 것에는 '미신적인 것'도 다분했다. 왜냐하면, 이들은 다신교多神教 내지 범신교汎神教에서 유래한 신들이었기 때문이다. 그러나 이러한 신들은 항상 전지전능한 능력을 보장받지 못한다. 따라서 어떤 다른 신적 권력을 가진 자가 우세하다고 하면 부족장이나 제사장은 그 자리에서 자격을 박탈당하기도 한다.

한편, 중세카톨릭시대의 신권정치는 유일신인 하나님을 기반으로 하고 있다. 다신多神과 범신汎神은 이신異神으로서 결국 미신迷信이 된다. 이때부터 이교異教 내지 이교도異教徒의 개념이 등장한다. 이교와 이교도는 배척의 대상이다. 기독교 하나님만이 유일한 창조주로서 전지전능한 신이 된다. 이제 이러한 유일신에게 권한과 권력을 위임받은 자가 진정한 통치자가 된다.

중세사회는 헬레니즘Hellenism 문화와 헤브라이즘Hebraism 문화의 결합으로 탄생한다. 오래전에 지중해의 동쪽 에게 해를 중심으로 발달한 그리스문명은 예수 탄생을 계기로 유대문명과 결별하게 되면서 기독교문화를 낳게 되었다. 중세기독교문화는 유일신사상을 기반으로 한다. 물론 로마시대에 벌어진 예수박해사건은 이의 성립에 결정적이었다. 결국, 서구세계에서의 중세시대는 기독교문화권이 중심이 되는 결과를 낳았다. 이때부터 중세신권주의사회가 수립되었다.

그러나 역사의 흐름 속에서 신의 권위가 축소되면서 신권사회의 위력도 약화될 수밖에 없었다. 이렇게 신의 권위가 약화되는 가운데에서도 신권사회와 신권지배를 강화시키려 했던 대표적인 사례가 바로 중세 가톨릭교회의 봉건국가라고 할 수 있다. 아울러 종교혁명기에 칼뱅주의자들이 지배하던 제네바사회를 꼽을 수 있다. 이는 당시 신교와 구교의 갈등과 반목 그리고 대립 속에서 신적 권위는 양쪽에서 모두 계속 추락하고 있었기 때문에 반대급부로서 당시의 종교지도자들은 신구교를 막론하고 이를 만회해 보려는 시도였다고 할 수 있다. 또한, 식민 초기의 미국 매사추세츠에서도 신권정치에 가까운 통치형태를 했다고 할 수 있다. 일본에서도 메이지 헌법 하에 일종의 왕정으로서의 신권정치를 펼쳤다고 할 수 있다.

신권정치 있어서는 정부가 공인한 유일의 종교, 국가 종교가 성립되어야 한다. 특히 일본에서는 신권정치가 근대까지 지속된 흔적도 다분하다. 이를 테면, 메이지 헌법 28조에 보면 신권정치를 허용하고 있다. 그러나 훗날 역 사가들은 이러한 신권정치를 메이지 유신시대에 걸맞지 않는다고 해석하면 서, 당시 '신도神道는 종교가 아니며 오랜 국민의 풍습일 뿐'이라는 변명도 상존하고 있다. 그럼에도 불구하고 이러한 신권사회의 흔적은 지금도 국가 에서 보호하는 왕실이 존재하는 - 비록 상징적이라고 해도 - 영국, 네덜란 드, 벨기에 등 왕실이 남아 있는 국가들도 이에 해당된다고 볼 수 있다, 이렇 게 본다면 현대사회에서도 신권사회의 흔적은 완전히 해소된 것이라고 하 기는 쉽지 않다. 다만 그러한 신의 권위가 형식상 내지 제도상 사회를 지배 하고 있다고는 단정 지을 수 없다고 해도 상징적 의미의 차원에서는 은연중 영향력을 완전히 잃었다고 할 수는 없다.

특히 서구의 중세신권사회란 말 그대로 전지전능한 기독교의 신, 즉 하나 님의 권위 앞에서 모든 인간이 복종을 해야 했던 사회를 말한다. 중세신권 주의의 뿌리는 로마교황청이다. 로마교황청은 기독교 신을 대리해서 교황敎 皇이 전권을 가지고 있다. 즉 교황은 신의 대리인으로서 전지전능하다. 신의 말씀은 진리이듯이 교황의 말씀은 곧 진리이다. 성경은 이를 대변한다. 이때 부터 성경의 말씀은 진리의 말씀이며 지식은 성경의 말씀에 따라 탄생한다. 즉 성경의 말씀에서 벗어나는 지식은 지식이 아니며 성경을 마음대로 해석 해도 안 된다. 이교도의 교리는 '처단해야 할 지식'이다. 오로지 성경 구절에 대한 "해석의 결과에 따라서"[16], 성직자가 되기도 하고, 세상에서 영원히 추 방당하기도 하며 심지어는 목숨을 잃는 경우도 허다하다. 오로지 지식의 차이 때문에 인간의 목숨도 왔다 갔다 한다. 지식이 사람의 명운을 좌우한 셈이다. 결국, 살아남는 지식은 사회적 지식이 된다. 반대로 사회가 지식을 선택한다. 새로운 지식이 사회의 성격에 따라 새롭게 발생될 수 있는 것이

---

[16] 이러한 연유로 중세시대에는 "해석학Hermeneutik, 解釋學"이라는 학문이 발달하 였다: "성서의 모든 문장들은 해석을 요구한다."(찰스 반도렌/ 오창호 옮김, 1995: 194)

다. 이렇게 본다면, 과연 지식이 사회형태에 따라서 이렇게도 되고 저렇게 되어야 하는 근거는 무엇인지? 다시 말하면, 지식과 사회의 관계는 불가결한 것인지? 아니면 사회적으로 형성되는 지식이 과연 합당한 지식인지? 또 아니면 지식과 사회는 전혀 무관해야 하는 것인지? 이러한 질문들은 우리가 (진정한) 지식의 탄생을 거론하기 위해서 해야 할 필수적 고민거리가 아닐 수 없다.

1.2 절대국가시대의 지식

중세시대는 절대시대Alsolutism의 '절대국가絕對國家'의 성립과 맥을 같다. 절대국가의 근거는 '절대왕정絕對王廷, absolute monarchy'이다. 절대왕정이란 봉건사회에서 자본주의 사회로의 파도기에 나타난 일종의 국가 형태로서, 국왕이 국가의 모든 권력을 장악하고 관료제와 상비군을 기반으로 절대적인 권력을 행사하는 통치형태를 말한다. 역사적으로 절대왕정은 16~18세기 중세 봉건 사회에서 근대 시민 사회로 이행하는 과도기에 나타난 정치체제이다. 이는 왕이 국가 통치의 모든 권력을 장악하고, 중앙 집권적 관료기구·군·경찰을 거느리며 전제 지배를 강행하는 정치 체제를 말한다. 이 시기의 귀족들은 왕과 왕후의 시종이 되는 것을 큰 영광으로 생각했을 정도이다. 왜냐하면, 절대국가는 민족끼리의 정서적 유대감으로 뭉친 '민족국가'로부터 시작되었는데, 이는 이방인으로서의 침략국인 로마교황청이 통치하는 것에 대한 민족적 저항으로서 자기 민족의 왕을 통치자로 옹립하려 했기 때문이다.

"서기 5세기경 투쟁으로 기초를 세운 서로마제국이 게르만족과 슬라브족의 공격으로 무너지고, 게르만족과 슬라브족 또한 투르크 기마대들의 공격으로 흔들렸다. 무수한 인도유럽어족들(고트족, 프랑크족, 반달족, 슬라브족, 알라만족, 롬바르드족, 베네티족, 투튼족, 바이킹족)과 훈족, 몽골족이 그 이전의 노마드들과 뒤섞여서 오늘날의 민족국가들을 형성하였다. 이 민족들과 그들이 이루어낸 문명들이 없었더라면 언어, 법제, 문화, 신앙, 국경은 오늘날과 같은 모습을 갖지 못했을 것이다. 이런 엄청난 혼합을 거쳐 강력한 두 나라가 생겨났다. 바로 프랑스와 러시아다. 프랑스는 프랑크족의 지배를 받았고, 러시아는 바이킹족의 지배를 받았다. 두 민족 모두 다른 곳에서 온 민족들이다. 한편 스페인은 비지고트족이 지배하고 있었고, 독일은 색슨족, 이탈리아는 롬바르드족이 지배하고 있었다. 프랑스, 러시아, 이탈리아, 스페인, 영국은 이렇게 해서 침략자들의 이름을 갖게 된 것이다. 독일은 세 침략자들의 이름 중 하나로서 그것을 명명한 자들의 언어로 표기된 것이다. 프랑스는 당시 골족이기보다는 로만인이나 그리스인이기를 원했고, 일부만이 프랑크족이었는데, 비지고트족, 바이킹족, 부르군트족, 유대인, 켈트족, 슬라브족, 아랍인, 투르크족, 몽골족 등 다른 많은 종족들이 뒤섞여 형성되었다. 11세기까지 계속된 바이킹족의 이동으로 덴마크인, 스웨덴인, 노르만족, 아이슬란드인, 브리타니아인, 러시아인, 시칠리아인은 공통의 기원을 갖게 된다."(자크 아탈리/ 이효숙 옮김, 2005: 26~27)

한편, 국가통치의 차원에서 절대왕정은 왕권의 강화를 위하여 관료제와 국왕의 직속 부대인 상비군을 갖추었으며 중상주의 경제 정책을 추진하고, 왕권신수설을 신봉하였다. 그런데 절대 왕정의 시대는 중세에서 근대로 넘어가는 과도기적 단계이므로 중세봉건적 요소와 근대적 요소가 함께 존재한다. 특히 절대 왕정에서도 신분 간의 차별은 여전히 엄격하였으며, 귀족들이 정치적 특권을 독점하고 중세의 길드Guild가 시민 계급의 자유로운 상공업 활동을 억제하였으며, 심지어 통제경제정책은 여전히 시민 계급의 자유로운 이윤 추구를 억제하는 등 중세적 요소가 그대로 남아 있기도 했다.

그러나 절대왕정은 중세와는 다른 근대적 요소를 가지고 있기도 했다. 이를테면 상공업과 도시가 발달하여 중세 장원 중심의 자급자족의 농업 경제를 탈피하면서 훗날 산업 혁명의 기반을 마련하였다. 또한, 절대국가의 형성과 함께 부르주아 상공시민계급이 급성장하기 시작하였다. 아울러 이 시대에는 지방 분권 체제 대신 중앙 집권 체제가 발달하기 시작하였고, 봉건 영주의 통치 대신 관료 기구에 의한 통치가 시작되었다. 이러한 특징들은 절대왕정이 안겨 준 중세의 새로운 요소들이라고 할 수 있다. 이처럼 절대 왕정은 중세적 요소와 근대적 요소가 혼재되어 있는 과도기였다. 그러나 현실적으로는 신분 간의 차별이 여전히 남아 있고, 일반 국민들에게는 여전히 참정권이 주어지지 않았다는 점에서 절대왕정시대의 사회는 여전히 중세사회의 연장이라고 할 수밖에 없다.

심지어 절대왕정과 절대국가는 신권정치, 신권사회의 연장이라고 볼 수도 있다. 교황이 신을 대리한 사회가 신권사회라고 한다면, 세속적인 국왕이 전지전능한 신의 권위를 부여받았다고 인정되는 사회가 절대왕정의 절대국가이다. 즉 절대왕정 및 절대국가는 지배권력의 근거를 신의 수권授權에서 구하여 권력의 절대성을 주장하는 정치체제를 가진다. 다시 말하면 국가의 법은 신의 법 또는 명령이며 국법國法과 종교가 동일하다. 신의 대리자는 신에게 물어 사람들에게 신의 법이나 명령을 전달하고 이것을 실행하도록 강제하는 권리를 위양委讓받은 자이다. 다만 절대왕정의 시대에는 신권정치시대나 제정일치시대와 달리 이미 종교와 정치가 분리되어 있었다. 그럼에도 불구하고 국왕도 신성하기 때문에 최고 권력을 가졌다기보다는 반대로 그가 최고 권력을 지녔기 때문에 신성시되었다고 할 수 있다. 이를테면, 유대사회에서 유대인을 통치하기 위해 시나이 반도에 신정국가체제를 건설한 '모세'가 대표적이며, '다윗'과 그의 아들 '솔로몬'의 왕정 역시 신의神意에 의한 것이었다. 또한, 17세기 초 영국의 국왕 제임스 1세Charles James Stuart (1566~1625)[17]가 선언한 '왕권신수설'도 여기에 해당된다. 또한, 청교도 혁명(1642~1651) 당시 스튜어트 왕조의 왕당파를 물리치고 공화국을 세우기 위해 1653년 통치장전統治章典을 발표하고 스스로 호국경護國卿에 올라 지배의 전권專權을 행사하겠다고 선언했던 크롬웰Oliver Cromwell(1599~1658) 역시 이에 해당된다.

역사적으로 본다면, 매우 오랜 시간 동안 교황권과 황제권의 알력과 다툼 속에서 서구유럽지역은 신국神國이 서서히 '세속적 왕의 통치'로 바뀌게 된

---

[17] 그는 스튜어트 왕가 출신으로 최초의 영국 국왕이다. 그는 스스로를 그레이트브리튼의 왕이라고 칭하면서 양국가의 통일을 위해 헌신했다. 그는 오늘날 사용되는 영국(통일영국)의 국기를 만든 장본인이기도 하다.

다. 물론 이러한 상황변화의 가운데에는 봉건영주의 세력이 주효했다. 누구에게서 봉토封土를 하사받느냐에 따라서 신국神國이 우세한가 아니면 왕국王國이 수립되는가의 기로에 선다. 또한, 서서히 자본의 위력을 앞세워서 사회적 세력으로 자라나는 상공시민계층도 이에 한몫을 했다. 결국, 왕권과 교황권의 대립과 투쟁의 와중에서 절대국가가 탄생한다. 이때 신흥상공의 자본가 세력은 결정적인 역할을 했다. 당시 자본의 힘을 바탕으로 가문에서 교황까지 배출한 메디치가문Medici's Family의 활약을 대표적이다.

그러나 비록 세속적인 왕의 세력이 절대국가를 수립하게 되었지만, 이들에게는 여전히 강력한 통치력이 필요했다. 실제로 많은 절대국가들은 로마 교황청과 이합집산으로 연합세력을 구축하여 자국에 대한 강력한 통치력을 발휘하기도 했다. 어떻게든지 절대국가를 수립하는 것이 이들에게 남겨진 과제였다. 결국, 이들은 막강하던 신의 권력과 권위를 차용하기로 한 것이다. 통치자는 이를 위해서 자신을 신격화神格化했다. 무소불위와 전지전능한 것처럼 호화로운 궁정이나 커다란 건축물을 세우고 신처럼 세상에 위용을 과시하기 위해서 강압적으로 군대와 노예들을 동원하는 큰 축제나 행사 때로는 이웃들과 크고 작은 전쟁을 수행하곤 했다.

'짐이 곧 국가다'(세계사 개념사전, 2010). 프랑스 루이 16세Louis(1754~1793)의 말이다. 이때가 바로 근세 유럽에서 가장 강력한 신격화된 절대왕권이 수립되었던 시절이라고 할 수 있다. 물론 그 전에 로마제국의 제5대 황제였던 네로Nero Claudius Caesar Augustus Germanicus(37~68)가 있었다. 당시 네로의 말은 법法이었다. 이러한 네로의 전통은 후임자들에게도 오랫동안 이어졌다. 물론 그 이전에도 '절대왕조'를 구축하고 왕정을 하면서 폭정暴政에 가까운 '절대권력'을 휘둘렀던 역사도 많았다. 그 이후에도 동서양을 막론한 절대왕정의 역사는 비교적 오랜 시간 동안 지속되었다. 결국, 인류에게 가장 긴 역사와 전통을 지닌 절대왕조와 절대국가에서는 통치자인 왕의 말이나 명령이 곧 법이고 진리가 되었다. 결국, 절대왕조나 절대국가 시대의 '지식'은 이러한 맥락에서 탄생한다. 오늘날 우리의 역사가 주로 왕조사 중심의 역사로 기록된 이유가 여기에 있다. 당시 핍박받고 억압받던 민중의 역사는 지식이 아니었다.

물론 민중사는 주로 구전으로 전해졌기 때문에 수없이 유실되기도 했지만, 중요한 이유는 그것이 당시 지식으로서 인정되지 못했기 때문이다. 절대국가 시대에는 절대적 권력을 가진 왕의 지식이 바로 당시의 지식이었던 셈이다.

오늘날 역사의 왜곡에 대해서 많이 언급하고 있다. 또한, 민중사가 부재한 인류의 역사는 일그러진 역사라고 비아냥하기도 한다. 이러한 사실은 지금도 유효한 역사논쟁에도 결정적인 빌미를 주고 있다. 그러나 역사적으로 절대왕조나 절대국가 사대의 지식은 오로지 이들 중심의 지식이었기 때문에, 늘 역사적 비판은 열려있다. 왜냐하면, 위에서 언급한 네로황제시대에 로마제국은 왕의 폭정에 어울리지 않게도 문화적으로는 대단히 융성해진 시기이기도 하기 때문이다.

결국, 절대국가시대의 지식은 대부분 절대 권력을 가진 국왕 개인의 독단에 의해 결정되었다고 할 수 있다. 물론 예외도 있다. 절대왕조 시대에도 폭군이 있었지만, 성군도 더러 있었다. 이렇게 탄생하는 지식은 국왕의 수준에 따라서 얼마든지 자의적이고 인위적으로 절대화될 수 있다. 지식이 왜곡해서 탄생하는 것이다. 그렇다면 절대왕조 시대에 진정한 지식은 없었다는 말인가? 아니면 왜곡된 지식은 진정한 지식과 무슨 관계가 있을까? 또 아니면 전혀 지식과 절대왕조사회는 무관했다는 근거는 정말 찾을 수 있는 것일까? 진정한 지식의 탄생을 거론해야 하는 우리는 이러한 고민거리 앞에서 다시 한 번 숙연해지지 않을 수 없다.

1.3 제국주의시대의 지식

제국주의시대는 왕권과 교황권의 알력과 싸움 그리고 투쟁 속에서 국왕이 교황권에 대해 우위를 점하면서 가능해진 절대국가의 형성과 함께 성장하게 된다. 역사적으로 제국주의帝國主義의 뿌리는 '로마제국Romas Imperialism'이라고 할 수 있다. 물론 문헌상으로 보면 그렇다는 것이며, 그 이전 인류역사의 선사시대에서도 제국주의의 요소를 가졌던 사회공동체는 얼마든지 존재했을 것이다. 이를테면 가부장제를 고수했던 수많은 사회와 공동체는 제국주의의 모태라고 할 수 있다.

제국帝國의 시작은 다른 나라의 정복征服이다. 로마는 당시 '세계화'를 빌미로 유럽의 모든 국가를 정복하고자 했다. 로마제국의 연장이라고 할 수 있는 중세시대에는 '십자군운동'을 통하여 제국주의에의 욕망이 정점에 달하였다. 그런데 중요한 것은 다른 나라를 정복했을 때, 이들을 과연 어떻게 다스릴 것인가 하는 것은 고민일 수밖에 없었다. 실제로 한 나라를 통치하는 데에 있어서도 어려움은 마찬가지이다. 로마는 '법法'이라는 체제를 통하여 자국의 국민을 통치하고자 했다: "(로마를 대표하는 웅변가) 키케로는 사람의 정부가 아니라 법의 정부를 믿었다."(찰스 반도렌/ 오창호 옮김, 1995: 151)

"믿음은 입법화될 수 없다. 그것은 시민들의 자유로운 의지의 행위다. 키케로는 로마 공화국을 구하기 위해 그의 동료와 시민들을 설득하는데 실패했다. 그렇다 하더라도 그는 분명 법에 대한 보편적인 믿음만이 한 국가에서 평화와 자유를 보장할 수 있다는 것을 깨달은 첫 번째 사람이다."(찰스 반도렌/ 오창호 옮김, 1995: 153)

물론 고대그리스에도 법은 존재했지만 주로 관습 중심이었으며 법체계로서 그다지 완벽하지도 않았기 때문에 나라가 쇠하였다고 평가하기도 한다.[18] 따라서 고대그리스를 인수한 로마는 보다 강력하고 보다 실용적인 법체계를 서두르게 되었다. 결국, 법의 완성은 국가통치의 완성도를 결정했던 셈이다.

"로마법은 처음으로 약 BC 450년경에 12표법으로 성문화되었고 서기 5세기 야만족의 침입 때까지, 그리고 1453년 동로마제국이 몰락할 때까지 그곳에서 사용되어 왔다. 로마법은 오늘날까지 계속해서 서구세계에서 거의 모든 법체제에 영향을 미치고 있다."(찰스 반도렌/ 오창호 옮김, 1995: 136)

---

[18] 대체로 그리스인들은 거의 끊임없는 갈등이라는 높은 대가를 지불하고 자유를 선택했다(찰스 반도렌/ 오창호 옮김, 1995: 150).

로마는 자신들이 정복한 모든 지역과 국가에 자신들의 법을 적용하기 시작했다. 특히 유스티니아누스 법전은 유럽제국을 통치하는 데에도 근 1000년 이상 사용되었을 정도였다(찰스 반도렌/ 오창호 옮김, 1995: 138).

그러나 한 사회에서 제정되는 '법'은 '자연법自然法'이 될 수 없기 때문에 완전한 법체계를 구축하는 데에 있어서는 동서고금을 막론하고 불가능하였다. 그럼에도 불구하고 제국주의자들에게 가장 중요한 무기는 '법'의 제정이었으며 법에 의한 통치일 수밖에 없었다. 일단 법을 제정하고 이를 공표하고 실행하면 된다. 이러한 맥락에서 로마법은 로마제국의 성장을 가능하게 했다.

로마제국의 성장은 로마에 침범을 당한 여러 국가들에게 제국주의의 맛을 알게 했다. 일단 타국을 정복하고 이들에게 법을 적용한다면 합법적으로 이들을 노예로 부려 먹을 수 있었던 것이다. 유럽의 열강들은 제국주의에 편승하여 자국의 영토를 확장시키는 전략을 채택하게 된다. 이러한 와중에 '콜럼버스의 신대륙 발견'이 이루어진다. 물론 그의 탐험은 사실 식민지 확충 등 제국주의의 국가전략과는 실제로 무관하다고 할 수 있다.

"콜럼버스는 훌륭하기도 했고 광적이기도 했다. 그의 훌륭함은 여러 가지 방법으로 입증되었다. 최고의 항해가이자 많은 어려움을 견뎌낸 경험 많은 뱃사람으로서 콜럼버스는 인도로 갈 수 있는 길을 찾아내려 했다. 그리고 그의 계획은 몇몇 계산 착오를 제외한다면 대부분 맞아 떨어졌다. 대부분의 판단착오는 그의 무지함 때문이었고, 또 한편으로는 자신이 옳다고 생각하는 것을 굳게 믿어 버리는 편집광적인 측면 때문이었다. 최소한 중국은 아닐지라도 인도는 카나리아 제도에서 서쪽으로 약 3,900마일 정도 떨어져 있을 것이라고 굳게 믿고 있었다. 그러나 인도나 중국은 그곳에 있지 않았다. 하지만 아메리카 대륙을 발견하기에는 거의 정확한 거리였다. 이것은 그의 탁월함 때문인가 아니면 그가 미쳤기 때문인가. 아니면 바보가 얻은 행운인가?" (찰스 반도렌/ 오창호 옮김, 1995: 309)

그러나 결과적으로 콜럼버스가 시작한 지리상의 발견은 제국주의의 국가

전략에 가장 강력한 도화선이 되었다.

한편, '경쟁競爭'은 제국주의의 또 다른 촉매였다. 또한, 유럽에서는 16세기부터 계몽주의사상이 시작되었다. 우선 신의 절대 이성으로부터 인간 해방을 외친 르네상스운동은 인간 이성 중심의 계몽사상을 보다 부추겼다. 아울러 당시 과학혁명과 기술발달의 수준 역시 제국주의의 성장에 크게 기여했다. 따라서 나름대로 선진국으로 발돋움하고 있던 유럽인들에게 아직 소위 '미개발국'이었던 아프리카와 아시아 대륙을 제국주의의 제물로 만들고 말았다. 즉 이들은 상공업 활동을 하는 자국의 국민들을 위해서 상업과 무역을 중시하는 '중상주의' 경제정책을 펼침으로써, 아시아지역과 아프리카 지역에 식민지 정책을 제도화할 수 있었다. 이렇게 하여 유럽인들은 특히 '총'이라는 혁신적 테크놀로지를 앞세우면서 마침내 다른 미개발국들을 정복할 수 있었으며, 식민지로부터 노예와 자원을 무상으로 얻게 되었다. 이로써 한동안 유럽 국가들은 '경쟁적으로' 제국주의를 택하게 된다. 식민지를 경영하면서 얻는 수익은 자국민들을 위해서도 바람직한 일이었다. 풍족한 자원과 노예들은 이들에게 테크놀로지의 발달이라는 결과를 초래하면서 마침내 18세기 산업혁명까지 가능하게 했다.

'산업혁명industrial revolution'은 18세기부터 19세기 중엽에 이르는 약 100년 동안 영국을 중심으로 발생했던 기술적, 조직적, 경제적, 사회적 변화를 지칭하는 용어로서, (특히) 기술적인 면에서는 도구가 기계로 본격적으로 대체되었다(송성수, 2005: 51). 산업혁명시대의 가장 큰 특징은 과학과 기술 그리고 산업이 조우하면서 '기계테크놀로지'의 비약적인 발달이 이루어졌다는 점이다. 특히 제임스 와트James Watt(1736~1819)에 의해 1776년부터 시도되어 1782년에 개발 성공한 '복동식複動式' 증기기관complex steam engine의 발명이 대표적이다.

"18세기 후반이 되면서 와트가 최초의 기계적 동력으로 과학 기술의 지식을 동원해 증기기관을 완성했다. 이것은 많은 사업에 활발히 이용되었다. 결국, 과학혁명에 이어 '산업혁명'이 일어남으로써 '과학＝기술＝산업'의 삼위일

체가 확립되었다. 이때부터 발명의 영웅시대가 계속되었다."(히라다 유카키, 선완규 옮김, 1995: 11)

한편, 산업혁명을 전후로 유럽의 제국들은 서로 식민지쟁탈전에 가담하면서, 급기야 제국과 제국은 서로 전쟁을 불사하게 된다. 전쟁을 통한 식민지의 확장과 노예들의 유입은 제국시민들의 일상생활을 보다 윤택하게 했으며, 전쟁테크놀로지의 발달은 하이테크놀로지의 산업사회를 가능하게 했다.

따라서 제국주의시대의 지식은 다른 나라를 정복하고 지배하는 것으로부터 시작되었다. 왜냐하면, 제국주의는 식민지쟁탈전으로 급성장했기 때문이다. 그런데 사실 제국주의사상의 뿌리는 멀게는 선과 악의 이분법적 사유와 인간이성의 권위가 우선이 되는 고대계몽사상이라고 할 수 있다. 특히 고대 시대의 전통에서 출발한 '마니교'는 선과 악을 이분화시켜 놓고 선이 악을 지배하는 것이 지당하다는 논리를 펼치고 있었다. 심지어 중세기독교사상의 대부 격인 아우구스티누스조차도 선과 악의 이분법적 논쟁에서 자유롭지 못했다.

"아우구스티누스는 혼돈의 세계에서 서로 지배하기 위해 전쟁해야 하는 선과 악이라는 두 개의 보편적인 원칙이 존재한다고 주장하는 철학적 종교인 마니교에 끌렸다."(찰스 반도렌/ 오창호 옮김, 1995: 179)

이러한 선과 악에 대한 논쟁은 중세기독교사회에서도 지속되었으며 계몽주의 시대에도 양상을 달리하면서 논쟁은 계속되었다. 즉 악을 제거하여 선을 회복하기 위해서는 우매한 사람들에 대한 계몽과 계도가 필요하다는 논리였다. 특히 '아는 것이 힘'이라는 베이컨Francis Bacon(1561~1626)의 주장은 17세기 계몽사상의 근간을 이루게 된다. 그에 의하면, 자연을 잘 아는 것은 자연과학을 시작하게 하는 원동력이다. 따라서 우리는 자연을 잘 관찰함으로써 자연을 잘 인식하게 되는데, 이때 자연에 관한 지식은 우리 인간에게 유용하다. 왜냐하면, 우리는 자연을 잘 활용하여 우리 인간에게 필요한 것을 전용할 수 있기 때문이다. 따라서 지식은 힘이 되는 것이다.

당시 사회는 자연의 관찰로부터 얻은 지식, 즉 자연과학적 지식을 잘 활용하면 삶에 득이 된다는 사실을 뭇 사람들에게 계몽할 필요가 있었다. 한마디로 대중들에게 사회 계몽과 사회 계도가 필요한 것이다. 당시에는 배운 사람과 못 배운 사람들의 계층이 분명히 나뉘어져 있었으며, 사회를 이끌어가는 사람들은 주로 귀족층으로서 배운 자에 속해 있었다. 따라서 배운 자가 못 배우거나 덜 배운 자들을 계도하는 것이 곧 국가를 이끌고 통치하는 것이다. 결국, 베이컨은 처음에 정확한 관찰로부터 지식을 창출할 수 있다는 논리를 수립하면서 당시 자연과학의 방법론을 정립하고자 했지만, 이로부터 다양한 방면으로의 응용이 가능해졌으며 결국 계몽의 무기는 '지식'이 된 셈이다.

"베이컨은 (소위 당시 지배적인) 연역법은 끝났다는 생각을 견지하며 아리스토텔레스의 과학적 사유 방법론을 격렬하게 반대했다. 그는 자신의 방법이었던 귀납법을 매우 선호했다… 왜냐하면 어떤 직관적인 가정에서 추론된 지식을 추구하는 (연역법적) 탐구자들이 현실 세계에 대해 논리적으로 옳을지 모르지만, 본질에 충실하지 않은 결론을 도출했기 때문이라는 것이다. 반면에 귀납법을 바람직하게 생각했던 이유는, 자연의 연구란 가장 주의 깊고 겸허한 '관찰'로부터 시작되고 그러한 연구의 기초가 '경험'이기 때문에 진리일 수밖에 없다는 일반적인 결론으로 베이컨이 소위 '지식의 사다리'라고 불렀던 것에 의해 알려지기 때문이었다. 오늘날 과학적 방법은 연역법과 귀납법을 병용해야 한다고 인식되어 진다. 과학자들은 여러 가지 가설을 세우지 않고는 논리를 전개할 수 없다. 과학자들은 가설과 같은 추론을 점검할 수 없다면 역시 오류에 처하게 된다. 베이컨의 분석이 유용한 것은 오직 그것이 한 가지 추론방식에 의존한 나머지 다른 방식을 배제하게 되는 오류를 밝혀내었기 때문이다. 또한, 자연을 탐구할 때는 직접 손에 먼지를 묻혀 가면서 해야 하는 것, 즉 경험을 강조한 것은 많은 전문가들이 그러한 노력을 회피하던 때에 아주 획기적인 주장이었다."(찰스 반도렌/ 오창호 옮김, 1995: 254~255)

사실 연역적으로 머릿속으로만 모든 지식을 단번에 얻고자 했던 당시의 합리주자들, 즉 데카르트의 후예들인 카르테시안Cartesian들에게는 매우 불편한 일이었을 것이다. 그러나 베이컨은 직접 관찰하고 때로는 실험을 하면서 경험적으로 얻어내는 지식이야말로 진정한 지식이며, 이러한 지식이야말로 실생활에 유용하게 적용할 수 있다는 주장을 굽히지 않았다. 아울러 그는 평생 동안 관찰과 실험의 매력에 빠져 살았다.

> "베이컨이 엄숙한 실험정신 때문에 운명을 마쳤다는 것은 아이러니다. 1626년 3월 그는 하이게이트 근처를 지나다가 갑자기 냉기가 고기의 부패를 방지할 수 있다는 생각을 직접 실험해 보기로 했다. 그는 차에서 내려 닭 한 마리를 산 뒤 그것을 눈에 파묻었다. 그 실험의 결과는 알려지지 않았지만, 베이컨은 심한 오한으로 몇 주 후에 죽었다."(찰스 반도렌/ 오창호 옮김, 1995: 255)

이렇게 하여 '관찰과 실험'의 방법은 오늘날 자연과학적 방법의 첫 단계가 될 수 있었다. 사실 이러한 베이컨의 실험정신은 전통적인 지식이 오류투성이라는 인식을 갖게 되면서 비롯되었다. 이를테면 '우상偶像'으로부터 탄생하는 지식은 객관적이거나 과학적이지 않다. 실제로 베이컨은 우리의 사고를 지배하는 '4가지의 우상'이 지식을 왜곡시키는 주범으로 간주했다.

> "베이컨은 인간의 오류를 설명하기 위해 '우상idol'을 만들었는데 그것은 매우 유용한 개념이다. 인간은 우상 숭배에 의해 길을 잘못 들지 않는다면, 일반적인 경우보다 더욱 많은 진리를 얻을 수 있다…. 먼저 '종족의 우상'은 모든 인간에게는 보편적인 지적 결함이 있는 데, 즉 자기의 편견에 따라 마음이 움직인다는 것이다. 예를 들어 어떤 것을 지나치게 간소화시키는 일반적인 경향을 들면, 이것은 어떤 주어진 현상의 덩어리에서 실제로 존재하는 것보다 더 많은 질서를 가정함에 따라 나타난다. 또 새로운 것에 매료되는 경향을 들 수 있다. 가장 나중의 이론은 그다음의 이론이 나올 때까지는 언제나 지고의 진리인 것처럼 보이는 것이다. '동굴의 우상'은 개인적인 특성에 의해 발생하는 오류다. 즉 동굴에 갇혀서 넓은 세계를 보지 못하기

때문에 생기는 개인의 성향이나 역할 등 편향된 교육에서 생기는 것이다. 사람은 현상들 간의 유사점에 많은 노력과 관심을 집중시킬 수 있으며, 그것들 간의 차이에 관심을 집중시킬 수도 있다. 그러한 사고의 습관에 대해서는 진리를 탐구하는 많은 사람들을 끌어모음으로써 반박할 수 있을 뿐이며 그렇게 함으로써 그 이상한 취향들이 서로 보완될 수 있는 것이다. '시장의 우상'은 언어 때문에 발생한다. 버나드 쇼가 '영국인과 미국인은 언어를 제외하고는 모든 면에서 공통된 것을 가지고 있다'라고 농담 반 진담 반으로 이야기한 적이 있다. 언어가 다르면 매우 큰 문제를 일으키는 데 그런 이유 때문에 연구자들은 다른 연구자들과 수학적 용어로 의사소통하기를 즐긴다. 그러나 수학 같은 보편적인 언어는 결과적으로는 실패한다. 최상의 진리는 어떤 인종에게 있어 언어로 번역되어질 때까지는 현실적으로 그 인종에게 쓸모가 없다. 그리고 각 인종들은 조금씩 다른 방법으로 말을 이해하는데 그것은 심각한 사고의 왜곡과 결함을 일으키게 한다. 마지막으로 베이컨은 '극장의 우상'을 말했는데, 그것은 끈기 있고 신중한 진리탐구의 방법 위에 세워진 철학적 가설이다. 그러한 가설은 철학적일 필요가 없다. 20세기의 대표적인 정치적 가설인 마르크스주의자와 민주주의자들은 서로를 이해하지 못하였다. 말을 이해할 수 있을지는 몰라도 그 뒤에 숨어 있는 사상은 의미를 감추어 버린다."(찰스 반도렌/ 오창호 옮김, 1995: 255~256)

17세기 과학정신은 실험정신으로 결판난다. 베이컨에게는 실험을 통해서 입증된 것만이 지식이며, 그냥 시중에 돌아다니는 지식은 참지식이 아니었다.

"베이컨은 플라톤이 '허황된 철학과 이단의 종교'를 낳았다고 비난했으며, 아리스토텔레스는 비생산적인 삼단논법만을 탐닉했다고 비난하였다. 그는 지식이란 반드시 실험과 경험을 통해 얻어지는 것이 정상이라면서 철저한 경험주의적 입장을 취했다. 또한, 그는 르네상스 시대를 맞아 다시 고개를 들기 시작한 '원자론原子論'에 대해서도 순전히 가설적hypothetical이며 입증이 될 수 없는 지식으로 실제와는 전혀 무관한 지식이라고 일축했다. 또한, 수학적 환원에 대해서도 그는 수학이란 단지 지식을 얻기 위한 '수단'일 뿐이며, 수학 자체가 지식이나 과학 또는 철학이 될 수 없다고 단정했다. 그는 당시 과학자들이 수학 자체를 위한 수학을 추구하면서 현실과 점점 멀어져 간다고 비판하기도 했다."(이상오, 2005: 39)

그런데 베이컨에서 시작된 과학탐구의 방법과 과학적 지식의 문제는 일상생활로 적용되면서 사회패러다임의 변화는 가속화되었다. 즉 베이컨은 "아는 것이 힘"이라는 주장을 하면서, 인간은 누구나 지식의 힘을 통하여 자연정복까지 할 수 있다는 논리를 펼쳤다.

"베이컨은 새로운 학문을 전개하려는 의욕에 가득 차 『신기관Novum Organum』을 집필한다. 여기서 그는 인간이 지적인 능력으로 자연을 설명함으로써 자연을 정복하고 지배하는 힘을 지닌다고 말한다…. (아는 것이 힘이다) … 즉 근대에 이르러 자연에 대한 생각은 달라진다. 자연에는 설명하기 힘든 초월적 원리와 힘이 있다는 입장에서 인간이 자연의 원리를 발견함으로써 자연을 정복하고 지배할 수 있다는 입장에 서게 된다. 자연의 일부로 그 안에 종속된 존재였던 인간이 자연을 관찰하고 그 원리를 이해함으로써 주인으로 자리하게 되었다. 더 이상 인간의 능력을 넘어서는 초자연적 세계는 존재하지 않는다. 인간은 스스로의 능력으로 자연을 벗어나 존재의 주인으로 탈바꿈하게 된 것이다. 이러한 인간의 능력이 곧 이성이며, 그에 근거한 학문적 체계가 과학이었다. 학문으로서의 과학은 이 시대에 체계화되었다. 이제 인간은 이성을 실현하는 계몽의 원리로 실증적 과학을 정립하게 되었으며, 역사를 통해 무한히 진보하는 세계를 만들어 가게 된 것이다."(신승환, 2012: 158~159)

이제 인간은 자연관찰을 통해서 자연정복과 자연지배를 합리적으로 실천할 수 있다.

"근대에 이르러 완성의 단계에 이른 전통적인 철학에 따르면, 인간은 이성적 존재다. 역사에서 보듯이 인간은 이성으로 자연을 정복하고 소유함으로써 존재의 주인이 되었다… (훗날) 칸트와 헤겔에서, 그리고 철학을 체계화한 문화와 세계, 자연과학과 기술 문명은 이 사실을 여실히 보여준다."(신승

환, 2012: 160)

간단히 말하면 자연관찰로 얻어진 지식을 가지고 마침내 인간은 자연을 정복하는 상황으로까지 간 셈이다. 이제 베이컨에게 지식이란 과학적 탐구의 대상을 벗어나서 그가 원하든 원치 않든 자연정복을 위한 지식으로 둔갑하게 되었으며, 급기야 인간의 지식은 인간정복의 지식으로 활용될 수 있다는 논리가 성립하게 된다. 계몽지식의 탄생은 인간지배, 인간정복의 지식이 된 셈이다.

> "자연을 욕망의 대상으로, 인간의 삶을 위한 수단으로 소유하려는 자본주의 사회가 성립되면서 근대의 세계관이 완성된다. 현대는 이러한 근대성이 체계화되고 완성에 이른 시대이다."(신승환, 2012: 159)

결국 이로써 제국주의는 계몽주의와 함께 성숙된다. 이렇게 본다면 제국주의사회의 지식체계는 인간정복과 인간지배를 위해서 객관성과 보편성을 담보하는 '과학적 지식'이라는 미명하에 철저하게 합리화된다. 한마디로 계몽은 '의도된 계몽'으로 인하여, 지식의 탄생이 왜곡되는 것이다. 계몽의 이면에 숨겨진 의도된 계몽으로 인하여 발생한 이 모든 것들은 '도구화된 이성'의 작품이라고 할 수 있다.

> "이러한 (도구화된) 이성의 과정을 통하여 인간은 자연에 대한 통제를 넘어 이를 정복하고 지배하게 되었으며, 급기야 인간마저 지배함으로써 '의도된 계몽'을 위한 전제주의Totalism로 빠져들고 말았다. 애초에 자연의 위협으로부터 스스로를 보호하고 유지하려고 이성의 잠재력을 발휘하기 시작한 인간은 결국은 자신의 존재를 확장시키기 위해 지속적으로 도구화되고 수단화되는 주관적 이성, 즉 '도구적 이성'만을 꾸준히 계발하여 왔던 것이다. 이로써 순수한(객관적) 이성을 갈고 닦아 자신을 도야한다는 것은 핑곗거리가 되고 말았다. 결국, 도구적 이성의 발전으로 이룩해 낸 우리 인류 문명의 진보는 동시에 '인간에 의한 인간의 지배' 구조를 완성하였으며, 인간 자신의 퇴보 과정과 심지어 인간의 자기부정(소외)의 과정을 연출하고 말았다."

계몽은 항상 이성적이었지만, 계몽은 계몽 자신에 대해서는 결코 이성적이지 못했다(장은주, 2000: 462).

그러나 알고 보면 베이컨 역시 당시의 과학이 잘못된 길을 가고 있다는 사실에 대한 비판을 하는 대표적인 학자로 출발했다. 그럼에도 불구하고 과학의 본질적인 한계는 예나 지금이나 명백하게 해소하기가 쉽지 않다는 속성을 암시하기에 충분하다. 이를테면 베이컨은 소크라테스 이전의 철학자들만이 제대로 자연을 탐구한 자들이라고 높이 평가했다. 그는 플라톤과 아리스토텔레스 시대에 자연탐구는 순전히 인간의 목적을 성취하기 위한 인위적 과학으로 형성되기 시작했다고 비난했다. 즉 그에 의하면, 자연탐구는 자연에 대한 객관적 지식으로 끝나야 하는데, "인간의 인위적 목적 추구의 욕심 때문에"[19] 과학의 객관성은 인간의 주관으로 왜곡되기 시작했다. 베이컨의 과학 비판은 여기서 멈추지 않는다. 즉 그는 중세기에 들어서 가톨릭이라는 거대 세력까지 가세하면서 종교적 지식은 과학적 지식과 경쟁을 하게 되었고, 결국은 신과 인간 그리고 지식이 뒤엉키면서 과학은 계속 타락의 길을 걸어가게 되었다고 주장했다.

물론 계몽이나 계명 또는 계도란 듣기에 따라서 대단히 바람직하다. 배운 자가 못 배운 자를 계몽하며, 누군가의 도움으로 무지몽매로부터 벗어나서 밝은 세상으로 나아간다는 것이다. 그럼에도 불구하고 계몽지식의 탄생은 처음부터 왜곡되었다. 자연관찰에서 그쳐야 할 지식의 탄생이 자연정복 및 자연지배, 심지어는 인간정복 및 인간지배의 지식으로 둔갑했다는 사실은 애초부터 본질적으로 모순이다. 왜냐하면, 자연과학은 가치중립 내지 가치배재를 원칙으로 하지만 자연정복과 자연지배로 활용될 수 있다는 것은 다분히 '가치론적'이라는 사실이다. 물론 자연정복은 인간의 삶의 편리와 부

---

[19] 이는 후에 호르크하이머에 의해 "도구적 이성"이라는 개념으로 고발된다. 도구적 이성의 작용으로 인하여 우리 인간의 본성인 포괄적 - 객관적인 본질적 이성이 수단화되고 도구화됨으로써, 우리의 정신구조와 사회구조는 크게 뒤틀리게 되는 것이다.

의 획득을 위해 중요하다. 그러나 과학적 지식이 '가치중립'과 '가치배제'의 원칙에서 벗어난다면 과학지식으로서의 범위를 넘어서는 것이다.

지금까지 우리가 지식을 일상에 가치 있게 적용하는 방법은 크게 두 가지 차원에서 생각할 수 있다. 하나는 자연과학적으로 탄생한 지식을 도덕적이고 윤리적 차원에서 적용하는 것이다. 이른바 '노벨의 딜레마'이다. 노벨 Alfred Nobel(1833~1896)이 과학적 지식을 통하여 자신이 다이너마이트를 제조하는 데 성공은 했지만, 도덕적이고 윤리적 차원에서 응용되지 못하는 현실을 개탄했다. 결국, 그는 죽기 전 속죄의 의미에서 도덕 윤리적 - 가치론적 차원에서도 적용이 가능한 과학지식을 탄생할 수 있도록 노벨상재단에 재산을 헌납했다. 또 다른 방법은 아예 처음부터 가치론적으로 과학을 영위하며 애초부터 '가치론적 지식'을 탄생시키자는 상상이다. 그러나 이 방법은 아직 상상 속에서만 가능하다. 결국, 오늘날까지도 해결하기 어려운 과학과 지식 간의 딜레마이다. 이러한 지식의 딜레마가 계몽주의시대부터 급격하게 부각된 셈이다.

우리가 여기서 주목할 것은 이러한 계몽의 지식이 제국주의지식의 토대가 되었다는 사실이다. 이들은 당시 미개문명을 계몽하고 계도한다는 차원에서 아프리카와 아시아대륙 등지를 정복했다. 이때 잡혀 온 노예들은 늘 계몽의 대상이었으며, 자신들의 선진화된 테크놀로지를 통하여 문명화의 미명하에 마구잡이로 자원을 착취하고 남용하곤 했다. 지금도 종전의 제국주의자들은 오히려 자신들이 미개한 문명을 계몽해 주었다는 논리를 펴는 데 주저하지 않는다. 결국, 제국주의시대의 지식의 탄생은 왜곡된 지식의 탄생이었다고 할 수 있다. 여기서 우리가 간과할 수 없는 사실은, 그것이 왜곡인지 아닌지를 판가름하는 기준 잣대는 '그것이 인위적이었는가 아니면 자연발생적이었는가'에 달려 있다. 즉 당시 계몽주의 사회가 계몽의 지식을 자연스럽게 요구했으며 제국주의사회에서 제국주의 지식이 자연스럽게 발생했는지 아니면 누군가의 의도에 따라서 강제적이고 인위적으로 탄생했는지가 문제의 핵심일 것이다. 왜냐하면, 인간의 이성은 늘 '도구화된 이성'으로 전락할 소지가 남아있기 때문이다. 물론 사회의 발생과정에서 지식 역시 사회발생의 정도와 수준에 따라 달라질 수는 있다. 그러나 진정한 지식의 탄생이 과연 어떻게 가능할 수 있는지에 대해서 우리는 여전히 심각하게 고민할 필요가 있다.

1.4 독재파쇼사회의 지식

독재獨裁, dictatorship란 개인 또는 집단이 모든 권력을 쥐고 타인을 독단적으로 지배하는 통치형태의 정치형태를 의미한다. 가정에서도 아버지나 어머니에 의한 독재가 가능하며, 학교나 직장에서도 교사나 상급자에 의한 독재가 가능하다. 그러나 독재는 가정에서건 사회에서건 반드시 갈등을 유발할 수밖에 없다. 왜냐하면, 지구 상의 모든 인간들은 저마다 생각이 다르며 저마다 꿈과 희망이 다르기 때문이다. 독재자에 의해서 자신의 생각이 묵살되고 자신의 꿈과 희망이 좌절된다면, 누구든지 독재와 맞설 수밖에 없다. 따라서 독재라는 말에는 반드시 저항이라는 개념이 뒤따른다. 물론 혹자는 행동으로 저항을 하기도 하지만, 그렇지 않을 수도 있다. 왜냐하면, 독재자의 폭력이 두렵기 때문이다. 따라서 독재가 어떻게 결과하든 독재의 사실은 언제나 역사적으로 단죄의 대상일 수밖에 없다. 왜냐하면, 인간은 누구나 누군가의 독재하에서 신음하기를 원하지 않기 때문이다. 그러나 문제는 우리의 역사에 무수히 많은 독재자가 있었으며, 독재정권이 있었다는 사실이다. 또한 그러한 독재체제 하에서 수많은 지식들이 탄생했으며 지식의 왜곡현상이 수없이 이루어져 왔다는 사실이다.

물론 독재를 긍정적으로 보는 사람들도 존재한다. 이들은 때로는 독재를 해 줄 사람을 필요로 하기도 한다. 심지어 사회가 혼란스러울 때에는 누군가가 나와서 독재라도 좋으니 우선 사회의 무질서를 되돌려 줄 것을 요구하기도 한다.

역사적으로 '독재'는 고대 로마의 집정정치執政政治: dictatur에서부터 비롯되었다. 원래 고대 로마에서는 내란 또는 외침 등의 비상사태가 발생하면 원로원元老院의 요청으로 통령統領에 의하여 임명된 집정관들로 하여금 일시적으로 독재권을 행사하도록 허가했다. 이때 독재권을 행사한 사람을 독재관dictator이라고 불렀다. 여기서 독재관은 로마공화정시대의 공무원으로서 일종의 관직이었다. 그러나 독재관은 상설의 관직이 아니라 전쟁이나 내란 등의 비상사태에 기간을 한정하여(원칙적으로 6개월 이내), 정치적 권한을 한 사람에게 집중하는 제도였다는 사실이 중요하다. 즉 로마적인 의미에 있어서는 평시가 아닌 비상시에 발휘된 시한부의 정치지배의 형태였다. 한마디로 독재란 극약 처방으로서 일시적인 사건이었다. 그러나 로마공화정 말기에는 카이사르가 '종신독재관'으로 임명됨으로써 시한부의 위임적 성격이 애매해졌다. 바로 이때부터 독재에 대한 연구도 본격화되었다고 할 수 있다. 과연 독재는 일시적으로만 행해지는 것인가, 아니면 필요하다면 항구적인 독재도 필요한 것인가?

이렇게 본다면, 어원적으로 독재란 부정적인 의미를 가지고 있는 것만은 아니다. 왜냐하면, 내란이나 외침 같은 비상시에 공동체나 국가를 사수하기 위한 특단의 대책으로 추구된 임시통치형태로 작용할 수도 있기 때문이다. 오늘날에도 국가의 계엄령하에서 대통령은 비상대권을 사용할 수 있다. 엄밀한 의미에서 독재란 비상시의 이상 대책을 의미한다. 나라와 국가를 위해서 집권자는 독재권을 사용할 수 있으며, 독재자가 될 수 있다.

그러나 오늘날 독재의 의미는 다분히 부정적으로 사용되고 있다. 심지어 다수의 지배를 의미한 '민주民主'의 반대의 의미로 사용되면서 민주사회에서는 독재주의를 대립對立으로 간주하고 있다. 그 이유는 무엇일까? 독재의 의미가 변질되었기 때문이다. 특히 1인 독재가 다수의 독재가 되기도 하고 1당 독재가 되기도 하면서 독재의 의미는 급격하게 변질되고 만 것이다. 공산당 1당 독재가 대표적이다. 특히 비상시국에서 한시적으로 사용되어야 할 독재권이 계속 영속적이거나 심지어 항구적으로 수용되면서 독재의 의미는 완전히 달라졌다. 우리는 종종 공산주의와 독재주의를 동일한 것으로 착각한다. 엄밀히 말해서 공산주의와 독재주의는 동일 선상의 개념이 아니다. 이미 위에서 본 것처럼 공산주의의 반대는 자본주의이고 독재주의의 반대는 민주주의이다. 그러나 공산주의와 독재주의가 동일시되는 것에도 근거는 있다. 왜냐하면, 공산주의자들은 처음부터 '프롤레타리아 독재'를 원칙으로 하여 국가를 수립했기 때문이다. 다시 말하면 공산당에 의한 '일당독재'는 공산주의가 내세우는 지론이다.

실제로 마르크스주의나 레닌주의에서는 '프롤레타리아 독재'를 주창하면서 혁명을 완수하여 새로운 사회의 신질서를 수립하고자 했다. 슈미트Carl Schmitt는 독재를 위임적 독재와 주권적 독재로 구분하고 있다. 그리고 이러한 독재는 결코 부정적이지 않다. 즉 위임적 독재에서는 모든 사람들이 모든 권력을 위임했기 때문에 합법적으로 권력을 사용할 수 있다는 것이며, 주권적 독재는 주권적 국민으로부터 나온 권력이 독점적으로 행사된다는 의미이다. 어떻게 보면 두 가지 유형의 독재는 동일한 독재의 두 가지 양상이라고 할 수 있다. 이러한 의미에서 이탈리아 공산당의 창시자인 그람시Antonio Gramsci(1891~1937)는 헤게모니hegemony의 개념을 사용하여 프롤레타리아 독재를 변호한 바 있다. 헤게모니란 어떤 집단을 주도할 수 있는 권력이나 지위로서, 국민에게서 통치권한을 위임받은 것을 뜻한다. 따라서 어떤 정부나 정당 또는 개인이 국민으로부터 헤게모니를 획득하게 되면 지배의 전권을 위임받은 것이기 때문에, 독재를 합법적으로 행사할 수 있다는 논리이다. 결국, 프롤레타리아에 의한 독재는 공산당이 인민, 즉 프롤레타리아로부터 지배의 전권을 위임받았기 때문에 공산당의 일당독재는 극히 정당하다는 말이다.

그러나 현실에서 헤게모니의 논리는 두 가지 차원에서 한계를 안고 있다. 첫째는 모든 국민이나 인민들이 헤게모니를 완전히 합의할 수는 없다는 점이다. 둘째는 헤게모니의 획득이 독재를 정당화할 수는 있을지 모르지만 독재의 결과를 바람직하게 하지는 못한다. 따라서 이렇게 본다면 프롤레타리아의 독재는 극히 이상적인 유토피아적 개념이다. 프롤레타리아 독제란 프롤레타리아계급, 즉 노동자계급이 모든 인민으로부터 헤게모니를 획득하여 국가 전체를 통치한다는 뜻이다. 그러나 대부분의 독재국가들은 1인 내지 1당 독재체제로 변형되고 변질되고 만다. 이를테면, 제2차 세계대전 당시의 이탈리아의 뭇솔리니와 국가파시스트, 독일의 히틀러와 나치스, 마오쩌뚱과 중국공산당, 일본의 군국주의, 소련의 스탈린 독재, 북한의 김일성

독재 등이 전형적인 예들이다. 이들은 권력의 분산을 주장하는 자유주의에 적대敵對하여, 지도자 독재 또는 프롤레타리아 독재라는 형태로 독재의 장기화長期化를 합리화하는 논리를 세운다는 점이 공통적이다. 인민 모두가 이들에게 자신들을 통치해 달라고 전권을 위임했다고 하지만, 실제로 이에 반대하여 헤게모니를 인정하지 못하는 소위 반대세력들은 늘 존재해 왔다. 주로 역사상 헤게모니를 획득했다고 자처하는 독재자들은 이들 반대세력들을 무력으로 진압한 사실들이 속속들이 밝혀지고 있다. 나치스에 반대하는 지식인들이 강제처형당하면서 헤게모니 역시 인민으로부터 강제적으로 이들 독자자들에게 이양되었다. 헤게모니를 장악한 날부터 이들 독재자들은 무소불위의 통치권력을 행사하게 된다. 이들은 인민들로부터 합법적인 헤게모니를 부여받았다고 주장하지만, 실제로는 반대세력을 제거하고 아울러 또 다른 일반인들까지도 위협하는 공포 분위기를 조성하면서 강압적으로 획득한 헤게모니를 행사했던 것이다.

현대사회에서는 선거選擧가 헤게모니를 얻는 대표적인 방법이다. 북한에서 조차도 비록 형식적일지라도 선거를 통해서 수령이 결정된다. 왜냐하면, 헤게모니를 얻기 위함이다. 그러나 선거에서 다수결 승자에게 획득되는 헤게모니는 항상 불안하다. 그렇다고 선거에서 100%로 당선된다고 해도 헤게모니가 안전한 것도 아니다. 당시 인민들에게 거의 100%에 육박하는 지지를 받고 탄생한 나치스의 만행이나 모든 독재 권력의 행보들은 역사적으로 가공할 만했다. 또한, 대중의 인기에 영합하는 정치를 일컫는 포퓰리즘Populism은 사후에 헤게모니를 얻어내기 위한 전략이기도 하다. 그러나 100% 헤게모니를 획득했다고 해서 통치가 잘 이루어지는 것도 아니고, 국민의 20% 정도의 지지를 받은 대통령이 전권을 발휘하는 것도 문제가 아닐 수 없다. 이렇게 본다면, 말이 선거를 통해서 합법적인 헤게모니를 얻었다는 것이지, 그가 행사하는 전권이 반드시 긍정적인 기능을 하는 독재라고 말할 수는 없다. 또한, 헤게모니를 얻지 못했다고 해도 통치를 잘하는 경우도 역사적으로도 얼마든지 존재했다. 과거에 성군정치聖君政治라고 평가된 역사적 사실들이 대표적이다. 이를테면 혈통에 의해 세습된 성군 세종대왕의 통치는 헤게모니와 전혀 무관하다. 20% 지지율로 당선된 대통령이 반드시 통치를 잘 못 하라는 법도 없다. 결국, 헤게모니와 통치능력은 무관한 것이다. 또한, 합법적 헤게모니를 획득했다고 해서 그것이 독재를 행사할 수 있다는 전권을 위임받은 것이라는 그람시의 논리는 공산당 독재를 합리화시키기 위한 자기 변론에 불과하다고 할 수 있다. 한마디로 헤게모니와 통치능력은 관련이 없으며, 다만 독재를 변호하기 위한 궤변일 뿐이다.

물론 국가의 발전을 위해서 어쩔 수 없이 독재를 할 수밖에 없었다든지 아니면 독재라고는 하지만 다른 면에서는 매우 잘했다고 한다면 과연 그가 행사한 독재는 합법적 헤게모니를 획득한 것인지 아닌지를 따지는 것은 역사에 맡길 수밖에 없다. 과연 누가 너에게 독재를 해도 된다고 했느냐? 아시아에서는 '박정희 논쟁'이나 '이광효 논쟁'이 대표적이다. 심지어 민주국가에서도 얼마든지 독재자는 발견될 수 있으며, 또한 그가 아무리 민주적이라고 해도 독재자로서의 면모를 보인 지도자들도 얼마든지 존재한다. 이를테면 독일이나 미국 등 비교적 민주국가로 분류되는 사회에서도 독재의 요소들도 얼마든지 존재한다. 독일의 경우 노동조합이 세상에서 가장 강력하고 자유로운 것으로 알려져 있지만, 공공노조는 법적으로 완전히 금지되어 있다. 교원노조 역시 단체행동권이 없다. 이렇게 본다면, 독일은 민주국가인가 아닌가? 물론 민주주의란 영원히 이루어지는 과정의 개념이다.

한편, 오늘날 민주사회에서도 사회적 위기가 구조적으로 깊고 상시화常時化함에 따라 위기대응을 명목으로 한 독재정치가 나타나는 국가들도 있다. 특히 대중운동을 기반으로 하여 카리스마적 기대를 받는 지도자가 사회의 근본적 개혁과 끊임없는 외침을 구실로 민주주의를 내걸고 권력을 집중하는 현상이 있다. 따라서 근대와 현대에 있어서도 혁명에 이어 독재에서 오늘날의 개발독재에 이르기까지 독재는 외적이나 내란의 위험 존재를 이유로 하거나 급격한 사회개혁을 실행하기 위한 과도적인 비상시의 권력으로서 자기를 정당화하는 것이 보통이다. 그것에 한해서는 시한적이고 예외적인 성격을 갖지만, 그 과도기나 비상시를 정의하는 것은 독재 그것 자체인 이상 이 시한성과 예외성은 종종 유명무실화된다.

그럼에도 불구하고 오늘날 일반적으로 독재와 반독재를 가르는 명백한 기준이 존재한다. 바로 "법치法治"의 개념이 그것이다. 언젠가부터 전 세계는 법치를 근간으로 국가를 지배하고 통치하여 왔다. 아마 인간이 애초에 공동체로 모여 살기 시작하면서부터 '법치의 싹'은 시작되었을 것이다. 서로 만나면 싸움을 하는 사람들을 질서 있게 통치하고 위해서는 무엇인가 행동을 규정하는 것이 필요했을 것이다. 그렇지 않으면 싸움과 갈등은 지속되고 궁극적으로 인간의 삶과 공동체는 위기에 처할 수밖에 없다. 이러한 위기의 의식 속에서 궁여지책으로 인간들은 '법'이라는 일종의 '상호약속체제'를 고안했을 것이다. 남의 물건을 훔치면 곤장을 맞아야 한다든가, 남을 죽이면 자신도 죽어야 한다는 등 상호 간의 약속이 곧 법이 되는 것이다.

다시 말하면 법이란 인간의 본성인 '야만성salvage'을 길들이고 조정하기 위해서 인류가 궁여지책으로 고안해 낸 사회제도이다. 즉 법에 따라 행동하면 문명인이고 법에 따라 행동하지 못하면 야만인이다. 홉스Thomas Hobbes (1588~1679)에 의하면, 야만성을 본성으로 가지고 태어나는 인간에게 법적 규제가 없다면, 인간에게는 "만인에 대한 만인의 투쟁"만이 남을 것이다. 인간에게 야만성의 폭발은 싸움이고 죽음이며 공동체의 소멸이다. 따라서 인간은 법이라는 일종의 약속을 정해서 이를 기준으로 지배하고 통치해야 한다는 생각을 한 셈이다. 물론 아주 옛날에는 추장이나 지도자가 정하는 것이 법이었다. 이렇게 본다면 당시 추장이나 지도자가 정하는 법은 한 사람에게서 나온 것이니까 독재였다고 할 수 있다. 이런 연유에서 독재인지 아닌지를 가늠하는 것이 법이 되었는지도 모른다. 하여간 한 사람의 말이 법이 되었던 시절을 뒤로하고 이제 법은 다수의 합의에 의해 또는 다수의 묵시적 동의에 의해 정해지게 된다.

근대법치국가의 구상은 프랑스의 계몽사상가 몽테스키외Charles Louis de Secondat Montesquieu(1689~1755)로부터 비롯되었다. 그가 자신의 저서 『법의 정신De l'esprit des lois』(1748)에서 수립한 입법, 사법, 행정 간의 삼권분립을 기점으로 역사적으로 근대국가체제는 법치국가로서의 면모를 계속 일신해 왔다. 즉 법치국가는 권력분권을 원칙으로 한다. 따라서 독재란 권력의 분산을 원하지 않기 때문에 결국 법질서를 초월하게 된다. 따라서 공산당에 의한 1당 독재 내지 1인 독재는 법치주의를 토대로 하는 현대국가의 통치형태를 벗어난다. 즉 독재는 민주질서에 위배된다. 여기서 민주질서란 인간의 본능이다. 왜냐하면, 민주民主, 즉 민民이 주인主人이 되는 것은 인간의 삶의 본능이기 때문이다. 누가 민주라고 하지 않더라도, 정부가 민주주의를 표방하지 않더라고 인간의 삶은 민주라는 개념과 동질적이다. 반면, 독재는 인간의 본능에 반하는 것이 된다. 왜냐하면, 언어적으로도 독재는 민주의 반대말이기 때문이다. 우리가 독재에 항거하여 데모를 하는 것은 독재를 거부하고 민주를 찾겠다는 것인데, 이는 새로움의 창조가 아니라 인간 삶의 본능 내지 본질로의 회귀를 선언하는 것이다. 아니면 독재란 민주라는 모태 위에 간헐적으로 나타나는 잠정적 변용 내지 돌연변이라고 할 수 있다. 물론 나치스나 파쇼는 완전한 돌연변이로서 암세포와 같은 변용이라고 할 수 있다. 독재라도 민주를 염두에 둔 독재는 잠정적인 독재라고 할 수 있지만, 민주를 전혀 염두에 두지 않는 독재는 완전한 변용으로서 구제불능이라고 할 수 있다.

따라서 민주와 독재는 이분법적 도식으로 설명하는 것을 중단해야 한다. 즉 독재는 민주라는 본질 속에서 파생되는 비본질적 결과이다. 오죽하면 지구 상의 대표적인 독재국가인 북한도 자신들을 '조선인민 민주주의 공화국'이라고 쓰지 않는가? 인간이 사는 세상에는 민주주의밖에 없다. 왜냐하면, 프롤레타리아 독재를 원칙으로 세워진 북한에서 조차도 민주주의 공화국이라는 명칭을 사용하기 때문이다. 따라서 설령 내용은 독재일지라도 아니면 민주가 완성되는 날까지 잠시 독재를 하고 있다고 할지 몰라도 결국은 형식상으로라도 민주주의를 표방할 수밖에 없는 노릇이다. 독재는 민주가 아예 없는 곳에서 발생하는 것이 아니라, 아직 민주가 불안한 곳에서 꿈틀거린다.

이렇게 본다면, 독재사회에서의 지식은 독재자나 독재그룹의 자의에 따라서 탄생한다. 본질적 지식이 비본질적 지식이 되는 것이다. 특히 공산독재 체제 하에서의 지식은 공산당의 자의적 명령 내지 최고 1인 통치자의 자의적 명령에 따라서 인위적으로 만들어지기도 한다. 아니면 반反 법치국가가 독재의 기준이 된 이후부터 독재사회에서의 지식 역시 자신들이 자의적으로 만든 법적 근거하에서 이루어진다. 그러나 주의할 것은 법적 지식에 근거한 지식은 긍정적인 것만은 아니라는 사실이다. 왜냐하면, 현대국가들이 채택하고 있는 법은 모두 '실정법實定法'으로서 반드시 '자연법'과 반드시 일치되는 것은 아니기 때문이다. 오히려 양자 간에는 괴리가 발생할 수밖에 없다. 왜냐하면, 실정법은 자연법의 최소한이기 때문이다. 따라서 만약 자연법에 근거하여 발생하는 법적 지식과 일상 지식의 탄생이 일치한다면 지식의 수준은 상당히 인간적이겠지만, 실정법이란 원칙적으로 국가와 사회의 수준에 따라서 어떻게 보면 이 역시 자의적이라고 할 수 있다.

한자로 법法은 말 그대로 "물이 가는 길去"이다. 물이 가는 것처럼 극히 자연스럽게 인간의 본성에 따라 법도 제정될 수 있다면, 자연법을 가능하게 하는 이러한 지식은 자연을 닮은 인간성에 입각한 지식으로서 온전한 지식이 될 수 있을 것이다. 그러나 인위적으로 만들어지는 현재 실정법 제도의 특성을 감안한다면, 실정법이라는 기준에서 탄생하는 법적 지식 역시 매우 위험하고 불안할 수밖에 없다. 실정법은 국가와 사회 그리고 지역에 따라서 천차만별이다. 미국의 법은 한국의 법과 다르며 독일의 법은 아프리카 가나의 법과 다르다. 또한, 독재국가의 법과 민주국가의 법은 다르며, 자본주의사회의 법과 공산주의사회의 법은 다르다. 이렇게 보편적이지 못한 실정법의 근거에서 탄생하는 지식은 과연 어떻게 보편성을 획득할 수 있을까? 하물며 일당 내지 일인에 의해 제정되는 법은 얼마나 한계가 명확한 것인가?

결국, 독재파쇼시대의 지식은 독재자 한사람 또는 일당독재체제에 의해 인위적이고 강제적으로 만들어지기 때문에 엄밀한 의미에서 조작도 가능하다. 이러한 지식은 결코 보편성과 객관성을 확보할 수도 없다. 오늘날에는 독재국가 역시 법치국가에 해당된다. 역사적으로 공산주의가 성립되는 과정에서는 프롤레타리아 계급독재에 정당성을 부여하기도 했다. 수많은 노동자들이 이들에게 통치권한을 위임했기 때문에 프롤레타리아혁명도 가능했다. 그리고 그들은 공산주의 사회를 만들어서 그 속에서 오랫동안 함께 살기도 했다. 그러나 1989년을 기점으로 동구라파의 붕괴와 함께 그들이 추구했던 유토피아의 사회도 종말을 고하고 그들에게 주었던 헤게모니도 파기했다. 이렇게 본다면 독재파쇼의 지식은 당시는 합리화될 수 있지만, 역사적 정당성을 확보할 수는 없다. 왜냐하면, 정치적 정당성이란 모든 구성원의 합의에서 나올 수밖에 없기 때문이다. 지식의 정당성 역시 마찬가지이다. 어떠한 정당성을 획득할 수 없는 독재정권하에서 만들어지는 지식 역시 정당성을 획득할 수는 없다. 단지 독재정권이 유지되는 동안만 지식 행세를 할 수 있을 뿐이다. 그러나 독재정권이 사라지면 그때 생성된 지식도 함께 사라진다.

2. 민주주의와 지식체계

2.1 아테네 민주정의 지식

일반적으로 우리는 고대그리스의 아테네Athene를 민주주의의 뿌리로 여긴다. 어원적으로도 민주주의Democracy는 아테네의 '평민'을 칭하는 데모스 Demos에서 유래한다. 즉 '데모스들'이 모여서 살아가는 방식이 바로 민주주의의 어원인 셈이다. 역사적으로 아테네의 정치체제는 4단계를 거쳐서 완성된다. 첫 번째 단계는 왕정王政(BC 1000~800)이고, 두 번째 단계가 귀족정貴族政 또는 과두정寡頭政(B.C 800~560)[20]이고, 세 번째 단계가 참주정僭主政, Tyrannos(BC 561~508)이며, 마침내 이를 거쳐서 네 번째 단계로 민주정民主政 (BC 508~405)에 도달한다.

이러한 정치 과정에서 상당한 사회개혁이 있었는데, 우선 솔론Solon의 개

---

[20] 이 당시는 귀족들이 정치적 실권을 행사하던 시기였다. 이들은 귀족회의인 아레오파고스Areopagos를 설치하여 운영했는데, 이는 당시 최고 사법기관이라고 할 수 있다. 반면 민회民會는 입법을 담당하였으며 임기 1년의 집정관執政官: Archon을 9명 선출하였다. 그러나 민회의 발언권을 점점 귀족들이 독점하기 시작하고 집정관도 귀족의 독차지가 되면서 귀족과 평민들의 갈등이 심화되었다.

혁이 대표적이다. 일반적으로 우리는 솔론의 개혁을 민주개혁으로 알고 있다. 그러나 사실 솔론의 개혁은 귀족정을 폐하고 참주정 지배체제로 전환하는 데에는 성공했지만, 아직 민주정까지는 이루지 못했다. 사실 솔론은 많은 사회개혁을 시작했지만 결국은 부유한 자가 지배하는 소위 '금권정'을 주장함으로써 일종의 귀족정에서 개혁을 만족했다고 할 수 있다.

당시 잘 알려진 '솔론의 지혜'는 항상 누리기만 하던 귀족의 손아귀로부터 평민들의 노예 신분을 해방시키고, 평민들에게도 일부 참정권을 부여함으로써 서로 간의 갈등을 화해시키는 것까지였다. 왜냐하면, 당시 아테네는 평민들이 너무 빚을 많이 지면서 몸이 구속된 노예 상황에 처해짐으로써 전혀 경제가 돌아가지 않는 상황이 되었기 때문이었다. 즉 솔론의 개혁은 갈등을 겪고 있는 귀족과 평민 사이에서 타협안을 제시한 것이었다. 이어 페이시스트라토스Peisistratos에 의해 주도된 참주정僭主政 시대는 평민층과 결탁하여 비합법적인 수단으로 정권을 장악한 참주僭主에 의해 독재정치가 행하여진 시대였다. 그러나 페이시스트라토스는 다행히 대중의 지지를 얻을 수 있어서 결과적으로는 아테네의 번영에 크게 이바지하였다.

아테네 민주정의 아버지는 클레이스테네스였다. 기원전 510년 참주정치가 무너지자 그는 아테네의 통치를 위해서 개혁을 서둘렀다. 그러나 그는 과두정을 주장하던 이사고라스Isagoras와의 전쟁에서 패했다. 그러자 그는 민중Demos에게 도움을 호소하면서 자신이 만약 전쟁에서 이기면 민중들에게 국가의 지배권을 돌려주겠다고 약속했다. 결국, 기원전 508년 그는 민중과 합세하여 이사고라스의 과두정권을 몰아내고. 당시 귀족권력의 기반인 네 개의 혈연부족을 해체시켜 10개의 지연부족으로 대체시킴으로써 귀족의 권력을 분산시키는데 성공하였다. 그는 아테네 전 지역을 10개의 트리티스Tritis로 하고, 1 부족에게 1 트리티스를 할당했다. 이로써 귀족정은 몰락의 길을 걷게 되었다. 이렇게 민주주의 초석을 깔은 클레이스테네스의 가장 커다란 업적은 전 아테네의 행정지구를 개편하여 500인 협의회Boule[21]를 창

---

[21] 500인 협의회는 10개 부족에서 각각 50명씩 임기 1년의 의원들을 인구비례로 선출하여 구성하였다. 최고 의결기관인 민회의 의사안건을 만드는 역할을 했으며

설하였으며, 부패한 관리와 위험한 인물은 투표에 의해서 10년 동안 나라 밖으로 추방하는 도편추방제도Ostracism를 도입하여 아테네 시민들에게 최초의 민주참정권을 부여한 점이다.

그러나 민중 역시 아직 자체적으로 통치기반이 약하고 통치의 능력도 부재하여 제대로 된 통치인수를 해내지 못했다. 일단 이들은 경제적으로도 자립하지 못하고 있었기에 정치에 관여할 여유도 없었다. 특히 이들에게는 국가방위에 대한 공적이나 능력이 거의 없었다. 그럼에도 불구하고 당시 아테네의 통치 권력은 귀족에서 평민으로 서서히 옮겨가고 있었다. 특히 페르시아 전쟁을 거치면서 시민 대중의 정치적 발언권이 강화되고, 사회적 지위도 개선되었다. 이러한 여파로 결국 BC 492년에는 귀족회의Areopagos가 정치적 권한을 상실하고, 직접민주주의를 실시하여 시민들이 민회民會에 모여 전쟁의 포고, 조약의 비준, 세출 등의 중요 국정을 토론하고 의결하였다. 또한, 500인 협의회는 행정을 감시하고, 민회의 행정기관代行機關으로서의 구실을 하게 되었다.

아테네 민주정의 꽃은 '민회民會'이다. 페리클레스는 개혁을 통하여 재산 수준에 관계없이 가난한 자들도 모두 공직에서 배제되는 일은 없을 것이라는 공약을 지키려고 했다. 물론 말처럼 시행되지는 못했다. 그러나 가난한 자들도 민회에는 참여할 수 있었다는 사실은 아테네를 민주주의의 뿌리라고 보는 중요한 근거이기도 하다. 왜냐하면, 당시 민회의 결정은 막강한 실행력을 가지고 있었기 때문이다. 그러나 이러한 민회의 활동에 정치적 모사꾼들과 선동꾼들이 세력을 잠식하고 막후에서 민회를 자기 뜻대로 조종操縱하기 시작하였다. 결국, 민회는 왜곡되었고 마침내 제 기능을 상실하기 시작하면서 역사적으로 최초로 이루어진 아테네 민주주의는 몰락의 길을 걷게 된다. 특히 당시 페리클레스의 정적이었던 클레온은 전통적인 토지귀족 출신으로서 무역과 제조업을 통해서 부를 쌓은 사람이었다. 또한, 클레온은 선전 선동에 능한 사람이었으며 외교술에도 뛰어나고 능력도 있는 사람으로서 나중에 마케도니아와 동맹을 맺으면서 아테네의 몰락을 부채질하기도

또한 각 기관을 감독하는 역할을 담당함으로써 지금의 '행정부'였다고 할 수 있다.

했다. 무엇보다도 그는 '돈 정치'를 통하여 민주주의의 상징이자 개혁의 시발점이었던 '민회'를 왜곡시킨 역사상 최초의 사람으로 기록되어 있다.

한편, 아테네의 문화는 4대 문명의 발생지로부터 직간접적으로 영향을 받고 자랐다. 따라서 아테네는 오로지 서양문화의 발상지라기보다는 동서양의 문화가 직간접적으로 만난 바로 그곳에서 시작되었다. 비잔틴문화가 동서양의 만남이라고 하지만 사실 그보다 먼저 아테네에서 이미 동서양은 완전히 조우했다. 특히 '소아시아 출신'의 지식인들이 아테네나 스파르타 같은 고대 그리스로 유입되면서 동양의 문화가 전래되었다. 따라서 고대 그리스 지역은 동서양의 문화융합 내지 지식융합의 현장이 되기 시작하였다. 특히 BC 1900년경에 인류 최초로 철기를 사용했다고 알려진 소아시아의 히타이트는 메소포타미아 문물을 그리스에 전파하였고 BC 1000년경에는 오리엔트에 철기를 아테네에 전파한 것으로 전해지고 있다.

역사상 지식의 폭발은 고대그리스의 확장과 맥을 같이 한다. 왜냐하면, 잠시 위에서 언급한 대로 동서양의 모든 지식이 이곳에서 만났기 때문이다. 그러나 보다 본질적인 것은 타에 추종을 불허할 정도로 아테네는 분명한 문자文字 체계를 수립하고 있었기 때문이다.

실제로 인류의 문명이나 사회체제의 탄생과 소멸은 문자의 탄생과 소멸과도 직접적으로 관련이 있었다. 문자를 발명하지 못했던 잉카 문명이나, 문자는 있었지만 오로지 문맥으로만 이해되기에 사물과 사실을 문자 하나로만 설명하는 어려움이 상존했던 이집트와 메소포타미아 문명은 역사에서 사라졌거나 아니면 오랜 시간 동안 답보상태를 벗어나지 못했다. 그러나 역사상 최고의 알파벳이라고 평가되는 페니키아 문자 체계를 완성했던 그리스는 오랜 시간 동안 문명을 주변에 자신들의 문명을 지속적으로 확장시킬 수 있었다.[22]

[22] "구전의 전통이 인류를 오랫동안 전수해 왔던 것이 사실이다. 최초의 제국들은 문자 없이 세워졌다. 위대한 예술, 심지어 위대한 시詩도 기록하는 기술을 모르는 사람들에 의해 만들어졌다. 호모 자신도 문자를 모르는 사람이었다. 그 시대(BC 1000년경) 세계 사람들의 대부분이 문자를 알지 못했다. 심지어 메소포타미아, 이집트, 중국과 같이 쓰는 것을 개발한 곳에서도 그들은 오로지 기록을 유지하기

"오늘날 사용되는 많은 문자들이 BC 1100년경 소아시아지역인 페니키아의 사기들이 사용했던 글자에서 유래한 것이다. 그러나 페니키아 문자는 자음만 있어서 인도 - 유럽어족의 언어를 효과적으로 해독할 수 없었다. BC 8세기 중반경에 그리스인들이 모음을 위한 기호를 발명했다. 오늘날 우리가 거의 변형 없이 사용하고 있는 알파벳은 천재적이고 창의적인 그리스인들이 후세 사람들에게 남긴 가장 귀중한 유물 중의 하나이다."(찰스 반 도렌, 1995: 67)

급기야 그리스문명은 오늘날 서구문명의 발상지로까지 간주될 정도로 인류문명발달의 주역으로 계승 발전될 수 있었다. 이는 문자체제를 통한 지식의 탄생과 소멸 그리고 지식의 발전 양태와 직결된다.

"문자 언어의 결핍은 일반적인 지식의 결핍을 초래했고 결국 일반적인 지식이 풍부한 사람들에게 그들이 왜 그렇게 급격하게 패배했는지를 명백히 설명해 준다. 개인이 자신의 생각을 기록할 수도 없고 따라서 다른 사람들이 그를 분명하게 이해할 수 없으면 일반적으로 생각할 수도 알 수도 없다."(찰스 반 도렌, 1995: 68)

결국 고유한 문자체계를 발명한 그리스에서 인류 최초의 지식의 폭발이 일어난 셈이다.

"그리스에서 있었던 지식의 폭발은 자연에 대한 탐구와 이해, 그리고 통제의 측면에서 우리 시대의 것만큼 진보하지는 않았다. 그러나 경제학, 사회학, 심리학 등 오늘날의 인문과학에 대한 자랑스러운 공헌에도 불구하고, 고대 그리스 탐구자들은 오늘날 인류가 인간 본성과 선한 삶에 대해 합리적으로 말할 수 있는 것과 말할 수 없는 것을 밝힌 만큼 이미 이해하고 있었

위해 그 놀랍고 새로운 방법을 사용했을 뿐이지 더 잘 생각하기 위해 문자를 사용했던 것은 아니다. 그리스인들은 알파벳을 완성하자마자, 문자의 보다 중요한 기능을 이해한 최초의 사람들이다. 그리고 그것으로 인해 우리가 알고, 우리가 사는 세계가 존재하기 시작했다."(찰스 반 도렌/ 오창호 옮김, 1995: 69)

다."(찰스 반 도렌, 1995: 75)

한편, 문자체계의 발명은 민주주의의 성숙에 크게 기여했다. 누군가의 글이나 기록을 읽고, 자신의 뜻과 생각을 써서 누군가에게 보여줄 수 있다는 것은 서로 간의 '의사소통communication'에 도움을 준다. 민주주의의 꽃은 소통이다. 소통의 부재는 민주주의를 가로막는다. 따라서 문자체계의 발달로 인하여 다양한 소통의 경로가 개척됨으로써 지식도 다양하게 발생할 수 있었다. 특히 그리스시대에는 지중해 무역의 발달, 주변과의 잦은 전쟁 등은 상호 교류와 소통의 문화를 가속화시켰다. 따라서 아테네의 지식도 약 100년 동안 펼쳐진 외부세계와의 전쟁인 수차례의 페르시아 전쟁과 약 27년간 지속된 아테네와 스파르타 간의 내전인 펠로폰네소스 전쟁[23] 그리고 활발한 지중해 시장무역 등을 통하여 조직화하고 체계화된 것이다.

특히 '정의'의 문제는 당시 아테네의 모든 정치인들과 지식인들이 주목한 최대의 화두였다: "고대철학의 위대한 목표는 '정의'의 추상적인 기준에 대한 것이었다."(찰스 반도렌/ 오창호 옮김, 1995: 136) 이는 그만큼 당시 아테네 사회가 정의롭지 못하였다는 사실을 반영하는 것이기도 하다. 우선 플라톤을 들 수 있다. 플라톤의 지식론은 한마디로 '정의론'이라고 할 수 있다. 과연 어떻게 하면 사회는 정의로울 수 있을 것인가? 이에 대한 답을 얻기 위해서 플라톤은 자신의 철학을 시작했다. 사실 플라톤은 유능한 정치가 지망생이었다. 그가 정치를 철학과 동일시하고 철인哲人이 통치하는 국가가 가장 이상적인 국가로 간주한 사연도 이러한 맥락에서 이해되어야 한다.

만약 아테네 사회가 정의롭지 못하면, 언젠가는 멸망할 것이다. 플라톤의 지론이었다. 그는 망해가는 아테네를 구하고 싶었다. 왜냐하면, 그는 차기 아테네의 왕이 될 수 있는 좋은 조건에 있었기 때문이다. 우선 태생이 귀족

---

[23] 스파르타는 테르모필라이 전투에서 승리한 바 있고, 스파르타의 경우는 살라미스 해전에서 각각 한 차례씩 승리하였다. 그러나 407년에 스파르타는 페르시아의 지원 하에 404년 아테네를 함락시켰다. 이후 수차례의 내전을 겪다가 약 2500년 전 마케도니아의 알렉산드로스가 아테네와 스파르타 등 그리스 전체를 지배하게 되었다.

이었으며 삼촌 두 사람이 원로원의 의원이었다. 당시 과두정치를 마치면 아테네는 강력한 왕을 세우기로 결의했는데, 후보자 중에 플라톤이 가장 유력했다. 플라톤이 '정의'에 모든 지식을 집중할 수밖에 없었던 이유이기도 하다. 결과적으로 이러한 플라톤의 정의론은 아테네 민주정이 보다 성숙해 질 수 있는 계기를 주었다고 할 수 있다. 따라서 '지식으로서의 정의론' 역시 민주사회에서의 지식의 탄생에 큰 기여를 했다고 할 수 있다. 따라서 오늘날도 '정의'는 민주사회에서 가장 중요한 지식의 범주를 형성한다.

그런데 플라톤에 의하면, 제1계급인 지혜로운 통치계급, 제2계급인 용기 있는 무사계급 그리고 조야한 자신의 욕망을 절제를 해야 하는 제3의 평민계급이 서로 조화롭게 살아가는 공동체가 바로 정의사회였다. 따라서 정의는 이들의 '조화'로 성취된다. 그렇다면 정의에 대한 지식도 조화의 지식이 된다. 당시 '조화'라는 개념은 어디서도 사용되는 만능의 개념이었다. 심지어 행복도 조화에서 비롯된다: "스토아학파는 '행복'이란 우주를 지배하는 신의 이성에 조화롭게 하는 것이라고 가르쳤다."(찰스 반도렌/ 오창호 옮김, 1995: 143)

헤로도토스의 『신통기』에서 인류 최초의 신은 '혼돈의 신'인 카오스이다. 카오스 신이 자손을 낳으면서 마침내 코스모스cosmos가 되는 과정이 바로 창조인 것이다. 여기서 코스모스는 '조화'를 의미한다. 조화롭지 못하면 창조가 잘못된 것이며 조화롭게 된다면 모든 것은 완전한 창조이다. 인간의 지식도 '조화'에 대한 지식이 가장 중요하다. 그것이 바로 '정의로운 지식'이며, 아테네 민주정을 완성하는 지식이 된다. 당시 건축이나 예술도 조화의 미가 최고의 미였다.

그렇다면 '조화'에 대한 지식은 과연 무엇인가? 사전적으로 조화란 어긋나거나 부딪침이 없이 서로 고르게 잘 어울림을 의미한다. 즉 조화란 모순되거나 어긋남이 없이 서로 잘 어울리는 상태에 있는 것이다. 따라서 아테네의 지식은 일단 모순이 없어야 한다. 모순이 없는 지식을 찾아내기 위해서 이들이 추구했던 것은 '논리'를 찾아내는 것이었다. 이는 논리학論理學의 발달이 이루어진 이유이다. 또한, 관찰의 결과가 모순적이지 말아야 한다.

관찰과 측정, 즉 관측이 발달한 이유이다. 하늘을 관찰하면서 별이 어떻게 움직이는지를 관찰하고 이들의 변화와 구조 등을 측정했다. 천문학天文學의 발달이 그것이다. 모순을 발견하는 순간 이들은 호들갑을 떨게 된다. 어떻게 든 모순을 제거하고 조화를 찾아내야 한다.

또한, 언어체계의 발달로 인하여 언어의 약속인 문법文法이 발달하였으며, 언어사용의 잘못이나 오해를 해소하기 위하여 수사학修辭學과 변증법辨證法이 발달하게 되었다. 여기서 아름다운 언어사용을 추구하는 수사학도 아름다운 조화를 궁극적인 목표로 하고 있으며, 변증법 역시 대화를 통하여 모순을 제거함으로써 조화로움에 도달한다. 이로써 정의도 완성된다. 결국, 아테네의 지식은 이러한 '학문'의 발달과 함께 이루어지면서, 인류역사상 최초로 갑자기 지식이 폭발하는 시대를 맞게 된 셈이다.

그러나 문제는 이때의 지식이 대부분 정치적으로 출세하기 위한 수단 또는 후계자들을 정치적으로 출세시키기 위한 지식으로 조직화되고 체계화되고 있었다는 사실이다. 소피스트의 출현이 대표적이다. 시대의 현자이며 최고의 지식인임을 자처한 이들은 소아시아계통의 사람들로서 아테네 출신들이 아니었다. 지금으로 말하면 이들은 불법체류자와 같은 신세였다. 물론 이들 중에는 아테네의 식민지들이 많았다. 아테네 주변의 소아시아 지역에서 주로 낙타를 타고 이곳저곳을 떠돌며 유목을 하면서 밤이슬을 먹으며 살아가던 '유랑시인'이었던 이들은 상당한 지식을 소유한 사람들이었다. 이들은 당시 가장 부유한 지역에 속하던 이웃 아테네에 먹고 살기 위해서 유입된다.

그러나 이들은 아테네인이 아니었기 때문에 마땅히 먹고살기도 불편하고 거기서 일자리를 구하기도 쉽지 않았다. 특별히 기술도 없었다. 아테네에서 이들이 할 수 있는 것이라고는 결국 사람들에게 구전을 몇 푼 받으면서 가르치는 일뿐이었다. 뭇 백성들에게 지식과 돈을 바꾼 것이다. 당시 아테네에서는 돈을 받고 가르치는 사람들은 없었기에, 이들의 행동은 남의 이목에 들었다. 구체적으로 이들은 정치적으로 높은 출세를 하려는 귀족 및 평민의 자제들을 모아 놓고 "처세술處世術"을 가르치기 시작했다. 이를 위해 구체적으로 이들은 남들을 설득하여 자신의 입지를 제고하고 자신의 뜻을 관철할 수 있는 "설득술"을 가르쳤으며, 상대와의 논쟁에서 이김으로써 자신의 욕망을 성취할 수 있도록 해 주는 "논쟁술"을 가르쳤다. 지금으로 말하면, 이들은 세상에서 필요한 것을 그대로 주입시키는 족집게 과외를 성공적으로 해냈던 것이다. 그러나 아테네 시민들이 유일신이었던 아폴론 신을 모시는 상황에서, 이들이 가르치는 처세술 사이에는 극한 대립과 모순이 많았다. 논쟁에서 무조건 이기기만 하면 되고, 무슨 수를 쓰던 남들을 설득만 잘하면 된다. 모든 것이 진리와는 무관해도 상관없다. 결국, 소피스트들은 오로지 아폴론 신의 계율만이 진리가 아니라는 자신들만의 논리를 세우게 된 셈이다.

인류 최초의 소피스트로 불리는 프로타고라스Protagoras는 급기야 "인간이 만물의 척도"라는 선언을 하게 된다. 즉 그는 아폴론 신의 계명이 진리가 절대적인 것이 아니라, 어느 누구도 자신이 선택하면 그것이 진리가 될 수 있다는 이른바 "상대적 진리관"을 펼치게 된다. 그것이 나중에 바로 '소피스틱', 즉 궤변詭辯이 되는 것이다. 그런데 이들의 궤변은 사람들에게 날로 인기를 끌게 된다. 왜냐하면, 궤변이라고 해도 매우 논리적이었으며, 이러한 논리는 남들을 설득하는 좋은 수단이 될 수 있었기 때문이다. 인기는 날로 높아져 갔다.

그러나 결국 훗날 이들은 궤변론자로서 아테네시민들에게 지탄을 받게 되었다. 왜냐하면, 플라톤 같은 힘 있는 지식인들이 나서서 이들의 궤변을 고발하기 시작했기 때문이었다. 이유는 전지전능한 아폴론 신을 정점으로 초지일관 조용하던 나라 전체가 이들의 이상한 논리에 의해 흔들린다는 것이었다. 즉 아폴론 시대의 절대진리, 절대지식이 이들의 상대성에 의해 매우 흔들린 것이다. 한 사람을 설득하고 논쟁에서 누군가가 이기면서 '조화로움' 역시 깨지고 만다. 시민들은 도대체 무엇이 진리인지 무엇이 정답인지, 즉 무엇이 지식인지 갈팡질팡했다. 정의가 무엇인지, 정의는 과연 누구 편인지?에 대해서 모두들 헷갈리기 시작한다. 심지어 논리의 혼란과 혼선은 자라나는 어린아이들의 지식 세계까지 호도하기에 이른다. 마침내 소피스트들은 선동죄와 사회혼란죄로 법의 처형을 당하면서 소피스트 시대는 마감된다. 그러나 그동안 이들이 내세운 논리는 한동안 아테네의 지식으로 군림하였다. 따라서 이 역시 당시 지식의 탄생이었던 셈이다. 결국 '절대적 진리관'을 가지고 있었던 당시의 아테네에서 '상대적 진리관'을 가졌다는 죄목으로 소피스트의 시대는 사라졌다. 왜냐하면, 아테네의 지식은 절대진리관에 입각한 절대지식이었기 때문이다. 당시 플라톤의 '이데아론Idea' 내지 '이상국가론'이나 아리스토텔레스의 '형상이론Eidos' 내지 '우시아론' 등은 절대지식의 세계관을 그대로 묘사하고 있다.

이렇게 본다면 아테네 민주정시대의 지식은 '절대적이고 규범적 차원에서' 발생했다고 할 수 있다. 한마디로 당시의 민주주의는 절대적 지식에 기반을 두고 있었다. 즉 아폴론의 계명에 입각하여 지식이 발생할 때 그것이 지식이며, 그렇지 못한 경우에는 지식이 아니다. 민주주의에 대한 정의 definition 역시 마찬가지였다. 왜냐하면, '민주정'도 아폴론의 계명 하에서의 '민주정'을 의미하고 있었기 때문이다. 평생동안 아폴론의 계율을 따르고 아폴론 신을 추종하고 살았지만, 변론장에서 자신이 품고 있는 양심의 목소리인 다이몬Daimon도 믿는다는 고백을 함으로써 사형을 면치 못했던 소크라테스 역시 당시의 절대적 지식관에서 벗어났기 때문에 목숨을 잃게 된 셈이다. 당시 소크라테스에 대한 멜레투스Meletus의 고발장에는 다음과 같이 쓰여 있다.

> "소크라테스는 젊은이들을 타락시키고, 나라가 믿는 신들을 믿지 않고, 다른 영적인 것들, 즉 다이모니온들σαιμόγια, daimonia을 믿음으로써 죄를 범하고 있다."(Apologie, 24b/ Memorabilia, I. 1.1.)

당시 아테네에서는 무신론無神論도 용납되지 않았지만, '두 개의 신'도 금지되어 있었다. 결국, 시대의 현자賢者이며 여느 소피스트들과는 분명 달랐던 자신의 스승 소크라테스가 당시 아테네의 민주정에 무참하게 희생당하는 상황을 직접 목도한 제자 플라톤은 모든 것에 특히 아테네의 민주정치에 실망하고 낙심하여 결국 시칠리아로 7년간 목적도 없는 긴 유랑의 길로 들어서게 된다.

그렇다면 소크라테스에게 독배를 마시게 한 아테네의 민주정은 과연 지금 우리가 흠모할 정도로 민주적이었을까? 아니면 세상의 현자를 죽음에 이르게 한 당시 아테네의 민주사회는 우리가 갈망하는 민주주의에 걸맞은 지식체계를 가지고 있었던 것인가? 또한, 여기서 지식의 탄생은 과연 정말 민주적으로 이루어졌다고 할 수 있을까?

사실 아테네의 민주정은 오늘날의 관점에서 본다면 민주주의는 아니다. 일단 아테네시대에도 비非자유민으로서의 노예계급은 그대로 존속했으며, 여자들에게는 참정권이 없었다는 사실을 보더라도 지금의 민주주의 개념과는 근본적인 차이가 난다. 달리 말하면 아테네의 민주정에서는 여자와 노예를 제외한 '자유민'에게만 민주적이었다. 또한, 아테네 시대에는 왕족이나 귀족계급 등 혈연적 우위계급이 완전히 없어진 것도 아니기 때문에 그 사회가 완전히 민주적이었다고는 할 수가 없다. 심지어 비록 현자의 학문인 철학이 발달하고 객관성을 추구하는 자연과학이 태동하던 시대였다고는 하지만 여전히 출세지향적이고 처세술 중심으로 편향된 소피스트의 지식들이 혼재하던 시대인 아테네 민주정의 지식을 우리는 진정한 민주주의 사회의 지식이라고 할 수 있을까? 아니면 모든 지식들이 혼재하고 병존하는 것을 허용하는 것이 '민주'라고 규정한다면, 민주주의 사회에서의 지식은 이렇게 탄생하는 것이 당연하다고 할 수 있을 것인가?

2.2 현대민주주의 시대의 지식

(1) 정치민주화와 지식

오래전부터 우리는 민주주의를 갈구하고 왔다. 그것이 독재가 난무하던 시대에 대한 직접적인 저항이든지, 아니면 삶의 본질로의 회귀이었건 하여간 민주주의에 대한 염원은 역사상 늘 지속되어 왔다. 1789년에 발발한 프랑스 대혁명은 세상에 민주주의를 외친 역사적 사건이었다. 물론 그 이전에도 영국의 명예혁명 등 크고 작은 시민혁명들이 있었지만 프랑스 대혁명은 당시 유수한 정치가들과 시민계층이 정면에서 대립한 정치적 민주화의 역사였다. 자유, 평등, 박애를 기치로 내세운 프랑스 대혁명은 당시 주로 정치범들이 수용되어 있다고 여겨졌던 바스티유감옥이 불타면서 시작되었는데[24], 이는 프랑스의 왕정이 오랜 시간 동안 수립해 놓은 전통적인 '구제도', 즉 앙시앙레즘ancien régime에 대한 시민항거였다.[25] 다분히 정치적이다. 여기서 우리는 '우리에게 빵이 아니라 자유를 달라', '자유는 피를 먹고 산다'는 구호를 접하게 된다.

실제로 프랑스 대혁명(1789~1799)은 프랑스에서 부르봉 왕조의 절대주의적인 구제도를 타파하고 근대 시민사회를 이룩한 전형적인 시민혁명이었다. 영국의 청교도혁명[26], 미국 독립 전쟁과 함께 근대 민주주의의 3대 혁명 중 하나인 프랑스 대혁명은 근대시민사회를 성립시키는 계기가 되었다. 당시 프랑스의 부르봉 왕조는 정치·경제·사회 등 전반에 걸쳐 불합리한 상태에 있었는데, 이를 앙시앵 레짐(ancien regime, 구제도舊制度)이라 한다.

---

[24] 당시 소문과는 달리 실제로 바스티유감옥에 정치범은 단 한 사람도 없었으며 수감자도 고작 7명뿐이었다고 한다. 그러나 바스티유 감옥의 해체는 왕정과 봉건질서에 부르주아지와 민중이 합세한 정치적 민주주의의 상징이 되었다. 당시 루이 16세는 자신을 겨냥한 이들을 향하여 "저들이 레볼트(폭동)를 일으켰다!"고 외쳤는데, 그곳에 있던 신하 라로슈푸코는 "전하, 아닙니다. 이것은 '레볼루시옹(혁명)'입니다."라고 대꾸를 했다고 한다. 원래 '별들의 회전운동'을 의미했던 레볼루시옹이라는 말은 '사람의 힘으로 막을 수 없는 도도한 역사의 흐름'이라는 뜻이다. 결국, 바로 이 사건이 일어난 1789년 7월 14일을 우리는 프랑스 혁명의 시작일로 역사에 기록하고 있다.

[25] 일반적으로 우리는 1789년 프랑스 혁명을 계기로 그 전의 사회질서를 '구제도'라고 하고, 혁명을 통해서 프랑스의 구제도가 철폐되었다고 한다. 구제도란 특히 프랑스의 국왕 루이 14세부터 루이 16세가 통치하던 시대에 만들어진 귀족세습의 절대왕정 사회체제에서 비롯된다. 혁명을 통하여 구제도가 와해되면서 시민들은 자유와 권리를 되찾는 계기를 만든다. 이런 의미에서 우리는 이를 시민대혁명이라고 부른다.

[26] 청교도혁명은 영국에서 1649년 왕당파와 공화파의 대립 속에서 발생한 혁명으로서 청교도가 중심이 되어 일어났다고 해서 붙여진 이름이다. 의회주의자인 크롬웰이 주동이 되어 국왕 찰스 1세를 죽이고 절대주의왕조를 몰아내는 데 성공했지만, 크롬웰이 죽자 왕정복고로 무산되었다.

이미 볼테르, 디드로, 달랑베르, 루소 등 소위 <백과사전학파>를 중심으로 하는 계몽주의자들은 당시 프랑스의 구제도 하에서 발생하는 각종 사회적 모순에 대하여 조목조목 따지고 있었다. 특히 루소의 저항은 가장 거세었다. 또한, 1776년 발발한 미국의 독립전쟁에 크게 자극받은 시민들은 당시의 국왕이었던 루이 16세가 지배하던 국민의회의 탄압에 항거하여 전략적으로 바스티유 감옥을 습격함으로써 혁명은 시작되었다.

결국, 파리 시민의 압력에 따라 국민의회는 특권계급의 조세상의 특전, 영주 재판권 및 10분의 1세 등 일체의 봉건적 특권을 폐지함으로써 봉건적 예속관계가 해체되었고, 인권선언으로 인하여 자유, 평등, 주권재민主權在民 및 사유재산의 불가침 원칙을 확인하였다. 혁명의 성공으로 1791년 신헌법이 공포되었으며 다음 해에는 왕정이 폐지되어 공화제共和制가 수립되었다. 이어서 1793년 국왕 루이 16세의 처형이 이어졌고 이후 정권을 인수한 자코뱅파의 독재정치가 시작되었다. 자코뱅의 지도자였던 로베스피에르는 민중과의 결속을 강화시키기 위하여 공포정치를 폈다. 그는 혁명을 성공시키기 위해서 철저하게 자신의 정적들을 단두대로 숙청하는 등 자신의 세력을 확장시켰지만, 결국은 그 역시 단두대의 이슬로 사라지는 운명을 맞게 되면서 소위 혁명은 3일천하로 종결되는 신세가 되었다. 혁명이 실패로 돌아가자 정국은 다시 어수선한 혼란의 상태가 되었다. 이 틈에 이러한 혼란정국을 수습한 사람이 바로 보나파르트 나폴레옹이었다. 한마디로 프랑스 대혁명에서 천명한 자유와 인권은 혁명의 소용돌이 속에서도 끝내 제도화되지 못하였다. 오히려 혁명 후의 사회적 혼란을 틈타서 나폴레옹 보나파르트가 집권하게 되면서, 프랑스 대혁명은 소위 '3일 천하의 역사'로 끝나게 되었다. 나폴레옹에 의해서 프랑스 땅에는 제정帝政이 수립되고 말았던 것이다. 한마디로 나폴레옹의 독재가 시작된 것이다. 이로써 프랑스 대혁명은 1799년 약 10년간의 여정 끝에 역사의 기록에서 아주 사라지게 된다.

결국, 프랑스 대혁명에서 추구한 평등의 이상은 법률 앞의 평등에 그쳤다. 그러나 문제는 법이란 동서고금을 막론하고 늘 가진 자의 편이다. 왜냐하면, 가진 자들이 법을 제정하기 때문이다. 따라서 법 앞에서의 평등과 이상적 평등과는 간격이 있게 마련이다. 결국, 프랑스 대혁명의 이념과 달리 실질적인 사회적 평등을 실현하지 못하였다. 또한, 이를 실천할 수 있는 여건도 만들어지지 못했다. 오히려 프랑스 대혁명은 재산권의 신성을 선언하기도 했다. 이런 연유로 우리는 프랑스 대혁명을 '부르주아 혁명'으로 간주하기도 한다. 그러나 역사적으로 프랑스 대혁명은 서유럽의 의식과 양심 속에 최초로 인간평등의 관념을 심어 놓았다는 데에서 큰 의의를 찾을 수 있다. 그럼에도 불구하고 완성되지 못한 혁명은 오히려 천민자본주의를 용인하는 꼴이 되면서 각종 공산주의 내지 사회주의 사회개혁운동에 정신적 기반을 제공한 계기가 되기도 했다. 그러나 분명한 것은 프랑스 대혁명은 역사상 우리에게 정치적 민주화를 위한 획기적인 분기점을 만들어 주었다고 할 수 있다. 따라서 이러한 혁명과정에서 비롯된 지식의 탄생은 정치적 차원의 민주화 과정과 맥을 같이 한다.

정치적 민주화에서 가장 중요한 핵심개념은 자유自由이다. 특히 당시 인구의 대부분을 차지하는 노동자와 농민들은 자유가 없는 '비자유민'에 해당되는 '민중民衆'에 속했다. 이들에게 더 이상 자유를 구속하지 말고 자유를 허락하라는 취지였다. 자유가 제한되는 자유형을 받고 있는 바스티유감옥의 죄수들을 풀어주면서 시작된 프랑스대혁명은 정치적 민주화에서는 인간에게 자유를 되찾는 것이 가장 중요하다는 상징성을 가지고 있다. 물론 프랑스 대혁명에서는 자유와 더불어 평등 그리고 박애가 주창되었다. 그러나 평등의 이념은 정치적 차원만을 의미하는 것은 아니다. 경제적으로도 평등이 요청되었는데, 당시 국민의 10%도 안 되는 귀족계급이 90%의 부를 소유하고 있었기 때문이다.

그러나 이러한 빈부 격차의 문제는 꼭 해결되어야 할 과제임에는 분명하지만 지금도 요원하다. 오늘날은 사회양극화라는 개념으로 치환되었지만 빈부 격차의 문제는 역사와 전통을 가지고 있는 셈이다. 이러한 맥락에서 프랑스 대혁명에서 주장된 평등의 이념이 나중에 공산주의 사상으로 이어지기도 했다. 경제적 평등만이 빈부 격차 문제를 해결할 수 있는 유일한 수단이라는 사실이 강조되었던 것이다. 마지막으로 박애사상은 특히 당시

비천한 민중과 서민들에 대해서 귀족과 영주들로 하여금 긍휼을 베풀어달라는 탄원 같은 것이었다고 할 수 있다. 그러나 자유, 평등, 박애라는 구호는 자유로 귀결된다. 인간이 자유를 되찾기 위해서는 사회가 평등을 보장하고 만민에게 사랑을 보내줄 수 있어야 한다. 그래야만 인간은 모두 자유롭게 될 것이다. 결국, 프랑스 대혁명은 자유를 최대의 실현가능한 실천적 가치로 택하면서 정치적 차원의 민주주의의 초석이 된다.

그러나 민주주의는 지금도 요원하다. 결국, 민주주의란 계속 '되어지는 것'이지 이미 완성된 것도 아니며 언젠가는 완성된다는 보장도 없는 이데올로기일 뿐이다. 따라서 시간의 흐름 속에서 우리 사회는 점차 민주주의를 향해서 한 걸음 더 나갈 수 있을 뿐이다. 민주주의가 아니라 '민주화民主化'가 가장 정확한 표현이다. 정치가들은 자신들이 민주주의의 화신이라고 한다. 그는 공허한 선동가煽動家일 뿐이다. 주지하는 대로, 민주란 말 그대로 민民이 나라의 주인主人이라는 뜻이다. '민심이 천심'이라는 민주주의 내지 민주화의 핵심사항은 모든 권력을 주인인 민으로 돌리는 것을 말한다. 이렇게 본다면 자신이 민주의 화신이라고 부르짖는 정치가의 논리는 그 자체로 모순이다. 이는 이렇게 본다면 이러한 구호는 프로파간다propaganda 내지 데마고지demagogy로서 오로지 '선동煽動'일 수밖에 없다. 또한 '민주주의란 바로 이런 것'이라고 민주주의를 정의하는 것 역시 의미가 없다. 왜냐하면, 민주주의란 형태가 있는 것이 아니라 보고 느끼고 체험하는 사람에 의해서 저마다 다를 수 있기 때문이다. 이는 마치 사랑이 무엇인지에, 행복이 무엇인지? 대해서 모든 사람의 정의와 생각이 다를 수 있기 때문이다. 민주주의는 영원히 형성되어가는 것이다. 따라서 민주주의란 말은 민주화와 대치될 필요가 있다.

결국, 정치적 민주주의 내지 정치민주화의 시대에는 지식의 탄생도 이러한 차원에서 이루어진다고 할 수 있다. 미국의 17대 대통령이었던 아브라함 링컨Abraham Lincoln(1809~1865)은 민주주의란 "국민의 국민에 의한 국민을 위한 정치"라고 정의했다. 민이 주인이며 민을 위한 정치는 시간과 공간 그리고 상황에 따라 달라진다. 과연 미국의 민주주의는 한국의 민주주의와 같은가? 아프리카의 민주주의와 유럽의 민주주의는 같은 것인가, 다른 것인가? 나라마다 국가마다 '민주화의 정도 차'가 있는 것처럼, 지역마다 정치민주화의 지식은 판이할 수 있다. 그러나 분명한 것은 민에 의한 민을 위한 정치민주화의 수준과 정도에 따라서 지식의 수준이 결정된다고 할 수 있다.

시간과 공간에 따라 민주주의의 수준과 민주화의 정도가 다른 이상 소위 민주주의사회의 지식은 천차만별이다. 물론 이데올로기로서 민주주의의 이상향을 추구하는 지식은 동일할 수 있다. 그러나 현실 사회의 수준은 천차만별이다. 따라서 미국의 정치적 민주주의 내지 민주화의 과정에서 발생한 지식은 한국의 민주주의 내지 민주화 과정에서 발생한 지식과 반드시 일치하는 것은 아니다. 그런데도 불구하고 미국의 민주주의나 이상적인 민주주의를 기준으로 한국의 민주주의는 무엇이 잘 되고 무엇이 잘못되었다고 비판하고 지적하는 것도 바람직한 것도 아니다.

일반적으로 우리는 마치 미국식 민주주의가 최고의 민주주의로 간주하고 있다. 그런데 정말 그런가? 만약 그렇다고 한다면 동양에서는 오래전부터 '인내천人乃天', 즉 '민심이 천심이다'는 사상을 간직해 왔다. 이미 2천 수백 년 전 맹자의 '왕도사상王道思想'도 이로부터 연유하고 우리나라의 동학사상은 이를 기초하고 있다. '민은 하늘이기 때문에, 지배자는 항상 민을 하늘처럼 받들어야 한다'는 이러한 생각은 서구사상이 말하는 민주주의의 이상과 결코 다르지 않다. 그렇다면 우리의 전통적인 민주사상은 미국의 민주주의개념이나 민주주의의 이념에 결코 뒤지지 않는다고 할 수 있다. 이렇게 본다면 동서양 사상의 비교 속에서 민주주의에 대한 지식이 변증법적으로 발전할 수 있다고 할 수 있다.

결국, 민주주의의 이상 또는 민주화 그리고 정치민주화의 사회에서 탄생하는 지식은 민주주의의 이념에서 비롯된다. 그러나 이념적으로 탄생하는 지식은 본질적이지만 사변적이다. 왜냐하면, 이상사회는 물론 중요한 성취과제겠지만 아직 동서고금을 막론하고 어디에도 아직은 존재하지 않기 때문이다. 따라서 오늘날 우리에게 민주주의의 개념은 시공간을 초월한 이념 대결의 장에 노출되어 늘 자유롭게 논쟁이 되고 있을 뿐이다. 아울러 이데올로기로서의 민주주의는 좌우대립의 빌미까지 제공하고 있다. 따라서 정치민주화의 장에서 지식의 탄생도 이러한 범주를 벗어나지 못하고 있는 셈이다.

다만 고무적인 것은 지식정보사회가 민주주의적 지식의 탄생에 기여할 수 있다는 사실이다. 즉 인터넷 네트워크상에서 모든 네티즌들에게 권력이 급속하게 분산되고 있다. 마이클 마자르Micheal J. Mazarr는 권력분산을 21세기 미래 지식사회의 가장 중요한 특징으로 파악하고 있다.

> "지식시대는 정부나 기업 같은 대규모 조직들에 맞서 개인과 시민단체에게 힘을 부여해주며, 작은 마을과 가난한 개발도상국가, 여성과 전 세계의 소구 그룹에게도 힘을 부여해준다. 이것이 가능한 것은 지식시대가 평등한 조건을 만들어주기 때문이다. 아이디어와 정보를 기반으로 운영되는 경제와 사회에서, 그리고 누구나 아이디어를 가질 수 있고 그 아이디어가 효과를 발휘하는 데 필요한 대부분의 정보에 접근할 수 있는 상황에서 힘과 권위는 급격하게 분산된다."(마이클 마자르, 2000: 40)

그런데 민주주의 사회로 나아가는 첩경은 '권력분산empowerment'으로부터 시작된다. 정부의 독점적 권력이 모든 구성원 개개인들에게 분산되는 것이다. 이렇게 본다면 21세기 지식정보사회에서 인터넷의 사이버(Social Network System 등)상에서 발생하고 있는 사회현상은 민주사회지식의 산실이 될 수 있다. 한마디로 정치권력의 분산으로 인하여 지식권력도 분산된다. 물론 긍정적 차원에서 볼 때 그렇다.

(2) 경제민주화와 지식

우리는 지금까지 민주주의 또는 민주화라는 개념은 주로 '정치적 차원'에서 사용해 왔다. 실제로 많은 사람들도 민주주의란 마치 정치가들의 몫으로 착각해 왔으며 자신들이 민주주의를 위해 할 수 있는 것은 4년마다 벌어지는 선거판에서 투표 한 장 찍는 것 정도로 여겼다. 심지어 '민주주의가 밥 먹여 주느냐'는 식으로 비아냥하면서 '나는 정치에 무관하다'는 소신으로 정치인들을 혐오하기도 했다. 물론 정치판이 이렇게 외면당하게 된 사연은 인류의 긴 역사상에서 동서고금을 막론하고 세상의 정치가들이 자신들에게 부여된 권력을 남용하고 왜곡하면서 뭇 백성을 괴롭혔기 때문이다. 오래전 부터 탐관오리貪官汚吏라는 말이 있다. 동서고금을 막론하고 통하는 말이다. 1896년 전봉준의 동학혁명에 의해 기름이 부어진 갑오경장은 조병갑이라는 탐관오리를 직접적으로 겨냥하면서 발생했다. 이러한 역사는 우리의 뇌리에 비록 상징적으로 남아 있다고는 하지만, 오늘날 전 세계의 정치행각은 점점 더 악화일로를 걸어온 것이 사실이다. 가장 못 믿을 직업이 정치가라는 사실은 세계가 공감하기 시작했다. 가장 막장의 직업이라는 말도 있다. 동서양을 막론하고 모든 부정부패에 정치가라는 직업이 연루되지 않는 곳은 거의 찾아볼 수 없다.

한편, 인류의 역사에서 지배와 통치의 역사는 '종교'의 지배에서 '정치'의 지배로, 그리고 '경제'의 지배로 이어져 왔다. 다시 말하면 역사적으로 통치의 패러다임은 종교에서 정치로 그리고 경제로 변화되어 왔다. 따라서 우리가 지금까지 '정치적 민주화'에 대해서 언급한 것처럼, 이제 우리는 '경제적 민주화'에 대해서 보다 많이 언급해야 한다.

10년간의 각고 끝에 독일 프로이센의 통일(1871년)을 이룩하여 독일 제1제국의 초대총리가 된 철혈재상 비스마르크Otto Eduard Leopold von Bismarck (1815~1898)는 '정치란 경제를 잘 분배하는 것'이라고 정의했다. 오늘날 우리는 경제민주화에 대해서 언급하고 있다. 이는 사회복지사업의 중요한 키워드인 '분배'와 '복지'를 포괄한다. 비스마르크는 최초로 독일의 사회복지사업을 체계적으로 기초한 장본인이다. 이는 유럽복지사회를 탄생하게 한 초석이기도 하다. 그는 사실 당시 득세하던 공산주의의 변형인 사회주의 세력을 견제하기 위해 사회주의자 진압법(1878년)을 제정하는 한편 슈몰러 등의 강단講壇 사회주의 사상을 도입하여 사고, 질병, 양로, 보험 등의 사회복지정책을 추진함으로써 사변적이고 공상적인 오로지 이데올로기로만 무장한 사회주의세력을 와해시키려 하였다.

역사적으로 자연발생적으로 자라온 자본주의는 마르크스에 의해 공격을 받았던 것처럼, 자체적으로도 모순이 적지 않다. 천민자본주의라는 개념이 무색할 정도로 자본주의의 발달은 지나치게 인간의 조야한 이기적 본능에 충실하게 성장하여 왔다. 능력껏 살게 하겠다는 취지의 자연성을 인정하는 듯하지만, 실제로 사회는 모든 사람들이 자신의 능력을 발휘할 수 있을 만큼 평등한 기회를 제공하지 않는다. 귀족의 자제로 태어난 사람과 천민의 자제로 태어난 사람에게 능력을 펼칠 수 있는 기회는 동일하지 않다. 부잣집 자제와 가난한 집 자제에게도 능력발휘의 기회는 전혀 다르다. 또한, 경쟁을 통한 출세를 원칙으로 하지만, 이 역시 경쟁에 참여하고 경쟁에서 승리할 수 있는 기회는 신분이나 집안 배경에 따라서 아니면 경제적 부의 차이에 따라서 결코 동일하지가 않다. 따라서 자본주의가 추구하는 원칙과 명분은 틀리지 않았지만, 사회적 인프라는 이를 뒷받침하지 못한다. 결국, 자본주의는 자체적으로 반성 되고 급기야는 체제 자체가 수정되는 과정에 들게 된다. 수정자본주의가 그것이다. 조금만 이성적으로 논리를 전개해 보면 자본주의 체제에는 문제점과 모순이 많다. 오늘날 자본주의가 안고 있는 가장 큰 문제점은 빈부 격차로 인한 사회양극화의 문제이다. 미래학자들에 의하면 앞으로 이러한 양극화의 문제는 더욱더 심화될 전망이다. 부익부빈익빈은 점점 더 확대될 것이며, 부의 세습화의 가속도는 상상을 초월할 전망이다. 부의 편중이 심해질수록 사회는 그만큼 위험하다. 공동체가 여러 차원에서 점차 와해되는 것이다. 이것이 경제민주화가 시급해지는 가장 큰 이유이다.

경제민주화의 중요한 뿌리는 '사회복지제도'이다. 그런데 우리는 '사회복지social welfaer'는 공산주의나 사회주의의 전유물로 여겨 왔다. 마치 사회복지는 자본주의에서는 전혀 무관하거나 그렇지 않더라도 여유가 생기면 한번쯤 생각해 보는 사회제도 정도로 치부되어 왔다. 그러나 이는 크나큰 착각이었다. 한마디로 분배의 정의, 형평성의 논리는 소위 진보라고 하는 좌파 진영의 전유물이었다.

그러나 오래전부터 자본주의 내에서도 사회적 문제점과 모순이 고발되기 시작하면서 사회복지의 개념은 그림자처럼 동반 성장해 왔다. 물론 이러한 사회복지의 개념은 국가차원에서 시작된 것은 아니다. 왜냐하면, 자본주의란 개인의 사유재산권을 인정하고 개인 간의 무한자유경쟁을 허용하기 때문에 사회 전체의 평준화라는 개념은 취약하다. 자유 경쟁에서 밀린 자들을 국가에서 어떻게 하라는 것인가? 사실 이것이 자본주의자들의 생각이었다. 그러나 특히 18세기부터 유럽에서는 각종 종교전쟁 등을 통하여 전쟁고아가 늘어가고 어려운 자들이 속출하면서 사회에서는 이상기류가 흐르기 시작했다. 돈 많은 자선사업가가 생겨나기 시작한 것이다. 개인의 '자선사업慈善事業'이 사회적으로 독지가들의 호응을 얻으면서 '사회사업社會事業'으로 그리고 오늘날은 국가의 사회복지체제로 전환되면서 오늘날 사회안전망이 구축될 수 있었다. 유럽사회복지국가의 탄생이다. 바로 독일의 비스마르크가 이의 기초를 마련한 장본인으로서 유럽사회복지의 핵심은 독일에서 비롯되었다.

유럽사회복지제도는 중세시대의 빈민보호사업에서 뿌리를 찾을 수 있다. 국가 및 민족 간의 잦은 전쟁과 기하 그리고 각종 전염병 등으로 인한 사회적 무질서와 혼란에 대한 대책으로서 빈민 구제책이 사회정책으로 등장하는가 하면 구걸 규칙이라는 것도 제정되었다(이상오, 2000: 25). 드디어 16세기 말부터 유럽 여러 지역에서 '보호 및 노동의 집들Zucht- und Arbeitshäuser'이 세워지기 시작하면서 빈구제책은 점차 제도화되기 시작했다(Tiersch, 1992: 6). 그러나 유럽에서 본격적인 사회복지사업의 시작은 19세기 중엽이라고 할 수 있다. 특히 1852년 독일에서 결성된 '에버펠트 시스템Eberfelder System'은 사회복지사업단체들의 연합으로서 전 유럽대륙에 사회복지사업을 대중화하기 시작했다(Erler, 1993: 10).

> "이 시스템은 사회복지사업의 스텝들을 상시 고용인이 아닌 자원봉사세력들로 구성하면서, 주로 자발적인 참여 의지를 가진 명예직 빈민구호사업의 희망자들을 결집시켰다. 즉 빈민 구호 사업을 위하여 자선사업가 또는 자원봉사자들을 모집하여 이들의 인적자원을 하나의 통합된 연합체제로 묶어 주었던 네트워크 체계가 바로 에버펠트 시스템이었다."(이상오, 2000: 25)

이 시스템을 통하여 그동안 사방팔방에 흩어져 있는 빈민들을 통제 및 관리하면서 사회복지사업은 보다 조직적·체계적으로 실천될 수 있는 계기가 만들어 졌다(Sachbe/ Tennstede, 1980: 23). 결국은 이들이 유럽에서 국가주도의 초기 사회복지사업 및 복지정책을 이끄는 핵심세력이 되었다(Erler, 1993: 11).

그렇다면 여기서 우리의 질문은 과연 자본주의사회에서는 이러한 사회복지정책을 기반으로 탄생한 유럽사회복지국가처럼 사회안전망을 어떻게 가지고 있다는 것인가? 아니면 자본주의 사회에서는 사회복지체제가 부재한 것인가?

우리는 위에서 자본주의의 모순이 고발되면서 수정자본주의가 탄생했다는 사실을 보았다. 바로 이러한 수정자본주의에서 복지문제가 심도 있게 다루어졌다. 즉 자본주의가 경쟁체제를 기반으로 한다는 사실은 거부할 수 없다. 그렇다면 어떻게 어려운 사람들에게 긍휼을 베풀 수 있을까? 그렇다면 우선 우리는 자본주의사회가 이들에게 긍휼을 베풀지 않으면 왜 안 되는가? 하는 질문에 답해야 한다. 한마디로 국가사회에 '폭동지수'가 높아진다. 결국, 자본주의사회에서도 국민빈곤의 문제를 해결하지 않는다면 남는 것은 파멸이며 공멸뿐이다. 어떻게든 '사회안전망'을 구축해야 한다. 다시 말하면, 사회안전망 구축의 문제는 유럽복지사회만의 문제가 아니고 자본주의사회에게도 커다란 과제에 해당된다. 공산주의사회는 원칙적으로 모든 사람들이 빈부에서도 평등하니 별 관심의 대상은 되지 않는다. 물론 이론과 실제 사이에는 엄청난 괴리가 존재한다는 사실이 문제이긴 하지만 말이다.

자본주의 사회에서의 '빈민구제'는 원칙적으로 전통적인 개인의 자선사업이나 사회사업의 개념에 머문다. 다시 말하면 예전처럼 굴지의 자선사업가나 사회사업가가 국가의 빈민구제사업을 후원하는 형식이다. 다만 현대로 오면서 기업형태로 사회사업이 주도되는 점이 크게 달라진 점이다. 왜냐하면, 자본주의사회는 시간이 흐름에 따라서 점점 더 기업 내지 법인중심의 사회가 되었기 때문이다. 모든 유수기업체들에 부속기관으로 설치되어 운영되고 있는 '사회복지재단'은 이를 대변하고 있다.

원칙적으로 자본주의 사회는 엘리트 경쟁주의를 기반으로 한다. 따라서 자본주의사회는 경쟁에서 우위에 있는 자를 국가가 우선적으로 밀어준다. 국가의 막강한 지원을 받은 엘리트 내지 엘리트 집단(법인 등)이 기금을 출연하여 또는 기부금을 내서 빈민을 구제하는 방식이다. 다시 말하면, 잘 나가는 사람이 스스로 또는 재단의 이름으로 자선사업을 한다. 자본주의사회에서 기업들은 – 물론 주로 대기업들이 – 저마다 사회복지재단을 가지고 있다. 기업이 벌어들인 부의 일부를 재단에 출연하여 여기서 어려운 사람들을 돕고 있다. 한마디로 잘 나가는 사람이 못 나가는 사람을 돕는 셈이다. 물론 자본주의 사회에서는 잘 나가는 사람이 모두 다 동참하는 것은 아니다. 그래서 노블리스 오블리제Noblesse Oblige가 요청되는 것이다. 즉 자본가는 천민자본가가 되어서는 안 된다. 많이 번 사람은 개인적으로 어려운 사람을 의무적으로 도와야 한다. 결국, 사회주의 사회에서는 국가가 빈민구제사업을 주도하지만, 자본주의 사회에서 빈민구제는 잘 나가는 개인의 몫이다.

그러나 자본주의사회나 사회주의사회에서 빈민구제나 사회사업은 비록 형식은 달라도 '사회안전망'을 구축하는 것을 목표한다. 다만 이를 개인이 주도하는가 아니면 국가가 주도하는가의 차이가 있을 뿐이다. 그만큼 사회가 안전하지 못하다는 증거이다. 자칫 부가 편중되고 부가 세습되고 빈곤의 대물림이 가속화된다면, 사회공동체는 위험하다. 크고 작은 사회불만들이 사회폭동으로 전개되면서 사회공동체는 와해될 수 있다. 사회폭동지수가 높아지는 것에 대해서 모든 국가들이 촉각을 세우고 있는 이유이기도 하다. 결국, 이는 모두 다 경제민주화를 실현하기 위한 과정이기도 하다. 이렇게 본다면 경제민주화 사회에서의 지식은 사회복지에 토대를 두고 자란 사회주의사회와 자본주의사회에서 매우 다르게 탄생한다고 할 수 있다. 즉 사회복지체제에서의 지식은 평등과 평준화 그리고 국가의 개념에서 발생할 것이고, 일반 자본주의사회에서의 지식은 경쟁과 개인의 개념 중심으로 발생할 것이다.

결국, 경제민주화사회에서의 지식은 크게 두 가지 차원에서 발생하고 있다. 동일한 경제민주화에 임하는 사회주의 차원에서의 지식과 자본주의 차원에서의 지식이 그것이다. 그러나 우리가 살아가는 현대사회에서는 아직도 '평등이냐 경쟁이냐'에 대한 논의가 종결되지 않았다. 또한, 이러한 거시적 대립은 이데올로기의 대립으로까지 발전하면서 경제민주화에 대한 합의는 점차 어려운 시국으로 접어들고 있다. 동일한 사건을 전혀 다른 시각에서 바라보고 있다. 이렇게 본다면, 이러한 와중에서 탄생하는 지식은 과연 언제 어떻게 지식의 공유를 통하여 지식의 공정성 내지 보편성과 객관성을 확보할 수 있을 것인가? 동일한 꽃봉오리지만 뿌리가 다르게 자라난 경제민주화의 개념 속에서 과연 우리가 공유하고 합치할 수 있는 진정한 지식은 어디쯤 숨어있는 것인가?

04 모던사회와 지식체제

1. 과학지식의 발생사

현대現代, 즉 모던사회modern society는 '과학지식'이 지배하는 사회이다. 세상에 과학 아닌 것이 없다. 과학적이지 못하면 물건 하나도 팔기 어렵다. 왜냐하면, 더 이상 많은 것을 믿기 어려운 시대가 되었기 때문이다. 이제 객관성과 '실증성'이 필요하다. 과학은 이러한 객관성과 실증성의 요건을 충족시켜 준다. 이렇게 본다면, 모던사회는 과학사회라고 할 수 있다. 실제로 대부분의 지식은 과학에서 유래한다. 대학에서도 모든 학문분야는 '~ 과학'이라는 명칭으로 바뀌었다. 자연과학은 물론이고 사회과학 그리고 심지어는 인문학도 인문과학이라는 명칭이 그것들이다. 이제 대학은 '과학의 전당'이다. 예전에는 대학을 지식의 전당이라고 했다. 그렇다면 오늘날 '대학은 과학적 지식의 전당'이 되었다는 말인가? 과학이 곧 학문이고 과학적이지 못한 학문은 살아남지 못한다. 공학engineering, 工學은 과학의 응용이 되었고, 문학과 예술도 과학적 분석의 대상이 되고 있다.

일반적으로 모던시대의 특징은 전문화, 규격화, 표준화, 기계화라고 할 수 있다. 그러나 이러한 특징은 모두 과학 내지 과학적 지식과 관련을 맺고 있다. 과학적이지 못한 것은 전문화와 무관하며, 과학적 지식으로 규격화, 표준화 그리고 기계화도 이루어진다. 정치지식도 과학적이고 실증적인 근거에 입각할 때 비로소 위상이 높아진다. 경제지식도 과학적이고 실증적인 데이터에 의해서 발전한다. 법도 과학적 실증주의에 입각하여 정해지며 테크놀로지도 과학지식에 근거하여 발달한다. 결국, 모던사회의 지식은 과학지식이 지배적이다.

그러나 이러한 과학지식은 오랜 역사를 통하여 이루어져 조금씩 그 영역을 확장시켜 왔다. 최소한 중세시대는 과학지식의 폭발이 이루어진 시대라고 할 수 있다. 일례로 연금술鍊金術, alchemy의 경우 중세유럽에서 이성능력의 결집이라는 '(자연)과학의 탄생'에 결정적인 동인이 되었다(이상오, 2012: 154).

> "서양의 연금술사들은 오로지 상상력에 의거하여 여러 물질들을 배합하고 분리하며 수많은 시행착오를 겪었고 그 과정에서 질산, 염산, 황산 등 수많은 화학적 발견을 해냄으로써 과학 발전에 이바지했다. 과학사에서 중세 연금술 없이 근대 화학과 의학이 성립할 수 없다고 하는 것은 너무나 자명한 이야기이다. 연금술은 중세의 종교적 신비주의와 이상주의에 근거하고 있다."(임정택, 2011: 29)

물론 그 이전에 아리스토텔레스의 '자연학Pysika'에서 자연과학의 씨앗을 찾아볼 수 있다.

> "아리스토텔레스의 대부분의 주장은 옳은 것이지만 동시에 의심스러운 부분도 많이 있다. 예를 들어, '뇌는 감각기관과 연결되어 있지 않다' 거나 '뇌의 역할은 심장의 열과 흥분을 가라앉히는 것이다' 따위를 이제 우리는 더 이상 믿지 않는다. 아리스토텔레스는 그가 만들어 낸 가정에 입각하여 이러한 결론에 도달했다. 그 가정이란 부정확한 것이었으며, 만약 그가 과학적 방법을 더 잘 이해했더라면 믿지 않았을지 모르는 것들이었다. 그럼에도 불구하고 과학적 방법론의 원리에 대한 그의 초기 논의는 대부분 오늘날까지 타당성을 가진다."(찰스 반도렌/ 오창호 옮김, 1995: 249)

심지어 과학의 역사는 '소크라테스 이전Vorsokrates' 시대인 '자연철학의 시대'로 거슬러 올라갈 수 있다. 탈레스는 만물의 아르케는 '물'이라고 했다.

그런데 아낙사고라스에 가면 물이 변하여 흙이 되고 흙이 변하여 불이 되고 불이 변하여 공기가 된다. 이러한 물질의 변화과정에서 만물은 생성되고 소멸된다. 마침내 엠페도클레스는 인력과 척력의 관계로 형성되는 '4요인 변화설'을 주장하게 된다.

그러나 모던시대를 지배하는 자연과학의 역사는 아리스토텔레스의 이론에 근거하여 주장된 프톨레마이오스 II세의 천동설로 거슬러 올라갈 수 있다. 물론 나중에 천동설은 진리가 아니라는 사실이 밝혀졌다. 지동설을 주장한 코페르니쿠스Nicolaus Copernicus(1473~1543)의 등장으로 지금까지의 자연과학은 획기적으로 전환된다. 쿤Thomas Kuhn(1922~1996)은 이러한 역사를 '패러다임의 전환paradigm shift'으로 설명한다. 그러나 일반적으로 물리학자들은 '패러다임 전환'이라는 쿤의 학설과 용어사용조차 수용하지 않는다. 이들에 의하면, 자연과학은 '관측의 학문'이다. 따라서 처음부터 과학자는 관측, 즉 관찰하고 예측할 수 있는 것만을 객관적이고 보편적인 지식으로 간주해 왔다. 다시 말하면 자연과학은 '방법의 학문'으로서 '관측'이라는 방법론은 예나 지금이나 변함이 없다. 따라서 물리학 연구의 역사에서 어떤 것도 전환되거나 변화된 것은 없다고 하는 점이다. 다만 관측의 정도와 오차범위가 달라졌을 뿐이지, 실제로 물리학에서 패러다임의 전환 같은 것은 이루어진 적은 없었다는 주장이다. 만약 측정이 잘못되었다면 오차가 크게 나는 것이며, 반대로 측정이 제대로 되었다면 근소한 오차범위에서 사실이 밝혀지는 것이다. 따라서 우리가 관측의 정도 차와 오차범위를 조정할 수 있다면 과학은 모든 지식을 포괄관계에 집어넣을 수 있다는 것이다.

한 예로, 쿤은 아인슈타인의 과학이 뉴턴의 과학의 한계를 극복했기 때문에, 과학의 세계에 패러다임의 전환이 이루어졌다고 주장한다. 그러나 물리학자들은 반문한다. 그렇다면 아인슈타인의 과학은 뉴턴 과학과 전혀 상관이 없는가? 물리학자들은 만약 뉴턴의 과학이 없었다면 아인슈타인의 과학은 성립할 수 없었다고 주장한다. 『지식의 미래』의 저자인 철학자 와인버거 David Weinberger 역시 이러한 주장에 동조한다. 뉴턴의 과학과 아인슈타인의 과학은 측정범위와 오차범위가 다르기 때문에 차이가 있는 것처럼 보이는 것뿐이지, 사실 뉴턴 과학을 폐기처분해야 하는 것이 아니다. 만약 쿤의 주장대로 물리학에서 패러다임의 전환이 일어난 것이 사실이라면 왜 우리는 여전히 뉴턴 과학을 가르치고 배우는 것일까? 특히 뉴턴의 미적분학을 알지 못해도 과연 우리가 오늘날 수학과 과학을 이해조차 할 수 있다는 것일까? 전혀 그렇지 않다는 것이다. 결국, 물리학에서 단층이나 단절은 결코 존재하지 않는다. 예나 지금이나 이들은 실험실에서 또는 망원경과 현미경을 통해서 꾸준히 무엇인가를 '관찰하고 예측하고 이를 수학적으로 계산해 내는 것이다.

아리스토텔레스와 그의 제자였던 프톨레마이오스 II세의 천동설로부터 코페르니쿠스의 지동설이 나타나는 과정에서 과학은 특히 물리학이나 천문학은 중세시대를 거친다. 이렇게 본다면 오늘날 모던시대의 과학을 가장 활성화시킨 곳은 중세시대가 아닌가 한다.

중세사회는 신권사회神權社會였다. 그러나 어떻게 보면 신 또는 신의 대리인 격이었던 교황의 권위와 권력이 점점 약해지는 시대였다. 신권사회란 말 그대로 신의 권위 내지 권력이 지배하던 사회를 말한다. 이러한 사회에서는 설령 신이 없다고 해도 신의 권위 내지 권력을 대리하는 '교황敎皇'이라는 직위가 세상을 지배하였다. 로마교황청이 바로 신권사회를 지배하는 하나님의 나라였다. 즉 중세 신권주의사회의 탄생이었다. 그러나 시간의 흐름 속에 신권이 점차 약화되기 시작하면서 중세 신권주의 사회에서 새로운 지식이 탄생하기 시작했다.

구체적으로 예수가 장사한지 3일 만에 약속대로 부활復活한 사건은 기독교 유일신인 하나님의 존재에 대한 지식을 다시 회상回想시켜 준 중요한 사건이었다. 신권사회에서 진리, 지식, 믿음은 동일한 것이다. 하나님의 적자嫡子로 여겨졌던 예수가 실제로 세상에 부활하는 것을 보니까 하나님은 정말 살아계신 것이다. 또한, 신은 말 그대로 전지전능하다. 따라서 성경은 진리이며 이에 대한 믿음만이 우리에게 확실한 지식을 가져다준다. 당시에는 실제로 예수가 부활하는 것을 발밑에서 목격한 사람들도 있었다. 그러나 시간이 지나면서 예수의 부활사건은 다시 일어나지 않았다. 처음에 예수의 부활 사건은 입에서 입으로 전승되었지만, 시간이 흐르면서 사람들은 웅성 거리기 시작했다. "하나님이 정말 있는 거야? 이렇게 세상이 혼탁한데 하나 님은 우리를 언제 구원하는 거야?" 하나님의 존재에 대한 믿음과 의심이 점점 갈리면서 신존재증명에 대한 논의가 이루어지기 시작했다. 그것이 바 로 중세 1000년간 이루어진 '보편논쟁普遍論爭'으로서의 스콜라논쟁이다. 보 편으로서의 신존재가 증명될 필요가 있으며, 이로써 진리는 확증된다.

신은 이러이러한 근거에서 존재한다. 아니다. 이러 이러한 근거에서 신은 존재하지 않는다. 이렇게 이분화된 논쟁 속에서 탄생한 스콜라 시대의 보편 논쟁은 지식인들로 하여금 많은 새로운 논리를 수립하게 함으로써 지식발 달에 지대한 공헌을 했다. 그러나 그것은 과연 신이 존재하는가, 그렇지 않 은가?에 대한 질문에 답하는 간단한 논쟁이었다. 만약 신이 존재한다는 논 리가 우세하면, 신권주의사회는 지속될 것이다. 반대로 신의 존재가 불분명 하거나 거부된다면 신권사회의 운명은 끝날 것이다. 객관적인 단서가 절실 했다.

그러나 실제로 예수의 부활사건을 목격하지 못했지만, 보편을 주장하는 후세의 사람들은 신앙이 두터운 사람들이거나 아니면 신권사회에서 이득을 보고 있는 사람들이었을지도 모른다. 왜냐하면, 논쟁은 종결될 기미가 보이 질 않았기 때문이다. 심지어 이들은 어떻게든지 신존재증명에서 승리해야 했을 것이다. 반대로 신권사회에서 혜택을 보지 못하거나 아니면 박해를 받는 사람들에게 신의 존재는 거부될 수 있다. 물론 지식의 탄생은 순수 학문적 차원에서 비롯되었을 것이다. 그럼에도 불구하고 스콜라보편논쟁은 목적지향적이었다는 해석이 가능하다.

중세 스콜라 철학의 모태는 교부철학教父哲學이었다. 교부철학은 직접적 으로 플로티누스의 <유출설流出設>을 끌어다가 신존재증명에 그대로 적용 했다는 평가가 대부분이다. 플로티누스의 <유출설>은 사실 플라톤의 이데 아론에 대한 기독교적 해석이었다. 교부철학의 대부 격인 보에티우스는 "신 앙과 이성의 진리는 같은 것이다."(찰스 반도렌/ 오창호 옮김, 1995: 212)는 주장을 하면서 '신적 이성'을 변호하였다. 심지어 그는 "당신이 할 수 있는 한, 신앙을 이성에 결합시켜라"(찰스 반도렌/ 오창호 옮김, 1995: 212)고 주문하기도 했다.

물론 플라톤의 사상을 기독교 사상과 비교한 것이기 때문에 교부철학이 반드시 목적지향적은 아니라고 할 수 있다. 그러나 이들 교부들은 어떻게든 교회를 지키고자 했던 사람들이다. 즉 교회의 아버지, 할아버지, 즉 교회의 어르신들은 어떻게든 신존재증명을 하여 신권주의사회를 지속시키고자 했을 것이다. 많은 신빙성과 논리적 성숙에도 불구하고 이러한 이유 때문에 중세 신존재논쟁은 특정한 목적을 배제하고 순수학문적으로 영위되었다고 단정 지을 수 없다.

특히 중세시대에 등장하기 시작한 절대국가는 결정적이었다. 절대국가는 절대적으로 국가는 교회의 간섭과 통제로부터 벗어나서 독립 국가로서의 면모를 갖추어야 한다는 논리를 가지고 있다. 중세시대에는 전통적으로 교회국가가 우세하였는데, 전지전능한 신을 대리하는 교황이 국가의 최고 통치자였다. 독립국가로서의 로마교황청이 대표적이다. 그러나 시간이 흐르면서 이신도가 늘어나면서 이들 중에서 국가를 통치하고자 하는 사람들이 나타난다. 이들은 절대국가를 주장하면서 교회로부터 독립한 자치세력으로서의 국가를 세우고자 하였다. 결국, 이로써 교황과 국왕 또는 황제가 대치하게 된 것이다: "황제와 교황의 상대적인 권력은 800년 이후 수 세기 동안 부침을 거듭했다."(찰스 반도렌/ 오창호 옮김, 1995: 201)

역사적으로 대표적인 사건이 바로 '아비뇽의 유수Avignonese Captivity'이다. 카노사Canossa의 굴욕으로부터 시작된 이 역사적 사건은 마침내 교황이 황제(국왕)에게 신권을 이양하는 계기가 되면서 절대국가의 수립에 박차를 가하게 된다. 카노사는 이탈리아 북부에 위치한 한 성의 이름이다. 1077년 어느 눈 내린 겨울날(1월 25일), 당시 카노사 성에 거주하던 교황을 알현하기 위해서 국왕(황제) 한 사람이 문 앞에서 그것도 신발도 신지 않은 상태로 용서를 빌고 있었다. 한 나라의 황제가 용서를 빌기 위해 이렇게 서 있는 데도 교황은 내다보지도 않았다. 그래서 역사는 이 사건을 카노사의 굴욕이라고 적고 있다.

당시 교황은 그레고리우스Gregorius 7세로 매우 개혁적인 인물이었다. 그는 재임 초부터 교회개혁의 쇄신운동을 펼쳤는데, 개혁조항에는 당시 서임권敍任權, 즉 성직자를 임명하는 황제의 권한을 다시 교회의 권한으로 회수하는 것도 포함되어 있었다. 국가의 황제로서는 달갑지 않은 일이었다. 왜냐하면, 당시 국가를 유지하기 위해서는 아직 민의 지배에 강력한 권한을 행사할 수 있는 교회와 성직자들의 도움이 절실했고 이들의 임명권을 교회가 다시 가져간다면 자신의 의지대로 국가를 운영할 수 없었기 때문이다. 이때 가장 강력하게 반발했던 황제가 바로 신성로마제국(독일지역)의 황제인 하인리히 4세였다. 교황 그레고리 7세는 하인리히 4세를 즉각 파문하고 모든 성직자 역시 파문하여 국가를 폐쇄하게 하겠다고 으름장을 놓자 상황이 몹시 어렵게 된 것을 알아챈 하인리히 4세는 추운 눈 내리는 겨울날 알프스 산을 넘어 몇 날 며칠을 걸어서 카노사 성에 도착하여 이렇게 굴욕을 당하게 된 것이다.

사실 교황은 하인리히 4세가 이탈리아로 떠났다는 보고를 받았을 때 아마 그가 자신에게 용서를 빌러 오는 것이 아니라 자신에게 대들기 위해서 찾아오는 것으로 잘못 알고, 당시 자신과 친분이 있었던 백작 부인의 권유로 그녀의 소유였던 '카노사'라는 곳으로 잠시 피신을 했던 것이다. 그래서 문밖으로 나오지 않았지만, 하인리히 4세는 교황이 나와서 자신의 용서를 들어줄 때까지 문 앞에서 '석고대죄'를 한 셈이다. 이렇게 서로 오해와 착각 속에서 이루어진 일련의 사건이 카노사의 굴욕이었다.

좀 시간이 지나면서 상황파악은 끝났지만, 교황 그레고리 7세는 처음에 하인리히 4세를 용서할 마음이 없었다. 마침내 하인리히 4세의 석고대죄 3일이 지난 1077년 1월 28일, 교황은 당시 함께 카노사에 머물고 있었던 마틸데와 클리뉘 수도원의 대수도원장 후고의 중재로 하인리히 4세를 문안으로 들이게 했다. 파문을 끝낸다는 용서를 받고 하인리히 4세는 카노사의 성을 떠났고 그레고리 7세는 그곳에 머물렀다.

결국, 이 사건은 황제권이 교황권에 굴복한 사건으로서 당시 교황권과 황제권 사이의 알력이 그만큼 심했다는 사실을 보여주는 단적인 사례라고 할 수 있다. 왜냐하면, 카노사의 굴욕사건은 여기서 종결되지 않고 당시 굴욕을 당한 하인리히 4세는 돌아가서 교황 그레고리 7세에게 복수를 결심하게 된다. 특히 교황의 사면은 받았지만, 그는 당시 막강했던 자신의 권력까지 복권받은 것은 아니었다. 또한, 이미 하인리히 4세에게 신망을 거둔 독일의 제후들은 그 대신 라인펠트의 루돌프를 황제로 추대했다. 하인리히 4세는 루돌프와 전쟁을 선언한다. 이를 본 교황은 1080년 다시 하인리히 4세를 파문하고 폐위를 공표했다. 그러나 하인리히 4세와 루돌프와의 전쟁은 하인리히 4세의 승리로 종결된다. 전쟁에서 승리한 하인리히 4세는 기세를 몰고 바로 군대로 이끌고 이탈리아로 쳐들어가서 오랜 숙적이 된 그레고리우스 7세를 로마에서 내쫓고 그레고리우스와 늘 대립각을 세우던 클레멘스 3세를 새로운 교황으로 추대했다. 이로써 유럽에서 교황권은 이제 황제권에 의해 권력을 상실하는 계기가 되었다.

이로부터 약 200년 후 이번에는 교황이 황제에게 굴욕을 당하는 사건이 벌어진다. 아비뇽유수 사건이 바로 그것이었다. 12~13세기에 걸쳐 벌어진 십자군 운동의 연이은 실패로 인해서 당시 교황권은 점점 추락하게 된다. 결국, 교황의 권위는 몰락하게 되는 데 바로 1303년 발생한 '아나니 사건'이 분수령이었다.

프랑스 국왕 필립 4세는 전쟁의 비용을 충당시키기 위해서 교회에 세금을 부과하자 교황 보니파시우스 8세가 반발하였다. 이에 격분한 황제 필립은 교황의 별궁인 아나니 궁을 습격하여 교황을 납치하여 3일 동안 교황을 궁에 유폐시켜 억류하면서 퇴위를 강요하였다. 교황은 풀려났지만, 퇴위 얼마 후 병사病死한다. 마침내 필립 4세는 프랑스 국왕의 간섭 하에 클레멘스 5세를 새로운 교황으로 내세우는 권한을 인정받으면서 권력을 보다 강력하게 휘두를 수 있게 되었다. 프랑스 국왕의 휘하에 있었던 클레멘스 5세는 국왕의 요청에 따라 로마로 돌아가지 않고 아비뇽에 새로운 교황청을 만들면서 이제 가톨릭 교회는 프랑스 국왕의 지휘권 아래로 들어가게 된다. 이것을 역사가들은 고대 유대인들이 바빌론으로 끌려간 사건(바빌론유수)에 빗대어 '아비뇽유수'라고 적었다.

아비뇽유수란 1309년부터 1377년까지 7대에 걸쳐서 로마 교황청을 남프 랑스의 론강변의 도시 아비뇽으로 이전한 사건을 말한다. 즉 교황의 세력이 왕권에 밀려 약해짐에 따라 한때 유럽의 막강한 권력을 휘두르던 교황은 로마의 호화스러운 성당이 아닌 아비뇽에 잠시 교황청을 옮기려 했지만, 무려 70년 동안 이곳에서 업무를 보아야 했다. 교황은 처음에는 아비뇽 북 동쪽에 있는 카르팡트라스 지역에 로마교황청의 지청支廳을 설치하고 아비 뇽에 거주했으나, 제4대 클레멘스 6세가 1348년에 프로방스 백작 겸 시칠리 아 여왕으로부터 아비뇽을 사들여 파리 왕궁을 모방한 호화스러운 교황청 궁전을 개조하였다. 물론 아비뇽에 머무는 교황은 모두 프랑스인이었으며 프랑스식의 교황청 행정양식도 이때 생긴 풍습이었다.

1377년 교황 그레고리우스 11세가 로마로 귀환하면서 아비뇽유수의 시 대는 종결된다. 이듬해 그가 선종하고 교황 우르바노 6세가 등극하였다. 이 때 프랑스의 추기경들은 콘클라베Papal Conclave, 즉 교황선출이 무효하고 선 언하고 교황청에서 일방적으로 탈퇴하여 1379년 아비뇽에 또 다른 교황청 을 세워 '대립 교황'으로 클레멘스 7세를 선출하여 1417년까지 교황청을 존속시켰다. 이로써 교황청은 로마와 아비뇽의 두 군데에 존재하는 이상한 형국이 되고 말았다. 그야말로 당시 교회의 극심한 혼란상의 표현이었는데, 이는 당시 교황권과 황제권의 알력과 싸움이 어느 정도였는가를 그대로 대 변해 주는 증거이기도 하다.

이로써 당시의 지식의 탄생은 크게 두 가지 방향으로 전개되었다. 즉 '명 목론名目論, nominalism'과 '실재론'의 대립이 그것이었다. 즉 '신은 명목으로 만 존재하지 실제로는 없다'는 주장이 명목론이고, '신은 실제로 존재한다' 는 주장이 실재론이다. 실재론자들은 주로 교회의 권위를 인정하고 신의 존재를 믿는 사람들이었으며, 명목론자들은 그렇지 않은 사람들이었다. 아 니면 설령 신이 존재한다고 해도 명칭 상으로만 존재한다. 물론 학문적으로 명목론과 실재론 간의 논쟁은 플라톤의 시대로 거슬러 올라간다.

"플라톤, 신플라톤 학파와 그들을 따르는 아우구스티누스는 보편적인 것의 실제 존재를 믿는 경향을 띠고 있다. 사실 그들은 보편적인 것은 존재하는 유일한 것이고, 붉음, 인간 그리고 좋은 것은 단지 실재의 그림자라고 주장한다. 플라톤에 따르면 철학자는 실재의 안개와 혼돈을 뚫고, 이성의 빛으로 분명하고 수학적이고 실체가 없는 궁극적 실재를 식별한다. 아우구스티누스에 따르면 신학자는 감각적 쾌락을 절제하고 세속적인 선을 멸시함으로써 먼지와 원죄로 무거워진 인간의 도시에서 신의 도시의 신비로운 영광으로 오를 수 있다고 한다. 보편적인 것의 실재적 존재를 믿는 사람들은 실재론자라 불렸다. 실제로 존재하는 것은 사물이고, 붉음, 인간, 선과 같은 일반적 용어는 단지 이름에 불과하다고 생각하는 철학자들은 실재론자와 반대적인 사람들로 그들은 명목론자라 불렸다. 아리스토텔레스는 실재론자와 명목론자 사이의 어느 한자리에 위치하고 있었고 따라서 수정된 실재론자라고 불렸다. 세상은 사물들로 가득 차 있다. 존재하는 모든 것(붉은 암소, 인간 존재, 선한 행위 같은)은 두 가지 요소, 즉 형상과 질료를 요구한다. 인간의 형상은 인간성이다."(찰스 반도렌/ 오창호 옮김, 1995: 223)

플라톤 이후 순수 학문적 차원에서 수많은 지식들이 탄생하였다. 그러나 이러한 지식들 역시 사실 따지고 보면 '목적지향'이 아니었다고 단정 지을 수 없다. 특히 중세의 명목론들은 아랍계의 학자들에 의해 대부분 주장되었다. 왜냐하면, 이들은 당시 이교異敎로 탄압받고 있었던 이슬람교도 출신으로서 서방의 기독교만이 유일한 종교가 아니라는 주장을 하고 싶었을 것이기 때문이다. 물론 이들은 메소포타미아의 수학적 전통을 계승하는 자연과학자들이기도 했다. 대표적인 사람이 오캄이었다.

"윌리엄 오캄은 실재하는 것은 사과나 인간과 같이 독자적인 실체일 뿐이라고 말했다. 보편적인 것은 전혀 존재하지 않고 그들은 단지 이름뿐이라고 했다. 더구나 자연은 사물들만으로 구성되어 있고, 인간의 이성만이 인간이 그들과 '마주치는' 것을 허용한다. 인간이 사물에 대해 연역 하는 것, 특히 그가 신에 관해 연역하는 것은 어떤 것도 타당성이 없다. 신앙과 이성은 그 자신의 진리를 가지고 있지만, 하나는 다른 것보다 훨씬 중요하다. 하나는 구원을 결정하고 다른 하나는 단지 평생 동안의 육체의 편함을 결정한다."(찰스 반도렌/ 오창호 옮김, 1995: 228)

물론 명목론 또는 유명론의 역사는 그 이전부터였다. 유명론은 중세 스콜라 철학의 보편 논쟁의 하나이다. 사실 중세 초기부터 보편普遍과 개체個體의 관계에 대해 실재론과 유명론의 대결이 있었다. 즉 보편이 우선해서 존재한다고 하는 실재론에 대해서, 개체가 우선해서 존재한다고 생각하는 것이 명목론 또는 유명론이다. 따라서 중세시대의 보편논쟁은 "보편적인 것"이 실재한다고 보는 실재론(또는 "실념론")과 "보편적인 것"이 오직 이름뿐이라고 주장하는 유명론과의 대립이다. 당시 대부분의 신학자들이 실재론자였으며, 신(보편자)이 세상을 창조한 것으로 보았다. 에우리게나Eurigena, 안셀무스Anselmus, 기욤 드 샹포Guillaume de Champeaux가 대표적인 실재론자이다. 유명론자는 "보편이 뒤따른다"라고 보았으며, 대표적인 사람으로 로스켈리누스, 페트루스 아우레올루스, 뒤랑 드 생푸르생 등이 있다.

　　중세 스콜라 시대에 최초로 유명론을 주장한 사람은 프랑스의 스콜라 철학자 로스켈리누스Roscellinus(1050경~1124경)였다. 스코투스 에리우게나로부터 안셀무스에 이르는 전통적인 실재론적 견해에 대해서 유명론으로 맞선 로스켈리누스는 극단적인 형태로 실재론을 주장하는 샹포의 기욤Guillaume de Champeaux(1070~1121)과 정면으로 대치하면서 역사적 논쟁을 벌였다. 그러나 로스켈리누스의 학설은 아벨라르Peter Abelard(1079~1942)에게 보낸 편지의 내용으로 추측할 수 있을 뿐이다: "보편이란 것이 어떻게 존재할 수가 있는가? 모든 것은 우리가 경험할 수 있는 사물에서 시작한다. 개체적 사물이 존재한 이후에, 그것의 범주를 묶어 보편이라고 말할 수 있는 것이다. 보편은 개체보다 후행한다."

　　그러나 한동안 다시 실재론이 우세해졌다. 이에 다시 유명론으로 논리대결을 시도한 사람은 페트루스 아우레올루스와 뒤랑 드 생푸르생이었다. 페트루스는 개체는 언제나 지각知覺의 대상이라 하였고, 뒤랑은 이성에 의존하는 것이 권위에 의존하는 것보다 옳다고 하였다. 이러한 과정에서 유명론을 실재론과 대비되는 큰 학파로 성장시킨 사람이 바로 윌리엄의 오캄이었다.

　　한편, 중세 스콜라 철학에서는 '보편논쟁', 즉 신존재증명을 위한 논리학이 발달한다. 이는 훗날 '사회실재론'과 '사회명목론' 간의 논쟁에도 영향을 미친다. 즉 사회란 실제로 존재하는 것이라는 논리와 사회는 실제로 존재하는 것이 아니라 오로지 명목상으로만 가능한 것이라는 논리의 대결이다.

이러한 상황에서 지식의 탄생도 결정된다. 만약 신이 정말로 존재하는 것이면 모든 지식은 신의 섭리에 의해 결정된다. 한마디로 오로지 성경Bible 만이 진리이기 때문에, 우리는 성경을 해석하고 이해하는 것을 할 수 있다. 따라서 그것만이 곧 지식의 세계가 될 것이다. 실제로 중세 스콜라 시대에는 신의 섭리만이 진리이고 지식이었기 때문에 성직자와 신학자 같은 지식인은 오로지 성경을 해석하고 주석을 다는 일 이외에는 아무 일도 하지 않았다. 그러나 명목설이 비중을 얻게 되면서 인간은 성경 이외의 영역에서도 지식을 추구하게 되었다. 물론 격렬한 논쟁이 지속되었지만 성경만이 지식의 원천이 아니라는 사실이 점점 더 파급되기 시작하였다. 이 틈에 지식의 반열을 차지한 주역은 바로 자연과학이었다. 특히 이슬람 계통의 신학자들은 자연과학적 발견으로부터 '보편논쟁'에 뛰어들었다. 대표적인 사람이 위에서 언급한 오캄이었으며, 로저 베이컨Roger Bacon(1214~1294) 역시 자연과학적 지식을 통하여 보편논쟁에 가담한 대표적인 신학자였다.

특히 오캄은 영국의 경험주의를 바탕으로 옥스퍼드에 일어난 과학적 연구를 신학·철학에 응용하여 새로운 경험과학의 길을 열기도 했다. 그에 의하면 참된 명제는 직접 명료하게 증명되지 않으면 안 된다. 그에 반하여 추상적 인식은 그 대상의 존재 여부를 확인하지 못한다. 즉 확인되는 것은 특수한 개체의 인식뿐이다. 따라서 보편은 개념 또는 소리에 지나지 않고 세상에 실재하는 것은 오로지 개체뿐이다. 이것은 로저 베이컨의 원리가 철학적으로 전개된 결과라고도 할 수 있다. 결국, 중세 스콜라 시대에 득세한 유명론은 근대과학에 길을 내준 결과를 초래했다.

> "수학과 철학은 그리스의 업적이 컸고, 정치학과 법학은 로마 그리고 중세는 신학이 과학의 여왕이 되었다. 이 현상은 거의 1000년 동안 유지되었다."(찰스 반도렌/ 오창호 옮김, 1995: 192)

이렇게 본다면 중세 신권주의 시대와 절대국가시대에 지식의 탄생은 교황권과 황제권의 알력과 다툼 속에서 이루어졌는데 이는 명목론과 실재론의 논리대결과 같은 맥락에서 이루어졌다고 할 수 있다. 즉 신의 권위가 추락되면서 신의 존재를 증명하는 것이 점점 어렵게 되었으며 이는 과연 그동안 '진리'로 통하는 "보편"이라고 하는 것이 세상에 정말로 존재하는가? 하는 의구심 논쟁으로 펼쳐졌다. 결국, 보편논쟁은 마이스터 에크하르트의 신비주의 신학에 의해 종결된다. 그에 의하면, 유명론이 맞는지 실재론이 맞는지는 모두 신비로운 하나님의 '체험體驗' 속에서만 얻어진다. 결국, 개인에 의한 신의 체험에 의해서 신의 존재는 결정 난다. 만약 내가 신을 체험하면 신은 있는 것이고, 신을 체험하지 못하면 신은 없는 것이다. 물론 그 이전에 아벨라르Peter Abelard(1079~1142)는 "개념론Conceptionism, 槪念論"을 가지고 유명론과 실재론을 변증법적으로 통합해 보려고 했다.

　　아벨라르에 의하면, (정) 보편적인 것은 실재한다, (반) 실재하는 보편적인 것은 개별적인 것을 떠나 따로 실재하지는 않는다, (합) 그러나 보편성과 실재성은 모두 하나 안에 내재되어 있다. 결국, 그에 의하면 실재론도 맞고 유명론도 맞다. 따라서 신을 '개념'으로 본다면, 두 가지 논리가 모두 옳다는 것이다. 신은 개인의 머릿속에 살아 있는 신도 신이다. 왜냐하면, 우리는 얼마든지 기도를 통해서 신을 만나고 체험할 수 있기 때문이다. 마치 이러한 논리는 플라톤에 이미 제기한 "관념론적 실재론"과 비슷한 논리이다. 플라톤이 제시한 "책상의 이데아", 즉 목수가 꿈꾸는 책상은 실제로도 만들어지는 책상도 책상이지만, 목수의 머릿속에 이상적 상image으로 남아 있는 이데아로서의 책상도 책상이다.

　　그러나 세월의 흐름 속에서 지식은 보편을 추구하는 지식과 개체를 지향하는 지식으로 양분되기에 이르렀다. 급기야 이러한 와중에 '실험'을 통한 경험과학 내지 자연과학적 지식의 비중이 급격하게 높아져 갔다. 지식이 보편성과 객관성을 담보하는 것이라고 한다면, 가장 신뢰 되는 지식은 우리가 직접 관찰하고 실험을 하면서 얻을 수 있는 경험지식뿐이다. 이렇게 하여 자연과학적 지식이 지식을 대변하게 된다.

그런데 여기서 우리가 주목해야 할 점은 전제주의로서 중세 신권사회가 무너지고 세속적 절대국가시대로 진입하는 과정에서 '자연과학'이 지식의 대명사로 탄생했다는 사실이다. 물론 아리스토텔레스의 시대에도 <천동설>이 주장될 만큼 천문학이나 역학(물리학) 등 자연과학적 사유가 발달되어 온 것은 사실이다. 그러나 중세시대의 신권중심시대에 신존재증명이라는 보편논쟁의 과정에서 그야말로 그 틈새에 '보편'으로서 과학적 지식이 탄생하였다는 사실이다. 보편논쟁이 객관논쟁으로 간주되면서 객관성을 담보하는 과학적 지식이 '지식 중의 지식'이 된 셈이다. 결국, 전제주의 독점사회에서 지식권력을 향유하고 지식독점을 하고 있던 신학자들 간에 벌어진 유명론과 실재론 간의 논쟁이 전지전능한 신 대신 세속적 왕이 천하를 지배해도 되는 절대국가의 수립에 빌미를 주게 되었다. 그러나 이러한 사실은 마침내 '보편성', 즉 가장 '객관성'을 담보해 줄 것으로 믿어지는 자연과학에 지식의 권위를 넘겨주는 결과를 초래한다.

한마디로 절대지식을 추구하던 '신권중심주의'와 '세속적 절대국가'의 성립과정에서 탄생하는 지식은 결국 '자연과학적 지식'으로 귀결되고 만다. 절대지식이 전제주의시대에 전혀 다른 제3의 영역인 자연과학에 길을 터준 셈이다. 아이러니가 아닐 수 없다. 역사적으로 매우 강력했던 전제주의세력이었던 중세신권주의와 세속적 절대국가 간의 알력과 갈등 그리고 대립과 싸움의 과정에서 보편의 대명사로 탄생한 자연과학의 지식은 이때부터 르네상스, 종교개혁, 계몽주의, 제국주의 시대를 거쳐서 근대사회의 기반인 모던의 시대에도 인류 역사상 최고의 지식으로 군림할 수 있었다. 한마디로 근대는 과학의 시대다. 따라서 근대의 지식은 과학지식이다.

역사적으로 우리는 이미 갈릴레이로부터 뉴턴 과학에 이르는 '과학의 세기'를 경험했다. 갈릴레이로부터 뉴턴까지 약 100년간 이어진 '과학의 세기'(16~17세기)가 과학의 시대로 이어지면서, 과학이 만물을 지배하는 시대는 급기야 오늘날 '모던modern'과 '포스트모던postmodern'의 시대를 장식하는 대표적인 지식의 탄생을 가능하게 했다. 한마디로 과학의 지식이 모던의 지식이 된 것이다.

2. 근대성 : 근대사회의 지식

근대사회近代社會를 알려주는 핵심개념은 '근대성modernity'이다. 역으로 근대성이란 근대시대와 연관된 이념이나 양식 등을 말한다. 역사적으로 모더니티는 르네상스 이후의 시기를 말하는데, 말 그대로 근대近代란 '지금으로부터 가장 가까운 시기'를 말한다. 역사적으로 근대사회는 '합리성合理性, rationality'이라는 개념과 함께 성장했다. 따라서 아직도 우리의 삶에서 가장 중요한 부분을 차지하는 것은 근대성이다. 왜냐하면, 인간의 삶에서 '합리성'이 차지하는 비율이 으뜸이기 때문이다. 어느 순간부터 우리의 삶에서는 합리적인 것은 용납되지만 합리적이지 못한 것은 용납되지 않는다. 혹자는 근대사회를 '전통사회'의 대명사로 간주한다. 아마도 그는 포스트모던의 주창자일 것이다. 근대 이후의 사회는 현대現代가 맞다는 주장도 할 것이다. 하여간 근대가 최근인지 현대가 최근인지는 몰라도 근대는 최근의 시대를 의미한다. 가장 최근에 발생한 것은 가장 현실에 가깝다. 따라서 근대나 현대나 자신이 볼 때 둘 다 자신이 경험한 가장 현실에 가까운 시대를 의미한다. 즉 근대사회란 가장 최근의 것, 가장 현대적인 것, 지금 여기에 현존하는 행위와 양식을 의미한다.

역사적으로 '근대성'이라는 개념은 영국에서 17세기부터 널리 쓰였다. 프랑스에서는 19세기 중반부터 사용되기 시작했다. 그런데 19세기 전반부터 근대성의 개념은 과학과 기술의 발달로 결과하는 '서구 문명사의 한 단계'를 가리키는 개념과 '미학적 개념'으로 구분되기 시작했다. 즉 근대란 당연히 '근대화'의 결과 내지 목표로서 사용되어야 하지만, 이를 넘어서 근대화近代化에 대한 학적 논쟁도 담을 수밖에 없다. 특히 미학적 관점에서 볼 때 무조건의 근대화가 진정한 근대를 의미할 수는 없다는 것이다. 왜냐하면, 결코 조화롭게 아름답지도 못하고 누가 보더라도 보편적이지 못한 근대화는 진정한 근대화가 아니다. 따라서 근대화의 결과로 야기되는 '근대' 또는 '근대성'은 결코 합리적일 수 없으며 이성적일 수도 없다. 즉 분화가 가속화된 근대사회는 이성과 합리적 권위에 의해 인간 삶이 강제되는 사회이기 때문에 그것은 관습의 지배를 이성의 지배로, 전통적 권위를 합리적 법적 권위로 대체한 것이 불과하다(이종원, 1999: 65). 따라서 이러한 과정에서 성립된 근대는 인류문명사에 기록될 근대의 개념으로 성립될 수는 없다. 역사논쟁에서 이러한 근대는 언젠가 삭제되고 만다. 이러한 연유로 마르크스는 자본주의 사회에서 이루어진 근대는 진정한 근대가 아니기 때문에 이를 인정할 수 없다는 입장이었다.

혹자는 '모더니티'라는 단어를 '현대성現代性'이라고 번역하기도 한다. 물론 언어적으로 '근대'와 '현대'는 엄연히 구분된다. 그러나 내용적으로 근대와 현대를 엄격하게 구분하는 것은 쉽지 않다. 김진송(1999)은 '모더니티 modernity'를 설명하기 위해서 근대 및 근대성이라는 용어 대신 현대 및 현대성이라는 용어를 사용한다. 그는 근대라는 용어가 시간의 개념이 강하게 개입되어 있는 데 비해, 현대라는 용어는 '동시대성'을 좀 더 강조하고 있다고 이유를 설명한다(김진송, 1999: 21).

언어적으로 '근대성'의 반대는 '전前근대성'이다. 우리는 '전근대적'이라는 형용사를 사용할 때, 무엇인가 시대적으로 뒤떨어진 개념으로 받아들인다. 반대로 '근대적'이라는 개념은 시대적으로 적합하거나 세련된 것 심지어 남들보다 앞서가는 것을 의미한다. 아니면 모던은 비교우위의 개념으로 간주된다. 그러나 여전히 애매하다. 따라서 철학자 아도르노는 "근대성이란 시간적인 연대기적 개념이라기보다는 질적인 특징을 지시하는 개념"으로 보았다.

근대성을 구성하는 핵심개념은 위에서 잠시 언급한 것처럼 '합리성'이다. 역사적으로 합리성은 '이성'을 기반으로 한다. 아니면 과거의 이성이 오늘날 합리성으로 둔갑했다고도 할 수도 있다. 하여간 근대성은 '이성과 합리'를 기반으로 한다. 따라서 근대사회는 이성적이며 합리적인 사회이다. 즉 근대사회에서는 이성적인 것이 합리적인 것이며, 합리적인 것이 이성적인 것이다.

그러나 정작 '이성이 무엇인가', 즉 '이성의 정체'에 대해 모든 세상에 통용되는 정의definition는 존재하지 않는다. 많은 사람들이 나름대로 이성이 무엇인가? 에 대해서 언급은 했지만, 그것은 단지 그의 생각으로 치부될 뿐이었다. 물론 이성이란 무엇인지에 대해서는 누구든지 이심전심으로 공감하고 있다. 우선 '비非이성'의 반대이다. 이를테면 아버지가 보기에 아들의 행동이 못마땅하다면 이는 이성의 문제인가? 아버지가 아들을 꾸짖을 때 이성이 꾸짖음의 기준인가? 이성이 무엇인지 어느 누구도 정확히 정의한 사람은 없으며 이를 정확하게 아는 사람도 없다. 그냥 어느 순간부터 인간의 본성 중 가장 중요하고 탁월한 것이 '이성'이라는 용어로 정의되어 온 것뿐이다. 그렇다면 정말 이성이란 무엇인가? 결국, 합리성과 이성의 문제는 근대사회에서 구체적인 '지식논쟁'으로 이어진다. 과연 무엇이 이성이고 무엇이 합리인가? 이는 인류 역사와 함께 시작된 플라톤의 '이성철학理性哲學'이 후세에 남겨준 난제이기도 하다.

이성reason이란 글자 그대로 '이유理由'를 말한다. 이유는 반드시 근거根據를 가진다. 왜 그렇게 행동했는가? 왜 그렇게 생각하는가? 분명 여기에는 이유가 있을 것이다. 이유의 원인은 무엇인가?, 즉 생각의 근거, 행동의 근거, 문제의 근거는 이유를 밝혀내는 것이고 이유가 성립되면 그것은 이성의 작용이라고 할 수 있다. 그렇다면 이제 이유가 있으면 모두 이성 또는 이성적인가? 그래서 이유는 합리적合理的, rational이어야 한다는 것이다. 다시 말하면 이치理致에 맞는 합당한 이유가 있어야 합리적인 것이다.

한편, 우리의 삶에서 이성이라는 명사보다는 오히려 '이성적reasonable'이라는 형용사로 표현하는 것이 옳을지 모른다. 즉 '이성'이라는 실체實體 보다는 '이성적'이라는 수식어 내지 형용사가 적합할 수 있다. 왜냐하면, 우리는 이성이라는 것을 눈으로 직접 본 적은 없기 때문이다. 이는 마치 우리가 사랑이라든지 행복이라든지 민주주의라는 것을 눈으로 본 적이 없는 것과 마찬가지이다. 만약 실체가 존재한다면 누군가의 눈으로 목격되었을 것이다. 따라서 이성철학을 시작한 플라톤에게도 '이성'은 하나의 가정 내지 가설이었다고 할 수 있다.

호모사피엔스, 즉 인간은 '이성적' 동물이다. 인간이 '이성적' 동물일 때 비로소 우리는 인간이 '이성을 가졌다'고 보는 것이다. 물론 이는 다른 동물들은 결코 이성적이지 못하다는 전제를 하고 있다. 즉 '이성적'이지 못하면 그는 사람이 아니고 짐승이다. 설령 그가 사람이라고 해도 사람답지 못한 행동을 하면 그는 짐승으로 취급된다. 술 먹으면 개가 된다는 말이 있다. 사람이 술을 먹으면 이성적이지 못하기 때문에 행동도 짐승처럼 하게 된다는 뜻이다. 한마디로 이성적이지 못한 것은 야만野蠻이다. 이렇게 본다면 이성의 반대는 야만野蠻이 된다. 즉 야만적이지 않으면 이성적이다.

사실 오래전부터 인간과 동물의 차이를 연구해 온 학문이 있다. 바로 인간학人間學, Anthropologie이 그것이다. 인간학은 말 그대로 인간을 연구하는 학문이다. 이는 처음부터 학제간interdisciplinary 내지 융·복합학적 연구로 시작되었다. 무엇보다도 인간학을 연구하는 학자들은 인간과 동물의 차이부터 연구하기 시작했다. 과연 인간과 동물의 본질적 차이는 무엇인가? 그런데 중요한 것은 인간 역시 동물이라는 점이다. 다만 인간은 고등한 동물이다. 따라서 인간과 동물 사이에는 공통적인 속성이 존재한다. 이를테면 싸움, 성행위, 놀이 같이 주로 본능적인 것들이다. 본능에 충실한 삶, 그것은 이성적이지 못하다.

이를테면 인간은 싸움을 최대한 억제한다. 왜냐하면, 서로 계속 싸우다 보면 결국은 모두 위험해질 수 있다는 사실을 '생각homo sapiens'할 수 있기 때문이다. 이렇게 본다면, 호모사피엔스, 즉 '생각하는 능력'이 바로 '이성'이 된다. 그러나 어떻게 해서 인간이 그렇게 생각할 수 있게 되는가에 대해서는 아무도 모른다. 하여간 싸움을 중단해야 하는 '이유reason'가 생긴 것이다. 이것은 이성적reasonable이며 합리적rational이다. 만약 인간이 죽을 때까지 싸움을 계속한다면, 이들은 이성적이지 못하다고 하고 '동물적'이라고 할 것이다. 본능으로서의 성행위도 마찬가지이다. 자신의 성적 본능을 충족시키기 위해서 성폭력도 불사한다면, 이는 이성적이지 못하다고 할 것이다. 심지어 오늘날 성숙한 법치국가에서 성폭력은 엄한 범죄행위로 처벌된다. 마침내 이로써 인간과 동물의 차이에 대한 연구는 '야만野蠻, savagery'이라는 개념을 만들어 냈다. 야만은 말 그대로 '다듬어지지 않고 조야하며 난폭함'을 의미한다. 이렇게 하여 이성적이지 못한 것은 곧 야만적인 것으로 대치되었다.

동물의 본능 중에는 '폭력성'이 있다. 특히 힘이 세고 강한 맹수로 올라갈수록 보다 난폭해 진다. 왜냐하면, 험한 광야에서 난폭하지 않고는 살아남을 수 없다. 애초에 광야에서 동물들과 함께 살았던 인간에게도 폭력성은 본능이다. 살아남기 위해서는 우선 난폭해져야 한다. 닥치는 대로 채집해야 하며 닥치는 대로 싸워서 이겨야 한다. 그렇지 않으면 죽음이다. 고라니, 사슴 같은 약한 동물들에게도 폭력성은 본능으로 존재한다. 풀을 뜯는 것 자체가 폭력이다.

'게슈탈트 심리치료'에 창시자인 펄스Fritz Perls(1893~1970)는 인간이나 동물이나 모두 폭력적으로 태어난다고 주장했다. 근거는 '이빨'이다. 즉 이빨은 동물들이 폭력적인 본성을 기지고 태어나는 확실한 근거이다. 인간도 마찬가지이다. 그런데 신기한 것은 인간과 동물의 장기 중 오로지 이빨은 처음에는 없다가 성장해 가면서 자라난다는 사실이다. 그리고 인간이나 동물은 죽기 전에 이빨이 다 빠진다는 것이다. 결국, 이빨은 인간과 동물이 살아남는 근거이며 사멸하는 증거이다. 그것은 달리 말하면 바로 '삶에서 폭력성은 본능이며 본성'이다. 따라서 인간이나 동물에게 폭력성은 살아남기 위한 본능이 된다. 다만 폭력성의 수준과 정도는 개체마다 달라서 맹수가 되든지 아니면 약한 동물이 되는 것이지만, 폭력성을 생명본능으로 가지고 태어나는 것은 동일하다는 것이다. 결국, 인간과 동물에게 폭력성은 삶에서 없어서는 안 될 중요한 본성이다. 다만 이러한 본능을 '어떻게' 사용하는가에 따라서 이성적인 인간이 되는가 아니면 야만적인 동물 내지 야만적 인간이 되는가가 결정된다. 이는 인간의 세상에서 강제적인 성폭력이 '야만'으로 강제처분되는 이유이기도 하다.

그런데 여기서 주목할 것은 '야만'이란 '합리적이지 못하다'는 사실이다. 그렇다면 왜 야만은 합리적이지 못하는가? 위에서 잠시 언급했지만, 야만으로서는 결국 아무도 살아남을 수가 없기 때문이다. 끝까지 싸우다 보면 결국은 모두 죽는다. 살아남기 위해 자행된 본능(폭력성)으로 인하여 결국은 죽어야 한다는 사실이 모순이다. 이는 생각의 능력을 부여받은 이성적 인간들만이 내릴 수 있는 일종의 '판단判斷'이다. 그렇다면 인간은 무엇인가를 판단할 수 있다는 것인데, 판단의 준거는 무엇일까? 물론 판단할 수 있다는 사실은 이성의 근거이다. 이는 칸트의 말이다. 즉 판단능력이 곧 이성능력이다. 결국, 이성은 판단까지 할 수 있을 때 진정한 이성이다. 따라서 인간도 이성적이기 위해서는 판단할 수 있어야 한다. 물론 판단은 틀릴 수 있다. 따라서 인간은 올바른 판단을 할 수 있을 때까지 이성을 갈고 닦아야 한다. 교육이 필요한 이유이기도 하다. 즉 이성교육은 올바른 이성적 판단에 도달할 수 있게 하기 위함이다. 역시 칸트가 자신의 『교육론』에서 주장한 말이다.

근대의 두 축은 '이성과 합리'라고 했다. 엄밀히 말하면 이성은 '합리'로 대치되었다. 왜냐하면, 이성과 합리는 결코 다른 뿌리를 가진 개념이 아니기 때문이다. 결국, 지식논쟁의 차원에서 본다면, 이성주의 대신 합리주의 rationalism, 合理主義가 탄생한 셈이다. 즉 근대사회의 지식 세계는 합리주의의 탄생과 함께 가속도를 내게 된다.

사전적으로 '합리주의'란 비非합리적이고 우연적인 것을 배척하고, 이성적, 논리적, 필연적인 것을 중시하는 태도를 말한다(두산백과). 즉 합리주의란 이성이나 논리적 타당성에 근거하여 사물을 인식하거나 판단하는 주의主義이다. 이는 합리론, 이성론, 이성주의라고도 한다. 실천적으로 합리주의는 이성적인 원리를 구하는 생활태도를 말한다.

또한, 철학에서도 합리주의는 이성과 논리가 온 세상을 지배하고 있기 때문에 존재의 이유가 없는 것을 결코 생각할 수 없다고 본다. 모든 존재는 반드시 합리적으로 존재한다. 따라서 철학 내지 형이상학에서 합리란 이론과 법칙 그리고 논리나 원칙으로부터 벗어나지 않는 것을 합리라고 하고 이를 이치에 합당한 것으로 간주한다. 한편, 신학적으로 합리주의는 신앙의 진리를 은총의 빛에 비추어 계시적으로 이해할 뿐만 아니라, 가능한 한 자연이성自然理性에 의해 인식하려는 입장을 말한다. 특히 계몽시대의 종교비판에서 합리주의 사상을 찾아볼 수 있다. 즉 종교는 합리적이다. 그러나 종교에는 합리적이지 못한 측면도 있다. 바로 그것은 이단이고 이교異敎가

된다.

그러나 실제로 우리의 삶에서도 합리뿐만 아니라 비합리도 지배하고 있다. 물론 내용적으로는 합리만이 존재할 것이다. 그러나 우리 사회는 오래전부터 이미 합리의 기준을 가지고 있다. 가부장제에서는 아버지가 합리의 기준이다. 중세 신권사회에서는 교황의 생각이 합리의 기준이다. 절대왕정에서는 국왕의 생각이 합리의 기준이다. 독재의 시대에는 독재자의 생각이 합리의 기준이다. 따라서 이렇게 이미 기준점이 되는 합리의 관점에서 본다면 비합리는 문제로 인식된다.

그러나 역으로 비합리의 관점에서 본다면 합리성은 오히려 답답할 수도 있다. 그래서 아들이 아버지에게 반항하기도 하고, 독재자에 항거하기도 한다. 심지어 우리의 삶에는 반反합리도 있다. 특히 예술의 역사에서 이런 현상을 자주 나타냈다. 사실주의에 대해서 아방가르드, 초현실주의의 등장이 그것이다. 개인적인 삶에서도 얼마든지 가능하다. 노래를 계속하기 위해서 학교를 자퇴한 서태지, 컴퓨터와 놀기 위해 대학을 중퇴한 스티브 잡스나 빌 게이츠의 행동은 과연 합리적이었을까?

그러나 오늘날 우리는 이들의 인생역전을 무척 동경하고 있다. 도대체 어떻게 된 일인가? 당시 이들의 행동을 비합리적이라고 생각한 사람은 없었을까? 그렇다면 우리의 삶에서 합리성과 비합리성의 진정한 기준은 무엇인가? 합리의 본질이 변하는 것이 아니라, 합리를 판단하는 기준이 항상 문제인 셈이다. 심지어 과연 이성과 비이성의 기준은 무엇인가? 다른 사람의 눈들인가 아니면 시간의 흐름인가? 결국, 이러한 의문들은 '포스트모던'이 탄생한 일상의 이유이기도 하다: "19세기 후반부터 근대성의 문제점이 지적되기는 했으나, 20세기 후반에 들어 본격적으로 포스트모더니즘이라는 이름하에 근대성은 해체적 과정을 겪고 있다."(이종원, 1999: 65)

주지하는 대로 이론적으로 합리주의의 대표적인 주창자는 데카르트이다. 역사적으로 스피노자, 라이프니츠, 볼프 등도 합리주의자들이다. 이들에 의하면, 감각적 경험은 혼란스럽고 산만하다. 따라서 경험을 통해 얻어진 지식은 종잡을 수 없다. 즉 이들에 의하면, 감각경험의 수준과 정도에 따라서 결과는 중구난방이다. 따라서 지식은 논증되는 것이 중요한데, 이를테면 수학적 인식은 논증적 지식을 구현하는 유일한 방법이다. 인식론적 관점에서 보면, 합리주의는 경험론 내지 경험주의와 대립한다. 즉 합리주의에서 모든 인식은 감각적 경험을 통해서 얻어지는 것이 아니라, 생득적生得的이고 명증적明證的인 원리에서 유래된다.

"근대 철학의 시작으로 간주되는 데카르트는 인간을 생각하는 실체와 연장할 수 있는 실체가 결합된 존재로 파악했다. 생각하는 실체란 물질적 요소를 뛰어넘는 정신이나 영혼과 같은 신적인 요소이다. 이에 비해 물질적 실체는 연장시켜 외적 공간을 채울 수 있는 것의 근본적 요소를 말한다. 동물을 비롯한 사물은 오직 물질적 실체로 이루어져 있지만, 사람과 신적 존재는 정신이란 실체를 소유한다. 이런 생각은 고대 그리스 철학부터 이어져 오던 유럽 철학의 인간 이해를 결정적으로 표현한 것이다. 몸에 대한 정신의 우위는 물론, 자연 사물과 초자연적 세계를 구분하고 초자연적 세계를 우위에 두는 '이분법적 사고'는 인간이 본성에 호소하는 경향이 매우 강하다. 이러한 철학적 흐름은 현대의 생명과학과 마주하면서 심각한 비판에 직면하게 된다. 과연 인간은 영혼과 육신으로 이루어진 존재일까 아니면 진화생물학에서 말하듯이 육체로 이루어진 존재로서 정신적 현상이 이에 덧붙여 나타나는 것일까. 그도 아니면 육체적 진화와는 별개로 영혼이 존재하는가."(신승환, 2012: 160~161)

결국, 합리주의는 단순히 전통적인 풍습 등에 따르거나 주관적인 감정에 의하지 않고 이성적으로 판단하여 행동하는 태도를 말한다. 사실 이는 데카르트가 오래전에 제시한 '지식의 명료성clarification', 즉 '명증성evidence'의 지식을 실현하는 구체적인 방법의 일환이라고 할 수 있다.

시대적으로 18세기의 계몽주의 운동은 합리주의가 발달한 전형적인 사례이다. 따라서 이들은 인식론의 입장에서 경험론과 그의 일종인 감각론에 대립한다. 이런 맥락에서 합리주의는 합리론, 이성론, 유리론唯理論 등으로도 불리는 것이다.

"합리주의는 합리론合理論 또는 이성주의라고도 하는데, 이는 모든 사물을 판단할 때 이치로 명료하게 생각하는 태도이다. 즉 본능이나 감각적인 느낌에 의존하지 않고 인간이 지니는 사고력思考力, 이성理性이라는 것에 바탕을 두어 논리적으로 생각하여 사물을 처리하려는 태도이다. 그래서 한편으로는 본능적인 충동이나 감각적인 욕구에 바탕을 두어 사물에 대해 일정한 태도를 취하는 것이 아님과 동시에 종교적인 신앙, 사고를 초월한 신비적인 것에 근거를 두려는 태도와도 대립한다. 이러한 태도는 특히 근대사회의 발생 당시 현저하게 나타났다."(철학사전, 합리주의, 2009)

역사적으로 합리주의의 관점은 고대 그리스의 엘레아학파나 플라톤의 이데아론에까지 거슬러 올라간다. 특히 인식론의 문제가 크게 대두된 근대 초에 경험론 등에 대립하면서 합리주의는 대륙의 대표적인 철학으로 출현하였다. 그런데 실제로 합리주의의 골격인 합리성에 대한 이해는 지금도 여전히 구체적이지 않다. 도대체 무엇이 합리적인 것인가? 합리주의에서는 우선 비합리적이고 우연적인 것을 배제한다. 또한, 이성적이고 논리적으로 필연적인 태도이다. 그래도 애매모호하다. 따라서 합리주의를 잘 이해하기 위해서는 합리주의의 시대를 잘 파악해야 한다.

데카르트에서 시작된 합리주의는 근대의 시작이었으며, 계몽주의의 탄생과 맥을 같이 하고 있다.

"근대정신은 인간 인식과 무관하게 존재하는 객관적 세계를 가정하고 있다. 그래서 Descartes는 '신이 만든 자연 속에 모종의 법칙들이 있다… 이러한 법칙들이 세계에 존재하거나 세계에서 일어나는 모든 것에서 정확하게 관찰되고 있음을 우리는 의심할 수가 없다'고 지적하고 있다. 이 말은 인간의 인식과는 무관하게 그 자체의 법칙이 내재하고 있는 객관적 세계가 존재하고 있으며, 객관적 세계는 우리가 이해할 수 있는 방식과 정확한 경험적 관찰 방식으로 표현되어야 한다는 것을 의미한다. 여기에서 객관적인 것과 인식 주체 사이의 엄격한 이분법적 구분이 있음을 볼 수 있다."(이종원, 1999: 66)

그런데 우리가 여기서 주목할 사실은, 계몽주의 시대는 '과학의 세기'와 엇물린다는 사실이다. 결국, 여기서 이성주의와 합리주의 간의 차이가 발생한다. 한마디로 합리주의는 이성주의에 과학주의가 합해지면서 나타난 사조이다. 그동안 이성주의에서 이성이 철학의 수단이며 목표였다고 한다면, 합리주의에서 합리는 이성 대신 과학이 수단이며 목표라고 할 수 있다.

"자연을 관찰하고 그 안에서 지식을 찾는 과학으로 체계화된 학문이 그 의미를 이해하고 해명하려는 철학적 학문을 대신하게 된다. 과학의 원리를 응용한 기술 문명은 인간 세계와 역사를 바꾸어 놓았다. 이제 철학은 과학의 원리를 설명하거나 언어에 내재한 논리를 설명하는 학문, 또는 실증적 세계관을 뒷받침하는 학적 체계 정도로 존재한다. 아니면 인간의 내적 문제를 해명하거나 문화와 세계를 설명한다. 신화를 비롯한 비이성적 세계관, 비합리적 체계는 사라지거나 상상력을 자극하는 영역이나 예술의 영역으로 국한되기에 이르렀다. 근대의 세계는 실로 자연과학의 개선 행진곡이 울려 퍼지는 신세계로 재현되었다."(신승환, 2012: 159)

결국 이렇게 하여 이성주의에 과학주의(객관주의)가 가세하면서 계몽주의 시대의 합리주의가 탄생한 셈이다. 이제 과학적인 것이 합리적인 것이며 합리주의에서는 과학이 핵심이다. 마치 과거 이성주의시대에는 이성적인 것인 것이 철학적이며 철학적인 것이 이성적이었던 것과 같은 맥락이다. 그럼에도 불구하고 우리가 주목할 것은 근대사회가 베이컨Fransis Bacon의 경험과학론에도 절대적으로 의지하고 있다는 사실이다.

"고대와 중세를 거치면서 지적 노력은 새롭게 변화한다. 수학적 세계관을 바탕으로 자연현상을 객관적이며 명확하게 설명하려는 체계적인 시도가 나타난 것이다. 이 시대를 '새로운 시간'이라는 뜻에서 근대modern라 부른다. 학문을 비롯한 인간의 이해 체계 일반과 그에 따른 세계의 체제가 새롭게 형성된 시대이기 때문이다. 예를 들어, 근대 초기의 몇몇 자연철학자는 중세부터 전해 오던 '자연이란 책을 읽는다'는 도식을 달리 해석했다. 이 말은 원래 자연에 담겨 있는 창조의 의미나 창조주의 신비를 해석하는 작업을 의미한다. 그러나 플라톤적 철학에 근거하여 수학적이며 합리적으로 세계를 설명하려 했던 이들은 이 도식을 자연에 내재한 법칙을 밝혀내는 작업으로 이해했다. 케플러, 코페르니쿠스, 갈릴레이 등이 대표적이다. 그중에서도 이런 현상을 가장 잘 보여주는 사람은 아마도 영국의 철학자 베이컨일 것이다."(신승환, 2012: 157~158)

19세기 들면서 이러한 과학주의에 편승한 합리주의와 계몽주의는 낭만주의, 감성주의(쇼펜하우어, 니체), 생철학(베르그송) 등에 의해 공격을 받게 된다. 이들의 주장에 의하면, 인간의 삶에는 합리적인 것도 있지만 그렇지 않은 것도 있다. 즉 아직 합리적으로 판단되지 않는 영역들, 즉 감성적인 것, 비이성적인 것, 낭만적인 것들도 합리적인 것 이상으로 삶을 규정한다. 그런데 이러한 비판들은 당시 파죽지세로 상승하는 '과학만능주의'에 대한 경고이기도 했다.

"후기 근대의 시기에 이르러 근대의 한계와 모순을 지적하면서 이를 벗어나야 한다는 소리가 끊임없이 들려온다. 과학기술주의와 자본주의의 한계를 극복해야 한다고들 말한다. 성찰적 지식과 이해의 세계가 사라진다는 경고의 목소리가 점점 더 커진다. 사물화된 세계에서 사물화될 수 없는 영역에 대한 이야기들이 그치지 않는다. 과학기술주의 문화와 자본주의로 체계화된 세계에서 소외되고 왜곡되는 존재의 영역에 대한 목소리가 여전히 들려온다. 아니 오히려 시간이 갈수록 그 소리가 높아진다."(신승환, 2102: 159)

이렇게 본다면, 역사상 합리주의는 과학주의에 편승한 또 다른 이성주의였다고 할 수 있다. 특히 전통철학이 사변적 형이상학으로 폄하되면서 합리주의는 세를 얻게 된다. 사실은 당시 실증주의의 위세 덕택이었다. 실증주의의 득세 속에서 자연스럽게 과학주의가 중심세력을 차지하게 되면서 형이상학으로서의 철학은 비중을 잃게 되었다. 대신 과학주의를 근간으로 하는 합리주의가 그 자리에 들어서면서 '근대사회' 또는 '근대성'은 튼튼한 기반을 구축하게 된다.

결국, 근대사회에서의 지식은 합리주의의 지식이며 이는 과학주의의 지식과 결코 다르지 않다. 과학주의에서의 지식은 과학적 지식으로서 과학적 연구방법, 즉 관찰이나 실험 등 관측의 결과로서 도출된다. 그러나 여기서 모순은 과학은 경험론에 기반을 두고 자라났다는 사실이다. 즉 감각적 경험을 통하여 '관찰'하고 실험한 것을 '관측'이라는 방법을 통하여 반복검증한 후에 과학적 지식은 탄생한다. 그렇다면 경험론과 대치하고 있는 합리론 내지 합리주의에서는 어떻게 과학적 지식을 도출할 수 있다는 것인가? 따라서 데카르트는 종전의 과학적 방법을 귀납법이라고 한다면, 자신의 과학방법은 연역법이라고 하여 과학의 방법은 두 가지가 존재한다고 선언했다. 이로부터 과학적 연구방법은 경험주의에 입각한 귀납법과 합리주의에 입각한 연역법으로 구분된다.

그렇다면 어떤 것이 진정한 과학적 방법인가? 아니면 두 가지 모두를 만족시켜야 하는가? 여전히 애매하다. 오늘날의 과학은 대부분 귀납법을 사용한다. 과학자는 실제로 직접 관찰하고 실험하고 측정하고 예측하면서 과학적 지식을 창출해 낸다. 그러나 과학적 연구방법에서 연역법을 사용하는 경우는 그리 많지 않다. 아인슈타인의 상대성이론이 탄생할 때 사용된 방법이 바로 연역법이다. "아마 우주 어딘가에 빛을 빨아들이는 블랙홀이 존재할 것이다." 결국, 연역법은 과학에서 '가설'을 수립하는 데 사용된다. 결국, 뉴턴 과학에서는 귀납법이 과학적 연구방법이었다면,[27] 아인슈타인의 과학에서는 우선 연역적으로 가설을 세우고 귀납적으로 이를 입증하는 방식을 사용했다. 사실 뉴턴은 과학에서 가설을 사용하지 않았으며 심지어 이를 인정하지도 않았다. 그러나 오히려 아인슈타인은 가설의 중요성을 강조했다. 이는 뉴턴 과학과 아인슈타인 과학 간의 가장 핵심적인 차이다. 이렇게 하여 결국 과학적 연구방법은 귀납법과 연역법으로 발전할 수 있었다.

그러나 여기서 의문은 연역법이 과학에서 가설수립에만 사용된다면 도대체 가설이 필요 없거나 연구자가 관찰할 수 있고 관측한 것만을 과학 내지 과학적 지식으로 간주하는 뉴턴 과학의 추종자들에게 연역법은 무슨 의미

---

[27] 뉴턴 과학은 경험과 이론의 종합이었다(김영식 · 임경순, 2002: 149).

가 있는 것일까? 과연 연역법으로 발견된 과학적 지식이 합리적인 것인가? 아니면 귀납법으로 발견된 과학적 지식이 합리적인 것인가?

다시 합리성에 대해서 의문이 제기된다. 도대체 과학적 지식은 정말 합리적인 것인가? 울리히 벡의 의미로 본다면, 합리성의 개념은 과학적 합리성과 사회적 합리성의 개념으로 구별된다. 그는 오늘날 합리성의 문제는 "과학적 합리성과 사회적 합리성 간의 균열과 격차에서 발생한다"(울리히 벡, 1986/홍성태 옮김, 1997: 68)고 주장한다. 이렇게 본다면, 합리성의 개념은 과학적 이성의 개념에서 발달하여 사회적 이성의 개념과 은연중에 합일하면서 대중에게 합리성의 개념으로 무비판적으로 수용되었다고 할 수 있다. 물론 중매쟁이는 위에서 누누이 언급한 것처럼 자연과학과 사회과학의 다리를 놓아 준 실증주의였다. 그렇다면 정말 이렇게 은근슬쩍 도입된 합리(성)의 개념이 내용적으로도 합일되어 이해될 수는 없는 것일까?

어원적으로 합리ration란 라틴어의 '라치오ratio'에서 유래한다. 라치오란 원래 원칙, 원리라는 뜻을 가지고 있으며 아울러 끈Band이라는 뜻도 있다. 특히 실존주의자들은 '끈'이라는 개념에 주목했다. 그에 의하면, 합리성이란 끈이며 끈을 잘 이해할 때 합리적인 것이다. 그럼 도대체 갑자기 왜 끈이란 말인가?

여기서 '끈'이란 하나님과 인간 사이의 끈을 말한다. 다분히 종교적이다. 도대체 하나님과 인간 사이의 끈이란 무엇인가? 실존주의자들에 의하면, 하나님과 인간 사이의 끈은 기도祈禱를 통하여 생성된다.[28] 즉 기도하는 순간에는 인간과 하나님 간의 끈이 형성되지만, 기도하지 않으면 둘을 이어주는 끈은 사라진다. 이러한 생각은 나중에 아인슈타인의 상대성 원리가 탄생하는 데에도 결정적으로 기여한다. 즉 아인슈타인의 유명한 공식 $E = mc2$을 탄생하게 한 역사적 언질이었다. 이는 실용주의자 듀이의 '정합성coherence의 개념과도 통하며, 하이데거Martin Heidegger(1889~1976)에게서 "세계 - 내 - 존재"의 개념을 탄생하게 했다. 또한, 가다머의 "해석학적 상황"의 개념 형성에서도 결정적이었다.

---

[28] "우리의 욕망이 우리에 대한 신의 욕망과 일치할 때에만 우리는 평화롭다."(찰스 반도렌/ 오창호 옮김, 1995: 193)

결국, 합리란 '상황' 속에서의 합리, 즉 '상황 - 내 - 존재'를 말한다. 다시 말하면 합리란 독자적으로 판단 기준이 있는 것이 아니라, 주변 상황의 변화에 얼마나 정합적으로 지속성을 가질 수 있으며, 모든 개체는 독자적으로 존재하는 것이 아니라 반드시 '해석학적 상황Gadamer'으로서의 '세계 - 내 - 존재Heidegger'로서 확인될 때 비로소 존재가 되는 것이다.

> "해석학에서 이해 역시 인식에 초점을 맞추기보다는 세계 - 내 - 존재로서의 인간 현 존재가 내 던져져 있는 삶이 우선이다. 따라서 우리의 혹은 나의 삶이 준거가 된다. 그렇기 때문에 이런 준거는 어떤 고정된 실체가 아니라 다양한 가능성을 가진 존재이다. 해석학에서의 이해는 바로 자기 이해인 것이다. 우리의 '삶' 자체가 다양한 가능성을 가지고 있기 때문에 그것을 바라보는 우리의 태도 역시 하나의 고정된 준거 틀에 고정되어 있을 수는 없다."(최신일, 1999: 31)

실존주의자들에 의하면, '나'라는 존재는 '하나님'과의 관계 속에서 나다. 쿨리Charles Horton Cooley(1864~1929)는 '나는 너로 인한 나다'라는 명제로 '거울 자아 이론'으로 인격을 실존주의적으로 설명했다. 여기서 '너'는 하나님이 된다. 결국, 나와 하나님 간의 끈은 나라는 존재를 진정한 존재로 가능하게 하는데, 바로 이것이 나를 합리적인 존재로 만드는 것이다.

세속적으로 본다면 결국 이러한 끈은 상황이며, 관계이며, 맥락이다. 따라서 모든 개체는 홀로 독자적으로 존재하는 것이 아니라 '관계 속에서', '맥락 속에서' 그리고 '상황 속에서' 정합적으로 계속 존재할 수 있을 때 진정한 개체가 된다. 이때 합리의 본질이 '라치오ratio'가 되는 것이다.

결국, 이렇게 볼 때 합리성, 합리주의 그리고 이를 토대로 하는 근대, 근대성, 근대주의, 근대사회는 재검토될 필요가 있다. 특히 자연과학은 연역법과 귀납법을 조화롭고 균형 잡힌 종합적 연구방법론으로 적용하지 못하고 있기 때문에 여전히 불안하고 편파적이라고 할 수 있다. 물론 우리는 계속해서 과학의 진화 내지 과학의 발전에 기대할 수 있을 것이다. 그러나 근본적인 질문은 정말로 지금의 과학적 지식은 상황, 맥락, 관계 그리고 정합성의 차원에서 본다면, 즉 끈ratio의 관점에서 본다면 합리주의를 기초하는 지식일 수 있을까?[29]

"진공 속에서는 결코 지식을 창조할 수 없다. 지식 창조에는 시간적 공간적 공간, 즉 장이 필요하다. 장은 물리, 가상, 심리 공간에서 만들어지는데, 공간 자체만으로는 장이 이루어지지 않는다. 장이라는 말은 물리적인 장소뿐만 아니라, 특정한 시간과 공간, 혹은 '관계'가 이루어지는 공간도 함께 의미한다…. 지식창조 과정에서 장의 본질은 '상호 관계'에 있다. 지식은 맥락context이나 상황situation에서 따로 떨어져 나와 존재할 수 없고, 문맥이란 바로 상호 관계를 말한다. 개개인이 각각의 문맥을 가지고 모여, 문맥을 공유하는 과정이 이루어지는 장을 형성하고, 그 속에서 공유하는 문맥과 개개인의 문맥 모두가 변화함에 따라, 새로운 지식이 만들어진다. 따라서 지식창조 과정은 장을 창조하는 과정이고, 새로운 관계의 경계를 만들어 나가는 일이라고 할 수 있다… '대화하는 장'은 집단적이고 직접적인 상호 관계를 통해 규정되는 장이다."(스기야마 고조 외, 2005: 24~25)

이러한 질문에 대해서 답하기 위해 '비판적 합리주의critical rationalism'가 새로운 사조思潮로서 탄생한다. 즉 비판적 합리주의는 '근대성'을 '도구적 합리성'(이종원, 1999: 65)으로 전제하고 있다. 결국, 비판적 합리주의에서는 지식이 완벽한 것이 아니라 지식은 가장 유효한 이론일 뿐이다(Popper, 1984: 27).

"서구의 철학적 전통이 지식을 확실하고 정당화할 수 있는 것으로 간주해 온 데 비하여, 비판적 합리주의는 인간의 궁극적인 지식과 절대적 지식을 알 수 없다고 한다. 그렇다고 지식이나 진리를 아는 것이 불가능하다고 하는 회의주의에 빠지는 것이 아니다. 비판적 합리주의는 어떠한 형태의 독단이든지 경계하는 태도를 가지고 있다. 그 독단이 실증주의든 역사주의든 자연과학이든 사회과학이든 간에 모든 종류의 독단론을 거부한다. 포퍼에 의하

---

[29] 이언 엥엘은 무척 회의적이다: "현재의 과학적 방법들은 미래를 살아가는데 아무 도움도 되지 않는다."(이언 엥겔, 2001: 314)

면, 우리는 결코 어떤 것도 확실하게 확정할 수 없다. 다만, 비판을 통하여 나쁜 것을 제거해 나갈 수 있을 뿐이다. 따라서 남아 있는 것으로 작업을 해야 한다. 그에 의하면 진리는 영원히 도달할 수 없는 탐구가 된다."(오춘희, 2006: 233)

그런데 이것이 바로 포스트모던시대에 포스트모던과학의 시작이다.

"근대정신은 인간마저도 객관화하여 보편성을 추구하였다. 그 결과 인간은 합리적 보편성을 지닌 존재로 간주하는 자아 개념을 형성하게 되었고, 이것은 미신과 무지로부터 인간을 해방하였다. 그러나 분화가 가속화된 근대사회는 이성과 합리적 권위에 의해 인간 삶이 강제되는 사회이기 때문에 그것은 관습의 지배를 이성의 지배로, 전통적 권위를 합리적 법적 권위로 대체한 것에 불과하다. 근대정신은 개별적 존재로서의 인간, 즉 주체를 간과하였기 때문에 개인을 해방한 것은 아니다."(이종원, 1999: 65)

지식의 세계에서도 마찬가지이다.

"19세기 후반부터 근대성의 문제점이 지적되기는 했으나, 20세기 후반에 들어 본격적으로 포스트모더니즘이라는 이름 하에 근대성은 해체적 과정을 겪고 있다. 이러한 경향 중의 하나가 구성주의인데, 그것은 근대적 지식관인 표상주의를 거부하고, 지식의 맥락적 구성을 강조하고 있다."(이종원, 1999: 65~66)

결국, 근대사회에서 지식의 탄생은 과학주의, 합리주의, 이성주의, 객관주의, 계몽주의에 근거한다. 그러나 이렇게 탄생하는 지식은 불완전하고 불안하며 심지어는 위험하기까지 하다. 왜냐하면, 과학이 아직 완전한 것도 아니며, 합리의 기준도 여전히 모호하며 인간 이성을 신 이성으로부터 해방시킨 계몽이성 역시 완전한 해방은 아니기 때문이다: "인간은 인간 이성의 자유라는 이름으로 스스로 감옥에 갇히게 되었다."(이종원, 1999: 67) 또한 합리성을 빌미로 하는 합리적 권위에 의해 합리적 지식도 결정될 수 있기 때문이다. 심지어 합리성이라는 미명하에 많은 것들이 '합리화'될 수 있다. 합리성과 합리화는 전혀 다른 말이다.

　따라서 우리의 삶에서는 여전히 '비과학적, 반과학적, 비합리적, 불합리 그리고 반이성적, 비이성적'의 영역이 비판을 받고 있다. 합리적이지 못한 것이다. 그러나 우리는 삶의 이해에서 이를 무조건 삭제해야 할 근거는 없다. 왜냐하면, 기준이 모호하기 때문이다. 지식의 경우도 마찬가지이다. 비판의 준거가 명확하지 않은 상황에서, 과연 우리는 무엇을 비과학적이고 반과학적 지식이라고 배척할 수 있을 것이며, 아울러 어떤 지식이 무슨 근거로 비합리적이며 비이성적 지식이라고 배척될 수 있을 것인가?

V

포스트모던과 지식

01 포스트모던의 지식논쟁[1]

1. 포스트모던지식의 형성조건

1.1 변증법적 지식

지식의 변증법은 철학의 역사와 맥을 같이한다.[2] 일반적으로 변증법은 그리스어로 'dialektikē' 이라고 하여 대화술 또는 문답법이라고 한다. 일단 우리에게 알려진 정보와 지식은 자체 모순이 – 스스로 자발적으로 또는 타의적, 강제적으로 – '지양aufheben'됨으로써 새롭게 극복되어 궁극적인 합일에 도달된다. 지식은 시간의 흐름 속에서 점점 참지식으로 거듭난다. 2천 수백 년 전에 이미 소크라테스는 참지식에 도달할 때까지 주변 사람들과 '끝없이 묻고 답하며elenchos' 대화dialogue, communication를 했다. 물론 무모한 대화와 의사소통은 참지식을 방해할 할 수 있다. 그러나 지식이란 속성상

---

[1] 이 부분은 본인의 글 "지식의 생성과정과 지식교육의 방식에 대한 반성적 고찰 – 포스트모던의 지식관을 중심으로"(교육의 이론과 실천, 제13권 제1호, 2008: 115~130)을 본 글의 취지에 맞게 수정, 보완, 삭제 등 재편집하여 실었음.

[2] 변증법의 창시자라고 하는 엘리아학파의 제논으로부터 시작하여 플라톤, 칸트, 헤겔, 슐라이어마허, 마르크스 등에게서 변증법은 최고의 위상을 정립하게 되며 심지어는 실존주의 철학자들 및 일부 포스트모던의 철학에 의해서도 그 성격과 방식에서 약간의 차이를 보이면서 보완 계승 발전된다. 그러나 변증법은 소크라테스와 플라톤에 의해 비로소 진리(참다운 지식)를 인식하기 위한 사고방식으로 정립되었다. 물론 헤겔에 와서는 변증법이 인식뿐만 아니라 존재 자체까지를 밝혀내는 방법으로 발전된다.

계속 비판되고 반성 되면서 객관적 지식으로 거듭난다. 이러한 과정이 바로 변증법적이다. 물론 영원히 인정되지 못하는 지식도 있다. 따라서 (현존) 지식에 대한 지속적인 비판과 반성 작업은 반드시 필요한 일이다.[3] 한마디로 지식은 앎이 '객관적 지식'으로 탄생하는 순간부터 '지식'이라는 이름을 가질 수 있는 변증법적 지식의 과정을 경험한다.

그렇다면 왜 인간은 궁극적으로 객관적 지식을 요청하는 것일까? 이는 가능한 한 시행착오를 덜 하기 위함 때문이다. 이때 동원되는 것이 바로 이성의 능력이다. 인간의 이성은 지식형성에 결정적이다. 즉 앎을 지식으로 가게 하는 중요한 매개체가 바로 이성이다. 그런데 이성은 주관적 이성과 객관적 이성으로 구분된다. 두 가지 이성 능력을 모두 가지고 태어나는 인간에게 – 칸트에 의하면 – 지식은 결국 주관적 지식에서 멈추지 않고 객관적 지식까지를 포괄한다.

소크라테스는 "무지와 지의 과정에 서 있는 것이 인간"(Spranger, 1954: 21)이라고 했다. 지금은 잘 모르고 있을지도 모르지만, 앞으로 계속 무엇인가를 알고자 하는 자가 바로 인간이다. 그가 마침내 (객관적) 지식을 취득하는 것은 삶의 최종 목표가 된다. 그렇다면 인간의 지식은 고정된 것이 아니라, "계속되어가는 것"을 의미하는 것이 된다. 즉 지식은 고정불변이 아니라 점차 (주관적) 지식이 (객관적) 지식으로 되어가는 것이다. 일단 알려진 것, 즉 (주관적) 앎이 점차 객관적으로 되면서 (진정한 또는 확실한) 지식의 형태로 탈바꿈된다. 따라서 지식이란 사물과 사실에 대한 주관적 정신의 작용으로 알려지는 내용들이지만, 결국은 객관 정신에 의해 심지어는 절대정신 (헤겔)에 의해 완성되는 성격을 가진 소위 "변증법적 과정으로서의 지식"을 의미한다.

오늘날 우리는 다양성과 이질성 그리고 상대성으로 대변되는 포스트모던

---

[3] 일반적으로 소크라테스와 그를 계승하는 사상가들의 생각은, 우리가 지속적으로 대화하고 반성하다 보면 반드시 참지식(진리)에 도달할 것이라는 소박한 종교관을 가지고 있기 때문에, 이를 우리는 성선설에 입각한 지식이해의 관점이라고 이해한다. 본 글도 이러한 관점을 배제하지 않는다는 점에서 논문의 한계점이라고 할 수 있다.

지식의 홍수 속에 살고 있다. 이러한 포스트모던의 지식은 지식이 유전한다는 전통적인 변증법적 지식에 뿌리를 두고 있다고 할 수 있다. "판타레이 pantha rai". 이는 2천 수백 년 전 헤라클레이토스의 지식관이다. "모든 것은 흐른다". 소위 만물유전론萬物流轉論으로 잘 알려져 있는 그의 '판타레이 지식관'은 포스트모던 지식관의 모태이며 아울러 변증법적 지식의 효시라고 할 수 있다. 이는 소위 지식의 절대성을 거부하는 지식의 상대적 생성과정을 설명하는 역사적 단초가 되기도 하다.

1.2 관점의 지식

독일의 철학자 니체F. Nietzsche(1844~1900)는 지식을 추구하는 데에 있어서 인식론만을 유일한 차원으로 생각하지 않는다. 왜냐하면, 인간의 인식이란 완전할 수도 없으며, 인간에 따라 인식 정도와 양도 서로 다르고 인식의 위치와 각도도 서로 다를 수 있기 때문이다. 니체는 말한다: "중심은 어디에나 있다."(Nietzsche, 1883: 272) 원은 둥글다. 회전하는 공球 위에서는 어디든지 중심이 될 수 있다. 어디가 중심이고 어디가 주변인지는 아무도 모른다. 둥그런 지구의 표면에 살고 있는 인간에게는 내가 서 있는 바로 그곳이 중심일 수 있다.

심지어 니체에게서 인식은 존재와 무관할 수도 있다. 왜냐하면, 인식이란 인식하는 주체의 마음일 뿐이지, 존재(또는 실존) 그 자체가 아닐 수 있기 때문이다. 사실 칸트 이후의 철학은 이성에 대한 메타 비판으로 환원되고, 절대적 관념론의 거대한 시도와 파탄이 상징적으로 축약한 형이상학의 종언 후, 그 빈자리에 대신 들어선 인식론이 철학적 우세종으로 자리를 압도적으로 굳혀 왔다(윤평중, 2000: 322~323). 그러나 인식론은 인간의 인식에 의해 모든 것이 결정된다는 모순에 불과하다. 그렇다면 인식하지 못하는 또는 인식하지 않는 경우는 존재도 없다는 것인가? 결국, 니체에 의하면, 인식론이란 철학 하는 하나의 방식일 뿐이지 유일한 방식은 아니다.

한편, 인식은 주관으로부터 출발하며 관점perspective으로 결정된다. 그러나 관점 역시 아직 주관적이다. 왜냐하면, 주관성이 배제된 관점을 가질 수 있는 가능성은 인간에게는 없기 때문이다(백승영, 2000: 120). 결국, 관점 역시 어쩔 수 없이 주관적으로 출발하기 때문에, 일단 인식과 이로 인한 지식 역시 주관적으로 발생한다.

이러한 근거에서 니체는 '인식이란 인식하는 주체의 관점에 의해 결정된다'는 관점주의Perspectivism를 또 다른 철학 하는 방법 또는 심지어 인식론적 모순의 대안으로 등장시킨다.[4] 우리는 세계와 오로지 관점적으로만 관계를 맺는다(백승영, 2000: 130). 나는 A라는 관점에서 주변환경과 관계를 맺고 있으며, 다른 사람은 B라는 관점에서 주변과 관계한다. 또한, 같은 사물과 관계를 맺더라도 인식주체의 관점은 모두 제각각이다. 결국, 인식주체의 관점성을 전제하지 않는 사실이란 존재하지 않는다(백승영, 2000: 125). 한마디로 인식은 관점이다. 이렇게 본다면, 대상 세계에 대한 가치중립적이고도 객관적인 인식은 원칙적으로 불가능하다(백승영, 2000: 119).

이를 달리 말하면, 니체의 관점주의는 "해석주의"와 다를 바가 없다.[5] 즉 세계에 대한 불완전한 해석만이 있을 수 있을 뿐 절대적인 진리는 있을 수 없다(데이브 로빈슨, 2000/ 박미선 옮김, 2002: 29~30). 왜냐하면, 인식행위

---

[4] 물론 관점주의란 니체 자신의 용어는 아니고, 그가 생의 기본 조건으로서 제시하는 관점성Perspektivitaet에 대한 설명을 통해 그 내용을 짐작할 수 있을 뿐이다(백승영, 2000: 116).

[5] 탈근대적 시각에서 모더니즘의 인식론적 토대는 종종 로고스중심주의, 이론중심주의로 약칭된다(김상환, 2000: 149). 그런데 데리다는 언어에 대한 자신의 견해를 가지고 서양의 논리중심주의와 로고스 중심주의를 공격하면서 니체를 진리개념의 해방자로 끌어들인다(백승영, 2000: 56~57). 푸코 역시 논리중심주의를 배척하면서 니체 안에서 정신적 유사성을 찾는다(백승영, 2000: 57). 둥근 지구 위에 살고 있는 인간에 중심은 고정된 것이 아니다. 이러한 우리 인간에게 중심이 고정되지 않은 관점은 운명처럼 주어진다. 따라서 우리가 삶을 그리고 주변을 어떠한 관점에서 해석할 것인가 하는 문제는 항상 열려 있게 된다: "해석 주체에게 상관하는 해석의 세계는 그에게는 완전히 옳다. 왜냐하면, 이 세계는 해석 주체가 자신의 관점성에 의해, 즉 삶의 유지를 위해 창조한 의미 세계이기 때문이다."(백승영, 윗글, 2000, 130쪽). 중심은 중심으로서의 기능만 하면 되는 것이지, 중심의 위엄이나 권위 때문에 특정하게 고정된 관점을 가지고 해석하라고 명령할 수는 없는 일이다. 니체의 이러한 탈중심주의 사상은 그를 해석학자로 각인시켰다(D. Bohm, Gadamer, Ricoeur).

는 해석행위이며 해석 행위가 아닌 인식은 없고, 더 나아가 우리는 삶이라는 대전제 하에서는 해석하지 않을 수 없다(백승영, 2000: 120). 그러나 니체 철학에서 제시하는 무진리의 진리는 하나의 절대적 진리(지식)는 없지만, 인간 중심적·실용적 진리, 시간 제약적 진리(지식)가 있음을 제시한다(백승영, 2000: 141). 주관적 관점에 대한 해석은 규정된 조건 하에서 (잠정적으로) 객관적으로 수용되는 지식을 가능하게 한다. 바로 이러한 이유 때문에 니체에게는 절대적이거나 항구적으로 객관화될 수 있는 지식(진리)은 존재하지 않지만, 특정한 관점 하에서만 유효한 "관점의 지식"이 존재하게 된다. 결국, 세상의 모든 지식은 특정한 관점 하에서만 유효하다. 지식은 관점적 지식이다. 이러한 니체의 관점주의 지식론은 다양성, 이질성, 해체성을 주장하는 포스트모던 지식론의 토대로서 작용하게 된다.

1.3 지식의 상대성

포스트모던에서 지식은 원칙적으로 상대적이다. 지식의 변증법에서도 지식이 때에 따라서는 "진리 안에서" 정반합의 관계로 수직 상승한다는 것을 제외한다면, 인간의 지식은 인간의 지식에 대해서 늘 상대적이다. 정正과 반反은 상대적이며 합合은 다시 정과 반으로 갈리면서 다시 상대적이다.

지식의 상대성에 대한 주장이 인구에 회자하게 된 동기는 만하임Kahl Mannheim(1893~1947)의 지식사회학입문, 즉 『이데올로기와 유토피아』(1936)라는 책이 나오면서부터였다.[6] 그는 지금 우리에게 알려지는 모든 지식들은 당시의 지배적인 특정이데올로기를 내포하고 있기 때문에 객관적 지식이나 또는 진리로 볼 수 없다고 주장한다. 이를테면, 자본주의 사회에서의 지식은 자본주의 이데올로기를 내포하는 상대적 지식일 뿐이다.

반대로 마르크스주의에 입각한 지식 역시 마르크스의 이데올로기를 내포

---

[6] 지식 사회학의 선구자로는 Max Scheller와 E. Durkeim을 꼽기도 한다. 오늘날 지식 사회학의 대표자들로는 만하임을 비롯하여 머튼(R. Merton), 슈프타르(W. Stark), 볼프(K. R. Wolff), 나이서(H. Neisser), 베르거(R. Berger), 루크만(Th. Luckman) 등을 들 수 있다(한국철학사상연구회편, 1989: 1214).

하고 있다.[7] 이는 궁극적으로 완전히 소거되어야 하는 것이 마땅하지만, 원칙적으로 지식의 이데올로기성을 부정하기 어렵기 때문에 지식은 항상 '상대적'으로 간주되어야 한다. 또한, 이러한 지식은 만하임에 의하면 항상 냉철한 비판 및 성찰을 통해서 제3의 객관적 세계관(유토피아지식의 세계)을 건설해야 한다. 이렇게 본다면, 만하임이 주장하는 지식의 상대성은 특정한 조건, 즉 사회이데올로기적인 측면에서 볼 때 항상 지식에 대한 상대적 이해가 존재할 수 있다는 주장으로서, 이는 위에서 제시한 관점적 지식 관에 대한 실제적 사례라고 할 수 있다.

한편, 지식의 상대성은 이미 그 훨씬 이전인 소크라테스에게서도 나타난다. 즉 그의 무지론無知論은 지식의 상대성을 주장한 대목이다. "나는 모른다는 사실만을 알고 있다. 너 자신을 알라"는 구호는 유한자로서의 인간의 지식은 절대진리에 비한다면 무라고 할 수 있을 정도로 상대적이다. 그러나 문헌상으로 지식의 상대성의 시조는 고대의 현자라고 자칭했던 소피스트들이다. 인류 역사에서 최초의 소피스트로 등재되어 있는 프로타고라스에 의하면 "인간은 만물의 척도이다." 당시 소피스트들의 상대성 지식론은 세상을 뒤흔들어 놓았다. 이러한 상대적 지식관은 자연과학에서 영향을 미치게 되어 궁극적으로는 아인슈타인의 상대성이론이 탄생하는 데에서도 결정적인 기여를 했다.

결국, 이들의 논리로 본다면, "지식은 보편적 진리가 아니라 사회적으로 인정된 상대적인 것에 불과하다."(고형일 외, 1996: 97) 그럼에도 불구하고 우리는 교과서에 쓰여 있는 지식을 마치 절대진리로 간주하고, 이를 그대로 전달하는 교육방식에 전적으로 의존해 있다. 교과敎科란 "선택된 문화"이다. 선조들의 문화를 모두 전달, 계승, 발전시키기에는 한계가 있기 때문에 우리는 문화를 엄선하여 교과로 선정하고 이를 교과서에 담아서 후대에게 교육한다. 그런데 누가, 왜, 무엇 때문에 하필이면 그것을 전달되어야 하는 문화로 선정하는가 하는 것이 문제가 되는 것이다. 즉 다른 사람, 다른 정부가

---

[7] 물론 지식을 통해 전수되는 이데올로기란 "허위의식"(한국철학사상연구회편, 1989: 1214)이다.

교과서를 쓴다면, 내용도 완전히 달라질 수 있다는 것이다.

결국 만하임의 상대적 지식관에 의하면 선정하는 사람들의 관점과 입장에 의해 선택되는 문화가 달라질 수밖에 없는 상황에서, 현재 교과서에 담긴 것만을 절대진리(또는 객관지식)로 간주하여 이를 아무 여과도 없이 그대로 전수한다는 교육의 방침에는 문제가 있을 수밖에 없다. 이러한 상대적 지식관은 비록 이데올로기의 차원에서 심도 있게 거론되는 지식형성의 과정을 밝혀 놓고 있지만, 결국 지식의 상대성이라는 차원에서 본다면 포스트모던의 지식관이 형성되는 과정에서 현실적인 논리적 근거로 작용하였다고 할 수 있다.

2. 포스트모던의 지식관

2.1 탈환원주의 과학지식

일반적으로 지식은 과학(학문)의 결과로 탄생하는 것으로 간주된다. 특히 자연과학이 폭발적으로 번성하기 시작한 계몽주의 시대 이후 과학은 지식의 전당이다. 즉 객관적 지식은 과학적 지식과 동일시되며, 지식의 객관성이란 과학성과도 통한다. 한마디로, (최소한 계몽주의 이후) 과학이 곧 지식이며 과학적이 아니면 지식도 무용지물이 된다.

전통적인 데카르트와 뉴턴의 기계주의 과학관을 거부하면서 20세기 전반기를 통해서 급속히 성장했던 원자 물리학과 소립자 물리학은 현대이론과학의 패러다임을 전환시켜주는 결정적 계기였다. 이로부터 우리는 지식의 다양성과 유전성에 대해서 언급하기 시작했다. 그러나 이러한 과학관 역시 환원주의還元主義의 틀을 근본적으로 벗어날 수는 없었다. 즉 물질세계와 자연현상을 쪼개고 쪼개다 보면 물질의 근본으로 환원될 수 있는 근본을 발견할 수 있다. 아울러 모든 현상을 수학적으로 계산하는 것이 가능하다는 환원의 원리도 마찬가지였다. 물론 원자세계에 대한 이해와 내용 면에는 고전 물리학과 현대이론물리학은 크게 달랐으며, 이로써 가능했던 시대정신의 전환에서도 과학패러다임의 전환은 효과가 컸다. 즉 데모크리토스 이후 뉴턴까지 전개된 원자론에서 원자는 쪼갤 수 있는 최후의 입자였지만, 현대이론물리학에서 밝혀 놓은 원자는 오로지 '발생하려는 경향'일 뿐이다. 그럼에도 불구하고 두 영역의 과학에서 환원주의적 과학관에는 큰 변함이 없었다.

환원주의적 과학관은 20세기 초반 한동안 시대정신으로 군림해 왔다. 특히 빈Wien 학단의 논리실증주의 철학자였던 카르납Rudolf Carnap(1891~1970)은 1920년대에 의미 있는 경험적 모든 진술들과 과학 활동을 환원적으로 재구성한다면 "과학의 통일성"을 이룰 수 있을 것으로 장담하면서 『세계의 논리적 구축Der Logische Aufbau der Welt』이라는 저서를 집필했다. 그를 계승하는 노이라트Otto Neurath(1873~1956) 역시 일상언어와 물리언어를 구분하여 보편적인 물리학자의 프로토콜 언어를 일반화한다면, '통일과학'이 가능하다는 논리를 세웠다. 이로써 국제공용어로서 에스페란토어의 창조에 대한 이상이 보다 구체화된다. 역시 빈 학단의 철학적 모더니즘의 대표자였던 그로피우스Walter Adolph Grophius(1883~1969)는 바우하우스Bauhaus 운동을 통하여 불필요한 장식을 없애고 기본적인 기하학적 형태로 환원하였다. 그는 건축을 종합예술로 간주하고 모든 예술은 건축을 통하여 공간의 통일을 가능하게 할 수 있다는 환원주의 과학관을 가지고 있었다.

당시 논리실증주의와 바우하우스 운동은 시대정신으로 충분했다. 논리와 기초적 지각요소로부터 보편언어 및 보편지식을 얻어내려는 논리실증주의 철학자들과 기술과 예술을 건축에서 통합하고 기본적인 기하학적 형태와 색채로부터 이미지를 표현하려는 바우하우스 예술가들의 작업은 환원적 통합과학의 이상을 가지고 있었다.[8] 두 운동은 유럽을 벗어나 미국으로까지

---

[8] 카르납은 데사우의 바우하우스에서 "과학과 생활"이라는 제목으로 "통일과학"에 관한 강연을 해 달라는 초청을 수락하면서, 여기서 칸딘스키Wassily Kandinsky(1866~1944)를 처음 만나게 된다. 이들은 가장 기본적인 것으로부터 세계를 구성해 나간다고 하는 사실과 모든 현상은 이러한 기본적인 것은 환원될 수 있다는 원칙에 공감대를 가지고 있었다. 나치에게 쫓겨 미국으로 망명한 이들은 미국에서 뉴바우하우스 운동을 주도하고 통일과학에 대한 이론을 주도한 장본인들이 된다.

큰 영향력을 발휘하고 있었던 과학주의적이고 기계 중심적 이미지를 공유하고 있었으며, 자신들의 영역을 모더니즘적이고 포드주의적인 생산방식과 일치시키려고 했다(김영식·임경순, 2002: 396).

환원주의적 과학관에 대한 대표적인 비판은 수학자 괴델Kurt Gödel (1906~1978)로부터 시작되었다. 그는 1902년 비非유클리드기하학에 대한 공리적 기초를 확립하면서, 수학과 물리학을 비롯한 과학의 전 분야에서 확고한 공리적 기초를 마련하는 것이 가능하다고 본 힐베르트David Hilbert (1862~1943)를 계승하다가 오히려 그의 이론에 반기를 들었다(Weyl, 2000: 279). 1930년부터 괴델은 아무리 정교한 수학시스템이라도 그 자체로서 무모순적일 수 없다고 생각했다. 그는 소위 "괴델의 정리", 즉 "불완전성의 정리"를 주창함으로써, 확고한 공리시스템을 바탕으로 수학의 전체 영역을 엄밀하고 통일적으로 설명하려는 힐베르트 이후의 작업에 근본적인 차원의 제동을 걸었다(김영식·임경순, 2002: 394). 한마디로, 비록 수학적 공리일지라도 그것은 완벽하지 않으며 완전성의 조건을 충족할 수 없기 때문에 어떤 물리 현상도 공리시스템으로 환원될 수 없다.

> "수학적 논리는 단지 특정한 사람 또는 특정한 시대가 선택한 특유의 표현법에 지나지 않는다. 이 논리는 사회적인 문제들을 분석하는 데에는 자의적인 동시에 너무 닳고 닳은 방식이 되어 버렸다. 수학은 보편적인 것이 아니다."(이언 엥겔, 2001: 317~318)

이미 아인슈타인도 유클리드 기하학을 포기한 바 있다. 왜냐하면, 유클리드 기하학은 2차원 평면에서만 가능한 것이지, 입체를 비롯한 3차원 이상에서는 적용될 수 없기 때문이다. 예를 들어, 길이 1m짜리 막대기 4개로 평면 위에서는 정사각형을 제도할 수 있지만, 구球, 지구의 표면 위에서는 불가능하다. 따라서 엄밀히 말하면 표면이 둥근 지구 상에 사는 우리는 한쪽 길이 1m의 정사각형을 제도할 수 없다. 또한, 우리는 중력의 영향 때문에 엄밀한 의미에서 직선도 긋지 못한다.

한편, 객관적 지식을 과학성으로 이해하는 문제에 대한 반론 역시 과학적 방법론의 차원에서도 접근된다. 특히 계몽주의 이후 우리 사회에 만연된 과학만능주의 사고에 대하여 [과학＝객관]이라는 개념부터 재고해야 한다는 주장을 하고 나선 사람이 포퍼Karl Raimund Popper(1902~1994)이다. 즉 그는 합리성의 개념을 정초할 수 있는 과학 방법론으로 "반증주의反證主義"를 제시한다(윤평중, 1997: 15). 아울러 그는 과학과 지식이 아무리 정교하고 정확한 관찰과 실험을 통해 이루어진다고 해도 이러한 '제한된' 경험 영역을 토대로 과학성을 언급한다는 점에는 어폐가 있다고 주장한다. 한마디로, 제한된 관찰에서 아무리 지속적인 관찰을 반복한다고 해도 이는 보편적 관찰이라고 할 수 없다. 또한, 우리가 엄격한 실험을 통해 제아무리 많은 입증자료를 제시한다고 해도 여전히 확인되지 않는 또 다른 영역이 남아 있다. 이런 점에 착안하여 그는 과학에서 "입증 개념"을 사용하지 말고 "반증의 개념concept of falsification"을 사용할 것을 권한다. 지식이 과학적 지식인지 아니면 비과학적 지식인지 하는 것은 반증 가능성이 있느냐 없느냐에 따라 구분될 수 있다는 것이다(김영식・임경순, 2002: 397), 즉 입증되었다고 과학이라고 속단할 수 없으며, 입증되지 않았다고 비과학이라고 말할 수 없다. 심지어 지식의 (일시적) 객관성은 또 다른 객관성의 발견으로 인하여 과학성을 잃게 된다. 그만큼 과학적으로 밝혀내는 객관성도 항상 불안하고 불완전하기는 마찬가지이다. 물론 정도 차는 있을 수 있다.

그러나 상황변화를 촉발하는 다양한 매개변수의 개입으로 자연과학적 객관성도 여전히 보장되지 않는다. 이를테면, 전 같으면 5월이나 되어야 피어나는 목련꽃이 날로 달라지는 온실효과, 오존층파괴 등 수많은 매개변수의 개입으로 인하여 오늘날은 4월에 피어난다. 5월에 피는 목련꽃이 모든 실험에서 항상 반복적으로 입증되는 것이 아니다. 만약 목련이 4월에 피어나지 않는다는 반증이 없으면 목련은 4월에 피는 것이 맞다. 결국, 포퍼의 반증논리에 의하면 (과학적) 지식은 무수한 매개변수의 작용과 시행착오를 통해서 새롭게 얻어질 수 있다는 것이다.

"포퍼는 반증 가능성을 오히려 과학의 실패가 아닌 '가능성'으로 보았다.

과학은 언제나 반증 가능하기에 항상 진보될 수 있는 것이다. 포퍼는 과학이 진리를 확언할 수는 없지만, 항상 진리에 수렴해 가고 있다고 보았다. 따라서 포퍼에게 있어 과학은 가능한 것이어야만 하고, 그렇지 못한 이론들은 과학이 아니다. 포퍼는 반증에 의해 발전하는 과학을 '추측conjecture'과 '논박refutation'의 과정으로 요약했다. 과학은 인간이 경험하는 현상계의 경향들을 설명해 내기 위해 원리와 법칙을 추측한다. 하지만 그렇게 추측된 가설들은 귀납적으로 증명될 수 없기에 항상 잠정적으로만 진실이다. 왜냐하면, 경험세계는 언제든지 그 추측을 반증할 가능성을 갖고 있기 때문이다. 따라서 추측은 경험의 '논박'을 통해 폐기되거나 수정된다. 그리고 수정된 가설은 이전의 가설이 설명하지 못했던 현상들을 설명해 냄으로써 더욱 완벽하고 진실에 조금 더 가까운 가설이 된다. 과학은 '추측'과 '논박'의 반복이며, '논박' 가능함은 과학의 새로운 기준이다."(임정택, 2011: 45)

따라서 이제 과학적 객관성이란 항상 잠정적·일시적 (또는 잠재적) 객관으로만 존재할 뿐이다. 언제 새로운 객관적 지식이 발견되면, 지금까지의 지식은 객관성을 잃게 되어 과학지식이라는 반열에서 제외된다. 새로운 객관성은 잠재적 객관을 극복한다. 반대로 그것이 비과학적인 사실이고 잠재적 객관 지식일지라도 아직 반증이 나오지 않으면 과학성은 그대로 유지될 수 있는 것이다. 이를 달리 말하면, 모든 지식은 "조건의 지식"이 된다. 왜냐하면, 조건이 달라지면 지식(결과)도 달라지기 때문이다.[9]

결국, 1950년대까지 환원주의를 고수하던 카르납과 그의 추종세력들도 이러한 반증의 논리를 수용하면서 자신들의 입장을 바꾸기 시작했다. 물론 이들은 입증주의와 반증주의의 절충안을 내놓았다. 즉 이들은 엄격한 입증주의의 대신 "확률적 입증주의"의 입장을 취하게 된 것이다. 또한, 이들은 오로지 관찰에 집착하는 논리실증주의 경향에서 "논리경험주의"의 입장

---

[9] 한마디로 자연과학에서 실험은 조건이다. 실제로 어떠한 조건 하에서 실험하느냐에 따라서 결과는 달라진다. 이렇게 볼 때 주로 실험을 통해 얻어지는 자연과학의 지식은 모두 조건의 지식이라고 할 수 있다. 따라서 만약 자연과학의 실험실에서 나오는 지식이 절대진리가 되기 위해서는 모든 조건을 완전히 만족시킬 수 있는 실험조건이 주어져야 한다.

으로 선회한다. 이로써 지금까지 자신들이 믿고 있었던 "객관적 입증"이라는 과학성에 대한 타당성과 신뢰성은 금이 가게 되었다. 과학의 세계에서 종전의 불문율이었던 과학만능주의에 대한 믿음이 조금씩 와해되고 있었다. 그럼에도 불구하고 카르납과 논리실증주의를 고집하는 그의 후계자들은 "특수성에서 일반성으로의 논리 전개"를 기초 토대로 하는 통일과학에 대한 미련을 버리지 않았다.[10] 모든 것은 (과학) 지식의 중요한 속성으로 간주되는 일반성과 객관성에 대한 미련 때문이었다.

논리실증주의자들의 환원주의에 대한 진정한 거부는 콰인Willard van Orman Quine(1908~2000)에게서 가장 강하게 나타났다.[11] 그는 논리실증주의자들이 주장하는 경험론은 일종의 도그마에 불과하다고 평가 절하했다. 그는 관찰과 이론 간의 엄격한 구별이 불가능하다는 전제 하에서, 과학의 개념들은 그것이 경험적 사실을 나타내는 관찰용어와 연결됨으로써 의미를 가지는 것이 아니라고 주장했다. 이로써 콰인은 과학의 전체적인 이론적 틀 안에서 그 의미가 밝혀진다는 뒤엠Pierre Duhem의 '홀리즘Holism의 입장'[12]을 부활시

---

[10] 이미 현대이론물리학에서는 환원주의적 세계관을 견지하면서도 한편으로는 탈환원주의적 경향을 포괄하면서 발전해 왔다. 현대이론물리학의 궁극적 염원인 통일장이론은 복합시스템에 대한 과학적 이해를 전제하고 출발한다. 그러나 고체물리학자인 앤더슨Philip W. Anderson은 1972년 『사이언스Science』지에 "많은 것은 다르다"라는 기고문을 실으면서, 통일장이론도 여전히 환원주의적 입장을 띠고 있음을 지적한다. 여기서 그는 통일장이론이 성공하기 위해서는 환원주의적 과학관을 완전히 제거해야 한다고 일침을 놓고 있다.

[11] 콰인W. V. Quine(1908~2000)은 자신의 논문 "Two Dogmas of Empiricism"(1951)에서 논리실증주의를 공격했다. 그는 '동어반복과 반박tautologies and contradictions'이라는 명제를 통하여 분석적 진술과 종합적 진술 사이의 구별을 요청했다. 분석적 진술이란 그 속에 사용되고 있는 단어들의 의미의 기능이 진실이거나 거짓이다. 이를테면, 모든 총각은 미혼이다. 반면 종합적 진술은 사건의 지속적인 상태의 기능이 진실이거나 거짓이다. 다시 말하면, 단어의 의미 기능으로 본다면 총각과 미혼은 '결혼'이라는 사건의 지속상태 차원에서 볼 때에는 동어반복이다. 그러나 결혼이라는 사건과 무관하게 본다면 총각과 미혼을 동일시하는 것은 반박될 수 있다. 즉 전자는 사람을 칭하는 것이고 후자는 사건을 말하는 것이다. 둘은 전혀 무관할 수 있다.

[12] 특히 뒤엠은 비평형 열역학의 창시자로서 프리고진 학파, 하켄 학파 등에 의해 시작된 복잡시스템complex system의 행동에 관한 연구가 시작되면서 알려지게 된

컸다(김영식 · 임경순, 2002: 398). 즉 관찰과 이론은 전체Holism 속에서 구분되기 어렵다.

구체적으로 핸슨Norwood Russell Hanson은 관찰에 우위를 두는 환원주의적 입장에 대해서 관찰 그 자체도 이론 의존적이라는 비판을 가했다(김영식 · 임경순, 2002: 398). 즉 어떠한 관찰도 관찰자가 이미 가지고 있는 이론적 틀 속에서 서술된다. 따라서 관찰을 객관적으로 서술할 수 있는 소위 관찰 문장은 존재하지 않는다. 반드시 관찰자가 가지고 있는 이론 내에서 관찰은 이루어지고 기술될 수 있을 뿐이다. 이러한 관점은 비트겐슈타인Ludwig Wittenstein(1889~1951)의 후기 언어철학과도 맥을 같이 한다. 비트겐슈타인은 우리 인간들이 "언어의 유희language game" 속에 살고 있으며, 그들이 사용하는 언어는 모두 자기들의 경험적 한계에서 이루어진 이론적 틀 속에 갇혀 있다고 보았다. 이때문에 인간은 자기의 이론적 관점을 벗어날 수 없는 것이다.

이러한 반환원주의 관점들은 쿤Thomas S Kuhn의 패러다임[13] 전환paradigm shift 이론에 결정적인 단서를 제공했다. 쿤은 자신의 저서 『과학혁명의 구조The Structure of Scientific Revolution』(1962)에서 "번역불가능성incommensurability"의 개념으로 과학패러다임의 전환이 어떻게 이루어졌는가에 대한 의문을 풀어 준다. 즉 과학자가 사용하는 언어(지식)는 그의 "이론적 틀", 즉 "관점"에 맞추어 서술된 관찰 경험적 사실이기 때문에 과학자마다 의미하는 것이 똑같을 수 없다는 것이다. 이를테면, 과학자의 개인적 가치관 이외에도 당시의 사회제도, 종교관, 시대사조 등과 같은 과학 외적인 것이 그의 과학이론 형성에 영향을 미칠 수 있다는 것이다. 또한, 과학자들이 사용하는 개념이 언어적으로는 형식과

학자이다. 이들에 의해 시작된 홀리즘의 부활은 마치 맥스웰과 푸앙카레 등에 의해 카오스이론이 재발견되는 상황과도 엇물린다(Mainzer, 1997: 91). 복잡시스템 이론으로 다리를 놓는 카오스이론 역시 "전체는 부분의 합 이상"이라는 홀리즘 사고로의 접근이었다.

[13] 패러다임이란 어느 과학자사회 전체가 공유하는 이론, 법칙, 지식, 방법, 가치, 믿음, 심지어는 습관 같은 것을 통틀어서 지칭하는 개념을 말한다(김영식 · 임경순, 2002: 398).

모양이 같더라도 그것이 같은 개념일 수 없는 것이다. 즉 언어는 상징성을 가지고 있기 때문에 항상 다의미적多意味的이다. 따라서 서로 다른 과학자가 사용하는 같은 용어라고 할지라도 이를 똑같은 개념으로 번역한다는 것은 불가능한 일이 된다.

쿤은 처음에 아리스토텔레스의 과학이론(자연학)을 매우 유치한 이론으로 여겼다. 그럼에도 불구하고 근 2천 년 이상 과학사에서 아리스토텔레스가 매우 중요한 위치를 차지할 수 있었던 이유가 궁금했다. 바로 "번역불가능성" 때문이었다. 아리스토텔레스의 "자연학"[14]은 그만의 개념이었으며, 그러한 개념이 당시 많은 사람들과 많은 시간을 통해 오랜 시간 동안 공감대를 형성해 왔던 것이다.

마찬가지로 근대 과학과 현대과학 사이에는 '번역불가능성'의 문제가 숨어있다. 따라서 우리는 이제 하나의 사실에 대하여 무엇이 옳고 그르냐를 입·검증하려고 하기 이전에, 과연 우리는 무엇을 어떠한 언어로 번역할 수 있을까 하는 데에 초점을 맞출 수밖에 없게 된다. 한마디로 과학자들에게는 "연구자의 이론적 관점" 또는 "연구의 관점"이 중요한 문제가 된다. 우리는 연구의 관점이 없는 연구에다 결과를 기대할 수 없다. 또한, 과학성의 접근이라는 차원에서 연구의 관점은 궁극적으로 일반성을 획득하기 위한 전제조건이기도 하다. 물론 연구의 관점에는 연구의 제한점이 내포된다. 연구의 제한으로 우리는 모든 것을 동시적으로 다룰 수는 없다. 즉 이제 질문은 인간의 전체적 삶을 "일반성" 또는 "보편타당성"으로 이해하기 위한 "전제 조건"이 과연 무엇이어야 하는가에 쏠리게 되는 것이다.

결국 '조건'이 달라진다면 교과서의 지식도 달라질 수 있다. 왜냐하면, 교과서의 지식은 과학적 지식을 전제하고 있으며 과학적 지식은 조건의 지식이기 때문이다.[15] 그러나 모든 과학적 지식 역시 객관성의 차원에서 볼

---

[14] 아리스토텔레스의 "사회적 존재론" 역시 자연학적 귀결이었다. 즉 인간은 사회적이고 정치적인 본능(자연)의 충동에 의해 조정된다는 의미에서 아리스토텔레스의 "사회적 인간"은 자연학적이었다(Mainzer, 1997: 256).

[15] 물론 교과서의 내용 중에서 아직도 유효한 내용들이 얼마든지 있을 수 있다. 이는 여전히 입증되고 검증될 수 있는 절대진리이거나 아니면 아직도 반증이 없는 지

때에는 여전히 불안하고 가변적이다. 달리 말하면, 교과서의 지식도 영원한 정답으로 간주될 수는 없다. 그럼에도 불구하고 우리의 현행 교육은 교과서의 지식만을 정답으로 외우도록 강요하고 있는 셈이다.

2.2 탈경험주의 과학지식

쿤의 '번역불가능성' 개념에서는 서로 다른 두 개의 이론 시스템이 서로 완전하게 번역은 안 되지만, 그래도 부분적인 번역의 가능성, 즉 해석의 가능성은 허용되고 있다(김영식·임경순, 2002: 399). 그러나 파이어아벤트 Paul K. Feyerabend(1924~1994)에게서는 부분적인 번역조차도 불가능하다. 그는 "과학적 무정부주의"라는 표현을 쓰면서 과학 세계에는 어떤 법이나 제도도 없는 무정부국가와 같다고 하였다. 과학에서의 "탈脫경험주의post-empiricism"를 선언한 것이다(Feyerabend, 1975: 40). 그는 지금까지 우리 인간사에서 과학적 맥락을 주도했던 경험주의와 결별하면서 종전의 과학개념에 대해서도 완전히 돌아선다. 그는 법과 제도 그리고 규범에 순응하고 적응하는 과학적 기계주의보다 이론적 무정부주의를 대표하는 번역불가능한 과학의 세계가 훨씬 인간주의적이고 진보적이라고 한다. 그는 과학이 이제보다 '인간적으로' 될 필요가 있으며, 삶에 보다 충실해질 필요가 있다고 하였다. 또한, 이는 '반성적 사고'에 의해 가능하다는 주장도 빼놓지 않고 있다.

그에 의하면, 그동안 인간 - 기계시스템 주의의 발달에 한몫해 온 과학지상주의는 이제 반성해야 할 것이다(Feyerabend, 1975: 52). 즉 지금까지 과학지상주의를 창출해온 과학은 실제로 우리가 믿고 있는 것처럼 이상이나 진리를 향한 이론도 아니었으며, 그렇다고 절대적 진리(객관적 지식)를 내포하고 있는 것도 아니었다. 그것은 수많은 상호 양립이 불가능한 단일한 이론들, 서로 다른 동화 같은 이야기들, 개개의 신화들로 이루어져 있을 뿐이

식일 것이다. 또한, 교과서에서는 사실관계만을 확인시키는 경우도 있다. 이럴 경우 우리는 교과서의 지식을 신뢰할 수는 있을 것이다. 그럼에도 불구하고 이러한 절대지식들은 종교적 절대진리의 차원이 아닌 이상 언젠가는 반드시 다른 관점에서 다양하게 해석될 수 있다는 논리가 바로 포스트모던의 지식논리이다.

다(김영식 · 임경순, 2002: 400). 파이어아벤트는 바로 이점을 비판한다. 우리의 감각과 경험은 믿을 수 없을 정도로 주관적이며 자의적으로 해석되며, 이를 일반화하고 객관화할 수 있는 어떤 능력도 가지고 있지 않으며 아울러 이에 대한 어떤 정당한 근거도 확보할 수 없다.

결국, 우리는 그동안 과학만능주의 하에서 영원한 진리도 아니고 그렇다고 진정한 객관지식이 아닌 오로지 단편적 차원의 주관적 지식을 가지고 이를 숭상하면서 살아왔던 셈이다. 또한, 파이어아벤트와 쿤은 현재의 이론이 과거의 이론보다 더 과학적이라는 과학적 합리주의 보편성을 부정한다 (Glock, 2000: 274). 즉 과학은 결코 현실 세계의 유일한 진리가 아니며, 동일한 현실이라도 상이한 패러다임으로 설명될 수 있다(張波, 1994/ 유중하 외 옮김, 2000: 24). 특히 상이한 문화 속에서는 상이한 분류 방식과 상이한 시각에 의해 규정되기 때문에 그 개념을 그대로 옮겨다 사용할 수 없다(윗글). 따라서 탈경험주의로써 진정 우리에게 "해방적이고 개방적인 지식"을 얻을 수 있게 될 것이다. 그의 탈경험주의 과학에서는 다원주의와 무정부주의적 상대주의만이 가능하다. 물론 그는 탈경험주의의 토대 위에서 행해지는 해석 이론만을 가장 합리적인 과학 이론으로 간주한다. 쿤과 파이어아벤트의 이러한 탈경험주의적 과학관은 후에 리오타르Jean Francois Lyotard(1924~1998)를 비롯한 포스트모더니즘의 이론가들에게 영향을 미치게 된다.

그러나 갤리슨Peter Galison은 콰인, 헨슨, 쿤, 파이어아벤트의 탈경험주의를 포스트모던과 구별하며 탈경험주의 뿌리 역시 모더니즘의 과학관에 머물러 있다고 주장한다. 실제로 콰인은 관찰 자체는 경험의 내용, 방법, 범위, 방법 등에 따라 달라질 수 있지만 보다 높은 이론시스템은 수리물리학과 논리학에서 가능하다고 한 바 있다. 그는 수학과 논리를 통하여 과학적 통합 가능성을 시사했던 셈이다. 갤리슨은 콰인의 이러한 태도를 논리실증주의로의 회귀로 보고 포스트모던의 과학관과는 거리가 있음을 지적한다. 또한, 갤리슨은 쿤의 과학이론 발전과정에도 의문을 갖는다. 즉 쿤의 과학론은 "정상 과학正常科學"에서 "위기의 과학"으로 그리고 "혁명적 과학"에서 다시 "정상과학'으로의 복귀라는 보편적인 구조를 포함하고 있다. 바로 이러한 점에서 쿤은 카르납 이후 논리실증주의자들이 추구해 왔던 과학의 통일성을 지향하는 입장을 취하고 있다. 물리학의 세계에서도 아인슈타인 이후 통일과학의 꿈을 이루고자 하는 일련의 움직임은 계속되고 있다. 실제로 쿤의『과학혁명의 구조』는『통일과학 국제대백과사전』의 한 시리즈물로 출판되었다. 또한, 쿤 자신도 자신은 결코 상대주의자가 아니며 과학의 보편성에 대한 확실한 믿음을 가지고 있다고 역설한 바 있다. 한마디로 갤리슨은 쿤의 반反실증주의와 카르납의 논리실증주의를 같은 맥락에서 보았던 것이다. 즉 그는 과학에서 보편적인 구조, 즉 보편적 지식을 탐구한다는 원칙 하에서 양자가 객관성을 담보하고는 있지만, 비유클리드 기하학과 괴델의 불완전한 수학의 개념이 일반화되는 상황에서 객관성이 의심되고 있는 언어와 수학의 한계를 극복하지 못한 것으로 파악했다. 즉 카르납에게서는 관찰적 측면이 강조되었고, 쿤에게서는 이론적 측면이 강조되었을 뿐 이들은 모두 기본적으로는 빈 학단의 모더니즘 맥락을 벗어난 것이 아니었다는 주장이다.

그럼에도 불구하고 탈경험주의 과학은 특히 경험을 통한 실증적 사실주의(실증주의)로부터 보다 자유로워짐으로써 포스트모던의 과학으로 넘어가는 핵심적 가교 역할을 하는 것으로 이해될 수 있다. 왜냐하면, 포스트모던의 과학은 놀라운 변환과 새로운 실험, 과거 경험과의 급격한 단절로 특징지어지며, 끊임없이 스스로의 기반을 파괴함으로써 어떠한 기존 지식 체계와의 동일화도 거부함으로써 실증주의 근대 과학과는 반대의 입장에 서 있기 때문이다(윤평중, 1997: 244 참고). 이러한 의미에서 이들은 극단적으로 텍스트Text의 해체, 즉 탈정전脫正典을 주장하고 있다. 결국, 무엇인가에 제한될 수밖에 없는 또는 주관적일 수밖에 없는 감각과 경험에 의존하고 있는 지식은 결코 온전한 또는 객관적 지식일 수 없다는 논리이다.

그러나 세상은 자신들에게 유리한 지식을 모두 객관적 지식으로 착각하고 있다. 따라서 우리가 온전한 세상을 얻기 위해서는 이렇게 통용되는 지식의 세계를 해체시킬 수밖에 없는 것이다. 한마디로 마치 객관적으로 믿을 수 있을 것 같은 착각으로 시작되는 경험주의적 사고에 기반을 둔 자연과학적 사유로는 어떤 사실과 지식도 객관적으로 간주되지 않는다. 즉 우리의 – 주관적이며 자의적인 – 감각과 경험에서 비롯되는 객관적 자연과학이라는 말도 어불성설이며, 과학적 사실과 과학적 지식이라는 말도 성립되지 않는다. 이러한 지식들이 바로 포스트모던의 지식관에 의하면 우리의 교과서에 객관적 사실과 지식으로 둔갑하여 실려 있다. 그럼에도 불구하고 오늘날 우리의 교육현장에서는 교과서의 지식을 해체시키기는커녕 이를 그대로 전수시키는 것만을 유일한 교육적 사명으로 간주하고 있는 셈이다.

2.3 복잡시스템이론과 비선형적 복합지식

20세기 중후반부터 시작된 "복잡성과학complexity science"의 탄생은 우리의 과학관과 시대정신을 새로운 국면으로 몰아넣고 있다. 간단히 말해서 이 세상의 물질 구성과 자연현상은 어느 것 한 가지도 원인과 결과가 분명하지 않으며 모두가 복잡하게 얽히고설킨 순환 구조로 되어 있다는 말이다. 한 가지 단순한 사건이라도 그 배후에는 수많은 원인들이 서로 얽혀 있을 수 있다. 이것이 비선형 – 순환적 복잡시스템이론의 토대이다. 모든 사건과 사행 그리고 물체가 어디가 시작이고 어디가 끝인지도 모르는 소위 "뫼비우스의 띠Möbius" 속에 들어 있는 것이다.

복잡성 이론은 "카오스 이론"[16]에서 유래된다. 카오스가 "무질서의 질서"인 것처럼 복잡성도 겉으로는 복잡해 보이지만 내적으로는 분명한 질서를 가지고 있다. 예를 들어, 복잡성의 틀 속에서 생명의 출현은 우발적인 것이 아니고 '흩어지는 자기 조직'의 의미에서 필연적이고 합법적이다(Mainzer, 1997: 5: 79). 따라서 우리는 복잡성을 일차적으로 '비선형성non-lineality'으로 정의할 수 있다. 물론 이는 카오스와 자기조직화를 위한 필요조건이지만

---

[16] "카오스"라는 말은 메릴랜드 대학교의 제임스 요크 교수에 의해 처음 사용되었다 (제임스 글리크, 1987/ 박배식 · 성하원 옮김, 1993: 5). 제임스 글리크에 의하면, 오늘날 카오스 이론은 과학의 경계를 붕괴시키고 있다(제임스 글리크, 1987/ 박배식 · 성하원 옮김, 1993: 15).

충분조건은 아니다(Mainzer, 1997: 282)

　볼츠만Bolzmann과 모노드Jacques Monod의 주장처럼 생명출현의 조건은 우발적일 수 있다. 이미 현대이론물리학에서는 소립자 역학체계 속에서도 질서와 무질서를 번갈아 나타내는 도식을 수용하고 있다(Volkamer/ Streicher/ Walton, 1996: 111). 그런데 대부분의 현대과학자들은 무질서 속에서의 질서는 일반적으로 "패턴"(프랙털 기하학/ Benoit Mandelbrot)의 형태로 나타난다는 데에 공감하고 있다.[17] 카오스나 복잡성 속에 분명한 패턴이 질서정연히 존재하고 있다는 것이다. 한편 복잡시스템에서는 어떠한 결과도 하나의 원인으로 환원될 수 없다. 우리는 왜 몸 컨디션이 나쁘고 아랫배가 살살 아픈지를 하나의 원인으로 규명할 수 없으며, 주가가 왜 폭락하고 급등하는지에 대하여는 귀신도 모른다고 한다. 이렇게 복잡시스템이론은 환원주의 근대 과학과는 완전히 다른 구조에 서 있는 것이다. 따라서 복잡시스템이론은 서구 사고의 중심을 이루는 단순계 선형 사고의 유물인 존재론·본체론의 한계를 극복하는 새로운 지식체계가 된다.

　한마디로 복잡한 원인을 가진 하나의 사건은 한 가지 원인규명으로 환원될 수 없다. 우리가 이러한 사건의 전말을 알아내기 위해서는 우선 "복잡계", 즉 복잡시스템complex system에 대하여 이해해야 한다. 물론 복잡시스템을 이해하는 이유는 복잡하게 얽히고설켜 있는 원인의 실타래를 풀어 보기 위함이다. 즉 복잡시스템을 이해하지 못하면서 원인을 규명하기란 쉽지 않다. 이러한 복합성이론에 기반을 놓아준 학문은 시스템생태학으로 대표되는 시스템과학이었다.

　과거 19/20세기가 선형적 사고로 이루어지는 단일한 지식의 세기였다고 한다면, 오늘날 우리는 비선형적 사고로 가능한 "복합지식의 패러다임

---

[17] "프랙털fractal이라는 개념은 전체구조가 세부구조 속에서 반복되는 현상을 의미한다. 이 개념은 기하학자 베노이 만델브로가 프랙털 기하학을 시작한데서 비롯된다. 그는 생명의 창조적 무질서를 프랙털 기하학으로 풀어내고 있다. 그는 모든 사물의 세부구조 속에는 이미 전체의 모습이 들어 있다는 사실에 주목했다. 그가 발견한 '자기유사성'의 개념은 전체를 해석해 낼 수 있는 기반이 되었다."(이상오, 2004: 124)

paradigma von kollektivem Wissen" 속에 살고 있다고 할 수 있다(Volkamer/ Streicher/ Walton, 1996: 193). 따라서 객관 지식을 추구하는 과학도 이러한 복합지식의 차원에서 가능해진다(Volkamer/ Streicher/ Walton, 1996: 194). 원칙적으로 복합지식에 대한 객관성은 불가능하다. 왜냐하면, 복잡성 속에 서는 지식도 비선형적non-linear으로 주관과 객관이 복잡하게 혼합되어 있기 때문이다. 즉 A라는 지식이 생성된 이면을 선형적linear으로 추적할 수 있는 것이 아니다. 하나의 결과는 하나의 원인에 의해 결정되지 않는다. 수많은 원인들이 얽히고 수많은 다양성이 만들어 내는 결과로서의 지식의 뿌리는 쉽게 추적되지 않는다. 또한, 정확한 시작과 끝 그리고 원인과 결과를 알아 낼 수 없는 뫼비우스의 띠 안에 들어 있는 지식의 변전성을 우리는 객관적 으로 찾아낼 수 없다. 원인은 결과가 될 수 있으며, 결과가 또 다른 원인이 될 수 있다. 심지어 원인과 결과는 동시에 발생한다. 여기서는 관찰로부터 시작되는 전통적인 자연과학적 방법의 논리도 깨진다. 즉 객관적 지식을 창출해 내가 위해서는 반드시 관찰이 시작이 아니다. 또한, 관찰이 반드시 객관적이라고 할 수 있는 근거도 없다. 관찰은 얼마든지 주관적일 수 있으 며, 자연과학적 결과의 영향권 안에 들어 있을 수 있다. 모든 지식은 객관성 과 주관성을 분간해 낼 수 없을 뒤엉켜 있다. 우리는 이미 아인슈타인, 하이 젠베르크, 파인만 이후 시간과 공간이 주관 속에서 결정되는 시대를 맞으면 서 이미 지식 세계에서도 객관과 주관을 구분하는 일을 포기해 왔다. 대신 일반성das Allgemeine 또는 보편타당성Allgemeingültigkeit에 대한 염원과 전체성 Holon 또는 "전체 - 부분 간의 관계"에 대한 이해를 추구하고자 하는 욕망은 여전하다. 어쩌면 이는 "새로운 차원에서의" 객관성이라고 할 수 있다. 왜냐 하면, 인간은 객관적, 즉 일반적으로 보편타당한 지식을 습득함으로써 보다 안전하고 확실한 삶을 영위하고 싶은 욕망을 가지고 있기 때문이다. 과학은 항상 이러한 지식탐구라는 인간적 욕망에 보답하고자 한다.

결국, 오늘날과 같은 포스트모던의 세상에서는 어떤 지식이라도 과거의 개념으로서의, 즉 전통적 의미의 과학 세계에서의 '보편성'과 '객관성'은 보 장되지 않는다. 객관성이 보장되지 않는 지식을 우리는 어느 누구에게도 강요할 수 없다. 따라서 우리의 교과서에 선택된 문화로서의 객관성 또는 사실로서 기록된 지식들은 어느 누구에게도 일반성으로 강요될 수 없는 잠정적 지식으로서, 항구적으로 검토되고 성찰됨으로써 (진정한 의미의) 객관성 – 즉 새로운 복잡과학의 의미에서의 – 일반성 내지 보편타당성을 추구해야 하는 (임시적) 기준으로만 작용할 수밖에 없다.

02 구성주의 지식관의 탄생

1. 칸트의 '범주론': 피아제의 '스키마이론'의 뿌리

지식이란 매우 복잡한 것이어서 어떤 인간도 모든 것을 알 수는 없고, 심지어 상당 부분을 아는 것조차 불가능하다(찰스 반도렌/ 오창호 옮김, 1995: 245). 역사적으로 지식은 크게 데카르트의 인식론으로 대변되는 '객관주의Objectivism'[18], 즉 절대주의와 상대주의Relativism로 발전되어 왔다. 이것이 바로 전통적인 지식관이다. 그러나 지금까지 살펴본 것처럼, 객관주의와 상대주의 지식관 사이의 논쟁은 만족하게 종결되지 않았다. 전자는 언제 어디서나 누가 보아도 객관적 지식으로서 보편타당하여 결코 시공간적으로도 불변한 지식을 말하고, 후자는 자신이 생각하는 지식이 바로 지식이라는 주장이다.

21세기 포스트모던의 시대를 맞으면서 제3의 관점, 즉 지식의 '구성주의 Constructivism',[19] 즉 구성주의 지식관이 탄생한다.[20] 구성주의 지식관에서 지

---

[18] 이는 '표상주의'(조용기, 1999: 1)라고도 한다.

[19] 구성주의라는 용어는 Kelly(1955)의 작품에 처음 나오는 말인데, 이는 Piaget나 von Glasersfeld의 의미와 완전히 일치하지는 않는다(Steffe & Gale 편저, 1995/ 이명근 옮김, 2005: 49).

[20] 물론 '객관주의'는 '상대주의'와 오랫동안 이분법적 논쟁을 해 왔다. 이의 중심에는 객관주의 지식관을 대변하는 데카르트가 서 있다(최신일, 1999: 18). 따라서 엄밀히 말하면 지식은 객관주의, 상대주의 그리고 구성주의로 발전해 왔다고 하는 것이 맞다. 그러나 여기서는 지식의 상대주의는 생략한다. 왜냐하면, 객관주의/

식은 불변하는 것이 아니라 계속해서 새롭게 구성構成되고 재再구성되어 가는 속성을 가졌다고 보는 것이다. 따라서 구성주의 지식관은 상대주의 지식관과 혼동될 수 있다. 왜냐하면, 구성주의에서 지식은 상대주의에서처럼 주관적으로 구성된다는 전제를 가지고 있기 때문이다. 이를테면, 1970년대 들어와 구성주의는 지식이 인간의 경험세계로부터 '주관적으로' 구성된다는 새로운 인식론으로 등장하였다(이종일, 1999: 77). 그러나 엄밀히 말해서 구성주의 지식관에서 지식은 절대적이지도 않고 상대적이지도 않다. 반대로 구성주의 지식은 절대적일 수도 있고 상대적일 수도 있다. 즉 구성주의 지식은 계속해서 구성될 뿐이다. 이렇게 본다면, 구성주의 지식관은 제3의 새로운 지식관이다.

> "지식을 절대적인 것, 인식자와 분리된 것, 외적 실체와 일치하는 것으로 보는 전통적인 지식이론과는 다르게 구성주의는 사고하는 개인이 자신의 경험에 기초해서 나온 것을 구성한다는 가정에서 출발한다."(이명숙, 1999: 35)

한마디로 구성주의에서 지식은 절대적이든 상대적이든 결코 고정된 것이 아니라 계속해서 구성되고 재구성된다는 것이다. 또한, 전통적인 지식관을 대표하는 객관주의는 지식을 (이미 고정적으로 존재하는 것으로부터) 발견되는 것으로 보지만, 구성주의는 지식을 (경험적으로) 구성되는 것으로 본다(조용기, 1999: 4). 이렇게 본다면, '구성주의 지식관'은 객관주의 지식관에 대한 비판에서 비롯되었다고 할 수 있다. 즉 구성주의 지식관에서 분명한 것은 절대주의 지식관과는 완전히 대립하고 있다는 사실이다. 이러한 의미에서 일단 구성주의는 전통적인 절대주의 지식관에 대해서 비판적 입장에 서 있다고 할 수 있다.

상대주의의 이분법적 논쟁은 이미 본 글에서도 내용적으로는 꾸준히 전개되어 왔으며, 학문적으로는 특히 '해석학'에 의해 특히 가다머의 해석학에 의해 극복되는 역사를 가져 왔다. 그런데 구성주의 역시 이러한 객관주의/주관주의의 이분법적 지식논쟁을 불식시키는데 기여했다는 사실에서 해석학과 유사한 길을 걷고 있다고 할 수 있다.

"구성주의가 비판하고 있는 근대적 객관주의와 과학적 실증주의에서는 인간이라는 존재가 개입될 여지가 없다. 지식이나 진리 역시 인간을 위한 것임에도 불구하고 진리에 도달하기 위한 '방법'을 쫓아다니기에 급급한 인간이 아니라 그 인간이 주체가 되는 그리고 인간의 삶의 연관에서 형성된 의미를 해석하는 과정 속에서 어떤 보편성을 확보할 수 있는 인간 존재에 염두를 둔다는 것이다."(최신일, 1999: 33)

구성주의자들은 세상의 모든 것은 변화하는 것이며, 변화한다는 사실만이 불변하는 진리라는 주장을 추종하고 있다. 이렇게 본다면, 구성주의는 상대적 지식관과 유사한 편이다. 특히 포스트모던의 해체론자들은 객관주의지식은 '특정한 이데올로기'를 반영하기 때문에 극히 위험하고 편파적인 지식으로 간주한다(Sampson, 1978).

"구성주의 심리학의 출발은 지금으로부터 100여 년 전에 시작한 Piaget와 Vygotsky의 연구에 기초하며 현재까지 여러 학문에서 특히 심리학의 영역에서 다양한 이론적 확산과 교육적 상황에의 적용으로 발전되어 오고 있다. 1990년대 들어오면서 여러 가지 유형의 구성주의가 출현하고 있으며, 이들을 급진적 구성주의, 사회적 구성주의, 인지적 구성주의, 물리적 구성주의, 심리적 구성주의, 정보처리 구성주의 그리고 두뇌공학cybernetics 체제 등으로 이름 붙이고 있다."(이명숙, 1999: 39)

전통적인 지식관을 대표하는 객관주의 지식관은 고대그리스의 파르메니데스의 자연철학까지 거슬러 올라갈 수 있다. 그는 '존재란 불변하는 것'으로서 이에 대한 지식 역시 불변한다고 보았다. 이러한 파르메니데스에서 비롯된 존재론적 사유는 중세시대에는 '신존재'에 대한 물음에서 동일한 논리로서 반복되었다. 신의 존재는 불변한다. 따라서 신에 대한 지식 역시 불변한다. 이를테면 성경은 진리의 요람이며 성경의 지식은 객관주의 지식관에 의존하는 불변의 지식이다. 따라서 중세시대 미션스쿨mission school의 교육은 성경을 암송하고 교리문답의 방식으로 지식을 전수하였다. 왜냐하면, 성경의 지식은 불변하는 진리였기 때문이다.

그러나 성경 구절에 대한 주석과 해석이 중요해지기 시작하면서 급기야 교파教派가 갈라지고 중세 십자가 전쟁 등을 통하여 이교도와의 갈등과 대립이 불거지면서 마침내 '종교개혁宗敎改革, Protestant Reformation'이라는 역사상 중요한 사건이 터져난다. 이 모두는 똑같은 성경 구절을 두고 서로 이해와 해석이 달랐기 때문에 발생한 역사적 사건이었던 셈이다. 이미 언급한 것처럼 학문적으로 해석학이 요청될 수밖에 없는 이유이기도 하다. 성경은 하나다. 같은 성경 구절을 가지고도 이렇게 이해할 수도 있고 저렇게 해석할 수도 있다. 성경 구절에 대한 주석과 해석을 보면서 독자는 스스로 자신만의 지식을 구성하게 된다. 진정한 이해를 위함이었다. 이로부터 '구성주의 지식관'이 자라나기 시작한 셈이다.[21] 즉 주석과 해석에 따라서 지식은 독자에게 새롭게 구성되고 재구성되는 것이다.

오늘날 우리는 구성주의 지식관을 언급할 때 심리학자 피아제를 끌어온다. 피아제는 만년에 '루소연구소장'을 역임했다. 왜냐하면, 그는 루소 Jean-Jacques Rousseau 연구자였기 때문이다. 그러나 그가 정말 더 오랫동안 연구한 사람은 독일의 철학자 칸트였다. 왜냐하면, 루소가 너무 난해했기 때문이며, 아울러 칸트가 루소 사상의 계승자라고 생각했기 때문이다. 그럼에도 불구하고 그는 루소연구소장으로서의 직책을 수행할 때 가장 자부심을 가졌다고 한다. 왜냐하면, 그는 루소를 잘 이해하지는 못했지만 가장 흠모했던 사람이었기 때문이다. 그러나 피아제에게 결정적인 영향을 미친 사람은 바로 칸트였다. 간단히 말하면, 피아제의 스키마이론Schema Theory은 칸트의 범주론範疇論, Kathegorie Theorie에서 힌트를 얻어 완성된 이론이다.[22] 다만 전자는 '심리학적 접근'이고 후자는 '철학이론'이다. 왜냐하면, 스키너는 심리학자이고 칸트는 철학자였기 때문이다.

---

21 이미 위에서 언급한 것처럼 '일반 해석학'의 창시자인 슐라이어마허의 해석학은 오늘날 구성주의 지식관의 뿌리라고 할 수 있다.

22 von Glasersfeld의 논문 "Steeps in Construction of 'Others' and 'Reality'"(1986)에서도 이런 유추를 하고 있다.

"이 (지식구성의) 모형은 Kant의 『순수이성비판』(1781) 초판의 한 구절에 기초한 것이다. Kant는 오로지 우리 자신의 주체성을 다른 실체에 귀속시킴으로써 다른 주체에 대해 생각할 수 있다고 주장한다… 우리는 우리 자신의 요소로부터 '타인'을 구성하고, 이 타인은 우리 자신에 대해 이미지에 기여한다."(Steffe & Gale, 1995/ 이명근 옮김, 2005: 31~32)

그렇다면 구체적으로 어떻게 된 것인가? 칸트는 12범주론을 토대로 우리의 사고구조를 밝히려고 했다. 즉 인간의 사고방식은 12가지 법칙 이외에는 없다는 것이다. 다시 말하면 12범주를 벗어나서 사고하는 것은 아무 의미가 없으며 이는 결코 사고로도 이어지지 않는다는 것이다. 따라서 범주範疇는 인간으로 하여금 사고할 수 있도록 하는 선천적인 종합판단능력인 오성의 '선천적 형식'이다. 이러한 선천적 형식을 통하여 우리는 비로소 사고한다. 이것이 바로 칸트 인식론의 핵심이다.

전통적 인식론의 의하면, 인간의 인식은 전통적 인식론이 인식의 대상과 인식의 주체를 갈라놓고 인간이 '대상object'을 인식하면서 무엇인가를 안다. 즉 지식을 획득한다. 데카르트의 인식론이 대표적이다. 그러나 칸트의 인식론은 '판단判斷'에서부터 시작한다. 왜냐하면, 인간의 인식능력은 유한하기 때문에 인간은 결국 인식한다고 해도 선천적 유한성으로 아무것도 제대로 알 수 없다는 것이다. 이러한 이유로 칸트는 우리가 '물 자체物自體, Ding an Sich'는 알 수 없다고 선언한다. 현상만이 알려질 뿐이다. 이를테면 우리는 빨간색을 볼 수는 있지만, 빨간색이라는 물 자체는 모른다. 결국, 인간의 인식 능력이 대상에 준거해야 한다면, 우리는 아무것도 알 수 없다. 그러나 반대로 우리의 인식 능력에 대상이 준거해야 한다면, 모든 것은 알 수 있다. 즉 우리는 대상을 있는 그대로 받아들이는 것이 아니라, 인간의 인식 능력이 수용하는 대로 받아들인다. 이것이 칸트인식론의 '코페르니쿠스적 전회'[23]이다. 한마디로 인간은 인식능력에 의해서 인식하는 것이 아니라, 선천

---

[23] 전통적으로 형이상학은 우선 대상이 있고 인간은 그것에 맞추어야 한다고 생각했다. 그러나 칸트는 정반대로 생각했다. 즉 인간의 인식 능력에 대상이 맞춰져야 한다. 즉 물자체가 있고, 그것의 현상을 인간은 인간 자신의 인식 능력이 허락하는

적 판단만이 온전한 인식을 가능하게 한다.

칸트에게 판단은 '분석판단分析判斷' 과 '종합판단'으로 나뉜다. 분석판단에는 술어의 내용이 주어에 포함되어 있지만, 종합판단에는 술어의 내용이 주어에 포함되어 있지 않다. 따라서 전자에서는 지식의 확장이 불가능하지만, 후자에게서는 지식의 확장이 가능하다. 또한, 분석판단에서는 참眞은 확실하지만, 종합판단에서는 '참'을 확인할 수는 없다. 따라서 종합판단이 학學으로 성립되려면, 이것이 '참'이라는 것을 입증해야 한다. 그것이 시공간, 즉 범주이다. 범주는 선험적a priori이다. 즉 경험을 통해서 범주가 도출되는 것이 아니라, 시공간 속에서 범주는 경험 이전에 선천적으로 주어진다. 따라서 인식에 있어서 선험적이고 판단에 있어서 종합적이면 학學이 성립될 수 있다. 이것이 바로 '선험적 종합판단'이다.

칸트의 <순수이성비판>은 과연 인간에게 '선험적 종합판단'이 가능한가에 대해서 묻는다. 칸트는 전통적인 인식론적 대립인 '경험론'과 '합리론'을 종합한 것으로 유명하다. 다시 말하면 인간은 지식을 획득하는 데 있어서 감각경험 내지 감성에 의한 방식과 이성을 통한 인식으로 양분되어 왔다. 그러나 칸트에게는 제대로 된 인식을 위해서는 모두 다 필요하다.

칸트는 이성을 (좁은 의미의) 이성과 오성Verstand, Understanding으로 구분했다. 여기서 이성은 감각경험과 무관하게 사고하는 능력을 말하며, 오성은 감각경험이 받아들인 것을 판단하는 능력을 말한다. 칸트는 '내용 없는 사고는 공허하며, 개념 없는 직관은 맹목이다'라는 유명한 말을 남겼다. 여기서 내용은 감각경험의 영역이고, 사고는 오성을 말하며, 개념은 오성에 의해 파악된다. 그리고 직관은 감각경험에서 비롯된다. 결국, 사물을 인식하기

범위 내에서 받아들인다. 따라서 온전한 인식을 위해서는 판단 기준이 되는 오성의 범주가 선험적으로 주어져야 한다. 이는 코페르니쿠스가 지동설을 주장하면서 종전의 천동설(프톨레마이오스 II)을 뒤집은 사건에 비유된다. 당시 코페르니쿠스의 관찰에 의하면 천동설로는 금성 등 일부 혹성의 이동 경로가 잘 들어맞지 않았다. 따라서 만약 지구가 돈다고 가정한다면, 어떻게 될까? 그랬더니 놀랍게도 혹성의 이동경로가 꼭 들어맞았던 것이다. 인류 최대의 역발상 사고의 시작이었다. 칸트의 인식론 역시 이러한 역발상사고, 즉 '코페르니쿠스의 전회'에 의해 도출된 결과라고 할 수 있다.

위해서는 감각경험과 오성의 능력이 모두 필요하다. 왜냐하면, 칸트는 인간의 이성에도 한계가 있다고 보았기 때문이다. 따라서 그는 "이성을 이성 스스로가 재판관이 되는 법정에 세워야 한다."고 주장한 것이다. 사실 칸트는 흄의 "An Enquiry concerning the Human Understanding"의 독일어 번역본을 보고 "독단의 잠에서 깨어났다."는 말을 한 적이 있는데, 이는 인간의 이성만으로는 제대로 된 판단이 어렵다는 이야기이다.

결국, 오성에 의한 판단능력이 발휘되기 위해서는 선험적인 종합판단을 가능하게 하는 '선험적 틀'이 요청되는 것이다. 여기서 선험적 틀이란 구체적으로 감각경험에 있어서는 '시공간'에 해당되고, 오성에 있어서는 '12범주'가 되는 것이다. 12범주는 성질(실재성, 부정성, 제한성), 양(단일성, 다수성, 총체성), 양태(가능성, 현실성, 필연성, 우연성), 관계(실체와 부속성, 원인과 결과, 상호작용)이다. 여기서 감각경험이 일어나는 시공간이나 종합판단이 일어나는 12범주는 인간이 임의적으로 선택할 수 있는 것이 아니다. 예를 들어 우리는 형태를 고려하지 않고는 사물을 알 수는 없다. 결국, 우리는 '참을 보장해주는' 선험적 틀을 가지고 지식을 확장해 주는 종합 판단을 한다면 이로써 학學이 성립된다.

바로 이러한 칸트의 범주론 논리에 착안하여 피아제는 인간의 마음속 심리도 이렇게 이루어지면서 지식을 얻게 된다고 추론하게 된다. Piaget는 인간의 경험과 지식의 변화는 뇌의 인지구조cognitive structure의 변화로 일치된다고 생각했다. 그리고 사람들은 사물과 상호작용하기 위해서 사물에 대한 '마음의 모델mental model'을 먼저 구축한다. 이러한 마음의 모델이 인지구조에 의해 이루어지는데, 그것을 피아제는 '스키마schema'라고 명명했다. '스키마圖式'란 지각하는 사람으로 하여금 어떤 유형의 정보를 선택적으로 수용하여 보게 하는 일종의 행위를 통제하는 도식을 말한다. 따라서 사람들은 스키마에 새겨진 자신이 알고 있는 것만을 볼 수 있을 뿐이다. 따라서 스키마는 무엇이 지각되어야 할지를 결정하고 통제하여 환경에 대한 개인의 경험을 구축하는 기능을 한다. 즉 각 개인마다 스키마의 인지구조는 서로 다르다. 따라서 우리는 같은 사물이라도 서로 다르게 경험하고 이해하는 것이다. 물론 동일한 문화권과 동일한 사회화과정을 겪은 사람들에게 스키마구조는 비슷할 것이다. 이는 공감대를 형성할 수 있는 이유이기도 하다. 즉 스키마는 사적 구조에 해당되지만, 불변하는 고정된 구조는 아니다. 다시 말하면 매 순간 감각경험에 따라서 스키마의 구조는 계속 흔들리면서 상 image을 만들었다가 수정하면서 계속해서 공감을 향해서 새로운 상을 만들어 간다.

우리는 아주 멀리 서 있는 간판을 보면서 "이게 볼펜인지, 아니면 연필인지", "저게 극장인가, DVD 영화관인가"를 확인해 가듯, '이것이 맞는 것인가, 아닌가'를 계속해서 반추하면서 우리의 사고를 다듬어 간다. 또한, 스키마에 의해서 지각이 계속적으로 변경되면서 새로운 경험을 창출하게 된다. 결국 "이다, 아니다"의 반복과정과 수정과정 속에서 처음에 어렴풋하던 상이 점차 뚜렷해지면서 우리는 진정한 인식에 도달하게 된다. 피아제가 제시한 스키마이론의 핵심인 "동화同化, assimilation와 조절調節, accommodation"의 논리가 바로 그것이다. 동화란 자기의 인지구조에 따라서 환경에 반응하는 과정이다. 즉 처음 우리가 사물을 대할 때 일단 우리의 인지작용은 이전의 상과 동화를 시켜보려고 애를 쓴다. 다시 말하면, 이전에 이미 확립된 도식 schema 또는 인지구조의 틀에 의거하여 현재의 대상이나 사건을 인식하는 과정인데, 이는 도식의 성장에도 영향을 미친다. 물론 이럴 경우에는 도식의 틀을 완전히 벗어나지 않고 오로지 양적인 성장만 이루어진다.

그러나 우리의 인지능력은 무엇인가를 지각하는 순간 "아, 이게 아닌가?"라는 의문이 들면, 즉 지금 들어 온 상이 아무리 해도 동화가 되지 않을 때에는 스스로 스키마를 바꿈으로써 조절을 하고자 한다. 이러한 의미에서 피아제의 구성주의를 '내적으로 자기조직적 구성주의internally self-organizing'라고 한다(Steffe & Gale 편저, 1995/ 이명근 옮김, 2005: 315). 즉 자신이 가진 기존의 도식이나 인지구조가 새로운 대상이나 사건을 동화하는데 적합하지 않을 때에는, 그 새로운 대상에 맞도록 이미 가지고 있는 도식이나 구조를 바꾸어 나간다. 따라서 동화는 기존 도식을 사용함으로써 양적 변화를, 조절은 새로운 어떤 것이 필요할 때 그들의 도식을 수정하고 첨가함으로써 질적 변화를 담당함으로써 마침내 상보적인 관계를 유지하여 환경에 적응하게 된다. 이를 '평형화'라고 한다. 이는 동화와 조절의 통합과정을 말하는 것으로 환경에서 들어온 정보와 인지적 도식 간의 정신적 균형을 추구함으로써 사물을 인식하게 된다. 결국, 우리는 동화와 조절을 반복하면서 상을 자꾸 번복하면서 새로운 상을 만들어 가게 된다. 바로 이러한 과정에서 지식은 계속해서 구성되고 재구성되는 셈이다. 한마디로 우리의 지식은 동화와 조절의 과정을 통해서 구성된다(조용기, 1999: 1).

"Piaget는 기본적으로 (Lévi-strauss의) '구조주의構造主義'의 기본적 가정과 방법론을 수용해서 인간 인식에 대한 연구를 수행하여 인간인지의 보편적 구조를 확인하고자 하였다. Piaget는 다양한 관찰로부터 인간인지의 보편성을 확인하였는데, 그에 따르면 인간 인식은 인지에 있어서 형식성에 있어서 질적으로 차이가 있는 4종류의 인지구조를 지니며, 각 인지구조는 인간인지를 특징적으로 나타내기에 충분한 개념들이다. 이 인지구조는 대체로 연령의 증가와 더불어 순서적으로 나타나며 역행하지 않는다. 상위의 인지구조는 인지에 있어서 형식성이 증가된 상태이기 때문에 인지의 형식성이 낮은 하위의 인지구조를 포괄한다. 형식성이 낮은 하위의 인지구조에서 형식성이 증가한 상위의 인지구조로 변화되는 것을 발달이라고 하는데, 이것은 형식성이 보다 보편화된 상태이기 때문에 형식성이 낮은 단계로 퇴행되지 않게 된다. 이 점은 모든 인간에게 보편성을 지니는 구조가 된다. 그러나 개인에게 있어서 발달의 정도는 상이하다. 그러면 무엇이 개인의 발달을 결정하게 되는가? 이에 관련된 개념이 평형화, 동화, 조절의 개념이다. 인식 주체가 가지고 있는 개념구조인 인지 도식은 새로운 지각에 대해 동화와 조절의 두 가지 기재를 가진다. 즉 기존의 도식과 동질적 개념이 지각되면 기존의 도식에 새로운 지각이 포함되어 기존의 도식을 강화하거나 동질적 개념이 증가하는 것을 동화라고 한다. 동화는 기존 도식을 강화하는 것을 의미한다. 그러나 새로운 지각이 기존의 도식과 동질적이지 않은 것은 조절이라는 기제를 거치게 된다. 새로운 지각이 기존의 도식으로 이해가 되지 않는다는 것은 기존의 도식이 새로운 지각에 비해 형식성이 부족하여 새로운 지각을 기존의 인지구조에 포섭할 수 없다는 것을 의미한다…. 따라서 이해되지 않는 새로운 지각을 이해하기 위해서는 기존의 도식은 보다 보편화된 형식성을 지닌 인지구조로 발달해야 하는데 이를 조절이라고 한다. 인지 발달과정에서 동화와 조절은 순차적 성격을 지니는 것이 아니라 동시적 기제이다. (한편) 새로운 지각과 기존의 인지 구조 사이의 인지 비평형이 인지 발달의 원인이 된다. 인지적 비평형은 도식과 지각 사이의 모순이라고 할 수 있는데, 이와 같은 모순의 증가가 인지구조의 질적 비약을 야기하기 때문에 변증법적이라고 할 수 있다. 인식 대상에 대한 인식 주체의 능동적 분화와 통합을 통해 인식의 형식성은 증가된다. 이렇게 인식 주체의 인식의 형식성이 증가하여 인식 대상과 일치를 할 때 비로소 인지 평형화가 이루어진다. 그러므로 Piaget에 있어서 인지 발달은 인지 비평형과 평형 사이의 반복적인 과정이며, 논리적 조작을 통해 사물을 인지할 수 있는 형식적 조작기에 와서 완성된다."(이종원, 1999: 69~70)

그런데 여기서 우리가 주목해야 할 점은 스키마란 선험적이며 선천적이라는 사실이다. 다시 말하면, 왜 우리가 그렇게 인식하는 것이며 인식과정에 왜 그렇게 이루어지는가에 대해서는 아무도 모른다. 그것이 바로 '개념적 범주'인데, 이것이 선천적이며 천부적이라는 사실이다.

"Kant가 그랬듯이, 누구도 인과율이나 수 개념을 관찰할 수는 없다. 오히려 개념이란 우리가 어떤 사건에 속성을 부여할 수 있도록 우리에게 익숙해져 있어야 한다. 다시 말해서 이 세상의 어느 것도 특정한 개념적 범주를 만들어 내는 것은 없다. 어떤 관찰에서 개념적 결론을 끌어내리면 일련의 범주가 필요하다."(Steffe & Gale 편저, 1995/ 이명근 옮김, 2005: 41~42)

우리는 이미 주어진, 즉 선험적이고 선천적으로 부여되어 있는 개념적 범주인 스키마의 능력 때문에 사물을 점점 더 정확하게 인지하게 되는 것이다. 이로써 인지심리학의 기초가 이루어진다.[24] 아울러 이러한 인지심리학의 원리에 따라서 우리에게 인식되는 지식은 계속해서 구성되고 재구성되는 셈이다. 구성주의 지식관의 탄생이다.

---

[24] 결국, 피아제의 인지심리학은 칸트의 선험철학에 뿌리를 두고 있다.

2. 탈인식론으로서의 구성주의

주지하는 대로, 구성주의constructivism의 지식관의 입장에서 지식은 구성의 실행을 통하여 계속 생성된다. 반대로 객관주의objectivism에서는 지식이란 '객관적으로 평가된 진리'로 간주된다. 객관주의는 지식의 대상object에 직접 관여하는 반면, 구성주의는 '지식의 생성 방식'에 주목한다. 즉 객관주의에서의 지식은 항구 불변하지만, 구성주의에서의 지식은 상황situation과 맥락context 속에서 생성된다. 즉 구성주의에서는 상황과 맥락을 무시하고는 지식을 언급할 수 없다. 따라서 구성주의에서 지식의 조건은 '상황과 맥락'이다. 또한, 관계relation와 상호작용interaction 역시 구성주의에서는 중요한 지식생성의 조건이다. 마지막으로 객관주의는 진리와 전통적 지식의 객관성에 크게 의존하고 있으며, 구성주의는 지식의 상호주관성inter-subjectivity과 생존가능성viability에 의존하고 있다. 이렇게 본다면, 구성주의는 지식과 진리 추구에서 새로운 패러다임을 목표한다. 왜냐하면, 우리의 지식관에는 이미 오래전부터 객관주의가 지배하고 있기 때문이다.

구성주의는 크게 '개인적 구성주의'와 '사회적 구성주의'로 구분된다. '개인적 구성주의'를 대표하는 사람은 피아제(1896~1980)이다. 피아제의 개인적 구성주의를 옹호하는 '피아제 학파'는 '지식의 객관성'을 언급하지는 않지만 그렇다고 부정하는 것도 아니다. 즉 개인적 구성주의에서는 지식의 구성은 인식주체인 개인이 주도하기에 주관적이고 상대적인 성향을 배제할 수 없지만, 환경과의 상호작용을 통하여 지식의 객관성은 얼마든지 정당화될 수 있다는 입장이다. 그러나 비고츠키Lev Vygotsky(1896~1934)를 중심으로 하는 사회적 구성주의자들에게 지식은 상호교섭, 즉 상호작용interaction을 통해서 늘 새롭게 구성되는 속성을 가진다. 지식은 이미 고정적으로 존재하는 것이 아니라 늘 새롭게 변화되는 것이다. 이런 면에서 본다면, 개인적 구성주의보다 사회적 구성주의는 보다 더 지식의 상대주의 내지 주관적 지식관을 주장하는 것처럼 보인다. 그러나 양자 모두 지식의 절대주의나 지식의 상대주의 (또는 주관적 지식관)를 긍정하는 것도 아니며 그렇다고 이를 부정하는 것도 아니다. 즉 양자는 모두 지식의 절대성과 상대성을 이분법적 도식으로 설명하지 않는다. 다시 말하면 지식의 생성과 (재)구성은 변화를 근거로 하는 '변증법적 과정'을 통하여 마침내 지식이 '객관화'되는 과정을 밝혀낼 수 있을 뿐이다. 특히 사회적 구성주의에서는 설령 그것이 '절대지식'을 향해 움직인다고 해도 별 상관은 없지만, 중요한 것은 지식의 발생과정은 다분히 (재)구성적인데, 이는 변증법적 과정에서 이루어지는 지식의 탄생과 결코 다르지 않다.

한편, 구성주의의 관점들은 다분히 '실용적'이다. 이러한 차원에서는 경험주의와 유사하다. 이미 오래전에 비코Giambatista Vico(1668~1744)는 "진리의 규범은 우리가 그렇게 만들어 왔을 뿐"이라고 주장한다. 이러한 지식관은 처음 '사회학'에서 '사회적 구조주의social constructionism'의 범주로 사용되다가, '철학적 인식론'으로 도입되면서 구성주의constructivism라는 명칭을 얻게 되었다. 이때부터 학문적으로 '구조주의'와 '구성주의'는 종종 같은 개념으로 혼동되기도 한다. 왜냐하면, '구조structure'는 그것이 사전형성적, 즉 선천적이든 아니면 상황적응적이든 그것은 '변증법적 과정'을 통하여 새롭게 '구성construction'되기 때문이다. 이러한 의미에서 푸코Michel Foucault는 '구조 없는 구조주의'를 주장한다(장 피아제 외, 1979/ 김태수 엮음, 1990: 130). 결국, 양자는 '지식은 계속 만들어지고 (새롭게) 구성되는 것'이라는 사실에 공감대를 형성한다.

> "인간은 세계를 변형시킴으로써 자신을 변화시킬 수 있고 구조를 구성함으로써 스스스로를 구조화시킬 수 있으며, 이러한 구조는 그 자신의 구조인데, 이는 그 구조가 내부로부터나 외부로부터 영구적으로 예정되어 있지 않다."(장 피아제 외, 1979/ 김태수 엮음, 1990: 116)

한편, 전통적 인식론에서 지식은 객관주의의 입장을 취하는 반면, 탈新인식론에서 지식은 구성주의의 입장을 취한다. 교육철학자 나딩스Nel Noddings는 자신의 저서 『Constructivist Views on the Teaching and Learning of Mathematics』(1990)에서 인식을 통해 획득되는 지식은 결국 지식이 구성되는 것이라고 주장하면서 지식의 구성주의를 '후後인식론' 또는 '탈脫인식론 postepistmology'으로 명명했다. 즉 객관주의 지식관을 야기한 전통적인 인식론에 대한 의심과 반발은 신新인식론으로서의 후인식론 내지 탈인식론을 등장하게 했다.

인식론은 지식이론이다. 따라서 신新인식론 역시 지식이론이다. 다만 전통적 인식론은 지식이란 객관적으로 정립될 때 지식으로서 가능하기 때문에 객관주의의 관점에 따라 지식이 탄생하고 획득된다고 본다.

> "(전통적인) 인식론자들이 오랫동안 해명할 수 없었던 문제는 어떻게 외부세계가 인간의 내부세계에 반영되는가 혹은 어떻게 주관성이 소위 객관적 세계의 본질을 기록할 수 있는가 하는 점이었다. 예를 들면, 주관성을 인정하고 들어간다고 할 때, 우리가 주관성과는 별개의 외부세계를 결코 직면할 수 없다면, 어떻게 주관성이 객관세계와 연결되는지를 확인할 수 있을까? 우리가 사적 경험의 세계에 살고 있다면 어떤 근거에서 이것과는 다른 외부세계가 있다고 가정할 수 있을까?"(Steffe & Gale 편저, 1995/ 이명근 옮김, 2005: 41)

그러나 신인식론, 즉 탈인식론에서 지식은 시간의 흐름 속에서 부담 없이 새롭게 형성되고 구성된다는 관점이다. 따라서 탈인식론post-epistemology은 구성주의 지식관을 가능하게 한다.

> "구성주의는 전통적 서양철학의 지식이론에 대한 강한 불만으로 말미암아 Piaget(물론 18세기 초반 구성주의의 개척자라고 할 수 있는 Giambattisa Vico)에서 비롯되었다. 기본적으로 전통 철학의 인식론적 개념은 지난 2,500년간 변하지 않았으며, 이러한 개념이 주도해 온 역설은 결코 해결된 적이 없다. 이러한 전통에서 지식은 현존하는 개별 인식주체와는 독립적인 실제 세계를 나타내며, 이 지식이 독립적인 실제 세계를 정확히 반영할 때에만 참으로 간주된다."(Steffe & Gale 편저, 1995/ 이명근 옮김, 2005: 23)

구성주의constructivism는 그라저스펠드von Graserfeld 또는 피아제로 대표되는 급진적 구성주의radical constructivism[25]와 비고츠키Lev Vygotsky(1896~1934)로 대표되는 사회적 구성주의social constructivism로 구분된다. 전자는 개인이 환경과의 반응 그리고 조절을 통하여 지식을 구성하는 과정을 설명하고 있으며, 후자는 인간과 인간 간의 상호작용 속에서 지식이 구성되는 과정을 설명하고 있다.

"지식의 성질에 대한 구성주의 논의는 18세기 Berkely와 Vico에 의해 시작되었으며, 이들은 일상생활에서 수용되는 상식에 대항하는 그리고 당시의 지적 풍토를 지배했던 물리학자들의 연구에 의해 대표되는 지식이론에 반대하는 입장을 취한다. 즉 전통적인 인식론의 전제에 대한 '알고 행하는 것'의 구성적 활동에 관심을 모은 것이다. 그들의 주요 관심은 사람, 인식자, 그리고 '아는 것'과 '행하는 것'의 관계에 있으며 이들은 서로 동떨어진 것이 아니라는 것이다. Glasersfeld는 이러한 사고의 학파를 '급진적 구성주의'라고 불렀다… '급진적'이라는 것은 지식이 객관적으로 존재하는 실체를 반영하지 않는다는 입장에서 비인습적이지 않은 방식으로 지식을 규정하기 때문이다. 진리나 실체는 인식자와 동떨어진 것이 아니라 바로 인식자에 의해 구성되며, 인식 주체가 지식 구성의 과정에서 능동적인 입장을 취한다Piaget. 다시 말해서 지식은 실체의 직접적 반영reflection이 아니며 순수한 관찰에 의해 형성되는 것도 아니다… Glasersfeld의 급진적 구성주의에 반해서 사회적 구성주의는 더욱 구미에 맞는 철학의 형태로 부각되었다. 사회적 구성주의는 개인과 사회 사이의 상호작용적 관계의 맥락에서 강조점을 개인에서부터 사회로 옮긴다. 사회적 구성주의는 지식은 각 인식자의 사회, 문화, 언어, 집단에 따라 상대적인 것으로 인식한다. 따라서 이들의 주장에 따르면 주관성subjectivity은 바로 간인간적인 특성을 지니게 된다."(이명숙, 1999: 39~40)

특히 '구성주의 인식론'의 선구자라고 할 수 있는 비코Giambatista Vico(1668~1744)는 자신의 저서 『새로운 과학Scienza Nuova』 인간은 불확실한 상태를 접하면 인간 스스로 만물의 척도로 삼아 알지 못하는 일체를 판단한다고

---

[25] 이는 '개인적 구성주의' 또는 '인지적 구성주의'라고도 한다(조용기, 1999: 4). 급진적 구성주의의 선구자는 von Glasersfeld이다. 그러나 그는 Piaget의 발생론적 인식론의 구성적 개념에 많은 영향을 받았다(이종원, 1999: 68).

주장하면서 인간의 개별적 경험세계를 인정하고 있다(이종원, 1999: 71; 78). 이는 당시 사회를 지배하던 '데카르트적 객관주의 지식관'을 정면에서 거부하는 것이었다.

그러나 엄밀히 말하면, 급진적 구성주의 역시 개인과 환경이 서로 대화하고 상호작용하는 가운데에서 지식이 구성된다고 볼 수 있다.

"구성주의 심리학의 역사적 발단은 피아제(1896~1980)와 비고츠키Lev Vygtsky(1896~1934)의 이론에서 찾을 수 있다. Piaget는 아동 발달에 대한 행동주의적, 정신분석적 해석에 대응하는 매력적인 대안을 제안하였다. 그는 행동주의와 발달적 견해를 구축하려는 의식 심리학 사이의 양분성을 극복하려 했다. 그는 분절된 기술과 각각의 정보로 차 있는 백지tabula rasa로서의 정신의 견해를 반대하고, 아동 사고의 구조적 특성을 강조하였으며, 아동 사고의 기능과 발달은 구조적 형태로 일어나며 발달한다는 입장을 취한다. 또한, 그는 발생학적 혹은 구성주의 인식론은 '어떻게 지식이 발달하는가'에 대한 체계적인 연구를 위한 합리적 준거를 제공하는 것으로 보았다. 반면 Vygotsky는 마음의 사회적 발달 혹은 '고등정신의 기능'에 관심을 가졌으며, 고등정신 기능은 사회적 활동에 참여함으로써 발달된다고 주장하였다…. 결론적으로 Piaget와 Vygotsky는 마음의 발달적 개념의 구성이라는 것에 공통적으로 관심을 가졌다. 이들은 마음을 능동적으로 보았으며, 환경과의 상호작용에 의한 사고의 변화를 강조하였다…. 또한 이들 둘 다 발달의 변증법적 개념을 채택하였으며, 구조와 기능의 상호 의존성을 주장하였다…. 마지막으로 이들은 근본적으로 지식의 상호 - 구성을 포함하는 간주관적인 임상적 연구 방법을 채택하였다."(이명숙, 1999: 37~38)

이렇게 본다면 구성주의 지식관의 핵심은 '타인들Others와의 상호작용을 통한 지식의 구성 및 재구성'이다. 왜냐하면, 구성주의란 지식에 관한 새로운 관점, 즉 지식은 개인과 독립적으로 존재하는 것이 아니고 환경과의 상호작용을 통해 개인에 의해 구성된다는 점을 강조하는 이론이기 때문이다(이명숙, 1999: 39).

"금세기의 가장 중요한 구성주의자라고 할 수 있는 Piaget의 인지발달이론은 사회적 상호작용을 고려하지 않았다는 점에서 주로 북미대륙에서 비판을 받아 왔다…. (그러나) 그의 모든 저서 도처에서 조절accommodation은 대부분 사회적 상호작용으로 일어난다는 것을 거듭 주장하고 있음을 발견할 수 있다…. Piaget에 있어서 사회적 상호작용이 일어나는 데 관여하는 '타인Others'은 아동이 그의 생생한 경험 속에서 구성하는 비교적 '영속적인' 대상물 그 이상도 그 이하도 아닌 환경의 일부다. 즉 유용하고 영속적인 대상물이라고 할 수 있는 것은 스스로 구성한 것과의 상호작용이다."(Steffe & Gale 편저, 1995/ 이명근 옮김, 2005: 30~31)

본질적으로 지식은 '내인적endogenic, 정신중심적 지식'과 '외인적exogenic, 세계중심적 지식'으로 구분된다(Steffe & Gale 편저, 1995/ 이명근 옮김, 2005: 38). 전자는 자신과 또 다른 자신과의 내적 대화 내지 상호작용을 통하여 창출되는 지식이고, 후자는 주변 환경이나 타인과의 대화나 상호작용을 통하여 창출되는 지식이다. 그러나 내인적 지식과 외인적 지식의 경계를 명확하게 규정하기 어렵다. 왜냐하면, 개인의 정신이란 내적으로만 형성되는 것이 아니고 항상 외부 세계 내지 주변 환경과 연결되어 있기 때문이다. 결국 '나와 또 다른 나' 사이의 내적 대화이든, 아니면 '나와 타인'과의 외적 대화든 대화나 상호작용이 지식의 발생에 결정적으로 기여하는 것이다. 물론 두 지식관 사이에 서로 관점의 차이나 강조점의 차이는 명백하다.

"그러나 외인적 입장에서 보면, 우선적으로 세계가 주어지고 정신은 세계를 정확하게 반영할 때 가장 잘 작동된다… (반면) 내인적 입장은 정신세계를 자명한 것으로 보며 마음이 자연 속에서 어떻게 적절하게 작용하는지에 대한 문제를 제기한다. 따라서 외인적 입장은 내적 표상을 형성하기 위해 필요한 환경의 투입에 초점을 둔다. 이러한 환경적 강조에 비해 내인적 입장은 인간 고유의 이성, 논리 또는 개념화 고정에 우선적 강조를 둔다. 사실상 내인적 입장은 개인에 귀인하는 선천론자nativist라고 할 수 있다."(Steffe & Gale 편저, 1995/ 이명근 옮김, 2005: 38~39)

그러나 피아제의 모형은 그 안에 '변이와 도태'의 구성주의 같은 것을 어느 정도 포함하지만－예컨대 동화와 조절이라는 개념에서 알 수 있듯이－논리적으로 부적절한 형태의 구성이다(Bickhart, 1988; Steffe & Gale 편저, 1995/ 이명근 옮김, 2005: 316에서 재인용). 결과적으로 Piaget의 시도는 심도 있는 진보와 통찰에도 불구하고 구성주의를 완전히 성취하는 해결책이 되지는 못한다(Bickhard, 1988; Steffe & Gale 편저, 1995/ 이명근 옮김, 2005: 316에서 재인용)

"비록 피아제는 지식의 기원의 관점에서 경험론·합리론 딜레마를 돌파하였지만, 본질적으로 지식의 본질에 대한 Aristoteles 모형으로 끝난다. 물론 Aristoteles의 형상eidos, form을 행위의 가능성이라는 영역으로 격상시키는데, 표상되는 것은 세계 속에서의 행위 가능성의 형상이며, 표상하는 것은 그 세계 안에서의 가능한 행위들에 대한 동일한 형상이다. 그러나 Piaget의 경우에 있어서 형상은 세계 속에서 그리고 정신 속에서 가능한 변형, 조작, 협응에 대한 대수적 형상이다. 비록 Piaget에게는 세계 속에서의 생성과 그것과 일치하는 정신 안에서의 생성 모두 내재적이고 그 어느 곳으로부터도 오지 않는다 하더라도 표상은 여전히 형상과 일치한다. 이러한 모형은 여전히 불일치 주장을 야기하게 된다."(Steffe & Gale 편저, 1995/ 이명근 옮김, 2005: 316).

결국, 진정한 지식의 구성주의가 완성되기 위해서는 급진적 구성주의는 비고츠키의 사회적 구성주의의 관점을 필요로 하게 된다. 왜냐하면, 지식의 구성은 자신의 관념 속에서 자연스럽게 발생하는 지식에 만족하지 못하며 사회적·역사적 맥락 또는 사회문화적 맥락에서 구성되고 재구성되기 때문이다.

"사회적 구성주의란 급진적 구성주의의 구성의 측면과 더불어 사회문화주의의 사회적 맥락을 동시에 강조한 이론이라고 볼 수 있다. 다시 말해 급진적 구성주의가 주장하는 '맥락적 구성'의 '맥락'이 '사회적'이라는 점을 부각시킨 이론이라고 할 수 있다… 그런데 여기서 맥락이란 삶을 가리킨다"(조용기, 1999: 5)

결국 구성주의적 지식은 '맥락적 지식'이다. 따라서 맥락적으로 구성되는 지식은 그 맥락이 다양한 만큼 구성되는 지식도 다양할 수밖에 없다(조용기, 1999: 8).

"구성주의에 있어서 지식이 구성적이라면 그 지식을 구성하는 나의 주관인 능동적인 태도가 우선된다고 할 수 있다. 우리의 주관이 중요하다는 것은 구성주의가 주관이 처해 있는 구체적인 사회적, 문화적 그리고 역사적 맥락성을 강조하고 있다는 것이다. 이러한 주관의 맥락성 혹은 감상자의 맥락성을 강조하고 있다. 예술 작품의 경험에서와같이, 텍스트를 이해하는 데 있어서 객관적인 진리를 '있는 그대로' 모사하는 것이 아니라 해석자의 역동적인 상호작용을 통해 텍스트를 이해하고 해석한다."(최신일, 1999: 31)

그런데 여기서 주목할 것은 지식이란 반드시 '유용성utility, 有用性'에 근거하여 구성되고 재구성될 수 있다는 사실이다. 왜냐하면, 유용성이 바로 '사회적 맥락'을 의미하기 때문이다. 이런 연유로 Glasersfeld의 급진적 구성주의는 '앎의 과정knowing'을 '실생활에의 적응활동'으로 이해한다.[26] 즉 우리가 실생활에 적응하기 위해서는 지식을 구성하고 재구성해야 하는데, 이는 삶의 유용성을 위해서 지식을 터득하고자 하는 욕망 때문이다. 앎은 곧 삶이다. 따라서 삶의 유용성을 위해서 우리가 지식을 터득하는 것은 당연하다. 즉 우리의 지식은 삶의 유용성을 찾아서 구성되고 재구성되는 것이다.

결국, 진리의 문제도 구성주의에서는 마치 실용주의에서처럼 유용성의 문제로 대치된다(Steffe & Gale 편저, 1995/ 이명근 옮김, 2005: 317). 즉 지식이라는 것은 참여자에 의해 개인적 및 사회적으로 유용하게 인정될 때 지식이 되는 것이다(Steffe & Gale 편저, 1995/ 이명근 옮김, 2005: 291).

"Vygotsky는 모든 지식은 문화와 시간 속에 상황 지워지며, 개인적으로 의미 있게 되는 것은 다른 사람들과의 상호작용에 의해 형성된다는 것을 상기시킨

---

[26] von Grasersfeld는 구성주의constructivism를 철학, 심리학, 두뇌공학 등에 뿌리를 둔 지식의 이론으로 보았다(이명숙, 1999: 35).

다. 그에게 있어서 지식은 여러 문화적으로 규정된 활동에 참여함으로써
진화한다(Steffe & Gale 편저, 1995/ 이명근 옮김, 2005: 290).

그러나 피아제의 이론에서 발견되는 '발생학적 인식론'은 구성주의 지식
관의 완성에 있어서 중요하다. 왜냐하면, 지식은 진화 이전에 모든 개인에게
있어서 전 생애를 걸쳐 늘 발생되기 때문이다. 그것이 다른 사람 또는 주변
환경과의 상호작용이나 의사소통에 의해서이든지 아니면 선불교나 요가에
서 독립적인 반성과 성찰을 통하여 직관적으로 터득하거나 득도하든지, 하
여간 인간에게 지식은 끊임없이 – 때로는 능동적으로 – 발생하고 소멸한다.
특히 '반성과 성찰'은 구성주의 지식관의 기본 토대이다.

> "신체적 행위를 정신적 조작으로 변화하는 방법으로서 성찰의 중요성을 인
> 식할 필요가 있다. 우리가 자기조절하는 개인으로 발달하는 것은 성찰을
> 통해서다."(Steffe & Gale 편저, 1995/ 이명근 옮김, 2005: 292)

이렇게 본다면, 급진적 구성주의와 사회적 구성주의가 서로 배척하지 않
고 만날 수 있을 때 구성주의 지식관은 완성된다.

> "비고츠키 및 피아제의 대안이론(또는 통합이론)을 탐색하는 데 있어서 우
> 리는 사회적 발달이 서로를 형성한다는 것을 인식할 필요가 있으며, 양자
> 간의 적절한 균형을 추구해야 한다. 우리의 상호작용의 형태 및 도구는 이러
> 한 공동형성과정의 핵심요소이다. 의식, 기억, 지각 및 기타 인지행위는 우
> 리가 구성한 것에 대한 경험과 우리가 처한 맥락과의 관계에서 인식된다.
> 즉 경험과 맥락이 혼재하고 있다."(Steffe & Gale 편저, 1995/ 이명근 옮김,
> 2005: 293)

중요한 것은 이렇게 맥락이나 상황에서 탄생하는 지식은 '다양성'을 본질로
하고 있다는 사실이다. 즉 구성주의에서는 지식의 다양성이 중요하다.

> "구성주의에서의 주관이 처해 있는 상황성과 역사성 역시 고정되어 있는

것이 아니라, 항상 변할 수밖에 없다면 진리를 이해하는 데 있어 무엇을 준거로 할 수 있는가 하는, 즉 주관에 따라 마음대로 해석할 수 있다는 상대주의의 경향에서 벗어날 수 없지 않은가라는 문제에 대해, 구성주의는 아무런 준거의 틀을 허용하지 않는 상대주의에만 머물지 않는다. 왜냐하면, 구성주의는 진리 혹은 지식보다는 '맥락'에 초점을 맞추고 있기 때문이다."(최신일, 1999: 31)

그런데 이러한 지식의 다양성은 대화를 통하여 획득될 수 있다. 즉 구성주의 지식은 마침내 '대화'를 통해서 발생하는 셈이다.

"구성주의에서 상황 혹은 맥락 간의 다양성을 인정한다는 것, 서로의 차이를 인정한다는 것은 대화의 전제가 된다. 대화는 서로의 차이를 인정하는 것이지 차이를 없애는 것이 아니다. 한쪽이 다른 한쪽을 맞추어서 통합해 가는 과정이 아니다. 어느 쪽도 대화의 맥락성을 벗어날 수 없다. 특히 사회적 구성주의자들의 주장처럼, 언어의 의미는 둘 이상의 사람들 간의 조율활동에 의해 성취되는 것이다. 해석학에서의 대화를 통한 이해의 과정에서는 나는 너를 하나의 대상으로만, 즉 나를 위한 도구로만 보지 않는다. 그리고 너는 나에 의해서 반성적으로 투영된 존재 역시 아니다. 다시 말하면, 너는 너의 독자적인 존재가치를 가지고 있는 존재이다. 너는 나에게 말을 건네오는 대화의 상대자로 파악하게 된다."(최신일, 1999: 32)

결국 구성주의에서 지식은 대화와 의사소통을 통하여 탄생한다. 또한, 구성주의 지식 역시 지식의 구조를 구성하는 지식의 변증법적 차원, 해석학적 차원, 현상학적 차원, 실용학적 차원과 마찬가지로 반성적 사고를 통해 발생한다. 이렇게 본다면 구성주의에서 지식은 대화와 의사소통의 과정에서 발생하는 부단한 반성적 과정에서 구성되고 재구성되는 '과정의 지식'인 셈이다.

오늘날 지식은 반성적 사고의 과정을 삭제하고 발생하고 있다. 특히 실증주의적이고 자연과학적인 인식론적 차원에서 발생하는 지식이 세상을 지배하고 있다. 이러한 지식들은 '반성적 사고'의 과정과는 거의 무관하다. 기껏 피드백feedback이라는 개념으로 이를 임시방편으로 대치시키고 있기는 하다.

특히 이는 실증주의에 근거한 행동주의의 궁색한 발상이다. 그러나 '반성적 사고'와 단순한 피드백의 개념은 전혀 다른 차원이다. 전자가 비선형적인 '지속인 순환'이나 '영원회귀Wiederkehr, Nietzsche의 개념이라고 한다면, 후자는 선형적이며 정형적이고 환원적인 개념이다. 또한, 전자가 자연발생적이라고 한다면, 후자는 다분히 인위적이고 조작적이다.

이렇게 본다면, 구성주의에서 지식은 자연발생적으로 탄생하고 있다고 할 수 있다. 다만 변증법, 현상학, 해석학, 실용학적 지식의 경우에서와 비슷하게, 과연 지식은 언제까지 구성되고 재구성되는 것일까? 혹시 이는 상대적 지식관의 복권이 아닐까? 물론 이는 소피스트들의 상대적 지식관과는 차원을 달리한다. 그럼에도 불구하고 해석학적 지식이 상대적 지식으로 비판받는 것처럼 구성주의 지식 역시 오해될 소지가 있다. 그러나 '상대적'이라는 개념과 '상대성相對性'의 개념이 반드시 일치되는 것은 아니다. 따라서 구성주의 지식은 오히려 '상대성 지식'이라고 하는 것이 타당하다. 아인슈타인이 자신의 '상대성이론'에서 '상대성relativity'의 개념은 세상에 존재하는 모든 장field의 보편적인 통일을 위한 이론, 즉 '통일장 이론'의 초석으로 작용한다. 이렇게 본다면, 상대성 지식으로서의 구성주의 지식 역시 언젠가는 세상의 모든 지식을 보편적으로 통합할 수 있을지도 모른다는 전망을 하게 한다. 그러나 여전히 풀리지 않는 의문은, '도대체 언제 우리는 객관적이고 보편타당하게 통합된 '상대성 지식'으로서의 구성주의 지식을 획득할 수 있을까?' 하는 것이다.

VI

지식 탄생의 새로운 전망

01 상상력의 지식: 테크놀로지[1]

21세기에는 종교도, 정치도, 경제도, 문화도 세상을 지배하지는 못한다. 테크놀로지가 지배하는 세상이 온 것이다. 이제 날로 발전하는 첨단테크놀로지가 정치도, 경제도, 종교도, 문화도 모두 섭렵한다. 테크놀로지가 온 세상을 하나로 통합시키고 있다. 스마트폰 같은 모바일을 통하여 만들어진 유비쿼터스 네트워킹 사회에서 이제 우리의 세상은 정치, 종교, 경제, 문화의 경계 없이 하나가 되고 있다. 따라서 테크놀로지의 발전과 함께 지식의 세계도 결정된다. 결국, 21세기 미래 사회에서는 전통사회에서와 달리 국경과 문화를 초월하여 비록 닐 포스트만 같은 문명비판가들에 의해서 "테크노피아의 횡포"로 비판받기도 하지만 분명한 것은 테크놀로지가 지식의 탄생을 주도할 전망이다.

어의적으로 테크놀로지는 만들기, 수정, 활용 그리고 도구, 기계, 테크닉, 기능, 시스템, 조직의 방법의 지식을 총칭으로 그리스어로 τεχνολογια (technología)에서 유래한다. 이는 주지하는 대로 테크네τέχνη, téchnē라는 개념에서 나왔는데, 그 의미는 예술art, 능숙함skill, 기술, 기능craft을 포괄한다. 테크네의 개념은 이미 플라톤 시대에서도 사용되었는데, 그것은 일상적인 의미에서의 직업뿐 아니라 학문과 예술같이 인간이 활동하는 모든 분야에서 '아무나 소지하지 못하는 특별한 솜씨, 지식, 경험 등을 의미하게 되었다

---

[1] 이 부분은 본인의 학술논문 "테크놀로지의 교육학적 전망"(교육문제연구, 제26권 제4호, 2013) 90~104쪽을 수정 보완한 글임.

(강선보, 장지원, 2009: 4). 그러나 '테크놀로지'라는 개념은 언어적으로 '테크네'와 '논리-λογία, -logía'의 합성어로서 '테크네의 논리logic', 또는 '테크네에 관한 연구study'를 의미한다(Merriam-Webster, Definition of Technology). 결국, 테크놀로지라는 개념을 한마디로 정의하는 것은 결코 만만치 않지만, 굳이 우리말로 하면 엄밀하게 '기술'에 관한 학學, study/science'이라고 할 수 있다. 다시 말하면, 테크놀로지란 무엇인가를 만들어 내거나 무슨 활동을 하는데 필요한 기법, 즉 테크닉technic에 대한 '과학적이고 체계적인 연구' 내지 '과학상의 기술'을 의미한다. 그러나 현대에는 '과학기술科學技術'의 총칭으로 사용되는 경우가 일반적이다. 한마디로 테크놀로지란 '제조의 기법이나 기술technic에 대한 과학적 연구'를 말한다. 과연 무엇인가를 제조하는 데 사용된 기법이나 기술이 과학적인가? 바로 이러한 것을 연구하는 것이 테크놀로지인 것이다.

그렇다면 테크놀로지는 엄밀히 말해서 과학 그 자체를 말하는 것은 아니며, 기법 또는 기술 그 자체를 의미하는 것도 아니다. 이렇게 본다면, 테크놀로지는 [과학과 기술]의 결합인 [과학기술], 즉 [과학 + 기술] 또는 [기술 + 과학]의 복합개념으로 정리될 수 있을 것이다. 그럼에도 불구하고 우리는 일상에서 사실 그 기술이 과학과 상관이 있는지 없는지도 해명하지 않고 건축테크놀로지, 의료테크놀로지, 정보테크놀로지 등에 대해서 언급하고 있다.

한편, 테크놀로지의 개념은 20세기 이전 영어권에서는 거의 일반화되지 못했다. 다만 '유용한 기술useful arts, technic'에 대해서 언급하거나 이에 대해서 연구하기 위해서 간간히 인용되었을 정도였다. 오히려 테크놀로지의 개념은 '테크니컬 에듀케이션technical education'이라는 개념과 연결되어 사용되는 경우도 종종 있었다. 이를테면, 1861년 미국에 매사추세츠 테크놀로지 인스티튜트MIT가 세워지면서, 테크놀로지는 처음으로 교육의 대상이 되었던 것이다(Stratton and Mannix, 2005: 190~192). 그러다가 '테크놀로지'라는 개념은 20세기 들어서 제2의 산업혁명과 연계되면서 영미문화권에서 가장 유망한 영역으로 떠올랐다. 구체적으로 학문적으로 테크놀로지의 의미는

20세기 초 미국의 사회학자 베블런Thorstein Veblen(1857~1929)이 독일어 개념인 '테크닉Technik'을 '테크놀로지'로 번역하면서 연구되기 시작했다.

그러나 '번역은 반역反逆'이었다.[2] 즉 베블런의 번역은 약간의 의미변화를 초래하였다. 이를테면, 독일과 유럽권에서는 '테크닉Technik'과 '테크놀로기Technologie' 사이에는 명백한 구별이 있었지만, 영미권에서는 테크놀로지라는 개념이 처음부터 없었으며 둘 다 별 구분 없이 '테크놀로지'로 번역되었던 것이다. 심지어 1930년대까지 '테크놀로지'는 '공업적 기술에 관한 연구study, 學'를 뜻하지 않았고, 공업적 기술 그 자체를 의미했다(Schatzberg, 2006: 488). 1937년 미국의 사회학자 바인Read Bain은 테크놀로지에 모든 도구들, 기계들, 무기들, 기구들, 가정용품, 주택, 의복, 통신 및 운송장비, 그리고 우리가 산출하고 사용하는 솜씨들skills을 모두 포함시켰다(Bain, 1937: 860) 이러한 바인의 정의는 오늘날의 학자들 특히 사회과학자들 사이에서 적극 수용되었다. 그러나 사회과학자들은 자연과학자들과 엔지니어들과는 달리 테크놀로지에 응용과학을 포함시키는 것을 거부하여 왔다(MacKenzie and Wajcman, 1999). 최근 가장 유력해진 해석은 푸코Michael Foucault가 자신의 글 "자아의 테크놀로지techniques de soi"에서 테크놀로지의 의미를 '도구적 이성'이 다양하게 확장되는 것을 의미하는 테크닉technique의 개념과 차별적으로 사용하면서부터였다. 오늘날 많은 과학자들이 테크놀로지의 의미 해석에 있어서 푸코의 개념을 가장 많이 인용하고 있다. 이러한 성향은 테크놀로지에 대한 유럽철학자들의 전통적 개념으로 회귀했다고 할 수 있다.

한편, 프랭클린Ursula Franklin(1989)은 "테크놀로지란 우리가 일상적으로 살아가는 삶의 방식, 즉 실천"이라고 정의한 바 있다. 왜냐하면, 역사적으로 테크놀로지의 발달은 현실의 문제를 해결하기 위한 방향으로 전개되어 왔기 때문이다. 과거 전쟁테크놀로지로부터 위시하여 오늘날 인간 간의 소통

---

[2] 파이어아벤트Paul Feyerabend(1924~1994)는 '공약불가능성incommensurability'이라는 개념으로 '번역불가능성'에 대해서 언급했다. 같은 단어라도 민족과 국가 그리고 역사적 시점에 따라서 쓰임새가 다르고 의미가 다를 수 있기 때문에, 단순한 번역을 통한 의미파악은 어렵다는 뜻이다.

및 상호교류interaction의 장애와 난관 등 현안 문제를 완화시키고 극복해 온 커뮤니케이션 테크놀로지의 탄생 등이 대표적이다. 역사적으로는 이미 지레, 도르래, 나사, 바퀴와 축, 경사면과 쐐기 같은 단순한 도구에서부터,[3] 우주망원경이나 미립자가속기 같은 보다 복잡한 기계까지 이들은 모두 삶의 문제를 해결하는 방안으로 고안된 것으로서 이것들이 테크놀로지를 포괄하는 것이다.

웹스터 사전Merriam-Webster, Definition of Technology에는 '테크놀로지란 특정한 영역에서 지식의 실천적 응용이며, 지식의 특별한 응용에 의해 주어진 능력'이라고 정의되어 있다(Merriam-Webster, Definition of Technology). 이를테면, '첨단테크놀로지'라든지, '전자제품, 가전제품의 사용에 의한 소비 테크놀로지 등이 대표적이다. 그러나 스티글러Bernard Stiegler(1998)는 자신의 저서 『테크닉과 시간 I Technics and Time I』에서 "테크놀로지란 일상의 삶과는 다른 의미로의 추구, 그리고 조직된 비非유기체적 실체"라고 정의하고 있다 (Stiegler, 1998) 한마디로 테크놀로지란 일상에서 자연스럽게 얻어지는 것이 아니라, 무엇이 가공되어서 테크놀로지로 태어나는 순간 그 전의 일상생활과는 다른 의미를 갖는 것을 말한다. 이는 유기체로서의 인간의 자연스러운 삶과도 무관한 제3의 실체가 된다는 것이다.

이렇게 본다면, 테크놀로지는 '물질적' 또는 '실체적'이기도 하지만, '비非물질적'이고 무형적인 것까지 확장될 수도 있다. 즉 테크놀로지를 구성하는 도구나 기계가 반드시 물질적일 필요는 없다. 특히 컴퓨터 시스템에서 '소프

---

3 특히 프톨레마이오스 II세에 의해 세워진 무세이온Museion 출신으로 유클리드Euclid 의 제자인 아르키메데스Archimedes에 의한 '지레의 발견'은 다음 발견의 모태였다: "고대 기술자들은 주로 지레, 도르래, 나사, 바퀴의 축, 경사면과 쐐기를 많이 다루었는데, 이 다섯 가지의 간단한 기계들은 다른 복잡한 기계들의 기초가 된다. (특히) 아르키메데스는 지레, 도르래, 나사 등을 깊이 탐구했고, 실제로 이런 기계들을 설계하거나 개량하는 데 많은 노력을 기울였다. 특히 '지레의 원리'를 발견한 그는 이렇게 장담했다. '내게 설 수 있는 땅과 충분한 긴 지레를 준다면 이 지구라도 움직여 보겠다. 이 말을 들은 히에론 2세가 아르키메데스에게 지구 대신 짐을 가득 실은 배를 움직여 보라고 명령하자, 아르키메데스는 지렛대를 응용한 도르래를 써서 이것을 쉽게 해냈다."(송성수, 2005: 20)

트웨어software'의 개념이 나오면서부터 테크놀로지는 물질적인 영역을 넘어서 비물질적인 영역으로까지 확장되었다. 이를테면, 시스템system이나 방법 method 같은 개념이 대표적이다. 비즈니스 테크놀로지business technology, 교육테크놀로지educational technology, 커뮤니케이션 테크놀로지communication technology, 상담테크놀로지counselling technology 등은 일련의 방법적 개념들이며, 시스템을 포괄하는 복합 영역들이다. 이로써 테크놀로지는 '테크닉만을 의미하지 않고 모든 테크닉의 집합개념'이 되고 말았다.

오늘날 테크놀로지의 문제는 우리가 어떤 제품을 만들기 위해서는 원자재들을 어떻게 결합시킬 것인가, 어떻게 현실의 문제를 해결할 것인가, 어떻게 그러한 요구를 충족시킬 것인가 하는 질문에서 비롯된다. 이러한 질문들은 사실 우리가 살면서 늘 부딪히게 되는 삶의 문제들이기도 하다. 따라서 우리 인류가 창조해 낸 테크놀로지란 삶의 문제를 해결하기 위한 테크닉의 방법, 솜씨, 과정, 도구, 시스템 그리고 원자재를 모두 포함한다. 이를테면, 의료테크놀로지란 의료기기(기계)로부터 의술 (기법)그리고 의료시스템을 모두 포함한다. '예술테크놀로지'는 붓, 종이, 안료, 피아노, 바이올린 등 예술도구로부터 표현기법과 '예술성藝術性'까지를 포괄한다. 여기서 '예술성'은 '인간성'의 발달과도 무관하지 않다. 왜냐하면, 인간이 예술을 추구하는 것은 인간성을 추구하는 것과 결코 다르지 않기 때문이다. 이렇게 본다면, 테크놀로지의 발달은 '인간성'의 발달과 함께하여 왔다고 할 수 있다. 즉 진정한 테크놀로지의 발달은 '인간성의 발달'과 무관하다고 할 수 없다.[4] 이러한 맥락에서 본다면 테크놀로지의 교육은 오로지 이성의 영역에서만이 아니라 감성이나 감각 등을 포괄하는 전인격적 차원, 즉 전인간성의 범주에서 이루어진다고 할 수 있다. 즉 과학이 이성과 논리의 영역에 의존한다면, '과학기술'을 의미하는 테크놀로지는 이성과 감각 그리고 경험을 포함하는

---

[4] 이렇게 본다면 테크놀로지와 인간성은 이미 공진화co-evolution의 관계에 들어 있다고 할 수 있다. 따라서 만약 우리 인류가 발전시킨 테크놀로지가 전쟁테크놀로지를 중심으로 발전했다면, 우리의 인간성은 그만큼 전쟁지향으로 굴곡되고 피폐해져 있다는 사실이 반증 되는 셈이다.

전인간성에 의존한다고 할 수 있다.

한편, 테크놀로지란 '복합개념複合槪念'이다. 일단 테크놀로지란 과학과 기술의 합성개념이기 때문이다. 여기서 우리의 질문은, '복합개념'은 '단일개념'의 단순한 합슴일 뿐인가? 아니면 그 이상인가? 오늘날 우리는 '융합 내지 융·복합'에 대해서 언급하고 있다. 만약 복합이 단순히 단일의 합이라면, 아마 지금 회자되고 있는 융합, 융복합, 융합연구 등의 개념은 별 의미가 없을 것이다. 그냥 둘을 하나로 붙여 놓으면 되니까 말이다.

오늘날 학계의 화두로 '융합融合, converging'이다. 융합의 개념은 우리가 이제는 더 이상 '분과과학discipline'으로서는 아무것도 해낼 수 없으며 더 이상 새로운 그 무엇도 만들어 낼 수 없다는 어쩔 수 없는 학문적 '한계'에 대한 자성自省에서 비롯되었다. 아리스토텔레스의 '자연학Pysis'에서 자연과학과 인문학으로 갈라지기 시작하면서, 그리고 전문화專門化, specialization와 표준화標準化의 표방 하에서 서로 다른 길을 걸어온 분과학문의 역사가 이제 다시 쓰여 지고 있다. 현대인들은 이제 분과학문의 영역에서보다는 '융합학문'의 영역에서 삶을 해결하는 것이 유리할 것으로 판단하고 있다. 분과과학에서 얻어내는 새로움은 더 이상 없기 때문이다. 이를테면 우리는 이미 게놈Genom 프로젝트로 생명의 기원이라고 할 수 있는 DNA를 다 밝혀냈고, 심지어 DNA를 만들어 낼 수 있는 기술 수준이 되었다. 그러나 이로써 생명의 탄생은 가능하지 않다. 오늘날까지 분과학문을 가능하게 해 준 원자주의와 환원주의의 몰락이다. 더 이상 이들에게 새로움이란 없다. 왜냐하면, 이들에게 창조란 기대하기 어렵게 되었기 때문이다.

따라서 이제는 전공과 전공 그리고 학문과 학문 간의 융합으로부터 시작해서 제품과 제품 간의 융합에서 제3의 새로움이 창조된다. 이러한 융합의 개념은 테크놀로지 세계에서도 예외가 될 수 없다. 특히 오늘날은 테크놀로지가 지배하는 세상이 되었다. 따라서 테크놀로지의 영역에서 융합의 의미는 보다 의미심장하다. 왜냐하면, 기술혁신을 위한 전제조건은 '융합'이기 때문이다(김용근, 2012: 222). 그럼에도 불구하고 오늘날 융합은 '물리적 연결이나 결합'에서 그치고 있는 느낌이다. 실제로 융합은 모든 것을 용해溶解,

merging시켜서 제3의 새로움을 창출해 보자는 것이다. 따라서 학문과 학문 간을 마치 '테이프'로 연결하거나 아니면 본드bond를 붙여 놓는 것처럼 소위 '모자이크식'으로 외형만 붙여놓으면 융합이 완성되는 것으로 착각해서는 안 된다. 왜냐하면, 진정한 융합은 서로 섞이는 대상이 원래의 형태를 잃어 버려야만 가능하기 때문이다(박이문, 2012: 23).

이미 오래전에 미래학자 토플러는 21세기를 '융합의 시대'로 전망했다. 특히 정보기술IT, 바이오기술BT, 나노기술NT 등 과학과 기술의 세계가 결합 되어 최첨단의 테크놀로지를 발전시키면서 융합의 시대는 가속도를 더하고 있다. 이러한 융합기술의 영향은 오늘날 알게 모르게 지식과 지식, 학문과 학문 그리고 심지어는 모든 일상에까지 파고들고 있다. 또한, 융합은 모든 미디어의 키워드가 되었다. 결국, 융합은 21세기의 새로운 트렌드이자 동시 에 새로운 삶의 조건이 되고 있다. 이를테면, 우리의 일상을 지배하고 있는 IT의 차원에서 본다면, 통신과 인터넷의 영역이 무너진 지 오래이며 무선데 이터통신과 와이브로는 통신과 웹서핑의 상호교차를 통해 활용되고 있다. 또한, 스마트폰 및 넷북 역시 핸드폰과 컴퓨터의 구분된 기능을 넘어서 무 선단말기로 사용되고 있으며 IPTVInternet Protocol Television의 개념으로까지 확장되고 있다.

그러나 과학의 세계에서도 '융합'이라는 용어가 사용된 지는 꽤 오래다. 우선 화학의 영역에서 '핵융합nuclear fusion', 또는 '핵융합반응'이라는 말에서 부터 오래전에 융합이라는 개념이 알려져 왔다. 여기서 융합은 몇백 만도의 초고열 아래에서 원자핵을 결합시켜 중원자핵을 형성하는 것을 말한다. 원 리상 핵융합이 이루어질 때 우리는 '새로운 에너지'를 얻는다. 생물학에서 융합은 융모충絨毛蟲 아래의 원생동물에서 두 개체가 합쳐 하나의 개체가 되는 현상을 말한다. 융합으로 모든 것은 창발創發, emergence로 진화한다. 광 물학적으로 놋쇠는 동과 아연의 융합이라고 하는데, 이때 융합은 '다른 종 류의 것이 녹아서 하나로 합쳐지는 것'을 의미한다. 또한, 오늘날 심층생태 학에서 마투라나Maturana와 바렐라Va;era가 '자기 창조'의 개념으로 사용한 '아우토포이에시스autopoiesis, 자기제작'의 개념, 윌슨 박사가 제창한 통섭의 개념 그리고 창발, 하이브리드hybrid라는 개념 역시 '융합'의 범주에 든다고 할 수 있다.

오늘날 ITinformation technology 영역에서 사용되는 융합의 개념은 '수렴', 즉 컨버전스convergence를 말한다. 따라서 융합은 지금까지 없었던 새로운 개념이 아니다. 어원적으로 융합은 영어로 fusion(둘 이상의 결합), amalgamation(섞음), harmony(조화), unity(일치), merge(합체, 합병) 등의 단어로 번역될 수도 있다. 독일어로 융합은 '용해해서 합병시킨다'는 용해verschmezung의 개념에 더 가깝다. 중요한 것은 융합을 통하여 '제3의 새로운 무엇'이 탄생한다는 사실이다. 또한, 융합의 궁극적 목표는 부분과 부분 그리고 영역과 영역 간의 네트워크network이며 소통疏通, communication이다. 그 역도 마찬가지이다. 즉 네트워킹과 소통 그리고 링킹linking을 통한 융합을 통하여 새로움을 창출시키는 것이다.

결국, 하나의 지식이 다른 지식과 융합되어 제3의 신지식이 되며, 하나의 학문 영역이 다른 학문 영역과 상호 경계를 허물면서 새로운 지식과 새로운 학문이 탄생한다. 이미 물리학과 화학이 결합하여 화학물리학, 생물학과 공학이 결합하여 생명공학을 탄생시켰다. 의학과 생명공학이 의생명공학을 낳았으며, 오늘날은 나노공학과 예술이 만나고 있다. 결국, 분명한 것은 융합이란 물리적 결합이나 나열식 연결이 아니며 심지어 모자이크는 더더욱 아니다. 즉 21세기가 요구하는 융합은 '화학적 통합'이어야 한다. 따라서 모자이크식의 물리적 연결에 그치는 융합으로서는 어떤 새로움도 시장에서 추천될 수 없다. 모자이크로 연결된 물리적 접착제는 물이나 알코올만 부어도 쉽게 해체된다. 결국, 복합개념으로서의 '과학기술', 즉 테크놀로지의 개념 역시 융합의 관점에서 파악되어야 할 것이다. 이렇게 본다면, 테크놀로지가 결정하는 지식의 탄생 역시 융합지식의 개념 속에서 고찰될 필요가 있다.

역사적으로 볼 때, 테크놀로지의 발전은 실제로 지식의 융합, 즉 융합지식의 발전과 맥을 함께해 왔다. 그런데 역사적으로 융합지식은 우리가 잘 인식하지 못하지만 인간의 '상상력'을 통하여 구현되어 왔다는 사실이다. 단일한 지식이 인간의 이성적 작품이라면, 오늘날 테크놀로지를 가능하게 해 준 융합지식은 상상력의 소산이다. 이를테면, 콜로세움을 세울 때 로마의 베스파시아누스 황제는 자신의 권위와 위엄을 세상에 알리고 자신의 통치를 정당화하기 위해서 무엇인가 웅장한 건축물을 상상했으며, 렌은 땅에 떨어진 런던교회의 권위를 회복하고 당시의 고딕건물양식을 증오했던 자신의 고집을 관철하기 위해서 성당의 외형을 나름대로 상상했다. 한마디로 테크놀로지가 인간의 '상상력'에서 처음 출발한 셈이다.

스티브 잡스는 손으로 터치하면서 음악을 듣고 음악에 따라서 영상이 흐르는 것을 상상하면서 아이팟iPod을 고안했고, 여기에다 모바일 폰을 장착하면 일상이 아주 편리해질 것을 상상하면서 아이폰iPhone을 만들어 냈다.[5] 또한, 화면의 크기 등 사용성usability이 고려됨에 따라 아이패드iPad가 탄생하였다. 테크놀로지로 가능한 모든 기능을 하나의 화면에 모으고 싶은 상상을 했던 것이다. 기술능력, 즉 테크닉은 그다음이다. 과학적 지식 역시 그다음이다. 상상이 먼저인 것이다. 만화 속에서 상상이 되었던 물(수소)로 가는 자동차나 하늘을 나는 자동차가 현실이 될 날이 머지않았으며, 이미 각종 SFscience fiction 영화에서 상상된 것들이 현실에서 상품으로 나와서 팔린지가 이미 오래되었다. 과학기술, 즉 과학과 기술 이전에 모든 테크놀로지는 인간의 상상 속에서 시작된 것이다.

결국, 우리가 오늘날 추구하는 테크놀로지의 지식은 '상상력의 지식'과 결코 다르지 않다. 지금까지 우리의 지식 세계는 오히려 상상력을 도외시해 왔다. '이성'의 위대성을 알게 해 준 플라톤의 이상 국가에서 인간의 상상력은 사고능력에서 빨리 제거되어야 할 허깨비eikasia 취급을 받았다(오인탁, 1994: 228); 실제로 2천5백 년 전 '이성의 시대'를 연 플라톤은 철학에서 '상상력imagnation'을 제외시켰다.

원칙적으로 학문이란 객관성, 보편성, 일반성을 담보해야 한다. 그러나 플라톤에게 '상상력'은 극히 주관적이고 이기적이며 산만하다고 간주되었다. 이런 논리에 따르면, 상상력은 이성에 의해 철저하게 규제되는 것이 마

---

5 항간에는 스티브 잡스를 상상력의 대명사라기보다는 "성공적인 모방과 재해석"의 대명사로 평가하기도 한다.

땅하다. 결국, 상상력은 우리의 삶, 학문 세계 그리고 교육의 세계에서 오랜 시간 동안 완전히 학문의 사각지대에 놓일 수밖에 없는 운명에 처하게 되었던 것이다. 그 대신 지금까지 이성철학, 주지주의, 지성주의가 지식창출의 중심세력으로 자리매김하게 되었다. 그러나 따지고 보면 플라톤의 이상국가 역시 현실에서는 불가능한 상상의 세계였다는 아이러니가 존재한다.

> "그러나 상상력이 억압의 역사를 걷게 만든 장본인 플라톤, 그 자신은 상상을 하지 않은 것일까? 널리 알려진 그의 이성적 이데아에 대한 집착은 분명 상상력에 여지를 두지 않는 듯하지만, 정작 그가 제시한 '이상국가'가 고도의 상상력의 산물이라는 것은 아이러니라고도 매우 흥미로운 사실이다."(임정택, 2011: 21)

호모사피엔스가 돌멩이로 돌도끼를 만들어 내는 것 자체가 상상력의 소산이었다. 돌멩이를 던지면 저 들소가 도망가지 않을까? 화살에 독을 발라서 쏘면 저 멧돼지가 죽지 않을까? 화살을 만들고 화살에 독을 바르는 기술이 발달한다. 모든 것이 인간의 상상에서 출발한다. 이렇게 본다면, 상상력이 결여된 테크놀로지의 생성과 발달은 상상조차 어렵다. 결국, 우리 인류의 문명발달사文明發達史와 기술발달사技術發達史 등 테크놀로지의 역사는 사실 알고 보면 상상력의 역사와 함께해 왔다고 해야 할 것이다.

물론 '상상력imagination'이 모두 '창의성creativity'으로 이어지는 것은 아니다. 그러나 '상상력' 없는 창의성은 불가능하며, 창의성의 전제조건은 상상력이다. 즉 상상력은 창의성의 '충분조건'은 아니지만 '필수조건'이다. 한편, 상상력에 대한 연구, 상상력에 대한 이해의 지반을 확보하기 위한 학문적 연구는 그 자체가 이미 학제적이고 융·복합적일 수밖에 없다. 왜냐하면, '상상력'은 학문과 학문 간을 융합시켜 주는 '아교질阿膠質'로서 그 자체가 처음부터 융·복합적이기 때문이다.[6]

---

[6] 융합을 미래 기술의 패러다임으로 처음 사용한 것은 미하일 로코와 윌리엄 심스 메인브리지가 편집한 '인간의 능력 향상을 위한 융합기술Converging Technology for Improving Human Performance'(2002)이라는 미국 국가과학재단NSF의 보고서다(송종국,

"우리의 (육체의) 오감五感으로 시작되는 모든 감각과 감성의 과정 속에서 우리의 정신 의식을 결정하고 사고과정을 주도하는 것은 '상상력'이다. 한 마디로, 모든 인간의 감각, 감성의 영역은 보다 구체적이고 실천적인 '상상력'의 영역에서 구체화된다."(이상오, 2009: 175).

결국, 상상의 능력, 즉 상상력imagination은 사유의 원천이자 본질이라고 할 수 있다. 왜냐하면, 이는 이성과 감성보다도 앞서는 '생각' 그 자체와 함께 출발하기 때문이다. 즉 인간에게 모든 생각은 상상에서 시작된다: "지속적인 인류 변화의 배경에는 바로 인간의 상상력이 우선이었다."(허정아, 2011: 9) 그런데 인류에게 테크놀로지 역시 이성과 감성 이전에 '생각'과 함께 출발되었다는 사실이다. 왜냐하면, 테크놀로지는 '생각의 연장延長' 또는 '정신의 연장'으로 발전해 왔기 때문이다.

19세기 독일의 기술철학자 에른스트 캅Ernst Kapp(1808~1896)은 모든 테크놀로지는 인간 몸, 즉 '육체body의 연장'이라고 주장했다.

"1877년에 출판된 『기술철학의 기초』에서 그는 기술을 포함한 인간이 만든 모든 것은 인간의 육체적 기관의 연장이며, 이러한 의미에서 인간은 본질적으로 기술적인 종족이라는 주장을 전개했다…. 그에 따르면, 갈고리, 그릇, 칼, 창, 노, 삽, 괭이와 같은 기술은 인간의 손, 이빨, 팔이 연장된 것이며, 철도는 인간 순환계의 연장이고, 전신과 같은 통신기술은 인간의 신경계의 연장에 다름이 아니었다."(홍성욱, 2009: 19~20)

육체의 연장은 '몸의 상상력'을 가능하게 한다. 즉 인간은 본질적으로 자신의 몸(의 한계)을 벗어나서 또 다른 몸을 상상하는 소위 '몸 밖으로의 상상'을 통하여 자신의 욕망을 성취하고자 한다: "몸에 대한 상상력은 몸을 벗어나고자 하는 인간의 끊임없는 욕망과 떨어질 수 없다. 자신의 몸을 떠나 다른 몸을 상상하는 것, 이것이 몸을 상상하게 만드는 원동력이다."(허정아, 2011: 82) 인간이 태생적 한계인 몸(육체)의 한계를 뛰어넘어서 자신의

2012: 260).

무한한 욕망을 달성하고자 하는 것은 어쩔 수 없는 일일지 모른다. 심지어 육체의 연장이 삶에 에너지가 될 수 있는데, 바로 이를 가능하게 하는 것 역시 상상력이라는 사실이다. 결국 육체(의 한계)를 연장하고자 하는 인간의 욕망은 무한한 상상을 통하여 마침내 테크놀로지의 탄생을 가능하게 했던 셈이다. 그런데 특히 인간에게 테크놀로지의 발달은 '손의 사용'과 직접적으로 결부되었던 것이다: "네발로 땅 위를 걸어 다니다가 두발로 서면서 손을 자유롭게 사용할 수 있게 된 인간은 생각을 하거나 연장을 만들고 사용하는 능력에서 다른 동물과 큰 차이를 보이게 되었다."(루카 프라이올라, 1999/ 이충호 옮김, 2004: 6), 즉 인간의 상상은 자유와 늘 결부된다. 우선 자유로워진 손이 우리의 상상을 현실로 바꾸었다. 실제로 우리는 예나 지금이나 높은 나뭇가지 위에 매달린 열매를 따 먹기 위해 인간은 '손과 팔의 연장延長'으로 긴 막대를 사용하고 있다. 높은 나무 위에 앉아 있거나 날아가는 새를 사냥하고 도망가는 들짐승을 쏘기 위해서 돌로 활과 화살을 고안해 냈을 것이다. 기다란 돌창으로 멀리 있는 동물을 공격할 수 있었을 것이며, 맨주먹으로 방어하기 어렵기에 방패防牌를 고안해 냈을 것이다. 결국, 모든 도구道具의 제작과 사용, 즉 테크놀로지의 탄생은 손의 연장, 즉 '육체의 연장延長'에서 비롯된 셈이다.

그런데 여기서 우리가 주목해야 할 것은 '육체의 연장'이란 몸이 자기 스스로가 연장된 것을 의미하는 것이 아니라는 사실이다. 그렇다면 누가 육체의 연장을 지시하고 명령한 것일까? 말할 것도 없이 두뇌頭腦의 작용이다. 왜냐하면, 모든 '생각'(또는 '상상')은 두뇌에서 이루어지기 때문이다. 이런 맥락에서 미국의 기술철학자인 돈 아이디Don Ihde는 테크놀로지의 탄생은 '체현관계', 즉 '육체의 연장'에 그치는 것이 아니라, '정신능력'의 '해석관계' 및 '배경관계'에 의해서도 이루어져 왔다고 주장한다.

> "아이디는 기술과 인간이 맺는 전형적인 관계들로, 체현관계, 해석관계, 배경관계를 주장하고 있다. 체현관계embodiment relation란 기술이 우리 신체 기능을 확장시키는 역할을 하는 관계이다. 이 경우 기술은 외부 세계의 대상이

아니라 나의 확장된 신체의 일부로 체현되어 '확대된 나' 혹은 '유사 - 자아' 가 된다…. 해석관계hermeneutic relation란 기술이 해석을 요하는 텍스트를 제 공할 때 성립되는 관계이다… 이 경우 기술은 더 이상 나의 신체의 연장이 아니며, 오히려 내가 탐구하고 해석해야 할 대상 곧 텍스트로 다가온다… 배경관계background relation는 기술이 배경으로 숨어 있으면서 인간과 관계를 맺는 관계이다…. 여기서 기술은 더 이상 신체의 연장 혹은 세계에 접근하 는 통로로서가 아니라, 그 자체로 하나의 세계, 곧 대기권에 대비되는 '기술 권technosphere'으로 인간과 관계한다… 여기서 우리는 기계들과 직접 관계하 지 않으면서 이들을 배경으로 하여 살아가게 된다. 이러한 현상은 미래의 유비쿼터스 사회처럼 사회가 고도로 기술화될수록 한층 확대 심화될 것이 자명하다. 한마디로 인간과 기술의 관계는 이처럼 인간이 기술을 통해 세계 를 어떻게 경험하는가에 따라 구분되고, 그 본질 또한 달라진다고 정리할 수 있다."(이중원, 2009: 77~80)

실제로 단단한 나무 열매를 까먹기 위해서 인간은 주먹이나 이빨 대신에 묵직한 돌멩이로 내리치는 것이 낫겠다는 생각(상상)을 했을 것이며, 높은 나무 위의 열매를 따기 위해서 긴 나뭇가지를 사용하겠다는 생각을 해냈을 것이다. 이렇게 본다면, 결핍된 신체의 한계를 극복하기 위해 요청된 육체의 연장이 테크놀로지를 탄생하게 한 것은 맞지만, 이 과정에서 '생각thinking'하 는 두뇌능력, 즉 상황을 해석하는 '정신'이 항상 동반된 것이다.

"앤티 클라크Andy Clark는 기술은 단순히 도구가 아니라 인간의 정신 및 신 체의 확장이며, 이러한 생명 - 기술의 병합은 근본적으로 인간을 인간답게 만들어주는 인간적 본성을 반영하는 것이라고 주장한다. 즉 생존과 재생산 문제의 보다 나은 해결을 위해서 신체 외부 혹은 비생물학적 도구나 자원과 협력하고 그에 맞추어 자신의 활동을 조정하는 것 자체가 인간 정신을 인간 정신으로 만드는 본질적인 특성이라는 것이다. 그렇다면 인간 정신이라는 개념 자체는 그 심층에서부터 비생물학적인 외적 도구를 그 일부로 포함하 는 탄력적이며 개방적인 시스템을 의미하게 된다."(신상규, 2012: 113)

그러나 여기서 주목할 것은 우리가 인간의 사고능력을 오로지 '이성의 능력'과 동일시해서는 안 된다는 사실이다.[7] 이성의 능력이 발달하고 이성의 영역이 구분되기 이전에도 인간은 늘 사고한다. 즉 인간에게 사고능력이 반드시 이성적으로만 이루어지는 것은 아니다. 즉 인간의 생각이란 얼마든지 비非이성적이고 비논리적으로 시작될 수도 있다. 생각은 자유다. 심지어 인간은 반反이성적으로 생각하기도 하다. 그렇다면 이성적이면서 비이성적인 심지어 반이성적인 생각을 모두 포괄하는 사유는 무엇이라고 해야 할까? 바로 '상상력'이라고 해야 할 것이다. 왜냐하면, '상상은 자유'이며 생각의 시작이기 때문이다. 자유로운 상상에는 제약도 없고 제한도 없다. 가장 자유로운 사유, 그것은 오로지 상상에서 시작될 뿐이다.

본질적으로 '상상력imagination'은 간단한 호기심으로 시작되기도 하고 단순한 감각感覺이나 직감直感이나 직관Intuition으로부터 시작된다. 그러나 상상력은 궁극적으로는 이성reason 내지 논리logic 그리고 감성emotion의 영역까지 모두를 포괄하는 가장 심저心底의 잠재적 사고능력이며 인간에게는 최초의 사고능력이다(Bachelard, 1948: 392). 반대로 테크놀로지는 '육체와 정신의 연장'으로 '육체의 욕망'과 '상상하는 정신능력'의 결정체가 된다.

결국, 인류에게 상상력의 확장은 새로운 테크놀로지의 발생을 촉발시킬 수 있다는 사실이다. 이렇게 본다면, '테크놀로지의 제1조건'은 결국 인간의 '상상력'인 셈이다. 물론 반대로 이미 탄생한 테크놀로지가 상상력의 확장을 부추긴다는 추론도 가능하다. 이를테면 바퀴의 발명이 대표적이다. 바퀴를 달면 아마도 빨리 달려갈 수 있을 것이다. 바퀴에 대한 상상은 급기야 '속도'를 발견하게 함으로써 속도테크놀로지가 발전하게 되었다. 즉 자동차의 바퀴가 비행기의 속도로 바뀌면서 항공테크놀로지가 발전하게 된 것이다. 아울러 빠름의 속도에 대한 상상은 컴퓨터테크놀로지로 하여금 마침내

---

[7] Bachelard는 이성을 기반으로 한 서구문명의 객관적 과학의 세계에서, 이미지와 상상력을 기반으로 한 주관적 상상력의 세계가 우위에 있음을 주장한 사람이다 (홍명희, 2005: 4). 애초에 이성을 기반으로 하는 과학은 완전히 상상력이었다(폴 지에스티에, 1968/ 김현수 역, 1983: 352). 즉 상상 없는 과학적 발견은 불가능하다 (폴 지네스티에, 1968/ 김현수 역, 1983: 319).

지구를 1초에 7바퀴 반을 돌게 하는 인터넷이라는 업그레이드 된 테크놀로지를 발명하게 했다. 그렇다면 이번에는 테크놀로지가 상상력의 확장을 위한 전제조건이 된다. 결국, 상상력과 테크놀로지는 상호교섭interaction의 관계이며 동시에 상보相補의 관계이다. 더 나아가서 이들은 상호 순환적 피드백circular feedback 내지 나선형적 피드백spiral feedback의 관계 속에 들어 있다고 할 수 있다. 한마디로 상상력과 테크놀로지는 '변증법적 관계' 속에서 확대재생산된다. 따라서 우리가 추구하는 테크놀로지 교육의 원천은 '상상력'에 있다. 이렇게 본다면, 상상력 교육이 바로 테크놀로지의 교육을 가능하게 하는 제1조건이다.[8]

역사적으로 '과학기술'의 융합개념인 '테크놀로지'는 '과학'과 '기술'이라는 단일영역 간의 단순한 합으로 치부되어 왔다. 테크놀로지의 지식 역시 마찬가지였다. 그러나 '융합融合'은 '단일의 단순한 합의 이상以上'이다. 바로 그 '이상以上'이 '상상의 영역'을 말하는 것이며, 항상 '상상'이 먼저라는 사실이다. 이는 학문적으로 해석학hermeneutics의 구호와 결코 다르지 않다. 즉 전체는 부분의 합이 아니고 그 이상이며, 전체가 항상 부분보다 먼저이다(Betti, 1972: 15~16). 이러한 해석학적 도식에 의하면, 인간에게 상상은 부분(이성, 감성)의 합 이상(생각)이며, 상상이라는 전체가 항상 먼저인 셈이다.

결국, 테크놀로지라는 융합개념은 과학과 기술이라는 부분 이상이며, 과학과 기술보다 먼저인 전체이다. 오늘날 테크놀로지의 세계는 과학과 기술이 융합되는 과정에서 새롭게 탄생하고 진화하고 있다. 이 과정에서 결정적인 역할을 하는 것이 바로 인간의 '상상력imagination'이며, 이것이 바로 테크

---

[8] 물론 지금까지의 교육에서도 상상력교육이 전혀 이루어지지 않았다고 할 수 없다. 교사 개인의 성향에 따라서, 아니면 경험중심커리큘럼운영이나 체험학습프로그램 등을 통하여 알게 모르게 상상력교육은 이루어졌을 것이다. 문제는 상상력 교육의 중요성이 다른 방식, 즉 주입식 암기, 반복연습 등의 교육방식에 비해서 거의 부각될 수 없는 구조적 문제가 우리의 교육 현실에 존재했다는 사실이다. 따라서 이제 상상력교육에 우선적인 가중치가 부여되어야 할 시점이라는 사실을 인식하는 것이 중요하다. 왜냐하면, 21세기는 창의인재를 요구하는데, 이를 위한 전제조건은 주입식 암기교육보다는 상상력 교육이 될 수밖에 없기 때문이다.

놀로지라는 '기술과 과학 간의 결합'을 '화학적 융합'으로 가능하게 하는 아교질이 되는 셈이다. 이렇게 본다면, 결국 날로 첨예화되는 (첨단)테크놀로지가 지배하는 세상에서 가장 유용한 지식은 결국 '상상력'을 통한 융합 지식으로 결판날 전망이다.

02 생태학적 지식 [9]

1. 미래사회와 생태학적 패러다임

우리 사회는 이미 정치, 경제, 사회, 문화, 종교 등 모든 분야에서 생태학적 패러다임에 들어섰다. 이제 생태학적 패러다임으로 사유하지 않는다면 많은 곳에서 문제투성이로 전락하게 될 것이다. 이유는 그동안 우리가 자연개척을 하면서 문화를 창조하면서 살아남는 방법을 채택하면서 살아온 업보 때문이다. 즉 자연개척은 자연파괴로 그리고 이를 통한 세계대전을 통한 인간살상 등 반인륜적인 삶을 자행해 온 결과 이제는 더 이상 우리 인간이 자유롭게 선택할 수 있는 영역이 없다. 생태학적 패러다임은 모든 삶을 생태학적 원리에 따라 사유하게 하고 생태학적 법칙에 따라서 모든 삶의 문제를 해결할 수 있는 방안을 모색하도록 한다. 따라서 지식의 탄생 역시 이러한 생태학적 패러다임 하에서 발생하고 있다. 이러한 성향은 21세기 미래사회에서도 계속될 전망이다. 한마디로 21세기 지식의 탄생은 생태학적 패러다임 속에서 결정된다.

생태生態를 의미하는 에코("eco")는 희랍어로 "oikos"(houshold)인데, "인간이 거처하는 집"을 의미한다. 즉 '생태'란 '인간의 직접적인 삶의 환경'을 의미한다. 따라서 이를 연구의 대상으로 하는 생태학은 한마디로 "지구촌

---

9   이 부분은 본인의 학술논문 "(심층)생태학적 인간이해를 통한 교육 패러다임의 재구성(교육문제연구, 제36집, 2010) 59~63쪽을 수정, 보완한 글임.

가족earth household에 대한 연구"(Capra, 1996: 32)가 된다. 다시 말하면, 생태학은 지구에 살고 있는 생명체와 환경 간의 상호작용에 대한 연구이다. 그러나 지식과 교육의 세계에서 "생태학"이라는 개념은 19세기 중반 앙리 소로Henri Thoreau의 "Letter, New Year's Day(1858)"에 의해 처음 사용되었다(아모스 H. 홀리, 1950/ 홍동식 외 옮김, 1995: 13). 그는 「산림 나무의 계승the succession of forest tree」(1860)이라는 자신의 대중강연을 통하여 생태학에 대한 최초의 경험적 사례 연구를 발표하였다(Mainzer, 1997: 107). 그러다가 1909년 발트의 생물학자 웩스퀼Jakob von Uexkuell에 의해서, 생태eco는 "환경Umwelt"과 동일시되었다(Uexkuell, 1909).

생태학이 학문으로 자리매김하게 된 계기는 생태학 연구ecological studies 또는 생태과학the science of ecology이라는 개념이 등장하면서부터이다. 이의 계보는 1930년대 중반 영국의 식물생태학자인 탠슬리Arthur Tansley가 생태학이라는 학문의 연구대상을 '생태계ecosystem, 生態界'로 규정하면서부터였다(Cooper, 1957: 658). 이러한 학문적 연구는 20세기 중반까지 클레멘츠Frederic Clements, 엘튼Charles Elton(1900~1991), 허친슨George Evelyn Hutchinson(1903~1991), 린디먼Raymond Lindeman, 유진 오덤Eugene P. Odum과 하워드 오덤Howard Thomas Odum 등의 업적을 통해서 비약적으로 성숙되었다(김영식·임경순, 2002: 391~392). 그러나 사회실천운동의 성격을 가진 생태학 연구는 전후 미소 등 강대국을 중심으로 일어난 빈번한 핵실험들과 이에 따른 핵核과학의 발전과 함께 보다 생동적·현실적으로 발전하게 된다. 특히 핵실험을 통한 생태계의 에너지 흐름과 생태학적 변화에 대한 조사는 핵과학의 발전에 기여함과 동시에 생태학적 기초자료DB의 이론화작업에도 크게 기여를 했다.

한편, 20세기 중반부터 오덤Eugene&Howard Odum 형제는 자신들의 이론을 "시스템생태학ecosystem ecology"으로 발전시켰다. 이들의 시스템 생태학에서 생태계는 '기능적으로 연결된 부분들로 구성된 자기-조절적인 단위'로 분석된다. 즉 오덤 형제는 생태계에서 일어나는 에너지 및 물질의 흐름과 변화과정을 열역학 이론의 기반으로 하는 시스템 언어로 분석하고 이를 수식으로 정량화하였다(하워드 오덤, 2000). 아울러 오덤 형제는 생태학이야말로 자연과학과 사회과학(교육학 포함)을 연결시킬 수 있는 융·복합(또는 통섭)학문의 첨단으로 보면서 그 영역의 확대 가능성을 시사했다. 그러나 생태학이 '새로운 과학'으로 자리매김하게 된 결정적인 계기는 미美국립과학재단에서 1968년부터 1976년까지 9년간 지원한 「국제 생물학 프로그램 International Biological Program」이라는 초대형 정부프로젝트였다. 비록 이 프로젝트는 성공적으로 마무리되었다고 평가되지는 않지만, 20세기 중반부터 생태학 또는 생태에 관한 연구를 과학적·학문적 차원으로 올려놓음으로써 특히 "시스템 생태학"이 융·복합(통섭)의 거대과학으로 부각될 수 있는 계기를 마련해 주었다.

2. 생태철학적 지식

오늘날 전 세계에 급격하게 파급되고 있는 '심층생태학deep ecology'은 과학적 생태학에 근거를 둔 '철학적 사회운동'이며 이로써 탄생하는 지식은 '생태철학적 지식'이다. '심층생태학'이라는 용어를 처음 사용한 사람은 노르웨이의 철학자 나에스Arne Dekke Eide Naess(1912~2009)이다. 그는 생태학을 표층생태학shallow ecology과 심층생태학deep ecology으로 구분하였다.[10] 그에 의하면(1973), 표층생태학은 모든 생태계에서 중심은 '인간'에게 있는 반면, 심층생태학에서는 '인간도 자연의 일부'일 뿐이며 우리가 살고 있는 자연생태계에서는 '생명 그 자체'가 중심이다.

현대생태학자 카프라Fritjof Capra(1996)는 표층생태학과 심층생태학 사이에 패러다임의 전환이 존재한다고 하면서(3p), "과거의 표층생태학의 낡은 패러다임이 인간중심적 가치들에 기반하고 있는 반면, 심층생태학은 생태중

---

[10] 아른 나에스A. Naess는 철학 분야 국제전문학술지인 『inquiry』의 1973년 판 여름호에 실린 자신의 논문인 [표층생태운동과 깊고 멀리 걸친 생태운동(„The Shallow and the Deep. Long - Range Ecology Movements, 1973)]에서 새로운 생태학으로서의 '심층생태학'의 필요성을 처음으로 주장했다.

심적eco-centric 가치들에 기반을 두고 있다"(Capra, 1996: 11)고 설명한다. 표층생태학은 역사 이래로 인간이 수직적 '지배자의 시스템'[11]을 만들면서 자연을 도구적 가치와 수단으로 활용하였던 방식을 사용하고 있지만, 심층생태학은 인간과 자연의 관계를 주관과 객관, 즉 주체와 대상의 관계가 아니라, 상호의존적이며 상호공존적인 우주의 동일 현상으로 간주한다. 심지어 심층생태학적 인식은 영적 또는 종교적 인식까지를 포괄한다(Capra, 1996: 7).

　여기서는 모든 개체들이 인간이건 자연이건 전체로서의 우주 속에 서로 연결·의존되어 있다. 결국, 인간은 다른 생명과 마찬가지로 자연의 일부로서 자연과 하나임과 동시에 자연계 속에서 '자아self'를 확장시키고 있다. 나에스Arne Naess는 이를 '생태학적 자아ecological self'(Næss, 1989: 168)라고 부른다. 그가 말하는 '생태학적 자아'란 이기적 자아나 개인적 자아의 개념을 넘어서는 자아 개념, 즉 '확장된 자아' 내지 '초개인적 자아transpersonal self'를 의미한다.[12] 심지어 가치의 문제에서도 심층생태학에서는 인간의 가치나 벌레의 가치나 심지어 박테리아의 가치나 결코 다름이 없는 '생명의 가치'라는 차원에서 똑같다. 결국, 심층생태학에서는 생명은 서로 수직적·지배적 위계관계가 있는 것이 아니고, 한 생명은 다른 생명과 상호의존, 상호공존, 상호공진화의 수평적 연결망 속에 씨줄과 날줄처럼 서로 얽혀 있다.[13] 또한,

---

[11]　아이즐러Riane Eisler는 (심층)생태학이 탄생하게 된 동기를 인간의 반反생태학적 본능 때문이라고 지적한 바 있다(Eisler, 1987: 13). 인간은 생태환경을 보호하려는 본성도 가지고 있지만, 생태를 파괴하려는 반反생태학적 본성도 함께 가지고 있다. 그런데 지금까지 우리 인간을 지배해 온 본성은 반反생태학적 차원이었다. 바로 이러한 인간의 반反생태학적 본성은 역사시대 이래로 인간으로 하여금 항상 "지배자 체계dominator system"(Eisler, 1987)을 구축하면서 살게 하였다. 아이즐러는 제국주의, 자본주의 그리고 인종차별주의가 인간의 반反생태학적 본성이 발현된 대표적 사회지배의 전형으로 꼽고 있다. 특히 사회생태학의 일종인 에코페미니즘eco-feminism에서는 남성에 의한 여성의 가부장적 지배를 여러 가지 계급적, 군국주의적, 자본제적 그리고 기업적 형태 속에서 이루어지는 모든 지배와 착취의 원형으로 간주한다.

[12]　생태학적 자아는 자연과의 일치를 통해서 이루어지기 때문에 자아 확장이 가능해진다(Capra, 1996: 12).

[13]　심층생태학에서도 가치질문은 대단히 중요하다(Capra, 1997: 11). 구체적으로 심층생태학에서는 모든 생명체는 '생명의 본능적 가치'라는 점에서 동일하게 인

이로써 생명현상의 유지, 존속이 가능해진다. 이렇게 본다면, 인간은 모두 생명의 가치 면에서 우열이 없고 동등하며, 이러한 동등한 생명가치의 인정을 통해서만 인간 세상이 유지되고 존속된다.

영국의 식물생태학자 탠슬리A. G. Tansley가 1935년 처음 사용한 "생태시스템", 즉 "생태계ecosystems"라는 용어는 처음에 대중들에게 매우 이질적으로 여겨졌었다. 그러나 1940년대부터 등장한 "시스템이론systems theory"이 발달하면서 생태시스템이라는 용어도 함께 일반화되기 시작했다(Cooper, 1957: 659). 생태학적 시스템, 즉 생태시스템들이란 구조적이고 기능적으로 조직된 시스템 속에서 함께 작용하는 자연의 물리적, 화학적, 생물학적 성분의 결과들을 말한다. 이러한 관점에서 본다면, 생태학은 생물과 무생물들이 이들이 속해 있는 주변환경, 즉 생태시스템 또는 생태계 속에서 어떻게 기능·역할하면서 공존하고 있는가에 대해 연구하는 학문이 된다(Mainzer, 1997: 106). 우리가 지구의 자연권 또는 환경을 하나의 시스템으로 본다면, 시스템의 원리와 내용 그리고 방법에 대하여 구체적으로 연구하고 탐구할 수 있을 것이다. 따라서 생태환경으로서의 '생태계'를 연구 대상으로 하는 생태학은 생태학적 시스템을 밝혀낼 수 있는 학문이 된다.

한편, 생태학을 통한 생태계의 연구는 학문연구의 세계에서 때로는 학문 간의 엇물림 현상을 통하여 때로는 개별 학문의 세계에서 때로는 통섭융합연구를 통하여 '생태학적 관점을 통한 연구'로 확장되기 시작하였다. 이는 '생명(체)', '생명시스템', '생명현상', '생명본질'을 가능하게 하는 근본적인 삶의 현상들에 대한 '학제간 연구interdisciplinary research'[14]에 가속도를 붙여 놓을 수 있었는데 1970~1980년대 들면서 본격화되었다. 특히 '생명'은 스스로를 조직

정된다. 왜냐하면, 인간 역시 '생명'이라는 그물 전체를 구성하고 있는 한 가닥의 씨줄과 날줄에 불과하기 때문이다(Capra, 1996: 7).

[14] 오스트리아의 물리학자인 슈뢰딩거Ervin Schroedinger가 자신의 저서 『What is Life』(1944)에서 "생명시스템은 물리시스템과 똑같은 방식으로 설명될 수 있다"고 선언한 이래로, 우리의 생명시스템은 학제간의 연구를 통하여 보다 정확하게 밝혀지는 전기를 맞게 되었다(마이클 머피·루크 오닐 엮음, 1995/ 이상헌·이한음 옮김, 2003: 23 참고).

하면서 살아간다는 명제에 대한 실험적 가설과 검증의 과정을 통하여 생명의 현상학적 본질이 밝혀지기 시작했다. 일명 "자기조직화self-organizing의 현상"을 연구하는 과학자들의 출현이 이를 대변한다.

> "자기조직화의 개념은 사이버네틱스의 초기(1940년대), 즉 과학자들이 신경망 속에 내재하는 논리를 재현하는 수학적 모델을 구성하기 시작했던 때에 생성되기 시작했다…. 1950년대 말 물리학자이며 사이버니스트였던 포에르스터Heinz von Foerster는 자기조직화의 개념을 활성화시키는 중요한 촉매자가 되었다… 그 후 20년 동안 포에르스터는 자기조직 시스템에 대한 연구에 몰입하는 학제간의 연구 그룹을 유지했다…. 1970년대와 80년대에 이러한 초기 모델의 핵심 아이디어들은 벨기에의 일리야 프리고진Ilya Prigogine, 독일의 헤르만 하켄Hermann Haken과 만프레드 아이겐Manfred Eigen, 영국의 제임스 러브록James Lovelock, 미국의 린 마굴리스Lynn Margulis, 칠레의 움베르토 마투라나와 프란시스코 바렐라 등에 의해 정교화되기에 이르렀다(Capra, 1996: 83~85).

특히 프리고진I. Prigogine의 "흩어지는 구조"Dissipative Structures의 이론, 하켄 Hacken의 레이저 이론Laser Theory, 아이겐의 "초사이클Hypercycles" 이론, 마투라나와 바렐라Maturana&Varela의 자기제작Autopoiesis 이론(산티아고이론), 러브록J. Lovelock의 가이아 이론을 통하여 정교화된 '자기조직화 시스템의 이론적 기반들과 초기 모형들'이 나타나기 시작했다. 이러한 이론들은 오스트리아의 물리학자인 얀치Erich Jantsch의 『자기조직하는 우주The Self-Organizing Universe』(1980)라는 제목의 저서에서 일단 체계적으로 종합되었다. 그러나 얀치의 저서가 쓰여질 당시에는 복잡성의 수학과 복잡계이론Complex Theory 이 널리 알려지지 않은 때였다. 따라서 오늘날 복잡성이론의 발전과 함께 이들의 연구물들은 후학들에 의해 보다 첨예화·계량화되면서 단계를 성숙시키고 있다고 할 수 있다.

이들의 발견에 의하면, 지구 상의 모든 생명체들은 '자기조직화'로 알려진 자연발생적·창발적 삶의 질서원리를 통하여 계속 출현하고 있으며, 이러한 '자기조직화의 원리'에 따라서 모든 생명체들은 '하나의 생명으로서'

자신의 삶을 계속 유지·존속·발전시키고 있다는 것이다. 이것이 바로 이들이 발전시킨 '자기조직화이론'의 논리적 귀결이었다.

오늘날 자기조직화의 원리는 '학제간의 연구' 또는 '융·복합적 - 통섭 연구'를 통하여 보다 과학적이고 객관적으로 규명·설명되고 있다. 이를 대략 정리해 보면, 첫째, 생명체는 자기조직화 과정을 통하여 자기만의 고유한 행동양식을 창조하며, 둘째, 자기조직화는 평형상태가 아닌 비평형 상태에서 이루어지며, 셋째, 자기조직화가 이루어지기 위해서는 시스템을 통한 에너지와 물질의 일정한 흐름이 필요하기 때문에 반드시 열린 시스템으로만 가능하며, 넷째, 자기조직화 과정 속에서 시스템의 구성요소들은 비선형적non-linear으로 연결됨으로써 "인과적으로 연결된 구성요소들의 순환적 배열"(Capra, 1996: 55)인 "피드백 루프"[15]가 가능해진다. 그러나 이러한 생명의 자기조직화 원리는 이미 2천 수백 년 전에 자연학physis을 시작했던 아리스토텔레스가 엔텔레키entelechie의 개념을 사용했을 때로 거슬러 올라갈 수 있다. 그에 의하면, 생명은 외부로부터 움직임이 촉발되는 무생물과 달리 자기 움직임의 특성에 의해 규정된다(Mainzer, 1997: 81).

자연과학(특히 생물학)에서 비롯된 생태학은 생태계와 생태학적 시스템을 파악하고 이해하기 위해 물리, 화학, 지질, 천문 등 제반 자연과학의 영역을 관통하면서 이를 융합시키고 통섭하더니 급기야 특히 '자기조직화이론'의 등장을 기점으로 '생명현상' '생명의 본질(본성)', '생명성' 등 융·복합적 생명철학의 영역을 개척하는 과학적·학문적 기반을 수립해 주었다고 할 수 있다.

결국, 21세기 지식의 탄생은 생태학적 패러다임에 합당하게 이루어질 전망이다. 생태학적 패러다임의 지식은 생태학적 원리와 법칙에 근거한 지식으로서 생태계의 움직임과 함께 극히 '자연스럽게' 발생할 전망이다. 우리가 미래 지식의 탄생을 전망하기 위해서는 생태학적 지식의 탄생에 보다 주목할 필요가 있다.

---

[15] 여기서 생태계의 피드백 루프란 영양분이 지속적으로 재생되는 경로를 말한다 (Capra, 1996: 299).

03 노마디즘의 지식[16]

1. 지식유목민(지식노마드)과 지식사회

21세기는 노마드Nomad, 즉 (신)유목민遊牧民의 시대이다. 사람들은 세계 각국을 분주히 돌아다니지만, 어디에도 집은 가지고 있지 않다(McLuhan, 1995: 97). 지금부터 약 40여 년 전 '지구촌사회Global Society'를 예언했던 Marshall McLuhan의 미래는 오늘날 현실이 되었다.

> "산업시대는 많은 사람들에게 어느 정도 안락하고 편안한 삶을 선사했다. 하지만 대량 노동과 대량 생산의 시대는 우리를 끔찍하게 예속시켰다… 이 시대는 인간을 노동에 지나치게 얽매이게 했고, 개인과 사회를 마비시킬 정도로 융통성 없는 시스템을 구축했다."(군둘라 엥리슈, 2002: 10)

지금까지 정주민定住民의 역사는 산업화의 역사와 함께 해 왔다. 즉 공장과 일터는 사람들을 지속적으로 한곳으로 모아 놓았다. 그러나 정주민의 역사는 탈산업화의 역사와 함께 우리의 삶에서 점점 사라지고 있다. 어떻게 보면, 정주성定住性은 아주 잠깐 인류의 역사에 끼어들었을 뿐이다(자크 아탈리, 2005: 18) 인류는 원래 노마드nomad, 즉 유목민으로 출발한다. 인간은 먹이를 구하기 위해 떠나고 오아시스를 찾아 떠났으며 맹수의 추격을 따돌리기 위해 또한 안전한 곳을 찾아 방랑의 길을 떠났다.

---

[16] 이 부분은 본인의 학술논문 "학습사회의 성립조건: 학습생태계와 학습노마디즘"(Andragogy Today, Vol15 No.3, 2012) 19~24쪽을 수정 보완한 글임.

"5백만 년 전 '오스트랄로피테쿠스'라는 특별한 종이 나무에서 내려와 두발로 서서 동남아프리카의 풍경들을 유심히 바라보았다. 3백만 년 뒤, 오스트랄로피테쿠스의 후손인 '호모 하빌리스'와 '호모 루돌펜시스'는 걸을 수 있었기에 존속할 수 있었다. 이들은 돌을 도구로 사용했고 아프리카 전역을 돌아다녔다. 그들의 주거지는 그들의 삶과 마찬가지로 불안정했다…. 1백만 년 뒤에 최초의 인간인 '호모 에르가스테르'가 생겨났다. 이들은 여행에 더욱 적응을 잘했다…. 호모 에르가스테르의 후손이면서 다른 종인 '호모 에렉투스'는 살던 곳을 떠났다. 그로부터 몇만 년 동안에 이들은 아프리카의 나머지 지역, 유럽, 중앙아시아, 인도, 인도네시아, 중국 등지를 발견하였다… 적어도 1백만 년 전에 아프리카에서 '호모사피엔스'가 생겨났듯이, 이어서 선조들보다 더 잘 걷는 하이델베르크인이 나타났다. 그들은 더 똑바로 섰고 뇌도 더 커졌다…. 이렇게 오랜 시간이 흐르는 사이에 살아남은 종들은 유랑 생활에 가장 잘 적응한 종들뿐이다. 그리고 이동하면서 할 수 있는 사냥과 채취 기술만이 진보했으며… 이들은 불, 도구, 무기, 기억들처럼 갖고 다닐 수 있는 것 빼고는 아무것도 소유하지 않았다. 세상을 보는 방법도 모두 유랑의 필요성과 연결되어 있었다… 언어들이 생겨나고 분화되었다. 인간과 마찬가지로 언어도 여행에 의해 진화되었다."(자크 아탈리, 2005: 19~21)

한마디로 노마드의 세계는 '국경 없는 세계'(군둘라 엥리슈, 2002: 242)이다. 이들에게는 "이동이 최고의 선"(군둘라 엥리슈, 2002: 247)이다. 기원전 가나안 땅을 찾아 떠난 '유대인들의 엑소더스'[17]로부터 '영원한 노마드였던 훈족'(자크 아탈리, 2005: 162)만 하더라도 인류에게 유랑의 역사는 정착의 역사보다 훨씬 길다. 오늘날 인간은 달나라까지 날아 갔다. 지금은 인류는 호시탐탐 우주여행을 통한 또 다른 유랑을 계획하고 있다. 이렇게 본다면, 노마디즘은 인간에게 삶의 본질이었으며 삶의 본능이었다.[18] 직업의 세계도 마찬가지이다.

---

[17] 유대인들은 자기들만의 노마디즘을 통해 존속할 수 있었다(자크 아탈리, 2005: 204).

[18] "노마디즘은 오늘날 유행어가 되어 잘못 쓰이기도 하고, 아주 다양한 측면의 인간적인 것들을 수식하는데 쓰이고 한다. 예를 들어, 원시부족, 열매채취인, 수렵인, 목축인, 유랑농경민, 기사, 소작인, 선원, 순례자, 곡예사, 음유시인, 수련 기간이 끝났으나 독립하지 못한 직인, 해적, 걸인, 추방당한 이, 사회에서 소외된 이, 상인,

"미래는 끊임없이 움직일 것이며, 국경도 없고 영토도 없을 것이다. 분권화되고 촘촘하게 연결되어서, 권력은 중앙에 집중되지 않고 오히려 개인에게로 향하게 된다. 정착을 선호하고, 일에 질질 끌려 다시는 월급쟁이들은 점차 자신의 노동력을 자유롭게 사용할 줄 아는, 노마드(유목민)처럼 움직이는 직업인으로 변해야 할 것이다."(군들라 엥리슈, 2002: 11)

21세기 삶의 공동체는 '지식사회'이다.

"지식은 오늘날 의미 있는 유일한 자원이다. 이제 전통적인 '생산요소들' - 토지, 노동, 자본 - 은 사라진 것은 아니지만, 부차적인 것이 되어버렸다. 그것들은 얼마든지 획득할 수 있는 것들이며, 더구나 지식이 있다면 아주 쉽게 얻을 수도 있는 것들이다. 새로운 의미의 지식은 실용성으로서의 지식이고, 사회적 지위와 경제적 성과를 얻을 수 있는 수단으로서의 지식이다."(피터 드러커, 2001: 57)

그러나 21세기 지식사회는 지식노마드의 시대이다. 즉 지식은 국경도 없으며 민족도 없이 끊임없이 유랑한다. 특히 IT 혁명과 디지털 혁명의 결과로 인터넷으로 연결된 세상에서 이제 지식인들의 유랑은 한계가 없다.

"유목민을 뜻하는 노마드Nomad는 라틴어에서 나온 말이지만 원래는 그리스어 nomas에서 유래되었다. 노마스는 '몫을 나누다'라는 nemein과 '할당된 곳을 떠돈다'는 as의 합성어이다. 자연이 내 몫으로 할당한 초원을 이리저리 떠돌아다니며 양과 염소들에게 풀을 뜯게 하고 마실 물을 찾아다니는 사람들이란 뜻이다. 노마드는 이처럼 사전적 의미로는 유목민이라는 뜻을 지녔

탐험가, 계절노동자, 노숙자, 카우보이, 이주 노동자, 정치 망명객, 낚시꾼, 여행자, 예술가, 히피, 지사 근무 간부 또는 출장 중인 간부, 비디오 게임 애호가, 휴대전화 또는 인터넷 사용자 등을 가리키고 있다. 그러나 이들 모두가 노마드인 것은 아니다. 전 재산을 갖고 다니면서 늘 여행을 하고 있는 것은 아니기 때문이다."(자크 아탈리, 16) 특히 오늘날 상업적 세계화의 가속화가 예고되고 있는데, 이는 노마디즘의 특별한 변종으로서 전 세계의 광대한 무질서, 거대한 대중운동, 국경 없는 테러리즘의 악화를 예고하고 있다(자크 아탈리, 2005: 19).

지만 21세기 새로운 인간 유형을 말한다. 유목민처럼 자유롭게 거주와 직장의 이동이 빈번한 사람들, 자유로우면서도 창조적인 사고방식을 갖춘 사람들, 새로운 방식의 인간관계 네트워크, 그리고 무엇보다 디지털 문명에 능숙한 사람들을 의미한다… 세계가 곧 나의 집이라고 생각하는 사람들이다. 이들이 디지털 노마드이다."(손관승, 2003: 131)

인터넷으로 열린 세상을 살고 있는 21세기 지구촌 사람들은 트위터, 카카오톡, 소셜미디어, 소셜커머스, 네트워킹 게임 등을 통하여 늘 소통하고 있다. 이들은 이미 하나의 연결망 속에서 함께 살고 있다. 이제 세상의 모든 지식들은 서로 모이고 섞이면서 지식의 통섭, 융복합inter-discipline, trans-discipline 현상도 팽창하고 있다. 그야말로 생태학적 지식사회가 출현한 것이다.

지식노마드는 생태학적 지식사회를 가속화시킨다. 왜냐하면, 이들은 계속 유랑, 즉 이동하고 유전하기 때문이다. 이들은 자신의 지식을 가지고 이동하며 또 다른 지식을 찾아서 이동한다. 이들의 지식은 상호 접속되고 상호연결된다. 지식공동체가 형성되는 것이다. 그러나 이러한 지식공동체는 끊임없이 유전流轉한다. 왜냐하면, 이들은 계속 국가와 국가, 지역과 지역의 경계를 넘어서 이동하기 때문이다. 이들에 의해 형성되고 유전되는 지식공동체는 자연스럽게 학습공동체로 이어진다. 왜냐하면, 학습은 인간에게 본능이기 때문이다. 이렇게 탄생하는 지식공동체와 학습공동체는 자기창조하고 공동체 속에서 서로 공진화하는 생태계를 똑 닮았다. 지식노마드의 지식들은 끊임없는 유랑 속에서 만남과 접속을 통해서 서로 공진화한다. 이러한 지식의 공진화 속에서 새로운 지식이 창조된다. 이는 생태계에서 모든 생명이 자기창조를 통해 네겐트로피를 생성해 내는 이치와 다름이 없다. 인간도 학습으로 새로움을 스스로 창조하는 한, 세상에서 살아남는 조건은 보다 유리해 진다.

2. 지식노마드와 학습노마디즘

인간의 삶은 크게 두 가지 부류를 지향한다. 하나는 안전하게 사는 것이고, 다른 하나는 위험을 무릅쓰고 모험을 하면서 살아가는 것이다. 이는 개인에게도 마찬가지이고 사회에게도 마찬가지이다(미셸 마페졸리, 2008: 185). 노마드의 삶은 후자에 속한다.

노마드의 특권은 '방랑放浪의 자유'이다. 방랑의 자유는 자신의 영토를 탈출한다. 이러한 의미에서 노마드의 삶은 곧 탈영토화deterritorializations를 말한다. 보다 큰 삶을 위해 탈영토화를 주장하는 Deleuze에게 있어서 바람직한 삶은 유목민처럼 탈주선light of flight을 따라 다른 삶의 영토, 다른 삶의 방식, 다른 사유, 다른 가치를 찾아 끊임없이 이동하는 삶이다(목영해, 2009: 125).

그러나 이러한 자유는 영원한 방종을 허락하지는 않는다. 이들은 유랑하면서 자신의 영토를 벗어나지만, 그것은 영원한 영토이탈이 아니다. 언젠가는 다시 그 영토로 또는 다른 영토로 회귀한다. 노마드들이 추구하는 탈영토화는 곧 재영토화reterritoralizations를 예고한다. 이렇게 본다면, 이들의 유랑은 '역동적인 정착'을 추구한다(미셸 마페졸리, 2008: 190). 즉 이들은 노마드적 궤적nomadic trajectory을 남길 뿐이지, 언제든지 (또 다른) 영토 위에서 살아가며 영토를 가지고 있다(Deleuze/ Guattari, 2002: 380). 다시 말하면, 탈영토화와 재영토화는 모든 것을 수정해 놓는 것은 아니며 다만 (지구의) 선택을 결정할 뿐이다(Deleuze/ Guattari, 2002: 54). 즉 탈영토화는 노마드들에 의해서 시작되는 것처럼 보이지만, 따지고 보면 탈영토화는 노마드에게 새로운 영토를 제공하는 방식 속에서 지구 스스로가 그렇게 하는 것이다 (Deleuze/ Guattari, 2002: 381). 왜냐하면, 지구는 이미 생성 초기부터 스스로 지질층의 형질 변화를 스스로 진행시켜 왔기 때문이다(Deleuze/ Guattari, 2002: 52). 결국, 노마드들은 지구 지질층의 자연스러운 형질변화에 따라 스스로를 이동시키는 것일 뿐이다. 이렇게 본다면, 노마디즘은 지구라는 자연에 구속되어 살고 있는 인간에게 삶의 본질인 셈이다. 즉 인간은 호모

노마드homo nomad이다. Graig O. McCaw는 다음과 같이 말한다: "인간은 노마드로 시작했다. 바로 이것이 인류에게 가장 본질적인 상태일 수 있다."(Tsugio/ Manners, 1997: 1)

그러나 중요한 것은 이로써 '새로움'이 탄생한다는 사실이다. 그러한 새로움은 "이타성과의 관계, 이타성과의 연결"(미셸 마페졸리, 2008: 187)을 통한 축제적 융합(미셸 마페졸리, 2008: 198)이다. 왜냐하면, 노마디즘에서는 지속적인 상호작용의 왕래만이 있을 뿐, 절대적인 대립관계는 없기 때문이다(자크 아탈리, 2005: 126).

> "방랑은 어떤 의미에서는 나와 자연의 통합성을 가져다준다. 그것은 또한 나와 타인의 통합성 역시 가져다준다. 방랑은 작은 개인으로서의 나를 총체적인 거대한 나의 안으로 인도한다. 모든 것은 자신과 사물 내에 존재하는 신적인 것을 일깨워준다. 이것을 우리는 '사회적 신'이라고 부를 수 있다… 방랑은 전체 집합체 안으로 개인을 데리고 오는 것이다. 그 집합체는 자연적 집합체일 수도 있고 공동체적 집합체일 수도 있다. 이것은 세계의 유기적 개념으로 이해될 수 있다. 이것은 이별, 구분, 사회적 또는 인식론적 단절을 넘어서는 어떤 것이다. 구분, 인식론적 단절 등은 그동안 서구에서 계속해서 사용했던 것이었다. 방랑은 개인의 폐쇄성을 깨고, 역동성을 다시 가져오며, 또한 사물들이 서로 융합되지 못함을 극복시켜주고, 직업적, 이데올로기적, 성적 정체성의 고정적인 면을 극복시켜주며, 삶의 가치를 복원시켜준다. 방랑은 정확히 말해 합리성, 경제성에 의해서 상처받고 소외되었던 개인과 집단의 삶에 활력을 불어넣어 준다. 이 합리성과 경제논리가 근대성의 모토였던 것은 우리가 잘 알고 있다. 이러한 사실에서 방랑은 인간의 현실에서 더 부드럽고 더 자연스럽고 더 생태학적인 비전을 복원시킨다."(미셸 마페졸리, 2008: 202~203)

결국, 학습노마디즘은 노마드들의 "영혼의 방랑"(미셸 마페졸리, 2008: 199)인 것이다. 즉 '방랑하는 학습', 즉 학습노마디즘은 모험을 통한 영혼적(지성적) 새로움을 창조하는 과제를 수행할 수 있도록 한다. 우리가 정착민의 삶에 익숙해지면서 과거 낙타를 타고 정해진 길도 없는 사막에서 이리도 가보고 저리도 가보면서 엄청난 상상력을 발휘하면서 자신만의 길을 개척하고 때로는 영원한 생명수인 오아시스도 발견하기도 했던 고대 이집트인들과 소아시아계통의 유목민들에게서 볼 수 있었던 상상력의 세계를 잃어버린 지 오래다. 새로운 유목민의 삶, 즉 네오 노마디즘(Nomadism/ 미셸 마페졸리, 1997)이 시급하게 요청되는 대목이다.

그러나 이러한 영혼의 방랑은 카오스 이론에서 말하는 '혼돈 속의 질서'를 기약하며, 항상성Homeostais의 본능 덕분에 발생하는 "카오스의 가장자리"(Prigogine)에서 창발創發하는 '새로운 지식의 창출'을 가능하게 한다. 이렇게 본다면 '학습형인간'에게 최적의 생존조건은 학습생태계를 계속 유랑하는 '학습노마디즘'일 수밖에 없다. 따라서 '학습learning'은 지식노마드에게 주어진 사명mission이 된다. 즉 이들에게는 끊임없이 학습하면서 자연스럽게 지식이 새롭게 탄생한다. 새롭게 탄생하는 지식은 이들에게 또 다른 학습을 요청한다. 학습과 지식이 순환circle되고 상승순환spiral되는 과정이 학습노마디즘에서 끊임없이 이루어지는 것이다. 이러한 학습 - 지식이 선순환되는 지식노마디즘의 과정에서 우리는 새로운 지식의 탄생(발생)을 전망할 수 있다.

04 지혜로서의 지식

　고대인들은 하늘을 우러러보면서 '지혜'를 달라고 외쳤다. 철학자哲學者를 의미하는 필로조퍼philosopher는 '지혜를 사랑하는 자'를 의미하며, '솔로몬의 지혜'는 최적의 판단이 이루어질 때 쓰는 말이다. 결국, 우리 인류의 조상들은 '지식'을 구하기보다 먼저 '지혜'를 구했다. 물론 이들이 구하려던 지혜에는 지식도 포함된다고 할 수 있다. 왜냐하면, 지식 없는 지혜는 맹목적이며, 지혜 없는 지식은 허망할 수 있기 때문이다. 칼이 잘 든다는 지식만을 가지고 사람을 찌르면 어떻게 되는가? 결국, 그는 지혜롭지 못한 것이다. 칼로 사람을 해하면 자신도 잡혀간다는 지식을 몰랐던 셈이다.

　이렇게 본다면, 단편적인 지식은 위험하다. 그렇다고 해서 모든 지식의 합이 곧 지혜가 되는 것은 아니다. 왜냐하면, 많은 지식을 가지고 있지 않아도 지혜로운 사람이 가능하기 때문이다. 그러나 지혜는 반드시 지식을 전제하지만, 지식은 지혜와 무관할 수 있다. 이렇게 본다면 지식은 지혜의 필요조건이지만 충분조건은 아니다. 한마디로 지식은 지혜의 바다에 떠다니는 돛단배와 같다. 다시 말하면 지식의 가치와 의미는 지혜가 결정한다. 즉 지혜롭지 못한 지식은 더 이상 지식이 아니며, 지혜로운 지식만이 지식으로서의 가치와 의미를 갖는다. 그렇다면 지혜란 무엇일까?

　서양에서 지식은 주로 기독교의 논리에 따라서 발생되고 발전되었다. 그렇다면 기독교의 논리란 무엇일까? 한마디로 탕자蕩子의 논리이다. 인간은 태어나면서부터 탕자로 멀리 도망을 가서 자유롭게 살려고 한다. 그렇다면 누가 탕자인가? '원칙이나 기준'에서 벗어나는 자가 탕자이다. 그렇다면 원칙과 기준은 누가 정하는가? 물론 기독교에서는 하나님이다. 그렇다면 하나님을 믿고 따르기만 하면 탕자가 아닌 자로서 원칙과 기준을 벗어나지 않으며 사는 것인가? 물론이다. 그렇다면 하나님이 제시하는 원칙과 기준은 구체적으로 무엇인가? 물론 기독교의 경전인 '성경Bible'에 적힌 내용들이다. 그렇다면 우리는 성경 구절을 외우기만 한다면 원칙과 기준을 알 수 있는 것일까? 일반적으로 그렇다고 생각한다. 그래서 신도들은 열심히 성경을 읽는다. 특히 중세시대에는 그랬다.

당시 성경은 교리문답catechism의 방법으로 후세 사람들에게 전수되었다. 교리문답이란 말 그대로 기독교의 교리教理를 문답형식으로 가르치는 것이다. 이를테면, 교황이나 신부님 아니면 목사님이 성경의 대목을 묻고 제자는 답한다. 단 성경에 있는 그대로 말을 해야만 정답이다. '세례洗禮'를 받는 것도 똑같은 과정을 거친다. 목사님이 성경 구절에 적힌 내용을 물으면, 세례를 받고자 하는 자는 성경에 있는 그대로 대답하면 된다. 그렇다면 이들이 성경 구절을 토씨 하나 빼놓지 않고 적혀있는 그대로 달달 외워서 똑같이 대답한다고 해서 정말로 성경 구절을 모두 완벽하게 납득한 것일까? 성경 구절을 정확하게 말했으니 그는 하나님의 지식, 즉 기독교에서 정한 기준과 원칙을 완벽하게 알고 있는 것인가? 그렇다. 그러나 그렇지 않다. 물론 혹자는 성경에 입각한 삶의 원칙과 기준에 완전히 부합하는 지식을 이해하고 있을 수 있다. 그러나 모두 그렇다고 할 수는 없다. 왜냐하면, 그냥 건성으로 달달달 외워서 답을 했지만 실제로는 전혀 이해하지 못하고 있을지도 모른다. 아니면 전혀 알지도 못하면서 세례를 받기 위해서 아니면 교리문답을 통하여 지식을 전수받기 위해서 그냥 뜻도 전혀 모른 채 그저 외운 것을 말했을 수도 있다.

그렇다면 이러한 현상을 우리는 어떻게 생각해야 할까? 우선 '개인차個人差' 때문이다. 사람에 따라서 어떤 이는 이해도가 높을 수도 있지만, 어떤 이는 이해도가 떨어질 수도 있다. 심지어 잘못 이해함으로써 오해를 불러일으킬 수도 있다. 자신이 이해한 대로 그것이 삶의 원칙이고 기준이라고 판단하여 그렇게 행동하지만, 늘 좌충우돌이며 전혀 남들과의 이해 차이로 많은 부작용을 발생시키기도 한다. 그렇다면 이렇게 발생하는 자연적인 이해의 불일치, 오해의 문제를 어떻게 해결할 수 있는 것일까? 직접적인 해결책은 없다. 그냥 시간이 지나면 좀 더 잘 이해할 수도 있을 것이며, 심지어는 한순간의 오해가 풀리기도 할 것이다. 시간이 약이라는 말이 맞는지도 모른다.

이러한 현상에 대해서 학자들은 어떻게 생각했을까? 아주 심각하게 생각한 사람들이 있다. 그 사람들이 바로 해석학자들Hermeneutiker, 解釋學者이다. 해석이 문제라는 것이다. 다시 말하면, 성경은 해석하는 자에 따라서 해석 여하에 따라서 그 의미가 전혀 달라질 수 있다는 것이다. 기독교에서 진리로 여기는 성경이 글자대로는 사실일지언정 성경 구절을 읽고 이해하는 사람들은 천양지차이기 때문에, 온전한 성경의 이해를 위해서는 반드시 해석이 필요하다는 것이다. 사실 하나님의 말씀이라는 성경 구절은 말씀하신 하나님만이 알고 있다. 아무리 하나님의 말씀을 후대인들이 성경 글귀로 남겼다고 해도, 우리 인간이 이의 속뜻을 완전히 알 수는 없다. 그래서 인간을 '유한자'라고 하는 것이다. 반면, 매사에 전지전능全知全能한 하나님을 기독교에서는 무한자無限者라고 한다. 한마디로 하나님은 모르는 것이 없지만, 인간은 한계성 때문에 모르는 것투성이일 수도 있다. 물론 사람에 따라 다르다. 개인차는 있다. 그러나 모두 신에 비하면 '유한자'이다.

결국, 해석이 답이다. 따라서 성경의 이해는 반드시 해석학의 대상이 된다. 성경 구절은 끊임없는 해석의 과정을 통하여 점점 더 잘 이해될 수 있다는 생각이 바로 해석학자들의 생각이다. 특히 기독교 하나님의 시대였던 중세시대에 성경은 반드시 해석의 대상이며 해석을 통하여 성경의 온전한 의미가 밝혀진다. 이것은 바로 진리를 밝혀내는 것이며, 하나님의 지식, 즉 삶의 원칙과 기준을 밝혀내는 일이다. 따라서 중세시대 학문하는 방법의 중심은 해석학이 된다.

그렇다면 이제 문제는 원칙과 기준이 지속적인 해석의 과정을 통하여 밝혀질 수밖에 없는 상황이라면, 도대체 탕자를 결정하는 기준과 원칙은 도대체 어떻게 가능하다는 것인가? 결국, 이러한 의문은 꼬리에 꼬리를 물고 있기 때문에 실마리를 풀기가 쉽지 않다. 이는 '세상에 진리가 존재하는가' 하는 질문에 대해서 아무도 선뜻 답하지 못하는 이유와도 같다. 세상이 아무리 바뀌어도 지켜야 할 것은 지켜야 한다는 주장을 하는 사람들도 많다. 그렇다면 세상이 바뀌어도 지켜야 할 것은 무엇인가? 궁여지책으로 어떤 사람은 자신이 생각하는 것을 말하곤 한다.

그러나 상대방이 들으면 반드시 지켜야 되는 것 치고는 좀 아니다라고 생각할 수도 있다. 물론 공감대를 얻을 수도 있다. 소위 보수保守와 진보進步가 대립하는 이유도 같은 이치이다. 한쪽에서는 이것만은 반드시 지켜져야 한다고 보는 것이고, 다른 쪽에서는 반드시 지켜질 필요는 없고 오히려 바꾸어야 할 대목이라고 주장하기도 한다. 타협선을 찾기가 여전히 쉽지 않다. 물론 극적으로 타협점을 찾는 경우도 있다. 그러나 시간이 지나면 또다시 격돌한다. 완전한 타협이 아니었기 때문이다. 진보와 보수 간의 완전한 타협은 불가능하다. 왜냐하면, 자신들의 입장에서 기준과 원칙이 다르기 때문이다. 보수의 기준에 볼 때 진보는 탕자이다. 진보의 입장에서 볼 때 보수는 꼼짝하지 않는 불통으로 보인다. 그러나 사실 보수나 진보나 모두 다 상황에 따라 적절히 지키면서 적절히 변화시키면서 살고 있는 것이다. 물론 정도 차는 존재한다. 그러나 완전히 안 변한다거나 완전히 변한다거나 극단을 취하는 사람은 없다. 10% 진보에 90% 보수, 90% 진보에 10% 보수, 50% 진보에 50% 보수 등 비율이 섞여 있을 뿐이지, 100% 진보, 100% 보수는 없다.

그런데 마치 이를 그런 것처럼 서로 극한으로 보수와 진보로 대립시켜 놓고, 궁극적으로는 자신들의 입장만을 관철시키고 자신들의 목적만을 달성하기 위해서 국민들을 편 가르기로 선동하여 자신들의 이득만 취하는 대표적인 사람들이 바로 정치인政治人들이다. 이들은 마치 100% 보수나 100% 진보가 있는 것처럼 국민들을 호도한다. 왜냐하면, 자신들의 이권 때문이다. 무지몽매한 국민들은 이를 따라 다닌다. 왜냐하면, 이들도 누군가를 쫓아다니다 보면 소위 떡고물이라도 떨어질 것으로 생각하기 때문이다. 이들이 바로 자기의 주장이 없는 당원黨員이다. 그래서 이들은 무조건 보수, 무조건 진보를 주장한다. 왜냐하면, 떡고물이 떨어질 것을 기대하기 때문이다. 어떤 정책도 당이 명령하는 대로 무조건 반대, 무조건 찬성으로 몰고 간다. 국민들은 이런 정치판을 보고 진저리 넌더리를 낸다. 그러나 선거 때가 되면 이들도 전혀 가당치도 않은 떡고물에 자신에게 부여된 신성한 표 한 장을 헌신짝처럼 팔아버린다.

결국, 원칙과 기준이 불안하기 때문이다. 학문의 세계에서도 끊임없는 해석을 통해서만 우리는 온전한 이해를 도달할 것이라고 주장한다. 그럼 도대체 어떻게 하라는 것인가? 계속 끊임없이 해석학적 순환을 통해서 온전한 뜻과 의미를 이해하여야 한다고 하니, 그렇다면 언제까지 해석을 하면 된다는 말인가?

라틴어의 라치오raio라는 말이 있다. 이는 물론 합리주의rationalism의 어원인 '합리合理'라는 뜻이다. 합리란 '이치에의 부합'을 말한다. 그렇다면 이치에 부합된다는 것은 무엇인가? 이치란 세상이 돌아가는 이치를 말하면 삶의 원칙이며 기준이 된다. 따라서 이는 진정한 지식을 판단하게 하는 원칙과 기준이기도 하다. 그렇다면 세상이 돌아가는 이치란 구체적으로 무엇인가? 만약 그것이 구체적으로 밝혀진다면 삶과 지식의 원칙과 기준은 쉽게 접근될 것이다. '세상이 돌아가는 이치'나 '삶의 이치'란 과연 무엇인가?

이렇게 본다면, 결국 서양의 지식관과 동양의 지식관은 결코 다르지 않다. 동양에서도 지식은 도道에 입각한 지식이야말로 진정한 지식이다. 다시 말하면, 도에 합당한 지식이 진정한 지식이다. 그렇다면 도에 합당한 지식이란 구체적으로 무엇인가? 그것은 바로 삶의 이치에 부합되는 지식이며 세상이 돌아가는 이치에 합당한 지식이다. 이렇게 본다면 동양의 지식과 서양의 지식은 동일하다. 다만 지식을 획득하는 방법에 차이가 있을 뿐이다. 물론 지식이 발생하는 이치는 대동소이하다.

다시 돌아가서, 그렇다면 도에 입각한 지식, 도에 합당한 지식이란 과연 무엇인가? 다시 말하면, 만약 우리가 도를 안다면 도에 입각한 지식을 알기는 누워서 떡 먹기이다. 그렇다면 도란 무엇인가? 너무나도 잘 알려진 대로,

도가도비상도이다. 도란 도라고 말하는 순간 도가 아니다. 그렇다면 도대체 '도에 합당한 지식'을 우리는 어떻게 찾아낼 수 있다는 말인가? 아니 도 자체를 모르는데 어떻게 도에 입각한 지식, 도에 합당한 지식을 찾아내고 이를 획득할 수 있다는 말인가?

합리, 이치를 의미하는 라틴어의 '라치오ratio'는 '끈band'이라는 뜻을 가지고 있다. 여기서 끈이란 하나님과 나 사이를 이어주는 끈을 말한다. 하나님과 나와는 늘 (안 보이는) 끈으로 연결되어 있다는 뜻인데, 바로 이 끈이 사람이 살아가는 이치이며 삶의 원칙이고 기준이라는 말이다. 인간은 늘 하나님과 나와 연결된 끈을 통해서 삶의 원칙과 기준을 알게 된다. 만약 그 끈이 끊어지거나 분실된다면 삶은 원칙도 기준도 없이 흘러가는 것이고, 만약 그 끈이 잘 유지되고 심지어 아름답고 숭고하게 유지 발전된다면 삶은 원칙과 기준을 준수하면서 잘 이루어진다는 것이다.

기독교에서는 우리가 기도를 하는 순간 하나님과 나 사이의 끈이 유지된다. 그러나 기도를 하지 않는 순간 그 끈은 사라진다고 본다. 따라서 성경은 '항상 기도하라'고 외친다. 기도하는 순간 하나님은 내 곁에 있는 것이고, 기도하지 않는 동안 하나님은 없는 것이다. 하나님의 없는 순간 우리는 삶의 원칙과 기준에서 벗어나는 것이고 이때 우리는 탕자가 된다. 항상 기도하기 때문에 늘 하나님이 곁에 계시면 삶은 원칙과 기준을 준수하는 것이며 아직 탕자로 몰리지는 않는다. 그러나 기도가 끊기는 순간 인간은 탕자가 되는 것이다.

결국, 하나님은 기도 여하에 따라서 있기도 하고 없기도 하는 셈이다. 기도하는 순간 하나님과 내가 끈으로 연결되면서 하나님은 살아계신 하나님이 되는 것이고, 기도가 끊기는 순간 하나님은 없어진다. 즉 기도하는 순간 하나님은 있는 것이고, 기도하지 않는 한 하나님은 없는 것이다. 아인슈타인의 공식 $E = mc2$과 일치한다. 물질(m)이 1이라고 있으면 에너지(E)가 발생하지만, 물질이 0이 되면 에너지도 0이 된다. 그렇다면 에너지는 완전히 없는[無] 것인가? 분명히 에너지가 존재하지 않는다는 것은 곧 무를 의미하는 것인데, 그렇다면 여기서 무는 완전히 없다는 것인가? 그렇지 않다. 언제든지 없던 에너지는 유로 발생할 수 있다. 결국, 무는 '가능성의 무'가 된다. 언제든지 발생할 수 있는 가능성이 잠재되어 있다. 이러한 무를 '창조의 무'라고 하기도 한다. 또한 물질(m)과 에너지(E)는 정비례한다. 흩어지면 에너지고 뭉치면 물질이다.

그렇다면 과연 세상에 하나님은 있는 것인가, 아니면 없는 것인가? 하나님도 안 보이지만 언제든지 현시할 수 있다. 물론 '끈'을 발생하게 하는 기도를 통해서다. 여기서 끈은 '관계relation'를 말한다. 동양에서의 '도가도비상도' 역시 마찬가지의 논리이다. 도가 무엇인가를 묻는 순간 도가 사라진다고 하면, 과연 세상에 도는 있는 것인가, 없는 것인가? '있다'도 맞고, '없다'도 맞다. 즉 있을 수도 있고, 없을 수도 있다. 그렇다면 '있다, 없다'를 무엇이 결정한 것인가? 바로 '상황'이다. 상황에 따라서 하나님과 도道는 있을 수도 있고, 없을 수도 있는 것이다. 물론 도가의 도가도비상도만이 동양사상을 대표하는 것은 아니다. 불교의 제행무상, 제법무아도 중요하다. 그러나 불교 역시 도교의 영향권에서 자랐기 때문에 도가도비상도는 원천이 될 수 있다. 실제로 제법무아나 제행무상은 도가도비상도의 변형으로 동일한 속성도 보인다. 그렇다면 그게 무엇인가? 바로 '변화變化'일 것이다. 즉 도 역시 '형태'가 변화한다. 묻는 사람과 대답하는 사람 사이에서 도의 움직임(변화)이 가능하다. 물론 이는 도의 본질까지 건드리는 말은 아니다. 사실 도의 본질은 노자도 장자도 모른다고 했으니, 결국은 도를 아는 자는 없는 셈이다.

서양에서도 칸트는 우리가 '물 자체Ding an Sich'는 모른다고 했다. 그 이전에 소크라테스 역시 '나는 모른다는 사실만을 알고 있다'고 하면서 유한자로 태어나는 인간이 '알 수 있는 것은 없다'고 했다. 따라서 그는 늘 '모른다는 사실'을 각성하고 이를 고백하라고 하면서 '너 자신을 알라'라는 파르테논 신전의 경구를 인용하곤 했다. 우리는 본질 자체는 알 수 없다. 다만 '드러나게生起, Geschehen' 할 수는 있다. 이것이 바로 '해석학적 존재론'을 주창한 가다머의 생각이었다.

결국, 동양에서나 서양에서 본질을 알 수 없지만, 존재가 존재한다는 사실을 알게 하는 것은 '상황'이었다. 가다머 역시 '상황이 모든 것을 결정한다'고 주장했다. 지식을 알기 위해서는 상황을 알아야 한다. 물론 상황은 개방적이고 역동적이다. 따라서 상황이 모든 것을 결정하지만, 역으로 모든 것이 상황을 새롭게 만들기도 한다. 결국, 상황과 지식은 상호교호적이며 상호순환적이다. 이렇게 형성되는 '상황 - 내 - 지식'이 바로 진정한 지식이며, 이를 우리는 '지혜 속의 지식'이라고 한다. 한마디로 지혜로운 자는 지식을 상황 속에서 파악한다. 우리는 이를 '맥락적 지식contextual knowledge'이라고도 한다. 맥락 속에서 터득되는 지식은 지혜와 통한다. 지혜로는 자은 맥락 속에서 지식을 추구한다. 항상 개방적이고 역동적으로 움직이는 맥락con-text과 상황 속에서의 지식은 '의미 있는 지식meaningful knowledge'이다. 지식이 가지고 있는 의미까지 파악할 때 우리는 진정한 지식을 얻는 것이며, 이때 우리는 지혜롭다고 한다. 결국, 지혜는 의미 충만한 '맥락 - 내 - 지식' 또는 '상황 - 내 - 지식'이 된다.

에필로그

　결국, 우리는 동서고금을 막론하고 지혜를 얻기 위해서 지식을 추구해 왔다. 다만 시대적으로 지역적으로 상황에 따라서 아니면 개인에 따라서 지혜를 얻기 위한 지식은 상이하고 다양한 형태로 발전해 왔다는 사실이다.

　지금까지 '지식의 탄생'이라는 제목을 가진 본 연구는 우리의 삶에서는 지식이 어떻게 탄생하면서 어떤 이유로 소멸한다는 사실을 확인시켜 주었다. 따라서 본 연구의 주제인 지식의 탄생은 지식의 소멸과 다르지 않다. 지식은 계속해서 탄생하고 소멸한다. 그러나 지식의 탄생과 소멸은 늘 자연스럽게 이루어지는 것만은 아니다. 지식의 탄생과 소멸이 인위적이고 강제적인 경우도 허다하다. 아니 그런 경우가 역사상 훨씬 더 많았다. 특히 역사적 사회체제는 지식의 탄생과 소멸에 개입한다. 아니면 지식의 탄생과 소멸이 우리의 사회체제를 강화시키거나 반대로 와해시키는 경우도 목도해 왔다. 물론 지식의 탄생과 소멸이 극히 자연스럽게 이루어지는 경우도 목격된다. 이럴 경우에는 지식의 탄생이라고 하기 보다면 '지식의 발생'이라는 표현이 어울린다. 지식의 발생은 매우 자연스럽다. 이러한 지식은 '발생하는 지식'이라고 하는 편이 나을지도 모른다.

　자연스럽게 발생하고 자발적으로 소멸하는 지식은 우리의 세포가 살아가는 이치와 닮았다. 이미 소멸해야만 하는 세포가 계속 살아 있다면 그것은 '암세포'가 된다. 아직 살아야 하는 세포가 소멸해도 그것은 '병'이 된다. 죽지 말아야 할 뇌세포가 소멸하면 치매가 된다. 결국, 자연스럽지 못한 탄생과 소멸은 죽음에 이르게 한다. 이렇게 본다면, '자연스러움'이야말로 '진정한 생명', 즉 '삶'을 의미한다. 자연스러운 지식은 생명(삶)의 지식이며, 자연스럽지 못한 지식은 죽음의 지식이다. 이렇게 본다면 우리의 지식은 반드시 자연스럽게 발생하여야 하며, 자연스럽게 발생하는 지식이야말로 우리는 살아남게 한다.

지금까지 우리 인류는 호머사피엔스 이래로 인위적이고 자연스럽지 못한 지식을 만들면서 살아남으려고 애를 써 왔다. "아는 것이 힘이다"는 베이컨의 계몽주의 명제는 "힘(권력)이 알게 한다(지식을 만들어 낸다)"는 명제도 남겨 놓았다. 살상 무기를 만들어서 남의 소유를 빼앗고 남을 죽이면 자신이 잘 살아남을 것으로 기대했다. 1, 2차에 걸친 세계대전은 의도된 인류 살상의 표본이다. 선동과 선전의 도구로 사용된 결코 자연스럽지 못한 인위적 지식이 지구촌의 삶을 종결시킨 것이다. 특히 한때 우리의 역사에 등장했던 "우생학優生學"의 논리는 합리주의의 표상이었다. 우리 사회에는 동물 수준의 인간들이 많으니 종을 선별하여 탄생하게 하고 선별하여 살게 하자는 논리였다. 어찌 보면 합리적이다. 그러나 합리화로 끝났다. 결국, 우리 인간이 생각해낸 '이성의 세계'가 만들어내는 최고의 걸작품으로 군림했던 합리주의는 오히려 '합리화合理化'에 빌미를 준 꼴이다. 지금도 우리는 세상 도처에서 합리주의를 빙자한 합리화의 그늘 아래에서 수많은 세상이 왜곡되고 있다. 합리의 가면 뒤에는 반드시 합리화의 악마가 도사리고 있는 셈이다. 모든 것이 이성이 '도구화'(수단화)되기 때문이다. 경험론자들이나 감성론자들은 이성론자들을 끝없이 비판해 댄다. 그러나 우리 인간이 이성reason을 가지고 있다는 자체가 문제가 되는 것은 아니다. 이성이 도구화되는 것이 문제이다. 즉 특정한 목적에 의해서 또는 어떤 특정한 주체에 의해서 우리의 이성이 도구화되고 수단화되는 순간, 우리는 합리주의를 빙자하여 합리화하는 것이다. 특히 개인적 차원에서 볼 때 반성과 성찰도 없는 '자기합리화' 앞에서 우리 현대인들의 삶은 한없이 농간당하고 있다. 끊임없는 자기합리화로 인하여 '합리주의'는 마침내 '합리화'되고 말았다. 오늘날 우리는 미세먼지 앞에서 속수무책으로 삶을 연명하고 있다. 그러나 지속가능한 개발의 논리는 합리주의를 빙자한 (자기)합리화가 빚어낸 대표적인 참상이다. 이렇게 하여 오늘날 합리주의는 '합리화의 가면' 속에서 완전히 무기력해지고 있는 것이다. 따라서 합리주의 자체가 문제인 것이 아니라, 현대인들의 대표적인 '나꼼수'가 되어 버린 '합리화rationalization'가 바로 문제인 것이다.

'합리화'란 간단히 말하면 '변명'이다. 합리주의를 핑계로 '자기합리화', 즉 '자기변명'만이 난무하는 세상이 바로 병든 세상이 아니고 무엇인가? 그것도 반성과 성찰도 없이 상대방을 자신의 기준으로 끊임없이 비판해 대면서 자신을 합리화하고 자기변명만 하는 사람들이 만들어 내는 사회가 과연 정상인가? 이러한 자기합리화의 지식 자기변명의 지식은 합리적 논리나 근거rationale가 아니라 궤변sophistry, paradox, 詭辯일 뿐이다. 2천 수백 년 전 소피스트들은 자신들의 논리를 펴다가 궤변론자로 몰려서 처벌당했다. 당시에도 논리와 궤변의 차이는 한 끝발 차이였지만, 오늘날도 별로 달라진 것이 없다. 합리의 근거로서의 논리를 펼친다고는 하지만 결국은 그것이 자기합리화 내지 자기변명으로 밝혀지는 순간 이들은 궤변론자로 몰린다. 이렇게 본다면, 오늘날 합리ration를 추구하는 척 하지만 사실은 자기변명, 자기합리화를 위한 '억지의 거짓 논리deceptive logic'만을 펼치고 있는 사회를 우리는 어떻게 정상적인 사회라고 할 수 있을 것인가? 자기반성도 하나 없고 자신이 세운 주관적 잣대로 남들을 비판하면서 오로지 자신들이 노리는 목적을 달성하기 위한 자기 논리logic를 세우고, 그것을 '합리적 근거rationale'라고 주장하는 지식사회가 과연 제대로 된 사회인가? 합리적이고 논리적인 지식을 표방하지만 결국은 거짓 논리로 밝혀지는 순간 그것은 지식이 아니라 거짓 지식 내지 위장된 지식이 된다.

본 연구는 지금까지의 지식의 탄생은 '인식론적 차원'에 지나치게 의존하여 이루어졌다는 사실에 대한 역사적 추적이었다. 아울러 이러한 사실에 대한 반성이었다. 이제 '존재론적 차원'에서 지식의 탄생 내지 지식의 발생을 새롭게 검토해야 할 시점이다. 물론 존재론적 차원에서 지식의 탄생과정이나 발생과정을 규명하는 것은 원칙적으로 불가능하다. 왜냐하면, '존재'는 스스로 아무 말도 하지 않기 때문이다. 설령 말을 한다고 해도 우리가 알아듣지 못하기 때문이다.

역사적으로 철학의 범주는 크게 인식론과 존재론의 차원에서 발전되어 왔다. 물론 인식론과 존재론은 같은 개념이다. 즉 존재의 본질을 알고자 하는 것이 인식론이다. 결국, 인식론이나 존재론이나 존재의 본질을 알고 싶은 것이다. 그러나 인식론과 존재론은 같은 대상을 다룬다는 면에서는 동일하지만, 대상을 접근하는 방식에서는 다르다. 즉 대상(존재)의 본질을 파악하기 위해서 우리는 오감으로 인식하는 것이다. 즉 우리 인간은 존재의 본질 규명을 위해서 어쩔 수 없이 인식론적으로 접근할 수밖에 없다. 왜냐하면, 존재는 존재 스스로 무엇인가를 말하고 있지만, 우리 인간의 능력으로는 도저히 파악해 낼 수 없기 때문이다. 존재본질을 규명하기 위해서 존재 스스로가 무엇을 말하고 표현하는지에 대해서 알아야 하지만, 유한자limited로 태어나는 인간으로서는 도저히 알 수가 없는 노릇이다. 따라서 존재의 본질을 규명하기 위해서 비록 한계가 명확하다고 할지라도 우리 인간은 존재 대상에 인식론적으로 접근할 수밖에 없는 노릇이다.

특히 지식에 관한 이론은 '인식론의 차원'이다. 우리가 인식하는 것을 통해서 존재의 본질 또는 존재에 대한 지식이 알려지기 때문이다. 따라서 지식의 탄생 역시 인식론의 차원에서 연구될 수밖에 없다. 그러나 우리는 존재 본질을 모두 다 인식할 수는 없는 '유한자'로서의 한계를 가지고 태어난다. 이렇게 본다면, 인식론적 한계는 선천적이다. 따라서 '인식론적 반성과 성찰'은 온전한 인식을 위해서 반드시 필수적이다. 그러나 이로써도 존재 본질이 모두 알려지는 것은 아니다. 결국, 존재론적 접근이 요청되는 것이다.

존재 본질을 알아내기 위해서 애초부터 존재론적으로 접근한 사람들이 있었다. 일명 '존재론자들'이 그들이다. 인류 최초의 존재론자로서는 파르메니데스를 꼽는다. 그는 세상의 모든 존재는 '변하지 않는다'고 선언했다. 그에 의하면, 만약 변화가 가능하다면, 존재가 변화하는 동안 그 존재가 없어진다는 말이다. 그렇다면 존재하지 않는 것, 즉 비非존재도 가능하다는 것인데, '비존재'라는 말은 그 자체가 논리적으로 모순이 된다는 주장이다.

즉 만약 비존재가 존재한다고 한다면, '존재하지 않는 것이 존재한다'는 뜻인데, 이는 언어적으로도 모순이라는 것이다. 따라서 그에 의하면 모든 존재는 영원히 '불변'하는 것이다. 그렇다면 우리는 영원히 불변하는 존재의 본질을 어떻게 알 수 있을까? 실제로 봄에 싹이 트고 여름에 꽃이 피고 가을에 열매가 열리고 겨울에 잎이 진다. 그러나 이러한 자연현상은 늘 되풀이된다. 왜 그럴까? 바로 불변하는 무엇인가가 존재하기 때문이다. 바로 그게 무엇일까? 왜 생명들은 계속해서 태어나고 죽는 것일까? 왜 도토리가 참나무가 되는 것일까? 도토리와 참나무는 전혀 모양도 같지 않고 전혀 닮은꼴도 아닌데, 도토리가 자라서 참나무가 되는 이유는 과연 무엇일까? 참나무를 참나무로서 변하지 않게 하는 그 무엇, 즉 영원히 변하지 않는 존재(의 본질)는 과연 무엇인가? 엠브리오embryo의 상태에서 보면 전혀 구분이 안 되지만, 점점 자라나면서 어떤 엠브리오는 사람이 되고 어떤 엠브리오는 물고기가 된다. 왜 그런가? 형태를 결정하는 그 무엇이 먼저a priori 있다. 그러한 존재의 본질은 과연 무엇일까? 이렇게 존재(본질)에 대한 의문들이 연구의 대상으로 자리매김함으로써 생긴 이론이 바로 존재론이다.

소크라테스의 무지론을 계승하면서 '박식한 무지de docta ignorantia'의 논리를 펼친 중세 독일의 추기경이자 실험과학자, 철학자, 수학자였던 쿠자노스 Nicolaus Cusanus(1401~1464)는 신과 인간에 관한 지식의 불완전성을 역설하면서 존재론의 필연성을 강조했다. 그는 무한자unlimited와 유한자limited를 구분하면서 유한자인 인간의 눈으로 보면 원과 직선이 구분되지만, 무한자인 신의 관점에서 본다면 원과 직선은 궁극적으로 동일한 것이라고 하였다. 그의 이러한 '무한자 논리'는 존재론의 형성에도 결정적인 기여를 했다. 이를테면, 원을 완전한 '무한대unlimited'로 확대하면 원주圓周, circle는 직선直線이 된다. 그러나 우리 인간의 능력으로는 원주를 무한대로 늘려서 직선을 확인할 수 없다. 그래서 유한자이다. 이는 마치 둥근 지구 상에 살면서 우리가 직선을 그어 놓을 수 있다고 생각하는 것과 결코 다르지 않다. 그러나 착각이다. 둥근 원의 지구 상에 그은 직선은 사실 둥근 원주의 일부로서 '곡선曲線'이다. 그럼에도 불구하고 유한자인 우리의 인식능력으로는 그것을 직선으로 확신하고 있다. 결국, 곡선을 직선으로 착각하는 것은 '인식론적 오류'이며, 인간에게는 피치 못할 인식론적 한계가 있을 수밖에 없다는 고백일 뿐이다. 그러나 아무도 그렇게 생각하지 않는다. 자신이 유한자임을 인정하지 않기 때문이다. 또한, 인간이 최대한 만들 수 있는 다각형多角形은 결코 원圓이 되지 않는다. 그러나 '무한자'(절대자)의 입장에서 본다면 다각多角의 수를 마지막 무한대로 확대하면 다각형은 원과 일치한다. 그러나 인간의 능력으로는 그렇게 할 수 없다. 그래서 유한자이다. 그러나 무한자의 세계에서는 무한대의 다각은 원과 일치한다. 그래서 무한자이다. 결국, 유한자와 무한자의 관계는 존재론의 탄생에 결정적인 기여를 하게 된다. 유한자인 인간에게 피치 못할 인식론의 한계와 인식론적 오류는 결국 무한자의 세계를 포괄하는 존재론적 차원에서 비록 감각과 물질의 유한세계에서는 인식론적 한계에 부딪히지만, 우리의 '영혼과 정신'(마음)이라는 무한세계에서는 가능한 존재론의 세계에서 극복의 실마리를 찾을 수밖에 없다.

존재론이라는 용어는 17세기에 처음 나왔지만 이미 BC 4세기에 아리스토텔레스가 정의한 '형이상학metaphysics' 또는 '제1철학'과 같은 의미이다. 그러나 형이상학이 철학적 우주론이나 철학적 심리학 등의 분야까지 범위를 확장하면서, 존재론은 주로 존재에 대한 연구로 제한되었다. 아리스토텔레스에 의하면, 존재는 '운동 - 내 - 존재'이다. 즉 존재는 반드시 운동하는 가운데에 존재한다. 따라서 존재본질을 규명하기 위해서는 우리가 존재를 움직이게 하는 동력을 알아야 한다. 그의 스승 플라톤은 이미 존재론적으로 한 개인을 '국가 - 내 - 존재'로 파악하면서 국가와 개인을 일치시킨 바 있다. 18세기 존재론을 부각시킨 볼프Christian Wolff(1679~1754)는 존재론을 존재의 본질에 대한 필연적 진리를 제시하는 연역이론이라고 정의했다.

훗날 칸트와 헤겔에게서 존재는 '변증법 - 내 - 존재'로 이어지며, 후설과 하이데거에게서 존재는 '세계 - 내 - 존재'로 현상하며, 가다머에게서 존재는 '상황 - 내 - 존재'로 이해된다. 결국, 존재는 우리가 직접 알려고 해서 알려지는 것이 아니라 상황(국가, 운동, 변증법, 세계) 속에서 '스스로 드러날 수밖에 없는生起' 속성을 가지고 있다. 즉 국가가 형성되는 과정에서, 운동이 이루어지는 과정에서, 변증법의 과정에서, 세계가 형성되는 과정에서, 상황이 수립되는 과정에서 '존재'는 스스로 드러나고 발생하는 것이다.

그렇다면 우리는 존재가 스스로 드러나고 발생하게 하기 위해서 할 수 있는 방법은 없을까? 바로 이러한 질문에 마지막으로 답을 한 사람이 바로 가다머이다. 가다머에 의하면, 존재는 아무 말이 없다. 따라서 존재가 스스로 말을 하게 하기 위해서 우리는 존재가 말(대화)을 하는 상황 가운데로 피투Entwurf될 수밖에 없다. 이를테면, 아이가 놀이터에서 노는 것이 아니라, 놀이터라는 장소(상황)에 아이가 들어간 것이다. 아이는 놀아지는 것이다, 존재는 말을 하고 있지만 우리는 듣지 못한다. 따라서 존재가 말하는 것을 우리가 들을 수 있는 유일한 방법은 수동태受動態로 생각하는 것이다. 즉 우리가 노는 것이 아니라, 놀아지는 것이다. 다시 말하면, 우리가 노는 것이 아니라, '놀이터라는 상황'이 우리를 놀게 하는 것이다.

가다머에 의하면, 대화가 대화를 한다. 우리가 대화를 하는 것이 아니라, 대화의 장場에 우리가 던져진 것이다. 인식론적으로 본다면, 우리가 대화하는 것이 맞다. 그러나 존재론적으로 본다면, 대화가 대화를 한다. 대화가 어디로 갈지 아무도 모른다. 대화하는 우리는 사실 대화의 망에 던져졌기 때문에 어쩔 수 없이 대화에 참여하게 되는 것이다. 그러나 우리는 착각한다. 마치 내가 대화의 주인공인 것처럼, 때로는 그 대화를 주도하려 한다. 특히 목적이 명확한 대화일수록 우리는 보다 주도적으로 대화를 이끌려고 한다. 그러나 목적이 분명한 대화는 존재론적으로 본다면 진정한 대화가 아니다. 존재론적 대화는 무목적적 대화이다. 목적이 있는 대화는 목적이 완수되면 바로 종결된다. 그러나 존재론적으로 본다면 우리가 태어나기 이전부터 이미 대화는 있었다. 태초에 말씀이 있었다. 엄밀히 말하면 대화의 장場 또는 대화의 망網, net은 이미 우리보다 먼저 선험적으로 존재한다. 이때 대화의 망은 대화를 할 필요가 있는 상황이 된다.

한마디로 지식은 선험적인 대화의 망 속에서 스스로 본질을 드러난다. 재차 강조하지만, 목적이 분명한 대화는 진정한 대화가 아니다. 목적이 분명한 대화는 방향도 분명하다. 그러나 목적이 분명한 대화는 많을 것을 잃게 한다. 이를테면, 돈을 꾸겠다는 목적을 가지고 하는 대화는 매우 건조하다. 돈을 받아내겠다는 목적 때문에 다른 것은 대화의 소재가 되지 못한다. 결국, 많은 논리를 들이대고 많은 궤변을 늘어놓는다고 해도 대화의 목적은 유일하다. 그러나 하나의 뚜렷한 목적으로 하는 대화 속에서는 너무나 많은 것들이 삭제된다는 사실이다. 삭제된 그중에는 보다 중요한 것이 들어 있을 수 있다.

물론 목적이 없는, 즉 '무목적의 대화' 또는 순수한 차원의 자연스러운 대화는 한심할 수 있다. 시간 낭비라고 해도 된다. 그러나 대화를 하는 가운데에서 비록 목적도 없고 방향도 없기 때문에 시간 낭비이고 정력 낭비가 될지언정 많은 상상을 가능하게 한다. 새로운 아이디어도 그때 나온다. 대화가 어디로 갈지 모를 때 수많은 '상상력imagination'이 동원된다. 이때 우리는 많은 아이디어, 즉 새로운 지식의 탄생을 보게 된다. 목적 없는 대화, 즉 무목적적인 대화는 무모할지라도 아이디어가 풍부하고 다양한 '창의적 대화'가 될 가능성이 있다. 반면에 목적이 뚜렷한 대화는 당장 무엇인가를 이룰 수는 있겠지만, 오로지 한가지 관심에 집중된 관계로 창의적인 대화는 될 수 없다. 만약 창의적인 아이디어로 대화를 해서 소기의 목적을 달성했다면, 아주 좋은 언어로 표현하자면 처세술(설득, 논쟁)에 성공했을 뿐이지 창의적인 시간을 보낸 것은 아니다. 한마디로 미래의 지식은 인류의 역사시대 이래로 플라톤의 이성적 사유로부터 우리 인간의 사고영역 밖으로 철저하게 배제되어 온 '상상력에 기반을 둔 지식'이 바로 진정한 지식으로 탄생하게 될 것이다. 이제 창의인재가 요구되는 21세기를 살아가는 우리는 순수한 대화, 즉 무목적적인 대화를 즐기면서 상상의 시간, 창조의 시간을 스스로에게 허락해야 한다.

20세기 중반 브레인스토밍brainstorming을 처음으로 세상에 소개한 오스본Osborn은 아이디어를 창출하는 첫 번째 방법으로 '아무 이야기나 하라'는 주문을 제시했다. 애플Apple을 창시하고 급기야 아이폰 세상을 열면서 세상을 전혀 예상치 못한 새로운 방향으로 움직이게 하면서 21세기 창조의 아이콘으로 살다 간 스티브 잡스는 이 말을 애플의 사훈으로 사용했다. "아무 이야기나 하라. 왜냐하면, 그 안에 (새로운) 아이디어가 있기 때문이다." 아무이야기나 하는 가운데 우리는 무수한 상상을 하게 된다. 대화가 대화를 하도록 허락하라. 그 대화가 어디로 갈지 아무도 모른다. 바로 그 속에서 새로운 아이디어들이 드러난다. 한마디로 좌충우돌左衝右突, 수많은 생각들이 서로 겹치고 스스로 모순이 제거하면서 마침내 제3의 아이디어가 창출된다. 그것이 바로 새로운 지식이며 블루오션의 지식이다.

반복하지만, 21세기에는 정치도, 경제도, 문화도 아닌 테크놀로지가 지식을 탄생하고 소멸하게 할 것이다. 미래 첨단테크놀로지의 발전은 우리에게 수많은 문명의 이기를 남기면서 우리의 삶을 윤택하게 하고 편리하게 하겠지만, 그만큼 수많은 위험인자들을 가지고 우리의 삶을 위협할 것이다. 테크놀로지가 지식의 탄생과 소멸을 좌우하는 이 시대에 과연 우리는 어떠한 상상을 해야 할 것이며, 어떠한 상상력에 따라서 새로운 지식의 탄생에 기여할 수 있을 것인가? 이에 대한 고민은 끊임없는 반성과 성찰을 통해서만 극복될 수 있다.

이제 우리는 존재론적 차원에서 지식의 탄생을 갈구해야 할 시간이다. 지금까지 우리는 끊임없이 인식론적 차원만을 확장시키면서 지식의 탄생을 추구하여 왔다. 이러한 지난날에 대한 사실 인식에 결코 인색해서는 안 될 것이다. (진정한) 지식은 인위적으로 탄생하는 것이 아니다. 또한, 누군가의 목적에 따라서 가능한 것도 아니다. 미래의 지식은 스스로 발생하고 스스로 드러나게 해야 한다. 또한, 자연적으로 그럴 수밖에 없다. 우리가 흐르는 강물을 막을 수는 없다.

존재론적 해석학자인 가다머에게서 지식은 누군가의 인식에 의존하여 알려지는 것이 아니라, 대화dialogue를 통하여 스스로 드러나고 발생하는 것이다. (진정한) 지식의 탄생을 위해서도 대화가 필요한 이유가 바로 여기에 있다. 교과서의 지식은 모노로그monologue 식의 지식만을 가능하게 한다. 그러나 이러한 지식은 늘 불안하다. 나와 너 사이의 대화, 국가와 개인 간의 대화, 교사와 학생 간의 대화, 부모와 자식 간의 대화, 친구들 간의 대화, 선후배 간의 대화 등 수많은 대화는 우리가 진정한 지식을 탄생하게 하는 진정한 길이다. 즉 대화를 통해서 우리는 우리에게 선천적이고 선험적으로 주어진 스키마Schema, 즉 인식의 구조를 계속 움직이게 할 것이다. 이로써 '지식의 구조'가 계속해서 공고하게 다져질 수 있을 것이다. 이러한 지식의 구조를 통하여 얻어지는 지식이 바로 진정한 지식으로 발생할 가능성을 높인다. 왜냐하면, 이러한 지식은 끊임없는 '반성과 성찰'로 얻어지는 지식이기 때문이다. 이는 모노로그monologue적 사고로부터도 우리를 해방시킬 것이다.

이제 지구촌의 모든 지식은 '생태학적 패러다임' 속으로 집결되고 있다. 과학도 생태주의의 큰 우산 아래에서는 새로운 과학 세계를 만들어 놓고 있다. 온 생명이라는 주제 하에서 모여드는 이제 과학지식들은 생태학적 패러다임으로 수렴 되고 있다. 비록 생태학의 과학적 성격scientific character에 대한 논쟁에도 불구하고 상대성이론, 혼돈이론, 복잡계이론, 끈이론 등은 원하든 원치않든 '생태학적 패러다임'의 범주를 벗어나지 않고 발전되어 왔다.

지금까지 우리의 지식은 '(과학적) 비판critique'에 크게 의존하면서 탐구되어 왔으며, 이로써 의도적인 '지식의 탄생'이 정당화되어 왔다. 미래의 지식은 부단한 '반성과 성찰reflection, feedback'을 통하여 '스스로' 모순矛盾의 '지양과 지향指向의 과정'(Aufhebung)을 반복하게 될 것이다. 이러한 가운데에서 스스로 '(참) 지식의 준거'도 정위될 것이며, 이로써 '(진정한) 지식의 탄생'도 극히 자연스럽게 그리고 자연적으로 발생하게 될 것이다. 요즈음 인구에 회자되고 있는 '집단지성集團知性, collective intellectus'의 개념도 이에 한몫을 해낼 것이다. 특히 인터넷상에서 집단지성이 형성되는 과정에서 발생하고 탄생하는 지식은 다분히 자연발생적이며 반성적·성찰적이다. 그러나 집단지성은 반드시 쌍방 간의 상호교류 이를테면 대화와 소통 그리고 (진정한) 만남을 통해서 이루어질 수밖에 없다. 따라서 이러한 지식 역시 대화, 소통, 만남이라는 '상황'에 근거한 지식일 수밖에 없다. 달리 말하면, '상황 - 내 - 지식'이 바로 지혜로운 지식의 조건인 것이다.

이제 만약 우리가 미래 사회를 이끌어줄 진정한 지식의 탄생을 바란다면,

지식탄생의 조건으로서 수많은 상황, 즉 바람직한 상황을 연출해 낼 궁리를 서둘러야 할 것이다. 이를테면, 들뢰즈, 가타리, 아탈리, 마페졸리 등이 주장하는 지식유목주의Nomadism 역시 미래 지식의 탄생의 조건으로서의 상황 연출에 해당될 것이다. 자유롭고 자연스러운 방랑과 방황과 함께 이루어지는 노마디즘의 과정 속에서 스스로 그리고 자연스럽게 더 나아가서 자유롭게 발생하는 지식은 이미 스스로 모순과 갈등을 제거할 수 있는 생명력을 담지하고 있다. 이는 마치 거칠고 풀 포기 하나 없는 사막에서도 끊임없는 생명력을 유지하면서 살아가는 유목민의 거친 삶을 닮았다. 아무것도 나올 것이 없어 보이는 무목적적인 만남, 대화, 소통 속에서 자연발생적인 그러나 삶의 저변으로부터 원초적인 생명력으로 생기生起, geschehen하는 앎 그것이 바로 삶이며 삶의 지식인 것이다. 수많은 상황 속에서 발생하는 지식유목주의는 상황에 적합한 '지혜의 지식'을 가능하게 한다.

우리는 지식의 탄생의 과정 추적을 통하여 마침내 마지막 도정에 도착했다. 결국, 핵심은 '(온전한) 삶의 지식'을 찾아 우리는 또다시 방랑의 삶을 찾아가야 한다. 지금까지 지식의 탄생은 우리가 오랫동안 추적해 온 것처럼 특히 자연과학의 득세 이후 '과학적으로', 즉 '엄밀한 과학'으로 지식을 탐구한다는 명목 하에서, '삶의 일부(부분, parts)'만을 정확하게 설명하게 분석할 수 있는 지식의 탄생을 독려해 왔다. 그러나 삶의 일부를 설명하고 분석하는 지식이 아무리 명확한 근거를 가지고 있다고 해도 '부분의 합은 결코 전체가 아니다'라는 사실 인식이 지금까지 우리의 지식을 당황스럽게 한다. 한마디로 지금까지 우리가 탄생시켜 온 지식은 어떤 면에서는 정당하고 명백한 근거를 통해서 이루어지기도 했지만, 여전히 온전한 삶을 설명하고 이해하기에는 턱없이 부족하다. 이는 미래의 지식이 끊임없는 (자기)반성과 성찰을 통해서 자연스럽게 그리고 아주 자유롭고 유연하게 개방된 역동적 상황 속에서 스스로 탄생(발생, 생기)되어야 하는 이유이다. 지식은 여전히 지혜롭지 못하면 지식이 아닌 셈이다. 우리의 선조들은 지혜롭게 살았다고들 말한다. 그러나 당시의 지식은 지금의 지식에 비하면 양적으로 많았다고 할 수 없으며, 질적으로도 우수했다고 할 수는 없다. 다만 지식은 반드시 지혜롭지 못하면 지식이 아니었다는 사실이다. 이를테면 칼은 무엇인가를 자를 수 있다. 그것은 지식이다. 그러나 칼로 사람을 죽인다면 그것은 더 이상 지식이 아니다. 법치국가에서 살인자는 법적 형벌을 받게 된다. 아니면 양심의 가책 때문에 살인자는 살아남기 어렵다. 지혜는 지식의 쓰임새까지 알게 한다. 상황에 따라서 지식을 어떻게 써야만 우리가 살아남을 수 있는가를 알려준다. 지혜롭지 못한 지식으로 우리가 살아남을 수 있는 확률은 낮아진다. 결국, 동서고금을 막론하고 우리에게 지식은 항상 "지혜 - 내 - 지식"인 것이다.

20세기 중엽 세계적인 미래학자 피터 드러커Peter Drucker(1909~2005)는 "21세기는 지식사회"라고 전망했다. 지식이 권력이 되고 자본이 되는 세상이 온다는 말이다. 아울러 그는 지식사회에서는 지식이 동가치화되고 심지어는 지식의 가치가 전도되는 세상이 될 것이라고도 전망했다. 지금까지 우리는 지식의 하이어라키hierarchy 속에 살면서 가치가 높은 지식과 가치가 낮은 지식을 구분하면서 살아왔다. 따라서 대학에서도 의학지식이나 법학지식 그리고 경영지식이 인문지식보다 가치가 높은 지식으로 간주되면서 입학성적에서도 높은 위치를 차지했다. 그러나 오늘날은 대학에서 지식으로 간주하지도 않았던 애니메이션 지식이나 게임지식이 최고의 가치지식의 계열로 올라섰다. 지식 하이어라키가 와해되면서 지식의 가치가 동일해지거나 순위가 바뀌는 현상이 일어나고 있다. 드러커의 예상은 적중했다.

한편, 또 다른 세계적인 미래학자인 앨빈 토플러는 "21세기는 압솔리지의 시대가 될 것"이라고 전망했다. 압솔리지란 옵솔리트obsolte와 지식을 합성하여 만든 조어로서 "쓸모없는 지식, 삭제해야 할 지식"이라는 뜻이다. 즉 21세기는 '쓸모없는 지식'이 넘쳐나는 시대가 될 것이라는 말이다, 실제로 우리 현대인들은 지금 정보와 지식의 엄청난 홍수 속에서 매일 매일 쌓이는 수많은 스팸spam 지식에 골머리를 앓고 살고 있다. 토플러의 미래전망도 틀리지 않았다. 결국, 우리는 가능하면 지식을 많이 소유하고 지식으로 성공해야 하는 지식사회에 살고 있는 것은 맞지만, 그만큼 쓸모없는 지식을 빨리 버리고 삭제해야 하는 아이러니한 세상에 살고 있다. 한마디로 우리가

21세기 지식사회를 제대로 살아가기 위해서는 지식의 옥석구분에 탁월해야 한다는 사실이다.

지금까지 우리가 추적해온 지식탄생의 역사는 어떤 지식이 어떻게 무슨 이유로 태어나서 어떻게 무엇 때문에 왜곡되는가를 사실 그대로 보여주고자 노력해 왔다. 물론 우리가 다루지 못한 지식의 탄생사는 훨씬 더 복잡하고 다양할지도 모른다, 심지어 사실은 좀 다른 해석을 필요로 할지도 모른다, 그럼에도 불구하고 우리가 지금까지 해 온 작업은 지식의 탄생과 소멸이 때로는 자연스럽게 때로는 인위적이고 강제적으로 이루어진다는 사실을 확인할 수 있는 근거를 마련해 준다. 지식의 옥석구분이 절실한 이때에 심지어 그것이 설령 진리는 아닐지라도 자신에게 가장 필요하고 유용한 지식이 무엇인지를 알아야 할 때 우리의 작업은 아마도 레퍼런스reference로서의 역할을 할 수 있다면, 그것이 바로 우리에게는 소득이라고 말할 수 있을 것이다.

| 참고문헌 |

I.

강선보, 장지원(2009). "플라톤 후기철학에 대한 성인 교육적 고찰. - 테크네 (Technē)와 장인(Dēmiourgous) 개념을 중심으로 -". 교육문제연구 제35 집, 1-19.

김경희(2000). 게슈탈트 심리학. 서울: 학지사.

김동식(2005). 듀이 - 경험과 자연. 울산: 울산대학교 출판부.

김상환(2000). 새로운 해석학의 탄생 1. 니체가 뒤흔든 철학 100년(김상환 외). 147-200. 서울: 민음사.

김상환(2000). 새로운 해석학의 탄생 2. 니체가 뒤흔든 철학 100년(김상환 외). 337-367. 서울: 민음사.

김영식 · 임경순(2002). 과학사 신론. 서울: 다산출판사.

김용근(2012). "'예술 수준의 기술'을 통한 융합 혁신". 이인식(기획)(2012). 인문학자, 과학기술을 탐하다. 인문학과 과학기술의 융합은 어떻게 이루 어지는가. 221-235. 서울: 고즈윈.

김용준, 이유선, 황설중, 임건태, 이병철(2014). 로티의 철학과 아이러니. 서울: 아카넷.

김종문 외(1999). 구성주의 교육학. 서울: 교육과학사.

김진(2003). 퓌지스와 존재사유. 자연철학과 존재론의 문제들. 서울: 문예출 판사.

김진송(1999). 현대성의 형성: 서울에 딴스홀을 허(許)하라. 서울: 현실문화연구.

류창열(2004). 공업교육원론. 서울: 교육과학사.

박성희, 이경희(2007). 노인자서전 쓰기와 의미구성학습 적용 사례 연구. 평 생학습사회실현을 위한 한국성인교육의 성과와 전망. 한국성인교육학회 2007 봄 학술대회 자료집. 91-110.

박우석(1997). 중세철학의 유혹. 서울: 철학과 현실사.

박이문(2012). "학문의 통합과 자연의 융합 - 둥지철학을 향하여". 이인식(기획)(2012). 인문학자, 과학기술을 탐하다. 인문학과 과학기술의 융합은 어떻게 이루어지는가. 21-31. 서울: 고즈윈.

백승영(2000). 니체철학, 무엇이 문제인가. 니체가 뒤흔든 철학 100년(김상환 외). 64-143. 서울: 민음사.

소광희(2003). 하이데거 존재와 시간 강의. 서울: 문예출판사.

송명자(2000). 발달심리학. 서울: 학지사.

송성수(2009). 기술의 역사 뗀 석기에서 유전자 재조합까지. 서울: 살림.

송종국(2012). "인문과 기술 융합을 위한 정책 방향". 이인식(기획)(2012). 인문학자, 과학기술을 탐하다. 인문학과 과학기술의 융합은 어떻게 이루어지는가. 259-267. 서울: 고즈윈.

신상규(2012). "사이보그와 매트릭스". 이인식(기획)(2012). 인문학자, 과학기술을 탐하다. 인문학과 과학기술의 융합은 어떻게 이루어지는가. 111-123. 서울: 고즈윈.

신승환(2012). 새로운 정신의 탄생. 이인식(기획).(2012). 인문학자, 과학기술을 말하다. 인문학과 과학기술의 융합은 어떻게 이루어지는가. 153-163. 서울: 고즈윈.

신중섭(1992). 포퍼와 현대의 과학철학. 서울: 서광사.

엄태동(1999). 로티의 네오 프래그마티즘과 교육. 서울: 원미사.

오인탁(1990). 현대교육철학. 서울: 서광사.

오인탁(1994). 고대 그리스의 교육사상. 서울: 종로서적.

오인탁(1996). 플라톤(편). 위대한 교육사상가들 I. 43-108. 서울: 교육과학사.

오인탁/ 울리히 헤르만(1982). 현대교육철학의 전망. 서울: 교육과학사.

오춘희(2006). 비판적 합리주의 연구의 논리. 『교육학연구의 논리(오인탁 외)』. 231-268. 서울: 학지사.

윤평중(1997). 푸코와 하버마스를 넘어서 - 합리성과 사회비판. 서울: 교보문고

윤평중(2000). 윤리의 역사에 대한 계보학적 아포리즘. 니체가 뒤흔든 철학

100년(김상환 외). 317-336. 서울: 민음사.

이규호(1979). 현대철학의 이해. 서울: 제일출판사.

이기상(1991). 주제별 철학 강의. 서울: 동아출판사.

이기상(1991). 하이데거의 실존과 언어. 서울: 문예출판사.

이명숙(1999). 구성주의 심리학적 근거. 김종문 외(1999). 구성주의 교육학. 35-61. 서울: 교육과학사.

이상오(2000). 평생학습사회론 - 교육복지의 차원 - 서울: 교육과학사.

이상오(2004). 홀로스 사고 - 시스템 사고의 새로운 전략. 서울: 지식마당.

이상오(2005). 계몽주의 교육 - 이론과 실제. 서울: 학지사.

이상오(2006). 어떤 교육공백: 단절된 소크라테스의 유산 - 교육철학의 열린 담론을 위하여, 교육철학 제37집 59-90.

이상오(2008). 교육해석학. 이론과 적용. 서울: 학지사.

이상오(2009). Gaston Baschelard의 "상상력 철학"의 교육학적 의미. 교육철학 제46집. 161-186. 교육철학회. 2009.10.

이상오(2010). "학생에 대한 가다머의 존재론적 이해 - 인식론적 접근의 한계를 넘어서", 교육의 이론과 실천, 제15권 제1호(2010.4). 45-67. 서울: 한독교육학회.

이상오(2012). 인문학적 상상력과 테크놀로지 그리고 교육. 서울: 경제인문사회연구회.

이상오(2014). 상상력과 교육. 인간과 테크놀로지의 만남. 서울: 강현출판사.

이종원(1999). 급진적 구성주의. 김종문 외(1999). 구성주의 교육학. 65-75. 서울: 교육과학사.

이종일(1999). 사회적 구성주의. 김종문 외(1999). 구성주의 교육학. 77-103. 서울: 교육과학사.

이준형(2002). 리더와 리더십. 서울: 인간사랑.

이중원(2009). "유토피아도, 디스토피아도 오지 않는다". 이상욱 외(2009). 욕망하는 테크놀로지. 75-83. 서울: 동아시아.

이철수 외(2009). 사회복지학사전. 서울: 블루피쉬.

이현경(2006). 확률의 과학. 아인슈타인&보어: 양자역학. 서울: 김영사.

이홍, 전윤숙, 박은아, 한병철(2005). 지식과 창의성 그리고 뇌. 서울: 도서출판 청람.

임정택(2011). 상상. 한계를 거부하는 발칙한 도전. 서울: 21세기북스.

장상호(2000). 학문과 교육(하). 교육적 인식론이란 무엇인가. 서울: 서울대학교 출판부.

장은주(2000). 계보학적 사회비판을 넘어서. 니체가 뒤흔든 철학 100년(김상환 외), 449-470. 서울: 민음사.

정기섭. Herman Nohl의 역사-해석학적 교육학에 관한 연구, 한독교육학 연구 제7권 제 2호, 1-16, 한독교육학회, 2002/10.

정영수. 정신과학적 교육학의 학문적 성격에 관한 연구. 한독교육학 연구 제7권 제 2호, 17-31, 한독교육학회, 2002/10.

정재서(2004). 이야기 동양신화. 동양의 마음과 상상력 읽기, 중국편. 서울: 황금부엉이.

정재서(2010). 앙띠 오이디푸스의 신화학. 중국신화학의 새로운 정립을 위하여. 서울: 창비.

정해창(2011). 현대영미청학의 문제들. 서울: 청계.

조용기(1999). 구성주의 교육을 위한 입문: 구성주의 교육의 조절. 김종문 외(1999). 구성주의 교육학. 1-10. 서울: 교육과학사.

조용기(1999a). 구성주의 교육의 구성. 김종문 외(1999). 구성주의 교육학. 133-149. 서울: 교육과학사.

조현규(2002). "노자 자연철학의 환경윤리교육적 의미". 교육철학 21집. 서울: 한국교육철학회.

철학사전(2009). 합리주의. 서울: 중원문화.

최성환. "문화 해석과 해석 문화: 합리적-합의적 문화 이해의 해석학적 기초", 문화해석학(한국해석학회 편), 철학과 현실사, 2000.

최신일(1999). 해석학과 구성주의. 김종문 외(1999). 구성주의 교육학. 13-34. 서울: 교육과학사.

최윤식, 김원율, 문헌일(1992). 하이데거에서 가다머로. 서울: 도서출판 조명문화사.

한국철학사상연구회편(1989). 철학대사전, 서울: 동녘.

허정아(2011). 몸, 서울: 21세기북스.

홍명희(2005). 상상력과 가스통 바슐라르, 서울: 살림.

홍성욱(2009). "테크놀로지와 인간 그리고 사회", 이상욱 외(2009). 욕망하는
　　테크놀로지. 15-24. 서울: 동아시아.

II.

老子(2007). 道德經. 노태준 옮김. 서울: 홍신문화사.

馮友蘭, 中國哲學史(정인재 역, 1982), 서울 : 형설출판사.

莊子(2010). 莊子(外篇). 김창환 옮김. 서울: 을유문화사.

張波(1994). 東洋과 西洋, 그리고 美學. 아름다움을 비추는 두 거울을 찾아
　　서(원제: 中西美學與文化情神, 1994/ 유중하, 백승도, 이보경, 양태은,
　　이용재 옮김, 2000). 서울: 푸른숲.

가바리노(1977). 문화인류학의 역사 - 사회사상에서 문화의 과학에 이르기까
　　지(원제: Sociocultural Theory in Anthropology: A Short History/ 한경
　　구 · 임봉길 공역, 2001). 서울: 일조각.

군들라 엥리슈(2002). 잡노마드(이미옥 옮김). 문예출판사.

그레고리 베이트슨(1986). 메리 캐서린 베이트슨. 마음과 물질의 대화(원제:
　　Angels Fear/ 홍동선 옮김, 1993). 고려원미디어.

낸시 헤더웨이(2001). 세계신화사전. 신과 여신과 괴물과 영웅들의 환상적인
　　이야기(신현승 옮김, 2004). 서울: 세종서적.

데이브 로빈슨(2000). 니체와 포스트모더니즘(박미선 옮김, 2002). 서울: 이제
　　이북스.

데이비드 보더니스(2001). E = mc2(김민희 옮김). 서울: 생각의 나무.

데이비드 호킨스(1997). 의식 혁명(원제: *Power vs Force*/ 이종수 옮김, 2000).
　　한문화.

리처드 르원틴(1998). 3중 나선. 유전자, 생명체 그리고 환경(원제: *Gene,
　　organismo e ambiente*/ 김병수 옮김, 2001). 서울: 도서출판 잉걸.

마우러, A.(2007). 중세철학(조흥만 옮김). 파주: 서광사.

마이클 마자르. 트렌드 2005(원제: Global Trends 2005, 1999/ 김승욱 옮김, 2000). 서울: 경영정신.

마이클 머피 · 루크 오닐(1995). 생명이란 무엇인가? 그후 50년(원제: *What is Life? The Next Fifty Years*/ 이상헌 · 이한음 옮김, 2003). 서울: 지호

미셸 마페졸리(2008). 노마디즘(최원기, 최향섭 옮김). 일신사.

바슐라르(1937). 불의 정신/ 초의 불꽃 외(민희식 역, 1993). 서울: 삼성출판사.

밤바카스. C. J.(2006). 철학의 탄생(이재영 옮김, 2008). 서울: 알마.

A. 브론스키(1980). 원시결혼. 결혼의 기원과 역사(나희선 역). 제오문화.

루카 프라이올라(1999). 기술의 역사. 세상을 바꾼 사람들의 이야기(이충호 옮김, 2004). 서울: 사계절.

슈테판 클라인(2008). 다빈치의 인문공부. 세상을 뒤바꾼 통합지성의 산물(유영미 옮김, 2009). 서울: 웅진지식하우스.

슈퇴릭히, H. J.(1981). 세계철학사(임석진 역)上 · 下券. 서울: 분도출판사.

스기야마 고조 외(2005), 지식과학사전. 지식을 창조하는 64개의 키워드, 조영렬 옮김, 바다출판사.

아모스 H. 홀리(1950). 인간생태학 - 지역공동체 이론(원제: *Human Ecology: A Thjeory of Community*/ 홍동식 · 강대기 · 민경희 옮김, 1995). 서울: 일지사.

에리히 얀치(1980). 자기 조직하는 우주. 새로운 진화 패러다임의 과학적 근거와 인간적 함축(원제: *The Self-Organizing Universe*/ 홍동선 옮김, 1989). 서울: 범양사출판부.

오귀스트 콩트(2001). 실증주의 서설(김점석 역). 서울: 한길사.

A. 오히어(1995). 현대의 과학철학 입문(신중섭 옮김). 서울: 서광사.

울리히 벡(1986). 위험사회. 새로운 근대성을 향하여(원제: Risikogesellschaft. Auf dem Weg in eine andere Moderne/ 홍성태 옮김, 1997). 서울: 새물결.

윌리암 보이드(1912). 서양교육사(이홍우 외 역/1996). 서울: 교육과학사.

이노우에 마사요시(1996).『카오스와 복잡계 과학(강석태 옮김, 2002)』. 서울: 한승.

이언 엥겔(2001). 지식노동자선언. 서울: 롱셀러.

자크 아탈리(2005). 호모노마드(이효숙 옮김, 2005). 서울: 웅진닷컴.

장 삐아제 외(1979). 구조주의의 이론(김태수 엮음). 서울: 인간사랑.

제임스 글리크(1987). 카오스. 현대과학의 대혁명(박배식 · 성하원 옮김, 1993). 서울: 동문사.

제임스 버크(1995). 우주가 바뀌던 날 그들은 무엇을 했나(원제: The Day the Universe Changed/ 장석봉 옮김, 2000). 서울: 지호.

존 듀이(1916). 민주주의와 교육(이홍우 옮김, 1996). 서울: 교육과학사.

질송, E.(1949). 존재란 무엇인가. 존재론의 쟁점과 그 전개과정(정은혜 옮김, 1992). 서울: 서광사.

칸트사전(2009). 실용주의. 서울: 도서출판 B.

폴 지네스티에(1968). 바슐라르의 사상(김현수 역, 1983). 서울: 금문당출판사.

프리쵸프 카프라(1996). 생명의 그물(원제: The Web of Life/ 김용정, 김동광 역, 1998). 서울: 범양사출판사

필립 복(1979). 현대문화인류학 입문(조병로 역, 2001). 서울: 국학자료원.

찰스 반 도렌(1995). 지식의 역사<1>. 인류가 남긴 위대한 발자취(오창호 옮김). 서울: 고려문화사.

찰스 반 도렌(1995a). 지식의 역사<2>. 인류가 남긴 위대한 발자취(오창호 옮김,). 서울: 고려문화사.

피오트르 츠톰까(1979). 체계와 기능(원제: System and Function/ 조재순 · 김선미 옮김, 1995). 한울아카데미.

하워드 오덤(2000). 시스템 생태학 I-II(원제: Ecological and General Systems: An Introduction to Systems Ecology/ 박석순 · 강대석 옮김, 2000). 서울: 아르케.

D. W. 함린(1978). 교육인식론 - 경험과 이해의 성장(이홍우 역, 2010). 서울: 교육과학사

히라다 유카키(1995). 상식밖의 발명사. 역사를 뒤흔든 48가지 발명이야기(선완규 옮김, 1995). 서울: 새길.

III.

Al Deek, Mahmoud(2004). "Ibn Al-Haitham: Master of Optics, Mathematics, Physics and Medicine", *Al Shindagah* (November~December 2004)

Aristotle's Metaphysics(1998). Translated with an introduction by H. Lawson-Tancred. Penguin.

Audi, R.(1999). *The Cambridge Dictionary of Philosophy*. London: Cambridge University Press.

Bachelard, G.(1936). *La Dialectique de la duree*. Paris: Presses Universitaires de France.

Bachelard, G.(1938a). *La Psychanalyse du feu*. Paris: Gallimard.

Bachelard, G.(1938b). *La Formation de l'esprit scientifique: contribution a une psychanalyse de le connaissance objective*. Paris: Vrin.

Bachelard, G.(1948a). *La Terre et les Rêveries de la volonté: essais sur l'imaginatipn des forces*. Paris: José Corti.

Bachelard, G.(1951). *L' Activité rationaliste de la physique contemporaine*. Paris: Presses Universitaires de France.

Bachelard, G.(1957). *La Poetique de l'espace*. Paris: Presses Universitaires de France.

Baert, P.(2004). Pragmatism as a philosophy of the social sciences. *European Journal of Social Theory, 7*(3), 355-369.

Bain, Read(1937). "Technology and State Government," *American Sociological Review 2(December 1937)*. 855-862.

Bateson, G.(1979). *Mind and Nature: A Necessary Unity*. New York: Dutton.

Baxter Magolda, M. B.(1992). *Knowing and reasoning in college: Gender-related patterns in students' intellectual development*. San Francisco: Jossey Bass.

Benner, D.(1978). *Hauptstroemungen der Erziehungswissenschaft. Eine Systematik traditioneller und moderner Theorien*. 2. Auflage, List Verlag Muenchen.

Benson, K. R.(ed.)(1997). *The Life Sciences in Eighteenth-Century French Thought. Christiaan Huygens, Letter to Pierre Perrault*, 'Sur la préface de M. Perrault de son traité del'Origine des fontaines' [1763], Oeuvres

Complétes de Christiaan Huygens (1897), Vol. 7, 298. Quoted in Jacques
Roger, trans. Robert Ellrich (1997), 163.

Bertalanffy, Ludwig von(1968). *General System Theory.* New York: Braziller.

Betti, Emoilio(1972). *Die Hermeneutik als Allgemeine Methodik der
Geisteswissenschaften,* Tuebingen: J.C.B. Mohr.

Bimal Krishna Matilal(1986). *Perception: An essay on Classical Indian Theories
of Knowledge.* Oxford India.

Black, J. G.(2008). Microbiology. seventh ed., John Wiley & Sons.

Blankertz, H.(1982). *Die Geschichte der Pädagogik. Von der Aufklärung bis zur
Gegenwart.* Wetzler: Büchse der Pandora.

Bleicher, J.(1980). *Contemporary hermeneutics, Hermeneutics as method,
philosophy and critique,* London: Routledge & Kegan Paul.

Bokelmann, H.(1969). Die Bedeutung der 'Geschichte der Paedagogik' im
hermeneutischen Verstaendnis - Zum Problem paedagogischer Theoriebildung.
In: *Neue Folge der Ergaenzungshefte zur Vierteljahrsschrift fuer
wissenschaftlicher Paedagogik, Heft 10,* Bochum.

Bollnow, O. F.(1980) Dilthey. Eine Einfuehrung in seine Philosophie, 4.
Auflage, Schaffhausen: Novalis Verlag.

Bollnow, O. F.(1982). "Die Methode der Geisteswissenschaften", *Studien Zur
Hermeneutik. Bd.1. Zur Philosophie der Geisteswissenschaften,* Freiburg/
Muenchen.

Bollnow, O. F.(1963). "Der Erfahrungsbegriff in der Paedagogik:, in:
Zeitschrift fuer Paedagogik, 1963/3.

Böhm, W.(1988). *Wörterbuch der Pädagogik,* Begründet von Wilhelm
Hehlmann, 13. Aufl. Alfred Kröner Verlag Stuttgart.

Bultmann, R. K.(1958). *Geschichte und Eschatologie,* Tubingen: J.C.B. Mohr
(P. Siebeck).

Burks, Arthur W.(1978). "Review: Charles S. Peirce, The new elements of
mathematics", Bulletin of the American Mathematical Society v. 84, n.

5 (1978), 913-918.

Bourke, V. J.(1962). "Rationalism", in Runes, D. D.(ed., 1962). *Dictionary of Philosophy*. NJ: Littlefield, Adams, and Company, Totowa.

Bröker, Walter(1964). *Aristoteles*. Frankfurt.

Bühler, Ch.(1962). *Psychologie im Leben unserer Zeit*. Sondergabe, Darmstadt: Droemer Knaur.

Bulhof, Ilse N.(1980). *Wilhelm Dilthey. A Hermeneutic Approach to the Study of History and Culture*. The Hague/ Boston/ London: Martinus Hijhoff Publisher.

Calaprice, A.(ed.)(2005). *The New Quotable Einstein*. Enlarged Commemorative Edition Published on the 100th Anniversary of the Special Theory of Relativity. Princeton and Oxford: Princeton University Press and Hebrew University of Jerusalem.

Cannon, W. B.(1932). *The Wisdom of the Body*. New York: Norton.

Cavell, S.(2002). *Knowing and Acknowledging, Must We Mean What We Say?* London: Cambridge University Press, 238-266.

Cohen, M. R., Nagel, E.(2002). *An Introduction to Logic and Scientific Method*. NY: Simon Publications.

Capra, F.(1996). *The Web of Life*. New York: Anchor Books.

Cooper, W. S.(1957). Sir Arthur Tansley and the science of ecology. *Ecology, 38*.

Cornish, F. & Gillespie, A.(2009). A pragmatist approach to the problem of knowledge *in health psychology Journal of Health Psychology*, 14(6), 1-10.

Dahmer, I.(1968). "Theorie und Praxis", in Dahmer, I. und Klafki, W.(Hrsg.) *Geisteswissenschaftliche Paedagogik am Ausgang ihrer Epoche-Erich Weniger*, Weinheim/ Berlin.

Danner, H.(1994). *Methoden geisteswissenscahftlicher Paedagogik: Einfuehrung in Hermeneutik, Paenomenologie und Dialektik*, 3. Aufl. Ernst Reinhard Verlag Muenchen/ Basel.

Dennett, D.(1998). *Brainchildren: Essays on Designing Minds (Representation and Mind).* MIT Press.

Descartes, R.(1985). *The Philosophical Writings of Rene Descartes Vol. I.* London: Cambridge University Press.

Diemer, A.(1977). *Elementakurs Philosophie: Hermeneutik,* Dusseldorf: Econ Verlag.

Diggins, John Patrick(1994). *The Promise of Pragmatism.* The University of Chicago Press, 386-403.

Dilthey, W.(1919). *Das Erlebnis und die Dichtung. Lessing, Goethe, Novalis, Hoelderlin,* 4. Auflage, Goethingen.

Dilthey, W.(1958). *Die Geistige Welt. Einleitung in die Philosophie des Lebens.(GS V)* Hrsg. von Georg Misch. I Haefte: Abhandlungen zur Poetik, Ethik und Paedagogik. Stuttgart, B.G. Tuebner Verlag.

Dilthey, W.(1971). *Wilhelm Dilthey. Schriften zur Pädagogik.* Besorgt von Hans-Hermann Groothoff und Ulrich Herrmann. Paderborn: Ferdinand Schöningh.

Dilthey. W.(1978). *Die geistige Welt. Einleitung in die Philosophie des Lebens.* Hrsg. von Georg Misch. II Haefte: Abhandlungen zur Poetik, Ethik und Paedagogik.(GS VI) 6. Auflage. Stuttgart, BC Tuebner Verlag.

Dilthey, W.(1979). *Der Aufbau der geschichtlichen Welt in den Geistewissenschaften. (GS VII)* Hrsg von Bernhard Groethuyenm 7. Auflage, Stuttgart, BC Tuebner Verlag.

Dilthey, W.(1977). *Weltanschaaungslehre. Abhandlungen zur Philosophie der Philosophie. (GS VIII)* Hrsg. von Bernhard Groethuysen, 5. Auflage, Stuttgart, BC Tuebner Verlag.

Dilthey, W.(1986). *Paedagogik. Geschichte und Grudlinien des Systems.(GS IX)* Neudruck der 4., unveraenderten Auflage 1974, Hrsg. von Otto F. Bollnow, Stuttgart, BC Tuebner Verlag.

Dilthey, W.(1982). *Grundlegung der Wissenschaften vom Menschen, der Gesellschaft und der Geschichte. Ausarbeitungen und Entwuerfe zum zweiten Band der Einleitung in die Geisteswissenschaften (ca. 1870-1893).(GS XIX)*

Hrsg. von Helmut Johach un Frithjof Rodi, Goettingen und Zuerich: Vandenhoeck & Ruprecht.

Dyson, F. J.(1985). *Infinite in all Directions. Gifford lectures given at Aberdeen.* Scotland.

Ebeling, Gerhard(1968). *The Word of God Tradition,* London: Collins.

Eisler, Riane(1987). *The Chalice and the Blade.* San Francisco: Harper & Row.

Elias, John L. & Merriam, Sharan(1998). 성인교육의 철학(기형화 역). 서울: 학지사.

Encyclopedia of Philosophy, Vol.2(1969). "Correspondence Theory of Truth", auth: Arthur N. Prior. New York, London: Macmillan.

Farrington, B.(1944). Greek Science. Gretna: Pelican Publishing Company.

Feyerabend, P.(1975). *Against Method.* London.

Franklin, U.(1989). "Real World of Technology", House of Anansi Press. Retrieved 2007-02-13.

Flitner, W.(1963). *Systematische Paedagogik,* Breslau.

Foucault, M(1980). *Power/Knowledge: Selected Interview and Other Writings.* Edited by C. Gordon. New York: Phantheon.

Gadamer, Hans-Georg(1960). *Wahrheit und Methode, Grundzuege einer philosophischen Hermeneutik.* Tuebinger: More.

Gadamer, H. G.(1975). *Truth and method.* New York: Continum.

Gadamer, H. G.(1999). 교육은 자기교육이다(손승남 옮김, 2000). 서울: 동문선.

Gehlen, Arnold(1962). *Der Mensch. Sein Natur und seine Stellung in der Welt,* Frankfurt am Main. Bonn.

Gettier, E. L.(1963). "Is Justified True Belief Knowledge?" *Analysis* 23[6]: 121-123.

Godfrey-Smith, P.(2003). *Theory and Reality.* Chicago: University of Chicago Press.

Goldman, A. I.(1967), "A Causal Theory of Knowing," *The Journal of Philosophy 64,* no. 12 . 357-371.(Jun. 22, 1967).

Goldman, A. I.(1976). "Appearing as Irreducible in Perception". *Philosophy and*

Phenomenological Research. 147-167. International Phenomenological Society, 37(2).

Gottschalk-Mazouz, N. (2008): „Internet and the flow of knowledge", in: Hrachovec, H., Pichler, A. (Hg.): *Philosophy of the Information Society.* Proceedings of the 30. International Ludwig Wittgenstein Symposium Kirchberg am Wechsel, Austria 2007. Volume 2, Frankfurt, Paris, Lancaster, New Brunswik: Ontos, 215-232.

Guthrie, Williams(1971). *The Sophists.* New York: Cambridge University Press.

Haack, S.(1978). *Philosophy of Logics.* London: Cambridge University Press.

Haack, S.(1993). *Evidence and Inquiry: Towards Reconstruction in Epistemology.* London: Wiley-Blackwell.

Hamermeister, Kai(1999). 『한스-게오르그 가다머(임호일 옮김, 2001)』. 서울: 한양대학교 출판부.

Hartmann, Nicolai(1935/ 1965). *Zur Grundlegung der Ontologie.* 4. Aufl. Berlin: Walter de Gruyter.

Habermas, Jurgen(1975). *Erkenntnis und Interesse*: mit einem neuen Nachwort. Frankfurt am Main: Suhrkamp.

Heidegger, M.(1927/ 1953). *Sein und Zeit.* Tübingen: Max Niemeyer.

Heidegger, M.(1967). *Brief über den Humanismus.* Wegmarken.

Heisenberg, Werner(1973). *Physik und Philosophie.* Berlin: Ullstein Verlag.

Hegel, G. W. F.(1807). *Phenomenology of Mind*, translated by Baillie, J. B.(London: Harper & Row, 1967).

Hegel, G. W. F.(1931). *Vorlesungen über die Geschichte der Philosophie I.* Werke Bd. 18. Frankfurt.

Hildebrand, David L.(2008). *Public Administration as Pragmatic, Democratic and Objective.* Public Administration Review.68(2). 222-229.

Holland, John(1995). *Hidden Order: How Adaption Builds Complexity.* Massachusetts.

Husserl, Edmund(1976). *Die Krisis der Europäischen Wissenschaften und die*

Transzendentale Phänomanologie. Martinus Nijhoff.

Husserl, Edmund(1913/ 1980). *Ideen zu einer reinen Phänomenologie und phänomenologischen Philosophie: Allgemeine Einführung in die reine Phänomenologie.* 4. Auf. Tübingen: Max Niemeyer Verlag.

James, William(1898). "Philosophical Conceptions and Practical Results", delivered before the Philosophical Union of the University of California at Berkeley, August 26, 1898, and first printed in the University Chronicle 1, September 1898. 287-310.

James, William(1907). *Pragmatism, A New Name for Some Old Ways of Thinking, Popular Lectures on Philosophy,* Longmans, Green, and Company, New York, NY.

James, William(1909). *The Meaning of Truth, A Sequel to 'Pragmatism'.* New York/ London: Longmans, Green & Co.

Johach, Helmut(1986). Wilhelm Dilthey. anwendung der Psychologie auf die Paedagogik. Vorlesungsnachschrift (Zwischen 1883 und 1893), in: Frithjof Rodi(Hrsg.): *Dilthey-Jahrbuch fuer Philosophie und Geschichte der Geisteswissenschaften. Bd. 4/ 1986-1987,* S. 181-222. Vandenhoeck & Ruprecht in Goettingen.

Kahn, C.(1996). *Plato and the Socratic Dialogue: the philosophical use of a literary form.* Cambridge University Press.

Kant, I.(1971). *Kritik der Urteilskraft,* Ed, G. Lehmann. Stuttgart: Reclam.

Kasser, Jeff(1998), "Peirce's Supposed Psychologism" in Transactions of the Charles S. Peirce Society, v. 35, n. 3, summer 1999, 501-527.

Kiel, G.(1966). Phanomenologie und Padagogik, in: *Padagogische Rundschau.*

Klafki, W.(1971). "Hermeneutische Verfahren in der Erziehungswissenschaft," Erziehungswissenschafte, Bd.3, 126-153. Frankfurt, 1971.

Klafki, W.(1971). "Erziehungswissenschaft als kritisch-konstruktive Theorie: Hermeneutik, Empirie, Ideologikritik", in: Zeitschriften fuer Paedagogik, 1971a/17.

Knorr-Cetina, K. (1999). *Epistemic Cultures: How the Sciences Make Knowledge.* Cambridge, MA: Harvard University Press.

Kuhn, T. S.(1962). *The Structure of Scientific Revolutions.* Chicago: University of Chicago Press.

Lacey, A. R.(1996). *A Dictionary of Philosophy,* 1st edition, Routledge and Kegan Paul, 1976. 2nd edition, 1986. 3rd edition. London: Routledge.

Langewelt, M. J. (1973). *Einfuhrung in die theoretische Padagogik.* Sytuttgart.

Langewand, Alfred(2000). Children's rights and education. A hermeneutic approach, in, *Methods in Philosophy of Education,* Frieda Heyting, Dieter Lenzen and John White(ed.) Routedge International Studies in the Philosophy of Education, 143-159. London and New York.

Lauth, Reinhard Lauth(Hrsg.)(1974)., *Philosophie aus einem Prinzip Karl Leonhard Reinhold,* Bouvier.

Lavelle, L.(1928). 존재론입문(최창성 역, 1988). 서울: 대한교과서주식회사.

Lovelock, James(1979). *Gaia,* New York: Oxford University Press.

MacKenzie, D. A and Wajcman, J.(1999). "Introductory Essay" in *The Social Shaping of Technology*, 2nd ed. Buckingham, England: Open University Press.

Macquarrie, J.(1972). *Existentialism.* New York: Penguin Publishing.

Mainzer, K.(1997). *Thinking in Complexity. The Complex Dynamics of Matter, Mind and Mankind,* Third Revised and Enlarged Edition. Berlin, Heidelberg, New York, etc.: Springer.

Manheim, K.(1929). *Ideology and Utopia: A introduction to the sociology of knowledge.* Bonn: RKP.

Margulis, Lynn/ Sagan, Dorion(1995). *What is Life?* New York: Simon & Schuster.

Maturana, H. and Varela, F.(1987). *Autopoiesis and Cognition.* Holland: D. Riedel, Dortrecht.

May, T.(1993). *Between Genealogy and Epistemology.* University Park:

Pennsylvania State University Press.

Menand, Louis(2001). *The Metaphysical Club: A Story of Ideas in America.* New York: Farrar, Straus, and Giroux.

Næss, Arne(1989). *Ecology, community and lifestyle.* Cambridge University Press.

Nietzsche. F.(1883). *Also sprach Zarathustra.* In Saemtlich Werke - KSA: Kritische Studienausgabe. Herausgegeben von Giorgio Colli und Mazzino Montinari. Duenndruck-Ausgabe. dtv/de Gruyter. 1980(erste Auflage); 1988(2. Auflage).

Nohl, H.(1948). *Die Paedagogische Bewegung in Deutschland und ihre Theorie,* 3. Auflage, Frankfurt.

Nozick, R.(1981). "Knowledge and Skepticism." *Philosophical Explanations. Philosophical Explanations(*Chapter 3 I). 172-178. Knowledge Conditions for Knowledge. Boston: Harvard University Press.

Palmer, Richard E.(1969). *Hermeneutics. Interpretation theory in Schleiermacher, Dilthey, Heidegger, and Gadamer,* Evanston [Ill.] : Northwestern University Press.

Pöggler, O.(1972). 『해석학의 철학(박순영 역, 1993)』. 서울: 서광사.

Peirce, C. S.(1868). "Questions Concerning Certain Faculties Claimed For Man", Journal of Speculative Philosophy v. 2, n. 2, 103-114. Reprinted Collected Peirce v. 5, paragraphs 213-263, Writings v. 2, 193-211, Essential Peirce v. 2, 11-27, and elsewhere. Peirce.org Eprint

Peirce, C. S.(1877). The Fixation of Belief, *Popular Science Monthly*, v. 12, 1-15. Reprinted often, including Collected Papers v. 5, paragraphs 358-387 and Essential Peirce v. 1, 109-123).

Peirce, C. S.(1878), "How to Make Our Ideas Clear", *Popular Science Monthly*, v. 12, 286-302. Reprinted often, including Collected Papers v. 5, paragraphs 388-410 and Essential Peirce v. 1, 124-141. See end of §II for the pragmatic maxim. See third and fourth paragraphs in §IV for the discoverability of truth and the real by sufficient investigation.

Peirce, C. S.(1901). "Truth and Falsity and Error" (in part), 716-720 in James Mark Baldwin, ed., *Dictionary of Philosophy and Psychology, v. 2.* Peirce's section is entitled "Logical", beginning on p. 718, column 1, and ending on p. 720 with the initials(C. S. P.).

Polanyi, M.(1958). *Personal Knowledge: Towards a Post-Critical Philosophy.* Chicago: University of Chicago Press.

Pollock, J. L.(1975). *Knowledge and Justification.* New Jersey: Princeton University Press.

Popper, K.(1934). 과학적 발견의 논리(The Logic of Scientific Discovery/ 박우석 옮김, 1994). 서울: 고려원.

Popper, K. R.(1984), Conjectures and Reputations, Routledge and Kegan Paul, London.

Postman, N.(1992). *Technopoly.* New York: Vintage.

Prigogine, ILya(1961). *Instruction to Thermodynamics of irreversible Processes.* New York: Wiley.

Quine, W. V. O.(1951). "Two Dogmas of Empiricism," *The Philosophical Review 60*: 20-43. Reprinted in his 1953 From a Logical Point of View. Boston: Harvard University Press.

Rescher, N.(1995). *Pluralism: Against the Demand for Consensus.* London: Oxford University Press.

Robinson, A.(2003). *Communication in History: Technology, Culture, Society.* The Origins of Writing in Crowley and Heyer(eds). Boston.

Rousseau, J.-J.(2009). 루소사상의 이해(박호성 편역). 서울: 인간사랑.

Russell, B.(1945). *The History of Western Philosophy.* New York: Simon and Schuster.

Ryle, G.(1949). *The Concept of Mind.* Hutchinson.

Sagan, C.(1985). *Cosmos.* Ballantine Books. Randomhous.

Sambursky, S.(ed.)(1974). *Physical Thought from the Presocratics to the*

Quantum Physicists. Pica Press.

Sampson, E. E.(1978). Psychology and the American Ideal, *Journal of Personality and Social Psychology,* 35. 767-782.

Sarup, M.(1978). *Marxism and Education: A Study of Phenomenology and Marxist Approaches to Education.* Sydney: Law Book Co of Australasia.

Schatzberg, Eric(2006). "Technik Comes to America: Changing Meanings of Technology Before 1930, *Technology and Culture* 47.(July 2006). 486-512.

Steffe, L. P. & Gale, J. 편저(1995). 교육과 구성주의(이명근 옮김, 2005). 서울: 학지사.

Scholtz, Gunter(1995). *Ethik und Hermeneutik. Schreiermachers Grundlegung der Geistenswissenschaften,* Suhrkamp taschenbuch wissenschaft 1191, Frankfurt/ a. M..

Schwartz, B.(1989). *Psychology of learning behavior(3rd ed).* N. Y.: W. W. Norton.

Seigfried, C. H.(1996). *Pragmatism and feminism: Reweaving the social fabric.* Chicago: The University of Chicago Press.

Seigfried, C. H. (2001). Feminist interpretations of John Dewey. University Park: Pennsylvania State University Press; Seigfried, C.H. (1996). Pragmatism and feminism: Reweaving the social fabric. Chicago: The University of Chicago Press; Seigfried, C. H. (1992). Where are all the pragmatists feminists? Hypatia, 6, 8-21.

Shields, Patricia M.(2008). *Rediscovering the Taproot: Is Classical Pragmatism the Route to Renew Public Administration?* Public Administration Review 68(2) 205-221.

Singer, C.(2008). *A Short History of Science to the 19th Century.* Australia: Streeter Press.

Spranger, E.(1954). *Das Rätsel Sokrates.* In Bähr, Hans Wlter(Hrsg.): *Vom pä̈dagogischen Genius.* Heidelberg 1965.

Spranger, E.(1931). *Sokrates.* In: Gesannelte Schrften XI. Heidelberg 1972.

Spranger, E.(1971). *Zur Geschichte der detutschen Volksschule.* Heidelberg

Spranger, E.(1973). *Philosophische Paedagogik(GS II).* Hrsg. von Otto Friedrich Bollnow und Gottfried Braeuer, Heidelberg.

Stiegler, B.(1998). *Technics and Time, 1: The Fault of Epimetheus.* Stanford University Press.

Stratton, Julius Adams and Mannix, Loretta H.(2005). *Mind and Hand: The Birth of MIT.* Cambridge: MIT Press.

Stryker, S.(1980). *Symbolic interactionism: a social structural version.* Benjamin/Cummings Publishing.

The Hound & Horn(1929). *A Harvard Miscellany* v. II, n. 3, April~June 1929, 282-285, see 283-284, 1934 as "Historical Affinities and Genesis" in Collected Papers v. 5, paragraphs 11-13, see 12.

Uexkuell, Jakob von(1909). *Umwelt und Innenwelt der Tiere.* Berlin: Springer.

Volkamer, Klaus/ Streicher, Christoph/ Walton, Ken G.(1996). *Intuition, Kreativität und ganzheitliches Denken.* Heidelberg: Shurkamp.

Wilhelm, T.(1963). *Padagogik der Gegenwart.* Stuttgart: Alfred Kroener verlag.

Williamson, T.(2000). *Knowledge and Its Limits.* Oxford: Oxford University Press.

Weniger, E.(1926). *Die Grundlagen des Geischchtsunterrichts. Untersuchungen zur geistenswissenschaftlichen Paedagogik,* Leipzig/ Berlin.

Weniger, E.(1953). *Die Eigenstaendigkeit der Erziehungin Theorie und Praxis. Probleme der akademischen Lehrerbildung,* Weinheim.

Weniger, E.(1967). Zur Geistesgeschichte und Soziologie der paedagogischen Fragestellung. Prolegomena zu einer Geschichte der paedagogischen Theorie. In: H. Roehrs(Hrsg.), *Erziehungswissenschaft und Erziehungswirklichkeit,* 2. Auflage, Frankfurt.

Wersheiner, J. C.(1985). *Gadamer's hermeneutics.* New York: Yale University Press.

Weyl, Hermann(2000). *Philosophie der Mathematik und Naturwissenschaft.* Oldenburg: Scientia Nova. Hrsg. von Reiner Henselmann, Gebhard Kirchgässner, Hans Lenk, Siegwart Lindenberg, Julian Noda-Rümelin, Werber Raub, Thomas Boss.

Wittgenstein, L.(1969). *On Certainty, remark 42.* Oxford: Wiley-Blackwell Publishing.

Wulf, Christoph(1983). *Theorien und Konzepte der Erziehungswissenschaft,* Juventa Verlag Muenchsen.

| 찾아보기 |

지은이 **이 상 오**

연세대학교 졸업
독일 튀빙겐 대학교 졸업(사회과학박사: 교육학 전공)
연세대학교 교육대학원 교수
연세대학교 미래융합연구원 창의인성연구센터장
논문: 「교육인식론의 성립조건에 관한 탐구」 외 60여 편
저서: 『상상력과 교육 - 인간과 테크놀로지의 만남』 외 50여 권

지식의 탄생

1판1쇄 발행 2016년 4월 30일
1판2쇄 발행 2019년 3월 30일
1판3쇄 발행 2023년 9월 30일

지 은 이 이 상 오
펴 낸 이 김 진 수
펴 낸 곳 **한국문화사**
등   록 제1994-9호
주   소 서울시 성동구 아차산로49, 404호(성수동1가, 서울숲코오롱디지털타워3차)
전   화 02-464-7708
전   송 02-499-0846
이 메 일 hkm7708@daum.net
홈페이지 http://hph.co.kr

책값은 뒤표지에 있습니다.

ISBN 978-89-6817-352-3 93110

이 도서의 국립중앙도서관 출판예정도서목록(CIP)은 서지정보유통지원시스템
홈페이지(http://seoji.nl.go.kr)와 국가자료공동목록시스템(http://www.nl.go.kr/kolisnet)에서
이용하실 수 있습니다(CIP제어번호: 2016009018).

이 저서는 2011년도 정부재정(교육부)으로 한국연구재단의 지원을 받아 연구되었음(NRF-2011-812-B00070).
This work was supported by the Korea Research Foundation Grant funded by the Korean
Government(NRF-2011-812-B00070).